[財産法 1]

民法論攷 I

尹眞秀

博 英 社

머 리 말

저자가 처음 논문을 발표한 지도 20년이 넘었고, 법원에서 대학으로 직장을 옮긴 지도 10년이 지났다. 그동안 쓴 글들의 양이 제법 되어 이를 책으로 묶어낼 생각을 한 지도 오래 되었으나, 게으름을 부리다가 이제야 결실을 보게 되었다.

저자가 2007년 상반기까지 쓴 글들을 모아 보니 100편이 넘는다. 이 중에서 주로 판사로 근무할 때 썼던 공법에 관한 글들과 절차법에 관한 글들은 각각 한 권으로 묶어 따로 내고, 우선 민법에 관한 글들을 다섯 권으로 나누어 발간하기로 하였다. 그 중 제 1 권은 주로 민법 일반에 관한 것들과 민법 총칙에 관한 글들이고, 제 2 권은 민법 총칙에 관한 나머지 글들과 물권법에 관한 것들이며, 제 3 권은 채권법에 관한 글들이다. 그리고 제 4 권은 친족법에 관한 글들을 모았고, 제 5 권은 상속법에 관한 것들이다. 먼저 제 1 권을 내고, 나머지도 빠른 시일 내에 발간할 예정이다.

과거에 글을 쓸 때에는 나름대로 열심히 썼다고 생각했으나, 이 기회에 다시 살펴보니 만족스럽지 않은 점이 많이 눈에 뜨인다. 내용뿐만 아니라 문장과 표현에도 잘못된 점이 많았다. 그러나 이왕 발표된 글의 내용을 바꿀 수는 없고, 다만 잘못된 문장은 고치려고 노력하였으며, 고르지 않은 표현방식도 될 수 있는 한 통일하려고 하였다. 학문에는 완성이란 없다고 하는 점에서 위안을 찾고, 앞으로 더욱 분발하는 계기로 삼고자 한다. 또 논문의 주제나 내용에도 중복된 내용이 많으나, 이 점은 장기간에 걸쳐 글을 쓰면서 생긴 불가피한 결과이다.

여기에 실린 글들의 상당수는 저자가 판사로 근무하면서 쓴 것들이다. 그 중에는 헌법재판소의 헌법연구관과 대법원의 재판연구관으로 근무하면서 처리하였던 사건들에 대한 해설도 포함되어 있어서, 반드시 제 3 자의 관점에서 객관적으로 쓴 것이라고 할 수는 없다.

책을 내면서 감사드릴 분들이 많다. 우선 끝없는 사랑으로 키워주신 아버님과 돌아가신 어머님께 감사드린다. 또 저자가 이 책이나마 낼 수 있게 된 것은 법학을 가르쳐 주신 모교의 여러 은사님들, 그 중에서도 지도교수이신 황적인 교수님과 고 김증한 교수님, 곽윤직 교수님, 박병호 교수님, 이호정 교수님의 학은에 힘입은 바가 크다. 그리고 저자가 헌법재판소에서 재판관으로 모셨던 이시윤 전 감사원장님과 가족법학회 회장으로 모셨던 조미경 교수님이 베풀어 주셨던 배려도 잊을 수 없다. 나아가 저자가 법원에서 근무할 때 많은 가르침을 주신 선배와 동료 법관들, 늘 토론의 상대가 되어 주신 서울대 법대의 동료 교수님들께도 고마움의 말을 전하고자 한다. 아울러 이 책을 내도록 적극 권유해 주신 박영사의 조성호 차장님과 귀찮은 교정 업무를 맡아 주신 김선민 부장님께도 그동안의 노고에 감사드린다.

그러나 가장 큰 감사의 대상은 저자의 가족이다. 아내 박유희의 사랑과 도움이 없었다면 저자가 학문에 전념하기 어려웠을 것이다. 또 두 딸 지효와 세효도 아버지를 사랑으로 격려해 주었다. 이런 의미에서 이 첫 책을 사랑하는 저자의 가족들에게 바친다.

2007. 10.

윤 진 수

차 례

英國의 1998년 人權法(Human Rights Act 1998)이 私法關係에 미치는 영향[*]

I. 序 論

英國은 1215년의 마그나 카르타, 1689년의 권리장전 등의 예에서 보는 것처럼 근대 민주주의의 발상국이라고 할 수 있다. 그럼에도 불구하고 영국은 成文憲法을 가지고 있지 않아서, 많은 다른 나라들에서 볼 수 있는 것과 같은 基本權의 보장이라는 개념이 법적으로 확립되어 있지 않았다. 이는 議會主權(parliamentary sovereignty)의 개념과도 관련이 있다. 즉 위헌법률심사제도가 확립되어 있는 다른 나라들의 경우에는 의회가 제정한 법률이라 하여도 사법부 내지 헌법재판소와 같이 위헌법률심사권을 가지는 기관이 그 법률이 기본권을 침해한다고 판단할 때에는 효력을 상실시킬 수 있는 것과는 달리, 영국에서는 의회가 제정한 법률에 대하여 다른 어떤 기관도 이의를 제기할 수 없었던 것이다.

그러나 영국에서도 기본권의 보호가 전혀 이루어지지 않고 있었던 것은 아니었다. 즉 영국도 가입한 1950년의 유럽 人權協約(European Convention on Human Rights)[1]은 기본적인 인권을 열거하고, 유럽인권법원(European Court of

---

* 이 글은 서울대학교 국제지역원의 2000년도 국제지역연구 지원사업의 지원을 받아 작성되었다. 이 글의 초고를 읽고 유익한 지적을 하여 주신 서울대학교 법과대학의 안경환, 조국 교수님께 감사드린다.

1) 정식 명칭은 "Convention for the Protection of Human Rights and Fundamental Freedom"이다. 정인섭 편역, 국제인권조약집, 사람생각, 2000, 414면 이하에 번역문 및 원문이 수록되어 있다.

Human Rights)을 설치하여[2] 이러한 기본적인 인권을 침해당하였으나 국내법에 의한 구제를 받지 못한 사람들에 대하여 구제를 하고 있다. 따라서 영국에 의하여 기본적인 인권을 침해당한 사람도 이러한 구제절차를 밟을 수 있다.

그러나 영국은 의회주권의 침해를 이유로 위 유럽 인권협약을 국내법으로 수용하지 않았기 때문에,[3] 위 유럽인권협약을 영국의 법원이 재판규범으로 적용할 수는 없었다. 물론 영국의 법원도 재판을 함에 있어서 유럽인권협약을 고려하여 되도록 영국의 법률을 유럽인권협약에 부합되게 해석하려고 노력하기는 하였지만, 결과적으로 유럽인권법원이 영국이 유럽인권협약을 위반하였다고 판시한 예가 50건에 이르러, 이탈리아를 제외한 다른 어느 체약국보다도 높은 비율에 이르렀다.[4]

이러한 배경 하에서 1993년부터 당시 야당이던 노동당에서 유럽인권협약을 국내법으로 수용하려는 움직임을 보였고, 1997년 5월 총선에서 노동당이 승리하여 정권을 잡게 되자, 이러한 움직임이 본격화되었다. 그리하여 1997. 10.에 유럽인권협약을 국내법으로 수용하는 것을 주된 내용으로 하는 법안인 Human Rights Bill이 그 白書인 "Rights Brought Home"과 함께 발간되어,[5] 의회의 심의를 거친 끝에 1998. 11. 9.에 "Human Rights Act 1998"으로 공포되었다. 이 법은 2000. 10. 2.부터 효력을 발생하게 되었다.[6]

이러한 1998년 人權法(이하에서는 "HRA"라고만 표시한다)이 시행되게 된 것은 영국의 법체계에 있어서 획기적인 것이라고 할 수 있다. 그리하여 이를 둘러싸고 영국에서는 많은 논의가 이루어지고 있는데, 그 중의 하나가 HRA가

---

2) 현재 프랑스의 스트라스부르에 있다.

3) S. Greer, "A Guide to the Human Rights Act 1998", (1999) 24 European Law Review pp. 3 f.

4) Greer(註 3), p. 5 참조.

5) 白書 "Rights Brought Home"은 예컨대 J. Wadham & H. Mountfield, Blackstone's Guide to the Human Rights Act 1998, 2nd ed., Blackstone Press Limited, London, 2000, pp. 204 ff.에 수록되어 있다. 또한 이 법률을 Lord Chancellor로서 의회에 제출한 Lord Irvine of Lairg의 논문 "The Development of Human Rights in Britain under an Incorporated Convention on Human Rights", (1998) P.L., pp. 221 ff. 참조.

6) 이 법의 성립경위에 관하여는 이 법을 다룬 많은 문헌들이 언급하고 있으나, 여기서는 Greer(註 3). pp. 3 ff.를 참조하였다. 또한 Human Rights Act 1998에 관하여 언급하고 있는 국내의 문헌으로는 이정선, "1972년 유럽공동체법과 1998년 인권법이 영국의 의회주권에 미친 영향", 법학연구 제 7 권, 서울대학교 법과대학, 2000, 91면 이하가 있다. 독일에서의 이에 대한 소개로는 J. Rivers, "Menschenrechtsschutz im Vereinigten Königreich", JZ 2001, 127 ff. 참조. 그리고 1998년 人權法이 公法과 私法의 구분을 불분명하게 할 것이라는 주장으로는 D. Oliver, "The Human Rights Act and Public Law/Private Law Divides", (2000) E.H.R.L.R. 343 ff. 참조.

私法關係 내지 普通法(common law)에는 어떠한 영향을 미치는가 하는 것이다. 이 글은 이 문제에 관하여 영국에서 벌어진 논쟁 및 그에 관한 판례의 동향을 소개하는 것을 목적으로 한다. 이 문제는 우리나라에서 이른바 "基本權의 제3자적 효력"이라고 하는 주제로 논의되고 있는 것과 대체로 일치한다. 따라서 영국에서의 논의는 우리 법상의 논의에도 참고가 될 수 있을 것이다.

서술의 순서로서는 우선 HRA의 주요한 내용을 소개하고, 이를 기초로 하여 爭點의 소재를 밝힌다. 이어서 입법단계에서의 논의와 이 법 공포 후의 논쟁을 소개한다. 그리고 이 문제를 다룬 판례 두 개를 살펴보기로 한다.

Ⅱ. 爭點의 所在

1. HRA의 중요한 내용

HRA가 사법관계에 미치는 영향에 관한 논의를 이해하기 위하여는 우선 HRA의 중요한 내용을 파악할 필요가 있다.

HRA는 우선 제1조에서 영국법으로 수용할 유럽인권협약상의 자유와 권리를 "協約上의 權利(Convention Rights)"라고 하여 정의하고 있다. 즉 유럽인권협약 제2조에서 제12조까지 및 제14조,[7] 제1의정서(The First Protocol) 제1조에서 제3조[8] 및 제6의정서(The Sixth Protocol) 제1조, 제2조[9]에서 규정한 자유와 권리가 영국법으로 수용될 협약상의 권리이다.

또한 제2조 제1항은 협약상의 권리와 관련된 문제에 관하여 재판함에

7) 이 권리들은 다음과 같다.
제2조: 생명권(Right to life) 제3조: 고문의 금지(Prohibition of torture) 제4조: 노예 및 강제노동의 금지(Prohibition of slavery and forced labour) 제5조: 신체의 자유와 안전에 대한 권리(Right to liberty and security) 제6조: 공정한 재판을 받을 권리(Right to fair trial) 제7조: 죄형법정주의(No punishment without law) 제8조: 사생활 및 가족생활을 존중받을 권리(Right to respect privacy and family life) 제9조: 사상·양심·종교의 자유(Freedom of thought, conscience and religion) 제10조: 표현의 자유(Freedom of expression) 제11조: 집회 및 결사의 자유(Freedom of assembly and association) 제12조: 혼인의 자유(Right to marry) 제14조: 차별의 금지(Prohibition of discrimination).

8) 제1조: 재산권의 보호(Protection of property) 제2조: 교육을 받을 권리(Right to education) 제3조: 자유로운 선거의 권리(Right to free elections).

9) 제1조: 사형의 폐지(Abolition of the death penalty). 제2조: 戰時의 사형(Death penalty in time of war).

있어서는 유럽인권법원의 판례, 유럽인권법원 위원회(Commission)의 의견 등을 고려하여야 한다고 규정하고 있다.

그리고 제 3 조는 제 1 차적 立法(primary legislation)[10]과 종속적 입법(subordinate legislation)[11]은 가능한 한 협약상의 권리와 합치되는(compatible) 방식으로 해석되고 효력이 부여되어야 한다고 규정한다.

그런데 제 4 조는 High Court 이상의 심급의 법원은, 제 1 차적 입법의 어느 조항이 협약상의 권리와 합치되지 않는다고 판단할 때에는 不合致宣言(declaration of incompatibility)을 할 수 있다고 규정한다.[12] 이 불합치선언은 불합치선언된 조항의 효력, 계속적 작용 내지 집행에 영향을 주지 않으며, 불합치선언이 이루어진 소송의 당사자들에게 구속력이 없다. 다만 제10조는 정부의 장관은 강력한 이유가 있는 한 명령(order, remedial order)에 의하여 불합치선언된 입법을 수정할 수 있다고 규정한다.[13] 이는 의회주권의 원리를 유지하면서도 기본권의 보호라는 목적을 달성하기 위한 타협책의 결과이다.[14]

다른 한편 제 6 조는 公權力의 主體(a public authority)가 협약상의 권리와 합치되지 않는 방법으로 행동하는 것은 위법하다고 규정하면서, 공권력의 주체는 법원 또는 행정심판기구(court or tribunal) 및 그 기능의 일부가 公的인 성격을 가지는 사람을 포함한다고 규정한다.

그 외에 이 글의 주제와 관련하여 중요한 것으로는 제12조가 있다. 동조는 표현의 자유를 제한할 수 있는 구제수단[15]에 관하여 특별한 규정을 두고 있다. 즉 구제를 청구하는 자의 상대방이 출석하지 않거나 대리되지 않고 있을 때에는 법원은 구제를 청구하는 자가 상대방에게 통지하기 위한 모든 실제적인 절차를 다 밟았거나 상대방이 통지되지 않아야 할 강력한 이유가 있지 않는 한 이러한 구제를 허용하여서는 안 되고(제 2 항), 법원이 청구인이 출판이 허용될 수 없음을 증명할 수 있다고 판단하지 않는 한 재판 전에 출판을 금지

10) 이는 전형적으로는 의회가 제정한 법률(Acts of Parliament)을 의미하나 반드시 그에 국한되지 않는다. 자세한 것은 David Feldman, "The Human Rights Act 1998 and Constitutional Principles", (1999) Legal Studies, pp. 181 ff. 참조.

11) 이는 행정부 등이 제정하는 법규범, 즉 우리 법상의 命令과 같은 것을 말한다.

12) 제 5 조에 의하면 이 불합치선언을 하기 전에 법원은 국왕에게 통고를 하여야 하고, 국왕이 통고를 받으면 장관 등이 소송에 당사자로서 참가할 수 있다.

13) 그에 관하여는 HRA 부록 2(schedule 2)가 상세하게 규정하고 있다.

14) 이에 대하여 자세한 것은 Feldman(註 10), pp. 165 ff. 참조.

15) 이는 주로 기사 등의 출판을 금지하는, 一方 당사자(신청인)만을 심문하고 발하는 留止命令(ex parte injunction)을 가리킨다.

할 수 있는 구제수단을 허용하여서는 안 되며(제3항), 법원은 표현의 자유에 관한 협약상의 권리의 중요성을 특별히 존중하여야 하고, 재판이 언론이나 문학적 또는 예술적 자료에 관한 것이라고 상대방이 주장하거나 법원에게 그와 같이 보일 때에는 그 자료가 공중에게 도달되었거나 도달될 수 있는 정도 및 그 출판이 가지는 공적 이익을 특별히 존중하고, 관련된 프라이버시 章典(privacy code)[16]도 존중하여야 한다(제4항)고 규정하고 있다. 이 조문은 원안에는 없었는데 의회에서의 심의 과정에서 추가되었다.[17]

2. 爭點의 所在 및 基本的 概念

HRA는 제6조에서 公權力의 主體(a public authority)가 협약상의 권리와 합치되지 않는 방법으로 행동하는 것은 위법하다고 규정할 뿐이고, 私人에 대하여는 직접 규정하고 있지 않다. 따라서 얼핏 보면 HRA는 사법관계에는 별다른 영향을 미치지 않는 것처럼 생각될 수도 있다. 그러나 다른 한편으로 HRA 제6조는 공권력의 주체에 법원과 행정심판기구를 포함시키고 있으므로, 가령 私人간의 분쟁에서 법원이 재판을 함에 있어서도 협약상의 권리를 존중하여야 하는 것이 아닌가 하는 의문이 생긴다. 또한 제3조는 법률은 가능한 한 협약상의 권리와 합치되는(compatible) 방식으로 해석되고 효력이 부여되어야 한다고 규정하고 있는데, 이것이 불문법인 普通法(common law)[18]에도 타당하지 않은가 하는 점이 문제된다. 그리고 HRA 제12조는 私人간의 분쟁에 있어서 언론의 자유가 문제된다는 것을 전제로 하고 있는 것이다. 아래에서 보듯이 영국에서의 논쟁은 이러한 조문들을 중심으로 이루어지고 있다.

본격적인 논의에 들어가기 전에 기본적 개념에 관하여 알아둘 필요가 있다. 영국에서는 HRA의 조항이 공권력의 주체와 사인 상호간에만 문제될 때에는 이를 垂直性(verticality)이라고 부르고, 그러한 효과를 垂直效(vertical effect)라고 부른다. 반면 HRA의 조항이 사인 상호간에도 적용될 수 있다고 하는 것을 水平性(horizontality)이라고 부르고 그러한 효과를 水平效(horizontal effect)라고

16) 이는 특히 言論苦衷處理委員會(The Press Complaint Commission)의 章典을 염두에 둔 것이다. Wadham & Mountfield(註 5), p. 60 참조.

17) 아래 註 29) 참조.

18) 이하에서 말하는 보통법에는 衡平法(Equity)도 포함된다.

부른다. 그러므로 HRA가 사법관계에 어떠한 영향을 미치는가 하는 문제는 HRA에 垂直效뿐만 아니라 水平效도 있는가 하는 문제라고 말할 수 있다.

다른 한편으로 水平效를 인정하더라도, 이러한 水平效가 그 정도에 있어서 공권력의 주체와 私人간에서 적용되는 垂直效와 마찬가지로 강하게 인정된다고 볼 것인가, 아니면 垂直效보다는 약하게 제한적으로만 인정된다고 볼 것인가에 관하여도 여러 가지 견해의 대립이 있다. 전자의 입장을 완전한 水平效(full horizontal effect) 또는 直接的 水平效(direct horizontal effect)라고 부르고, 후자의 입장을 制限的 水平效(constrained horizontal effect) 또는 間接的 水平效(indirect horizontal effect)라고 부른다. 이러한 구별은 독일이나 우리나라에서 논의되고 있는 기본권의 사인간에 있어서의 직접적용설 및 간접적용설의 구별과 유사한 것이다.[19] 또한 제한적 내지 間接的 수평적 효과를 인정하더라도 그 구체적인 내용에 있어서는 논자에 따라 여러 가지로 갈라진다.[20]

---

19) 실제로 영국에서도 HRA의 사법적 효과를 논함에 있어서, 독일에서의 기본권의 제3자적 효력(Drittwirkung)에 관한 논의가 많이 소개되고 참고되고 있다. 예컨대 B. Markesinis, "Privacy, Freedom of Expression, and the Horizontal Effect of the Human Rights Bill: Lessons from Germany", (1999) 115 L.Q.R. pp. 47 ff.; R. Brinktrine, "The Horizontal Effect of Human Rights In German Constitutional Law: The British Debate on Horizontality and the possible Role Model of the German Doctrine of Mittelbare Drittwirkung der Grundrechte", (2001) E.H.R.L.R., pp. 421 ff. 참조.

20) Leigh는 水平性을 다음과 같이 6가지로 분류하고 있는데, 이러한 분류가 아직까지 일반적인 것 같지는 않으나, 水平性의 다양한 의미를 이해하는데 도움이 될 수 있다고 보이기 때문에 여기서 소개한다.

첫째, 直接的 法規的 水平性(direct statutory horizontality): 사인간에 적용되는 법규라 하여도 해석상으로는 유럽인권협약에 합치되게 해석되어야 하는 것.

둘째, 公的 責任 水平性(public liability horizontality): 유럽인권협약상의 기구에 의하여는 책임을 지지 않는 법인이나 개인이 인권법의 목적을 위하여는 공권력의 주체로 다루어지는 것.

셋째, 介在的 水平性(intermediate horizontality): 공권력의 주체가 사인이 다른 사인에 의하여 협약상의 권리를 침해당하는 것을 막을 권한을 가지고 있는 경우에 인권법 제6조는 공권력의 주체가 개입할 것을 강제하는 것.

넷째, 救濟的 水平性(remedial horizontality): 私的 訴訟에서 재량권을 행사하는 法官이 협약에 합치되게 재량권을 행사하여야 하는 것.

다섯째, 間接的 水平性(indirect horizontality): 유럽인권협약이 私人 사이에 적용되는 보통법의 일반적인 발전에 있어서 영향을 미칠 수밖에 없다는 것.

여섯째, 완전한 내지 直接的 水平性(full or direct type of horizontality): 법원을 공권력의 주체에 포함시킴으로써 모든 私法上의 보통법 소송에서 협약상의 권리에 수평적 효과가 부여되어야 한다는 것. Leigh 자신은 이러한 완전한 水平性은 인정되지 않아야 한다고 주장한다.

I. Leigh, "Horizontal Rights, the Human Rights Act and Privacy: Lessons from the Commonwealth?", (1999) 48 I.C.L.Q. pp. 75 ff.

Ⅲ. 立法過程에서의 論議

영국 貴族院(House of Lords)은 1992년의 Pepper v. Hart 판결[21]에서, 법률을 해석함에 있어서 입법과정에서의 의회의 자료를 참조할 수 없다는 종래의 판례를 변경하여, 입법이 애매하거나 불명확하거나 그 문자적 의미가 모순을 가져올 때에는, 의회의 자료가 법안을 제안한 장관이나 그 밖의 제안자의 진술이고, 그것이 명확한 한 이를 참조할 수 있다고 판시하였다. 그러므로 HRA가 사법관계에도 영향을 미치는가를 따져보기 위하여는 우선 입법과정에서의 논의를 참조할 필요가 있다.

위 HRA의 白書인 "Rights Brought Home"에서는 이 문제를 다루고 있지 않다. 그리고 Lord Chancellor[22]로서 이 법안을 의회에 제안한 Lord Irvine of Lairg가 제안 취지를 설명한 논문에도 이 문제에 관한 직접적인 언급은 없다. 다만 여기서는 인권법이 보통법과 같은 다른 법분야에도 영향을 미칠 것이라고 하면서, 이를 엎지르기 효과(spillover effect)라고 부르고 있다.[23]

그러나 의회에서의 심의과정에서는 이에 관한 언급이 몇 군데 눈에 뜨인다.[24]

우선 1997. 11. 3. 인권법안의 貴族院 제 2 讀會(second reading)에서 Lord Chancellor는 제 6 조와 관련하여 다음과 같이 설명하였다.

"제 6 조는 공권력의 주체가 협약과 모순되는 방식으로 행동하는 것을 위법으로 만들고 있습니다. … 우리는 먼저 이러한 종류의 규정은 어떻게 정의되든간에 오직 공권력의 주체에 대하여만 적용되어야 하고, 私人에 대하여는 적용되지 않아야 한다고 결정하였습니다. 이는 사건을 스트라스부르의 협약 기구에 가져가는 장치를 반영한 것입니다. 협약은 사람들을 사인의 행동으로부터 보호하려는 것이 아니라 국가에 의한 권력의 남용으로부터 보호하려는 욕구에

21) [1993] A.C. 593.

22) Lord Chancellor는 貴族院의 의장, 내각의 각료(장관), 法院의 首長 등 여러 가지 기능을 가지고 있어서 우리말로 표현하기가 어렵다. 위 Pepper v. Hart 판결의 기준에 비추어 볼 때에는 HRA를 제안한 장관이라고 할 수 있다.

23) Lord Irvine of Lairg(註 5), pp. 229 f.

24) 인권법안의 의회에서의 심의과정을 수록한 별도의 단행본이 있다. J. Cooper and A. Marshall-Williams(ed.), Legislating for Human Rights, Hart Publishing, Oxford and Portland Oregon, 2000.

그 기원을 두고 있습니다. … 마지막으로 제6조는 전혀 공적 기능을 가지지 않는 조직들에 대하여는 책임을 부과하지 않습니다."[25)]

이러한 설명만을 본다면 Lord Chancellor는 垂直效만을 염두에 둔 것처럼 보인다. 그러나 1997. 11. 24.의 귀족원에서의 토론을 보면 그렇게만 볼 수는 없다. 이 날 귀족원 의원으로 言論苦衷處理委員會(The Press Complaint Commission)의 위원장이기도 한 Lord Wakeham은, 제6조 제2항에, 공권력의 주체가 법원 또는 행정심판기구이고, 재판의 당사자들이 공권력의 주체를 포함하고 있지 않을 때에는 공권력의 주체는 협약상의 권리를 침해하여서는 안 된다는 제6조 제1항이 적용되지 않는다는 개정안을 제출하였다.[26)] 이는 명백하게 인권법의 수평적 효과를 배제할 것을 의도한 것이었다.

그러나 이에 대하여 Lord Chancellor는 반대의견을 표명하였다. 그는 다음과 같이 설명하였다.

"우리는 또한 법원은 다른 일방이 공권력의 주체인 사건에서뿐만 아니라 개인들간의 사건을 다루는 보통법을 발전시킴에 있어서도 협약과 합치되게 행동하여야 할 의무를 부담하는 것이 원리상의 문제로서 맞다고 믿습니다. 법원이 왜 그렇게 행동하지 않아야 합니까? 이 법안을 준비함에 있어서, 우리는 개인간의 사건에서 협약의 고려를 전혀 배제하는 것은 정당화되어야 할 또 다른 방식이라고 보았습니다. 우리는 그것이 정당화될 수 있다고도 생각하지 않고, 그것이 실용적이라고도 생각하지 않습니다. 고귀하고 박식한 Wilberforce 경이 지적하였듯이,[27)] 법원은 이미 협약상의 고려가 열매를 맺도록 하고 있으며, 나는 법원이 보통법을 발전시킴에 있어서도 계속 그러할 것이라는 점과, 협약을 그와 같이 사용함에 있어서 여러분들의 지원을 받을 것이라는 점을 의심하지 않습니다. 제3조는 법원이 법원에 제소된 모든 사건에서 입법을 협약상의 권리와 가능한 최대한 합치되도록 해석할 것을 요구하고 있습니다."[28)]

---

25) House of Lords Debate, vol. 582, 3 Nov 1997: Column 1231, 1232. 영국 귀족원의 토론 내용은 인터넷으로 영국 귀족원 회의록(Hansard) 홈페이지에서도 검색할 수 있다(인터넷 주소 http://www.parliament.the-stationery-office.co.uk/pa/ld/ldhansrd.htm).

26) House of Lords Debate, vol. 582, 24 Nov 1997: Column 771-772.

27) Wilberforce 경은 1964년에서 1982년까지 영국 귀족원의 대법관(Law Lord)이었으며, 귀족원의 의원으로서 Lord Wakeham에 뒤이어서 인권법안 제6조가 공권력의 주체에 법원을 포함시키는 경우의 문제점을 지적하였다. House of Lords Debate, vol. 582, 24 Nov 1997: Column 781-782 참조.

28) House of Lords Debate, vol. 582, 24 Nov 1997: Column 783. Lord Wakeham은 Lord Chancellor의 권고에 따라 자신의 수정안을 철회하였다. Column 787. Lord Chancellor는 상원

이러한 Lord Chancellor의 설명에 의하면 법원은 사인간의 분쟁에 적용되는 보통법을 발전시킴에 있어서도 유럽인권협약 내지 HRA를 고려하여야 하는 것이 된다.[29]

Ⅳ. 水平效에 관한 論爭

HRA가 수평적 효과를 가지는가, 가진다면 구체적인 내용은 어떠한 것인가에 관하여 영국에서는 법이 발효되기 전부터 많은 논쟁이 벌어졌다. 여기서는 그러한 논쟁 가운데 주로 Wade와 Buxton 사이의 논쟁과, Hunt와 Phillipson 사이의 논쟁을 소개한다. 이들의 논쟁을 살펴보면 대체로 문제의 주된 내용을 파악할 수 있을 것이다. 그리고 이들 외에 다른 사람들의 견해도 간단히 소개한다.

1. Wade와 Buxton 사이의 논쟁

이 문제에 관하여 논쟁의 불씨를 당긴 사람은 케임브리지 대학교의 교수인 William Wade이다. 그는 아직 인권법이 공포되기도 전인 1998. 3. 26. 이 문제에 대하여 강연을 하고 이를 논문으로 공간하였다.[30] 여기서 그는 인권법에 완전한 수평적 효과가 있다고 주장하였다. 이에 대하여 抗訴法院(Court of Appeal)의 판사인 Buxton은 수평적 효과를 전면적으로 부정하였다.[31] 그러자

에서의 발언과 유사한 내용을 바로 그 직후인 1997. 11. 28. 개최된 제3차 Clifford Chance Conference의 개회 연설에서 표명하였다. Lord Chancellor, Opening Adress, in: B. S. Markenisis(ed.), The Impact of the Human Rights Bill on English Law, Clarendon Press Oxford, Oxford New York, 1998, p. 12 참조.

29) 또한 당시의 내무장관(Home Secretary)이었던 Straw는, 1998. 2. 16. 하원(House of Commons)의 제2독회에서, 프라이버시의 보호를 규정하고 있는 유럽인권협약 제8조와, 표현의 자유를 규정하고 있는 제10조 사이에 갈등이 있음을 인정하고, 이를 조정하기 위하여 言論苦衷處理委員會의 위원장인 Lord Wakeham과 의논한 끝에 후에 HRA 제12조가 된 개정안을 삽입하겠다고 설명하였다. House of Commons, Debate, 16 Feb 1998: Column 772 ff.(이는 인터넷으로 하원 회의록 홈페이지에서 찾아볼 수 있다. http://www.parliament.the-stationery-office.co.uk/pa/cm199798/cmhansrd/vo980216/debindx/80216-x.htm).

30) W. Wade, “Human Rights and the Judiciary”, (1998) E.H.R.L.R., pp. 520 ff. Wade 교수는 Constitutional Reform in the United Kingdom: Practice and Principles(Cambridge Center for Public Law, 1998)이라는 책에서도 자신의 견해를 밝혔다고 하나 책을 구하지 못하였다.

31) R. Buxton, “The Human Rights Act and Private Law”, (2000) 116 L.Q.R. pp. 48 ff.

Wade 교수는 다시 이에 대하여 반론을 펼쳤다.[32)]

가. Wade의 최초 주장[33)]

Wade 교수는, 人權法案[34)]은 그 문면만으로 볼 때에는 공권력의 주체를 대상으로 한 것으로 보이고, 유럽인권협약의 원래의 목적은 나찌 독일과 같은 정부의 再來를 막기 위한 것이었으므로, 이 법안이 정부 당국만을 대상으로 한 것이어야 한다는 것이 자연스럽다고 한다. 그러나 이 법안이 垂直效뿐만 아니라 水平效도 가지는지는 따져 보아야 한다고 하면서, 귀족원에서의 심의 과정[35)]을 소개하고 있다.

여기서 Wade는 법안 제6조가 법원 또는 행정심판기구가 공권력의 주체에 포함되고, 公權力의 主體가 협약상의 권리와 합치되지 않는 방법으로 행동하는 것은 위법하다고 규정한다는 점을 강조하면서, 법원은 협약상의 권리가 문제되는 어떤 사건에서도 이러한 협약상의 권리를 준수하지 않고는 적법하게 재판을 할 수 없다고 한다. 다른 말로 하면 법원은 협약상의 권리를 인정하고 이를 적용하여야 하며, 제2조에 따라 스트라스부르의 기구(법원 및 위원회)의 판례법과 법리를 준수하여야 한다는 것이다. 이러한 규정들의 적용을 공권력의 주체에 대하여 제기된 사건에 대하여만 제한할 근거는 없다고 한다. 그리하여 자신으로서는 제6조가 별표 1에 규정된 인권을 모든 재판에서 마찬가지로 적용될 수 있는 것으로 수용하고 있다는 결론을 회피할 아무런 길을 찾지 못하였다고 한다.

예컨대 망원렌즈를 가진 파파라초(paparazzo)가, 보통의 가옥 보유자의 집에서의 난처하거나 수상한 행동을 촬영하여 이를 부적절한 코멘트를 붙여 출판하였고, 이는 스트라스부르의 프라이버시 법을 위반하였지만 영국에서는 소송의 대상이 되지 않는다고 할 때,[36)] 가옥 보유자가 촬영자나 그 배후의 신문을 상대로 프라이버시의 인권을 침해하였음을 이유로 소송을 제기하면, 아무런 공권력의 주체도 개입되지 않았지만, 법원이 내릴 수 있는 유일한 적법한 판결

---

32) W. Wade, "Horizons of Horizontality," (2000) 116 L.Q.R. pp. 217 ff.
33) Wade(註 30), pp. 523 ff.
34) 당시에는 아직 인권법이 공포되기 전이었다.
35) 위 Ⅲ. 참조.
36) 영국에서는 HRA 시행 이전에는 다른 나라와는 달리 예외적인 경우를 제외하고는 프라이버시의 권리를 인정하지 않고 있었다. 아래 註 77)의 본문 참조.

은 스트라스부르의 법과 합치되는, 프라이버시의 협약상의 권리를 인정하고 집행하는 것이라고 한다. 공권력의 주체에 국한되지 않는 법안 제2조는 스트라스부르의 모든 판례와 법리를 고려할 것을 법원에 대하여 명하고 있는데, 이는 보상과 비용 부담을 규정하고 있다고 한다.

私人과 私的 團體를 그들의 동료 시민의 기본적 권리를 존중하지 않아도 좋다고 면책시킴으로써 동료 시민들을 또다시 모든 시간과 금전적인 비용을 들여서 스트라스부르에로 몰고 가는 것 — 이것이 "受容"이 구제하려고 하였던 惡인데 — 은 참으로 형편없는 受容일 것이라고 한다. 그런데 이러한 제6조의 단순한 해석은 법안의 전체 구도와 구조와는 어긋나는데, 만일 이 조항이 문자 그대로의 의미를 가지는 것으로 의도되었다면, 공권력의 주체를 정의할 필요도 없고, 이에 관하여 특별규정을 둘 필요도 없었을 것이기 때문이다.

또한 하원에서 내무부장관이 언론에 대하여 양보하겠다고 발표한 것[37]도 정부가 이 점을 인식하였다고 볼 수 있는 증거라고 한다.

나. Buxton의 비판

이러한 Wade의 주장에 대하여, Buxton은 다음과 같이 반론을 펼친다.[38] 우선 유럽인권협약에 의하여 창설된 권리들이 國家의 政府에 대한 것이라는 점에 대하여는 거의 진지한 의문이 제기된 바 없는데, 이러한 유럽인권협약에 규정된 권리가 HRA에 의하여 "협약상의 권리(Convention Right)"가 되었다고 하더라도 그 내용이 바뀌는 것은 아니고, 따라서 이러한 협약상의 권리는 公的 機構들(public bodies)에 대하여만 주장될 수 있다고 한다.

그리고 유럽인권법원의 판례들[39]에 의하면 유럽인권협약 締約國은 유럽인권협약상의 권리를 침해하지 않아야 할 소극적인 의무를 부담할 뿐만 아니라, 시민이 타인으로부터 그러한 권리를 침해당하지 않도록 보호하여야 할 적극적인 의무를 부담한다고 하고 있는데, 이러한 의무의 근거는 유럽인권협약 제1조[40]에 있으나, 인권법상의 "협약상의 권리"는 이 제1조를 포함하지 않고 있

---

37) 위 註 29) 참조.

38) Buxton(註 31), pp. 50 ff.

39) 예컨대 한 소년이 그의 계부로부터 심하게 구타당하였으나 繼父는 합리적 懲戒權(reasonable chastisement)의 항변을 이유로 하여 기소되지 않은 것이 유럽인권협약 제1조 및 제3조 위반이라고 한 A. v. United Kingdom, (1998) 27 E.H.R.R 611 등.

40) "締約國은 자신의 관할에 속하는 모든 자에 대하여 이 협약 제1절에 규정된 권리와 자유

다고 한다.

그리고 예컨대 유럽인권법원의 판례 가운데 독일의 법원이 독일의 공정거래법에 근거하여 다른 경쟁자의 신청에 의하여 내린 留止命令(injunction)이 신청인의 표현의 자유를 침해한다고 주장한 사건41)의 경우에도, 얼핏 보면 私法上의 訴訟에서 법원이 내린 재판에 대하여 유럽인권협약이 관여할 수 있는 방법을 제시하는 것 같지만, 이 경우에는 공권력의 주체가 공정거래법을 통과시킨 입법부이고, 이를 집행한 법원은 아니라고 유럽인권법원이 선고하였다고 보는 것이 더욱 정확할 것이며, 이를 내국 법체계의 문제로 번역한다면, 한 국가는 자신의 내국 법체계 내에서 유럽인권협약에 위반되는 법률을 집행할 수 없다는 것이 된다고 한다.

그리고 Wade 교수가 파파라초(paparazzo)의 예를 들어, 법원이 내릴 수 있는 유일한 적법한 판결은 스트라스부르의 법과 합치되는, 프라이버시의 협약상의 권리를 인정하고 집행하는 것이라고 하는 데 대하여는, 협약상의 권리는 공적 기구에 대한 권리일 뿐이며, 이 점은 Lord Chancellor에 의하여 상원에서의 심의 과정에서도 확인되었다고 한다.42)

뿐만 아니라 HRA가 공권력의 주체에 법원을 포함시킨 것은 Wade 교수가 주장하는 것과 같은 효과를 가지지 않는다고 한다. 첫째, HRA는 새로운 訴訟權原(cause of action)43)을 창조하지 않으며, 영국의 私法上의 규칙들을 달리 변경시키려고 하지도 않았다. 둘째, HRA 제 9 조 제 1 항은 협약상의 권리 침해에 대하여 다투는 방법으로서의 소송(proceedings)은 上訴(appeal)를 하거나 사법적 구제(judicial review)를 신청하는 것이라고 규정하고 있는데,44) 上訴는 법원의

를 보장한다."

41) Markt Intern 사건, 12 E.H.R.R. 161(1989).

42) 위 註 25) 참조.

43) 이는 "한 당사자에게 다른 사람에 대한 관계에서 司法的 救濟를 구할 수 있는 권리를 발생시키는 사실 또는 사실들(The fact or facts which give a person a right to judicial redress or relief against another)" 등과 같이 설명된다. Black's Law Dictionary, 6th ed., West Publishing Co., St. Paul, Minn, 1990 참조. 우리나라에서는 보통 訴因 또는 請求原因이라고 번역하고 있는 것 같다. 그러나 訴因이라는 용어는 우리 法상의 용어가 아니어서 그 의미가 잘 전달되지 않고, 請求原因이라는 용어는 우리 法상의, 규범적인 정당성은 捨象된 개념으로 이해될 우려가 있다. 이 글에서는 請求權原이라는 말에 대응하여 訴訟權原이라는 말로 번역해 보았다.

44) HRA 제 7 조 제 1 항 (a) 및 제 9 조 제 1 항의 규정은 다음과 같다.

제 7 조 제 1 항: 공권력의 주체가 제 6 조 제 1 항에 의하여 위법하게 된 방법으로 행동하거나 행동하려고 한다고 주장하는 사람은

재판에 대한 것이지, 법원이 위법하게 행동함으로써 잘못 행동하였다는 데 대한 것이 아니며, 사법적 구제는 사법적 기능을 행사하는 법원에 대하여는 작용하지 않는다고 한다. 셋째, 상소의 권리에 의하여는 권리가 창설될 수 없으며, 우선 상소될 수 있는 어떤 것이 있어야 한다고 한다. 넷째, HRA 제7조 제1항은 명백히 공권력의 주체가 협약상의 권리를 침해한 다음에야 법적 소송에서 협약상의 권리가 주장될 것을 예정하고 있는데, 이는 법적 소송이라는 제도가 협약상의 권리에 의하여 기속되는 공권력의 주체가 협약상의 권리에 부합하게 행동하여야 한다는 의무를 창설하는 효과를 가진다는 관념과는 맞지 않는다고 한다.

그리고 법원은 다른 일방이 공권력의 주체인 사건에서뿐만 아니라 개인들 간의 사건을 다루는 사건에서 보통법을 발전시킴에 있어서도 협약과 합치되게 행동하여야 할 의무를 부담하는 것이 원리상의 문제로서 맞다고 하는 귀족원에서의 Lord Chancellor의 주장(위 註 28 참조)에 관하여는, 법 해석에 있어서 의회의 자료를 참조할 수 있다고 한 Pepper v. Hart 판결의 판시 내용에 비추어 볼 때 다른 주제에 관한 수정안에 대한 답변도 그러한 자료에 포함되기는 어렵다고 한다.[45)]

다. Wade의 再反論

이러한 Buxton의 주장에 대하여 Wade는 자신의 종전 주장을 유지하는 재반론을 폈다.[46)]

우선 HRA가 수용한 유럽인권협약상의 권리는 정부에 대항하는 성격(anti-government character)을 가진 것이라는 주장에 대하여, HRA 이전에는 협약

(a) 이 법에 의하여 적절한 법원이나 행정심판기구에 소송을 제기할 수 있거나 또는 … (이하 생략)

제9조 제1항: 司法的 행위와 관련하여서는 소송은 다음의 방법으로만 제기될 수 있다.

(a) 상소권(right of appeal)의 행사에 의하여

(b) 사법적 구제의 신청(applocation)(스코틀란드에서는 請願, petition)에 의하여 또는

(c) 규칙들에 의하여 규정된 다른 法廷(forum)에서.

45) 다른 한편으로 Buxton은, 아래에서 살펴볼 間接的 水平效의 주장, 즉 HRA의 가치(value)는 개인간에 적용되는 법을 해석함에 있어서도 고려되어야 한다는 주장에 대하여는 다음과 같이 주장하고 있다. 즉 公法上의 가치를 私法으로 옮기는 것은 유추인데, 그러한 유추를 HRA의 조항으로부터 정당화하기는 매우 어렵고, 또 유럽인권협약의 특정 조항들이 문명 사회에서 일반적으로 공유되는 가치들에 기반하고 있다면 이러한 가치는 영국 법원들이 유럽인권협약의 조항들을 그러한 가치를 구체화하는 것으로 사용함으로써 이미 인정되고 있다고 한다. Buxton(註 31), p. 59.

46) Wade(註 32), pp. 217 ff.

상의 권리는 정부의 의무라는 형태로밖에 존재할 수 없었지만, 이는 다른 가능성이 없었기 때문이지 그러한 권리가 私人 사이에는 본래적으로 적용될 수 없기 때문은 아니었으며, 협약상의 권리의 적용범위 및 집행절차와 같은 2차적 속성이 국내법으로 변형될 때에도 똑같은 것으로 남아 있어야 할 아무런 이유가 없다고 한다. Buxton이 A. v. United Kingdom 판결(註 39)과 관련하여, A.의 유럽인권협약상의 권리가 국내법에 의한 효율적인 체계가 있어야 한다는 것이고, 그 권리의 상대방은 국가라면, 이러한 권리는 HRA상의 繼父에 대한 권리로 바로 바뀔 수는 없다고 한 데 대하여,[47] 왜 그럴 수 없는가 하고 반문하면서, 권리가 협약에 의하여 국제적으로 보장되는 대신 의회의 법률에 의하여 국내적으로 보장되게 되면 더 이상 국제법에서 유래하는 제한에 구애될 필요가 없고, 실제 HRA 규정의 효과는 무엇이며, 기초자의 의도는 무엇인가만이 문제가 된다고 한다.

첫 번째 문제, 즉 HRA 규정의 효과에 관하여는 법원이 공권력의 주체에 포함되므로 법원으로서는 私人간의 분쟁에 있어서도 협약상의 권리에 부합하게 판결할 수밖에 없다고 하는 종전의 주장을 되풀이하면서, 자신의 견해는 Hunt의 견해[48]와 큰 차이가 없다고 한다.[49]

또한 Buxton이 Lord Chancellor의 귀족원에서의 진술이 다른 주제에 관한 수정안에 대한 것이므로 해석에 참고가 될 수 없다고 한 데 대하여는, Lord Chancellor의 진술은 인권법안에서 水平效를 배제하려고 하는 Lord Wakeham의 수정안에 대하여 동일한 주제를 다룬 것이고, Lord Chancellor의 앞의 진술과 뒤의 진술이 서로 상충되기는 하지만,[50] 서로 충돌하는 두 개의 규정 중 후의 규정이 우선한다는 원칙을 차용한다면 정부는 Lord Wakeham의 수정안에 경고를 받아 水平性을 받아들이기로 결정한 것으로 볼 수 있다고 한다. 그리고 하원에서의 논의[51]도 이 점에 대한 근거가 될 수 있다고 한다.

---

47) Buxton(註 31), p. 54.

48) 아래 2. 가. 참조.

49) 그런데 Wade는 자신의 주장을 뒷받침하는 근거로서 Lester and Pannick, Human Rights: Law and Practice(1999), pp. 31-32; Grosz, Beatson and Duffy, ibid., p. 89를 인용하고 있다. 그러나 이들은 Wade 교수의 인용은 부정확하고, 자신들은 Wade 교수의 견해에는 동의할 수 없으며, Hunt의 주장에 동의한다고 지적하고 있다. A. Lester and D. Pannick, "Note: The Impact of the Human Rights Act on Private Law: the Knight's Move", (2000) 116 L.Q.R. pp. 380 ff.; J. Beatson and S. Grosz, "Note: Horizontality: A Footnote", ibid. pp. 385 f. 참조.

50) 위 Ⅲ. 참조.

51) 註 29) 참조.

그리고 人權이란 보편적이고 근본적인 가치를 가지고 있어서 이는 모든 사람에 대하여(erga omnes) 작용되어야 하고, 유럽인권협약의 원래의 목적이 나찌 독일과 같은 독재적이고 억압적인 정부의 출현을 방지하기 위한 것임은 틀림없지만, 그 후의 반세기 동안에 인권의 새로운 문화가 서구에서 발전하였으며, 시민은 그의 기본권이 정부로부터뿐만 아니라 자신의 이웃으로부터도 존중될 것을 정당하게 기대할 수 있고, 이것이 HRA의 정신이라고 한다.

2. Hunt와 Phillipson 사이의 논쟁

위와 같은 Wade와 Buxton의 주장은 각각 완전한 水平效와 전적인 垂直效를 주장하는 것이다. 그러나 뒤에서 다시 살펴보는 것처럼 이러한 주장들은 주장되고 있는 여러 견해의 스펙트럼 가운데 양 극단에 위치한 것으로서, 별로 지지를 받지 못하고 있다. 대다수의 논자들은 間接的 내지 제한적 水平效를 주장한다.

그러나 이러한 間接的 水平效를 주장하는 논자들 사이에서도 그 구체적인 내용은 상당한 차이가 있다. 여기서는 그 중 대표적으로 비교적 강한 내용의 間接的 水平效를 주장하는 法廷辯護士(barrister) Hunt의 견해[52)]와, 이를 비판하는 Essex 대학의 Phillipson[53)]의 주장을 살펴보기로 한다.[54)]

가. Hunt의 주장[55)]

Hunt는 우선 인권 보호의 수직적 접근을 옹호하는 사람들은 공적 영역과 사적 영역을 엄격하게 구분하는 고전적 자유주의의 정치철학을 주장하는 반면,

---

52) Murray Hunt, "The "Horizontal Effect" of the Human Rights Act", (1998) P.L. pp. 423 ff. 이는 1997. 11. 28. 개최된 제3차 Clifford Chance Conference에서 발표된 내용을 기초로 한 것으로서, 거의 같은 내용이 위 Conference에서 발표된 내용을 묶은 책인 B. S. Markenisis (ed.)(註 28)에 "The Effect on the Law of Obligations"라는 제목으로 수록되어 있다. 여기서는 앞의 글을 인용한다.

53) Gavin Phillipson, "The Human Rights Act, 'Horizontal Effect' and the Common Law: a Bang or a Whimper?" (1999) M.L.R. pp. 824 ff.

54) Phillipson은 Hunt의 견해를 강한 間接的 水平效(strong indirect horizontal effect)라고 부르고, 자신의 견해를 약한 間接的 水平效(weak indirect horizontal effect)라고 부른다. Phillipson (註 53), pp. 830 f. 참조. 그러나 Hunt 자신은 자신의 견해가 間接的 水平效와 直接的 水平效 사이에 위치한 것으로 설명한다. Hunt(註 52), pp. 434 ff.

55) Hunt(註 52), pp. 424 ff.

이에 반대되는 수평적 접근을 옹호하는 견해는 국가는 모든 법률관계에 의하여 구성되어 있고, 前政治的인 私的 領域이란 없다는 견해에 입각하고 있다고 한다. 그러면서 이론적인 스펙트럼의 양 극단 사이에도 인권 규범이 어느 정도 적용될 수 있는 여지가 있을 수 있고, 成文法이 아니라[56] 普通法(common law)에 의하여 규율되는 私人간의 순수하게 私的인 분쟁에 있어서 기본적 권리가 어느 정도로 의미를 가지는가 하는 점이 垂直主義者(verticalists)와 水平主義者(horizontalists)를 구분하는 어려운 문제라고 한다.

그리하여 기본권을 보호하는 다른 法域에서 어떻게 이 문제를 다루고 있는가를 살펴보면 넓게 보아 4가지의 구분 가능한 견해가 있다고 한다.[57]

첫째, 垂直效(vertical effect).[58]

둘째, 直接的 水平效(direct horizontal effect).[59]

셋째, 間接的 水平效(indirect horizontal effect).

넷째, 모든 법에 대한 적용(application to all law).

Hunt는 이 중 셋째 및 넷째의 견해를 다음과 같이 설명한다.

우선 셋째의 間接的 水平效를 인정하는 대표적인 예로서 캐나다를 드는데, 캐나다 대법원은 1986년의 Dolphin Delivery 사건[60]에서 다음과 같이 판시하였다. 즉 캐나다의 權利 및 自由 章典(Charter of Rights and Freedoms)은 보통법이 정부의 어떤 행동의 근거가 된 경우를 제외하고는 보통법에 적용되지 않고, 위 장전 제32조 제 1 항의 "적용" 조항("application" clause)[61]은 의회, 州의 입법부 및 행정부의 의미에서의 정부의 행동에 대하여만 장전이 보호를 부여한다는

---

56) 성문법은 그것이 사인간의 관계에 관한 것이라 하더라도 기본적 권리에 관한 법률과 합치하는지 여부에 관하여 심사 대상이 된다는 것은 일반적으로 인정되고 있다(I. Leigh가 말하는 直接的 法規的 水平性). 註 20) 참조.

57) 이 점에 관한 또 다른 비교법적 고찰로는 예컨대 I. Leigh(註 20), pp. 62 ff.; J. Cooper, "Horizontality: The Application of Human Rights Standards in Private Disputes" in: English and Havers(ed.), An Introduction to Human Rights and the Common Law, Hart Publishing, Oxford-Portland Oregon, 2001, pp. 64 ff. 참조.

58) 이에 해당하는 국가로는 미국 및 홍콩이 있다.

59) 아일란드가 이를 인정한다고 한다.

60) Retail, Wholesale & Department Store Union, Local 580 v. Dolphin Delivery Ltd[1986] 2 S.C.R. 573.

61) 이 조항은 다음과 같다:
이 장전은 다음에 적용된다.
(a) 의회의 권한 내에 있는 모든 문제에 관하여 캐나다의 의회 및 정부에, 그리고
(b) 각 州(province)의 입법부의 권한 내에 있는 모든 문제에 관하여 각 주의 입법부 및 정부에.

의미이며, 보통법에 근거하여 법원이 留止命令(injunction)을 발하는 것은 장전이 적용되기 위하여 필요한 정부의 개입이라는 요건을 충족하지 못한다고 한다. 그러나 McIntyre 대법관은 이는 정부의 행동이 결여되었을 경우에는 章典이 보통법과 관련이 없다는 의미는 아니며, 그러한 경우에도 보통법은 章典에 따른 심사를 받아야 하지만, 그 심사의 내용이 다르다고 설시하였다. 즉 사법부는 헌법에 나타나 있는 '基本的 價値(fundamental values)'와 합치하는 방식으로 보통법의 원칙을 발전시켜야 하고, 다만 이는 한 사적인 당사자가 다른 사적인 당사자에 대하여 헌법적인 의무를 부담한다는 것과는 다르다고 한다. 이러한 '章典上의 權利(charter rights)'와 '章典上의 價値(charter values)'의 구별은 그 후의 캐나다 대법원의 판례에 의하여 확고한 것이 되었다.[62)]

반면 네 번째의 견해는 남아프리카공화국 1993년 過渡憲法(Interim Constitution)에 관하여 남아프리카공화국 헌법재판소가 1996년에 선고한 Du Plessis v. De Klerk 사건 판결[63)]의 반대의견에서 Kriegler 대법관이 주장한 것이다. 이 사건에서 원고는 피고 신문사를 상대로 명예훼손을 이유로 하는 소송을 제기하였는데, 피고는 헌법상의 표현의 자유를 들어 자신의 행동에 위법성이 없다고 주장하였다. 이에 대하여 다수의견은 헌법상의 권리장전은 일반적이고 직접적으로 수평적으로 적용되지 않는다고 하면서도, 이는 사인간의 관계를 규율하는 보통법의 발전에 영향을 미칠 수 있고 미쳐야 한다고 하여, 결과적으로 캐나다나 독일과 마찬가지로 間接的 水平效만을 인정하였다.[64)]

이에 대하여 Kriegler 재판관의 반대의견은, 그러한 결과는 私人에 의한 差別을 정당화하고 보호할 위험이 있다고 하여 반대하면서, 과도헌법상의 기본권章은 국가와 개인간의 관계뿐만 아니라 私人間의 관계도 "법이 관련되어 있는 한(wherever law is involved)" 규율한다고 한다. 즉 私人은 법에 호소하지 않는 한 자신들의 사적 업무를 임의로 수행할 수 있으니, 예컨대 어떤 지주는 자신이 원한다면 인종, 性 기타 다른 사유를 이유로 하여 집을 임대하는 것을 거부할 수 있다고 한다. 그렇지만 아무도 자신의 편협함을 집행하거나 보호하기 위하여 법에 호소할 수는 없다고 한다. 다시 말하여 사적인 관계는 그들이 법에 의하여 규율되지 않는 한 그대로 방임되어야 하지만, 법이 그들 사이의 관계를

62) 예컨대 Manning v. Hill, (1995) 126 D.L.R. (4th) 129.
63) 1996 (3) S. A. 850. 이 판결에 대하여 좀더 상세한 것은 Leigh(註 20), pp. 66 ff. 참조.
64) 다수의견은 위 캐나다 대법원의 Dolphin Delivery 판결을 참고로 인용하였다.

규율하는 한은 이 관계는 순수한 사적인 성격을 상실하고, 국가는 법을 제정하고 집행하고 해석하며 적용하는 모든 역할에 있어서 헌법에 의하여 기본권으로 인정된 권리를 유지하고 보호하는 방식으로 행동하여야만 한다는 것이다.

Hunt는 HRA의 해석에 관하여는 네 번째의 견해를 지지한다. 즉 HRA 자체뿐만 아니라 정부의 백서 및 의회에서의 토론 등을 종합하면 모두 間接的 水平效와 直接的 水平效의 사이에 위치한 네 번째의 견해, 다시 말하여 HRA가 사적인 관계를 규율하는 보통법을 포함한 모든 법에 적용된다고 하는 것이 법의 올바른 해석이라는 점을 나타낸다고 한다. 우선 HRA 제 6 조 제 1 항이 공권력의 주체만이 유럽인권협약에 따라야 할 의무를 진다고 규정하는 점에서 直接的 水平效는 의도된 것이 아님이 명백하다고 한다. 반면 법원이 공권력의 주체에 포함된 것은 水平效를 인정함에 있어서 중요한 의미를 가진다고 한다. 비록 HRA가 협약상의 권리가 "모든 법에 적용된다"라고 규정하고 있지는 않고, 제 3 조 제 1 항의 유럽인권협약에 합치되게 해석하여야 할 의무도 성문법규에만 적용되지만, HRA 제 6 조가 법원과 행정심판기구를 공권력의 주체에 포함시킴으로써, 법원 등이 단지 보통법에 의하여서만 규율되는 사적인 당사자 사이의 순수하게 사적인 분쟁에서 재판하는 경우도 포함하여 법원 등에게 협약과 합치되게 행동하여야 할 의무를 부과한 것이라고 한다.

그러므로 정부가 어느 정도의 水平效를 염두에 두었다는 것은 의문의 여지가 없지만, 문제는 그것이 어느 정도인가 하는 것인데, 채택된 모델이 캐나다나 독일의 경우보다 水平性의 방향에서 더 나아갔다는 것도 매우 명확하다는 것이다. 즉 법원은 단순히 유럽인권협약을 고려할 권한을 가지는 데 그치거나, 유럽인권협약의 가치를 고려할 의무만을 부담하는 것이 아니라, 협약상의 권리와 합치되게 행동할 명백한 의무를 부담하는 것이다. 그러므로 가장 가능한 입장은, 유럽인권협약이 모든 법에 적용되고 따라서 사적 당사자 사이의 소송에서도 잠재적으로 의미를 가지지만, 直接的인 水平效를 가지지는 못하는데, 왜냐하면 HRA가 협약상의 권리 침해를 이유로 하여 개인에 대하여 새로운 訴訟權原(cause of action)을 부여하지는 않기 때문이라는 것이다.

시간이 지남에 따라 기존의 訴訟權原이 진화하는 것과, 사적 당사자에 대하여 전혀 새로운 訴訟權原을 창설하는 것은 구별되어야 하는데, HRA가 후자를 의미하지 않은 것은 논쟁의 여지가 없지만, 법원은 시간이 지남에 따라 訴訟權原을 발전시킬 것이라고 한다. 그렇지만 아무런 訴訟權原이 존재하지 않고 따라서 적용될 수 있는 법이 없는 경우에는 법원은 새로운 訴訟權原을 만들어 낼 수는 없는데, 이는 의회에 의하여 명백히 배제되었다고 한다. 예컨대 여자 손님이 자신들의 바에 들어올 수 없도록 하는 남성 전용 골프 클럽의 경우에는 이를 다투려고 하는 여자를 위하여 HRA가 새로운 訴訟權原을 만들어내지 않았지만, 클럽의 구내에서 물리적으로 축출된 여자가 소송을 제기하는 경우에는 不法侵入(trespass)이라는 보통법은 폭력의 행사(assault)라는 소송에 대한 적법한 축출의 항변을 제공하는 것으로 해석되어서는 안 된다고 주장할 수 있는데, 왜냐하면 그러한 항변을 인정하는 것은 유럽인권협약 위반이기 때문이라는 것이다.

나. Phillipson의 反論[65)]

Phillipson은 여러 가지 상세한 논의를 하고 있으나, 여기에서는 주로 Hunt의 견해에 대한 비판을 중심으로 하여 살펴보고자 한다.

Phillipson도 Hunt와 마찬가지로, HRA의 기본 구도가 直接的 水平效를 배제하고 있다는 것은 이를 조금만 살펴보아도 명백하다고 한다. Wade 교수는 피고가 공적 기구이든 사인이든 아무런 차이가 없다고 하지만, 이는 HRA의 기본 구도를 근본적으로 파괴하는 것이 될 것이라고 한다. 프라이버시를 침해하는 신문의 경우에, 법원으로서는 유럽인권협약을 존중하는 판결을 내려야 한다고 하더라도, 원고가 어떻게 자신의 사건을 법원에 가져갈 수 있는가가 난점인데, 피고는 유럽인권협약 제 8 조에 구속되지 않으므로, 개인의 사건은 협약 제 8 조 위반을 이유로 할 수는 없고, 법원 자신이 HRA 제 6 조에 의하여 피고가 될 수도 없다고 한다.

그러므로 신문이 프라이버시를 침해한 경우에 유일하게 가능한 선택은 현존하는 訴訟權原을 이용하여 신문을 상대로 소송을 제기하고, 법원이 유럽인권협약 제 8 조에 합치되게 행동하여야 할 의무는 원고가 승소할 수 있도록 보통법을 해석하거나 발전시킬 것을 요구한다고 주장하는 것이라고 한다. 따라서 수평적 충격의 핵심은 간접적 효과인데, 문제는 이러한 간접적 효과가 미치는 범위 및 방법이라고 한다.

여기서 그는 약한 間接的 水平效(weak indirect horizontal effect)와 강한 間

65) Phillipson(註 53), pp. 826 ff.

接的 水平效(strong indirect horizontal effect)를 구별하는데, 약한 間接的 水平效를 인정하면 다른 사람의 행동에 의하여 피해를 입은 사람은 국가가 자신의 권리가 침해당하지 않도록 보호하는데 실패하였다고 주장할 수는 없고, 다만 캐나다, 남아프리카공화국, 독일 등에서와 같이 법원으로서는 모든 적용될 수 있는 헌법적 권리에 나타나 있는 '가치(values)'에 비추어서 현재의 법을 적용하고 발전시켜야 한다고만 주장할 수 있다고 한다.

반면 Hunt와 같이 강한 間接的 水平效를 인정하게 되면, 사인은 단순히 다른 사람의 기본권을 침해하였다는 이유로 제소를 당할 수는 없지만, 그는 또한 다른 사람의 권리를 침해하는 행동을 집행하거나 보호하기 위하여 법에 의존할 수도 없다고 한다. 이는 약한 間接的 水平效와 비교하여 볼 때, 법원에 단순히 유럽인권협약을 고려하는 것이 아니라 모든 법이 유럽인권협약과 합치하는지를 확인하여야 할 절대적인 의무를 부과하며, 또한 법원은 단순히 권리에 의하여 표상되는 가치가 아니라 그 권리 그 자체와 합치되는 것을 확인하여야 한다고 한다.

여기서 그는 Dworkin이 말하고 있는 규칙(rules)과 원리(principles)의 구별[66]을 도입한다. 규칙이란 그것이 적용될 때에는 관련되는 문제를 종국적으로 결정짓는 그러한 규범을 말하고, 따라서 이는 全部 아니면 全無(all or nothing)의 방식으로 적용된다. 반면 원리란 중요성의 차원을 가지고 있어서 한 원리의 적용이 필연적으로 그 문제를 결정짓는 것은 아니며, 한 이슈에 여러 가지의 원리가 관련될 수도 있고, 이러한 경우에는 서로 경합하는 원리들은 상호간에 형량되어야 한다.

그러므로 강한 間接的 水平效는 협약상의 권리를 규칙으로 다루는 반면, 약한 間接的 水平效는 협약상의 권리를 强行的인 원리(mandatory principles)[67]로 다루는 것이 된다.

Phillipson은 강한 間接的 水平效의 주장에 대하여 다음과 같은 다섯 가지의 근거를 들어 이를 비판하고 있다.

첫째, HRA는 어느 곳에서도 "사람은 유럽인권협약 제 1 조 내지 제14조에

---

66) Ronald Dworkin, Taking Rights Seriously, 7th impression, Duckworth, London, 1994. 이에 대하여는 尹眞秀, "憲法裁判所 違憲決定의 遡及效", 憲法問題와 裁判[上](裁判資料 제75집), 法院圖書館, 1997, 682면 이하 및 그 곳 註 136)에서 인용하고 있는 문헌들 참조.

67) 여기서 강행적인 원리란 법원이 반드시 고려하여야 하는 원리를 의미한다.

규정된 권리와 자유를 가진다"라고 규정하지 않고, 단지 법규정이 유럽인권협약에 합치되도록 해석되어야 하며, 공권력의 주체에게 협약상의 권리와 합치되도록 행동할 의무를 부담시키고, 공권력의 주체가 그와 같이 행동하지 않았을 때 司法的 救濟만을 허용하고 있다. 이 점에서 HRA는 협약상의 권리 그 자체를 수용한 것이 아니며, 유럽인권협약 제1조[68]도 수용하지 않았다. 요컨대 HRA 제6조 제1항에 의한, 협약상의 권리에 반하지 않도록 행동할 법원의 의무는 원고가 확인되어야 할 권리를 가질 때에만 작용할 수 있는데, 협약상의 권리는 국내법의 일부가 되지 않았으므로, 원고는 사인에 대하여 그러한 권리를 가지지 않고, 협약상의 권리를 확인할 법원의 의무는 이러한 경우와는 관련이 없다. 따라서 이러한 협약상의 권리는 私的 領域에서는 기껏해야 법적 가치 및 원리로서의 의미만을 가질 뿐이다.

둘째, 유럽인권협약 제13조[69]는 HRA에 의하여 배제되었고, 대신 HRA 제8조는 제한적으로 공권력의 주체에 의한 행위에 대하여만 구제를 인정하고 있으므로, 私人의 행위에 대한 구제가 제공될 것을 명할 수는 없다. 뿐만 아니라 유럽인권협약 제13조 중 "그 침해가 공무집행 중인 자에 의하여 자행된 것이라 하더라도(notwithstanding that the violation has been committed by persons acting in an official capacity)"라는 문구는 많은 사람들에 의하여 私人에 의한 침해도 구제를 받아야 한다는 근거로 제시되고 있는데, 이 구절이 받아들여지지 않았으므로 법원이 私權의 침해에 대하여 현존하는 訴訟權原을 조작함으로써 구제를 시도하고 제공하여야 할 의무가 있다는 주장을 하기는 더욱 어렵다.

셋째, Hunt의 주장에 따른다면 법원은 협약상의 권리를 규칙(rule)으로서 적용하여야 하고, 따라서 유럽인권협약에 규정된 예외 이외의 다른 것은 이러한 협약상의 권리에 우선할 수 없다고 보게 될 것이다. 그렇게 되면 私的 訴訟에 있어서와 같이 원고가 주장하고 있는 바로 그 불법행위를 이루는 규칙들과 원리들이 협약상의 권리와 충돌하는 경우에는 이러한 규칙과 원리들은 고려되지 않게 되며, 따라서 Hunt의 모델에 따른다면 법원은 관련되는 현재의 불법행위의 규칙들 및 이를 뒷받침하는 가치들을 무시하고 모든 현존하는 규칙들을 관련된 유럽인권협약 조항이 요구하는 것과 합치되도록 자동적으로 바꾸어야

68) 註 40) 참조.

69) "이 협약에 규정된 권리와 자유를 침해당한 사람은 그 침해가 공무집행 중인 자에 의하여 자행된 것이라 하더라도 국가당국 앞에서의 실효적인 구제조치를 받아야 한다."

할 것이나, 이러한 잠재적으로는 급격하고 전면적인 私的 보통법의 개정을 이에 관하여 침묵하고 있는 HRA가 이처럼 간접적인 방법으로 요구한다고 볼 수는 없다고 한다.

넷째, 강한 間接的 水平效를 인정하게 되면 결국 사법부가 私人에게 의무 내지 책임을 부과하는 것이 되나, 이는 의회의 의도에 어긋난다고 한다.

다섯째, 법원이 사법상의 보통법을 유럽인권협약에 합치되도록 할 의무가 있다고 하더라도, HRA 제2조에 의하면 법원은 스트라스부르(유럽인권법원 소재지)의 판례를 존중하여야 하는데, 유럽인권법원이나 위원회는 사적 관계에 국가가 개입함에 있어서 넓은 범위의 평가의 여지(margin of appreciation)를 인정하고 있으므로, HRA 제6조에 의하여 법원이 私的 사건에 개입할 의무라는 것은 별다른 내용이 없는 것이 되며, 가령 이러한 평가의 여지 이론은 국내 법원에서는 적용할 여지가 없으므로 법원은 보다 적극적으로 개입하여야 한다고 하더라도, 법원이 어떻게 하여야 할지는 협약 그 자체로부터 도출될 수 없다고 한다. 요컨대 법원이 모든 사법상의 보통법을 협약상의 권리와 합치되게 만들 의무가 있다고 하더라도 그러한 형식적인 의무의 실제적인 내용은 법원의 재량에 속하게 된다는 것이다.

결론적으로 Phillipson은 강한 間接的 水平效의 주장은 설득력이 없고, 협약에 나타난 가치를 강행적 원리로 보는 약한 間接的 水平效가 타당하다고 한다.[70)]

3. 기타의 견해

이들 외에도 여러 논자가 이 문제에 대하여 견해를 발표하였다. 이들 가운데 Wade처럼 直接的인 水平效를 인정하여야 한다거나 Buxton과 같이 水平效를 전적으로 배제하여야 한다는 사람은 찾아보기 어렵고,[71)] 대체로 間接的인 水平效를 인정하여야 한다고 보고 있다.[72)] 그러나 間接的 水平效를 지지하는

---

70) 나아가 그는 협약상의 권리의 비중을 고려함에 있어서 개인의 自律(autonomy) 및 당사자 사이의 대등성 여부가 중요한 요소라고 지적한다. Phillipson(註 53). pp. 846 f.

71) 다만 T. Raphael, "The Problem of Horizontal Effect", (2000) 5 E.H.R.L.R. 493 ff.는 대체로 완전한 水平效를 인정하여야 하지만, 이는 재판권의 한계나 반대되는 선례에 의하여만 제한을 받는다고 한다.

72) Lester and Pannick과 Grosz and Beatson은 Wade를 비판하고 있고(위 註 49 참조), I. Hare,

논자들 가운데에서도 Hunt의 주장과 같이 강한 間接的 水平效를 지지하는가, 아니면 Phillipson과 같이 약한 間接的 水平效를 지지하는가 하는 점에 관하여는 견해가 갈린다.[73]

Ⅴ. 판 례

HRA 시행 후에 나온, HRA의 水平效를 인정할 수 있는가에 관한 판례로는 항소법원(Court of Appeal)의 Michael Douglas, Catherine Zeta-Jones, Northern & Shell Plc v. Hello! Limited 판결[74]과, High Court의 Venables and Thompson v. News Group Newspapers Ltd, Associated Newspapers Limited and MGM Limited 판결[75]의 두 개를 들 수 있다. 이 문제에 관하여 아직 귀족원의 판례는 나온 것 같지 않다.[76] 두 판결 모두 종래 영국법에서는 일반적으로 인정되지 않았던 프라이버시의 권리가 HRA의 시행에 의하여 인정될 수 있는가 하는 문제를 다루고 있다.

1. Douglas v. Hello! 판결

이 사건에서는 영국의 Hello!라는 대중잡지가 유명한 영화배우인 Michael Douglas와 Catherine Zeta-Jones의 결혼식 사진을 이들의 의사에 반하여 게재하려는 것을 이들이 留止命令(injunction)에 의하여 막을 수 있는가 하는 점이 문

"Verticality Challenged: Private Parties, Privacy and the Human Rights Act", (2001) 5 E.H.R.L.R. 526 ff.는 주로 Buxton의 주장을 비판하고 있으며, N. Bamforth, "Notes: The True "Horizontal Effect" of the Human Rights Act 1998", (2001) 117 L.Q.R. 34 ff.는 두 사람을 모두 비판하고 있다. 이 외에도 間接的 水平效를 주장하는 것으로는 Leigh(註 20), pp. 82 ff.; Markesinis(註 19), pp. 72 ff.; Cooper(註 57), pp. 68 f.; Wadham and Mountfield(註 5), pp. 28 f. 등 참조.

73) Lester and Pannick과 Grosz and Beatson(註 49)은 Hunt의 견해를 지지하고, Cooper(註 57), p. 68도 그러한 취지로 보인다. 반면 Markesinis(註 19), p. 73은 독일, 캐나다 및 남아프리카 공화국의 예를 들고 있어서 후자의 견해로 보이고, Leigh(註 20), pp. 82 f.도 비슷하다.

74) [2001] Q.B. 967.

75) [2001] Fam. 430.

76) 그러나 귀족원의 Hoffmann 대법관은 McCartan Turkington Breen (A Firm) v. Times Newspapers Ltd [2001] 2 A.C. 277, 299에서 방론으로, 의사 소통의 분야에서 HRA는 수평적 효과를 가져야 한다는 데 동의한다고 하였다.

제되었다. 이들 부부는 2000. 11. 18.에 뉴욕에서 결혼식을 올리면서, 그 결혼식의 사진 등을 OK!라는 영국의 잡지에 독점적으로 게재하도록 허락하였다. 이를 위하여 위 결혼식장에는 제한된 하객만을 입장시키고, 하객의 카메라 소지는 허용되지 않는 등의 조치가 취하여졌다. 그런데 OK!의 경쟁지인 Hello!는 어떤 방법인지는 몰라도 누군가가 몰래 찍은 위 결혼식 사진을 입수하여 OK!에 앞서서 게재하려고 하였다. 이에 이들 부부와 OK!의 발행 회사가 신청인이 되어, Hello!를 상대로 하여 그 게재의 금지를 명하는 유지명령을 신청한 것이다.

제 1 심법원인 High Court의 Buckley 판사는 2000. 11. 20. 위 게재의 금지를 명하는 유지명령을 발령하였고, 다음날 Hunt 판사는 위 유지명령의 지속을 명하였다. 그러나 항소법원은 11. 22. 및 23. 변론을 들은 다음 위 유지명령을 취소하였고, 2000. 12. 21.에 이르러 그 이유를 고지하였다.

이 사건의 쟁점은 크게 보아 두 가지이다. 즉 Hello!의 위와 같은 행위가 신청인 Douglas와 Zeta-Jones의 권리를 침해하는가 하는 점과, 신청인들이 Hello!의 위와 같은 행위를 막기 위하여 유지명령을 청구할 수 있는가 하는 점이다. 항소법원은 전자는 긍정하였으나, 후자는 부정하여 결국 신청인들이 패소한 것이다. 여기서 주로 살펴보고자 하는 것은 전자의 점이다.

종래 영국의 판례는 독일이나 미국 등 다른 나라와는 달리, 사생활의 침해에 대한 일반적인 프라이버시의 권리를 인정하지 않았고, 다만 의사와 환자, 변호사와 의뢰인, 성직자와 告解者, 은행과 고객 등 특별한 신뢰관계가 전제로 된 경우에 한하여 비밀의 침해(breach of confidentiality)를 이유로 하는 구제가 인정되었을 뿐이었다.77) 만일 이 사건에서 몰래 사진을 찍은 것이 하객이나 신청인들의 피용자였다면 쉽게 비밀의 침해를 이유로 하는 구제가 인정될 수 있었을 것이다. 그러나 이 사건에서는 누가 위 사진을 찍었는지가 밝혀지지 않았기 때문에 이러한 비밀의 침해를 이유로 하는 구제는 인정될 수 없었다.

그러므로 문제는 이러한 비밀의 침해 요건이 갖추어지지 않은 경우에도

---

77) 이는 요컨대 정보가 그 정보의 비밀이 유지된다는 조건 아래 취득되었다면, 그 정보를 취득한 사람은 그 비밀을 유지하여야 하고, 이를 깨뜨리는 것은 위법하다는 것이다. Douglas v. Hello! [2001] Q.B. 967, 985 참조. 이에 관하여 간단히는 R. English, "Confidentiality and Defamation", in: English and Havers(ed.)(註 57), pp. 185 ff. 참조.

프라이버시의 침해라는 새로운 일반적인 訴訟權原을 인정할 것인가 하는 점이었다. 이 판결에 관여한 Brooke 판사와 Sedley 판사 및 Keene 판사는 모두 이 사건에서는 이를 인정하였으나 그 이유에 있어서는 다소 차이가 있었다.

Brooke 판사는 프라이버시의 권리를 제한적으로 인정하고자 한다.[78] 즉 한편으로는 유럽인권협약 제 8 조 제 1 항[79]은 누구에게나 주장할 수 있는 사생활과 가족생활의 권리를 창설한 것처럼 보이는 반면, 동조 제 2 항[80]과 HRA 제 6 조 및 양자의 일반 철학은 이를 공권력의 침해에 대한 것으로 제한하는 것처럼 보이는 딜레마에 빠지게 되는데, 유럽인권법원은 이러한 딜레마를 유럽인권협약 제 1 조[81]에 의한 체약국의 적극적 보호의무에 의존함으로써 해소하였다고 한다. 그러나 유럽인권협약 제 1 조는 HRA에 의하여 수용되지 않았으므로 어려운 문제가 생기게 되는데, 이 사건에서는 이 문제는 굳이 해결할 필요가 없는 것이, HRA 제12조 제 4 항이 관련된 프라이버시 章典(privacy code)을 특별히 존중하라고 규정하였고, 이에 해당하는 言論苦衷處理委員會의 실무장전(Code of Practice)에는 당사자의 프라이버시를 존중하도록 규정하고 있으므로, 이러한 법률 규정에 비추어 볼 때 언론의 자유도 이 한도 내에서는 프라이버시에 의하여 제한을 받아야 한다는 것이다.

이에 반하여 Sedley 판사는, 좀더 적극적이었다.[82] 즉 우리는 자신 있게 법이 개인적 프라이버시의 권리를 인정하고 적절하게 보호할 것이라고 말할 수 있는 시점에 도달하였다고 하면서, HRA 제 2 조와 제 6 조에 의하여 영국의 법원은 유럽인권법원과 위원회의, 프라이버시를 보호하기 위한 적극적 의무를 인정하는 판례를 존중하여야 할 뿐만 아니라, 이러한 프라이버시의 권리와 다른 협약상의 권리와 합치되게 행동하여야 한다는 점을 강조하고, 이 사건이 HRA의 水平效라는 큰 문제를 해결할 만한 곳은 아니지만, 적어도 HRA 제12조 제 4 항은 유럽인권협약의 적어도 한 조항은 水平效를 가진다는 것을 명백히 하고 있고, 이것이 전체 HRA의 메커니즘의 예시인지 아니면 특별한 경우

78) Douglas v. Hello! [2001] Q.B. 967, 990 ff.

79) "모든 사람은 그의 사생활, 가정생활, 주거 및 통신을 존중받을 권리를 가진다."

80) "법률에 합치되고, 국가안보, 공공의 안전 또는 국가의 경제적 복리, 질서 유지와 범죄의 방지, 보건 및 도덕의 보호, 또는 다른 사람의 권리 및 자유를 보호하기 위하여 민주사회에서 필요한 경우 이외에는, 이 권리의 행사에 대하여는 어떠한 공공당국의 개입도 있어서는 안 된다."

81) 註 40) 참조.

82) Douglas v. Hello! [2001] Q.B. 967, 997 ff.

인지는 여기서는 따지지 않겠다고 한다.

Keene 판사는, HRA 제 6 조 제 1 항에 의하여 공권력의 주체에 법원이 포함됨으로 인하여 공권력의 주체가 소송의 당사자가 아닌 경우에도 법원은 보통법을 해석함에 있어서 협약상의 권리에 합치되게 행동하여야 하는데, 이것이 새로운 訴訟權原을 창설하는 데까지 확대될 수 있는가에 관하여는 논쟁이 있지만, 이 사건에서는 이는 HRA 제 6 조 제 1 항에 비추어 그 범위가 결정되어야 하는 비밀의 침해라는 이미 존재하는 소송권원에 의존하여 처리될 수 있으므로 그 문제를 다룰 필요는 없다고 한다.[83] 이러한 책임을 비밀의 침해라고 표현하는가 아니면 프라이버시의 권리의 침해라고 부르는가는 訴訟權原에 어떠한 표지를 붙이는가 하는 것 이상의 문제는 아니지만, 원래의 비밀침해의 개념이 이 특수한 범주의 사건에 있어서 신뢰관계가 주로 문제되는 상업적 관계 및 고용관계와는 다른 것으로 발전하였다고 인정하는 것이 낫다고 한다.[84]

이처럼 이들 법관들은 HRA에 비추어 신청인들의 프라이버시의 권리를 인정하였지만, 이들의 권리가 사전적인 留止命令에 의하여 보호받아야 할 정도로 강력한 것은 아니라고 하여 결국 신청인들의 청구를 기각한 것이다.

2. Venables v. News Group Newspapers Ltd.

이 사건에서는 살인죄로 유죄선고를 받고 복역하고 있는 소년들의 신원을 보도할 수 있는가 하는 것이 그 쟁점이 되었다. 이 사건의 기본적인 사실관계는 상당히 복잡하지만,[85] 간단히 요약해 본다면 다음과 같다. 1993. 2. 12. 이 사건 당사자들인 당시 10세의 Venables와 Thompson 두 소년은 영국 리버풀에서 2세의 幼兒인 James Bulger를 살해하였다. 그리하여 이 두 소년은 1993. 11. 24. 법원에서 1933년 청소년법(Children and Young Persons Act 1933)에 따른 不定期刑[86]을 선고받았다. 이 부정기형은 그 수감 기간이 내무부장관(Home Secretary)의 재량에 달려 있는 것으로서, 다만 最少期間(tariff)이 경과하면 가석방

83) 즉 비밀 침해의 요건으로서 그 이전에 미리 존재하는 신뢰관계는 필요하지 않다는 것이다.

84) Douglas v. Hello! [2001] Q.B. 967, 1007 ff.

85) 위 판결에도 사실관계가 나와 있으나 이외에도 大沼和子, 中村秀一, "イギリスにおける少年事件報道", 法律時報 第73巻 12號, 2001, 61頁 이하 참조.

86) detention during Her Majesty's pleasure.

위원회에 회부되어 그 결정에 따라 석방될 수 있다.[87)]

위 사건은 처음부터 언론의 대단한 관심을 끌게 되었고, 일반인들의 비상한 주목의 대상이 되게 되었다. 그러자 위 사건을 담당하였던 Morland 판사는 1993. 11. 1. 재판을 시작하면서 언론에 위 소년들에 대한 보도를 금지하였다가, 위 소년들의 유죄가 확정되고 아직 형이 선고되기 전에 보도금지명령을 완화하여 위 소년들의 이름 및 가정환경 등의 배경은 보도할 수 있지만 그 외의 것은 보도할 수 없도록 하였다.[88)]

그런데 2000년 8월 위 두 소년이 18세가 되게 되자, 2000년 7월에 이르러 두 소년은 3개의 주요한 신문 그룹을 상대로 자신들에 대한 보도금지명령을 유지해 줄 것을 청구하였고, High Court 家事部(Family Division)의 院長(President)인 Dame Elizabeth Butler-Sloss는 2001. 1. 9. 이 사건에 관하여 신청인들의 청구를 받아들이는 판결을 선고하였다.

이 사건에서는 우선 법원에게 성년이 된 사람들에 대한 보도금지를 명할 재판권(jurisdiction)이 있는가가 문제되었다. 왜냐하면 종전의 보도금지명령은 청소년법에 의거한 것으로서 성년이 된 신청인들에게는 더 이상 적용될 수 없기 때문이고, 따라서 성년이 된 피고인들에 관하여 법원이 보도금지명령을 명할 수 있는가 자체가 문제로 된 것이다. 이와 관련하여 Butler-Sloss 원장은 우선 유럽인권협약이 이 사건에 직접 적용되는가 하는 문제를 다루었다.[89)] 피신청인인 신문사들은 HRA에서 규정하는 공권력의 주체가 아니지만, 법원은 공권력의 주체로서 협약상의 권리와 합치되게 행동하여야 하고, 유럽인권법원과 위원회의 판례를 존중하여야 하기 때문이다. 이 점에 관하여 Butler-Sloss 원장은 국가에게 당사자의 권리를 보호하여야 할 적극적인 의무가 있다는 유럽인권법원의 판례와, 적어도 유럽인권협약 중 한 조항에는 水平效가 인정된다는 위 Douglas v. Hello! 판결에서의 Sedley 판사의 의견을 인용하면서, 표현의 자유

87) 두 소년에 대한 最少期間은 최초에 판사가 각 8년으로 정하였으나, 항소법원 刑事副院長(Lord Chief Justice)이 10년으로, 다시 내무부장관이 15년으로 올렸는데, 귀족원이 1997. 6. 12. 위 내무부장관의 결정을 취소하였다. 결국 가석방위원회는 2001. 6. 22. 두 소년의 석방을 권고하여 두 소년은 석방되게 되었다. 大沼和子, 中村秀一(註 85), 67頁 참조.

88) 위 유죄판결에 대하여 소년들은 유럽인권법원에 제소하였는데, 유럽인권법원은 1999. 12. 16. 위 소년들에 대한 재판 및 그 최소기간의 결정이 법원 이외의 사람에 의하여 이루어지는 것이 유럽인권협약 제 6 조(공정한 재판을 받을 권리) 및 제 5 조 제 4 항(법원에 의하여 구금의 합법성을 심사받을 권리) 위반이라고 판시하였다. V v. United Kingdom, (2000) 30 E.H.R.R. 121.

89) [2001] Fam. 430, 445 ff.

를 규정한 유럽인권협약 제10조는 이 사건에 적용되고, 법원의 의무는 유럽인권협약의 조항에 근거한, 모든 사람에게 주장할 수 있는 訴訟權原을 창설하는 것은 포함하지 않지만, 이미 존재하는 訴訟權原에 관하여 재판함에 있어서 협약상의 권리에 합치되게 행동하는 것이며, 이는 소극적 의무뿐만 아니라 적극적인 의무도 포함한다고 한다.

그리고 재판권의 문제에 있어서는 HRA의 시행을 고려한 기존의 訴訟權原인 비밀의 법리(law of confidence)에 의하면 충분하다고 한다. 즉 표현의 자유를 규정한 유럽인권협약 제10조 제1항뿐만 아니라 그 제한을 규정한 제10조 제2항도 마찬가지로 중요한데, 비밀의 침해는 제10조 제2항에 의하여 인정되는 예외에 속한다고 한다. 그리고 이 사건에서는 생명권을 규정한 유럽인권협약 제2조, 고문 및 비인도적 처우의 금지를 규정한 유럽인권협약 제3조 및 사생활 등의 보호를 규정한 유럽인권협약 제8조도 적용될 수 있는데, 과거의 언론 등의 보도에 비추어 보면 신청인들의 신원[90]과 소재가 공개되면 신청인들은 생명과 신체에 대하여 위험이 생길 우려가 크다고 하여, 당사자들의 새로운 신원과 소재를 보도하는 것을 금지하는 명령을 내렸다. 나아가 과거에는 소송의 당사자에게만 유지명령을 발할 수 있다고 하는 원칙이 근 200년 동안 준수되어 왔지만, HRA의 시행에 비추어 보면 소송 당사자 아닌 사람들에 대하여도 보도를 금지할 필요가 있다고 하여 피신청인들뿐만 아니라 다른 제3자에 대하여도 보도를 금지하였다.[91]

3. 小 結

이 판결들은 HRA의 水平效 일반에 관하여 결론을 내리기보다는 제한적으로 언론의 자유와 프라이버시의 관계와 관련하여서 HRA 내지 유럽인권협약의 水平效가 인정될 수 있다고 한 것이다. 그리고 그 근거의 설명에 있어서도 일반적인 프라이버시권을 인정할 것인가, 아니면 종래 인정되어 오던 비밀의 침해라는 訴訟權原을 발전시킬 것인가 하는 차이가 있다. 어쨌든 이 판결들은 영국의 법원이 HRA의 水平效에 관하여 적극적인 태도를 가지고 있음을 보여준

---

90) 영국정부는 신청인들의 사회보험번호, 출생증명 및 여권 등을 변경하여 전혀 새로운 신분을 부여하였다.

91) 對世的 命令(orders contra mundum).

다고 할 수 있다.[92)]

Ⅵ. 結 論

이제까지 HRA가 영국의 사법관계에 어떠한 영향을 미치는가에 관한 논의와 판례를 살펴보았다. 아직 HRA가 시행된 지 얼마 되지 않았으므로 이 문제에 대한 논의는 아직 초기 단계에 있다고 할 수 있고, 판례의 태도도 아직은 확정된 것은 아니다. 그렇지만 이제까지 살펴본 것에 의하여 대개의 윤곽은 확인할 수 있다. 즉 水平效를 전혀 부정하는 견해를 지지하는 사람은 Buxton 외에는 거의 없고, 水平效를 인정하는 것이 일반적인 견해라고 할 수 있다. 그렇지만 어느 정도의 水平效가 인정될 것인가 하는 점에 관하여는 의견의 일치를 보지 못하고 있다. Wade와 같이 直接的 水平效를 주장하는 사람, Hunt와 같이 모든 법에 대하여 적용된다는 강한 間接的 水平效를 지지하는 사람 및 Phillipson과 같이 약한 間接的 水平效를 옹호하는 사람 등 다양한 견해가 주장되고 있다. 直接的 水平效와 間接的 水平效의 대립에 있어서는 후자, 즉 間接的 水平效만을 인정하여야 한다는 것이 일반적으로 받아들여지고 있다고 할 수 있으나, 間接的 水平效의 두 유형 가운데 어떤 것이 더 타당한가에 관하여는 아직 합의가 형성되지 못한 것 같다. 또한 다른 측면에서는 이러한 水平效의 문제는 HRA에 의하여 새로운 訴訟權原이 창설되는가 하는 관점에서도 논의되고 있다.

이를 우리나라에서의 논의에 비추어 보면, 直接的 水平效는 이른바 기본권의 직접적용설에 대응하는 반면, 間接的 水平效는 간접적용설에 대응하는 것이라고 할 수 있다. 그리고 間接的 水平效 내에서의 강한 間接的 水平效와 약한 間接的 水平效의 구분은 우리나라에서는 이에 상당하는 논의를 찾기 어렵다. 영국에서의 이러한 논의는 不文法인 普通法(Common Law)이 가지는 중요성이

92) Douglas v. Hello!에 대한 평석인 M. Elliot, "Privacy, Confidentiality and Horizontality: the Case of the Celebrity Wedding Photographs", (2001) 60 C.L.J. p. 233 참조. 기타 이 판결들에 대하여는 Hare(註 72)가 상세한 검토를 하고 있다. 그 외에 F. Klug and K. Starmer, "Incorporation through the "front door": the first year of the Human Rights Act", (2001) P.L. pp. 659 ff.; D. McGoldrick, "The United Kingdom's Human Rights Act 1998 in Theory and Practice", (2001) 50 I.C.L.Q. pp. 935 ff. 등 참조.

크기 때문인데, 우리나라에서는 不文法 내지 관습법의 중요성이 상대적으로 미약하기 때문이라고 생각된다. 그러나 우리나라에서도 예컨대 宗中의 구성원은 남자에 한한다고 하는 관습은 헌법에 어긋나는가 하는 문제가 제기되고 있다.[93] 이러한 사정에 비추어 본다면 영국에서의 논의도 우리나라에 여러 가지로 참고가 될 수 있으리라 생각된다.

〈서울대학교 법학 제43권 제1호, 2002. 3〉

〈追記〉

논문의 말미에서 언급한, 종중의 구성원이 남자에 한한다는 관습이 헌법에 어긋나는가 하는 점에 관하여, 대법원 2005. 7. 21. 선고 2002다1178 전원합의체판결(公 2005하, 1326)은 종원의 자격을 성년 남자로만 제한하고 여성에게는 종원의 자격을 부여하지 않는 종래 관습은 헌법을 최상위 규범으로 하는 전체 법질서에 어긋나므로 그 효력을 인정할 수 없다고 판시하였다. 이 판결에 대하여는 저자가 "變化하는 사회와 宗中에 관한 慣習", 사법 창간호, 2007. 9, 3면 이하에서 별도로 다루었다.

93) 李和淑, "宗中의 女性問題", 逸軒 崔柄煜敎授 停年紀念 現代民事法研究, 法文社, 2002, 91면 이하 참조.

美國 契約法上 Good Faith의 원칙

I. 序　　論

미국 계약법상 우리나라나 대륙법에서의 신의성실의 원칙에 상응하는 것이 Good Faith[1]의 원칙이다. 이 원칙이 미국에서 논의되기 시작한 것은 그다지 오래되지 않았으며, 본격적으로 판례나 학자들에 의하여 다루어지게 된 것은 1970년대 이후의 일이라고 할 수 있다. 그러나 현재 이 원칙은 미국 계약법의 한 일반원칙으로 자리잡아서 많은 판례가 이를 다루고 있고, 학자들에 의하여도 활발하게 다루어지고 있다.[2]

물론 미국법상의 Good Faith 원칙은 그 적용범위를 비롯하여 한국법상의 신의성실의 원칙과는 상당한 차이가 있다.[3] 그렇지만 미국에서의 Good Faith 원칙에 관한 논의는 한국에서의 신의성실의 원칙을 이해하는 데에도 많은 참고가 될 수 있다고 생각된다. 그리하여 이 글에서는 미국 계약법상 Good Faith 원칙에 관한 논의를 소개하고자 한다.

이 글의 순서로서는 먼저 Ⅱ.에서 미국에서 Good Faith 원칙이 확립되게

---

1) 또는 Good Faith and Fair Dealing이라고도 한다. 이를 우리말로 번역한다면 "信義誠實과 公正한 去來"라고 할 수 있다.

2) Eric C. Anderson, "Good Faith in the Enforcement of Contracts", 73 Iowa L. Rev. 300(1988).

3) 한국의 신의성실의 원칙과 유사한 유럽계약법원칙(Principles of European Contract Law, PECL)의 규정과 미국 統一商法典(Uniform Commercial Code, UCC)의 규정을 비교한 것으로 Herry Flechtner, "Comparing the General Good Faith Provisions of the PECL and the UCC: Appearance and Reality", 13 Pace Int'l L. Rev. 295 ff.(2001)이 있다.

된 과정을 살펴본다. 이어서 Ⅲ.에서는 Good Faith 원칙의 의미에 관한 이론들을 살펴본다. 구체적으로는 파른즈워드(Farnsworth) 교수의 주장과 서머즈(Summers) 교수와 버튼(Burton) 교수의 논쟁 및 앤더슨(Anderson) 교수의 주장이 다루어진다. 그리고 Ⅳ.에서는 계약의 이행과 집행 단계에 있어서의 Good Faith 원칙이 실제로 어떻게 적용되고 있는가를 알아보기 위하여 이에 관한 대표적인 판례를 살펴본다. 나아가 Ⅴ.에서는 계약 체결(Contract formation) 단계에서도 Good faith의 원칙이 적용될 수 있는가 하는 문제를 살펴본다.

마지막으로 Ⅵ.에서는 결론에 갈음하여 이러한 미국에서의 논의가 우리 법에는 어떠한 의미를 가지는가를 생각해 보고자 한다.

Ⅱ. 미국 계약법상 Good Faith 원칙의 확립과정

미국에서 Good Faith 원칙이 완전히 자리잡게 된 것은 아래에서 언급할 統一商法典(Uniform Commercial Code, UCC)에 의한 것이다. 그러나 UCC 이전에도 이를 인정한 판례들이 있었다.

1. 초기의 판례

Good Faith 원칙을 인정한 초기의 판례로서 많이 인용되는 것은 뉴욕 주 대법원이 1917년에 선고한 Wood v. Lucy, Lady Duff-Gordon 판결[4]과, 같은 뉴욕 주 대법원이 1933년에 선고한 Kirke La Shelle Co. v. Paul Armstrong Co. 판결[5]의 두 개이다.[6]

가. Wood v. Lucy, Lady Duff-Gordon 판결

이 사건의 사실관계는 다음과 같다. 이 사건의 피고는 이름 있는 디자이너인데, 원고와의 사이에 다른 디자이너의 제품에 피고의 보증을 사용할 수 있

---

4) 222 N. Y. 88, 118 N. E. 214(1917).

5) 263 N. Y. 79, 188 N. E. 163(1933).

6) 그러나 이 이전에도 Good Faith 원칙을 적용한 판결례들이 없는 것은 아니었으나 이들은 그다지 잘 알려지지 않아서 선례로서 작용하지 못하였다. 상세한 것은 Steven J. Burton and Eric G. Anderson, Contractual Good Faith, 1995, 23 ff. 참조.

고, 또 피고가 디자인한 물건을 팔거나 다른 사람에게 라이센스를 줄 수 있는 독점적인 권리를 원고가 가지고 그 대신 피고는 원고가 체결하는 모든 계약에서 얻는 수입의 반액을 가지기로 약정하였다. 그러나 피고가 위 약정에 위반하여 원고 몰래 자신의 보증을 사용하자 원고가 계약 위반을 이유로 소송을 제기하였다. 이에 대해 피고는 원고는 위 약정에 의하여 의무를 부담하지 않기 때문에 위 약정은 約因(consideration)이 결여되어 계약으로서의 효력이 없다고 주장하였다.

위 사건을 심리한 뉴욕 주 대법원의 카도조(Cardozo) 판사[7]는 다음과 같이 판시하였다.

"원고가 (약정의) 수많은 문언에도 불구하고 피고의 보증을 사용하고 피고의 디자인을 판매하기 위하여 합리적인 노력을 기울이겠다고 약속하지 않은 것은 사실이다. 그러나 우리는 그러한 약속이 묵시적으로 포함되어 있다고 보는 것이 공정하다고 생각한다. 법은 정확한 말이 至上의 符籍(sovereign talisman)이었고 모든 失言(slip)이 치명적이었던 형식주의의 원시적인 단계를 벗어났다. 명시적인 약속은 없더라도 모든 표현이 불완전하게 표현되었지만 의무를 포함할 수 있는 것이다(인용 생략). 그렇다면 계약이 성립한다. … 우리는 한 당사자가 다른 당사자의 임의의 의사에 자신을 맡긴다고 생각해서는 안 된다."

그리하여 카도조 판사는 원고가 독점적인 권리를 가진 것, 이익의 반을 피고에게 주기로 한 것 등의 제반 사정으로 미루어 보아 원고는 이익을 올리기 위하여 합리적인 노력을 기울이기로 약속한 것이고 따라서 계약은 유효하게 성립하였다고 하였다.

이 판결은 직접적으로는 당시의 중요한 논쟁거리였던 約因에 관한 것이었고, 또 명시적으로 Good Faith라는 말을 사용하지는 않았으나, 제반 사정에 비추어 묵시적인 의무를 인정하였다는 점에서 이전까지의 형식주의적인 계약 해석의 법리를 벗어난 중요한 판결로 평가된다. 뒤에서 보는 바와 같이 미국 계약법상 Good Faith 원칙은 묵시적인 약정(implied terms)을 이끌어내는 근거라고 할 수 있다.[8]

---

7) 카도조 판사는 1930년에 미국연방대법원 대법관이 되었는데 그 전에 뉴욕 주 대법원의 법관 및 법원장으로 재직하면서 많은 중요한 판례를 남겼다.

8) 미국에서 가장 권위 있는 계약법 교과서 중 하나인 Farnsworth, Contracts, 3rd ed.(1999), §7.17(특히 504)은 Good Faith 원칙을 주로 약정이 누락된 경우에 법원이 약정을 공급하여 주는 맥락에서 다루고 있다. 또한 John D. Calamari and Joseph M. Perillo, The Law of

나. Kirke La Shelle Co. v. Paul Armstrong Co.

이 사건의 원고와 피고는 그 이전의 소송에서 화해를 하여 피고가 저작권을 가지고 있는 “Alias Jimmy Valentine”이라는 회곡의 상연에서 얻게 되는 수입의 절반을 원고가 취득하기로 하였다. 또 위 화해 계약에서는 위 저작권에 영향을 미치는 모든 계약은 원고의 동의를 받아야 한다고 하였는데 여기서 영화에 관한 권리는 명시적으로 배제되었다. 위 계약이 체결된 것은 1921. 12. 8.의 일이었는데 당시에는 無聲映畵(silent motion picture)는 나와 있었지만 有聲映畵(talkie)는 아직 상업적으로 가능하지 않았다. 피고는 1928년 이전에 위 희곡을 무성영화로 만들 수 있는 권리를 Metro-Goldwyn-Meyer 영화사에게 부여하였는데, 다시 1928. 9. 21. 위 희곡을 유성영화로 만들 수 있는 권리를 위 영화사에게 부여하였다. 그러자 원고는 위 1928. 9. 21.자 계약에 따라 피고가 얻은 이익의 절반을 지급할 것을 청구하는 이 사건 소송을 제기하였다.

원심은, 원고와 피고 사이의 계약은 유성영화가 알려져 있지 않았기 때문에 이를 고려하지 않았지만, 위 계약은 희곡의 상연 이외의 다른 원천에서 피고가 얻게 되는 수입에 확장될 수는 없고, 원고의 동의 없이 유성영화를 위한 음성과 대화 권리를 처분하지 않을 부정적인 의무를 함축하고 있다고도 볼 수 없다고 하여 원고의 청구를 배척하였다.

그러나 뉴욕 주 대법원은 원심판결을 파기하고 원고의 청구를 인용하였다. 뉴욕 주 대법원은, 유성영화는 계약 체결 당시에 알려져 있지 않았기 때문에, 유성영화에 대한 권리는 양도의 대상으로서나 특별히 제외된 영화에 관한 권리에 포함되는 것으로 당사자들이 고려하였다고 말할 수 없다고 하였다.

그리고 “모든 계약에는 어느 당사자도 상대방 당사자가 그 계약의 수익을 얻는 것을 막거나 손상시키는 결과를 가지는 어떤 것도 하여서는 안 된다는 묵시적인 약정(implied covenant)이 있으며, 이는 모든 계약에는 신의성실과 공정한 거래(good faith and fair dealing)의 묵시적인 약정이 존재한다는 것을 의미한다”고 하였다. 그리하여 원고에게 희곡의 상연에서 얻는 수익의 절반을 가질 권리를 부여하였다면, 피고로서는 계약에 의하여 인정된 권리를 가치없게 만들어서는 안 될 묵시적인 의무가 있으며, 특히 원고의 동의 없이는 원고에게 인

Contracts, 4th ed., 457 f.(1998)는 Good Faith에 관한 가장 많은 사례는 신의성실에 따라 행동하여야 할 묵시적인 약정에 관한 것이라고 설명하고 있다.

정된 권리에 영향을 미치는 어떤 계약도 안 될 계약의 명시적인 조항을 피고측이 위반하였다는 점에서 피고측이 위법행위로부터 얻은 이익 전부를 보유하도록 허용되어서는 안 된다고 하였다.

이 판결은 저작권법에 관한 한 그 결론의 타당성에 의문이 있으나,[9] 이 판결이 모든 계약에는 Good Faith 원칙이 묵시적으로 포함되어 있다고 선언한 점은 그 후의 많은 판례들에 의하여 받아들여져서 Good Faith 원칙에 관한 한 획기적인 판례로 간주되고 있다.[10]

2. 統一商法典上의 Good Faith 원칙

가. 統一商法典과 칼 르웰린(Karl Llewellyn)

이처럼 Good Faith 원칙이 일부 주의 판례에서 인정되고 있었지만, 이것이 전국적으로 인정되게 된 것은 統一商法典에 규정되게 되면서이다.

統一商法典(Uniform Commercial Code, UCC)은 1952년에 "統一州法을 위한 委員들의 全國 會議(National Conference of Commissioners on Uniform State Laws)"와 美國法學院(American Law Institute)이 만든 상사거래에 관한 모범법안이다.[11] 이 통일상법전은 그 자체로는 법률적인 효력을 가지지 않으나 미국의 거의 모든 주가 — 다소간의 수정은 있지만 — 이를 자체의 법률로 채택하였다.[12] UCC는 그 후에도 계속적으로 수정되고 있다.

이 통일상법전의 책임 보고자(Chief Reporter)는 미국 법현실주의(American Legal Realism)의 대표자인 칼 르웰린이었고, 최초에 채택된 UCC는 르웰린의 작품으로 간주되고 있다. 르웰린은 UCC를 기초함에 있어서 윌리스턴(Williston)[13]으로 대표되는 종래의 고전적 내지 형식주의적인 계약법 이론을 거부하고,

---

9) 이후의 판례들은 유사한 사실관계에서 이 판결과 다른 결론을 내고 있다. 상세한 것은 Burton and Anderson(註 6), 33 fn. 41, 42 참조.

10) Burton and Anderson(註 6), 32; Seth William Goren, "Looking for Law in All the Wrong Places: Problems in Applying the Implied Covenant of Good Faith Performance", 37 U. S. F. L. Rev. 263(2003) 참조.

11) Farnsworth(註 8), 32.

12) 49개 주와 Washington D. C. 및 Virgin Islands가 UCC를 거의 그대로 채택하였고, 루이지애나 주는 UCC의 제 2 조(매매) 및 2A조(임대차)를 제외한 나머지 규정을 채택하였다.

13) 윌리스턴의 主著는 1920년에 초판이 나온 A Treatise on the Law of Contracts이다. 윌리스턴이 책임 보고자였던 1932년의 제 1 차 계약 리스테이트먼트(the First Restatement of Contracts)는 이러한 고전적 계약법 이론에 입각한 것으로 평가되고 있다.

코빈(Corbin)의 영향을 받아서[14] 당사자의 실질적인 의도를 중시하였다.[15] 이는 UCC가 서면계약이 있는 경우에 서면 외의 증거 제출을 엄격히 제한하는 구두증거의 법칙(parole evidence rule)을 완화하고, 문언상 명백한 경우에 다른 해석을 허용하지 않는 이른바 명백한 의미의 법칙(plain meaning rule)을 채택하지 않고 있는 데서[16] 잘 나타난다.[17]

다른 한편 르웰린은 독일에서 중등학교를 다녔고, 제 1 차 대전 때에는 독일군으로 참전했으며, 1931년에서 1932년까지는 독일 라이프찌히 대학의 방문교수로 있었다. 그리하여 르웰린이 UCC를 기초할 때에는 독일법의 영향을 많이 받았다고 이해되고 있다.[18] 특히 르웰린이 UCC의 Good Faith 원칙에 관한 규정을 기초함에 있어서는 신의성실의 원칙(Treu und Glauben)을 규정하고 있는 독일민법 제242조를 염두에 두었던 것으로 보인다.[19]

나. UCC상의 Good Faith 원칙에 관한 규정

UCC에는 Good Faith에 관하여 언급하고 있는 규정이 매우 많으나,[20] Good Faith 원칙과 관련하여 중요한 것은 일반규정인 제1-203조와 그 정의규정

14) 코빈의 主著는 1950년에 초판이 나온 Corbin on Contracts이다. 1981년의 제 2 차 계약 리스테이트먼트(the Second Restatement of Contracts)는 코빈의 영향을 많이 받은 것으로 평가되고 있다.

15) John Edward Murray, Jr., Murray on Contracts, 4th ed. 2001, pp. 18 ff.; John Edward Murray, Jr., "Contract Theories and the Rise of Neoformalism", 71 Fordham L. Rev. 869, 878 ff.(2002) 참조. 르웰린의 계약법 이론 전반에 관하여는 Alan Schwartz, "Karl Llewellyn and the Origins of Contract Theory", in: The Jurisprudential Foundations of Corporate and Commercial Law(Jody S. Kraus and Steven D. Walt ed.), 2000, 12 ff. 참조.

16) UCC §2-202.

17) 이에 대하여는 Robert E. Scott and Jody S. Kraus, Contract Law and Theory, 3rd ed., 2002, 625 ff., 680 ff. 참조.

18) James Whitman, "Note: Commercial Law and the American Volk: A Note on Llewellyn's German Sources for the Uniform Commercial Code", 97 Yale L. J. 156 ff.(1987).

19) Robert H. Jerry Ⅱ, "The Wrong Side of the Mountain: A Comment on Bad Faith's Unnatural History", 72 Tex. L. Rev. 1317, 1334 Fn. 88(1994); E. Allan Farnsworth, "Duties of Good Faith and Fair Dealing under the UNIDROIT Principles, Relevant International Conventions, and National Laws", 3 Tul. J. Int'l & Comp. L. 47, 51(1995).

20) UCC는 크게 두 가지 의미에서 Good Faith라는 용어를 사용하고 있는데 그 한 가지는 여기서 다루고 있는 것으로서 계약의 이행과 집행에 관한 것이다. 이를 "Good Faith Performance"라고 지칭할 수 있다. 다른 한 가지는 당사자의 심리상태에 관한 것으로서 이를 "Good Faith Purchase"라고 지칭할 수 있다. 후자는 우리법상의 善意取得에 대응하는 것들이다. 兩者의 비교에 대하여는 E. Allen Farnsworth, "Good Faith Performance and Commercial Reasonableness under the Uniform Commercial Code", 30 U. Chicago L. Rev. 667 ff.(1963) 참조.

인 제1-201조 (19) 및 매매(Sales)에 관한 규정인 제2-103조 (1)(b)이다.

먼저 제1-203조는 "이 법상의 모든 계약이나 의무는 그 이행이나 집행에 있어서 신의성실의 의무를 부과한다(Every contract or duty within this Act imposes an obligation of good faith in its performance or enforcement)"라고 규정하고 있다. 그 공식 해설(Official Comment)에서는 다음과 같이 설명하고 있다. 즉 위 조문은 이 법 전체를 관통하고 있는 기본 원칙을 규정하고 있는데, 상사계약에 있어서는 모든 약정이나 의무의 이행이나 집행에 있어서 Good Faith가 요구된다는 것이다. 그러나 이행이나 집행에 있어서 Good Faith를 지키지 않았다고 하여 독립된 청구원인(independent cause of action)이 인정되는 것은 아니며, 이행이나 집행에 있어서 Good Faith를 지키지 않으면 당해 계약 위반이 되거나 救濟의 권리나 권한(remedial right or power)을 행사할 수 없게 된다는 것이다.

그런데 그 정의규정인 제1-201조 (19)는 당초에는 다음과 같이 규정하고 있었다. 즉 "Good Faith"는 행동이나 당해 거래에 있어서의 사실에 관한 정직성(honesty in fact)을 의미한다는 것이다. 이는 원래의 초안과는 다른 것인데, 원래의 초안에서는 "Good Faith"가 사실에 관한 정직성이라는 주관적인 기준뿐만 아니라 "당사자가 관여하는 어느 거래나 영업 분야에 있어서의 합리적인 상업적 기준(the reasonable commercial standards of any business or trade in which he is engaged)"을 준수한다고 하는 객관적인 기준도 아울러 포함하고 있었다. 그러나 이러한 객관적인 기준은 최종적으로 UCC를 채택할 때에는 결국 미국 변호사협회의 회사, 금융 및 거래법 분과(American Bar Association's Section of Corporation, Banking and Business Law)의 제안에 따라 제외되고 말았다. 위 분과가 이를 제외하자고 한 이유는, 보통 사람이나 보통 법률가들에게는 "Good Faith"란 단지 정직성만을 의미한다고 하는 것이었다.[21)]

그리하여 UCC는 이처럼 제 1 장에서는 "Good Faith"에 관하여 주관적인 기준을 채택하는 대신 매매에 관한 제 2 장에서는 商人에 대하여는 제 1 장과 달리 객관적인 기준을 채택하고 있다. 즉 제2-103조 (1)(b)는 "商人의 경우에는 Good Faith는 사실에 있어서의 정직성과 영업 분야에 있어서의 공정한 거래의 합리적인 상업적 기준을 준수하는 것을 의미한다{"Good Faith" in the case of a

21) Farnsworth(註 20), 67; Robert S. Summers, ""Good Faith" in General Contract Law and the Sales Provisions of the Uniform Commercial Code", 54 Virg. L. Rev. 195, 208 ff.(1968) 참조.

merchant means honesty in fact and the observance of reasonable commercial standards of fair dealing in the trade}"고 규정하고 있다.

그러나 이처럼 UCC가 일반규정에서 객관적 기준이 아니라 주관적 기준을 채택한 것은 많은 비판을 받았다.[22] 버튼은 다음과 같은 예를 들어서 UCC의 주관적 기준을 비판하고 있다. 즉 1972년 메릴랜드 주 대법원이 선고한 한 판결[23]에서는 다음과 같은 점이 문제가 되었다. 즉 이 사건에서 농부인 원고는 자기가 경작하는 콩을 밭에 있는 상태 그대로 피고에게 팔았는데, 피고가 충분히 익었다고 판단할 때 따 가기로 하였다. 그런데 가뭄과 비 때문에 원고의 콩을 포함한 많은 콩이 피해를 입었다. 그리하여 원고는 피고에게 7월 1일에 콩을 따 가라고 통지하였으나, 피고는 다른 밭에 있는 상태가 더 나은 콩을 수확하기 위하여 원고의 밭에 있는 콩을 따는 것을 미루다가 7월 4일에야 원고 밭의 콩을 따기 시작하였으나 콩의 상태가 나쁘다는 이유로 이를 중단하였다. 메릴랜드 주 대법원은 피고가 콩을 따는 것을 미룸으로써 결과적으로 콩의 품질이 악화된 것은 Good Faith에 어긋나는 것이라고 판결하여 원고에 대한 손해배상책임을 인정하였다. 그런데 버튼은 만일 이 사건에서 피고가 원고의 콩이 충분히 익었지만 다른 밭의 콩을 따는 것이 유리하기 때문에 원고의 콩을 따는 것을 미루겠다고 정직하게 이야기했다면 어떻게 될 것인가라는 물음을 제기하면서, 그 경우에는 피고가 정직하다고 할 수 있겠지만 어떤 법원도 피고가 Good Faith에 맞게 행동하였다고 판결하지는 않을 것이라고 한다. 이러한 점에 비추어 볼 때 정직성이 문제의 핵심은 아니라고 한다.[24]

이처럼 UCC 제 1 장의 주관적 기준에 대한 비판을 반영하여 2001년에 개정된 UCC 제1-201조 (20)은 다음과 같이 규정함으로써 주관적 기준과 객관적 기준을 아울러 채택하였다: "Good Faith"는 제 5 장에 달리 규정된 경우를 제외하고는 사실에 있어서의 정직성과 공정한 거래의 합리적인 상업적 기준을 준

22) Farnsworth(註 20), 671 ff.; Burton and Anderson(註 6), 122 ff. 등.

23) Dorsey Brothers, Inc. v. Anderson, 287 A. 2d. 270.

24) Steven J. Burton, "Good Faith in Articles 1 and 2 of the U.C.C.: the practice view", 35 Wm. & Mary L. Rev. 1533, 1539 ff.(1994). 또한 Burton and Anderson(註 6), 122 ff. 참조. 그러나 이러한 주관적 기준인가 객관적 기준인가의 논의는 실제로 별 중요성이 없다는 지적도 있다. Michael P. Van Alstine, "of Textualism, Party Autonomy, and Good Faith", 40 Wm. & Mary L. Rev., 1223, 1247 ff.(1999).

수하는 것을 의미한다{"Good Faith," except as otherwise provided in Article 5, means honesty in fact and the observance of reasonable commercial standards of fair dealing}.[25)]

3. 제 2 차 계약 리스테이트먼트(the Second Restatement of Contracts)

1981년에 최종적으로 공포된 제 2 차 계약 리스테이스먼트도 신의칙에 관한 규정을 두고 있다. 이 리스테이트먼트는 미국법학원의 주도 아래 만들어지는 것으로서, 공식적인 법률의 효력을 가지지는 않지만, 그 제정에 관여한 사람들의 권위 때문에 법원에서도 이를 참조하는 경우가 많다.[26)]

리스테이트먼트 제205조는 다음과 같이 규정하고 있다. "모든 계약은 각 당사자에게 그 이행과 집행에 있어서 신의성실과 공정한 거래의 의무를 부과한다(Every contract imposes upon each party a duty of good faith and fair dealing in its performance and enforcement)."

그리고 그 공식 해설(Comment)은 다음과 같이 설명한다.

우선 a.에서는 "good faith"의 의미에 관하여 다음과 같이 설명한다. 즉 "good faith"라는 구절은 다양한 문맥에서 사용되고, 그 의미도 문맥에 따라 달라진다고 한다. 계약의 Good Faith에 따른 이행이나 집행은 합의된 공통의 목적에 충실할 것과 상대방 당사자의 정당한 기대(justified expectation)와 일치할 것을 강조하며, "信義 違反(bad faith)"으로 특징지어지는 여러 가지 유형의 행동을 배제하는데, 왜냐하면 이러한 행동은 품위, 공정함 또는 합리성에 관한 사회적 기준에 위반되기 때문이라고 한다. 그리고 Good Faith의 의무 위반에 대한 적절한 구제수단도 상황에 따라 달라진다고 한다.[27)]

---

25) 그 공식 코멘트는 그 개정 이유에 관하여 다음과 같이 설명하고 있다. 즉 종전의 제1-201조 (19)의 일반적 정의와는 달리 종전의 제2-103조 (1)(b)는 공정한 거래의 합리적인 상업적 기준도 포함시켰으나 그 적용 범위가 제한되어 있었는데, 그 후의 UCC의 개정 과정에서는 이러한 제 2 장의 정의를 다른 장에서도 받아들였고{예컨대 제2A-103조 (7), 제3-103조 (a)(4), 제4A-105조 (a)(6), 제8-102조 (a)(10), 제9-102조 (a)(43)} 이러한 발전에 비추어 보면 "Good Faith"의 보다 넓은 정의를 제 1 장으로 옮기는 것이 적절하다고 한다. 그 외에 이에 관하여는 Margaret L. Moses, "The New Definition of Good Faith in Revised Article 1", 35 UCC L. Jour. 47 ff.(2002) 참조.

26) 제 2 차 계약 리스테이트먼트의 원래 보고자는 하바드 대학교의 브라우쳐(Robert Braucher) 교수였는데, 그가 1971년에 매사추세츠 주 대법원의 대법관으로 임명되자 그 후임으로 컬럼비아 대학교의 파른스워드 교수가 임명되어 작업을 마쳤다.

27) b.에서는 good faith purchase에서 말하는 good faith는 정직성에 초점을 맞추는데 good

그리고 d.에서는 신의성실에 따른 이행(good faith performance)에 관하여 설명하고 있는데, 속임수나 회피 등은 비록 행위자가 자신의 행동이 정당화될 수 있다고 믿더라도 이행에 있어서의 신의성실 의무를 위반하는 것이지만, 이 의무는 그 이상인데, 신의성실 위반(bad faith)은 공공연할 수도 있고, 不作爲(inaction)일 수도 있으며, 공정한 거래는 정직성 이상의 것을 요구한다고 한다. 신의성실 위반의 완전한 목록은 불가능하지만, 다음과 같은 유형들이 법원의 재판에서 인정되었다고 한다: 거래의 정신을 회피하는 것, 주의를 기울이지 않고 게으름을 피우는 것, 고의로 불완전한 이행을 하는 것, 조항을 특정하는 권한을 남용하는 것, 상대방 당사자의 이행을 방해하거나 협조하지 않는 것 등이라고 한다.

그리고 e.에서는 집행에 있어서의 Good Faith에 관하여 설명하고 있다. 신의 성실과 공정한 거래의 의무는 계약상의 청구권과 항변의 주장, 확정 및 제소에도 미치는데, 이러한 의무는 분쟁을 꾸며내는 것, 자신의 이해에 반하는 해석을 주장하는 것 또는 사실의 왜곡 등에 의하여 위반될 수 있다고 한다. 이는 또한 솔직하지만 공정하지 않은 것에도 미치는데, 예컨대 정당한 상업적 이유 없이 상품 매매에 관한 계약의 수정을 얻어내기 위하여 상대방의 궁박한 사정을 이용하는 것 등이다. 그 외에 판례상 인정된 예로는 이행의 보장을 위한 귀찮은 요구, 이유를 말하지 않고 이행을 거절하는 것, 고의로 손해를 감경시키지 않는 것, 이행 여부를 결정하거나 계약을 종료할 권한을 남용하는 것 등이라고 한다.[28)]

---

faith performance에서는 적절하지 않다고 설명하고, c.에서는 이 조문은 교섭 단계(negotiation), 즉 계약 성립 단계(the formation of a contract)에서의 good faith는 다루지 않는다고 밝힌다.

28) 이 조문의 보고자는 브라우쳐 교수였는데, 이러한 설명은 뒤에서 살펴볼 서머즈 교수의 주장에 영향을 받은 것이다. 이 점에 관하여는 Robert S. Summers, "The General Duty of Good Faith — Its Recognition and Conceptualization", 67 Cornell L. Rev. 810 ff.(1982), 특히 814 ff.에 인용되어 있는 47 ALI Proceedings pp. 489-491(1970)에서의 브라우쳐 교수의 설명 참조.

Ⅲ. Good Faith 원칙의 의미에 관한 이론들

1. 파른스워드(Farnsworth)의 주장

파른스워드 교수는 비교적 초기인 1963년에 Good Faith에 관한 논문을 발표하였다.29) 이 논문에서는 Good Faith 원칙의 의미 그 자체에 중점을 둔 것은 아니고 그 기준, 즉 주관적 기준에 의할 것인가 객관적 기준에 의할 것인가를 주로 다루었으나, Good Faith의 일반적인 의미를 계약의 일방 당사자에게 상대방 당사자가 합리적인 기대를 박탈당하지 않도록 협조할 것을 요구하는 계약의 묵시적인 조항을 가져오는 것으로 이해하고 있다.30) 파른스워드는 그 후 1995년에 발표한 논문에서, 자신의 이러한 입장은 Good Faith 원칙을 가장 제한적으로 이해하는 것이라고 하면서, 뒤에서 언급할 서머즈 교수와 버튼 교수의 주장과 대조하여 설명하고 있다.31)

2. 서머즈의 1968년 논문 — 排除槪念 理論

1968년에 서머즈 교수가 Good Faith 원칙의 의미를 이론적으로 분석한 논문을 발표하였다.32) 이 논문에서 서머즈 교수는 영국의 철학자인 오스틴(J. L. Austin)을 인용하면서,33) Good Faith는 그 자체로는 일반적인 의미 또는 의미들을 가지지 않고 넓은 범위의 이질적인 형태의 신의성실 위반(bad faith)을 배제

29) Farnsworth(註 20).

30) Farnsworth(註 20), 669. 670에서도 Good Faith의 중요성은 약정에 있어서 조항을 함의하는 것(implying terms in agreement)이라고 설명한다.

31) "Good Faith in Contract Performance", in: Good Faith and Fault in Contract(Jack Beatson and Daniel Friedmann ed.), 161 ff.(1995).

32) Summers(註 21), 195 ff.

33) 오스틴은 예컨대 진짜의(real)라는 말은 진짜가 아닌(not real) 것에 비추어 보아야만 의미를 확정할 수 있다고 하면서, 진짜 오리는 여러 가지의 장난감이나 미끼와 같은 진짜가 아닌 여러 가지의 실재하지 않는 오리를 배제한다는 의미에서만 단순한 오리와 구별되고, "진짜의"라고 불리워질 수 있는 모든 사물에 공통된 특징을 발견하려는 노력은 실패할 수밖에 없으며, "진짜의" 라는 말의 기능은 어떤 것을 특징짓는 데 적극적으로 기여하는 데 있지 않고, 진짜가 아닐 수 있는 여러 가지의 가능한 방법을 배제하는 데 있다고 한다. J. Austin, Sense and Sensibilia, 70-71(Warnock ed. 1962). Summers(註 21), 202에서 재인용.

하는 개념(排除槪念, excluder)일 뿐이라고 주장하였다.[34] 이처럼 Good Faith가 排除槪念인 이유는 우선 판례를 분석하는 사람이 이 구절이 무엇을 의미하는가보다는 이 구절이 무엇을 제외하는가에 초점을 맞추는 것이 현명하기 때문이기도 하지만 다른 한편으로는 이 구절을 사용하는 전형적인 법관은 1차적으로는 특정한 행동을 배제하는 데 관심이 있고, 2차적으로만 행위 기준의 적극적인 내용을 확정하는 데 관심을 가지거나 또는 그에는 전혀 관심을 가지지 않기 때문이라고 한다. 그러므로 Good Faith는 법관들이 금지하는 특정되고 다양한 형태의 bad faith와 대조하여서만 특정되고 다양한 의미를 가질 수 있다고 한다.

그리하여 서머즈 교수는 어떤 것이 bad faith인가에 관심을 돌리는데, 이를 다 망라할 수는 없다고 하면서도 이행(performance)에 관하여는 다음의 6가지를 들고 있다.[35] 첫째, 거래의 정신을 회피하는 것(Evasion of the Spirit of the Deal).[36] 둘째, 주의를 기울이지 않고 게으름을 피우는 것(Lack of Diligence and Slacking off).[37] 셋째, 상당한 이행(substantial performance)을 고의로 하는 것.[38] 넷째, 조항을 특정하는 권한을 남용하는 것.[39] 다섯째 이행이 제대로 되었는지 여부를 결정할 권한을 남용하는 것.[40] 여섯째 상대방 당사자의 이행을 방해하

34) Summers(註 21), 196, 199 ff.

35) Summers(註 21), 234 ff.

36) 구체적으로는 매도인이 상품 X를 개발하여 시장을 구축한 다음 그에 관한 권리를 매수인에게 양도하고 로열티를 받기로 하였는데 매수인이 경쟁상품인 Y를 개발하여 X에 대한 로열티를 지급하지 않는 것은 거래의 정신을 회피하는 것이라고 한다. Parev Prods. Co. v. I. & Sons, 124 F. 2d 147, 150(2d Cir. 1941).

37) 예컨대 보험회사가 제 3 자의 피보험자에 대한 청구를 전적으로 자신의 책임 하에 다룰 수 있는 계약상의 권리를 행사하였으나 불리한 판결에 대하여 상소하지 않아서 피보험자가 상소를 하여 판결이 번복된 경우에 피보험자는 보험회사에 대하여 상소비용을 청구할 수 있다. Brassil v. Marykand Cas. Co., 210 N. Y. 235, 241(1914).

38) 예컨대 도급계약이나 UCC상으로는 매매계약에서 수급인이나 매도인은 완전한 이행을 하지 않더라도 상당한 이행(substantial oerformance)을 하였으면 상대방에게 그에 상응하는 대가를 청구할 수 있으나, 그가 완전한 이행을 하지 않은 것이 착오 등에 기인한 것이 아니라 의도적인 것이었으면 그는 대가를 청구하지는 못하고 자기가 이행한 부분의 가액(quantum meruit)만을 청구할 수 있다.

39) 예컨대 A가 B에게 자신의 토지를 팔겠으니 자신의 B에 대한 채무를 면제하여 줄 것을 요청하여 B가 면제를 하였으나 A의 토지 양도 시기는 정해지지 않았다. 8년이 지난 후에 B의 승계인이 A를 상대로 소송을 제기하자 법원은 묵시적인 good faith and fair dealing의 의무에 비추어 볼 때 A는 합리적인 기간 내에 팔 의무를 부담하기로 한 것이 명백하다고 판시하였다. Simon v. Etgen, 213 N. Y. 589, 595(1915).

40) 많은 경우에 계약의 일방 당사자는 상대방이 만족스럽도록(satisfaction) 이행하도록 약정하는 경우가 있다. 이러한 경우에 상대방은 그 일방의 이행이 만족스럽지 않다는 이유로 이를 거절할 수 있으나, 가령 피아노의 매수인이 만족스럽지 못한 이유가 피아노와는 아무런 관계가 없을 때에는 그는 bad faith로 행동한 것이다. Sears, Roebuck & Co., v. Kitchens, 31 Ga.

거나 협조하지 않는 것.[41)]

앞에서도 언급한 것처럼 이러한 서머즈 교수의 이론은 상당한 호응을 받아서 제 2 차 계약 리스테이트먼트의 공식 해설은 대체로 이 주장을 반영하고 있다.[42)]

3. 버튼의 1980년 논문 — 抛棄한 機會(forgone opportunities) 이론

아이오와 대학교의 교수인 버튼은 1980년에 발표한 논문[43)]에서 이른바 포기한 기회 이론을 제창하였다. 여기서 그는 계약에 의한 기대이익(contractual expectation interest)에는 기대비용(expected cost)도 포함되고, 이러한 기대비용은 특정 계약을 체결할 당시에 포기된 다른 기회(alternative opportunities forgone)로 구성된다고 한다. 그는 계약의 일방 당사자가 계약상 수량, 가격, 이행시기 등을 결정함에 있어서 裁量(discretion)을 행사할 수 있는 경우에 초점을 맞추어, 그 재량이 계약 체결 당시에 포기하였던 기회를 만회하려고(recapture) 하는 방법으로 행사될 때, 다시 말하여 재량권을 행사하는 당사자가 기대되었던 이행의 비용 지급을 거부할 때 bad faith에 의한 이행이 일어난다고 한다.[44)]

여기서 정당한 재량권의 행사와 부당한 재량권의 행사를 어떻게 구별하는가 하는 문제가 등장하는데, Kirke La Shelle 판결과 같이 일방 당사자가 계약의 이익을 얻었는가 아닌가 하는 점에 초점을 맞추는 것은 정당하지 않다고 한다. 일방 당사자가 예상하였던 이익을 얻지 못하였다는 것은 결정적이 아닌데, 재량권을 가진 당사자가 그렇게 하더라도 이는 충분한 이유가 있을 수 있다는 것이다.[45)]

가령 비율임료 임대차 계약(임료를 임차인이 영업을 하여 얻은 수익의 일정 비율로 지급하기로 하는 계약, commercial percentage lease)에서, 임차인이 그 영업활동

App. 574(1924).

41) 예컨대 피보험자가 보험계약에 명시된 대로 보험회사에 통지와 손해의 증명을 하였으나 그것이 불완전한 경우에 보험회사가 그 불완전에 대하여는 침묵을 지키고 있다가 나중에 이를 이유로 책임을 면하려는 것은 허용되지 않는다. Johnson v. Scottish Union Ins. Co., 22 S. W. 2d 362, 363(1929).

42) 위 Ⅱ. 3. 참조.

43) Steven J. Burton, "Breach of Contract and the Common Law Duty to perform in Good Faith", 94 Harvard Law Review 369 ff.(1980).

44) Burton(註 43), 372.

45) Burton(註 43), 379 ff.

을 영업 수익을 감소시키는 방향으로 변경하더라도 여기에는 정당한 이유가 있을 수도 있고 아닐 수도 있다고 한다. 즉 임차인이 수익이 좋은 영업 분야를 동일한 임대인으로부터 임차하고 있지만 정액의 임료를 지급하는 영업장으로 옮기거나,[46] 동일한 지역에서 경쟁적인 점포를 새로 개설하는 경우[47]에는 임차인에게 유리한 판결이 내려진 반면, 고객을 다른 점포로 유인하는 경우[48]에는 임차인이 패소하였다는 것이다. 임차인이 수익이 좋은 영업 분야를 어느 곳으로 옮기는가 하는 것은 임차인의 자유이고, 또 임차인이 동일한 지역에 다른 영업장을 내더라도 대형 체인은 통상 자기들의 점포의 수를 증가시키려고 하기 때문에 문제가 되지 않지만, 임차인이 임차 영업장의 수익을 감소시킬 것만을 목적으로 하여 고객을 다른 점포로 유인하는 것은 계약의 직접적인 위반이라는 것이다.[49]

Bad faith는 계약 당시에 포기하였던 기회를 만회하려고 재량을 행사할 때 인정된다고 한다. 즉 채권자(promisee)의 기대는 계약에 의하여 얻을 수 있는 대상뿐만 아니라 이행에 의하여 상대방이 부담하는 비용으로 이루어지는데, 포기하였던 기회를 만회하는 것은 필연적으로 다른 당사자에게 손해를 입히게 되고, 합리적인 사람이라면 계약상 상대방에게 부여된 재량이 포기한 기회를 만회하기 위하여 사용되지 않을 것이라고 믿을 때에만 그러한 계약을 체결할 것이라고 한다.[50]

그리고 특정한 포기된 기회에 관한 기대는 계약의 해석에 관한 객관적인 이론처럼 통상적인 거래의 과정이나 관행적인 실제에 비추어 결정될 수 있지만, 한 당사자가 포기한 기회를 만회하려고 재량을 행사한 것인가는 주관적인 의도의 문제로서, 포기한 기회 이론은 객관적 측면과 주관적 측면을 아울러 가지고 있다고 한다.[51]

버튼은 이 점에 관하여 여러 가지 예를 들고 있는데, 예컨대 매매계약의 목적물의 수량을 당사자 일방이 결정할 수 있는 계약에 있어서, 결정권을 가진 매수인이 매매계약상의 가격이 다른 곳에서 구입하는 것보다 비쌀 때에는 매

---

46) Mutual Life Ins Co. v. Tailored Woman, Inc., 309 N. Y. 248, 128 N. E. 2d 401(1955).
47) Food Fair Stores, Inc. v. Blumberg, 234 Md. 521, 200 A. 2d 166(1964).
48) Goldberg 168-05 Corp. v. Levy, 170 Misc. 292, 9 N. Y. S. 2d 394(Sup. Ct. 1938).
49) Burton(註 43), 384 f.
50) Burton(註 43), 387 ff.
51) Burton(註 43), 387 ff.

도인으로부터 구입하지 않다가, 시장 가격이 폭등하자 계약상 가능한 최대량을 매도인으로부터 구입하려고 하는 것은 Good Faith에 어긋나는 것이지만,[52] 유사한 내용으로 가스를 공급받기로 하는 계약을 체결한 매수인인 시멘트 회사가 그 후 시멘트 화로에서 나오는 폐열을 이용할 수 있는 보일러를 사용하게 되어 가스 주문을 줄이는 것은 Good Faith 원칙에 어긋나는 것이 아니라고 한다.[53] 전자의 경우에는 가격을 고정시킴으로써 시장 가격의 변화에 따라 주문량을 달리 하는 것은 계약에서 배제되었지만 후자의 경우에는 공장 시설을 개선하는 것이 계약에서 묵시적으로 예상되었기 때문이라는 것이다.[54]

그리고 버튼은 이러한 Good Faith 이행의 이론이 어떻게 정당화되는가에 관하여 법률적인 정당화와 경제적인 정당화의 두 가지가 있다고 한다. 법률적인 정당화는 그것이 계약에 의한 거래의 안전을 향상시킨다는 것인데, 재량을 가지는 자의 상대방은 그 재량이 포기한 기회를 만회하는 방법으로 행사되지 않을 것이라고 믿을 것이고, 따라서 그와 같이 재량을 행사하는 당사자에게 상대방에게 배상할 것을 요구하는 것은 융통성 있는 계약에 의존할 수 있는 가능성을 높이고 따라서 거래의 안전을 향상시킨다고 한다. 그러나 이러한 논증은 불충분한 것이 그렇게 되면 재량을 행사하는 자의 자유를 지나치게 제한하는 것이 되며, 그 상대방은 명시적인 약정을 확보함으로써 자신을 보호할 수 있으므로 결국 어느 당사자가 스스로를 보호하기에 더 나은 처지에 있는지가 문제가 되나 전통적인 법률적 분석은 이 문제에 대한 대답을 주지 못한다고 한다. 반면 경제적 정당화에 따르면 Good Faith 이행의 이론은 계약의 비용을 절감시킴으로써 경제적 효율을 향상시킨다고 한다. 교환의 비용에는 계약 당사자를 결정하기 위한 정보를 수집하는 비용과 계약을 교섭하고 계약서를 작성하는 비용 및 장래의 위험을 감수하는 비용을 포함하는데, Good Faith 이행의 이론은 당사자로 하여금 이러한 비용을 지출하는 대

52) Loudenback Fertilizer Co. v. Tennessee Phosphate Co., 121 F. 298(6th Cir. 1903).
53) Southwest Natural Gas Co. v. Oklahoma Portland Cement Co., 102 F. 2d 630(10th Cir. 1939).
54) Burton(註 43), 394 ff. 그러나 Victor P. Goldberg, "Discretion in Long-Term Open Quantity Contracts: Reining in Good Faith", 35 U. C. Davis Law Review 319 ff.(2003)는 이처럼 이행목적물의 수량의 결정이 일방의 재량에 맡겨진 계약에 있어서 Good Faith의 원칙을 적용하는 것은 법원이 당사자의 의사를 융통성 없고 잘 모르는 상태에서 이해한 계약으로 대체하는 것이라고 하여 이를 반대하고, 당사자들은 이러한 재량의 남용에 대하여 계약에 규정을 둠으로써 충분히 대처할 수 있다고 주장한다.

신 법에 의존할 수 있게 함으로써 이러한 비용을 절감시킬 수 있게 한다는 것이다.[55]

버튼 교수는 그 이듬해인 1981년에 UCC의 Good Faith 규정에 관하여 발표한 논문[56]에서도 이러한 관점을 유지하면서[57] UCC의 규정도 이러한 관점에 맞게 개정되어야 한다고 주장하였다.[58]

4. 서머즈 교수의 비판

서머즈 교수는 1982년에 다시 논문을 발표하여,[59] 제2차 계약 리스테이트먼트가 Good Faith 규정을 채택한 것과 관련하여 종전의 자기 주장을 유지하고, 리스테이트먼트도 이러한 자기의 주장을 채택하였다고 하면서 그와 동시에 버튼 교수의 주장을 비판하였다.

서머즈 교수는 우선 Good Faith 원칙의 존재이유에 관하여 두 가지 견해가 있을 수 있는데, 자신은 이것이 정의와 법에 따른 정의를 실현하는 수단(a means to justice and to justice according to law)이라고 본다고 하면서,[60] 이에 반하여 버튼 교수와 같은 학자는 Good Faith 원칙의 존재이유를 경제적 효율을 증진시킨다는 의미에서 경제적인 점에서 찾고 있다고 한다. 그러나 이러한 관점은 첫째 歷史와 무관하고, 둘째, 이 또한 도덕적이 아니라고 할 수 없고, 계약은 지켜야 한다(pacta sunt servanda)라는 원칙을 포함하고 있으며, 셋째, Good Faith 원칙이 과연 경제적으로 효율적인지는 알 수 없고, 넷째, 이러한 경제적 관점이 개개의 사건에 대한 결론을 내리는데 구체적인 이유를 제시할 수 있는지도 증명되지 않았다고 한다.[61]

그리고 Good Faith 원칙에 대한 종래의 정의는 거의 진정한 定義的인 길

---

55) Burton(註 43), 392 ff.

56) Burton(註 24).

57) 여기서 그는 종래의 전통적인 이익 관점(benefit perspective)보다는 비용 관점(cost perspective)에 주의를 돌려야 한다고 하면서 포기된 기회 이론을 다시 역설하고 있다. Burton(註 24), 5 f.

58) Burton(註 24), 22 ff.

59) Summers(註 28), 810 ff.

60) 서머즈 교수는 1968년 논문에서도 이와 같이 주장하였다. Summers(註 21), 198. 또한 이는 非良心性(unconscionability)이나 다른 형평법상의 이론과 마찬가지로 "계약상의 도덕성(contractual morality)"을 명시적으로 요구하는 것이라고 한다. Summers(註 28), 811.

61) Summers(註 28), 826 f.

잡이를 제공하지 못할 뿐만 아니라 그 범위를 제한적으로 왜곡할 수도 있고, 법관이나 법률가로 하여금 그 의미를 숙고하느라고 과연 무엇이 bad faith인가를 결정하는 것으로부터 주의를 돌리게 될 수도 있다고 한다.62)

이어서 그는 버튼이 제창하는 것처럼 재량을 행사하는 당사자가 포기한 기회를 만회하려고 하는 것인지를 탐구하는 것이 여러 가지 사정에 비추어 상대방 당사자의 합리적인 기대 밖인지를 탐구하는 것보다 더 분석을 진전시키는 것인지 알 수 없고, 또 버튼이 들고 있는 비율임료 임대차 계약의 예63)에서 임차인이 한 행위가 자신의 주장처럼 거래의 정신을 회피하는 것인가가 아니라 포기한 기회를 만회하려고 하는 것인가를 따지는 것이 왜 도움이 되는 것인지를 알 수 없다고 한다.64) 그리고 버튼이 재량을 행사하는 당사자의 주관적 의도를 따지는 것이 과연 중요한지도 알 수 없으며, 버튼은 리스테이트먼트 제205조나 많은 사례들을 충분히 분석하지 않고 있고, 또 버튼의 이론이 버튼 자신이 주장하는 것만큼 일반적이지도 않다고 한다. 다시 말하여 많은 Good Faith 이행의 사례는 재량을 부여하는 종류의 것이 아니라고 한다.65)

5. 버튼 교수의 반론

이러한 서머즈 교수의 비판에 대하여 버튼 교수는 1984년에 발표한 논문66)에서 상세한 반론을 펼쳤다. 우선 서머즈 교수가 Good Faith 이행의 원리를 "契約上의 道德性"이라고 보는 데 대하여,67) 계약상의 도덕성이란 당사자의 합의 외에 존재할 뿐만 아니라 그에 우선하는 재판의 근거를 암시하는데, Good Faith 이행의 이론을 그와 같이 설명하는 것은 법원이 전형적으로 이러한 이론을 약정된 조항을 효력이 없도록 하는데 사용하거나 또는 계약 체결 당시의 합

62) Summers(註 28), 829 f.
63) 위 註 49)의 본문 참조.
64) Summers(註 28), 830 ff.
65) Summers(註 28), 830 ff. 서머즈 교수는 최근에 발표한 논문에서도 이러한 주장을 유지하고 있다. Robert S. Summers, "The conceptualization of good faith in American contract law: a general account", in: Zimmermann and Whittaker(ed.), Good Faith in European Contract Law, 118, 130 ff.(2000).
66) Burton, "More on good Faith Performance of a Contract: A Reply to Professor Summers", 69 Iowa L. Rev. 497 ff.(1984).
67) 위 註 60) 참조.

의와는 상반되는 의무를 부과하는 데 사용한다는 것이 된다고 한다.[68)]

그러나 법원은 일반적으로 당사자의 합의를 무시하기 위하여 Good Faith 이행의 이론을 사용하는 것이 아니라 해석과 묵시적 해석(implication)을 통하여 당사자의 의도를 달성하거나 그들의 합리적인 기대를 보호하기 위하여 이 이론을 사용한다고 한다. 그러므로 설명하여야 할 과제는 어떻게 Good Faith 이행의 이론이 당사자들의 약정을 진척시키는가 하는 것이며, 자신이 판례를 연구한 바에 따르면 계약의 Good Faith에 따른 이행이란 이행에 있어서 재량을 가진 당사자가 그 재량을 계약 체결 당시의 당사자의 합리적인 예상 범위 내의 목적을 위하여 사용할 때, 즉 객관적으로 해석된 계약 체결 당시에 유보된 다른 기회를 포착하기 위하여 사용할 때를 말하는 것이라고 하여 자신의 포기된 기회 이론을 설명하고 있다.[69)]

그리고 자신의 분석이 더 진보된 것이 아니라고 하는 서머즈 교수의 비판에 대하여는 다음과 같이 대응하고 있다.[70)] 우선 자신도 서머즈 교수와 마찬가지로 Good Faith 또는 bad faith 이행에 대한 적극적인 정의를 할 수 없다는 데 완전히 동의한다고 한다. 다시 말하여 모든 사례에 공통된 하나의 사실이나 복수의 사실의 집합은 없다는 것이다. 그러므로 연역적인 방법으로 결론을 내릴 수는 없지만, 그렇다고 하여 서머즈 교수와 같이 排除概念 이론을 따를 필요는 없다고 한다. 배제개념 분석의 난점은 그것이 bad faith에만 초점을 맞추는 것인데, 대부분의 판례들은 당사자가 Good Faith로 행동했다고 판결하였으며, 이러한 판례들도 새로운 사례들을 다룸에 있어서 유용하고, 한 특수한 사례가 종전의 선례와 유사한가 아닌가를 유추함에 있어서 적극적인 정의를 채택할 필요는 없다고 한다. 자신은 서머즈 교수와 마찬가지로 리스테이트먼트 내지 서머즈 식의 설명방법이 더 나은 것으로 가는 중간 역으로 생각하는데, 이러한 중간적인 설명방법이 유지되어야 하는가는 이론에 대한 더 개선된 이해가 가능한가에 달려 있다고 한다. 자신의 비용 관점도 排除概念 이론과 마찬가지로 판례와의 유추 논증을 돕기 위한 언어학적인 설명방법을 생각하고 있는데, 서머즈 교수처럼 모든 사실들을 한 사건에서 고려하는 것은 제한된 실제적 유용성밖에 가지지 못한다고 한다. 예컨대 비율임료 임대차 계약의 예에서

68) Burton(註 66), 499.
69) Burton(註 66), 499 ff.
70) Burton(註 66), 507 ff.

'모든 사실' 또는 '전체 상황'이란 임차인이 백인인가 흑인인가, 자동차를 파는가 마차의 채찍을 파는가, 회사인가 아닌가 하는 것처럼 무한하다고 한다. 그러나 우리는 중요한 사실, 즉 선례와 의미 있는 유사성 또는 의미 있는 차이점을 정당하게 확보해 주는 그러한 사실들에 주의를 집중하기를 원한다고 한다. 이러한 기능을 수행하기 위하여는 적극적인 정의나 서머즈 교수와 같이 일반적으로 결론에 관련이 있는 사실들을 나열하는 것 외에도 일반적 기술 내지 모델, 즉 복잡한 실제를 단순화하여 묘사하는 방법이 있다고 한다. 그런데 자신이 주장하는 비용 관점은 이러한 방법을 채택하고 있으며, 수많은 사례들이 이 비용 관점의 언어로 설명될 수 있기 때문에 자신은 이것이 유용한 설명방법이라고 생각한다고 한다. 그런데 예컨대 '모든 사실을 고려하여 거래의 정신에 어긋나게 행동하여서는 안 된다'와 같이 말하는 것이 그만큼 어떤 유사성과 차이점이 중요한지 아닌지를 가르쳐 주지는 않는다고 생각된다고 한다. 그러므로 리스테이트먼트-서머즈 식의 설명방법은 상대적으로 초점이 결여되어 있어서 별로 도움이 되지 않는다고 한다.

버튼 교수는 그 후에도 이와 같은 자신의 주장을 계속 고수하고 있으나, 다소 뉘앙스의 변화가 있는 것으로 보인다. 즉 최근에는 포기한 기회의 만회(recapturing forgone opportunity)보다는 계약 체결 당시의 당사자의 정당한 기대(justified expectation)에 중점을 두고 있는 것이다. 예컨대 1994년의 논문[71]에서는 Good Faith에 관한 UCC 제1-201조의 정의 가운데 계약 이행에 관한 부분을 다음과 같이 바꾸어야 한다고 주장한다: 계약의 이행에 있어서의 "Good Faith"는 당사자들의 약정에서 발생하는 정당한 기대의 범위 내에 있는 이유로 재량을 행사하는 것을 의미한다("Good Faith" in contract performance means exercising any discretion for reasons within the parties' justifiable expectations arising from their agreement).[72]

---

71) Steven J. Burton(註 24), 1533, 1545 ff.

72) Burton and Anderson(註 6), 40은 근래의 판례의 경향을 설명하면서 좀더 명확하게 다음과 같이 언급하고 있다. 즉 몇 개의 판례는 bad faith는 포기한 기회를 만회하기 위하여 재량을 행사하는 것이라는 견해를 지지하고 있는데, 더 많은 판례는 재량이 계약 체결 당시의 당사자들의 정당한 기대의 범위 내에 있는 이유로 행사될 것을 요구하며, 이것이 동일한 생각을 더욱 명확하게 표현하는 방법이라는 것이다.

6. 앤더슨(Anderson) 교수의 Good Faith 집행 이론

앞에서 언급한 UCC나 리스테이트먼트는 모두 계약의 이행(performance)뿐만 아니라 집행(enforcement)에 있어서도 Good Faith가 요구됨을 밝히고 있다.[73] 그러나 초기의 Good Faith에 관한 논의는 주로 계약의 이행에 집중되었고 계약의 집행에 있어서의 Good Faith는 별로 관심의 대상이 되지 않았다.[74] 그런데 계약의 집행에 있어서의 Good Faith에 관심을 기울이고, 이에 대하여는 계약의 이행에 있어서의 Good Faith와는 구별되는 별도의 이론이 필요하다고 처음으로 주장한 사람은 앤더슨 교수이다.[75]

앤더슨 교수는 우선 계약의 이행과 집행을 다음과 같이 구별한다. 즉 이행이란 어떤 이익을 받는 당사자가 상대방으로부터 이를 받기 위하여 교섭을 한 그러한 이익을 말하고, 계약의 이행이란 그 이익을 받는 당사자가 합의를 맺을 때의 목적을 충족시키는 것이라고 계약을 체결할 당사자가 생각했던 것을 말한다. 이에 반하여 집행이란 그러한 이행이 부당하게 이루어지지 않는 것을 보상하거나 이행이 더 잘 일어날 수 있도록 하는 인센티브를 제공하는 것을 말한다고 한다.[76] 여기서 말하는 집행은 종래의 손해배상이나 특정이행(specific performance) 또는 손해배상액의 약정 등뿐만 아니라 계약의 해제(cancellation)나 해지(termination) 등과 같이 종래에는 계약 위반에 대한 구제수단으로 여겨지지 않았던 것들도 포함한다.[77] 특히 계약의 집행은 당사자 사이의 집행조항(enforcement terms)에 의존할 수도 있다. 이는 대체로 조건(condition)의 형태를 취하는데, 가령 소매상인이 일정한 양을 구입하지 않으면 도매상인이 공급계약을 해지할 수 있는 것 등이다.[78]

---

73) 위 Ⅱ. 2. 나. 및 3. 참조.

74) Anderson(註 2), 300.

75) Anderson(註 2) 참조. 또한 Burton and Anderson(註 6), 164 ff. 참조.

76) Anderson(註 2), 303. Burton and Anderson(註 6), 167 ff.에서는 당사자들이 제1차적으로 가지게 되는 이득(benefit)에 대한 계약상의 권리를 이행의 권리(performance rights), 이러한 이득을 받게 되는 이익을 이행의 이익(performance interest)이라고 정의하고, 이러한 이행의 이익을 보호하기 위하여 당사자들이 가지게 되는 권리를 집행의 권리(enforcement rights), 이를 행사함에 있어서 당사자들이 가지는 이익을 집행의 이익(interest in enforcement)이라고 정의한다.

77) Anderson(註 2), 303.

78) Anderson(註 2), 304 ff. Burton and Anderson(註 6), 171은 손해배상액의 예정조항(liquidated damages clause)을 자주 이용되는 집행조항으로 들고 있다.

앤더슨 교수는 전통적인 계약 위반에 대한 구제수단은 (1) 피해를 입은 당사자에게 그 교섭의 이득을 확보하는 것과 (2) 위반한 당사자에 대하여 불필요한 비용을 부과하지 않는 것의 두 가지 목표를 가지고 있다고 하면서,[79] 이는 계약 집행에 있어서의 Good Faith에도 적용된다고 한다.[80] 이 이론은 분석적인 두 단계로 나눌 수 있는데, 첫 단계는 문제의 조항이 집행조항인가, 집행조항이라면 그 집행조항을 원용하는 것이 상대방에게 불필요한 비용을 부담시키지 않고서도 이를 약정에 포함시키는 목적을 촉진하는가 하는 것을 결정하는 것이라고 한다. 두 번째 단계는 두 개의 요소를 가지고 있다고 한다. 그 첫째는 집행의 시점에 존재하는 상황 하에서 집행조항이 그것이 의도되었던 것 이외의 목적을 위한 것인가 하는 것이고, 둘째는 집행을 강행하는 당사자가 그 조항이 포함된 목적을 달성하기 위하여 자신에게 손해가 없이도 집행 조항의 원용을 불필요하게 만드는 합리적인 다른 수단을 취할 수 있었는가 하는 것이라고 한다.[81]

첫 단계에 관하여도 여러 가지 문제가 많지만,[82] 여기서는 두 번째 단계에 관한 논의를 주로 소개한다. 우선 집행조항을 원용하는 목적이 집행조항을 약정한 원래의 목적과는 다를 때에는 그 원용은 Good Faith에 어긋나는 것으로서 허용될 수 없다. 예컨대 Holiday Inns of America, Inc. v. Knight[83]에서는 부동산 소유자인 피고가 다른 사람과 그 사람이 자신의 토지를 5년 내에 198,633 달러에 매수할 수 있는 옵션을 부여하는 계약을 체결하였는데, 그 계약에 따르면 상대방인 예약권자(optionee)가 처음에 1만 달러를 지급하고, 이어서 4년 동안 매년 7월 1일에 1만 달러씩을 지급하기로 하되 예약권자가 그

79) 그 예로서는 손해배상에 있어서 채권자의 損害減輕義務 原理(mitigation principle)와 계약 위반을 이유로 계약을 해제하는 경우에 실질적인 위반(material breach)만이 해제사유가 된다는 것, 손해배상액의 예정에 있어서 그것이 과다하여 罰(penalty)의 성격을 가지면 효력이 없다는 것 등을 들고 있다. Anderson(註 2), 307 ff. 실질적인 위반에 대하여 좀더 상세한 것은 Burton and Anderson(註 6), 197 ff. 참조.

80) Anderson(註 2), 306 ff.

81) Anderson(註 2), 312 f.

82) Anderson(註 2), 313 ff. 예컨대 부동산 임대차 계약에서 임대인이 목적 토지상의 담장을 제거하기로 하고 담장이 제거되지 않으면 임차인이 임료를 지급할 의무가 없다고 약정하였는데, 담장이 대부분 제거되었으나 일부는 남아 있는 경우에 임차인이 임료를 지급할 의무가 없는가가 문제된 사안{Budget Way Cleaners & Laundry, Inc. v. Simon, 151 Cal. App. 2d 476(1957)}에서는 담장을 제거할 의무에 관한 것은 이행조항이지만 그 위반이 있으면 임료 지급 의무가 없다고 하는 것은 집행조항이라고 한다.

83) 70 Cal. 2d 327(1969).

지급을 지체하면 예약완결권(option)이 자동적으로 상실되는 것으로 되어 있었다. 원고인 예약권자는 첫 3만 달러는 제대로 지급하였는데, 1966. 6. 30.에 1만 달러를 피고에게 수표로 보냈으나 피고는 7. 2. 이를 받고서 7. 8. 예약권이 상실되었다는 이유로 이를 예약권자에게 돌려보냈다.[84] 제 1 심은 피고 승소의 무변론 판결(summary judgment)[85]을 선고하였으나 캘리포니아 주 대법원은 원심판결을 파기환송하였다. 위 예약완결권 실효조항의 목적은 예약완결권자가 약정된 기간 이상으로 투기를 하는 것을 막기 위한 것이었는데, 예약완결권자가 1만 달러보다 몇십 배 가치가 있는 예약완결권이 달려 있는데도 이러한 사소한 금액의 지급을 보류함으로써 투기를 하리라는 가능성은 별로 없고, 오히려 피고가 집행조항을 원용한 목적은 피고가 원고의 예약완결권을 실효시킴으로써 토지의 급등한 가치를 향유하려는 것이었다고 할 수 있다.[86] 따라서 피고의 예약완결권 실효 주장은 Good Faith에 어긋나는 것이라고 할 수 있다.[87]

나아가 집행조항의 원용이 집행조항을 약정한 원래의 목적에 이바지하는 것이라 해도 그것이 상대방에게 불필요하게 과다한 손해를 입힐 때에는 Good Faith에 어긋난다. 예컨대 토지 매매 계약에서 매도인이 매수인을 위하여 필요한 도시계획 허가를 받아 주기로 하였고 매수인은 그러한 의무가 없으며, 매도인이 허가를 얻지 못하면 계약을 해제할 수 있도록 한 경우에, 매도인이 허가를 받지 못하였다고 하여 매수인이 계약을 해제하는 것은, 매도인이 매수인에게 도시계획 당국에 출두하여 토지의 용도에 관하여 필요한 정보를 제공하여 줄 것을 요청하였으나 매수인이 이를 거절하였지만, 매수인이 그에 응하였다면

---

84) 이 사건에서 예약완결권 실효 조항이 이행조항인가 집행조항인가도 문제될 수 있으나 앤더슨 교수는 이 조항은 집행조항이라고 한다. Anderson(註 2), 317 f.

85) 무변론 판결은 기록상 중요한 사실에 관하여 진정한 쟁점이 없고, 무변론 판결을 신청한 당사자가 법률문제에 관하여 무변론 판결을 받을 권리가 있을 때 선고된다. 연방 민사소송규칙(Federal Rule of Civil Procedure) 56(c).

86) 위 사건 판결문에 따르면 원고는 계약 체결 후 인접 토지에 대규모의 주거 및 상업 단지를 조성하여 이 사건 토지의 가치도 매우 상승하였다고 한다. 70 Cal. 2d 327, 329.

87) Anderson(註 2), 318 ff. 캘리포니아 주 대법원은 직접 Good Faith를 원용하지 않고, 계약상 일방 당사자가 계약 조항을 준수하지 않아서 沒取(forfeiture)를 당하도록 되어 있는 경우에 그 당사자는 중과실이나 악의 등이 없는 한 상대방에게 완전한 보상을 함으로써 몰취를 면할 수 있다고 규정하고 있는 캘리포니아 주 민법전(civil code) 제3275조를 적용하였으나, 그 판결 이유에 있어서는 원고는 계약 조항을 이행할 의사와 능력이 있는 반면 피고는 계약의 종료를 정당화할 수 있는 어떤 손해도 입지 않았고, 또 그의 어떤 정당한 기대도 침해되지 않았다는 점을 강조하고 있다. 70 Cal. 2d 327, 332.

허가를 얻었을 수 있었으리라고 하는 사정이 있을 때에는 Good Faith에 어긋난다고 한다.[88)]

앤더슨 교수는 자신의 이러한 분석이 Good Faith에 관한 버튼 교수의 분석과 유사하다고 한다. 즉 양자는 다같이 계약 체결 당시의 당사자의 공통된 기대와 계약 체결 후의 선택 사이의 일관성을 강조한다는 것이다.[89)]

마지막으로 앤더슨 교수는 이러한 집행에 있어서의 Good Faith 이론이 어떻게 정당화되는가 하는 점을 다루고 있는데, 이 이론의 궁극적인 목적은 당사자의 이행에 관한 이익이 집행에 관한 이익보다 우선한다는 것을 인정함으로써 당사자의 합의를 촉진시킨다는 데 있다고 한다. 따라서 이 이론은 계약의 자유를 제한하는 공공의 정책(public policy)에 근거한 이론들과는 구별되며, 양자가 경합할 때에는 집행에 관한 Good Faith 이론이 더 우선적으로 적용되어야 한다고 한다.[90)]

Ⅳ. 契約의 履行과 執行에 있어서의 Good Faith의 원칙에 관한 주요 판례

Good Faith에 관한 판례는 매우 많아서 이에 관하여 일일이 언급할 수는 없다. 여기서는 미국의 법원이 이를 어떻게 이해하고 있는가를 비교적 잘 보여주는 판례를 골라서 소개하고, 그에 관련된 판례와 학자들의 의견을 아울러 덧붙이기로 한다.[91)]

1. Greer Properties, Inc. v. LaSalle National Bank[92)]

이 사건에서는 토지의 매도인이 매매계약을 해제한 것이 Good Faith에 어긋나는 것인가가 문제되었다. 이 사건의 피고는 토지를 1987년 2월에 제 3 자

88) Anderson(註 2), 321 f.
89) Anderson(註 2), 326 Fn. 102.
90) Anderson(註 2), 345 ff.
91) 제 2 차 계약 리스테이트먼트 제205조 공식 해설에도 간단한 판례의 소개가 있다. 그 외에 상세한 판례의 소개는 Burton and Anderson(註 6) 참조.
92) 874 F. 2d 457 ff.(7th Circuit, 1989).

인 설(Searle) 회사에게 약 110만 달러에 매도하였는데,[93] 그 매매계약에서는 토지가 환경 쓰레기에 의하여 오염되었으면 매수인이 계약을 해제할 수 있다고 하였다. 설 회사는 조사 결과 그 토지가 환경 쓰레기에 의하여 오염되었고 이를 제거하려면 50만 달러 이상이 든다고 하여 매매계약을 해제하였다. 그리하여 피고는 1987년 7월에 위 토지를 다시 원고에게 매도하였는데, 매매가격은 125만 달러였고, 위 매매계약에서는 매도인이 환경 오염을 제거할 의무를 부담하되 그 제거 비용이 매도인의 최선의 영업적 판단(best business judgment)에 따르면 경제적으로 실현 불가능할 때에는(economically impracticable) 매도인이 계약을 해제할 수 있다고 규정하였다. 매도인인 피고가 위 환경 오염 제거 비용을 따져 본 결과 대략 10만 달러서 20만 달러 사이였다. 그런데 피고는 원고에게 계약을 해제한다는 의사를 알리지 않은 채 최초의 매도인이었던 설 회사와 다시 교섭을 하여 같은 해 10월 7일에 설 회사가 피고에게 위 토지를 145만 5천 달러에 매수하겠다는 계약서 초안을 보내 왔다. 같은 날 피고는 위 제거 비용이 19만 달러에서 24만 달러에 이를 것이라는 통지를 받고, 다음날 원고에게 계약을 해제한다고 통보를 하였다. 다만 계약 해제 후에도 피고는 원고에게 원고가 매매 대금을 25만 달러 인상한다면 토지를 팔 의사가 있다고 하였으나 원고는 그에 응하지 않았다.

원고는 1987. 12. 31. 피고를 상대로 계약 위반을 이유로 하는 특정이행 및 손해배상 청구의 소를 제기하였고, 피고는 그에 대하여 위 매매계약의 해제가 적법하다는 확인을 구하는 反訴를 제기하였다. 원심법원은 피고의 신청에 따라 피고 승소의 무변론 판결(summary judgment)을 선고하였는데, 그 이유로서 계약서의 "최선의 영업적 판단"이라는 용어는 매도인에게 경제적으로 실현 불가능한지의 여부를 결정함에 있어서 광범위한 재량을 주고 있고, 피고의 해제가 Good Faith에 어긋나는 것도 아니라고 하였다.

그러나 항소심인 연방 제 7 항소법원은 원심판결을 파기환송하였다. 항소심 판결은 매도인에게 광범위한 재량이 주어져 있다는 점에 관하여는 원심과 견해를 같이하였지만, Good Faith 위반의 점에 대하여는 좀더 심리가 행해져야 한다고 하였다. 즉 이 사건의 준거법인 일리노이 주 법에 따라 이 사건 계약에 적용되는 Good Faith and fair dealing의 원칙에 따르면, 계약상 재량을 부

93) 엄밀히 말하면 피고는 매도인이 아니라 매도인의 受託者(trustee)였으나 이하에서는 편의상 피고가 매도인인 것으로 표시한다.

여받은 당사자는 그의 재량을 합리적으로 행사하여야 하고 恣意的이나 변덕스럽게 행사하여서는 안 된다고 하면서,[94] 피고가 Searle 회사로부터 더 높은 가격을 받기 위하여 원고와의 계약을 해제하였다면 그 해제는 bad faith에 해당한다고 한다. 다시 말하여 피고가 원고와 계약을 체결하여 원고가 피고에게 특정 금액을 지급하기로 약정하였다면 피고는 더 나은 가격을 지급받을 수 있는 기회를 찾는 것을 포기한 것이고, 계약 해제 조항을 이러한 기회를 만회하기 위하여 사용하였다면 피고는 bad faith로 행동한 것이라는 것이다. 따라서 이 점에 관한 심리를 하지 않고 무변론 판결을 한 원심판결은 잘못이라는 것이다.

2. Kendall v. Ernest Pestana, Inc.[95]

이 사건은 임차권의 양도 또는 轉貸借는 임대인의 승낙이 있어야 한다고 하는 임대차계약의 조항에 관한 것이다. 이 사건에서 임대차의 목적물은 14,400 제곱피트에 달하는 공항의 격납고 공간에 관한 것이었고, 임대차 계약[96]은 1970년에 25년 기간으로 체결된 것이었으며, 위 임대차 계약에서는 임차인이 임차권을 양도하기 전에 임대인의 서면 동의가 필요하고, 그러한 동의가 없으면 임대인이 계약을 해지할 수 있다고 규정하고 있었다. 그런데 임차인은 1981년에 위 임차권을 원고에게 양도하였으나 피고인 임대인은 그에 대한 동의를 거절하였다. 이에 원고는 피고를 상대로 하여 피고의 동의 거절이 불합리하고 위법한 양도의 자유 제한임의 확인과 손해배상을 청구하는 소송을 제기하였다. 그러나 원심은 위 청구가 주장 자체로서 이유가 없다고 하는 피고의 妨訴 抗辯(demurrer)을 받아들였고, 이에 원고가 상소하자 캘리포니아 주 대법원은 원심판결을 파기하였다.

이 점에 관하여 이 판결은 종전의 법률 상황을 다음과 같이 설명하고 있다. 즉 다른 많은 주의 판례들은 임대차 계약상 임차권의 양도에 임대인의 동

94) 이 판결은 그 근거로서 일리노이 주 대법원의 Foster Enterprises, Inc. v. Germania Fed. Savings and Loan Ass'n, 421 N. E. 2d 1375, 1381(1981)과 Burton의 1980년 논문(위 註 43), 369면 등을 인용하고 있다.

95) 40 Cal. 3d 488(Supreme Court of California, 1985).

96) 정확히 말하면 이 임대차 계약은 市로부터의 임차인이 다시 제 3 자와 체결한 轉貸借 계약이다. 이하에서는 임대차 계약이라고만 한다.

의가 필요하다는 조항이 있으면 아무리 양수인이 임차인으로서 적절하고 임대인의 반대가 불합리하다 하더라도 임대인은 恣意的으로 동의를 거절할 수 있다고 판시하여 왔다.[97] 그러나 이러한 원칙은 점차 많은 비판을 받아 왔고, 근래 일부 소수 주의 판례들은 임대차 계약상 임대인의 동의는 불합리하게 거절되어서는 안 된다는 규정이 없더라도 임대인의 동의는 양도에 대하여 상업적으로 합리적인 이의가 있을 때에만 거절될 수 있다고 판시하여 왔다.[98]

이 판결은 다음과 같은 이유로 이러한 소수 주의 판례가 더 타당하다고 생각한다고 한다. 우선 캘리포니아 주 항소법원(Court of Appeal)은 근래에 이르러 Good Faith의 법리를 근거로 하여 임대인의 동의는 합리적인 이의가 있을 때에만 거절할 수 있다고 판시하여 왔고,[99] 연방 제 9 항소법원도 이러한 판례들을 근거로 하여 캘리포니아 주 대법원도 이러한 원칙을 채택할 것으로 예측하였다.[100] 이러한 변화의 계기는 두 가지인데 그 하나는 임차권의 讓渡(conveyance)라는 측면에서 점차 도시화되어 가는 사회에서 상업 용지의 합리적인 양도를 허용할 필요성이 절실하여졌다는 것이다. 다른 하나는 임대차의 계약(contract)의 속성에 비추어 볼 때 계약이 일방 당사자에게 상대방의 권리에 영향을 미치는 재량을 부여하는 경우에는 그러한 재량을 Good Faith에 따라 공정한 거래에 부합하게 행사하여야 할 의무가 있다는 것이다. 그러므로 임대인의 동의에 관한 재량은 상업적으로 합리적인 기준에 따라야 한다는 것이다. 반면 순전히 개인적인 취향이나 편의 또는 개인적인 민감성을 근거로 하여 동의를 거절하는 것은 상업적으로 합리적이 아니며, 또 임대인이 원래 약정되었던 것보다 고액의 임료를 요구하기 위하여 동의를 거절하는 것도 합리적이 아닌데 왜냐하면 약정했던 것보다 더 유리한 거래를 하고 싶은 임대인의 욕구는 양도를 제한하는 허용될 수 있는 목적 — 재산의 보존과 임대차 약정의 이행에 관한 임대인의 이익 보호 — 과는 관계가 없기 때문이다.[101] 그 외에 종래 임대인의 동의거절권이 제한되지 않는다고 하는 근거로 제시된 것들은 모두 더 이

97) 그러나 그로 인하여 가혹한 결과가 생길 때에는 많은 법원들이 포기(waiver)와 禁反言(waiver)의 법리를 적용하여 이를 회피하여 왔다. 이들에 관한 자세한 판례의 소개는 40 Cal. 3d 488, 495 f. 참조.

98) 40 Cal. 3d 494 ff.

99) Cohen v. Ratinoff(1983) 147 Cal. App. 3d 321; Schweiso v. Williams(1984) 150 Cal. App. 3d 883.

100) Prestin v. Mobil Oil Corp.(9th Cir. 1984) 741 F. 2d 268.

101) 40 Cal. 3d 488, 498 ff.

상 타당하지 않다.[102)][103)]

그러나 다른 한편 같은 캘리포니아 주 대법원은 1992년의 Carma Developers(Cal.) Inc. v. Marathon Developement Cal. Inc.[104)]에서는 유사한 사실관계하에서 다른 결론을 내렸는데, 그 주된 이유는 위 임대차 계약 제15조 (b)가 임차인의 임차권 양도 또는 전대차 통지를 받은 임대인은 임대차 계약을 해지하고 양수인 또는 전차인과 임대차 계약을 체결할 수 있으며, 임차인은 임대인이 얻게 되는 이익에 대하여 아무런 권리가 없다고 규정하고 있기 때문이었다. 캘리포니아 주 대법원은 위 조항에 따라 임대인은 합리적인 이유 없이도 양도에 대한 동의를 거절하고 임대차 계약을 해제할 수 있으며,[105)] Good Faith의 원칙은 명시적인 조항을 변경시킬 수 없다고 하여 임대인의 계약 해지가 Good Faith에 어긋난다고 한 원심판결을 파기하였다.[106)]

3. Kham & Nate's Shoes No. 2, Inc. v. First Bank of Whiting[107)]

이 사건은 이른바 貸主責任(Lender Liability)이라고 불리는 분야의 문제이다. 즉 소비대차계약상 대주가 차주에 대하여 어떤 의무를 부담하는가 하는 것인데, 이 사건에서는 대주가 대여를 중단한 것이 차주에 대하여 계약 위반이 되는가 하는 점이 문제되었다.

이 사건의 사실관계는 상당히 복잡한데 간단히 요약하자면 다음과 같

---

102) 40 Cal. 3d 488, 501 ff.

103) 이 판결에 대하여는 Lucas 대법관의 반대의견이 있는데, 다수의견에 따르면 불필요한 소송이 증가할 뿐이라고 하면서 이 사건 원심판결의 Anderson 판사의 다음과 같은 판시를 인용하고 있다. 즉 이 사건 임대차 계약은 동의가 불합리하게 거절되어서는 안 된다고는 규정하고 있지 않으며, 임대인이 양도에 대한 합리적인 이의가 있을 때에만 동의를 거절할 수 있다고도 규정하고 있지 않다. 항소인의 주장은 법원이 임대인의 동의거절권을 제한하는 것을 추가하도록 계약을 새로 쓰라는 것이나, 이 사건 임대차 계약 당시의 캘리포니아의 판례는 다수의 판례에 따라서 동의권을 제한하지 않고 있었고, 그 이후에 임대인의 동의거절권을 제한한 캘리포니아 항소법원의 판례는 잘못된 것이며, 그처럼 동의거절권을 제한하는 조치는 입법에 의하여 행해져야만 한다고 한다. 40 Cal. 3d 507 ff.

104) 2 Cal. 4th 342.

105) 실제로 위 임대차 계약 제15조 (a)는 임차인의 양도 또는 전대차 통지에 대하여 임대인은 합리적인 이유 없이는 동의를 거절할 수 없다고 규정하고 있는데, 캘리포니아 주 대법원은 제15조 (a)가 규정하는 양도에 대한 동의와 제15조 (b)가 규정하는 임대차 계약의 해지는 서로 다른 것이라고 하였다. 2 Cal. 4th 342, 363 f.

106) Burton and Anderson(註 6), 63 ff.는 이 두 판결을 명시적인 조항이 Good Faith의 원칙에 우선한다는 예로서 들고 있다.

107) 908 F. 2d 1351 ff.(7th Circuit, 1990).

다.[108] 이 사건 피고 은행은 1981년부터 원고에게 돈을 대여하여 주고 있었고, 또 원고 회사의 채권자들에게 신용장을 발부하여 주었다. 그런데 1983년 후반에 원고가 자금난에 빠져서 피고에게 추가 자금을 요구하자 피고는 원고가 회사정리절차[109] 개시신청을 할 것을 권유하였고 그에 따라 원고는 1984년 1월에 회사정리절차 개시신청을 하였다. 법원은 위 신청을 인가하면서 은행의 채권이 다른 회사정리절차 비용보다도 우선하도록 하였다. 그리하여 원고와 피고는 1984. 1. 23. 30만 달러의 소비대차계약을 맺었는데, 위 계약에는 5일 전에 통지하면 은행이 계약을 해지할 수 있도록 규정되어 있었다. 그리하여 피고 은행은 원고에게 7만 5천 달러를 대여하였다. 그러다가 피고 은행은 1984. 2. 29.에 원고에게 3월 7일 이후에는 더 이상 융자를 하지 않겠다는 통지를 하였다. 그 후에도 피고 은행은 원고의 채권자들이 신용장을 통하여 돈을 인출하여 가는 것을 용인하였다.

원고는 1988년 정리계획을 제출하면서 은행을 우선순위가 없는 무담보의 채권자로 취급할 것을 요청하였고, 파산법원은 피고가 융자를 중단하고 원고의 채권자들이 신용장을 통하여 돈을 인출해 가도록 함으로써 회사정리절차 신청 전의 무담보 채권자로부터 회사정리절차에 따른 최우선 순위의 담보권자가 되었으며, 이는 부당한 것이라고 하여 원고가 제출한 정리계획을 인가하였다. 이에 대하여 연방지방법원도 이를 인용하였고, 피고가 이에 대하여 항소를 제기하였다.[110]

이 사건의 판결문을 쓴 이스터브룩(Easterbrook) 판사[111]는 다음과 같은 이유로 결론적으로 은행이 융자를 중단한 것이 계약의 명문규정에 따른 것이라고 하여 Good Faith 원칙의 적용을 부정하고 지방법원의 판결을 파기하였다. 그 요지는 다음과 같다.[112]

원고는 비록 채권자의 행동이 모든 계약상의 규정에 따랐다 하더라도 불공정하고 형평에 어긋날 수 있다고 주장하지만, 이 법원은 상사 거래의 당사자

108) 판결문에 나와 있는 것 외에 Dennis M. Patterson, “A Fable from the Seventh Circuit: Frank Easterbrook on Good Faith”, 76 Iowa L. Rev. 503, 506 ff. 참조.

109) Chapter 11 of the Bankruptcy Code.

110) 이 사건에서는 회사정리법상의 다른 쟁점들도 다루어졌으나 여기서는 생략한다.

111) 이스터브룩 판사는 시카고 법과대학의 교수였다가 1985년에 연방 제7항소법원의 판사로 임명되었다. 그는 회사법과 독점금지법 분야에 관하여 많은 책과 논문을 쓴 영향력 있는 학자이기도 하다.

112) 908 F. 2d 1351, 1356 ff.

가 그들의 계약을 준수하는 것 이상을 요구하는 원칙을 채택하고자 하지 않는다. 법원은 대여의 비용을 증가시키거나 이를 얻을 수 있는 가능성을 위험에 빠뜨림이 없이 한 형태의 계약을 다른 형태의 계약으로 사후에 바꿀 수 없다. 계약이 그 조항에 따라 집행되지 않는다면 계약이라는 제도는 사적인 거래와 약정이 가져 오는 모든 이점과 함께 위험에 빠지게 된다.

계약을 교섭한 회사는 비록 상대방에게 커다란 불이익을 가져오더라도 "Good Faith"가 결여되었다는 비난을 받음이 없이 계약을 문자 그대로 집행할 권리가 있다. 비록 판례가 Good Faith의 의무가 모든 계약 관계에 존재한다고 언급하기는 하지만, 이것이 한 당사자가 문서상 명시적으로 유보되어 있는 권리를 행사했어야 하는가를 판단할 수 있는 초대장은 아니다. "Good faith"는 계약 체결 당시에 고려될 수 없었고 따라서 당사자들에 의하여 명시적으로 해결되지 않았던 방법으로 기회주의적인 이익을 얻어서는 안 된다는 묵시적인 약속을 간결하게 부르는 것이다. 계약이 침묵을 지키면 Good Faith의 원칙은 공백을 메운다. 그렇지만 이것이 실제로 계약에 나와 있는 조항의 사용을 봉쇄하지는 못한다.

문자 그대로 집행하는 것이 당사자들의 기대와 결과 사이의 불균형을 가져올 수 있음을 안다고 하여 법원이 당사자가 행동한 데 정당한 이유(good cause)가 있는지를 감독하여야 하는 것은 아니다. 계약의 당사자들은 서로간에 수탁자(fiduciary)의 관계에 있는 것은 아니며, 계약상의 권리에 "정당한 이유(just cause)"를 덧씌우는 것은 거래의 확실성을 감소시키고 비용이 많이 드는 소송을 유발한다. 채무자와 은행은 은행에게 명시적으로 추가적인 대여를 중단하는 것을 허용하는 계약에 서명을 하였으며, 은행은 무슨 이유이건 그렇게 할 권리가 있다.

결국 이 판결은 은행이 대여 계약을 해지할 권리가 있다고 명시적으로 규정하고 있으면 Good faith의 원칙은 적용될 여지가 없으며, Good Faith의 원칙은 계약이 침묵을 지키고 있을 때 공백을 메우기 위해서만 적용될 수 있다는 것이다.

그러나 이러한 견해는 다른 판결들과는 다르다. 예컨대 이 판결이 선고되기 전인 1985년에 연방 제 6 항소법원이 선고한 K. M. C. Co., Inc., v. Irving Trust Company 판결[113]은 마찬가지로 대주가 사전 통지 없이 소비대차계약을

113) 757 F. 2d. 752 ff.

해지한 것이 적법한가 하는 문제를 다루었는데, 제 6 항소법원은 계약에는 사전 통지를 요구하는 규정이 없음에도 불구하고 Good Faith의 원칙에 의하여 사전 통지를 하였어야 한다고 판시하였다.

이 Kham & Nate's Shoes 판결은 그 후의 판례들에 의하여 자주 인용되고 있고,[114] 이처럼 이스터브룩 판사에 의하여 대표되는 계약의 문언을 중시하는 생각을 신형식주의(Neoformalism) 내지 新觀念主義(new Conceptualism) 또는 新文言主義(new textualism)라고 부르기도 한다.[115]

그러나 많은 학자들은 이 판결이 계약의 문언만을 중시하고 당사자들의 정당한 기대는 무시하였다는 이유로 이 판결을 비판한다. 버튼과 앤더슨 교수는, 명시적 조항이 있으면 그것이 Good Faith에 따른 묵시적 의사표시보다 우선되어야 하지만, 그렇다고 하여 명시적 조항이 신성 불가침인 것은 아니며, 이는 명시적 조항이 체결될 당시의 문맥에서 정당하게 해석되었을 때 우선한다는 것을 의미한다고 한다. 그리하여 Good Faith의 원칙은 "계약의 형식보다는 그 정신을 유지하는 것을 목적으로 한다"[116]는 것이다.[117] 패터슨 교수도 이 판결이 계약의 문언만을 중시하는, 이미 극복된 형식주의(formalism)적인 계약법 이론을 따르고 있다고 비판한다.[118]

반 알스틴(Van Alstine) 교수는 두 가지 점에서 이러한 형식주의의 오류를 비판한다. 첫째 형식주의는 해석에 있어서 유일하게 관련된 당사자의 이해와 기대는 서면상의 명시적 조항에서만 발견될 수 있다고 보고 있지만, 당사자들의 어떤 기대는 너무 기본적이거나 명백해서 이들을 교섭 과정에서 제기할 필요를 느끼지 못했거나 문서화하여야 한다는 요구의 필요성을 느끼지 못했을 수 있고, Good faith의 이론은 이러한 사정을 반영하는 것이라고 한다.[119] 둘째

---

114) Van Alstine(註 24), 1261 Fn. 154)에 인용되어 있는 판례들 참조.

115) John E. Murray, Jr., "Contract Theories and the Rise of Neoformalism", 71 Fordham L. Rev. 869 ff.(2002); Ralph Mooney, "The New Conceptualism in Contract Law", 74 Oregon Law Review 1131 ff.(1995); Van Alstine(註 24), 1223, 1258 ff. 참조.

116) Tidmore Oil Co. v. BP Oil Co./Gulf Prods. Div., 932 F. 2d 1384, 1390(11th Cir. 1991).

117) Burton and Anderson(註 6), 62 ff. 다만 버튼과 앤더슨 교수는 貸主責任의 문제에 관하여는 K. M. C. Co., Inc., v. Irving Trust Company(註 113)도 결과에 있어서는 잘못된 것이 아닌가 하는 의문을 제기하면서, 애리조나 주 대법원이 선고한 Southwest Savings & Loan Association v. SunAmo Systems, Inc., 172 Ariz. 553(1992)의 분석방법을 지지한다. 위 책, 149 ff. 참조. 다른 판례들도 대체로 K. M. C. 판결을 따르지 않고 있다. Van Alstine(註 24), 1259 Fn. 143) 참조.

118) Patterson(註 108), 503, 510 ff.

119) Van Alstine(註 24), 1272 ff.

형식주의는 재량을 인정하는 조항에 아무런 제한규정이 없으면 그러한 제한은 없다고 단정하지만, 언어의 불완전성이나 필요한 정보를 획득하기 어렵기 때문에 당사자들이 모든 장래에 일어날 수 있는 일을 계약에 규정할 수 없고, 따라서 문언상으로는 제한이 없더라도 실제로는 "숨은 공백(hidden gap)"이 있을 수 있으며, 이러한 경우에 Good Faith의 원칙이 기능한다고 한다.[120)]

반면 화이트(White) 교수는 계약의 당사자는 "協調的인 敵對者(cooperative antagonist)"라는 관점[121)]에 서서, Good Faith의 의무는 수탁자의 의무와 다르다고 하여 이 판결을 지지한다.[122)]

4. Corenswet, Inc. v. Amana Refrigeration, Inc.[123)]

이 사건 판결은 계약을 무효로 하는 사유인 非良心性(Unconcionability)의 법리와 Good faith의 원칙 사이에 어떤 차이가 있는가 하는 점을 잘 보여주고 있다. 사실관계는 다음과 같다. 원고는 1969년부터 피고가 생산하는 냉장고, 냉동장치, 에어컨디셔너 등을 남부 루이지애나 주에서 독점적으로 판매하는 대리점이었다. 원고와 피고 사이의 계약은 기한이 정해져 있지 않았으나, 최초의 계약에서는 어느 당사자도 10일 전에 통지만 하면 "사유를 불문하고(with or without cause)" 계약을 해지할 수 있다고 규정하고 있었고, 1975년에 갱신된 계약에서는 10일 전에 통지만 하면 "어느 때건 어떤 이유에서건(at any time for any reason)" 계약을 해지할 수 있다고 하였다. 그런데 1976년 중반에 이르러 피고는 원고와의 대리점 계약을 해지하겠다고 통지하였다. 피고는 그 이유로 여러 가지를 내세웠으나 재판과정에서 드러난 진정한 이유는 피고의 사장이 원고의 母會社의 대표이사에 대한 나쁜 감정을 가지고 있어서 대리점을 교체하려고 하는 것이었다. 이 사건에서 주된 쟁점은 피고의 해지가 bad faith에 해당하는가 하는 점이었다.

---

120) Van Alstine(註 24), 1281 ff. 위 논문 1285에서는 같은 취지로서 Pizza Management, Inc. v. Pizza Hut, Inc., 737 F.Supp. 1154, 1178(D. Kan. 1990)을 인용하고 있다.

121) 화이트 교수는 이 개념을 Howard Raffia, The Art and Science of Negotiations 19(1082)에서 빌려 왔다.

122) James J. White, "Good Faith and the Cooperative Antagonist", 54 SMU Law Rev. 679 ff.(2001).

123) 594 F. 2d 129 ff.(Fifth Circuit, 1979).

연방지방법원은 우선 계약의 해석상 피고가 해지를 하려면 이유가 있어야 하고, 전혀 이유가 없어서는 안 되며, 그 이유는 이성이나 심정 등에 부합하는 것이라야 하며 恣意的이고 변덕스러운 것이어서는 안 된다고 하고, 아니더라도 UCC 내지 이를 입법화한 이 사건의 준거법인 아이오와 주 법상의 Good faith 원칙은 대리점 계약을 bad faith에 의하여 해지하는 것을 금지하는데 피고의 행동은 bad faith에 의한 것이었다고 판시하여 해지를 금지하는 豫備的 留止命令(preliminary injunction)을 내렸다. 위 유지명령이 발하여진 후 피고는 약관을 바꾸어 대리점 계약 기간은 1년으로 하되 갱신을 거절할 수 있도록 하고, 원고가 이러한 계약에 서명할 것을 거부하였다는 이유로 유지명령을 취소하여 줄 것을 신청하였는데, 법원은 이 신청은 기각하였으나 유지명령을 수정하여 원고가 피고와 위와 같은 계약을 체결할 것을 명하고 다만 피고가 이유 없이 원고와의 계약 갱신을 거절하는 것을 금지하였다. 이에 대하여 피고가 항소하자, 연방 제5항소법원은 원심판결을 파기하고 유지명령을 취소하였다.

제5항소법원은 우선 계약의 해석에 관하여, "어떤 이유에서건"이라는 문귀는 해지의 사유를 제한하는 것이 아니고 자유롭게 해지할 수 있게 하는 것이라고 하였다.[124] 그리고 UCC상의 Good Faith 원칙에 의하여 해지가 제한되는가에 관하여는, Good Faith의 의무는 UCC상의 非良心性 규정[125]과는 달리 명백한 계약의 조항을 뒤집거나 삭제할 수는 없으며, 계약 조항이 이유 없이도 해지할 수 있도록 명백히 허용하고 있으면 그러한 해지를 금지하는 조항을 묵시적으로 도출해낼 여지는 없다고 한다. 이러한 경우에는 이처럼 무제한으로 해지를 허용하는 조항을 비양심성의 법리에 비추어 따져 보는 것이 더 낫지만, 이러한 조항은 나빠진 관계를 소송 없이 종료시킬 수 있는 효과가 있으므로 이를 비양심적이라고 할 수는 없다고 한다.[126]

---

124) 594 F. 2d 134 ff.

125) 비양심성의 법리는 대체로 우리 민법 제104조가 규정하고 있는 불공정한 법률행위와 유사하다. UCC 제2-302조 (1)은 다음과 같이 규정하고 있다. "법원이 법률문제로서 계약이나 계약의 어느 조항이 체결될 당시에 비양심적이라고 판단하면 법원은 그 계약의 집행을 거부하거나, 비양심적인 조항을 제외한 나머지 계약을 집행하거나, 비양심적인 결과를 방지하기 위하여 비양심적인 조항의 적용을 제한할 수 있다."

126) 594 F. 2d 129, 136 ff.

5. Market Street Associates Ltd Partnership v. Frey[127)]

이 판결은 그 결론 자체보다는 포즈너(Posner) 판사의 이유 설시 때문에 주목을 받는 판결이다.[128)] 사실관계는 다음과 같다. 1968년에 A 회사는 이 사건 토지를 피고 회사에게 팔고 이를 다시 25년 기간으로 임차하였다. 그 임대차 계약서 제34항에는 임차인이 증축 비용이 25만 달러를 초과할 때에는 임대인에게 그 금융 지원을 요구할 수 있고, 임대인이 이를 거절하면 임차인이 최초의 매매가격에 이자를 덧붙인 금액에 환매할 수 있다고 규정하고 있었다. 이 사건 원고는 1987년에 임차인의 지위를 승계하였고, 1988년 두 차례에 걸쳐서 피고 회사에게 위 임대차 계약에 따라 증축 비용 200만 달러의 융자를 요구하는 편지를 보냈는데, 피고 회사는 700만 달러 이하의 융자에는 관심을 가지지 않는다고 거절하는 답변을 하였다. 그러자 원고 회사가 위 계약서 조항에 따라 위 토지를 환매하겠다고 하였으나 피고 회사는 이에 응하지 않아서 원고가 소송을 제기하였다. 위 당시에 위 토지의 환매 가격은 100만 달러 정도였으나 시가는 그보다 훨씬 높았다.

이 사건의 쟁점은 원고가 융자를 요구할 당시에 피고가 이를 거절하면 원고가 환매할 수 있다는 점에 대하여 이야기하지 않은 것이 Good Faith에 어긋나는가 하는 점이었는데, 원심인 연방지방법원은 이를 긍정하여 피고를 위한 무변론 판결을 내렸다. 즉 원고는 실제로 피고로부터 융자를 받기를 원한 것이 아니라 피고가 위 환매 조항을 간과하여 이를 거절하면 이를 다시 사기를 원하여 융자 요청 당시에 위 환매 조항에 대하여 언급하지 않았다는 것이다.

판결 이유를 작성한 포즈너 판사는 우선 "Good Faith" 때문에 모든 계약이 신탁관계(fiduciary relationship)를 발생시킨다는 것은 잘못된 생각이라고 하였다. 계약을 체결하였다고 하여 당사자가 상대방에 대한 이타주의자가 되어서 계약의 조항을 완화하여야 할 의무는 없다는 것이다. 그렇지만 상대방이 무엇

---

127) 941 F. 2d 588 ff.

128) 포즈너(Richard A. Posner) 판사는 시카고 대학교 Law School의 교수로 재직하다가 연방 제 7 항소법원의 판사로 임명되었다. 그는 *法經濟學*(Law and Economics) 분야의 선구자로서 수많은 책과 논문을 발표하였다.

을 간과하였을 때 이를 의도적으로 이용할 수 있는가 하는 것은 이와는 별개의 문제로서 이는 詐欺的인 去來(sharp dealing)이고 절도와 마찬가지로 사회적인 생산이 없는 것이라고 한다. Good Faith의 의무는 도덕적 원칙을 계약법에 삽입하는 것이 아니고, 이는 受託者의 의무와 마찬가지로 당사자들이 분쟁을 가져오게 된 상황을 예견하였더라면 맺었을 조항을 추측하는 척도라는 것이다. 계약의 본질적인 기능은 위험을 분배하는 것이고, 따라서 당사자들이 분배한 위험을 법원이 달리 정하는 것은 계약의 기능에 어긋나는 것이지만, 계약의 기능은 위험을 분배하는 것뿐만이 아니며, Good Faith 이론의 임무는 규칙이 없는 경우에 상호 의존하는 관계에 있는 상황에서 나올 수 있는 기회주의적인 행동을 금지하는 것이라고 한다.[129] 물론 이러한 "Good Faith"라는 용어나 이러한 이론이 없더라도 계약 체결 당시에는 예견될 수 없었던 상황이 요구하는 묵시적인 조건이라는 것으로 문제를 해결할 수도 있지만 양자는 결국 같은 것이라고 한다. 즉 양자는 계약법의 가장 중요한 목적, 즉 계약 체결 당시에 당사자들이 미래에 관하여 완전한 지식을 가지고, 조항을 교섭하고 이를 추가하는 비용이 0이라면 그들이 명시적으로 약정했을 내용을 당사자들에게 제공한다는 것을 달리 표현한 것일 뿐이라는 것이다.[130]

이 사건에서 원고가 처음부터 위 토지를 살 목적으로 환매 조항에 언급하지 않은 채 융자 신청을 하였다면 그러한 행동은 Good Faith에 어긋나는 것이고, 그럴 가능성도 많지만, 무변론 판결을 하기 위하여는 무변론 판결을 신청한 당사자의 상대방에게 가장 유리하게 사실을 해석하여야 하는데, 이 사건에서는 피고가 융자 요청을 받고 임대차 계약서를 검토하여 이를 받아들일 것인지를 고려해 볼 것이라고 원고가 생각하였을 수도 있고, 그렇다면 원고의 행동이 bad faith에 의한 것이라고는 할 수 없다고 한다. 이 점을 밝히기 위하여는 사실심리가 필요하다고 하여 원심판결을 파기환송하였다.

이 사건에서 포즈너 판사가 말하고 있는 것은 Good Faith의 원칙이란 기회주의를 방지하는 것이고, 거래비용(transaction cost)이 없다면 당사자가 체결하

129) 541 F. 2d 592 ff. 여기서 포즈너 판사는 ["Good faith"는 계약 체결 당시에 고려될 수 없었고 따라서 당사자들에 의하여 명시적으로 해결되지 않았던 방법으로 기회주의적인 이익을 얻어서는 안 된다는 묵시적인 약속을 간결하게 부르는 것이다]라는 Kham & Nate's Shoes No. 2, Inc. v. First Bank of Whiting에서의 이스터브룩 판사의 말(위 3. 참조)을 인용하고 있다. 541 F. 2d 595.

130) 941 F. 2d 596 ff.

였을 내용의 조항[131]을 법원이 삽입하는 것이라고 하는, 법경제학적인 해석이라고 할 수 있다.

이에 대하여 버튼과 앤더슨 교수는 다음과 같이 논평하고 있다. 즉 이처럼 Good Faith의 원칙이 기회주의를 방지하는 것으로 보는 포즈너 판사나 이스터브룩 판사의 이론과 자신들의 주장은 결론이 같을 수도 있지만 차이가 있다고 한다. 즉 이러한 이론은 Good Faith의 이론이 묵시적인 조항을 삽입하는 것으로 보고, 명시적인 조항이 있을 때에는 아무런 역할도 하지 못한다고 하지만 이는 계약의 해석이나 Good Faith 이론에 관하여 받아들일 수 없다고 한다. 그리고 기회주의를 일방이 먼저 이행한 다음 상대방이 교섭되지 않았던 이익을 얻기 위하여 계약의 조항을 핑계로 내세우는 것[132]으로 좁게 이해한다면 Good Faith의 원칙이 문제되는 수많은 사례를 놓치게 된다고 한다. 물론 기회주의를 넓게 이해한다면 자신들이 주장하는 것처럼 포기한 기회를 만회하려는 것으로 볼 수 있고 그렇게 되면 양자는 실제로 같은 含意를 가지게 되지만, 좁은 경제적 의미에서의 기회주의란 수많은 선례에 제대로 들어맞지 않으며, 따라서 당사자의 의도와 합리적인 기대를 보호받지 못하게 방치하는 것이 된다고 한다.[133]

6. Brown v. Avemco Inv. Corp.[134]

이 판결은 계약의 집행이 Good Faith의 원칙에 부합하는가 하는 점에 관한 것이다. 구체적으로는 소비대차계약에 있어서 기한의 이익 상실조항(acceleration clause)의 원용이 Good Faith에 부합하는가가 문제되었다. 이 사건의 사실관계는 다음과 같다. 1972. 9. 22. 소외 A가 피고로부터 6,500 달러를 차용하고 액면 9,607.92 달러의 어음(promissory note)을 발행하였는데 이 어음은 차주 소유의 비행기에 의하여 담보되고 있었다. 위 소비대차 계약에 따르면 차주가 원금이나 이자의 지급을 지체하거나 또는 대주의 서면승낙 없이 담보물을 팔거

---

131) 이를 完全契約(full contingent contract)이라고 한다. 계약의 보충적 해석을 완전계약에 의하여 설명하려는 것으로는 尹眞秀, "法律行爲의 補充的 解釋에 관한 獨逸의 學說과 判例", 재판자료 제59집, 1991, 105-106면 참조.

132) Daniel O. Fischel, "The Economics of Lender Liability", 99 Yale L. J. 131, 141(1989).

133) Burton and Anderson(註 6), 414 ff.

134) 603 F. 2d 1367(9th Cir. 1979).

나 임대하거나 양도하는 등의 사유가 있거나 기타 대주가 변제 여부가 불안하다고(insecure) 판단하면 모든 미변제 원금 및 이자에 관한 기한의 이익을 상실시킬 수 있다고 규정하고 있었다. 1973. 7. 4. A는 이 비행기를 원고들 3인에게 임대하였는데, 위 임대계약서에는 위 비행기에 의하여 담보된 돈이 모두 변제되면 원고들이 이 비행기를 매수할 수 있다고 규정하고 있었다. 그리하여 원고들은 1975. 7. 9. 피고에게 그들이 위 비행기를 매수하려고 하니 A의 미변제 채무 4,859.93 달러[135]를 변제하겠다고 제의하였다. 그러나 피고는 이를 거절하고 위 약정에 의하여 미변제 채무액 5,078.97 달러의 기한의 이익이 상실되었다고 하여 위 비행기의 점유를 취득하여 같은 해 9월에 이를 7,000 달러에 매각하였다. 그러자 원고들이 피고를 상대로 橫領(conversion)[136]을 이유로 손해배상을 청구하였다. 원심인 몬태나 연방지방법원은 배심원의 평결에 따라 원고패소 판결을 내렸다. 그러나 항소심인 연방 제9 항소법원은 원심판결을 파기환송하였다.

여기서 쟁점은 A가 피고의 사전 승낙 없이 비행기를 원고들에게 임대한 것이 피고가 기한의 이익을 상실시킬 정당한 사유가 되는가 하는 점이었는데, 항소심 법원의 다수의견은 다음과 같이 판시하였다.

기한의 이익 상실조항은 채권자의 담보를 위험에 빠뜨리거나 손상시킬 채무자의 행동으로부터 채권자를 보호하기 위한 것이고, 채권자의 상업적 이익을 위한 것은 아니며, 따라서 기한의 이익 상실은 사실관계에 비추어 합리적일 것이 요구되고, 이는 이 사건의 준거법인 텍사스 주 법이 U.C.C. 상의 Good Faith에 따른 기한의 이익 상실 규정(1-208조)을 받아들여 입법화한 텍사스 거래 및 상사법(Business and Commercial Code) 제1.208조에서도 도출된다고 한다. 이 규정에 따르면 채권자가 임의로 또는 변제 여부가 불안하다고 판단하면 기한의 이익을 상실시킬 수 있다고 하는 조항은 채권자가 Good Faith에 따라 변제나 이행 여부가 불확실하다고 할 때에만 기한의 이익을 상실시킬 수 있는 것으로 규정되어 있다. 이 사건에서 채권자인 피고는 변제 여부가 불확실하다는 점을 내세우지 않고, 채무자가 채권자의 동의 없이 임대하였으므

135) 이는 실제의 미변제 채무인 5,078.97달러에는 다소 미달하는 금액이었다.

136) 이는 고의로 자신의 소유가 아닌 동산을 매각하거나 처분함으로써 권리자에게 피해를 입힌 경우에 피해자가 가해자에게 그로 인한 손해의 배상을 청구할 수 있는 불법행위의 한 유형을 말한다. Restatement(Second) of Torts §222A.

로 위 계약상의 기한의 이익 상실 조항의 요건을 충족시킨다고 주장하지만, 이 경우에도 위 규정은 적용되어야 하고, 설사 위 규정이 적용되지 않는다고 하더라도 형평의 원칙상 새로운 재판이 요구된다. 이 사건에서는 채권자인 피고가 합리적인 담보물의 손상 위험 때문이 아니라 기술적인 遲滯(default)를 이용하려는 부당한 욕구에 의하여 기한의 이익을 상실시켰다고 볼 충분한 가능성이 있다. 뿐만 아니라 단순한 임대는 매각이나 채무의 지체와는 달리 채권자의 이익을 손상시킬 위험이 크지 않다. 그러므로 원심판결은 파기환송되어야 한다.[137)]

이 판결을 버튼 교수와 앤더슨 교수는 계약상의 집행 조항이 원래의 목적과는 다른 목적으로 원용되어 Good Faith에 어긋나는 전형적인 예로 들고 있다.[138)]

7. Seaman's Direct Buying Service, Inc. v. Standard Oil Co. of California[139)]와 Freeman & Mills, Inc. v. Belcher Oil Co.[140)]

캘리포니아 주 대법원이 선고한 위 두 판결은 bad faith에 의한 불이행이 불법행위가 되는가(이른바 bad faith tort) 하는 문제를 다룬 것으로서 전자는 이를 긍정한 반면 후자는 위 판결을 번복하고 이를 부정한 것이다.

전통적으로 미국에서는 불법행위로 인한 손해배상 사건에서는 징벌적 손해배상(punitive damage)이나 정신적 고통에 대한 위자료(damages for emotional distress)의 청구가 가능한 반면 계약 위반으로 인한 손해배상에서는 이러한 것들이 허용되지 않았다. 그런데 캘리포니아 주 대법원은 1950년대 후반부터 보험계약(insurance contract)의 경우에는 보험회사가 보험계약상의 의무를 bad faith에 의하여 위반하였을 때에는 불법행위가 된다고 보아 정신적 고통에 대한 위자료나 징벌적 손해배상을 허용하여 왔다.[141)] 이들 판결이 불법행위를 긍

137) 603 F. 2d 1375 ff. 이러한 다수의견에 대하여 킬케니(Kilkenny) 판사는 반대의견을 제출하였으나 이는 Good Faith의 원칙에 관한 것이 아니라 이 사건에서 판사가 배심원에게 지시(instruction)한 것을 원고가 항소심 단계에서 다툴 수 있는가 하는 절차적인 문제에 관한 것이었다.

138) Burton and Anderson(註 6), 272 ff., 293 ff.

139) 36 Cal. 3d 752(Supreme Court of California, 1984).

140) 11 Cal. 4th 85(Supreme Court of California, 1995).

141) bad faith에 의한 보험계약의 불이행이 불법행위가 될 수 있다고 판시한 최초의 판결은

정한 주된 이유는 보험계약의 경우에는 보험회사와 보험계약자 사이에 공공의 이익, 부합계약 및 보험회사의 신탁적인 의무 등에 의하여 특징지어지는 특별한 관계(special relation)가 존재한다는 것이었다.[142]

그런데 Seaman's 판결에서는 이러한 bad faith tort의 이론을 보험계약 이외의 계약으로 확대하였다. 이 사건의 사실관계는 상당히 복잡한데, 요약하면 다음과 같다. 원고는 요트 정박장에서 정박하는 선박들에 대하여 연료 등 필요한 물건을 공급하는 사업을 경영하는 회사인데, 사업 확장을 위하여 市로부터 토지를 임대하려고 하자 市에서는 원고가 정유회사와 대리점 계약을 체결할 것을 요구하였고, 이에 따라 원고는 피고 회사와 교섭을 벌여 두 차례에 걸쳐서 意向書(letter of intent)를 체결하였다. 그러나 1972년 말에 석유 위기가 닥치자 피고 회사는 원고와 계약 체결 사실을 부정하고 원고에게 석유 공급을 하지 않았다. 원고는 피고를 상대로 소송을 제기하여 징벌적 손해배상 등을 청구하였다. 이 사건에서 원고와 피고 사이의 계약 관계는 긍정되었고, 주된 논점은 피고의 계약 체결 사실의 부정이 불법행위가 되는가 하는 점이었는데 1심과 2심은 모두 이를 긍정하였다.

그러나 캘리포니아 주 대법원은 1심 판결을 파기하였으나, 그 이유에서는 계약 체결 사실의 bad faith에 의한 부정은 불법행위가 될 수 있다고 하였다. 우선 종래 캘리포니아 주 대법원의 판례상 보험계약에서는 bad faith tort가 인정되고 있음을 확인한 다음, 보험계약 외의 통상적인 상업적 거래에서 이를 인정하는 것은 전례가 없고 위험성을 수반한다고 하였다.[143] 즉 이러한 계약에서는 당사자들이 거의 대등한 교섭력을 가졌기 때문에 약정의 윤곽을 자유로이 작성할 수 있고, 변호사 비용과 손해배상액의 예정을 포함시킬 수 있으며, 불법행위법에 의한 구제수단을 끼워넣는 것은 당사자들의 기대에 방해가 될 수 있다는 것이다. 그러나 이는 불법행위법상의 구제수단이 상업적 맥락에서는 인정될 여지가 없다는 의미는 아니고, 그러한 구제수단의 범위와 적용을 결정하

Communale v. Traders & General Insurance Co., 50 Cal. 2d 654(1958). 위자료 청구를 허용한 최초의 판결은 Crisci v. Security Insurance Co., 66 Cal. 2d 661(1967). 징벌적 손해배상을 허용한 최초의 판결은 Silberg v. California Life Insurance Co., 11 Cal. 3d 452(1974).

142) Seaman's(註 139), 36 Cal. 3d 752, 767.

143) 이 판결은 비유적으로 "우리는 대부분 海圖가 작성되어 있지 않고 잠재적으로 위험한 水域으로 이동하는 것이다(we move into largely uncharted and potentially dangerous waters)"라고 표현하고 있다. 36 Cal. 3d 752, 769.

는 데 신중하게 행동하는 것이 현명하다는 뜻이라고 한다. 그러면서 계약의 당사자가 계약을 위반하는 것뿐만 아니라 bad faith에 의하여 상당한 이유 없이 계약이 존재한다는 것을 부정함으로써 책임을 면하려고 할 때에는 불법행위법상의 제재를 받을 수 있다고 한다. 종래의 판례는 계약의 일방이 상당한 이유 없이, 그리고 청구권원이 있다고 믿지도 않으면서 소송을 제기하겠다고 위협함으로써 계약 조항보다 더 많은 돈을 지급하도록 강요하는 것은 불법행위가 되고 따라서 징벌적 손해배상도 지급하여야 한다고 하였는데,[144] 이것과 상당한 이유가 없고 항변 사유가 있다는 믿음도 없으면서 책임을 부정하는 것 사이에는 원리상 별다른 차이가 없다고 한다. 이러한 경우에 불법행위법상의 구제수단을 인정하는 것은 교섭에 의하여 이룩된 관계에 침입하거나 계약 당사자의 합리적인 기대를 뒤엎을 가능성이 별로 없다고 한다.[145]

다만 이 사건에서 캘리포니아 주 대법원은 제 1 심 법원이 배심원에게 지시를 함에 있어서 피고가 계약의 존재를 부정한 것이 Good Faith에 의한 것이라면 불법행위가 성립하지 않는다는 것을 언급하지 않은 것이 잘못이라고 하여 1심 판결을 파기하였다.

그러나 이 판결은 많은 비판을 받았고,[146] 캘리포니아 주 대법원은 예컨대 1988년의 Foley v. Interactive Data Corp.[147]에서는 근로계약에 있어서 Good Faith에 위반한 해고는 계약상의 손해배상청구권만을 발생시킬 뿐 불법행위법상의 손해배상청구권은 발생시키지 않는다고 하였다.[148]

캘리포니아 주 대법원은 마침내 Freeman & Mills 판결에서 공식적으로 위 Seaman's 판결을 폐기하였다. 위 Freeman & Mills 판결의 사실관계는 다음과 같다. 원고는 회계법인인데 피고가 당사자인 플로리다 주에 계속되어 있는 소

144) Adams v. Crater Well Drilling, Inc.(1976) 276 Ore. 789.

145) 36 Cal. 3d 752, 768 ff.

146) Freeman & Mills 판결(註 140)이 이 판결을 비판하고 있는 다른 판례와 학자들의 견해를 상세하게 소개하고 있다. 또한 Kerry L. Macintosh, "Gilmore Spoke too soon: Contract Rises From the Ashes of the Bad Faith Tort", 27 Loyola of Los Angeles Law Review 483 ff.(1994) 참조.

147) 47 Cal. 3d 654, 682 ff.

148) 이 판결은 그 이유로서 계약상의 손해배상과 불법행위법상의 손해배상은 그 목적이 다르다는 것, Good Faith 원칙의 목적은 당사자들의 명시적인 특약이나 계약상의 약정을 보호하기 위한 것이지 계약의 목적과는 관계없는 일반적인 공공 정책상의 이익을 보호하기 위한 것이 아니며, 보험계약에 적용되는 특별한 관계(special relation)의 이론 자체에 문제점이 있을 뿐만 아니라 이러한 이론은 근로계약관계에 적용될 수 없다는 것 등을 들고 있다.

송을 위하여 피고의 소송대리인이 피고의 동의 하에 위 소송사건에서 필요한 소송 자료의 분석을 원고에게 의뢰하였다. 그 후 피고가 위 소송대리인을 해임하고, 원고가 요구한 보수의 지급을 거절하자 원고가 피고를 상대로 소송을 제기하였다. 이 사건에서 제 1 심 법원은 원고의 보수 77,538.13 달러와 그 지연 손해금 외에 25,000 달러의 실제 손해에 대한 배상과 400,000달러의 징벌적 손해배상을 명하였다. 그러나 항소심은 원고의 불법행위로 인한 손해배상청구권을 부정하고 계약상의 손해배상만을 인정하였고, 캘리포니아 주 대법원도 이러한 항소심 판결을 그대로 인정하였다.

대법원은 Seaman's 판결을 자세히 인용한 다음, 그 뒤의 캘리포니아 주 대법원과 항소심 판결들은 이 판결들을 따르지 않고 있고, 다른 주나 연방법원의 판결들도 위 판결에 비판적이며, 학자들의 견해도 거의 비판적이라는 것을 자세히 소개하고,[149] 이러한 비판론은 별도로 하더라도 계약 자체를 bad faith에 의하여 부정하는 것은 불법행위인 반면 계약 자체는 인정하면서 책임을 bad faith에 의하여 부정하는 것은 계약상의 문제라고 하는 것은 이상하고, 책임을 bad faith에 의하여 부정하는 것을 Seamam's 판결의 사정범위에 포함시키면 잠재적으로 모든 계약 위반을 불법행위로 바꾸는 것이 된다고 한다. 그리하여 Seaman's 판결을 변경한다고 하였다.[150]

이러한 판례의 변경은 대체로 타당하다고 받아들여지고 있다.[151]

---

149) 이 판결은 이러한 비판론을 Seaman's 판결 자체의 불명확성으로 인한 혼란, 상사 거래에 있어서의 안정성과 예측가능성의 필요성, 지나친 불법행위로 인한 손해배상의 잠재적 위험성, 司法的 해결보다는 입법적 해결책이 바람직함 등으로 요약하고 있다. 11 Cal. 4th 85, 102.

150) 11 Cal. 4th 85, 89 ff. 그러나 이 판결도, 계약 자체나 계약에 따른 책임을 bad faith에 의하여 부정하는 것 이외의 불법행위법의 원리에서 나오는 독립된 의무를 위반한 경우에는 계약 위반이 불법행위가 될 수 있음을 인정하고 있고, 또 이러한 판례 변경이 종래 보험계약상의 bad faith tort에 관한 판례에는 영향을 미치지 않는다는 것을 명시적으로 밝히고 있다. 11 Cal. 4th 85, 95, 102.

151) Goren(註 10), 302 ff.; Robert L. Rancourt, Jr. "Freeman & Mills, Inc. v. Belcher Oil Co.: Yes, the Seaman's Tort is dead", 27 Pacific law Journal 1443 ff.(1996). 위 Freeman & Mills 판결이 선고되기 전에 나온 문헌으로서 같은 견해로는 Burton & Anderson(註 6), 400 ff.; Kerry L. Macintosh(註 146), 483 ff. 등이 있다.

Ⅴ. 계약 체결 단계에서의 Good Faith 원칙[152)]

1. 원칙적인 否定과 예외적인 責任의 認定

미국에서는 Good Faith의 원칙은 계약이 체결된 후의 계약상의 의무로서만 인정된다. 앞에서 본 것처럼 U. C. C.나 리스테이트먼트도 Good Faith의 의무를 계약의 이행이나 집행에서의 의무로서만 인정하고 있고, 독일 민법에서 인정되고 있는 계약체결상의 과실(culpa in contrahendo)의 이론은 미국에서는 받아들여지지 않고 있다.[153)] 이 점이 미국법과 대륙법의 주요한 차이로 지적되기도 한다.[154)] 학자들 가운데에는 미국의 법원도 계약 체결 단계에서도 Good Faith의 의무를 인정해야 한다고 주장하기도 하지만,[155)] 일반적으로 받아들여지지는 않고 있다. 따라서 계약 체결을 위한 교섭이 상당 정도 진행된 후라도 아직 계약이 체결되기 전이면 일방은 언제라도 계약 체결을 거절할 수 있고, 계약 체결 과정에서 상대방에게 중요한 정보를 제공할 계약법적인 의무는 존재하지 않는다.

이 점을 잘 보여주는 판례로서 Feldman v. Allegheny International Inc.[156)]을 들 수 있다. 이 사건에서 피고는 자신이 매수한 회사의 식품 부문을 매각에

---

152) 이에 관한 중요한 참고문헌으로는 Burton and Anderson(註 6), 327 ff.; Farnsworth, "Precontractual Liability and Preliminary Agreements: Fair Dealing and Failed Negotiations", 87 Columbia Law Review 217 ff.(1987); Farnsworth(註 8), §3.26(194 ff.); Melvin Aron Eisenberg, "The Emergence of Dynamic Contract Law", 2 Theoretical Inquiries in Law 1, 56 ff.(2001) 등이 있다.

153) 독일의 계약체결상의 이론을 비교법적으로 고찰한 것으로는 Friedrich Kessler and Edith Fine, "Culpa in Contrahendo, Bargaining in Good Faith, and Freedom of Contract: A Comparative Study", 77 Harvard Law Review, 401 ff.(1964)가 있다.

154) Farnsworth(註 19), 57 ff.; Flechtner(註 3), 315 ff.

155) 예컨대 Summers(註 21), 220 ff.는 계약의 교섭 및 체결 단계에서의 bad faith를 인정한 판례들을 인용하면서 이것이 일반적으로 인정될 가능성을 시사하고 있고, Nicola W. Palmieri, "Good Faith Disclosure Required during Precontractual Negotiations", 24 Seton Hall Law Review, 70, 90 f., 98f., 105 f.(1993)는 U. C. C.나 리스테이트먼트가 계약 이행에 있어서만 Good Faith를 인정하고 있지만, 그렇다고 하여 계약 체결 전의 교섭과정에 있어서의 good fauth의 적용을 배제하는 것까지 의도한 것은 아니라고 하면서, 계약이 존재하지 않는 경우에는 Good Faith의 의무는 불법행위법상의 의무로 인정될 수 있고, 이러한 경우에 불법행위법상의 구제를 인정하지 않을 아무런 이유가 없다고 한다.

156) 850 F. 2d 1217(7th Circuit, 1988).

내놓았고, 원고가 우선 계약 교섭 대상자로 선정되었다. 그리하여 양 당사자는 1982년 3월에 "의향서(letter of intent)"를 작성하였다. 위 의향서는 피고는 원고와의 교섭이 진행되고 있는 동안은 다른 사람과 교섭을 하지 않기로 하였으나, 이것이 구속력 있는 약정은 아니며, 당사자들의 의무는 최종적인 약정에서 규정될 것이라고 명시하였다. 그리하여 양자간에 교섭이 진행된 결과, 6월 22일에 제출된 계약서 초안에 양 당사자들이 모두 구두로 동의하고, 피고의 변호사가 양 당사자의 코멘트를 담은 계약서 초안을 준비하기로 하였다. 그러나 위 계약서 초안에는 특정한 자산 평가 방법이 채택되기로 규정되어 있었는데, 이 자산 평가 방법에 관하여 합의가 이루어지지 않아서 교섭은 난항에 빠지게 되었고, 피고는 1982. 7. 14. 제 3 자와 교섭에 들어갔으며, 이를 원고에게 통지하였고, 10. 21. 이를 위 제 3 자가 설립한 회사에게 매각하였다. 그러자 원고가 피고를 상대로 계약 위반을 이유로 하는 소송을 제기하였으나 제 1 심 법원은 원고 패소 판결을 내렸고, 항소심인 연방 제 7 항소법원도 항소를 기각하였다.

항소법원은 우선 위 의향서는 구속력 있는 계약이 아니고, 양 당사자 사이에는 계약이 존재하지 않는다고 한 다음, 원고의 주장, 즉 피고가 위 의향서에 서명함으로써 원고와 Good Faith에 의하여 교섭할 의무를 지게 되었고, 이 의무 때문에 6월 22일 계약서에 서명을 거절할 수 없다는 것에 대하여는 다음과 같이 판시하였다.

"Good faith"는 지침이 될 수 없다. 상업적 계약에 있어서 양 당사자는 거래의 최선을 얻으려고 노력할 것이다. 이것이 거래와 자유 시장의 본질이다. 그러므로 자기 이익을 bad faith라고 할 수는 없으며, 교섭 과정에서의 특정한 요구가 상대방에게는 천만 부당한 것으로 보이더라도 이를 부정직한 것이라고는 말할 수 없다. 이에 대한 적절한 대응 수단은 교섭 테이블에서 떠나는 것이지 교섭 과정에서의 bad faith를 이유로 소송을 제기하는 것이 아니다.[157)]

파른스워드 교수는 이처럼 미국법이 일반적으로 계약체결 전의 당사자에게 Good Faith 의무를 인정하지 않는 점에 관하여 다음과 같이 설명한다:

법원이 계약체결 전의 교섭 당사자에게 공정한 거래의 일반적인 의무를 부과하는 것을 꺼려하는 데에는 충분한 이유가 있다. 보통법상의 교섭을 射倖的인 것으로 보는 견해[158)]는 교섭의 결과에 관심이 없는 것으로 스스로를 생

---

157) 850 F. 2d 1223.

158) Farnsworth(註 8), 195는 교섭을 사행적으로 보는 견해(aleatory view)에 관하여 다음과 같이

각하는 사회에 적합하다. 보통의 계약의 교섭은 이 점에서 단체 협약의 교섭과는 다른데, 후자의 경우에는 사회가 노동 분쟁을 막는데 관심을 가지는 것으로 생각하기 때문이다. 비록 당사자들이 보통의 계약에 관하여 교섭을 자유롭게 할 수 있는 체제를 마련하는 것이 사회적인 利益을 위한 것이기는 하지만, 특정한 교섭의 결과는 관심의 대상이 아니다. 공정한 거래의 일반적인 의무를 부과하는 것이 그러한 교섭이 일어나는 체제를 개선한다고 믿을 아무런 이유가 없다. 교섭 과정에서 공정한 거래의 의무가 발생하는 지점을 결정하는 데 따르는 어려움은 불확실성을 야기한다. 공정한 거래의 의무는 성공의 가능성이 크지 않은 경우에 당사자들이 교섭에 들어가는 것을 억제하는 냉각 효과를 가진다. 그 의무는 또한 최종적이지만 조급한 결론으로 교섭을 이끌어가려는 당사자들에 대한 압력을 증대시키는 바람직스럽지 않은 가속효과를 가질 수도 있다. 이러한 불이익을 상계할 만한 명확한 이점이 없이는 현재의 사행적인 견해를 포기할 별다른 이유가 없는 것이다.159)

그러나 이처럼 계약 체결 과정에서는 Good Faith의 의무가 인정되지 않는다고 하여도 당사자가 전혀 구제를 받지 못하게 되는 것은 아니다. 즉 법원은 예외적으로 제한된 경우에는 계약이 성립하지 않은 경우에도 당사자의 구제를 인정하여 왔다.160) 즉 不當利得(unjust enrichment, restitution)이나 不實表示(misrepresentation)에 의한 불법행위가 인정될 수 있고, 또는 약속에 의한 禁反言(promissory estoppel)이 인정될 수도 있는 것이다. 나아가 당사자 사이에 계약 체결을 위한 특별한 합의가 있는 경우에는 그에 따른 책임을 물을 수도 있다.

이 점에 관하여는 다음과 같은 설명이 있다.161) 즉 예비적 합의 단계에서 이루어진 약속의 집행 문제에 관한 경제적인 분석은 교섭의 비용을 줄인다는 목적을 전제로 하여야 하는데, 이 비용의 일부는 자신의 약속에 대하여 책임을 져야 한다는 위험과, 상대방의 약속을 신뢰하여 결국 보상받지 못하는 투자를

설명하고 있다. 즉 궁극적인 합의로부터 이익을 얻을 희망을 가지고 교섭에 착수하는 당사자는 상대방이 교섭을 중단함으로써 생기는 어떠한 손해의 위험도 부담한다는 것이다.

159) Farnsworth(註 152), 242 f.; Farnsworth(註 8), §3.26(205).

160) 계약체결 과정에서 일방 당사자의 잘못으로 상대방 당사자에게 불리한 계약이 성립된 경우에도 不實表示(misrepresentation), 사기(fraud)나 강박(duress)의 법리에 의하여 당사자가 계약을 취소할 수 있다. Burton and Anderson(註 6), 335 ff. 참조. 그러나 이 글에서는 계약이 성립하지 않은 경우만을 다룬다.

161) Scott and Kraus(註 17), 213 f. 여기서는 Charles J. Goetz & Robert E. Scott, "Enforcing Promises: An Examination of the Basis of Contract", 89 Yale Law Journal 1261, 1295-1296을 인용하고 있다.

하는 위험으로 이루어진다. 그런데 대부분의 사람이 危險忌避的(risk averse)이라면 사람들은 자신의 약속에 대한 책임을 부담하기보다는(이 때에는 자신의 책임은 상대방의 신뢰에 따른 행동에 달려 있게 된다) 신뢰하여 얻을 수 있는 이익을 포기할 것이다(이 때에는 약속에 의존하는 자신의 투자의 비용을 통제할 수 있으므로). 그러나 확정적인 거래가 이루어지면 이 때에는 이익이 손실보다 클 것으로 예상하므로 약속이 이행되지 않은 위험을 약속의 상대방 아닌 약속을 한 사람이 부담하는 것을 선호할 것이다. 문제는 당사자들의 교섭이 거래의 주변에 머물러 있는지, 아니면 거래의 핵심에 진입했는지 여부를 결정하는 것이 어려울 때가 많다는 것이다.

2. 不當利得

우선 계약 체결을 위한 교섭이 좌절되었으나 그 과정에서 일방이 상대방으로부터 이익을 얻었다면 그 상대방은 부당이득의 반환을 구할 수 있다. 예컨대 Hill v. Waxberg[162)]에서 피고는 건축업자인 원고에게 자신이 소유하고 있는 토지에 건물을 짓는 데 도움을 줄 것을 요청하였다. 피고는 건축공사의 자금을 융자받을 수 있으면 원고에게 공사를 맡기겠다고 하였고, 그에 따라 원고는 피고의 요청에 따라 여러 번 출장을 가서 건축가를 만나고, 제 3 자를 고용하여 토지를 파는 등 조사를 하여 원고가 건축공사의 자금을 융자받는데 필요한 자료를 마련하여 주었다. 그러나 피고가 융자를 받을 수 있게 되었는데도 원고와 피고 사이의 계약 체결을 위한 교섭은 결렬되었다. 그러자 원고가 피고를 위하여 제공한 서비스의 대가를 청구하는 소송을 제기하였다. 제 1 심은 원고의 청구가 이유 있다고 하여 피고에게 11,167.46달러의 지급을 명하였다. 그러나 항소심인 연방 제 9 항소법원은 원고의 청구가 이유 있다고 하면서도 그 액수에 관하여는 원심판결을 변경하였다.

법원은, 일방이 상대방의 요구에 따라 대가의 지급을 기대하고 서비스를 제공하였고, 그에 따라 상대방에게 이득을 주었다면 묵시적인 계약(implied contract)이 인정된다고 하는 것은 英美法에 변함이 없이 정착되어 있는 일반적인 법원리의 하나라고 하면서, 다만 이 사건에서 원심이나 당사자들의 대리인들은

162) 237 F. 2d 936(9th Circuit, 1956).

이것이 "사실상의 묵시적 계약(implied in fact contract)"인가 아니면 "법률상의 묵시적인 계약(implied in law contract)"인가를 명확히 하지 않았고, 이는 손해배상의 범위를 결정하는데 필요하다고 하면서,[163] 이 사건에서는 두 가지가 다 가능한 것처럼 보이지만 이 법원도 그 결정을 내리지 않을 것이고, 다만 양자의 합의에 따라 배상액이 원고의 43일의 서비스 및 그 지출 비용을 합한 5,896.38달러로 감액되는 것이 가장 정의에 부합한다고 하였다.[164]

이 외에도 계약 체결의 교섭이 좌절된 경우에 부당이득의 반환을 명한 판례는 몇 개 더 찾아볼 수 있다.[165] 그러나 계약 교섭의 과정에서 일방이 상대방으로부터 이득을 얻었다고 하여 항상 부당이득의 성립이 인정되는 것은 아니다.[166]

버튼과 앤더슨 교수는 가능한 한 구별 기준은 원고가 순전히 자신의 이익만을 위하여 행동하였는가, 아니면 상대방의 요청에 의하여 상대방을 이롭게 하는 것이었는가 라는 것이라고 지적하고 있다.[167]

163) 사실상의 묵시적 계약이란 당사자의 직접적인 언어적인 표현이 없는데도 당사자의 행동 등 여러 사정을 종합하여 당사자들이 계약의 성립을 의도하였다고 판단될 때 법원이 계약의 성립을 인정하는 것을 말한다. 반면 법률상의 묵시적 계약이란 일방이 보상이 있을 것을 기대하고 상대방에게 이익을 준 경우에 법원이 그 상대방에게 그 이득의 반환을 명하는 것으로서 이는 계약이 아니라 부당이득의 일종이다. 후자는 準契約(quasi-contract)이라고도 한다. 전자의 경우에는 일반 계약불이행의 원리에 의하여 손해배상액이 결정되지만 후자의 경우에는 손해배상이 아니라 부당이득의 반환이 이루어진다. 양자의 구별에 대하여는 Murray(註 15), 41-43 참조.

164) 그리하여 당사자들이 이 판결 선고 후 40일 내에 위 금액에 합의한다면 그 금액이 확정되고, 당사자들이 위 기간 내에 합의하지 못한다면 1심판결은 파기환송될 것이라고 하였다.

165) Family Medical Building, Inc. v. the State of Washington, 684 P. 2d 77, 85 ff.(Court of Appeals of Washington, 1984); Cauff, Lippmam & Co, v. Apogee Fin. Group. Inc., 897 F.Supp. 1007, 1024(U. S. District Court for the Southern District of New York, 1992).

166) Songbird Jet Ltd., Inc. v. Amax Inc., 1 F.Supp. 912, 926(U. S. District Court for the Southern District of New York, 1984)은 다음과 같이 설시하고 있다. 즉 부당이득이 인정되기 위하여는 그 이득이 부당한(unjust) 것이어야 하는데, 계약을 체결하기 위하여 노력하는 당사자가 비용을 지출하는 것은 통상적인 것이고, 그러한 상황에서 계약이 체결되지 못했다고 하여 일방이 상대방의 손실하에 부당하게 이익을 얻었다는 결론이 항상 나오는 것은 아니다. 각자의 노력은 자기 스스로의 이익을 증진시키려는 목적을 위한 것이었고, 모든 상인은 상호간에 유리한 계약을 체결하기 위하여 필요한 상당한 거래 비용은 협상이 만족할 만한 약정을 가져오지 못할 때에는 손해로 돌아간다는 위험에 직면해 있다는 것이다.

167) Burton and Anderson(註 6), 343.

3. 不實表示에 의한 불법행위

不實表示(misrepresentation)[168]에 의하여 계약이 성립하면 이는 계약의 취소사유가 된다.[169] 그런데 반대로 부실표시에 의하여 계약이 성립하지 않았을 때에는 그로 인하여 손해를 입은 사람은 불법행위를 이유로 손해배상을 청구할 수 있다. Markov v. ABC Transfer & Storage Co.[170]은 이를 인정한 많지 않은 사례 중 하나이다. 이 사건의 사실관계는 다음과 같다. 이 사건 원고는 피고에게 1962. 9. 15부터 1965. 9. 14까지 3년을 기간으로 하여 창고 건물을 임대하여 주고 있었는데, 계약기간 종료 약 6개월 전에 피고는 원고와 임대차 계약 갱신을 위한 교섭을 시작하였고, 원고측에서는 피고가 원하는 대로 계약이 갱신될 수 있을 것이라고 이야기하였다. 그러나 실제로는 원고는 그 사이에 제3자와 위 토지를 매도하기 위한 교섭을 진행하고 있다가, 1965. 7. 1. 위 토지를 제3자에게 매도하였고, 위 제3자는 1965. 8. 25. 피고에게 위 토지를 인도할 것을 통지하여 피고는 위 제3자에게 위 토지를 인도하였다.

원고가 피고에게 미지급 임료를 청구하는 소송을 제기하자 피고는 원고를 상대로 사기를 이유로 하는 손해배상을 청구하는 반소를 제기하였다.

워싱턴 주 대법원은, 단순한 예측을 이야기하는 것만으로는 詐欺(fraud)가 되지 않지만, 원고가 피고에게 계약이 갱신될 것이라고 이야기하였고 그 당시의 사정이 피고측이 이를 믿는 것이 합리적이었다면, 이는 단순한 장래의 예측이 아니라 약속(promissory undertaking)이라고 할 것이며, 또 이 사건에서는 원고가 제3자와 매매를 위한 교섭을 하는 동안 위 토지가 점유되어 있는 것이 원고에게 유리할 뿐만 아니라 매매 교섭이 실패하면 피고에게 임대를 계속할 수도 있었다는 점에서 원고가 피고에게 갱신을 약속하였다고 보아야 한다고 판시하여, 피고가 급히 위 토지를 비우느라 입게 된 여러 가지의 손해를 원고가 배상하여야 한다고 하였다.

---

168) 不實表示(misrepresentation)란 사실과 일치하지 않는 것을 주장하는 것을 말한다. the Second Restatement of Contracts §159 참조.

169) The Second Restatement of Contracts §164.

170) 457 P. 2d 535(Supreme Court of Washington, 1969).

4. 約束에 의한 禁反言(promissory estoppel)

그러나 이처럼 계약이 성립하지 않은 경우에 부당이득이나 불법행위를 인정할 수 있는 경우란 드물다. 이에 반하여 約束에 의한 禁反言(promissory estoppel)에 의하여 구제를 인정한 사례는 비교적 많이 찾아볼 수 있다.

제 2 차 계약 리스테이트먼트 제90조 제 1 항은 다음과 같이 약속에 의한 금반언을 규정하고 있다.

"약속자가 그 약속이 약속의 상대방이나 제 3 자의 작위나 부작위를 유도할 것을 합리적으로 예상할 수 있고, 또 그와 같이 작위나 부작위를 유도한다면 그 약속을 집행함으로써만 不正義를 피할 수 있을 때에는 그 약속은 구속력이 있다. 위반에 대한 구제는 정의가 요구하는 바에 따라 제한될 수 있다."[171)]

이러한 약속에 의한 금반언의 요건은 약속이 있을 것, 약속의 상대방이나 제 3 자가 그 약속을 신뢰하고 행동할 것을 약속자가 예상할 수 있을 것, 실제로 그러한 신뢰에 따른 행동이 있었을 것, 그 약속을 집행함으로써만 부정의를 피할 수 있을 것의 4가지로 요약할 수 있다.

계약 체결을 위한 교섭이 좌절된 경우에도 그 교섭 과정에서 이러한 약속에 의한 금반언의 요건을 충족시킨다면 당사자는 그에 따른 구제를 받을 수 있다.

가령 Hoffman v. Red Owl Stores, Inc.[172)]의 사실관계는 다음과 같다. 원고 부부는 제과점을 경영하고 있었는데 식품점을 개설하고자 식품점 프랜차이즈 회사인 피고 회사와 접촉하였다. 피고측에서는 원고가 18,000 달러를 투자하면 피고 회사의 프랜차이즈 점포를 개설할 수 있을 것이라고 말하였고, 피고 직원의 조언에 따라 원고는 경험을 쌓기 위하여 작은 식료품 가게를 사들여서 이를 운영하기 시작하였다. 약 3개월 후에 피고측에서는 원고 경영의 가게를 검사한 다음 이를 원고의 지배인에게 매도하면 피고측이 원고가 경영할 수 있는 가게를 마련해 주겠다고 하였다. 그리하여 원고는 위 가게를 팔고 피고의 프랜

171) 약속에 의한 금반언은 1933년의 제 1 차 계약 리스테이트먼트 제90조에 의하여 처음 도입되었다. 기타 이 이론에 대하여 상세한 것은 Farnsworth(註 8), 91 ff.; Calamari and Perillo(註 8), 247 ff.; Murray(註 15), 309 ff. 참조.

172) 133 N. W. 2d 267(Supreme Court of Wisconsin, 1965).

차이즈 가게를 개설하기 위하여 토지를 매수하였고, 살 집을 빌렸으며, 자본을 마련하기 위하여 제과점과 그 토지를 매도하는 등 여러 가지 준비를 하였으나 피고측에서는 원고에게 처음에 말하였던 것보다 더 많은 투자를 요구하여 결국 교섭은 결렬되었다. 그리하여 원고 부부가 피고를 상대로 하여 손해배상을 청구하였다.

위스컨신 주 대법원은 제1차 계약 리스테이트먼트 제90조의 약속에 의한 금반언의 이론에 따라 이 사건에서는 원고가 18,000 달러만 투자하면 프랜차이즈 점을 개설할 수 있다고 하는 피고의 약속이 있었고, 원고는 그 약속을 믿고 그에 따라 행동하였으며, 원고가 구제를 받지 않는다면 부정의가 초래될 것이라고 하여, 원고가 입은 손해의 배상을 명하였다.[173)][174)]

그리고 Cyberchron Co. v. Calidata Systems Develop. Inc.[175)]의 사실관계는 다음과 같다. 원고 회사는 고객의 주문에 따라 컴퓨터 하드웨어를 생산하는 회사인데 피고는 그루만이라는 회사의 子會社로서 그루만은 미국 해병대와의 사이에 특정한 컴퓨터 프로그램을 공급하기로 하는 계약을 체결하였다. 그리하여 그루만은 워크 스테이션(work station) 등을 납품받아야 할 필요가 있었는데, 원고와 피고 사이에 위 납품을 위한 계약 체결을 위한 교섭이 이루어졌다. 위 장비의 무게에 대한 합의가 이루어지지 않아서 계약이 체결되지 못하고 있었는데, 그럼에도 불구하고 그루만은 원고에게 특정 장비의 생산을 요구하는 구매요청서를 발부하였고, 그에 따라 원고는 작업을 계속하였으나 결과적으로 계약은 체결되지 않았다. 연방지방법원은 당사자 사이에 계약은 체결되지 않았지만 약속에 의한 금반언의 법리에 따라 피고에게 손해배상을 할 것을 명하였다.

항소심인 연방 제2항소법원은 연방지방법원과 마찬가지로 약속에 의한 금반언의 법리에 따라 원고의 청구가 이유 있다고 하였다. 즉 뉴욕 주에서는 약속에 의한 금반언은 명확하고 모호하지 않은 약속, 약속의 상대방에 의한 합리적이고 예견할 수 있는 신뢰가 이루어졌을 것, 그 신뢰를 이유로 금반언을 주장하는 당사자가 입은 손해의 3가지를 요건으로 하는데, 이 사건에서는 원고가 입은 손해는 비양심적인 것으로서 원고를 위하여 약속에 의한 금반언의 법

---

173) 그러나 원고가 위 식료품점을 계속 경영하였더라면 얻을 수 있었을 이익 상당의 손해배상은 인정하지 않았다. 133 N. W. 267, 276 f.

174) Calamari and Perillo(註 8), 263은 이 판결이 대륙법상의 계약체결상의 과실(culpa in contrahendo) 이론과 기본 정신에 있어서 유사하다고 평가한다.

175) 47 F. 3d 39 ff.(2nd Circiit, 1995).

리를 원용함으로써만 부정의를 회피할 수 있으므로 3번째 요건은 갖추어졌고, 피고측이 원고에게 장비를 생산하도록 압력을 가하였으므로 다른 요건도 갖추어졌다고 하는 제 1 심의 판시가 정당하다고 하였다.[176]

이처럼 약속에 의한 금반언이 인정되는 경우에는 주로 손해배상이 명하여지는데, 법원은 대체로 리스테이트먼트 제90조 제 1 항 단서의 규정처럼 구제의 범위를 제한하여 이행이익보다는 신뢰이익의 배상을 명한다.[177] 이러한 약속에 의한 금반언에 따른 책임의 성질이 계약책임인가 아니면 불법행위책임에 가까운가에 관하여는 논란이 있다.[178]

5. 豫備的 合意가 있는 경우

이처럼 법의 일반원칙에 따라 당사자가 책임을 부담하는 경우 외에, 당사자들이 계약 체결을 위한 특별한 합의를 맺는 경우가 있다. 다시 말하여 계약 체결 그 자체에 관한 합의가 아니라 계약 체결을 위한 교섭 과정에서의 당사자의 행동을 규율하는 합의를 맺는 것이다. 이러한 합의를 맺는 목적은 최종적인 계약이 체결될 가능성을 높이고, 불필요한 비용의 지출을 막는 데 있다.[179] 실제에 있어서는 이러한 합의에 관하여 意向書(letter of intent) 또는 約束書(commitment letter) 등 여러 가지 이름이 쓰이지만 이를 일반적으로 예비적 합의(preliminary agreement)라고 부를 수 있다.[180] 이러한 예비적 합의가 있으면

176) 47 F. 3d 39, 44 ff.

177) Farnsworth(註 152), 224 ff.; Burton and Anderson(註 6), p. 344 등 참조.

178) Burton and Anderson(註 6), 333 fn. 12 참조. Farnsworth(註 8), 101은 손해배상의 범위가 신뢰이익에 한정되는 점에서 불법행위책임에 유사한 면이 있지만 그럼에도 불구하고 이행되는 약속은 계약이라고 한다. Eric Mills Holmes, Corbin on Contracts, Vol. 3, 1996, §8.11(38 ff.)는 약속에 의한 금반언의 발전을 (1) 금반언의 단계(Estoppel Stage) (2) 계약 단계(Contract Stage) (3) 불법행위 단계(Tort Stage) (4) 형평 단계(Equity Stage)의 4단계로 나누고, 일부의 주는 약속에 의한 금반언을 約因(consideration)이 결여된 계약을 집행하는 계약 단계에 머물러 있는 반면 많은 주들은 약속의 상대방의 신뢰에 초점을 맞추는 불법행위 단계로 나아갔으며, 1980년대와 1990년대에는 일부 주들은 다시 약속에 의한 초기의 정신으로 돌아가는 형평 단계로 나아갔다고 한다.

179) 위 Feldman v. Allegheny International Inc.(註 156)에서는 당사자들이 계약 체결을 위한 교섭 과정에서 意向書(letter of intent)를 작성하는 이유를 다음과 같이 설명하고 있다. 즉 경우에 따라서는 계약 체결을 위하여는 많은 비용이 소요되는데, 계약 체결 여부가 불확실하면 당사자들은 비용 지출을 꺼릴 것이고 그 결과 매수인이 제의하는 가격도 낮아지지만, 의향서가 작성되면 매수인은 매도인의 주목 대상이 되어 계약 체결 가능성이 높아지므로 양 당사자에게 모두 유리하게 된다는 것이다. 850 F. 2d 1217, 1221.

180) Burton and Anderson(註 6), 348. Farnsworth(註 6), 206은 교섭을 위한 합의(agreement to

계약이 성립하지 않은 경우의 책임 문제는 결국 이러한 합의의 해석 문제로 귀착되게 된다. 따라서 이 경우에는 항상 Good Faith의 원칙이 문제되는 것은 아니다. 그러나 많은 경우에는 이러한 합의의 해석에 있어서 Good Faith의 원칙이 문제된다.

이러한 예비적 합의에 있어서는 많은 경우에 명시적으로 성실하게 교섭할 의무(duty to negotiate)를 부과한다. 그런데 계약 체결이 좌절된 경우에 당사자가 이러한 의무를 이행하였는가 하는 것은 결국 Good Faith의 문제로 귀착되게 된다. 예컨대 Itek Corp. v. Chicago Aerial Industries, Inc.[181]에서는 두 회사의 합병을 위한 교섭 과정에서의 意向書의 해석이 문제되었다. 이 사건의 사실관계는 다음과 같다. 원고 회사는 1964년 봄부터 피고 회사와 피고 회사의 자산 인수를 위한 교섭을 개시하였고, 그 교섭이 상당히 진척된 결과 원고와 피고는 1965년 1월에 意向書에 서명하였다. 이에 따르면 원고와 피고는 계약에 합의하고 가능한 한 빨리 이를 마련하기 위하여 모든 합리적인 노력(every reasonable effort)을 기울여야 하고, 당사자들이 계약을 체결하는데 실패하면 그들은 서로간에 더 이상의 의무를 부담하지 않는다고 규정하고 있었다. 그런데 피고는 1965년 2월 초에 다른 제3자와 별도로 교섭을 벌여 원고보다 유리한 가격에 매각할 수 있게 되자 그와 계약을 체결하고 3월 2일에 원고에게 교섭의 중단을 통지하였다.

원심 법원은 위 의향서 중 당사자들이 계약을 체결하는데 실패하면 서로간에 더 이상의 의무를 지지 않는다고 규정하고 있는 점을 근거로 하여 피고 승소의 무변론 판결을 선고하였다.

그러나 델라웨어 주 대법원은, 위 규정은 다른 규정과 함께 고려되어야 하고, 그렇게 되면 당사자들은 공식적인 계약에 합의하기 위하여 모든 합리적인 노력을 기울여야 하며, 그러한 노력이 실패한 경우에만 당사자들은 더 이상의 의무로부터 면제된다고 해석하여야 한다고 전제하고, 피고는 그 주주들이 더 높은 가격의 제의를 받게 하기 위하여 Good Faith로 교섭하고 공식적인 계약을 맺기 위하여 모든 합리적인 노력을 기울여야 할 의무를 이행하지 않았다고 볼 증거가 있으므로 원심이 이러한 증거들을 고려하지 않은 채 무변론 판결을 선고한 것은 잘못이라고 하여 원심판결을 파기환송하였다.[182]

negotiate)라고 부른다.

181) 248 A. 2d 625(Supreme Court of Delaware, 1968).

182) 248 A. 2d 625, 629.

위 사건에서는 당사자들이 성실하게 교섭할 의무가 예비적 합의에서 명시적으로 규정된 경우였다. 그러나 이러한 의무가 명시적으로 규정되지 않은 경우에도 법원은 그러한 의무가 묵시적으로 포함되어 있다고 보기도 한다. Teachers Insurance and Annuity Association of America v. Tribune Co.[183)]은 다음과 같은 사실관계에서 나온 것이다. 즉 이 사건의 피고는 원고로부터 거액의 돈을 차용하기 위하여 교섭을 벌인 결과 주요한 사항에 관하여 합의가 이루어져 원고와 피고는 約束書를 교환하였는데 그에 따르면 당사자들의 합의는 구속력 있는 약정이 된다고 되어 있었으나, 교섭을 할 노력을 기울여야 할 의무에 관하여는 언급되지 않았다. 그런데 몇 가지 이유로 계약 체결이 지연되고 있는 동안에 이자율이 하락하자, 피고는 세금을 감면받기 위하여 계약에 상계회계(offset accounting) 조항이 포함되어야 한다는 이유를 내세워 결국 계약 체결을 거절하였다.

뉴욕 남부지구 연방지방법원은, 예비적 합의의 법률적 효과에 관하여 일반화하는 것은 어렵고, 당사자들을 自意가 아닌, 법원에 의하여 부과되는 계약으로부터 보호하는 것도 중요하지만, 법원이 좀더 교섭의 필요가 있기는 하지만 구속력을 가지는 것으로 의도된 합의를 집행하고 유지하는 것도 중요하다고 하면서, 중요한 조항에 관하여는 합의를 하고, 미합의 조항에 관하여는 합의를 하여야 한다는 것을 인정하는 예비적 합의도 구속력이 있으며, 이러한 합의는 미합의 조항에 관하여 Good Faith로 교섭하여야 할 의무를 당사자들에게 부과한다고 한다. 이 때에는 당사자들은 계약의 이행을 구할 수는 없지만 상대방에게 합의된 조항을 담고 있는 최종적인 계약이 체결될 수 있도록 미합의 조항에 관하여 Good Faith에 의하여 교섭할 것을 요구할 수 있다고 한다. 이러한 의무는 당사자가 교섭을 중단하거나 포기하는 것 또는 예비적 합의에 부합하지 않는 조항을 고집하는 것을 금지한다고 한다. 그러하여 이 사건에서는 구속력 있는 예비적 합의가 존재하며, 이 사건에서 피고가 계약 체결을 거절한 주된 이유는 이자율의 하락 때문이라고 하여 원고 승소의 판결을 내렸다.

기타 예비적 합의에 관하여는 여러 가지의 법률 문제가 있으나, 여기서는 더 이상 다루지 않는다.[184)]

183) 670 F.Supp. 491.(United Ststes District Court, S. D. New York, 1987).

184) Burton and Anderson(註 2), 347-389 참조.

Ⅵ. 우리 法에의 示唆 — 結論에 갈음하여

이제 결론에 갈음하여 이러한 미국에서의 논의가 우리 법에 어떠한 시사를 줄 수 있는지를 생각하여 본다.

앞에서도 언급한 것처럼 미국의 Good Faith의 원칙은 우리나라에서의 신의성실의 원칙과는 여러 가지 면에서 차이가 있다. 우선 Good Faith의 원칙은 그 적용 범위가 계약의 이행과 집행에 국한되어 있어서 신의성실의 원칙이 私法 전체의 일반원칙으로 격상되어 있는 우리나라[185]와는 같지 않다. 또 미국에서는 Good Faith의 원칙에 의하여서는 계약을 무효로 할 수는 없다는 점에서도 차이가 있다.[186] 결국 미국에서의 Good Faith의 원칙은 제 1 차적으로는 계약의 해석에 관한 원칙이라고 할 수 있다.[187]

그럼에도 불구하고 미국에서의 Good Faith 논의는 우리나라에 시사하는 바가 적지 않다. 우선 실제에 있어서 미국에서 Good Faith가 적용되는 결과가 우리나라와 유사한 경우가 적지 않다. 예컨대 임대인의 동의 없는 임차권의 양도가 유효한가 하는 점에 관한 판례[188]는 이른바 배신적 임차권 양도에 관한 우리나라의 판례[189]와 대체로 궤를 같이 한다. 또 계약 체결 단계에서 Good Faith 원칙이 적용될 수 있는가에 관하여 미국에서는 이를 원칙적으로 부정하지만,[190] 그 실제 결과에 있어서는 우리나라와 그다지 큰 차이가 있다고는 생각되지 않는다.[191]

그러나 이러한 세부적인 면보다는 이론적으로 미국에서 Good Faith를 어떻게 파악하여야 하는가에 관한 서머즈 교수와 버튼 교수의 논쟁이 우리나라에서의 계약 해석에 있어서의 신의칙의 작용에 관하여 많은 시사를 줄 수 있

---

185) 대법원 2003. 3. 28. 선고 2002두11028 판결(公 2003상, 1090) 등 참조.

186) 파른스워드 교수는 영미법 국가의 법률가는 Good Faith의 이론을 비양심성의 법리와 결합시키지 않는데 비하여 대륙법 국가의 법률가는 비양심적인 계약의 이행을 구하는 당사자는 Good Faith에 부합하지 않는다고 논증하는 것을 자주 들을 수 있다고 지적한다. Farnsworth(註 19), 60.

187) Goren(註 10), 309 ff. 참조.

188) 위 Ⅳ. 2. 참조.

189) 대법원 1993. 4. 27. 선고 92다45308 판결(公 1993하, 1533) 등.

190) 위 Ⅴ. 참조.

191) 예컨대 대법원 2001. 6. 15. 선고 99다40418 판결(公 2001하, 1599); 2003. 4. 11. 선고 2001다53059 판결(公 2003상, 1151) 등.

다고 생각한다. 위 두 사람의 논쟁은 기본적으로는 서머즈 교수처럼 Good Faith의 근거를 契約外的인 데서 찾을 것인가, 아니면 버튼 교수처럼 당사자의 합리적인 의사에서 찾을 것인가 하는 데로 귀착된다. 그리고 양자는 방법론적으로는 Good Faith의 이론을 설명하는 한 가지의 이론을 추구할 것인가, 아니면 이를 포기하고 여러 가지 요소를 나열하는 것으로 충분한 것인가 하는 점에서 차이를 보인다.[192)]

개인적으로는 서머즈 교수의 주장보다는 버튼 교수의 주장이 더 설득력을 가진다고 생각한다. 우선 그의 주장이 계약 자유 내지 當事者 自治(Party Autonomy)의 원칙과 모순되지 않고 오히려 이를 전제로 하고 있을 뿐만 아니라,[193)] 법원이 Good Faith 내지 신의칙의 적용 여부를 판단함에 있어서 기준을 제시해 주고 있기 때문이다. 물론 그가 Good Faith의 원칙을 분석함에 있어서 주로 포기한 기회의 만회에 초점을 맞추고 있는 것은 다소 시야가 협소하다는 비판을 받을 수 있겠으나, 기본적으로 Good Faith의 원칙이 계약 체결 당시의 당사자의 합리적인 또는 정당한 기대(reasonable or justified expectation)를 보호하여야 한다는 것은 수긍할 수 있는 것이다.[194)]

그리고 이러한 고찰은 한국법상 신의칙과 같은 일반조항이 계약자유와 같은 민법의 기본 원칙보다 우선하는 원리인가 하는 논의에도 도움이 된다고 하겠다.

〈서울대학교 법학 제44권 제 4 호, 2003〉

---

192) 바넷 교수는 이 점에 관하여 다음과 같이 설명하고 있다. 즉 서머즈 교수는 관념주의적(conceptualist) 또는 형식주의적(formalist) 접근을 거부하고 여러 가지의 요소를 다같이 고려하여야 한다고 보는 1950년대와 1960년대의 현실주의(realist)적인 학자의 세대에 속한 반면, 버튼 교수는 통일적인 이론을 추구하는 1970년대와 1980년대의 세대에 속한다는 것이다. Randy E. Barnett, “Book Review: The Richness of Contract Law by Robert A. Hillman”, 97 Michigan Law Review 1413 f.(1999). 또한 Randy E. Barnett, Perspectives on Contract Law, 2nd ed. 303 f.(2001) 참조.

193) Van Alstine도 이 점을 강조한다. Van Alstine(註 24), 1292 ff. 참조.

194) Van Alstine(註 24), 1255 ff. 특히 1255 fn. 126 참조.

權利濫用 禁止의 經濟的 分析

— 土地 所有者의 地上物 撤去 請求를 중심으로 —*

I. 서　　론

민법 제 2 조 제 2 항은 "權利는 濫用하지 못한다"고 규정하여 이른바 권리남용 금지의 원칙을 선언하고 있다. 그러나 이 조항은 어떤 경우에 권리의 행사가 남용이 되는 것인지, 남용이라고 인정될 때에는 어떠한 효과가 발생하는지에 관하여는 더 이상 구체적인 내용을 담고 있지 않다. 따라서 이 조항은 민법 제 2 조 제 1 항이 규정하는 신의성실의 원칙과 함께, 그 적용의 구체적인 요건과 효과를 법원에 위임하고 있는 대표적인 一般條項(Generalklausel)의 하나이다. 그리하여 판례와 학설은 구체적으로 어떠한 경우에 권리의 행사가 남용으로 되는 것인지, 그러한 경우에 어떠한 효과를 인정하여야 할 것인지에 관하여 여러 가지로 논의하고 있다. 그러나 종래의 법학적인 논의는 이 문제의 해결에 관하여 실제로 유용한, 구체적인 판단기준을 제시하지는 못하고 있는 것으로 생각된다.

따라서 이 문제에 관하여 법경제학적인 분석이 어떤 도움이 될 수 있는지를 살펴볼 필요가 있다. 이 논문은 이 점을 목적으로 한다. 이제까지 이 문제는 경제학자들 사이에서는 별달리 관심이 되지 못하였던 것 같다.[1)]

---

* 이 글의 초고를 읽고 유익한 지적을 해 주신 김일중, 조홍식 교수님과, 2001. 5. 개최되었던 제 1 회 법경제학연구회 학술대회에서 유익한 토론을 해 주신 이완재 실장, 김정유, 조홍식 교수님께 감사를 드린다.

1) 그러나 이 글을 쓰는 도중에 동일한 주제를 다룬 김정호 · 이완재, "한국 민사판례상의 권리남용론과 법경제학", 2000. 10. 5 한림대학교 경제학과 세미나 발표 논문에 접하여 이를 참고할 수 있었다. 위 논문도 거래비용을 중시한다는 점에서 이 글과 기본적인 발상을 같이 하

다른 한편 권리의 남용이라고 하여도 문제되는 권리에는 여러 가지가 있을 수 있다. 가장 흔한 사례는, 토지 소유자가 그 토지상에 있는 건축물의 소유자에 대하여 그 건축물의 철거를 청구하는 경우에 그 청구가 권리남용인가 하는 것이다. 그러나 이 이외에도 매우 다양한 사례에서 권리남용은 문제된다. 예컨대 代理權의 남용,[2] 소멸시효의 남용,[3] 相計權의 남용,[4] 동시이행의 항변권의 남용,[5] 訴權의 남용,[6] 확정판결 집행의 남용[7] 등 여러 가지이다. 그러나 이러한 다양한 경우를 모두 포괄하여 한 가지 이론으로 설명하는 데에는 어려움이 많다. 실제로 법학에서도 이러한 일반조항에 관하여는 여러 가지를 유형화하여 설명하는 것이 바람직하다고 이야기한다. 그리하여 여기서는 가장 많이 문제되는 사례, 즉 토지 소유자가 그 토지상의 지상물 소유자를 상대로 하여 그 지상물의 철거를 청구하는 것이 어떠한 경우에 권리남용이 되는가 하는 점을 따져 보고자 한다.

뒤에서 논의할 것을 미리 이야기한다면, 종래의 법학에서의 논의는 학설과 판례 모두 실제의 분쟁 해결에 도움이 될 수 있는 뚜렷한 판단기준을 제시하지 못하였다고 판단된다. 반면 이 논문에서는 이 문제를 경제학적인 관점에서 去來費用(transaction cost)의 大小와, 그에 따른 property rule 또는 liability rule에 의한 보호라는 관점에서 분석함으로써 실제의 분쟁 해결에 쓸모가 있는 이론을 제시하고자 하는 것이다. 특히 이 논문에서는 종래 단순하게 거래비용이라고 일컬어졌던 것을 사전적 거래비용(ex ante transaction cost)과 사후적 거래비용(ex post transaction cost)으로 나눔으로써 명확한 분석이 가능하다고 주장한다.

논의의 순서로서는 우선 이제까지 이 문제를 법학에서는 어떻게 다루었는가 하는 점을 판례와 학설을 통하여 살펴보고, 이어서 법경제학적인 분석을 전개하고자 한다.

나 세부적인 내용에 있어서는 차이가 있다. 논문을 보내 주신 김정호 박사에게 감사드린다.

2) 대법원 1987. 7. 7. 선고 86다카1004 판결(公 1987, 1292).

3) 대법원 1997. 12. 12. 선고 95다29895 판결(公 1998상, 237); 1999. 12. 7. 선고 98다42929 판결(公 2000상, 140).

4) 대법원 1992. 10. 27. 선고 92다25540 판결(公 1992, 3282); 1993. 6. 8. 선고 92다54272 판결(公 1993하, 2000); 1996. 3. 12. 선고 95다47732 판결(公 1996상, 1247) 등.

5) 대법원 1992. 4. 28. 선고 91다29972 판결(公 1992, 1698). 대법원 1999. 11. 12. 선고 99다34697 판결(公 1999하, 2499)도 같은 취지로 이해된다.

6) 대법원 1997. 12. 23. 선고 96재다226 판결(公 1998상, 367).

7) 대법원 1984. 7. 24. 선고 84다카572 판결(公 1984, 1479); 1997. 9. 12. 선고 96다4862 판결(公 1997하, 3073).

Ⅱ. 종래의 법학적 논의

1. 학 설

종래의 일반적인 교과서는 우선 권리남용이 문제되는 여러 가지 경우를 특별히 구분하여 다루고 있지 않은 것이 일반적이다. 나아가 그 요건에 관하여도, 권리의 행사라고 볼 수 있는 행위가 있을 것,[8] 그 권리가 인정되는 사회적 이유 내지 신의칙에 반하는 것일 것[9] 등을 들면서, 특히 어느 경우에 권리가 인정되는 사회적 이유에 반하는 것이라고 볼 것인가에 관하여는 구체적인 경우에 따라 판단할 수밖에 없다고 설명하는 것이 보통이다. 그리고 권리를 행사하는 자가 加害의 의사나 목적을 가지고 있다는 것 또는 고의·과실이 있다고 하는 것은 권리남용의 요건이 아니지만, 이러한 주관적 요소가 있는 경우에는 보다 용이하게 권리남용을 인정할 수 있다고 한다. 나아가 어떠한 권리행사가 권리남용으로 되는가를 판단함에 있어서는 여러 가지 사정들이 종합적으로 고려되어야 한다고 한다. 즉 가해의사, 권리자가 권리행사에 의하여 얻는 이익과 상대방이 권리행사에 의하여 받는 불이익의 較量,[10] 건물철거의 요구인 경우에는 그 건물의 견고성, 경계침해의 경우에는 그에 대한 인식 여부, 권리행사의 시기 등이다.[11]

다만 일부 교과서나 논문 등의 경우에는 이러한 고려 사항을 주로 판례에 나타난 것을 중심으로 하여 나름대로 상세하게 분류하고 있는 것을 찾아볼 수 있다. 예컨대 한 교과서는 권리남용의 구체적인 판단기준은 정형화할 수 없다고 하면서도, 다음과 같이 분류한다. 즉 실질적인 의무자가 실질적인 권리자에 대하여 권리를 행사하는 경우, 스스로 의무를 위반한 자가 자기의 권리만을 행

---

8) 다만 신의칙상 적극적인 권리의 행사가 요구되는데도 이를 행사하지 않는 경우에 그러한 권리의 불행사도 권리남용으로 인정될 수 있다고 하면서 失效(Verwirkung)의 원칙을 그 예로 들고 있다.

9) 권리남용 금지의 원칙이 민법 제 2 조 제 1 항에서 규정하고 있는 신의성실의 원칙의 한 파생원칙인가에 대하여는 견해가 나누어지고 있다.

10) 이를 권리남용의 객관적 요건이라고 하면서, 이는 권리행사자의 이익과 그로 인하여 침해되는 상대방의 이익과의 현저한 불균형을 말한다고 하는 설명도 있다. 尹容燮, "權利濫用에 관한 判例의 動向", 民事判例硏究 Ⅹ, 1988, 309면.

11) 郭潤直, 民法總則, 新訂(修正版), 1998, 98면 이하; 金曾漢·金學東, 民法總則, 第9版, 1994, 80면 이하; 白泰昇, 民法總則, 2000, 107면 이하; 李銀榮, 民法總則, 改訂版, 88면 이하 등.

사하는 경우, 비례의 원칙에 위배되는 경우, 수많은 사람에게 피해를 가하는 경우, 원인을 제공한 자가 그 결과의 제거를 청구하는 경우, 재판권 행사 방해로 얻은 권리의 행사, 모순된 행위에 기한 권리행사, 독점을 위한 권리행사 등이다.[12] 다른 논문은 정당한 이익이 없는 권리행사, 부당한 이익의 획득을 위한 권리행사, 受忍의 한도를 넘는 손해를 입히는 권리행사 등으로 분류하고 있다.[13]

다른 한편 이 글의 주제와 같이 토지소유자의 방해제거청구권에 관하여 판례를 분석한 한 논문은, 다음과 같이 설명한다. 우선 권리행사가 권리자에게 주는 이익보다 그로 인하여 상대방이 입을 손해나 고통이 현저히 큰 경우에는 비록 권리행사자에게 가해의사가 없더라도 또 권리행사가 권리자에게 어느 정도 이익을 주더라도 그러한 권리행사는 권리남용이라고 한다. 다음으로 신의칙과 관련해서는 권리자의 권리행사의 목적, 권리자의 권리행사에 이르기까지의 태도, 상대방의 권리침해과정과 그 침해의 정도, 침해자가 침해상태를 제거하기 위하여 성실히 노력하였는지 여부 등이 고려되어야 한다고 한다. 뿐만 아니라 권리행사자에게 부당성이 없더라도 침해자에게 권리행사를 감수해야 할 부당성이 존재하지 않는 경우에는 권리남용을 인정할 여지가 많다고 하면서, 그러한 경우로서 특히 상대방이 토지경계를 넘는 점을 인식치 못하고 이를 침범하였고 그 후 이를 알고 나서는 토지소유자의 손실을 보장해 주기 위하여 성실히 노력한 경우를 들 수 있다고 한다.[14]

2. 판　　례

가. 이른바 主觀的 要件의 필요 여부

그런데 판례는 우선 권리남용 금지의 요건으로서 이른바 주관적 요건, 즉

---

12) 李英俊, 民法總則, 全訂版, 1995, 74면 이하. 朴碤雨, "權利濫用의 判斷基準에 관한 小考", 債權法에 있어서의 自由와 責任(金亨培敎授華甲記念論文集), 1994, 86면 이하는 권리남용의 판단은 신의칙의 구체화에서 찾게 된다고 하면서, 권리남용 판단의 기준으로서 權利 失效의 원칙, 過大行使禁止의 원칙(이에는 보호이익이 없다는 항변 및 비례성 원칙이 포함된다), 선행행위와 모순되는 사후행위 금지 등을 들고 있다.

13) 尹容燮(註 10), 309면 이하. 곽윤직 編, 民法注解 Ⅰ, 1992, 195면 이하(尹容燮 집필부분)도 같다.

14) 金學東, "土地所有者의 妨害除去請求權과 權利濫用", 不動産法學의 諸問題(石霞金基洙敎授華甲記念), 1992, 76면 이하.

권리행사자에게 상대방을 해하려는 목적이 있어야 하는가에 관하여 일관된 태도를 취하지 않고 있었다. 일부 판례는 토지 소유자의 건물철거 청구가 권리남용이라고 인정함에 있어서, 이른바 객관적 요건이 존재한다는 점만을 언급하였을 뿐, 주관적 요건에 대하여는 전혀 언급하지 않거나,[15] 주관적 요건 또는 객관적 요건 중 하나만 있으면 되는 것처럼 판시한 것[16]도 있다.

그러나 주류적 판례는, 주관적 요건과 객관적 요건이 다같이 요구된다고 보고 있다.[17] 그 당연한 결과로 종래의 판례 가운데 소유자의 지상물 철거청구가 권리남용에 해당한다고 한 것은 그다지 많지 않다. 다만 근래의 판례는 이처럼 주관적 요건을 요구하는데 대한 학설상의 비판을 의식하였음인지, 권리의 행사가 상대방에게 고통이나 손해를 주기 위한 것이라는 주관적 요건은 권리자의 정당한 이익을 결여한 권리행사로 보여지는 객관적인 사정에 의하여 추인할 수 있다고 하여 다소 입장을 완화하고 있다.[18]

나. 判例를 분석한 종래의 논의

그러면 판례는 권리남용에 해당하는지 여부를 판단함에 있어서 어떠한 사항을 고려하고 있는가? 이 점에 관하여 판례가 반드시 일관성을 유지하고 있다고는 하기 어렵다. 그러므로 어떤 기준이 없이 종래의 판례를 소개하는 것은 오히려 혼란만을 가져오게 된다. 여기서는 종래 판례를 분석한 문헌의 내용만

---

15) 대법원 1982. 9. 14. 선고 80다2859 판결(公 1982, 1001): 건축된 지 수년이 지난 지금 법정거리안에 있는 주소부분을 철거하는 것은 원고에게는 거의 어떠한 이익도 가져오지 못하고 오히려 사회, 경제적으로 보나 상린관계의 취지에서 보나 이를 철거한다는 것은 적절하지 아니하므로 원고의 위 부분의 철거청구는 권리의 사회성에 비추어 권리남용에 해당된다.

16) 대법원 1991. 10. 25. 선고 91다27273 판결(公 1991, 2826): 권리남용이라 함은, 권리자가 그 권리를 행사함으로 인하여 사회적 경제적으로 얻는 이익보다 상대방에게 과대한 손해를 입히는 결과가 됨에도 불구하고, 권리자가 권리행사라는 구실로 상대방에게 손해를 가할 것만을 목적으로 하거나 또는 객관적으로 우리의 통념상 도저히 용인될 수 없는 부당한 결과를 자아내는 등 공공복리를 위한 권리의 사회적 기능을 무시하고, 신의성실의 원칙과 국민의 건전한 권리의식에 반하는 행위를 하는 것을 뜻한다고 할 것으로서 어느 권리행사가 권리남용이 되는가의 여부는 각 개별적이고 구체적인 사안에 따라 판단되어야 할 것이다. 같은 취지: 대법원 1983. 10. 11. 선고 83다카335 판결(公 1983, 1657) 등.

17) 대법원 1986. 7. 22. 선고 85다카2307 판결(公 1986, 1099); 1988. 12. 27. 선고 87다카2911 판결(公 1989, 229); 1990. 5. 22. 선고 87다카1712 판결(公 1990, 1333); 1991. 3. 27. 선고 90다13055 판결(公 1991, 1261); 1991 6. 14. 선고 90다10346, 10353 판결(公 1991, 1914) 등. 근래의 판례로는 대법원 1998. 6. 26. 선고 97다42823(公 1998, 1968) 참조.

18) 대법원 1993. 5. 14. 선고 93다4366 판결(公 1993하, 1707); 1998. 6. 26. 선고 97다42823 판결(公 1998하, 1968) 등.

을 간단히 소개하고, 구체적인 분석은 뒤에서 살펴보기로 한다.

종래 판례를 종합적으로 분석한 것 중 대표적인 것으로는 尹容燮의 글[19)] 과 金學東의 글[20)]이 있다.

이 중 우선 金學東의 글은 다음과 같이 분석한다.[21)]

첫째, 권리남용의 요건으로서 권리행사자의 가해의사를 필수적으로 요구하고 있고, 그러므로 권리자에게 그 권리행사가 조그마한 이익이 되는 경우에는 이를 권리남용이 아니라고 보며, 특히 시설물 철거청구가 그 토지의 사용에 목적이 있는지 의문스러운 경우에도 그 토지가 토지소유자에게 이익이 있는 한 이를 권리남용으로 보지 않는다.

둘째, 권리자가 얻을 이익보다 상대방이 입을 고통이나 손해가 현저히 크다는 사정이 상대적으로 적게 고려된다. 그리하여 시설물 철거가 사회 일반에 중대한 영향을 미치는 경우에도 권리남용이 부인되는 경우가 많다.

셋째, 권리자의 침해행위 중지요구가 있음에도 불구하고 이를 무시하고 침해행위를 계속한 경우에는 권리남용을 부인함으로써 침해자에게 침해사실에 대한 인식이 있었다는 점은 권리행사의 권리남용을 부인하게 하는 사정으로 고려되고 있다. 그러나 반대로 침해자가 침해사실을 전혀 몰랐다고 하여 그것만으로 권리남용을 긍정하게 하는 사정으로 받아들여지지는 않는다.

넷째, 침해자가 침해부분의 토지를 매수하기 위한 노력을 다하지 않은 경우에는 그러한 점이 권리남용을 부인하는 이유로 작용한다. 그러나 침해자가 그러한 노력을 성실히 시도하였다는 사정은 권리남용을 긍정하는 이유로 작용하지 못하고 있다.

그 외에 침해사실이 장기간 계속되어 왔다는 점, 혹은 권리자(전권리자 포함)가 장기간 그러한 상태를 방치하였다는 점이나, 토지소유자가 그 토지를 취득할 때 이미 침해상태가 존재하였으며 그러한 점을 알고서 이를 취득하였다는 점 역시 고려되지 않는다고 한다.

다른 한편 윤용섭은 판례상 권리남용 여부 판단시 참작할 구체적 사정으로 문제된 점을 다음과 같이 열거하고 있다.[22)]

---

19) 註 9)의 논문
20) 註 14)의 글.
21) 金學東(註 14), 72면 이하.
22) 尹容燮(註 10), 317면 이하.

첫째, 철거로 인한 소유자의 이익과 상대방의 손해 간의 현저한 차이.

둘째, 소유자가 철거청구 이외의 다른 권리구제수단을 강구한 바 있는지의 여부.

셋째, 소유자가 토지를 취득할 당시 지상 공작물의 존재사실을 알았는지의 여부.

넷째, 소유자가 정당한 가격으로 건물 대지부분을 매도하여 달라는 상대방의 요구에 불응하였는지의 여부.

다섯째, 소유자가 침해상태에 대하여 장기간 이의를 제기하지 아니하였고 법원이 제시한 적절한 화해 권고에 응하지 아니하는지의 여부.

여섯째, 대지가 법적 규제를 받고 있어 소유자가 이를 다른 용도에 적극적으로 사용할 수 없는가의 여부.

일곱째, 상대방이 소유자에게 대지사용에 상응하는 등기청구권을 갖고 있는가의 여부

여덟째, 상대방이 침해 당시 침해 사실을 알고 있었는지의 여부.

아홉째, 침해 공작물을 철거하면 사회 일반에 중대한 영향을 미치는가의 여부.

열째, 상대방이 소유권의 피해 회복을 위하여 철거 이외의 다른 성의 있는 대책을 강구하려 노력하였는지의 여부.

열한째, 소유자가 상대방에게 계쟁 토지를 부당한 가격으로 매수할 것을 요구하고 있는지의 여부.

그런데, 우리 판례의 입장은 소유권의 행사에 이상과 같은 사정 중 한두 가지 사정이 있다 하여도 일곱째 및 열한째의 점을 제외하고는 권리남용이 당연히 성립한다고는 보지 아니하고 있는바, 그러한 결론에 이른 사안은 대부분이 가해의사라는 주관적 요건을 절대요건으로 파악하고 있는 것들이기 때문에 주관적 요건을 배제한다면 판례가 일곱째 및 열한째 이외의 다른 사정들이 권리남용의 객관적 요소로서 어느 정도의 중요성을 갖고 있다고 보는 것인지 分析하기 곤란하나 대체적인 느낌으로는 첫째와 아홉째의 사정은 비교적 비중 있게 다루고 있고 둘째, 넷째, 다섯째, 열째의 事情은 큰 意味가 없는 것으로 보고 있는 듯하다고 한다.

Ⅲ. 經濟的 分析

1. 문제의 소재

가. Coase의 定理의 관점에서 본 權利濫用 禁止의 法理

토지 소유자의 그 지상물 철거를 권리남용이라 하여 인정하지 않는 것은 경제학적인 관점에서는 어떠한 의미를 가지는가?

우선 경제학적인 관점에서는 지상물 철거는 그 토지를 다른 더 유용한 용도로 사용하는 것이 전제되지 않으면 그 자체로 자원의 낭비를 초래하는 것이기 때문에 가급적 회피하여야 한다. 지상물 철거청구가 권리남용인가 하는 것이 문제되는 것은 기본적으로는 이러한 이유 때문이라고 할 수 있다. 그러나 그러한 이유만으로 지상물 철거청구가 항상 권리남용이 된다고는 할 수 없다. 오히려 이러한 경우에 권리남용을 너무 쉽게 인정하는 것은 비효율적일 수 있다.

지상물 철거 청구가 권리남용이 되는가 하는 문제의 대부분은 현행법이 토지 위에 세워진 건물과 같은 건축물을 토지와는 별개의 부동산으로 다루기 때문에 생겨난다고 할 수 있다. 우리 민법은 토지 및 그 정착물을 부동산이라고 정의하고 있을 뿐(제99조 제1항), 토지 위의 건물이 토지와 별개의 부동산인지 아닌지에 관하여는 명백히 밝히고 있지 않으나, 부동산등기법은 건물을 토지와는 별개의 부동산으로 취급하여 건물에 관하여 따로 등기할 것을 명하고 있고(제14조 등), 또 민법의 여타의 규정들도 건물이 토지와는 별개의 부동산임을 전제로 하고 있다.[23] 그러나 이러한 태도는 비교법적으로 보면 예외에 속하고, 일본 외에는 이러한 입법례를 찾아보기 어렵다.[24] 서구의 입법례는 "지상물은 토지에 속한다(superficies solo cedit)"는 원칙에 따라 토지와 건물은 원칙적으로 일체를 이룬다는 태도를 취하고 있다.[25] 이처럼 건물이 원칙적으로 토

---

23) 예컨대 민법 제644조 제1항은 "건물 기타 공작물의 소유 또는 …을 목적으로 한 토지임차인이 …"라고 규정하여 토지임차인이 그 토지 위에 건립된 건물의 소유권을 가질 수 있음을 전제로 하고 있다.

24) 이 점에 대하여는 嚴東燮, "土地와 建物을 別個의 不動産으로 取扱하는 現行 民法의 態度에 대한 批判的 考察", 法曹 1993. 8, 34면 이하 참조.

25) 이 점에 대하여는 嚴東燮(註 24) 및 U. Mattei, Basic Principles of Property Law, 1999, pp. 134-137 참조.

지 소유자의 소유로 된다면, 토지 소유자가 자기 소유 토지에 건물 등을 건축한 사람(토지 점유자)에 대하여 특별히 그 철거를 청구할 필요는 없게 되고, 따라서 그로 인한 재화의 낭비는 막을 수 있게 된다.[26] 이러한 경우에 독일 민법 제951조, 제946조는 附合(Verbindung)의 법리에 의하여 토지 소유자에게 건물 등을 건축한 사람에 대한 보상 의무를 부과하고 있다.[27]

그러므로 건물의 철거로 인한 낭비를 막는다는 관점에서 본다면 이처럼 건물을 토지와는 별개의 부동산으로 보지 않는 입법례가 우리나라나 일본의 입법례보다 우수한 것이라고 여겨질 수 있다. 그러나 이 점은 좀더 따져 볼 필요가 있다. 만일 우리나라에서 건물 등을 소유하고 있는 토지 점유자가 쉽게 토지 소유자와의 교섭에 의하여 건물의 사용권을 취득할 수 있다면, 건물의 철거는 막을 수 있다. 다시 말하여 토지 점유자가 토지 소유자로부터 토지를 취득하거나, 아니면 이를 임차하게 되면 토지 점유자는 구태여 건물을 철거할 필요가 없는 것이다. 그러므로 문제는 토지 점유자와 토지 소유자 사이의 이러한 교섭이 쉽게 일어날 수 있는가 하는 점이다.

이를 법경제학적인 관점에서 설명하자면 이 문제는 Coase의 定理가 적용될 수 있는 전형적인 사례이다. 즉 당사자 사이에 去來費用(Transaction Cost)이 소요되지 않는다면, 어느 당사자에게 權利를 부여하더라도, 최종적인 결과는 같다는 것이다.[28] 지금 문제되고 있는 경우에는 토지 소유자에게 그 지상에 건

---

26) 다만 외국에서도 여전히 우리나라와 같은 문제가 생길 여지가 없는 것은 아니다. 예컨대 이웃 토지의 소유자가 세운 건물이 인접 토지의 경계를 약간 침범하였을 때에는 그 침범한 부분만이 침범한 토지의 소유자의 소유에 속한다고 할 수는 없다. 또 후술하는 대법원 1996. 5. 14. 선고 94다54283 판결(註 53)에서 보듯이 토지 위의 공중을 지나가는 송전선이 당연히 토지 소유자의 소유로 된다고는 할 수 없는 것이다. 이러한 경우에도 그 철거 청구를 어느 경우에 배척하여야 할 것인가가 문제된다.

27) 프랑스 민법 제555조는 다음과 같이 규정하고 있다. 즉 식물이나 건물 또는 공작물 등이 (소유자 아닌) 제 3 자에 의하여 그 제 3 자에게 속하는 재료로 건립되었을 때에는 토지 소유자는 그 소유권을 취득하거나, 제 3 자로 하여금 이를 철거하게 할 수 있는데, 소유자가 그 소유권을 취득하는 것을 선택하였을 때에는 그는 제 3 자에 대하여 제 3 자의 선택에 따라 토지의 가치가 증가한 액수나 보상 당시의 재료 비용 및 그 건축 비용을 보상할 의무가 있고, 다만 제 3 자가 선의여서 과실을 반환할 의무가 없을 때에는, 토지 소유자는 건축물의 철거를 청구할 수 없고, 이때에는 소유자는 위 두 액수 중 한 가지를 선택하여 보상할 수 있다고 규정한다.

28) Ronald H. Coase, "The Problem of Social Cost," The Journal of Law and Economics Vol. 3, No. 1, pp. 1-44. M. Kuperberg and C. Beitz(ed.), Law, Economics, and Philosophy: A Critical Introduction, with Applications to the Law of Torts, Rowman & Allanheld, Totowa, 1983, pp. 13-40에 재수록되어 있다(이하 인용은 위 책에서). Coase의 定理에 대하여는 朴世逸, "코-스 定理(Coase Theorem)의 法政策學的 意義", 서울대학교 法學 제27권 2·3호, 1986, 76면 이하

립된 타인 소유의 물건의 철거를 청구할 수 있는 권리를 부여한다고 하더라도, 그 지상 물건의 소유자가 토지 소유자에게 대가를 지급하면서 그 지상 물건을 계속 보유하는 것이 자신에게 유리하다고 판단되면, 그와 같이 행동할 것이고, 따라서 그 지상 물건은 철거되지 않고 남아 있게 될 것이다. 반대로 지상 물건의 소유자 내지 토지 점유자에게 계속 점유할 수 있는 권리를 인정한다고 하더라도, 토지 소유자가 그 토지를 토지 점유자보다 더 잘 이용할 수 있다고 판단한다면, 토지 점유자에게 대가를 지급하고 토지 점유자를 내보낼 수 있는 것이다.[29]

다만 지상 물건의 소유자가 토지 소유자에게 대가를 지급하고 지상 물건을 계속 보유할 의사가 있다고 하더라도, 실제에 있어서는 다른 사정으로 인하여 그것이 어려울 수가 있다. 이는 去來費用이 높은 경우로서, 이 경우에 법 내지 법원이 어떻게 하여야 할 것인가가 어려운 문제로 대두된다.

나. 權利濫用 禁止와 Liability Rule

다른 한편 토지 소유자의 철거 청구가 권리남용에 해당한다고 하여 받아들여지지 않은 경우에도, 소유자는 침해자에 대하여 借賃 상당의 부당이득 반환이나 손해배상청구는 할 수 있다.[30] 이는 법경제학적인 용어로 표현한다면, 토지 소유자가 property rule 아닌 liability rule에 의하여 보호되는 것이라고 할 수 있다.

권리 보호의 방법에 관하여 property rule과 liability rule을 구별하여야 한다는 것을 최초로 주장한 사람은 G. Calabresi와 A. Douglas Melamed이다.[31] 여기서 property rule이라 함은, 그 권리를 권리자로부터 제거하고자 하는 자는 그 권리의 가치가 당사자 사이의 합의에 의하여 결정되는 자발적인 거래에 의하여서만 권리를 취득할 수 있는, 그러한 권리의 보호방법을 말한다. 따라서 권리자의 동의를 받지 않고 권리를 침해하는 경우에는 권리자는 그 침해행위 자체를 막을 수 있다. 가령 토지 소유자의 동의를 받지 않고 타인이 그 지상에

참조.

29) Mattei(註 25), p. 136도 경계 침범의 사안에 대하여 같은 설명을 하고 있다.

30) 尹容燮, 民法注解 Ⅰ, 1992, 207면; 대법원 1992. 7. 28. 선고 92다16911, 16928 판결(公 1992, 2648) 등.

31) "Property Rules, Liability Rules, and Inalienability: One View of Cathedral" in: M. Kuperberg and C. Beitz(註 28) pp. 41-80. 원래는 Harvard Law Review Vol. 85(1972)에 발표된 것이다.

건립한 물건에 대하여 토지 소유자가 그 철거를 청구할 수 있을 때에는 토지 소유자는 property rule에 의하여 보호되는 셈이다.

반면 liability rule이란, 권리자 아닌 타인이 그 권리에 대하여 객관적으로 결정되는 가격만을 지급하면 그 권리를 침해할 수 있는, 그러한 권리의 보호방법을 말한다. 여기서는 권리의 가격은 당사자에 의하여 결정되는 것이 아니라 법원 등 제3자에 의하여 결정되며, 권리의 침해가 있는 경우에 권리자는 그 침해행위 자체를 막을 수는 없고, 다만 그 권리의 객관적인 가액만을 청구할 수 있을 뿐이다. 따라서 토지 소유자가 그 지상물의 철거를 청구하지 못하고, 다만 임료 상당의 손해배상만을 청구할 수 있다고 하면, 이는 liability rule이 적용되는 것이다.

위의 설명에서 알 수 있는 것처럼 權利者를 가장 강력하게 보호하는 것은 property rule이다. 그러면 왜 property rule 외에 liability rule이 인정되는가? Calabresi와 Melamed는 그 이유를, 거래에 의하여 권리의 가치를 확정하는 비용이 너무 커서, 권리의 移轉이 모든 당사자에게 유리한 경우에도 (자발적인 거래에 의하여서는) 그러한 권리의 이전이 일어나지 않는 경우가 많다는 데서 찾고 있다.[32] 그 대표적인 예로서 公用收用(eminent domain)을 들 수 있다.

가령 어느 市에 소재한 一團의 토지 소유자가 모두 1,000명이고, 편의상 그 땅의 소유자들이 각각 자기 소유의 땅에 대하여 평균 100만원의 가치를 부여한다고 하면 위 땅의 정상적인 가격은 10억원이 될 것이다. 그런데 위 땅을 공원으로 만들 때에는 그 공원으로 인하여 위 시 100,000명의 시민들이 얻는 이익은 1인당 평균 12,000원이 된다고 하자. 그렇다면 위 땅을 시민들이 매수하여 공원으로 만드는 편이 모두의 이익에 부합한다(12,000원×10,000>10억원). 그러나 실제로는 위 1,000명의 소유자와 모두 교섭을 하여 토지를 매수하는 것은 많은 去來費用 때문에 거의 불가능에 가깝다. 우선 소유자들은 토지의 값을 더 많이 받기 위하여, 자기 소유 땅이 자신들에게 주는 진정한 효용은 평균 100만원인데도 그보다 더 많다고 주장함으로써 자신들의 땅에 대한 진정한 가치를 숨길 것(hold-out)이다. 동일한 문제는 매수인이 될 시민측에도 존재한다. 즉 다수의 시민 가운데에는 자신은 비용을 부담하지 않고서도 다른 사람들이 돈을 내어 공원을 만들면, 그 공원의 혜택만을 누리려는, 일종의 無賃乘車者(free-rider)가 존

32) Calabresi and Melamed(註 31), p. 58.

재할 것이기 때문이다. 이러한 경우에는 국가가 나서서 그 땅의 가격을 일방적으로 결정한 가격에 수용하고, 그 비용을 시민들로부터 세금으로 징수하는 것이 합리적이다.

그러나 이러한 liability rule에도 문제점이 없지 않다. 즉 권리의 가치의 객관적인 평가가 정확하다는 보장이 없는 것이다. 만일 객관적으로 결정된 권리의 가치가 실제로 권리자가 그에 부여하는 가치보다 낮다면, liability rule의 적용은 권리자에게 실제 손해보다 작은 보상을 강요하는 것이 되어 바람직하지 않다. 역으로 객관적으로 결정된 권리의 가치가 실제의 가치보다 높은 경우에도 liability rule의 적용은 과다한 보상을 초래하게 된다.

이상의 설명을 좀더 일반화한다면, 거래 비용이 낮아서 당사자 사이의 자발적인 거래에 의한 권리의 이전이 용이할 때에는, property rule에 의하여 권리를 보호하는 편이 객관적인 권리 평가의 오류라는 위험을 회피하는 것으로서 경제적으로는 바람직하다고 하겠지만, 비용거래 비용이 높을 때에는 liability rule에 의한 권리 보호가 보다 효율적인 권리 이전을 손쉽게 하는 것이 된다는 것이다.[33]

그러므로 법경제학적으로 본다면 결국 토지 소유자와 지상물 소유자 사이의 거래에 드는 비용이 낮을 때에는, property rule에 의하여 토지 소유자의 철거 청구를 받아들여야 하고, 반면 그 거래에 드는 비용이 높아서 거래가 이루어지기 어려울 때에는 liability rule에 의하여 철거 청구는 배척하는 대신에 토지 소유자에게 손해배상청구권만 인정하여야 한다는 것이 된다. 이처럼 거래비용의 문제는 권리남용의 인정 여부에 있어서 관건이 된다.[34] 그러나 거래비용의 문제를 고려하는 것은 아래에서 보는 것처럼 그다지 단순하지 않다.

2. 권리남용 판단의 요건

가. 기본적인 관점

그러면 이러한 점을 고려할 때, 토지 소유자의 지상물 철거 청구를 어떤 경우에 권리남용이라고 판단할 것인가?

---

33) 여기서 말하는 거래비용에는 아래에서 보는 것과 같이 사전적 거래비용과 사후적 거래비용이 모두 포함된다.

34) 김정호 · 이완재(註 1), 본문 2면 이하도 같은 취지이다.

이에 관하여는 다음의 3가지를 들 수 있다.

첫째, 그 철거로 인하여 토지 소유자가 얻는 이익보다 지상물 소유자가 입는 손해가 현저하게 클 것.

둘째, 점유자가 토지를 점유한 상태에서 당사자 사이에 거래가 이루어지지 않은 책임이 토지 소유자에게 있을 것.

셋째, 토지 점유자가 그 토지의 점유를 개시한 데 악의나 중대한 과실이 없을 것.[35)]

왜 이러한 요건, 특히 둘째와 셋째의 요건이 요구되는가?

우선 철거가 객관적으로 보아 자원의 낭비에 해당하여야만 그 철거 청구를 막을 이유가 있으므로 철거로 인하여 토지 소유자가 얻는 이익과 지상물 소유자가 입는 손해를 비교하는 것은 당연하다. 다만 어느 정도의 차이를 요구할 것인가는 뒤에서 보는 것처럼 다소 문제가 된다.

그러나 그것만으로는 충분하지 않다. 지상 물건의 철거가 경제적으로 보아 바람직스럽지 않다고 하여, 법원이 항상 개입하여야 할 것은 아니다. 법원이 토지 소유자의 철거 청구가 권리남용이라고 하여 받아들이지 않는 것은 결과적으로 원래 토지 소유자에게 속해 있던 토지의 사용 권한을 빼앗아서 토지 점유자에게 강제로 이전하는 것이 된다. 이러한 법원의 개입에 의한 권리의 재분배는 당사자 사이의 거래에 의한 것보다 비용이 많이 든다. 다시 말하여 그 자체로 낭비적인 요소를 가지고 있는 것이다. 뿐만 아니라 법원에 의한 재화의 가치 판단은 당사자의 판단보다도 오류의 가능성이 크다. 그러므로 법원으로서는 권리의 재배당 내지 재화의 이전에 있어서 되도록 당사자로 하여금 법원에 호소하지 말고 당사자 사이의 거래에 의하도록 하여야 한다.

그러므로 제 1 차적으로 고려하여야 할 것은 토지 소유자와 점유자 사이에 거래 비용이 큰가 작은가 하는 점이다. 따라서 당사자 사이의 거래 비용이 작은 경우에는 권리남용을 인정할 필요가 없고, 거래비용이 큰 경우에만 권리남

35) 기존의 법학 문헌 가운데에도 이와 같은 점을 지적하고 있는 것이 있다. 즉 權五乘, "土地所有權의 濫用", 民事判例研究 XII, 1990, 11면은, "土地所有權의 行使가 부당한 利益을 획득하기 위한 방편에 지나지 않을 때에는 權利濫用이 되는데, 이를 판단함에 있어서는 所有者가 그 土地를 買受할 당시에 이미 建物이 건립되어 있다는 사실을 알았는지의 여부, 建物의 撤去로 인하여 상대방이 입게 되는 損害가 그로 인하여 所有者가 얻는 利益보다 현저히 큰지의 여부, 當事者 사이에 원만한 해결을 위한 努力의 정도 및 그 所有權의 行使가 一般社會에 미치는 영향 등을 종합적으로 검토하여야 한다"(脚註 省略)고 설명한다.

용을 인정하면 된다고 생각할 수 있다. 그런데 이러한 거래비용에 관하여도 다시 事後的 거래비용(ex post transaction cost)과 事前的 거래비용(ex ante transaction cost)을 구별할 필요가 있다. 사후적 거래비용이라 함은 점유자가 타인의 토지를 점유하고 있는 상태에서의 거래비용, 좀더 구체적으로는 토지소유자와 점유자 사이에 그 토지가 소유자의 소유임이 밝혀진 상태에서의 거래비용을 말하고, 사전적 거래비용은 점유자가 그 토지를 권원 없이 점유하기 전의 상태에서의 거래비용을 말한다.

다시 말하자면 토지 점유자가 토지를 점유하기 전에 토지 소유자와의 사이에 그 토지 사용에 관하여 법원을 개입시키지 않고 거래를 하는데 별다른 어려움이 없으면 사전적 거래비용이 낮은 것이고, 그렇지 않으면 사전적 거래비용이 높은 것이다.

또 일단 사전적 거래비용이 높은 경우라도, 토지 점유자가 토지를 점유하고 있는 상태에서 토지 소유자와 마찬가지로 거래를 하는데 별다른 어려움이 없으면 사후적 거래비용이 낮은 것이고, 그렇지 않으면 사후적 거래비용이 높은 것이다.

그리하여 토지 소유자의 철거청구를 권리남용이라 하여 배척하려면, 사전적 거래비용과 사후적 거래비용이 다같이 높지 않으면 안 된다. 나아가 사후적 거래비용이 높은 경우에도 그것이 누구의 책임인가를 따져 보아야 할 것이다.

나. 지상물의 철거로 인하여 토지 소유자가 얻는 이익보다 지상물 소유자가 입는 손해가 현저하게 클 것

토지 소유자의 철거 청구를 권리남용이라 하여 부정하는 목적이 경제적 손실을 막는 데 있다면, 지상 물건이 철거됨으로 인하여 토지 소유자가 얻는 이익이 지상물 소유자가 입는 손해보다 클 때에는 구태여 토지 소유자의 철거 청구를 허용하지 않을 아무런 이유가 없다. 가령 지상물이 수명이 다 된 건물로서 어차피 철거하여야 할 것이라든지, 또는 지상 건물은 별다른 가치가 없는데 토지 소유자가 그 건물을 철거하고 그보다 훨씬 높은 건물을 지으려고 한다든지 하는 경우에는 토지 소유자의 청구는 당연히 받아들여져야 할 것이다.

그러므로 권리남용 여부가 문제되는 것은 제 1 차적으로는 지상물의 철거로 인하여 지상물 소유자가 입는 손해가 토지 소유자가 얻게 되는 이익이 큰 경우라야 할 것이다.

그런데 문제는 지상물 소유자가 입는 손해와 토지 소유자가 얻을 이익을 단순 비교하여 전자가 후자보다 크기만 하면 그 차이가 미미하더라도 일단 권리남용이 문제될 수 있는가 하는 점이다. 이론상으로는 이를 긍정할 수도 있다. 그러나 원칙적으로 전자가 후자보다 상당히 커야만 비로소 권리남용 여부를 따져 보아야 하고, 그렇지 않으면 소유자의 청구를 받아들여야 할 것이다.

그 이유는 법원의 판단에 있어서 오류를 배제할 수 없기 때문이다. 가령 토지소유자가 얻는 이익과 점유자가 입는 손해의 크기를 판단하는 것이 반드시 쉽지 않아서, 법원의 판단에 오류가 있을 수 있다는 점이다. 다시 말하여 법원은 토지 소유자가 얻는 이익이 점유자가 입는 손해보다 작다고 판단하였는데, 실제에 있어서는 그 반대인 경우를 얼마든지 상정할 수 있다.

마찬가지로 권리남용이 긍정되기 위한 또 다른 요건의 판단에 있어서도 법원의 판단이 반드시 정확하다는 보장은 없다. 예컨대 법원으로서는 점유자가 점유를 개시한 데 악의나 중과실이 없다고 보았는데 실제에 있어서는 그렇지 않을 수 있는 것이다.

그러므로 이러한 법원의 오류 가능성에 대비하기 위하여는 지상물 소유자가 입는 손해가 토지 소유자가 얻게 될 이익보다 현저하게 큰 경우에만 권리남용이 문제되고, 그렇지 않으면 나머지 요건을 따져 볼 필요도 없이 권리남용의 주장은 받아들여서는 안 될 것이다.

현재의 판례도 대체로 그러한 것으로 보인다. 예컨대 대법원 1962. 6. 7. 선고 62다155 판결[36]은, "대지 소유자가 그 대지 위에 건립되어 있는 건물의 철거를 청구하는 경우에 있어서 대지와 건물의 가격이 현저한 차이가 있다는 것을 전제로 한 권리남용을 주장할 수 있는 경우에 있어서의 가격의 표준시기는 권리를 행사한 당시의 싯가를 표준으로 할 것이요 권리취득 당시의 싯가 또는 권리취득 가격을 표준으로 할 수 없다고 해석하여야 할 것인바 원판결에 의하면 원심은 적법한 증거에 의하여 원심이 한 감정당시의 싯가를 본건 대지에 대하여는 금 5백 2만 4천 4백환 본건 건물에 대하여는 금 5백 25만환임을

36) 集 10권 3집 民15면.

인정한 다음 이러한 가격의 차이만으로서는 권리의 남용이라고 할 수 없다라고 판단하였음은 정당하"다고 하였다.

반면 권리남용을 긍정한 판례들은 대체로 지상물 소유자가 입는 손해가 토지 소유자가 얻게 될 이익보다 현저하게 큰 경우였다. 가령 대지 소유자의 10층 아파트 12.9㎡ 부분의 철거 청구가 권리남용이라고 인정한 대법원 1993. 5. 11. 선고 93다3264 판결[37]에서 원심은, 위 부분을 철거한다면 해당 10세대의 사용이 불가능하여짐은 물론 아파트 건물 전체의 안전에 중대한 위험이 될 수 있고, 분뇨탱크 관리실 출입통로 등은 이 사건 아파트의 필수적인 부대시설이고, 이를 철거한다 하더라도 대부분의 아파트 건물이 그대로 남아 있는 이상 원고가 이 부분 토지를 다른 용도에 사용하기는 어려워 이 부분 건물등의 철거나 토지의 인도로 인하여 피고들이 받는 손실은 대단히 큰 반면에 원고가 얻은 이익은 비교할 수 없을 만큼 작다는 이유로, 원고의 이 사건 토지상의 아파트 건물부분 등의 철거와 그 대지의 인도청구는 권리남용에 해당되어 허용되지 아니한다고 판단하였고, 대법원도 이러한 원심의 판단이 정당하다고 하였다.

또 대법원 1978. 2. 14. 선고 77다2324, 2325 판결[38]은, 토지 소유자인 원고가 그 토지 상에 건립된 국민학교 교사 건물의 철거를 청구하는 것이 권리남용에 해당한다고 하는 이유의 하나로서, 원고의 권리행사로 인하여 위 학교의 교사 등이 철거된다면, 그로 인하여 원고가 얻을 수 있는 이익보다는, 학교가 다른 곳에 이전하여야 함에 따른 피고의 손실이 월등히 많다는 점을 들고 있다.

다른 한편 위 판결은 이익과 손실을 비교함에 있어서, 토지 점유자인 지방자치단체의 손실뿐만 아니라 위 학교를 사용하는 학생들이 입게 될 손실까지 아울러 고려하고 있다. 학설 가운데에도 지상 건물이 공익을 위한 경우 혹은 상대방이 불특정의 다수인·공중인 경우에는 권리남용을 쉽게 인정하여야 한다는 견해가 있다.[39]

그러나 이러한 견해는 쉽게 수긍할 수 없다. 가령 지방자치단체가 학교를 건립함으로써 학생들이 이익을 얻는다면 이는 이른바 外部效果(externalities)의

37) 公 1993, 1687.
38) 公 1978, 10676.
39) 金學東(註 14), 76면.

일종이다.40) 그리고 일반적으로 공공시설에 의하여 일반 주민이 이익을 얻는 것은 公共財에 의한 외부효과라고 할 수 있다. 이러한 경우에 이러한 이익은 토지 점유자의 행동 결정을 위한 이익 계산에 있어서 내부화되어야 할 것이고, 이를 토지 소유자의 부담으로 돌릴 이유는 없는 것이다.41) 우리나라의 판례도 대체로는 이러한 사정을 특별히 고려하지 않는 것으로 보인다.42)

다. 占有者가 토지를 점유한 상태에서 당사자 사이에 거래가 이루어지지 않은 책임이 토지 소유자에게 있을 것

이처럼 지상물을 철거함으로 말미암아 토지 점유자가 입는 손실이 토지 소유자가 그로 인하여 얻게 되는 이익보다 커서 그 철거가 비효율적인 경우에도, 토지 점유자가 토지 소유자로부터 쉽게 그 토지의 사용을 허락받을 수 있다면 구태여 법원이 개입할 필요가 없다. 다시 말하여 토지 점유자와 토지 소유자 사이의 거래비용이 낮은 경우에는, 법원이 토지 소유자의 철거 청구를 받아들이는 것이 토지 점유자로 하여금 토지 소유자와 거래를 하게 하는 유인을 제공하게 하는 것이 되는 것이다.43)

그런데 객관적으로는 이러한 경우에 거래 비용은 높을 이유가 없다. 우선 거래의 당사자가 토지 소유자와 토지 점유자의 둘 뿐이고, 거래에 의하여 결정하여야 할 대상도 제한되어 있기 때문이다.44) 그렇다면 왜 이 문제가 당사자들에 의하여 해결되지 못하고 법원에까지 오게 되는 것일까? 이러한 경우에는 이른바 雙方 獨占(bilateral monopoly)이 존재하기 때문이다.45) 다시 말하여 이

40) 이 사건에서는 학생들이 수업료를 부담하지 않는 초등학교였다.

41) 尹容燮(註 10), 313-315면 참조.

42) 대법원 1966. 9. 27. 선고 66다1368 판결(集 14권 3집 民111면)(상이군인정양원의 철거청구); 1975. 10. 7. 선고 75다1571 판결(集 23권 3집 民37면)(학교건물의 철거청구); 1987. 7. 7. 선고 85다카1383 판결(公 1987, 1289)(상수도관의 철거청구); 1990. 5. 22. 선고 87다카1712 판결(公 1990, 1333)(시 청사의 철거청구); 1991. 9. 24. 선고 91다21664 판결(公 1991, 2610)(시 소유인 가압장 건물의 철거청구); 1996. 5. 14. 선고 94다54283 판결(公 1996하, 1835)(고압송전선의 철거청구) 등.

43) 이는 장래의 다른 사건에 대하여 뿐만 아니라 당해 사건에도 그대로 적용된다. 법원이 철거를 명하게 되면, 그 판결에 기하여 토지 소유자가 철거를 하기 전에 토지 점유자가 이를 막기 위하여 협상을 하게 될 것이기 때문이다.

44) Mattei(註 25), p. 136 참조.

45) Posner, Economic Analysis of Law, 5th ed., 1998, pp. 68 f. 또한 Stewart E. Sterk, "Neighbors in American Land Law," 87 Colum. L. Rev.(1987) 55 ff.도 이 글과 마찬가지로 이웃 사이의 분쟁 해결을 위한 여러 가지 법제도를 쌍방 독점 문제의 해결이라는 관점에서 분석하고 있다. 이외에 Richard A. Epstein, Simple Rules for a Complex World, 1995, pp. 113

경우 토지 점유자는 토지 소유자와만 교섭을 할 수 있고, 다른 사람으로부터는 토지 사용의 승낙을 얻어낼 수가 없다. 반면 토지 소유자도 토지 점유자의 지상물이 있는 상태에서는 다른 사람에게 그 토지를 사용하게 할 수도 없다. 따라서 쌍방이 모두 자기의 진정한 수요를 나타내지 않고, 서로 상대방으로부터 최대한의 이익을 얻어 내려는 이른바 戰略的 行動(strategic behaviour)을 취하려는 유혹에 빠지게 된다. 우선 토지 소유자로서는 지상물의 존재로 인하여 자기가 입게 되는 손실[46]에 관계없이 토지 점유자에게 무리한 요구를 하게 된다. 가령 토지 점유자가 그 토지를 시가 내지 시가보다도 높은 가격에 매수하겠다고 제의하더라도 이를 거부하고, 더 높은 가격을 제안하기를 기다리게 된다. 이러한 경우에는 법원으로서는 토지 소유자의 건물철거 청구를 배척하는 것이, 토지 소유자로 하여금 비효율적인 전략적 행동을 하지 않고 토지 점유자와 거래하도록 하는 유인을 제공하는 길일 것이다.

종래의 판례 가운데에도 이러한 사정을 고려하고 있는 것들이 있다. 예컨대 대법원 1999. 9. 7. 선고 99다27613 판결[47]에서는 토지 소유자인 원고가 피고가 점유하고 있는 토지 또는 토지를 포함한 원고 임야 전부를 시가의 120%에 상당하는 금액으로 매수하겠다는 피고의 제의를 거절하고 피고가 건설한 변전소의 철거와 토지의 인도만을 요구하고 있었다는 사정이 권리남용이라고 인정된 사유의 하나였다.[48]

또한 대법원 1965. 12. 21. 선고 65다1910 판결[49]에서는 토지 소유자인 원고가 피고가 점유하는 원고 소유의 대지를 매도할 의사를 표시하였고, 피고는 시가의 4배 내지 5배에 상당한 5만원 내지 6만원에 매수할 교섭을 하였으나 원고는 그 때마다 8만원 내지 10만원 등으로 가격을 올리면서 피고의 매수교섭에 불응하고 지금에 와서는 원고소유대지와 가옥 전체를 매수하라고 요구하여 양보하지 아니하는 한편 대지상의 건물 등 철거를 고집하고 있다는 사정이 원고의 철거청구가 권리남용으로 인정된 사유의 하나였다.

또 철거청구가 그 토지의 사용권을 회복하기 위한 것이 아니라 다른 목적

---

ff., 121 ff. 참조.

46) 이는 통상의 경우에는 그 토지의 시가를 한도로 할 것이다.

47) 公 1999하, 2084.

48) 이 외에도 대법원 1964. 11. 10. 선고 64다720 판결(集 12권 2집 民158면); 1965. 12. 21. 선고 65다1910 판결(集 13권 2집 民296면) 등 참조.

49) 集 13권 2집 民296면.

을 위한 것인 때에도 토지 소유자의 전략적 행위가 있다고 볼 수 있다. 가령 대법원 1983. 10. 11. 선고 83다카335 판결[50]에서는 원고가 피고 소유의 토지 6평 3홉을 점유하고 있어서 피고가 점유하고 있는 토지 4평 3홉이 포함된 토지를 제3자로부터 매수하여 원고가 점유하고 있는 피고 소유의 토지부분과 교환하려고 하다가 그 교섭이 잘 이루어지지 않자 토지 교환의 목적달성을 위하여 피고에 대하여 건물 철거 등을 청구하였다는 점을 권리남용을 인정하는 사유로서 들고 있다.[51]

반면 토지 점유자가 기성 상태만을 내세워 토지 소유자와 성의 있는 교섭에 응하지 않고 있는 때에는, 설사 지상물 철거로 인하여 토지 점유자가 입는 손실이 토지 소유자가 얻게 되는 이익보다 현저히 크다고 하여 권리남용이라고 하여서는 안 된다. 이 때에는 토지 소유자의 철거 청구를 받아들여야만 토지 점유자가 토지 소유자와 거래를 하게 될 것이기 때문이다. 종래의 판례 가운데에도 권리남용을 부정하고 있는 이유로서 이러한 점들을 들고 있는 것이 있다.

예컨대 대법원 1990. 5. 22. 선고 87다카1712 판결[52]은 토지 소유자인 원고가 그 소유의 토지 위에 시 청사를 건립한 피고에 대하여 위 토지를 피고가 사정한 시가 정도의 토지대금으로 매수하여 줄 것을 요청하였을 뿐이고 이 사건 토지의 청사부지 편입을 거부하고 그 공사에 항의하였거나 이 사건 토지시가 이상의 부당한 대금을 요구하고 그러한 부당한 이득을 얻을 목적으로 이 사건 토지점용 및 위 공사에 항의하였거나 위 청사 건물 등의 철거 토지인도 등을 요구한 사실이 전혀 없음에도 피고가 원고의 위와 같은 적정가격에 의한 매수요청에 대하여 아무런 성의 있는 조치를 취하지 아니하여 원고는 부득이 적정가격에 의한 이 사건 토지의 매수를 요청하면서 건물 철거 등을 청구하기에 이르렀다면 원고의 권리행사의 결과로서의 이익보다 피고의 손해가 막대하고 사회경제적 손실, 공익상의 지장이 크다고 하더라도 그 사유만으로는 원고의 토지명도, 건물철거의 청구가 권리남용이 된다고는 할 수 없다고 본 원심판결이 정당하다고 하였다.

또한 대법원 1996. 5. 14. 선고 94다54283 판결[53]도, 피고인 한국전력공사가 이 사건 토지 상공에 당초에 위 송전선을 설치함에 있어서 적법하게 그 상

50) 公 1983, 1657.
51) 대법원 1993. 5. 14. 선고 93다4366 판결(公 1993, 1707)도 참조할 것.
52) 公 1990, 1333.
53) 公 1996하, 1835.

공의 공간 사용권을 취득하거나 그에 따른 손실을 보상하지 않았을 뿐만 아니라 그 설치 후에도 피고가 적법한 사용권을 취득하려고 노력하였다거나, 그 사용에 대한 손실을 보상한 사실이 전혀 없다는 점을 토지 소유자의 권리남용을 부정하는 사유로 들고 있다.

그런데 문제는, 토지 소유자나 점유자의 행동이 전략적 행위인지를 법원과 같은 제3자가 판단하는 것이 반드시 쉽지는 않다는 것이다. 가령 토지의 객관적인 시가는 1억원이라고 하더라도 토지 소유자가 그에 부여하는 주관적인 가치는 그보다 훨씬 높을 수 있는데, 법원이 객관적인 시가에 의하여만 토지의 가치를 인정하고 그에 따라 토지 소유자의 행동이 전략적인 것이라고 판단한다면 이는 반드시 효율적이라고 할 수 없다.

이러한 위험을 완전히 배제하는 것은 불가능할 것이다. 그러나 실제에 있어서는 이러한 위험은 반드시 크지 않다. 즉 대부분의 경우에는 법원은 토지 소유자가 그 토지를 취득하게 된 경위, 그 토지를 앞으로 어떤 용도로 사용하려고 하는지 등을 살펴봄으로써 그 토지가 소유자에게 어느 정도의 가치를 가지는지를 알 수 있기 때문이다. 예컨대 토지 소유자의 변전소 철거청구가 권리남용이라고 본 대법원 1999. 9. 7. 선고 99다27613 판결(註 47)에서는, 토지 소유자인 원고들이 토지를 취득한 목적이 공장을 이전하기 위한 것이었고, 그 취득한 토지 중 변전소가 건립된 토지 외의 나머지 임야에는 이미 공장을 이전하였으며, 위 토지는 개발제한구역 내에 위치하여 그 지상에 더 이상의 공장 증축은 어렵다는 점을 권리남용을 인정하기 위한 사정으로서 들고 있다.

그리고 토지 소유자가 타인이 자신의 토지를 불법 점유하고 있음을 알면서도, 이를 방치하다가 뒤늦게 철거 청구를 제기하는 것도 소유자의 행위가 전략적 행위라고 판단할 수 있는 하나의 자료가 된다. 즉 이러한 경우에는 시간이 갈수록 토지 점유자가 그 토지에 대하여 투자를 더 많이 하게 되므로 토지 점유자의 점유의 가치는 점점 커지게 되고, 따라서 나중에 토지 소유자와 교섭을 할 때에는 더욱 불리한 상황에 빠지게 된다. 그런데 토지 소유자가 의도적으로 이를 노리고 토지 점유자로 하여금 그러한 상황에 빠지도록 방치한다면 이는 토지소유자에게 일종의 기회주의적(opportunistic)인 행동이 있는 것으로서, 전략적인 행위라고 볼 수 있는 것이다.[54] 그러나 단순히 토지 소유자가 장기간

54) 이 점에 관하여는 (다소 상이한 맥락에서이지만) 김일중 교수의 지적에 힘입었다. 英美法上 취득시효(adverse possession)에 관하여 이와 유사한 분석을 한 것으로는 Thomas S. Miceli,

이의를 하지 않았다는 것만으로 토지 소유자의 행위가 전략적인 행위라고 보기는 어려울 것이다.55)

그리고 이 문제는 앞에서 언급한, 토지 소유자가 얻게 되는 이익과 토지 점유자가 입게 되는 손실의 크기를 비교하는 문제와도 관련이 있는데, 양자 사이에 현저한 차이가 있을 때에만 권리남용이라고 인정하는 것이, 토지 소유자의 전략적 행동 여부에 관한 법원 판단의 오류를 줄이는 한 가지 방법일 수 있다.

라. 토지 占有者가 그 土地의 점유를 개시한 데 惡意나 중대한 過失이 없을 것

그러면 위 두 가지의 요건만 갖추어지면 토지 소유자의 철거청구를 권리남용이라고 인정하여야 하는가? 그렇지 않다. 만일 토지 점유자가 그 토지를 점유하기 시작하였을 때 그 토지가 자신의 소유가 아니라는 것 내지 자신이 그 토지를 점유할 권리가 없다는 것을 알면서도 점유를 개시하였다면, 토지 소유자의 철거청구가 권리남용이라고 하여 배척하는 것은 경제적으로 효율적인 결과를 가져오지 못한다.

위의 두 가지 요건이 갖추어졌다면, 현재의 시점에서는 토지 점유자가 그 토지를 사용하는 것이 경제적으로 보아 효율적이라고 할 수는 있다. 그러나 잊어서는 안 될 것은, 이처럼 토지 소유자와 토지 점유자 사이에 분쟁이 생기고, 그에 대하여 법원이 개입하여 누가 그 토지를 사용하는 것이 가장 효율적인가를 판단하는 것은 그 자체로서 비용이 소요되는 일이다. 그러므로 이러한 분쟁이 생기기 전에 애초에 법원의 개입 없이 당사자들이 자율적으로 토지의 사용에 관하여 협의에 의하여 정하는 것이 더 바람직한 것이다.

그런데 토지 점유자가 점유를 개시하기 전에 이미 자신에게 그 토지를 점

Economics of the Law, 1997, pp. 132 ff. 참조. 그러나 취득시효에 관한 한 이러한 분석이 반드시 설득력이 있다고는 생각되지 않는다.

55) 그러나 김정호 · 이완재(註 1), 3면은, 토지소유자가 토지 점유자의 점유에 대하여 한참 동안 이의를 제기하지 않았다면 당시의 거래비용이 높았다는 것으로 해석할 수 있다고 주장한다. 그리고 金學東(註 14), 77면은 침해상태가 상당 기간 계속된 경우에는 침해자는 더 이상 침해제거의 청구는 없으리리고 하는 신뢰를 갖게 될 것이며, 이러한 점도 고려되어야 한다고 주장하나, 침해상태가 상당 기간 계속되었다는 것만으로 침해자에게 그러한 신뢰가 형성될 것인지도 의문일 뿐만 아니라, 그러한 신뢰가 왜 보호되어야 하는가 하는 점도 불분명하다.

유할 권리가 없다는 것을 알았다면, 토지 점유자로서는 토지 소유자와 교섭하여 그 토지의 사용권을 취득하는데 별다른 어려움이 없으므로, 법원으로서는 토지 점유자가 그와 같이 행동하도록 하는 誘因을 제공하여야 한다. 바꾸어 말하면 이 경우에는 사전적인 거래비용이 낮으므로, 법원으로서는 토지 소유자의 권리를 property rule에 의하여 보호하여야 하고, 따라서 토지 점유자가 토지 소유자의 동의 없이 토지를 점유하여 그 지상에 건물 등을 건립하였다면, 토지 소유자의 철거 청구는 받아들여져야 하는 것이다.

이 경우 사후적으로 토지 점유자가 토지 소유자에 대하여 합리적인 가격으로 토지를 매수하겠다는 의사를 표시한 반면, 토지 소유자가 비싼 대가를 요구하여 교섭이 이루어지지 않았다고 하더라도, 토지 점유자가 사전에 토지 소유자의 동의를 받았더라면 이러한 사태는 발생하지 않았을 것이므로, 법원으로서는 토지 점유자의 사용권을 인정하여서는 안 되는 것이다.

이러한 이치는 토지 점유자가 자신에게 그 토지의 사용권이 없다는 사실을 알지는 못하였지만, 손쉽게 알 수 있었는데도 이를 게을리 한 경우에도 마찬가지로 적용되어야 한다. 말하자면 토지 점유자가 자신의 사용권 여부에 대하여 관심을 가지지 않았고, 가령 이 토지가 사용권이 없다고 하더라도 여전히 점유하였을 것이라고 인정되는 경우에는 토지 소유자의 철거청구를 권리남용이라고 하여서는 안 되는 것이다. 이러한 토지 점유자의 심리상태는 중대한 過失(重過失)이라고 표현할 수 있을 것이다.

반면 토지 점유자가 그 토지의 사용권이 자기에게 있다고 믿었고, 그와 같이 믿은 데 아무런 잘못이 없다든지, 또는 잘못은 있다 하더라도, 그러한 사실을 확인하기 위하여는 상당한 비용이 든다면, 이는 토지 점유자가 토지의 사용권을 취득하기 위한 사전적인 거래비용이 높은 경우에 해당하고, 따라서 앞에서 언급한 두 가지 요건도 아울러서 갖추어진다면 토지 소유자의 철거청구는 권리남용이라고 인정될 수 있다.

우리나라의 판례도 토지 점유자의 점유 취득 경위를 중요시하고 있는 것으로 보인다. 즉 대법원 1975. 10. 7. 선고 75다1571 판결[56]은, 원고가 그 소유 토지 위에 건립된 학교 건물의 철거를 청구하는 소송에서 피고가 무슨 권한으로 그 토지를 장기간 사용하게 되었는가, 즉 고의 혹은 중대한 과실에 기인한

56) 集 23권 3집 民37면, 公 1975, 8687.

것인가 등을 심리하지 않고는 원고의 청구가 권리남용에 해당된다고 단정할 수 없다고 한다. 그리하여 대법원 1999. 9. 7. 선고 99다27613 판결(註 47)에서는, 점유자의 변전소 철거 청구를 권리남용으로 인정함에 있어서 토지 점유자가 변전소를 건설하기 전에 적법한 절차를 거쳐 그 토지를 수용하였으나 손실보상금 공탁에 있어서 피공탁자를 잘못 표시하였다는 이유로 부적법한 공탁이 되어 수용재결이 실효됨으로써 결과적으로 토지에 대한 점유 권원을 상실하게 되었다는 사정을 강조하고 있다.[57)]

또 대법원 1997. 2. 25. 선고 96다43607 판결[58)]은 농어촌진흥공사가 토지 소유자의 승낙을 받아 暗渠를 설치한 경우, 그 후 소유권을 취득한 사람이 그 암거의 철거와 그 부분 토지의 인도를 구하는 것이 권리남용에 해당될 여지가 있다고 하였다.

반면 토지 점유자가 점유를 개시할 당시에 자신에게 토지의 사용권이 없다는 사실을 안 경우에는 권리남용이 잘 인정되지 않고 있다. 예컨대 대법원 1970. 3. 24. 선고 70다64 판결에서는 토지 점유자가 토지 소유자의 철거 요구를 무시하고 공사를 계속함으로써 장래에 가처분 부분을 철거하면 손해가 생길 것이라고 예견하고 그 공사를 완성한 것이라고 하여 토지 소유자의 철거청구가 권리남용이라는 점유자의 주장이 배척되었다. 그리고 위 대법원 1996. 5. 14. 선고 94다54283 판결(註 53)에서는 한국전력공사가 타인의 토지 상공에 송전선을 설치함에 있어서 적법하게 그 상공의 공간 사용권을 취득하거나 그에 따른 손실을 보상하였다는 자료가 전혀 없어 피고의 이 사건 토지의 상공에 대한 위 송전선의 설치는 그 설치 당시부터 불법 점유라고 볼 수 있다는 점을 권리남용 주장을 배척하는 근거의 하나로 들고 있다.[59)]

이 문제와 유사한 것이 이른바 악의의 무단점유자도 20년의 기간이 경과하면 타인의 토지를 시효취득할 수 있는가 하는 점이다. 종래의 판례는 이를 긍정하였으나, 대법원 1997. 8. 21. 선고 95다28625 전원합의체 판결(公 1997하, 2501)은 이러한 종래의 판례를 변경하여, 점유자가 점유 개시 당시에 소유권 취득의 원인이 될 수 있는 법률행위 기타 법률요건이 없이 그와 같은 법률요건이 없다

57) 대법원 1968. 1. 31. 선고 67다2534, 2535 판결(集 16권 1집 民44면)도 참조.

58) 公 1997상, 878.

59) 또한 대법원 1986. 7. 22. 선고 85다카2307 판결(公 1986, 1099) 참조. 이에 대하여는 아래에서 다시 살펴본다.

는 사실을 잘 알면서 타인 소유의 부동산을 무단점유한 것임이 입증된 경우, 특별한 사정이 없는 한 점유자는 타인의 소유권을 배척하고 점유할 의사를 갖고 있지 않다고 보아야 할 것이므로 이로써 소유의 의사가 있는 점유라는 추정은 깨어졌다고 함으로써 사실상 악의의 무단점유자의 시효취득을 봉쇄하였다.60)

그런데 토지 점유자가 아니라 토지 소유자가 소유권을 취득할 당시에 이미 다른 사람이 그 토지를 점유하고 있던 사실을 알고 있었다면 이러한 사정은 고려될 수 있는가? 종래 권리남용을 긍정한 판례 가운데에는 이러한 사정을 고려하고 있는 것이 보인다. 즉 대법원 1978. 2. 14. 선고 77다2324, 2325 판결61)은 토지 소유자가 그 지상에 건립되어 있는 국민학교 교사의 철거를 구하는 것이 권리남용이라고 하였는데, 그 이유의 하나로 원고가 이 사건 토지를 취득할 당시, 그 위에 공공시설물인 국민학교 교사가 서 있고, 현재 학교 교사로 사용되고 있다는 사실을 알면서도, 이를 취득한 것이라고 보여진다는 점을 들고 있다.

그리고 대법원 1972. 12. 26. 선고 72다756 판결62)은, 원고가 자신의 토지를 통과하는 수로의 폐쇄를 청구한 데 대하여, "본건 수로에 관계된 사정이 원판결 인정과 같이 약 40년 전 일제 때에 형성되기 시작하여 8. 15 후 경까지에 지금과 같이 확정된 수로이며, 그 내용이 2개의 용수로에, 연장거리 201미터, 3개의 배수로에 연장거리 636미터의 총평수가 1,604평이요, 수로의 싯가가 도합 128, 320원에 상당한 토지이며, 이 수로의 몽리 면적이 101.5정보에 달하는 시설이고 이 수로를 폐쇄하고 딴 데에 같은 구실을 할 새 수로를 만들려면 960,000원의 공사비가 들뿐 아니라, 그렇게 하려면 부근 지형으로 보아 많은 곤란과 시간이 들 형편에 놓여있는 사정이라고 한다면 그 수로를 농토로 쓸 수 없음은 우리상식이 인정하는바 되고, 원고가 특단의 사정으로 수로를 폐쇄하여야할 주장이 없는 이 사건에 있어서 이미 수로로 되어진 사정 밑에 사들인 수로를 가지고 그 수로의 폐쇄를 뜻하는 방법으로 소유권의 행사를 함은, 다른 특별한 사정이 없으면 원심인정의 위 사실만으로도 충분히 권리행사에 기탁하는 공공복리에 적합치 않는 법의 보호를 받을 수 없는 재산권의 행사로

60) 이 문제를 다루고 있는 문헌은 매우 많으나, 법경제학적인 관점에서 거래비용의 문제로 분석한 것으로는 尹眞秀, "'惡意의 無斷占有와 自主占有'에 대한 所見", 判例實務研究 Ⅰ, 1997, 377면 이하 참조.

61) 公 1978, 10676.

62) 集 20권 3집 民210면.

서 부당한 권리남용이라고 단정못할 바 없"다고 하였다.

또 대법원 1964. 11. 10. 선고 64다720 판결[63]은, "건물이 이미 세워져 있는 토지를 매수하여 싯가 금 24,000원 상당의 토지소유권을 행사하기 위하여 그보다 7배 남짓한 건물의 철거를 요구하고 원고들이 매도한 인접토지 가격보다 2배 이상이 되는 가격에 피고에게 본건 토지를 매수할 것을 요구함은 소유권에 빙자하여 폭리를 도모하는 것이라 아니할 수 없고 폭리행위는 법이 허용하지 않은 바이므로 원고들의 본소청구는 특별한 사정이 인정되지 않은 이상 권리의 남용으로서 인용할 수 없는 것"이라고 판시하고 있다.

그러나 이처럼 토지소유자가 타인이 토지를 점유하고 있다는 사실을 알면서 토지를 취득하였다는 것은 거래비용의 관점에서는 별다른 의미를 가지지 않는다. 다만 토지 소유자가 그로 인하여 입게 되는 손해 내지 건물철거로 인하여 얻게 되는 이익을 평가함에 있어서 하나의 참고자료는 될 수 있다. 즉 이미 토지가 다른 점유자가 점유하고 있는 상태에서 새로운 소유자에게 양도되었고, 새 소유자도 그러한 사실을 알았을 뿐만 아니라 그러한 사실이 양도대가의 결정에도 반영되었다면, 새로운 소유자가 그 토지에 부여하는 가치는 상대적으로 그러한 부담이 없는 토지보다 낮은 것으로 볼 수 있는 여지가 있을 것이다.[64] 그러나 이러한 사정만으로 반드시 권리남용으로 인정되어야 하는 것이 아님은 물론이다.[65]

63) 集 12권 2집 民158면.

64) 대법원 1992. 7. 28. 선고 92다16911, 16928 판결(公 1992, 2648)의 원심판결은, 이 사건 토지가 원래 소외 A의 소유로서 도로로 사용되어 오던 중 세금의 체납으로 공매하게 된 사실, 원고는 이 사건 토지가 도로 이외의 용도로는 사용하기 어려움을 잘 알고 있었고 그래서 공매가격이 싼데도 원매자가 나타나지 아니하자 감정시가보다도 더 싸게 이 사건 토지를 매수한 다음 곧바로 위 A 등을 상대로 통행금지와 부당이득금청구등 및 매수청구 등을 제기하였으나 주위 토지통행권이 인정되는 바람에 통행금지청구부분은 패소되었는데 그 무렵 이 사건 철거소송도 아울러 제기한 사실 등을 인정하고, 및 이 사건 토지의 면적이 264평방미터임에 비하여 이 사건 건축물의 침범부분은 약 11.6평방미터에 불과한 사실 등을 인정한 다음 이와 같은 이 사건 토지의 현황과 이용실태, 원고가 이 사건 토지를 취득하게 된 경위, 소송을 통하여 원고가 이루려는 목적 및 침범된 부분의 면적과 침범건축물의 형태 등에 비추어 원고가 침범부분의 토지에 대한 부당이득을 구함을 별론으로 하고 그 소유권에 기하여 침범된 건축물의 철거와 그 부분 토지의 인도를 구하는 것은 권리남용에 해당한다고 하였고, 대법원도 이러한 원심판결이 정당하다고 하였다.

65) 많은 판결례가 위와 같은 사정이 있어도 권리남용을 인정하지 않는다. 대법원 1962. 4. 18. 선고 61다1512 판결(集 10권 2집 民186면); 1963. 1. 31. 선고 62다890 판결; 1965. 7. 6. 선고 65다198 판결; 1991. 9. 24. 선고 91다21664 판결(公 1991, 2610).

Ⅳ. 종래 판례의 재분석

이러한 관점에서 권리남용을 인정하거나 인정하지 않은 종래의 판례들이 과연 타당한지를 다시 한 번 살펴본다. 그런데 이러한 분석에 있어서 어려운 점은, 종래의 대법원 판결문만으로는 사실관계가 명확하지 않은 경우가 많기 때문에 결과에 있어서의 판례의 당부를 판단하기가 어렵다는 점이다. 그러나 일단 판례에 나타난 사실관계 내지 판례의 문언을 기초로 하여 따져 보기로 한다.

우선 판례의 일반론에 대하여 살펴보고, 이어서 권리남용을 긍정한 판례와 이를 부정한 판례에 대하여 살펴본다.

1. 판례의 일반론에 대하여

근래의 판례는 앞에서 본 것처럼 권리남용의 요건으로서, ① 권리의 행사가 주관적으로 오직 상대방에게 고통을 주고 손해를 입히려는 데 있을 뿐 이를 행사하는 사람에게는 아무런 이익이 없고, ② 객관적으로 사회질서에 위반된다고 볼 수 있으면 그 권리의 행사는 권리남용으로서 허용되지 아니한다고 하는 두 가지의 요건을 들면서, 다만 그 권리의 행사가 상대방에게 고통이나 손해를 주기 위한 것이라는 주관적 요건은 권리자의 정당한 이익을 결여한 권리행사로 보여지는 객관적인 사정에 의하여 추인할 수 있다고 하고 있다.[66)]

그러나 이러한 판례의 설시 가운데 우선 권리의 행사가 객관적으로 사회질서에 위반된다는 것의 의미가 무엇인지 반드시 명확하지 않다. 아마도 이는 앞에서 언급한 첫 번째의 요건, 즉 철거로 인하여 토지 소유자가 얻는 이익보다 토지 점유자가 입는 손해가 현저하게 클 것을 의미하는 것으로 여겨진다.[67)] 그런데 이러한 객관적 요건 외에 주관적으로 오직 상대방에게 고통을 주고 손

66) 대법원 1993. 5. 14. 선고 93다4366 판결(公 1993, 1707); 1998. 6. 26. 선고 97다42823 판결(公 1998하, 1968) 등.

67) 위 대법원 1993. 5. 14. 선고 93다4366 판결(註 66)에 대한 재판연구관의 해설인 崔恩洙, "建物의 撤去請求와 權利의 濫用", 대법원판례해설 1993년 상반기(통권 제19-1호), 1993, 13면은, 권리남용에 있어서의 객관적 요건이란 권리행사자의 이익과 그로 인하여 침해되는 상대방의 이익과의 불균형을 말한다고 한다.

해를 입히려는 데 있을 뿐 이를 행사하는 사람에게는 아무런 이익이 없을 것을 요구하여야 할 이유는 없다. 실제로 권리자의 권리 행사가 행사하는 사람에게 아무런 이익이 없는 경우란 거의 생각하기 어렵다. 다만 판례가 이를 통하여 말하려고 한 것이, 앞에서 살펴본 토지 소유자의 지나친 전략적 행동이 있는 경우에는 이는 권리남용이 될 수 있다는 의미라고 이해할 여지는 있다.68) 그러나 판례의 일반론을 이러한 의미로 받아들인다고 하더라도 그것만으로는 충분하지 않다. 우선 판례의 일반론에서는 토지 점유자가 토지를 점유하게 된 경위에 대하여는 아무런 관심을 기울이지 않고 있다.

또한 왜 객관적 요건이 있으면 판례가 말하는 주관적 요건이 추인되는 것인지도 불분명하다. 원래 토지 소유자는 그 토지를 점유하고 있는 사람에 대하여 소유권에 기하여 그 반환을 청구할 권리가 있으므로, 이처럼 토지 소유자의 철거청구가 권리남용에 해당하므로 인정되어서는 안 된다는 사실의 입증책임은 철거청구의 상대방인 토지 점유자측이 부담하여야 한다. 따라서 토지 소유자의 철거청구가 권리남용이라고 하기 위하여는 앞에서 열거한 세 가지 요건이 모두 입증되어야 하고, 그 중 하나만이라도 입증되지 않았다면 권리남용의 주장은 받아들여질 수 없는 것이다.

그럼에도 불구하고 판례가 객관적 요건에 의하여 주관적 요건이 추인된다고 하는 것은, 말하자면 토지 소유자가 얻는 이익보다 토지 점유자가 입는 손해가 현저하게 큰데도 당사자 사이에 거래가 이루어지지 않은 것은 토지 소유자가 성의 있는 교섭을 거부하였기 때문이라고 추정하는 것이 된다. 그러나 앞에서도 보았듯이 이러한 경우에 거래가 이루어지지 않은 것이 토지 소유자 아닌 토지 점유자가 성의 있는 교섭을 거부한 때문인 경우도 찾아 볼 수 있으므로, 일반적으로 객관적 요건만으로 주관적 요건이 추인된다고 말하기는 어려울 것이다.69)

---

68) 崔恩洙(註 67), 14면은, 정당한 이익이 없는 권리 행사는 가해의사나 가해목적을 가지고 행하거나 부당한 획득을 위하여 행하여진 것이라고 쉽게 추인될 수 있을 것이라고 한다.

69) 이와 유사한 문제가 민법 제104조의 불공정한 법률행위 여부의 판단에 있어서 제기될 수 있다. 독일의 Stuttgart 고등법원 판결(OLG Stuttgart 1979. 4. 24. 판결, NJW 1979, 2409 ff.)은 우리 민법 제104조에 해당하는 독일 민법 제138조 제 2 항에 해당하는가의 여부 판단에 있어서, 객관적인 요건인 급부의 불균형은 과다충족되었고, 주관적 요건인 無經驗은, 계약 당시 피고가 아직 21세 미만이라는 점에서 약간만 존재하는데, 이 때에는 객관적 요건이 과다하게 충족되면, 주관적인 면에서는 근소한 요건만 필요하다는 이른바 모래더미 定理(Sandhaufen-theorem)(이는 이 사건 판결의 재판장인 Rolf Bender 판사가 주장한 것으로서, 어떤 규범의 적용을 위하여 필요한 여러 개의 요건 중에서 일부는 넘치고, 일부는 부족한 경우에는, 규범

그렇지만 다른 한편으로는 경계침범의 사례에서와 같이 건물이 이웃 토지를 극히 일부분만 점유하였고, 따라서 그로 인한 이웃 토지 소유자의 손실은 지극히 경미한 데 반하여, 그 침범 부분을 철거하려면 결국 전체 건물 자체를 철거하지 않을 수 없게 되어 침범한 사람의 손실은 매우 큰 경우에는, 소유자와 점유자 사이에 거래가 이루어지지 않는 것은 토지 소유자의 전략적 행위 때문이라고 볼 수도 있지 않을까 하는 생각이 든다. 아래에서 보는 것처럼 외국에서는 경계침범 건축의 경우에 침범당한 토지의 소유자가 침범 부분의 철거를 청구할 수 있는가 하는 것을 주로 침범한 사람이 선의였는가 악의였는가 하는 기준에서만 따지고 있는 것도 이러한 견지에서 이해될 수 있는 여지가 있다.

2. 권리남용을 긍정한 판례

가. 위의 요건을 충족하고 있는 판례

권리남용을 긍정한 근래의 판례 가운데 대법원 1999. 9. 7. 선고 99다27613 판결(註 47)은 대체로 여기서 제시하고 있는 이론에 부합한다고 보여진다. 이 사건에서는 한국전력공사가 토지를 수용하여 그 지상에 변전소를 건설하였으나 토지 소유자에게 그 수용에 따른 손실보상금을 공탁함에 있어서 착오로 부적법한 공탁이 되어 수용재결이 실효됨으로써 결과적으로 그 토지에 대한 점유 권원을 상실하게 된 경우, 토지 소유자가 그 변전소의 철거와 토지의 인도를 청구하는 것이 권리남용이 되는가 하는 점이 문제되었다.

이 사건에서 피고 한국전력공사는 원고들 소유의 토지를 변전소 부지로 매수하기 위하여 원고들과 협의하였으나 협의가 성립되지 아니하자, 경기도지방토지수용위원회에 수용재결을 신청하여 1989. 12. 2. 수용재결을 받고 그 손실보상금을 공탁한 다음 이 사건 토지에 관하여 피고 앞으로 소유권이전등기

목적에 부합하는 한 일종의 平準化가 이루어질 수 있고, 여러 개의 개별 규범이, 명시적으로 표명되어 있지는 않은 상위의 규범의 충분한 조건이며, 그 여러 개의 개별 규범이 부분적으로 충족되어 있을 때에는 상위규범이 적용될 수 있다는 것을 의미한다)에 의하여, 제138조 제2항에 의한 불공정행위로 될 수 있다고 한다. 그러나 이 사건의 상고심인 연방대법원 1981. 3. 12. 판결(BGHZ 80, 153 ff.)은, 위와 같은 항소심의 이론을 받아들이지 않았다. 즉 폭리행위가 성립하기 위하여는 모든 요건이 갖추어져야 하는 것이고, 일부 요건이 과다하게 갖추어지면 다른 요건이 일부 갖추어지지 못하였더라도 폭리행위로 볼 수는 없다고 하였다.

를 마치고 그 지상에 변전소신축공사를 시작하여 1993. 12. 8. 이를 완공하였다. 그런데 피고가 손실보상금을 공탁함에 있어 이 사건 토지에 제 3 자 앞으로 근저당권이 설정되어 있고 또 다른 제 3 자 앞으로 처분금지가처분등기가 마쳐져 있어 누가 피보상자인지 알 수 없다는 이유로 피공탁자를 X들 또는 위 제 3 자들이라고 표시하여 공탁하였다. 그 후 X들이 제기한 행정소송에서, 수용대상 토지에 근저당권설정등기가 마쳐져 있다는 사유를 들어 피보상자를 알 수 없다는 이유로 손실보상금을 공탁한 것은 부적법하므로 수용재결은 실효되었다는 취지의 판결이 선고되어 1996. 3. 22. 확정되었다. 그러자 X들은 위 변전소의 철거와 토지를 청구하는 소송을 제기하였다.

이에 대하여 원심은 다음과 같이 사실관계를 인정하였다. 즉 위 변전소는 시흥시 전역, 부천시 남부지역, 인천 만수택지개발지구 및 남동공단 일부 지역 86,174가구에 전력을 공급하고 있는데, 위 변전소가 철거될 경우 인근에 있는 변전소에서 최대한 24,424가구에 대하여는 전력공급이 가능하나 나머지 61,750가구에 대하여는 전력공급이 불가능하고, 위 변전소 인근은 이미 개발이 완료되어 더 이상 변전소 부지를 확보하기가 어려울 뿐만 아니라 설령 그 부지를 확보한다고 하더라도 변전소를 신축하는 데는 상당한 기간이 소요된다. 또 이 사건 토지의 시가는 약 6억원인데 비하여 위 변전소를 철거하고 같은 규모의 변전소를 신축하는 데에는 약 164억원이 소요될 것으로 추산된다. 원고들은 이 사건 토지가 자연녹지지역에 속하고 개발제한구역 내에 위치하고 있어서 이 사건 토지를 인도받더라도 도시계획법상 이를 더 이상 개발·이용하기가 어려운데도 이 사건 토지 또는 이 사건 토지를 포함한 그들 소유의 임야 18,919㎡ 전부를 시가의 120%에 상당하는 금액으로 매수하겠다는 피고의 제의를 거절하고 위 변전소의 철거와 이 사건 토지의 인도만을 요구하고 있다. 원고들은 공장을 이전할 목적으로 1987. 12. 30. 이 사건 토지를 포함한 분할 전의 시흥시 대야동 산 66의 6 임야 18,919㎡ 전부를 금 5억 4천만원에 매수하였고, 이 사건 토지 외의 나머지 임야에는 이미 공장을 이전하였는데, 위 임야는 개발제한구역 내에 위치하여 그 지상에 더 이상의 공장 증축은 어렵다. 한편 피고는 제 1 심 법원의 합의권고에 따라 이 사건 토지만은 금 868,548,495원에, 이 사건 토지를 포함한 위 임야 전부에 대하여는 금 1,948,298,280원에 매수할 수 있다고 제의하였음에도 원고들은 이를 받아들이지 않았다.

그리하여 원심은 원고들이 피고에 대하여 위 변전소의 철거와 이 사건 토지의 인도를 청구하는 것은 원고들에게는 별다른 이익이 없는 반면 피고에게는 그 피해가 극심하여 이러한 권리행사는 주관적으로는 그 목적이 오직 상대방에게 고통을 주고 손해를 입히려는 데 있고, 객관적으로는 사회질서에 위반된 것이어서 권리남용에 해당한다고 판단하였다.

대법원도, 사실관계가 위와 같다면 피고는 정당한 권원에 의하여 이 사건 토지를 수용하였으나 손실보상금 공탁에 있어서의 착오로 부적법한 공탁이 되어 수용재결이 실효됨으로써 결과적으로 이 사건 토지에 대한 점유권원을 상실하게 된 것이고, 변전소는 공공의 이익에 관계된 시설로서 이를 철거하는 경우 피고의 이익뿐 아니라 공익에도 심각한 침해를 가져올 우려가 있는 반면 원고들로서는 피고가 제의하는 금액으로 이 사건 토지를 매도하더라도 별다른 손해가 없고 오히려 상당한 이익이 있을 것으로 보이는데도 이를 거절하였음을 알 수 있는바, 이러한 사정들과 그 밖에 이 사건 변론에 나타난 다른 모든 사정을 함께 감안하면, 원고들의 이 사건 청구가 권리남용에 해당한다고 본 원심의 판단도 수긍이 간다고 하여 원고들의 상고를 기각하였다.

이 사건을 위 이론에 맞추어 분석하여 본다.

첫째 변전소의 철거로 인하여 피고가 입는 손실이 원고가 얻을 수 있는 이익보다 현저히 큰 것은 분명하다. 즉 이 사건 토지의 시가는 약 6억원인데 비하여 위 변전소를 철거하고 같은 규모의 변전소를 신축하는 데에는 약 164억원이 소요될 것으로 추산되며, 원고들은 이 사건 토지가 자연녹지지역에 속하고 개발제한구역 내에 위치하고 있어서 이 사건 토지를 인도받더라도 도시계획법상 이를 더 이상 개발·이용하기가 어렵다는 것이다.

둘째, 원고와 피고 사이의 교섭이 잘 이루어지지 않은 원인이 피고측 아닌 원고측에게 있다는 것도 명백하다. 즉 피고는 제1심 법원의 합의권고에 따라 이 사건 토지만은 금 868,548,495원에, 이 사건 토지를 포함한 위 임야 전부에 대하여는 금 1,948,298,280원에 매수할 수 있다고 제의하였으나, 원고들은 이에 응하지 않고 있다는 것이다. 원고가 이 사건 토지를 포함한 임야 전부를 매수한 가격이 금 5억 4천만원이라는 점에 비추어 보면 원고의 이러한 태도는 더 많은 돈을 받기 위한 전략적 행동으로밖에 볼 수 없는 것이다.

셋째, 피고가 토지를 점유하게 된 경위를 본다면, 피고가 변전소를 건설하기 위하여 적법한 절차를 거쳐 그 토지를 수용하였으나 손실보상금 공탁에 있어서 피공탁자를 잘못 표시하였다는 이유로 부적법한 공탁이 되어 수용재결이 실효됨으로써 결과적으로 토지에 대한 점유 권원을 상실하게 되었다는 것이므로, 피고를 크게 비난할 수는 없는 것이다.

이 이외에도 이러한 기준을 충족하고 있는 판례가 보인다. 예컨대 대법원 1968. 1. 31. 선고 67다2534, 2535 판결[70]은, 용도폐지된 국유철도용지를 불하받은 자로부터 원고가 다른 토지와 교환하여 받은 토지 위에 도합 34,039,200원을 들여 관광호텔과 그 정원을 축조하고 상당한 비용으로 각종 공작물을 설치하였는데, 피고들이 그러한 사정을 알면서 그 토지를 과거에 경작한 연고권이 있다는 이유로 위 불하를 취소케 한 다음 그 소유권을 취득한 경우에 원고가 위 토지를 인도하려면 호텔본관의 일부 철거 등으로 원고가 입게 될 손해가 피고들이 시가 200,000원 미만인 본건 토지에 대한 그 소유권을 행사하지 못하여 입게 될 손해에 비하여 막대한데 피고들이 위 건물 및 공작물의 철거는 일부러 청구하지 아니하고 그 부지의 인도만을 청구하는 경우에는 권리남용에 해당하는 여부를 심리판단하여야 한다고 판시하였다.

나. 위의 요건을 충족하였는지가 불분명한 판례

그러나 그 외의 판결들은, 과연 위와 같은 요건을 모두 고려하였는지 여부가 불분명하다.

가령 대법원 1964. 11. 10. 선고 64다720 판결[71]은 "건물이 이미 세워져 있는 토지를 매수하여 싯가 금 24,000원 상당의 토지소유권을 행사하기 위하여 그보다 7배 남짓한 건물의 철거를 요구하고 원고들이 매도한 인접토지 가격보다 2배 이상이 되는 가격에 피고에게 본건 토지를 매수할 것을 요구함은 소유권에 빙자하여 폭리를 도모하는 것이라 아니할 수 없고 폭리행위는 법이 허용하지 않은 바이므로 원고들의 본소청구는 특별한 사정이 인정되지 않은 이상 권리의 남용으로서 인용할 수 없는 것"이라고 판시하고 있다. 이는 앞에서 설명한 첫째 및 둘째의 요건은 충족하였다고 생각되지만 피고가 어떤 경위로 토지를 점유하게 되었는지는 적어도 판결문상으로는 고려되지 않고 있다.[72]

반면 위 첫째와 셋째의 요건은 충족하였어도 둘째의 요건이 고려된 것인

70) 集 16권 1집 民44면.

71) 集 12권 2집 民158면.

72) 이러한 문제점을 안고 있는 판례는 여러 개 지적할 수 있다. 대법원 1965. 12. 21. 선고 65다1910(集 13권 2집 民296면); 1983. 10. 11. 선고 83다카335(公 1983, 1657); 1993. 5. 14. 선고 93다4366(公 1993, 1707) 등.

지 불분명한 것도 있다. 예컨대 대법원 1978. 2. 14. 선고 77다2324, 2325 판결[73]은, 지방자치단체인 피고가 제3자로부터 토지를 기부채납받아 그 위에 국민학교를 건설하여 오랫동안 사용하여 왔는데 원고가 이러한 사실을 알면서 토지의 소유권을 취득하여 건물 철거 등을 청구한 것이 권리남용에 해당할 여지가 있다고 하였다. 그러나 원고와 피고 사이에 어떤 교섭이 있었는지는 밝혀지지 않고 있다.[74]

물론 이러한 판결들도, 판결문상 나타나지 않은 다른 사정까지 비추어 보면 판례의 결론이 정당하다고 할 수 있는 여지가 배제되는 것은 아니다.

3. 권리남용을 부정한 판례

가. 위 이론에 부합하는 판례

권리남용을 부정한 판례 가운데 대법원 1996. 5. 14. 선고 94다54283 판결[75]은 권리남용의 둘째 및 셋째의 요건을 모두 갖추지 못한 경우에 권리남용을 부정한 것으로 이해된다. 이 사건에서는 피고인 한국전력공사가 타인 소유의 토지 상공에 그 소유자의 동의를 받지 않은 채 고압 송전선을 설치한 경우에 나중에 그러한 사정을 알면서 토지를 취득한 자가 그 송전선의 철거를 청구하는 것이 권리남용에 해당하는가가 문제되었다.

사실관계는 대체로 다음과 같다.[76] 즉 이 사건 토지의 일부 상공에 피고가 1969. 6. 9.경 설치한 154,000 볼트의 특별고압송전선(모두 7개의 전선으로 이루어짐)이 통과하고 있고, 원고는 1981. 11. 21. 이 사건 토지를 비롯한 그 일대 7필지의 토지를 매매에 의하여 취득한 후 소유하고 있다.

이 사건 토지의 지목은 전이고, 실제 이용상황도 대부분 과수원이나, 도시계획상 일반주거지역에 속하고 주변토지들도 지목이 대지인 곳이 많으며, 주변

73) 公 1978, 10676.

74) 대법원 1997. 2. 25. 선고 96다43607 판결(公 1997상, 878)에 대하여도 같은 지적을 할 수 있다. 여기서는 피고인 농어촌진흥공사가 당시 토지 소유자의 승낙을 받아 설치한 暗渠가 그 후 소유자가 된 원고의 철거 청구로 인하여 철거되면 큰 손실이 있다는 점을 들어 권리남용에 해당하는지 여부를 심리하라고 하였으나, 원고와 피고 사이에 거래가 이루어지지 않은 경위에 대하여는 언급하지 않고 있다.

75) 公 1996하, 1835.

76) 金起東, "고압송전선의 철거청구와 권리남용", 대법원판례해설 1996년 상반기(통권 25호), 9면 이하 참조.

에 5층 아파트, 빌라, 점포 등이 건축되어 있다. 원고는 이 사건 토지를 비롯한 일대 토지를 주택건설회사에 매도하려고 하였으나 이 사건 토지는 위 고압송전선 때문에 매도하지 못하고 나머지 토지만을 매도하였으며, 위 회사는 위 매수한 토지 위에 15층 아파트를 지었다.

원고는 이 사건 소를 제기하여 위 송전선의 철거와 철거 완료일까지의 임료 상당의 부당이득반환을 청구하였다.

이에 대하여 피고는, 원고가 이 사건 토지를 매수할 때 위 고압송전선의 설치사실을 알면서 이를 인용하고 매수하여 피고의 지상권 유사의 공간사용권을 묵인하였으므로 매수일로부터 13년이 지난 지금에 와서 위 고압송전선의 철거를 구하는 것은 금반언의 원칙에 위배되고, 이를 철거한다면 마산, 진해 일대에 송전하는 전력사업에 막대한 지장을 초래하게 되므로 공익성에 배치된다고 주장하였다.

그러나 제1, 2심은 원고가 위 토지의 매수 당시 위와 같은 사정을 알면서 매수하여 피고의 위 공간 사용을 묵인하였다고 인정할 아무런 증거가 없고, 이 사건 송전선의 철거청구가 공익에 배치된다는 사정에 관한 아무런 주장, 입증이 없다는 이유로 이를 모두 배척하였다.

대법원은, 이 사건 송전선이 마산-진영 간의 전력을 공급하는 주송전선으로서 공익성이 강하고, 위 원고가 이 사건 토지 상공에 위 송전선이 설치되어 있는 사정을 알면서 이 사건 토지를 취득하였으며, 위 송전선의 철거 및 이전비용이 막대하고 대체부지의 확보가 용이하지 않을 것이라는 등의 사정이 있음을 인정할 수 있으므로, 원심이 피고의 위 주장에 대하여 이를 인정할 증거가 없다고 설시한 것은 잘못이라고 하였다.

그러나 대법원은 다른 한편으로, 피고가 이 사건 토지 상공에 당초에 위 송전선을 설치함에 있어서 적법하게 그 상공의 공간 사용권을 취득하거나 그에 따른 손실을 보상하였다는 자료가 전혀 없어 피고의 이 사건 토지의 상공에 대한 위 송전선의 설치는 그 설치 당시부터 불법 점유라고 볼 수 있는데다가 그 설치 후에도 피고가 적법한 사용권을 취득하려고 노력하였다거나, 그 사용에 대한 손실을 보상한 사실이 전혀 없으며, 이 사건 토지가 현재의 지목은 전이나 도시계획상 일반주거지역에 속하고 주변 토지들의 토지이용 상황이 아파트나 빌라 등이 들어 서 있는 사실에 비추어 이 사건 토지도 아파트, 빌라 등의 공동주택의 부지로 이용될 가능성이 농후한 점과 피고로서는 지금이라도 전기사업법 등의 규정에 따른 적법한 수용이나 사용 절차에 의하여 이 사건 토지 상공의 사용권을 취득할 수 있다고 보이는 점 등에 비추어, 원고의 이 사건 송전선의 철거청구가 권리남용에 해당한다고는 할 수 없으므로 결국 원심의 판단은 정당하다고 하여, 피고의 상고를 기각하였다.

그리고 대법원 1986. 7. 22. 선고 85다카2307 판결[77]은, 위 첫째와 둘째의 요건은 갖추었으나 셋째의 요건은 갖추지 못한 경우에 권리남용을 부인한 것으로 이해된다.

이 사건의 사실관계는 대체로 다음과 같은 내용이다. 즉 서울시가 1978. 12.경 남북회담에 대비하여 통일로 주변의 불량건물을 정비하는 계획을 세우고 취락구조개선사업을 시행함에 있어서 통일로 주변의 불량건물을 철거하고 당시 전답으로서 개발제한구역일 뿐만 아니라 군사보호지역이었던 이 사건 각 토지를 포함한 일대의 토지를 매입하여 택지를 조성한 후 일단의 근교 마을을 형성하여 위 철거주민들에게 분양하기로 하고 공사비를 들여 택지를 조성한 후, 건물 215동을 신축하여 이를 철거주민들에게 분양하였고, 피고들은 이를 분양받은 사람들 내지 그들로부터 그 지위를 승계한 사람들이다. 그런데 서울시는 그 대상 토지들 중 대부분은 그 소유자들로부터 감정가격대로 이를 매수하였으나, 원고 소유의 토지에 대하여는 그 소유자인 원고가 감정가격이 지나치게 저렴하다는 이유로 그 매수협의에 불응함으로써 이를 매수하지 못한 채 주택단지조성공사에 착수하였고, 이에 원고는 1979. 4. 초순경 서울시를 상대로 이 사건 토지에 대한 주택단지조성공사금지의 가처분신청을 하여 그 무렵 그 가처분결정이 있었으나, 서울시는 위 공사의 성질상 원고소유 토지를 제외한 채로는 이를 시행할 수 없다는 이유로 위 주택단지조성공사를 계속 진행하면서, 한편으로 원고와 여러 차례에 걸쳐 위 토지매수를 위한 협의를 시도하여 오고 있는데, 그 매매대금 액의 차이로 말미암아 아직까지 매수가 이루어지지 않고 있다.

원심은, 이 사건 각 토지일대는 위 사업시행 이전은 물론 그 이후인 현재까지도 개발제한구역으로 묶여 있을 뿐만 아니라 군사보호지역으로 지정되어 있어 위 사업과 같은 행정당국의 사업시행에 의하지 않고는 그 토지 내에서의 건축물의 건축 등이 불가능하며, 원고로서도 위 토지 자체의 사용보다는 서울

77) 公 1986, 1099.

시와의 협의과정에서 만족할 만한 가격협의가 이루어져 그에 상응한 서울시의 체비지로 대토받게 되기를 희망하고 있는 사실 등을 인정하고, 위 사업 이후 상당기간이 흐른 지금에 와서 서울시의 지시만 믿고 이에 순응한 피고들에 대하여 그들 소유의 건물의 철거와 이를 전제로 한 토지의 인도를 구하는 것은 필경 권리행사의 이름을 빌려 이 사건 각 토지의 사용수익보다도 피고들에게 고통을 줌으로써 서울시와 사이에 비싼 값으로 토지를 매도하려는 데에 그 전정한 의도가 있는 것이라고 할 수밖에 없어, 이는 권리의 사회성에 반하여 권리의 행사로서는 용인될 수 없는 것이라고 판시하였다.

그러나 대법원은 이러한 원심판결을 파기환송하였는데, 그 주된 이유는 다음과 같다. 즉 이 사건 토지소유권의 침해상태는 피고들 보조참가인인 서울특별시가 소유자인 원고와의 원만한 협의절차 없이 이 사건 토지에 무작정 택지조성공사를 시행하려 하자, 원고가 법원으로부터 그 공사금지가처분결정까지 받아 집행하였음에도 이를 무시한 채 택지조성공사를 강행한 후 그 지상에 피고들 소유의 이 사건 분양건물을 신축한 불법행위에 의하여 초래된 것이어서 원고에게 그 침해상태를 그대로 감수하라고 강요하는 것은 사회정의감에도 반하고, 피고들이 비록 가처분결정의 상대방이 아니었다 하여도 앞서와 같은 경위로 이루어진 불법적인 침해상태를 배제하려는 원고의 이 사건 권리행사를 가리켜 사회질서에 반하는 것으로서 용인될 수 없는 것이라고 보기 어렵고, 그 밖에 원고가 피고들 보조참가인에게 과다한 보상을 요구하고 있다는 사유는 피고들 보조참가인이 스스로 자초한 결과이며 택지조성공사 및 건축에 투입된 비용이 많다는 사유는 원고의 이 사건 권리행사로 원고가 얻게 될 이익보다 상대방인 피고들이나 피고들 보조참가인이 입게 될 손해가 현저히 크다는 사정에 불과하므로 어느 것이나 원고의 권리행사를 권리남용이라고 단정할 사유가 되지 못한다는 것이다.

이 이외에 종래의 학설상 권리남용을 인정하지 않은 것이 부당하다고 지적된 판례들은 앞에서 제시한 기준에 비추어 볼 때에는 적어도 판결문상에 나타난 사실관계만을 놓고 볼 때에는 별다른 문제가 없는 것들이라고 할 수 있다.[78)]

---

78) 물론 판결문에 나타나지 않은 사실관계까지 고려한다면 결론이 달라질 여지는 있다.

나. 위 요건에 부합하지 않는 판례

그러나 다음의 대법원 1969. 1. 21. 선고 68다1526 판결은 다소 의문이다. 이 판결에서는 "피고가 건물을 건축할 당시 그 인접 대지를 침범 점유하는데 고의나 과실이 없었다거나 그 건물의 철거에 막대한 노력과 물자의 허비를 초래한다 할 것인데 원고가 그 소유인 본건 대지의 침해에 대하여 그 목적물인 본건 건물에 대하여서만이라도 철거 이외의 다른 방법에 의하여 그 권리의 구제를 시도하여 보지 아니하였다거나 또는 원고가 본건 대지를 귀속재산으로서 불하를 받았던 것으로서 현재의 싯가로 보아 철거를 요구하는 건물의 싯가가 5배가 된다는 따위의 사정만으로서는 대지소유자가 그 대지를 이용하기 위하여 그대지 위의 건물 철거를 요구하는 것을 권리의 남용이라고 할 수는 없을 것"이라고 하였다.

여기서 원고가 철거 이외의 다른 방법에 의하여 그 권리의 구제를 시도하여 보지 아니하였다는 것의 의미가 반드시 명확하지는 않으나, 원고가 피고와의 아무런 교섭을 시도하여 보지도 않은 채 피고에게 압박을 주기 위하여 건물 철거 청구를 한 것이라면, 이는 부당한 이득을 얻기 위한 전략적인 행동으로서, 이 사건은 권리남용의 요건을 다 갖추었다고 보이는 것이다.

Ⅴ. 外國法과의 比較

여기서 외국법과 비교하여 볼 필요가 있다. 외국에서는 주로 건축물이 타인의 토지 일부를 침범한 경우가 문제된다.[79)]

독일 법은 이른바 경계침범건축(Überbau)에 관하여 명문 규정을 두어 이 문제를 해결하고 있다. 즉 독일 민법 제912조 제 1 항은, 토지의 소유자가 건물을 건축함에 있어서 고의 또는 중대한 과실 없이 경계를 넘은 경우에는, 이웃 토지의 소유자는 그 경계를 넘은 건물을 受忍하여야 하고, 다만 이웃 토지의 소유자가 그 이전 또는 경계침범 직후에 이의를 제기한 경우에는 그러하지 않다고 규정하고 있다. 그리고 제 2 항은 이웃 토지의 소유자는 금전에 의한 정기

79) 간략한 설명은 Mattei(註 25), pp. 137 ff. 참조.

금의 지급에 의하여 보상을 받아야 한다고 규정한다. 제915조 제1항은, 정기금 권리자(즉 이웃 토지의 소유자)는 언제라도 정기금 의무자(즉 침범자)에 대하여 침범된 부분을 양도하는 것과 상환으로 그 부분의 경계침범시의 가액을 지급할 것을 청구할 수 있다고 규정한다.

그리고 이탈리아 민법 제938조는 이웃 토지를 침범한 사람이 선의이고, 토지의 소유자가 건축을 시작하였을 때부터 3월 내에 이의를 제기하지 않았으면, 그 건물 및 침범된 토지의 소유권을 건물 건축자에게 귀속시킬 수 있으나, 건축자는 토지의 소유자에게 손해배상뿐만 아니라 토지의 가액의 배를 보상하여야 한다고 규정하고 있다.

한편 미국의 판례는, 건물이 경계를 침범한 경우에 그 침범이 용서될 수 있는 착오(innocent mistake)에 기한 것이고, 그 침범 부분의 제거가 어렵거나 소유자에게 주는 불편에 비하여 과도한 비용을 초래한다면 토지 소유자의 철거 청구 대신에 금전보상만을 명하는 경향이 있다.[80] 일부의 법원은 침범으로 인한 손해가 아주 사소하다면, 명목적인 보상만을 명하기도 한다.[81] 반면 침범이 계획적(willful)이거나 고의적이면 대부분의 법원은 이익과 손해의 차이에 관계없이 침범 부분의 제거를 명하는 作爲的 留止命令(mandatory injunction)을 발한다.[82]

이에 반하여 프랑스 판례의 태도는 이와 다르다. 프랑스 민법 제544조는, 소유권은 물건을 가장 절대적인 방법으로 향유하고 처분할 수 있는 권리라고 규정하고 있고, 제545조는, 정당하고 사전의 보상을 조건으로 하여 공공의 이익의 이유를 위한 것이 아니면 아무도 그 소유권을 양도하도록 강요되지 않는다고 규정하고 있다. 그리하여 프랑스의 다수의 판례는 이 두 조문을 근거로 하여, 타인의 토지를 침범한 건축물(empiétement)에 대하여는 프랑스 민법 제

---

80) 예컨대 Arnold v. Melani, 449 P. 2d 800(Wash. 1969)는, 이웃 토지의 전 소유자가 계산된 위험을 인수하였거나, 악의적 또는 과실로, 계획적으로 또는 무관심하게 침범 건축물을 설치한 것이 아니며, 이웃 소유자에게 주는 손해가 경미하고 그 제거로 인한 이익도 마찬가지로 사소하며, 그 지역에 적합한 건축물을 위한 공간이 많아서 이웃 토지의 장래의 사용에 실질적인 제한이 없고, 침범 건축물을 옮기는 것이 비실제적일 뿐만 아니라, 그에 따르는 가혹함의 불균형이 막대할 때에는, 침범 부분의 제거를 위한 작위적 유지명령은 억압적인 것으로서 유보될 수 있다고 하였다. 같은 취지, Miller v. W. Carrollton, 632 N. E. 2d 582(Ohio App. 2 Dist., 1993)도 이러한 경우에 법원은 금전 배상을 명할 수는 있지만 작위적 유지명령은 명할 수 없다고 판시하였다.

81) Seid v. Ross, 853 P. 2d 308(Or. App., 1993).

82) J. Dukeminier/J. E. Krier, Property, 3rd Ed., 1993, pp. 150 f. 참조.

555조[83]는 적용되지 않고, 이웃의 토지 위에 지어진 부분은, 그 이웃 토지의 소유자가 요구할 때에는, 침범 건축물과 비교한 중요성이 아무리 작다고 하더라도 철거되어야 하며,[84] 이 때에는 침범자의 선의 여부는 문제되지 않는다고 한다.[85][86] 나아가 철거를 청구할 수 있는 권리는 재량적인 것으로서, 권리남용(abus)의 법리는 적용되지 않는다고까지 하고 있다.[87] 근래의 판례는 이 문제를 불법행위책임의 문제로 다루어서, 침범 그 자체가 과실(faute)이므로 철거가 가장 적절한 원상회복의 방법이라고도 한다.[88]

그러나 프랑스의 학설은 대체로, 이는 가치의 보존이라는 사회, 경제적 이념에 부합하지 않는다고 하여 이러한 판례에 비판적이다.[89]

근래의 그레노블 고등법원 1998. 6. 30. 판결[90]은, 피고가 자기 소유의 토지에 설치한 담이 원고들 소유의 토지를 5센티미터 내지 19센티미터 침범한 사안에서, 권리남용(abus de droit)의 이론에 의하여 원고의 철거청구를 기각하고 대신 손해배상만을 명하였다. 위 판결은, 원고들은 그러한 침범에 의하여 어떠한 불편을 입고 있는지를 정확하게 말하지 못하고 있다고 하면서, 소유권의 주장은 남용으로 변질되어서는 안 되고, 원고들의 철거 주장은 그들의 토지에 관한 순전히 이론적인 손해에 비하면 명백히 지나친 것이라고 하였다.[91]

이러한 각국의 예는, 프랑스의 경우를 제외하고는 대체로 이제까지 논의한 것과 궤를 같이 한다고 할 수 있다.[92] 다만 앞에서 제시한 세 가지 기준 가운

---

83) 註 27) 참조.

84) 프랑스 파기원 제 3 민사부 1979. 6. 26. 판결(Bull. civ. Ⅲ, n° 142).

85) 프랑스 파기원 제 3 민사부 1977. 7. 12. 판결(Bull. civ. Ⅲ, n° 313) 등.

86) 그러나 일부 판례는 이 경우에도 제555조를 적용하기도 하였다. 파기원 제 3 민사부 1972. 3. 8. 판결(Bull. civ. Ⅲ, n. 169) 등. 상세한 판례의 소개는 Louis ROZES, Juris-Classeur Civil, Art. 553 à 555, 1989, n° 63 참조.

87) 파기원 제 3 민사부 1990. 6. 7. 판결(D. 91, Somm. 323 n. Aubert).

88) 파기원 제 3 민사부 1992. 11. 10. 판결(D. 93, Somm., 305; R. T., 93, 850, n. Zénati).

89) J. Carbonnier, Droit Civil, Tome 3 Les biens, 19e édition refondue, 2000, n° 143. 같은 취지, ROZES(註 86), n° 66; R. Saint-Alary, Accession, in: Répertoire de Droit Civil, 2e ed., 1989, n° 66 등.

90) D. 2000, J. 472, n. Lebreton.

91) Lebreton의 위 판결에 대한 평석에 따르면 하급심의 판례 가운데에는 침범자가 선의이고 침범이 최소한일 때에는 파기원의 판례와는 달리 이처럼 철거를 명하는 것을 꺼려하는 예가 많이 있다고 한다. Lebreton 자신은 이러한 경계침범 사례에서 권리남용의 법리를 적용하는 것은 법적 불안정을 가져온다고 하여 이 판결에 반대하고, 다만 입법자가 개입함으로써 문제를 해결하여야 한다고 주장한다. D. 2000, J. p. 472 et suiv.

92) Mattei(註 25), pp. 137 ff.는, 침범자가 선의(good faith)일 때에는 liability rule에 의하여 보상을 명하는 것이 가장 효율적이고, 프랑스처럼 철거만을 명하거나, 미국처럼 보상도 할 필

데 둘째의 기준은 별로 고려되고 있지 않은데, 그 이유가 앞에서 언급한 것처럼 경계침범 건축의 경우에는 토지 소유자의 이익이 점유자의 손해에 비하여 너무 작아서 결과적으로 토지 소유자의 전략적 행위가 추인되기 때문인지는 좀더 따져 볼 필요가 있다.

Ⅵ. 결　론

이제까지 토지 소유자의 지상물 철거 청구가 어떤 경우에 권리남용으로서 금지되는가 하는 문제를 법경제학적인 관점에서 분석하여 보았다. 그 결과 철거로 인하여 토지 점유자가 입게 되는 손실이 그로 인하여 소유자가 얻게 되는 이익보다 훨씬 크다는 것(이른바 객관적 요건) 이외에도, 당사자 사이에 자발적인 거래가 이루어지지 않는 원인이 누구의 전략적 행위 때문인가 하는 점 및 토지 점유자가 토지를 점유하기 시작했을 때 선의였는가 악의였는가가 중요하다는 결론을 얻었다.

이러한 결론의 타당성에 대하여는 좀더 논의의 여지가 있다. 특히 위 둘째의 요건(전략적 행위의 고려)을 별도로 고려할 것인지에 관하여는 견해가 갈릴 수 있다. 이 점에 관하여는 다른 요건에 비하여 실증적인 뒷받침이 좀더 필요하다고 여겨진다. 그러나 이 글의 제안이 앞으로의 생산적인 논의의 출발점은 될 수 있을 것이다.

〈朴世逸·金一中 편, 私法과 法執行, 法文社, 2001〉

〈追記〉

이 글이 공간된 후 발표된 許盛旭, "權利濫用法理에 관한 法經濟學的 考察", 法曹 2005. 12, 208면 이하, 2006. 1, 206면 이하도 이 글을 인용하면서 비슷한 방법론에 의거하여 유사한 결론을 내고 있으나 다만 그 근거에 있어 다소 차이가 있다. 즉 권리남용이 문제되어 소송에까지 이르는 경우에는 당해 거래관계의 비용이 너무 크기 때문에 토지소유자의 권리는 liability rule에 의하

요가 없는 것은 모두 효율적이 아니라고 한다. 다만 미국 법은 손해의 보상도 명하지 않는 것이 원칙인 것처럼 서술하고 있는 것은 다소 의문이다.

여 보호하는 것이 더 효율적인 것처럼 보이지만, 사적 수용(private taking)의 논의를 원용하여, 일반적으로 현재 어떤 대상물을 소유하고 있는 소유자가 이 대상물을 취득하려고 하는 사람(taker)에 비해 평균적으로 더 높은 가치(특유가치, idiosyncratic value)를 부여하고 있기 때문에 평균적으로는 현재의 소유자의 소유로 남아 있는 것이 더 바람직하고, 따라서 property rule에 의한 보호가 더 나으며, 또한 property rule은 liability rule에 비하여 불필요한 협상의 필요를 줄여 준다는 점에서 더 우월한 권리보호 방식이고, 다만 목적물에 대한 사적 수용자의 특유가치의 크기가 소유자의 그것에 비해 현저히 크다는 점이 명백히 드러나고, liability rule에 의해 인정되는 손해배상액의 크기가 작지 않음에도 불구하고 소유자가 합리적이지 않은 대가의 지급을 요구하면서 극도의 버티기를 하는 경우에는 당연히 liability rule로의 이전을 고려하여야 한다고 한다. 그러나 권리남용이 문제되어 소송에까지 이르는 경우에 사후적 거래비용은 클지 몰라도 사전적 거래비용은 작을 수 있기 때문에 liability rule이 더 효율적이라는 결론을 이끌어낼 수는 없다. 또한 현재 어떤 대상물을 소유하고 있는 소유자가 이 대상물을 취득하려고 하는 사람에 비해 평균적으로 더 높은 가치를 부여하고 있다는 가정도 반드시 그러한지 의문이며, 사전적 거래비용을 포함한 거래비용의 크기만을 고려하는 이 글에서는 이러한 가정도 필요하지 않다.

Economic Analysis of the Abuse of Right Doctrine*

1. Introduction

Article 2 (2) of the Korean Civil Code provides that "the right shall not be abused." However, this provision fails to specify under what circumstances right is abused and to address the legal effect of abuse of right. So this provision is classified as one of the so called general clauses. Subsequently, there is a fierce controversy about the meaning of the provision, but to date no one has successfully provided a persuasive theory. And the case law of Korea does not show a coherent form either.

This article analyses the doctrine of abuse of right from the perspective of law and economics. It focuses on the most frequent cases where applicability of the doctrine is at issue. The issue here is, under what circumstances a landowner ("L")'s claim to remove a building on her land becomes abuse of right against the building owner ("B") who constructed the building without any right to use the land.

The first part of this article describes the current status of the debate in Korean law. The second part is an economic analysis of the problem. In

---

* This is an abridged version of my paper(published in Korean), "Gwonlinamyongeui Gweongjejeok Bunseok(Economic Analysis of the Abuse of Right Doctrine)", in Se-il Park, Il-Joong Kim ed., Sabeobgua Beobjibhaeng(Private Law and Law Enforcement), Seoul, Bubmoonsa, 2001, pp. 3-60.

essence, I will try to show the importance of the transaction cost in finding the abuse of right. In particular, the distinction between the ex ante transaction cost and the ex post transaction cost will be emphasized. And section 4 examines the current precedents in light of this analysis. Section 5 tries some comparative observation.

2. The Current Debate in Korean Law

It is generally recognized in the academia that the following factors are to be considered in finding the abuse of right: the intent of L to harm B; the balancing of L's gain and B's loss from removing the building; B's knowledge of trespass to L's land; and the timing of exercise of the right. However, the relationship between these factors is not clear.

One important topic of the controversy is whether the intent of L to inflict the harm to B is a necessary condition. Many scholars, although recognizing that this is an important factor, do not regard this as a necessary condition.

The precedents of the Korean Supreme Court are not uniform on this point. The main trend of the case law requires that the intent to inflict the harm is a necessary condition.[1] But other precedents opined that the intent to inflict the harm is not always necessary.[2] According to the third group of the precedents, the intent to inflict the harm is still necessary, but presumed by the objective circumstance that the exercise of the right lacked legitimate cause.[3]

Other factors that were considered as important by the Korean court

1) The Supreme Court decision of July 22, 1986(case no. 85daka2307), June 26, 1998(case no. 96da42823) and others.
2) The Supreme Court decision of September 14, 1982(case no. 80da2859) and others.
3) The Supreme Court decision of May 14, 1993(case no. 93da4366) and others.

were as following: the discrepancy between L's gain and B's loss; whether L refused to sell the land to B at a reasonable price offered by B or L requested an unreasonable price to B; and whether B knew the trespass at the time of the construction of the building. However, whether these factors must all exist in order to acknowledge the abuse of right is not clear.[4)]

3. Economic Analysis

A. Coase Theorem and Abuse of Right Doctrine

The starting point of the analysis is the discrepancy between L's gain and B's loss. If L's gain is greater than B's loss by removing the building, there is no room for the application of the abuse of the right doctrine. Socially, it is beneficial for the building to be removed.

If L's gain is smaller than the loss of the building, then should L's request to remove the building be denied as the abuse of right? The answer is yes only in some restricted circumstances. The reason is that there is a possibility that L and B can negotiate over the sale of the land. According to Coase(1960), if the transaction cost is zero or negligible, it is socially indifferent to whom, between the competing parties, the right is accorded. This is the so called Coase Theorem.

Applying this theorem to this situation means that, if the right to remove the building is conferred to L, although B's loss due to the removal is greater than L's gain, B can purchase or rent the land from L. On the other hand, if B can retain the building without the consent of L, but B's gain is smaller than L's loss, L can purchase the building from B. So in either case there can be no waste of resource.[5)]

4) See, e. g. Youn(1988); Kim(1992).

5) Cf. Mattei(1999), p. 136.

Based on the said approach, it seems that there is no need for recognizing the abuse of right doctrine. Then why is this doctrine necessary? The reason lies in that there can be a high transaction cost that prevents the successful negotiation between L and B. In this case, recognizing the doctrine can be useful in preventing the waste of resource. Accordingly, it follows that the abuse of right should be recognized only when there is a high transaction cost.

B. Property Rule and Liability Rule

On the other hand, denying L's claim to remove the building for the reason that it amounts to abuse of right does not mean that L's right is denied altogether; i.e., L's right to claim damage against B is unaffected. In this respect, it can be said that L's right is protected by the liability rule instead of the property rule.

Calabresi and Melamed(1972) have distinguished between ways of protecting right or entitlement: property rule and liability rule.[6] A right or entitlement is protected by a property rule to the extent that someone who wishes to remove the right from its holder must buy it from him in a voluntary transaction in which the value of the entitlement is agreed upon by the seller. If the right is infringed, the right holder can remove the infringement. Therefore, L's right to remove the building erected without her consent corresponds to the property rule. In this case, B must pay the price determined by L to use the land. Otherwise, the building is removed.

In contrast, whenever someone may destroy the initial entitlement if she is willing to pay an objectively determined value for it, this entitlement or right is protected by a liability rule. In the present situation, if L's right to remove the building is denied for the reason that exercise of such right is

6) Originally, Calabresi and Melamed proposed third rule (inalienability) beside the property rule and liability rule. But because inalienability is not relevant in this context, this article does not deal with it.

the abuse of right, B is entitled to use the land without L's consent provided that B pays for L's damage that is equivalent to the reasonable rent.

It is clear that the property rule protects the right holder more fully than the liability rule. Then why is the liability rule necessary at all? The reason is that the cost of establishing the value of right by negotiation is so great that even though a transfer of the right at a suitable price would benefit all concerned, such transfer will not occur. If a collective determination of the value were available instead, the beneficial transfer would quickly come about.[7)]

C. The Conditions for Admitting the Abuse of Right Defense

From the foregoing, the following conditions for admitting the abuse of right can be derived.

(i) B's loss due to the removal of the building should be far greater than L's gain.

(ii) There should be a high transaction cost between L and B to negotiate over the sale or rent of the land. There can be two kinds of transaction costs. The ex ante transaction cost is the cost B should have incurred before erecting the building, e.g., the costs to find the owner of the land and negotiate with her to obtain the right to use the land are the ex ante transaction cost. The ex post transaction cost is the cost for the negotiation L and B should incur after erecting the building.

(1) The Balancing of Loss and Benefit.

If B's loss is smaller than L's gain, it is obvious that the application of the abuse of right doctrine is unnecessary. But there is a room for the application of the doctrine if B's loss is greater than L's gain. Generally,

---

7) Calabresi and Melamed(1972).

B's loss should be far greater than L's gain. The reason lies in that the court can commit an error in finding the quantity of loss and gain. Besides, there can be an error in finding the other conditions, namely, a high transaction cost between L and B. To minimize this kind of error, B's loss should be far greater than L's gain. The precedents of the Korean Supreme Court have uniformly required this point.[8)]

(2) Ex Post Transaction Cost

If L and B can freely negotiate over the use of the land, there is no need to deny the claim of L to remove the building, even if B's loss is far greater than L's gain. The waste of resource resulting from removing the building can be avoided by the negotiation between L and B. Accordingly the existence of high transaction cost between L and B that prevents the negotiation is a necessary condition for finding the abuse of right.

In an ordinary situation, there seems no reason that the transaction cost between L and B should be high. The parties of the negotiation are only two, and the object of the negotiation is determined.[9)] It is a fair guess that many disputes of this kind are settled through the negotiation of the parties without any recourse to the court, since the transaction cost is low.

But there are some cases that the disputes cannot be settled by the negotiation of the parties. The reason is that there exists a bilateral monopoly. L can negotiate only with B and vice versa. Consequently, the parties have the incentive to act strategically(the problem of strategic behavior or hold out). Sometimes L would require unreasonably high price from B. Although B has offered a reasonable price to L exceeding the market price for purchasing the land, L rejects such offer and requires the price that is 2 or 3 times higher than the market price. In such case, the intervention of the court by denying the claim of L to remove the building on the ground that L's conduct amounts to the abuse of right can enhance the efficiency. In

8) The Supreme Court decision of May 11, 1993(case no. 93da3264) and many others.

9) Mattei(1999), p. 136.

other case, B would reject the offer of L to purchase or rent the land, insisting the status quo. In such case, the court should permit the claim of L, even if B's loss is far greater than L's gain. This can induce B to negotiate with L.

Many Korean precedents considered the ex post transaction cost as an important factor. For example, the Supreme Court decision of December 21, 1965(case no. 65da1910) held that plaintiff's claim to remove the building was the abuse of right. In this case, plaintiff("P") and defendant("D") had entered into negotiation over the sale of the part of the land that the building occupied. D offered P the price that was 4 or 5 times higher than the market price. But P rejected such offer, increased the price and demanded that D should buy the entire land and the house P owned. These circumstances were taken by the court as relevant factors in denying the claim of P. The fact many Korean precedents required the intent of L to inflict the harm to B as a necessary condition for finding abuse of right can be understood as an another expression of considering the strategic behavior of L.

In other case in which the court has acknowledged the claim to remove the building, even though B's loss was far greater than L's gain, B has failed to negotiate in good faith. For example, in the Supreme Court decision of May 22, 1990(case no. 87daka1712), the plaintiff has required the defendant city, which had erected the town hall on plaintiff's land without plaintiff's consent, to purchase the land at the price defendant had assessed. But the defendant showed no sincere interest to the request of the plaintiff. The Supreme Court has opined that the claim of the plaintiff to remove the town hall should not be deemed as the abuse of right, even if the removal of the building would cause great loss to the city far exceeding the gain to plaintiff and enormous damage to the public interest.

(3) Ex Ante Transaction Cost

There is another constraint in finding the abuse of right. Though the ex post transaction cost is high, the court should not deem L's claim to remove the building as the abuse of right when the ex ante transaction cost for B was low. For example, if B had known that she would trespass L's land by erecting a building, B should be expected to negotiate with L over the use of land. But B chose to erect the building without negotiation. In such case, denying L's claim to remove the building as the abuse of right does not enhance efficiency. Admitting the defense of abuse of right in such case entails expenses of trial. These expenses could be easily avoided if B chose to negotiate with L. Subsequently, courts should give incentive to negotiate with L. This can be accomplished by permitting L's claim. In other words, courts should protect L by the property rule when the ex ante transaction cost is low, regardless of the amount of ex post transaction cost.

The same rule should be applied when B did not know the fact of trespassing, but easily could have known that she would trespass another's land. That means that, if B were grossly negligent in not knowing the trespassing, L's claim to remove the building should not be deemed as the abuse of right. However, if B believed that she had the right to use the land and there was no fault in believing so, the ex ante transaction cost is not low. Therefore, provided other conditions are fulfilled, L's claim to remove the building should be deemed as the abuse of right.

What would be the result if B could have found that she had no right to use the land, but in finding the truth she would have incurred some not negligible expense? In this case, it cannot be said that the ex ante transaction cost is not high. Therefore, under some circumstances, the defense of abuse of right can be accepted.

The Korean precedents have treated the process of occupying the land by B as highly relevant factor. For example, the Supreme Court decision of October 7, 1975(case no. 75da1571) held that the claim of the plaintiff to remove the building should not be deemed as the abuse of right unless it was found that the defendant had occupied the land knowingly or grossly negligently. And the Supreme Court decision of February 25, 1997(case no. 96da43607) opined that the claim of plaintiff to remove the hidden ditch that was erected with the consent of the former landowner could be abuse of right. But when B knew that she had no right to use the land at the inception of her occupation, the court has never found the claim to remove the building as the abuse of right.[10]

Comparable problem exists in the realm of the adverse possession. The Supreme Court decision of August 21, 1997(case no. 95da28625, en banc) overruled former precedents, stating that the trespasser, knowing at the beginning of the possession of the land that she has no ownership right to the land nor any legitimate expectation of obtaining the land, could not assert the doctrine of adverse possession. This can be justified from economic perspective in light of a low ex ante transaction cost.

4. Examination of the Precedents in Light of the Foregoing Analysis

In this section, I will examine whether the Korean precedents conforms to this theory. As mentioned before, the precedents considered the three conditions, but whether these conditions must all exist in order to acknowledge the abuse of right, is not always clear.

A. Cases Denying the Abuse of Right

Many cases denying the abuse of right can be explained by the low ex ante or ex post transaction cost.

For example, the Supreme Court decision of May 14, 1996(case no. 94da54283) can be understood as denying the abuse of right because the ex ante and ex post transaction costs were both low, although the loss to the

10) E. g. Supreme Court decision of March 24, 1970(case no. 70da64) and May 14, 1996(case no. 94da54283).

defendant and public interest was great. In this case, the defendant electric company had erected electric cable tower without getting landowner's consent. Later plaintiff had acquired the ownership of the land. The defendant invoked the defense of abuse of right, asserting that plaintiff had acquired the land with the knowledge of the existence of cable tower and demanded the removal of the cable tower after 13 years of acquiring the land, that the removal of the cable tower would cause great difficulty in supplying the electricity to the neighboring cities.

The appellate court denied the facts asserted by defendant and rejected the defense of abuse of right. The Supreme Court held that the appellate court was incorrect in denying the facts asserted by defendant, but the conclusion could be sustained. The Supreme Court opined that the defendant had not endeavored to get the permission of the landowner at the time of erecting the cable tower, and had made no effort to get the consent from plaintiff, i.e., defendant could have gotten the right to use the land by way of expropriation. Therefore, the claim of plaintiff could not be deemed as the abuse of right. This decision clearly shows that the absence of high ex ante and ex post transaction costs makes the defense of the abuse of right unacceptable.

The Supreme Court decision of July 22, 1986(case no. 85daka2307) can be understood as rejecting the defense of abuse of right due to the low ex ante transaction cost. In 1978, the City of Seoul had planned as a part of zoning plan erecting hundreds of houses in the area where plaintiff owned land. The City of Seoul had acquired land from others, but the plaintiff rejected the sales offer made by the City of Seoul because he had regarded the offered price to be too low. Nevertheless, the City of Seoul continued to build houses on the plaintiff's land notwithstanding the plaintiff's objection, and the plaintiff obtained an injunction from the court prohibiting the building of houses. However, the City of Seoul finished building of houses, disregarding the injunction. The defendants acquired the houses built on plaintiff's land from the City of Seoul. The negotiation between plaintiff and the City of Seoul continued without avail and the plaintiff brought an action against defendants to remove the houses owned by defendants.

Appellate court rejected plaintiff's claim, saying that it amounted to abuse of right because the real intent of plaintiff was to sell the land at a high price to the City of Seoul by inflicting harm to the defendants, rather than to use the land to it. But the Supreme Court reversed the appellate court's decision. The Supreme Court opined that plaintiff's claim could not be deemed as the abuse of right because the current situation was the result of unlawful act of the City of Seoul, which, without negotiation with plaintiff and disregarding the injunction issued by the court, had built the houses on plaintiff's land and that it was against social justice to require the plaintiff to acquiesce the result of this unlawful act. Though plaintiff were demanding high price to the City of Seoul, this result was brought by the City of Seoul; therefore, such demand could not be a ground to deny plaintiff's claim as the abuse of right.

In this case, the Supreme Court has rejected the defense of abuse of right due to the low ex ante transaction cost, although there was a strategic behavior at plaintiff's side.

B. Cases Admitting Abuse of Right

In many cases admitting the defense of abuse of right, it is not always clear whether the courts are requiring that all three conditions should exist. But in some cases the courts clearly held that all three conditions should exist.

The Supreme Court decision of September 7, 1999(case no. 99da27613) is a good example. In this case the defendant electric company had expropriated the land from plaintiffs and had built a large transformer substation on it. However, the expropriation was invalidated due to an error in the process of escrowing the expropriation price. Plaintiffs brought an action against the defendant to remove the transformer substation.

The appellate court rejected the claim since plaintiffs' conduct amounted to the abuse of right and the Supreme Court affirmed. The major facts appellate court had ascertained are as following: the removal of the transformer substation would result in great difficulty in supplying the electricity to neighboring cities; the market price of the land was about 6 hundred million won, whereas the cost of building a new transformer substation would be about 16 billion and 4 hundred million won; plaintiffs had rejected the offer of defendant to buy the site of the transformer substation and surrounding land at 120% of market price; the defendant was willing to buy the site of the transformer substation and surrounding land at the price recommended by the court, but plaintiffs were unwilling to sell the land at that price; and plaintiffs had acquired the land for the purpose of building a factory, but because of the zoning plan no additional factory could be built on the land.

Based on such factual findings, the appellate court held that the claim of plaintiffs was abuse of right because the removal of the transformer substation would give plaintiffs little value, whereas the loss to defendant would be great and the intent of plaintiffs was only to inflict loss and pain to defendant.

The Supreme Court affirmed, opining that defendant had expropriated the land in a legitimate way, but it had lost the right to use the land because of an error in the process of escrowing the expropriation price. Also, the removal of the transformer substation would result in great damage not only to defendant, but to the public interest in general, and the sale of the land at the price of defendant's offer would bring to plaintiffs no loss but some gain.

This case neatly fits the foregoing analysis. First, there was great discrepancy between plaintiffs' gain and defendant's loss. Second, defendant was innocent in acquiring the possession of the land. Third, there was a strategic behavior at the side of plaintiffs.

5. Excursion: a Comparative Law Perspective

A comparison with other countries can be helpful.[11] In other countries, the situation is a little different. B erected her house on her own land, but this house trespasses a few inches into L's land. Can L demand the removal of the encroachment?

In Germany, paragraph 912 of the Civil Code reads, "If the owner of a soil in the construction of a building has built beyond the border line without intention or gross negligence, the neighbor must suffer the building unless before or right after the overtaking of the borderline he has objected. The neighbor must be compensated with cash rent." Hence, it may be explained as legally fixed liability rule in case of the high ex ante transaction cost.

In Italy, Article 938 of Code Civil reads, "If a portion of the adjoining land is occupied in good faith in the construction of a building, and the owner of that land does not object within three months of the day on which construction began, the court, taking account of the circumstances, can attribute the ownership of the building and the occupied soil to the builder. The builder is required to pay the owner of the soil double the value of the area occupied, as well as compensation for damages." The basic purpose of this provision can be said as the same as paragraph 912 of the German Civil code.

The precedents of the U. S. tend to order the trespasser to pay monetary damage only, if the trespass was due to innocent mistake and the re-

11) Cf. Mattei(2000), pp. 137 ff.

moval of the encroachment is difficult or results in excessive expense compared to the inconvenience to the adjoining landowner.[12)]

However, the French cour de cassation protects the landowner with the property rule without exception, that is, the encroachment should be removed no matter how trivial the encroachment is and the trespasser acted in good faith. In this situation, the abuse of right doctrine cannot be applied.[13)] But recently, cour d'appel of Grenoble has applied the abuse of right doctrine when the landowner suffers little pain due to the encroachment.[14)] According to Lebreton, the French lower courts tend to reject the removal of the encroachment when the encroachment is small and the trespasser acted in good faith.

Therefore, it can be said that from the perspective of comparative law, the balancing of loss and damage and the ex ante transaction cost are considered as relevant. Only French cour de cassation does not adopt this position, though the recent trend of French lower courts is somewhat different. Nevertheless, whether the high ex post transaction cost is relevant is unclear.

6. Conclusion

This article analyzed the abuse of right doctrine in case of an action brought by the landowner demanding the removal of building owned by others within the landowner's land. According to this analysis, three conditions are necessary for admitting the defense of abuse of right. The conditions are the discrepancy of B's loss and L's gain, the high ex ante transaction cost, and the high ex post transaction cost.

---

12) E. g. Arnold v. Melani, 449 P. 2d 800(Wash. 1969); Miller v. W. Carrollton, 632 N. E. 2d 582 Ohio App. 2 Dist., 1993.

13) Cf. ROZES(1989), n° 63.

14) Recueil Dalloz. 2000, Jurisprudence 472 with the note of Lebreton.

And most of the Korean precedents have applied these conditions. However, from comparative perspective, the role of ex post transaction cost is not clear. The future research should focus on this point.

〈Reference〉

G. Calabresi, A. Douglas Melamed, "Property Rules, Liability Rules, and Inalienability: One View of Cathedral", 85 Harvard Law Review(1972).

Ronald H. Coase, "The Problem of Social Cost", The Journal of Law and Economics, 3 Journal of Law and Economics(1960).

U. Mattei, Basic Principles of Property Law, Greenwood Press, Westport, Connecticut, 1999.

Louis ROZES, Juris-Classeur Civil, Art. 553 à 555, Édition Techniques, SA, Paris, 1989.

Recueil Dalloz, 2000, Jurisprudence, pp. 472.

Kim, Hakdong, "*Togisoyuzaeui Banghaejeguchunggugyeongua Gwonlinam-yong*(The Right of Landowner to claim the removal of disturbance and the abuse of right)", in: *Budongsnanbubhakeui jemunje*(The Problems of Immovable Law), Festschrift for Professor Kisu Kim, Seoul, Pakyoungsa, 1992.

Yoon, Yongsup, "*Gwonlinamyonge Goanhan Panryaeeui Gyunghyang*(The Trend of Precedents about the Abuse of Right)", *Minsapanryaeyeongu*(Commentaries on the Civil Law Precedents) Ⅹ, Seoul, Pakyoungsa, 1988.

〈법경제학연구 제 2 권, 2005〉

失踪者를 被告로 하는 判決確定 후 失踪宣告가 확정된 경우 判決의 效力

— 대법원 1992. 7. 14. 선고 92다2455 판결 —

[判決의 要旨]

가. 失踪宣告의 效力이 발생하기 전에는 失踪期間이 만료된 失踪者라 하여도 소송상 當事者能力을 상실하는 것이 아니므로 失踪宣告 確定 전에는 失踪期間이 만료된 失踪者를 상대로 하여 제기된 訴도 적법하고 失踪者를 當事者로 하여 선고된 判決도 유효하며 그 判決이 확정되면 旣判力도 발생한다.

나. 判決이 유효하게 확정되어 旣判力이 발생한 경우에는 그 判決이 解除條件附로 선고되었다는 등의 특별한 사정이 없는 한 그 效力이 유지되므로 비록 失踪者를 當事者로 한 判決이 확정된 후에 失踪宣告가 확정되어 그 死亡看做의 時點이 訴 제기 전으로 소급하는 경우에도 위 判決 자체가 當事者能力이 없는 사망한 사람을 상대로 한 判決로서 無效가 된다고는 볼 수 없다.

다. 다만 失踪者에 대하여 公示送達의 방법으로 訴訟書類가 송달된 끝에 失踪者를 被告로 하는 判決이 확정된 경우에는 失踪者의 相續人으로서는 失踪宣告 확정 후에 失踪者의 訴訟受繼人으로서 위 確定判決에 대하여 訴訟行爲의 추完에 의한 上訴를 할 수 있다.

[事件의 槪要와 判決理由]

1. 事件의 槪要

이 사건 부동산은 원래 소외 망 甲이 1918. 7. 8. 국가로부터 査定받은 토지였는데 그가 1945. 1. 21. 사망하여 며느리인 소외 乙이 위 甲의 戶主相續人 및 財産相續人이 되었다. 그런데 위 乙은 1945. 8. 15. 이래 행방불명인 상태이던 중 被告 Y_1(宗中)이 1985. 6.경 이 사건 부동산은 被告 Y_1이 위 망 甲에게 名義信託하였던 것이라고 주장하여 위 乙을 상대로 이 사건 부동산에 관하여 名義信託 解止를 원인으로 하는 所有權移轉登記節次의 이행을 구하는 소를 제기하고 公示送達의 방법에 의하여 訴를 진행하여 같은 해 8. 16. 勝訴判決을 받고 그 判決이 확정되자 이에 기하여 이 사건 부동산에 관하여 所有權移轉登記를 경료하고 다시 被告 Y_2 명의로 所有權移轉登記를 경료하여 주었다.

그 후 위 乙에 대하여는 1988. 4. 14. 그녀가 1945. 8. 15. 이후 5년간 生死不明임을 이유로 失踪宣告가 되었고 그 失踪宣告가 확정되어 위 乙은 失踪期間이 만료한 1950. 8. 15. 사망한 것으로 간주되었다.

이 사건은 위 甲의 2남인 소외 망 丙(1962. 4. 1. 사망)의 아들인 原告 X가 위 乙을 다른 相續人들과 공동으로 상속하였다고 주장하여 被告들을 상대로 위 각 所有權移轉登記의 말소청구를 구하는 것이다.

2. 제 1 심 및 原審判決

第 1 審은 原告의 청구를 전부 인용하였고, 抗訴審도 被告들의 항소를 기각하였다.

第 1 審 및 原審判決의 이유는 被告 Y_1 명의의 위 각 所有權移轉登記는 死者를 當事者로 하여 행한 無效의 判決에 기한 것으로서 다른 특별한 사정이 없는 한 無效이고 被告 Y_2 명의의 所有權移轉登記도 無效이며, 이 사건 부동산을 被告 Y_1이 위 망 甲에게 名義信託하였다고 인정할 증거도 없다는 것이다.

위 原審判決에 대하여 被告들은 상고를 제기하고, 그 상고이유에서 被告 Y_1이 위 乙을 상대로 하여 받은 判決은 當然無效가 아니고 따라서 原告의 이 사건 청구는 旣判力에 저촉된다는 등의 이유를 주장하였다.

3. 大法院判決

大法院은 위와 같은 被告들의 상고에 대하여 위 判決要旨와 같은 이유로 판시하면서, 原審이 위 被告 Y_1과 乙 사이의 判決이 죽은 사람을 상대로 하여 행한 判決이므로 無效라고 판시한 것은 失踪宣告의 遡及效 내지 確定判決의 旣判力에 관한 법리를 오해한 것이라고 하여 原審判決을 파기, 환송하였다.

[解 說]

이 사건의 중요한 爭點은 被告 Y_1이 위 乙을 상대로 하여 받은 判決이 과연 죽은 사람을 상대방으로 한 것으로서 當然無效인가 하는 점이다. 만일 위 判決이 無效가 아니고, 위 判決의 旣判力이 위 乙의 承繼人인 原告에게도 미친다면 原告의 이 사건 所有權移轉登記 抹消請求는 被告 Y_1과 위 乙 사이의 確定判決의 旣判力에 저촉되는 것으로 보아야 할 것이기 때문이다. 이하 위 判決이 當然無效인가 하는 점에 관하여 살펴보기로 한다.

1. 無 效 說

가. 無效說의 根據

被告 Y_1이 위 乙을 상대로 하여 받은 確定判決이 無效라는 無效說은 그 근거를 民法 제28조에서 찾을 수 있을 것이다. 즉 失踪宣告를 받은 자는 失踪期間이 만료한 때로 소급하여 사망한 것으로 간주되므로 위 乙을 상대로 하여 받은 判決도 소급하여 죽은 사람을 상대로 한 判決이 되고 따라서 無效라는 것이다.

후술하는 日本判例 가운데 (3)은 이러한 論理에 가깝다.

이 설의 입장에서는, 失踪者를 상대로 한 判決이 失踪宣告가 있기 전까지는 유효하다가 失踪宣告가 있으면 소급하여 效力을 상실하게 되는 것이 이상한 것처럼 보이지만, 判決이 소급적 내지 후발적으로 無效가 되는 경우가 失踪宣告에만 한정되는 것은 아니므로 이러한 判決의 遡及的 失效가 있을 수 없다고 할 수는 없다고 주장할 수 있을 것이다. 예컨대 胎兒도 일정한 경우(民法 제762조, 제988조, 제1064조 등)에는 이미 출생한 것으로 보고 있으므로 이 한도에서는 예외적으로 胎兒에게도 當事者能力이 인정되는데 判決 후 胎兒가 死産하면 判決은 소급하여 無效로 된다고 한다.[1)]

---

1) 李時潤, 新版 民事訴訟法, 1990, 140면; 鄭東潤, 全訂增補版 民事訴訟法, 1991, 157-158면; 菊井・村松, 全訂民事訴訟法 Ⅰ, 226면 참조. 李時潤, 위 책 715면에서는 判決이 후발적으로 無效가 되는 경우의 예로서 離婚事件에 있어 旣判力이 생기기 전에 當事者 一方이 사망한 경우(대법원 1985. 9. 10. 선고 85므27 판결)를 들고 있다.

그리고 가사 위 確定判決이 無效가 아니라고 하더라도 失踪宣告에 의하여 失踪期間 만료시에 소급하여 상속하는 것으로 보게 되는 相續人은 위 確定判決의 辯論終結 後의 承繼人이 아니라 辯論終結 前의 承繼人이므로 위 判決의 旣判力이 미치지 않는다는 이론도 생각할 수 있다. 後述하는 日本判例 가운데 (1), (2)는 이러한 입장에 가까운 것으로 보인다.

나. 判　　例

이 점에 관한 國內의 判例는 보이지 않고 다만 다음의 日本判例들이 참고로 될 수 있을 것이다.

(1) 日本大審院 1916(大正 5). 6. 1. 判決(判例體系 民法 總則 제31조 二.(1) 判決)

이 사건은 失踪者에 대한 失踪期間은 만료되었으나 아직 失踪宣告가 없는 사이에 제3자가 失踪者를 상대로 하는 確定判決을 받아 이를 債務名義로 하여 失踪者의 재산을 경락받았는데 후에 失踪宣告가 내려지자 失踪者의 相續人이 위 競落의 無效를 주장한 사안이다.

日本大審院은, 위 確定判決이 無效가 아니라 유효라고 하더라도 上告人(전 訴訟의 原告)은 이미 被上告人(相續人)이 상속한 후에 失踪者에 대하여 소송을 제기하였고, 위 失踪者는 被上告人의 被相續人인 지위를 가지지 않기 때문에 被上告人은 위 確定判決에 있어서 被上告人의 承繼人이라고 할 수 없고 따라서 위 確定判決의 效力은 被上告人에게 미치지 않으며, 위 確定判決을 債務名義로 하여 한 强制執行은 제3자의 재산에 대한 것으로서 無效라고 하였다.

(2) 日本東京地方裁判所 1938(昭和 13). 11. 10. 判決(判例體系 民法 總則 제31조 二.(2) 判決)

이 判決의 事案은 이 사건과 매우 유사하다. 즉 被告가 失踪期間 만료 후 失踪宣告가 있기 전에 失踪者를 상대로 부동산에 관한 訴訟을 제기하고 公示送達의 방법으로 勝訴의 確定判決을 받아 登記를 경료한 사안인데, 被告는 위 訴訟 당시 失踪者는 아직 失踪宣告가 없어 當事者로서의 適格이 있었으므로 그에 대하여 正規의 節次를 거친 確定判決을 받은 이상 失踪宣告의 遡及效는 위와 같이 선고 전에 적법하게 확정된 法律關係도 無效로 하는 것은 아니어서 위 確定判決은 일본民事訴訟法 제201조에 의하여 失踪者의 家督相續人인 原告

에게도 效力을 가진다고 주장하였다.

그러나 東京地方裁判所는 失踪者가 사망한 것으로 간주되는 시기 및 原告의 家督相續의 시기가 失踪期間 만료시로 소급하는 이상 그 시기 이후에 失踪者에 대하여 행하여진 행위는 家督相續人인 原告에게는 아무런 效力이 없고 이는 그 행위가 判決 節次이건 私法的 行爲이건 차이가 없다고 하였다.

(3) 日本鹿兒島地方裁判所 1963(昭和 38).11.19. 判決(判例體系 民法 總則 제31조 追補 四,二,(1))

이 사건에서는 失踪者와의 離婚을 선고하는 判決이 있은 후 失踪宣告에 유사한 戰時死亡宣告가 행하여진 경우 離婚의 效力이 문제되었는데, 재판소는 離婚의 判決 후에 행하여진 失踪宣告 또는 戰時死亡宣告의 확정에 의하여 配偶者의 一方이 이미 判決 당시 사망한 것으로 보게 되는 경우에는 離婚判決 후 配偶者의 一方이 判決 당시 이미 사망한 것이 판명된 경우와 마찬가지로 위 判決의 效力을 받을 相對方이 존재하지 않게 되어 當事者에 대하여 旣判力, 形成力 등이 미치지 않고 그 의미에 있어서 결국 이 判決은 效力을 상실하게 되며 그에 기한 離婚도 無效로 돌아가게 된다고 하였다.

다. 學　說

한설상으로도 失踪宣告의 效力이 失踪期間 滿了時로 소급한다는 점에 관하여는 異說이 없고, 다만 이로 인하여 善意의 제 3 자가 피해를 입을 염려가 있으므로 이를 위한 특별한 제도가 필요하다는 정도의 언급을 하는 데 그치고 있을 뿐이다.[2] 또한 국내의 教科書 가운데에는 위 日本大審院 1916(大正 5). 6. 1. 判決을 예로 들면서 失踪宣告가 있은 경우에는 代理權消滅 후의 表見代理나 善意取得이 성립하지 않는 한 제 3 자는 보호받지 못한다고 하는 것도 있으며[3] 그 외에 국내의 다른 教科書들도 대체로 같은 취지이다.

2. 有 效 說

이제까지 적극적으로 이러한 설을 주장한 예는 보이지 않으나 이 설의 論

2) 예컨대 韓相鎬, 民法注解 Ⅰ, 1992, 398-400면 참조.
3) 高翔龍, 民法總則, 1990, 74-75면.

據로서는 다음과 같은 점을 생각하여 볼 수 있을 것이다.

즉 절차상 적법하게 성립한 確定判決은 追完抗訴나 再審 등에 의하여 취소되지 않는 한 유효한데, 失踪期間이 만료된 후에도 失踪宣告가 없는 한 失踪者가 當事者能力을 상실한다고는 볼 수 없으므로 그를 상대로 하여 받은 判決은 유효하고 그 후에 失踪宣告가 내려져 失踪期間이 만료된 때로 소급하여 當事者가 사망한 것으로 보더라도 이는 이미 확정된 判決의 效力을 소급하여 無效로 만드는 것은 아니라고 보아야 한다. 그리고 判決이 소급하여 無效가 되는 것이 불가능한 것은 아니지만 이는 判決이 解除條件附이거나(胎兒의 死産의 경우) 또는 離婚事件에 있어서 離婚判決 후 그 確定 전에 일방當事者가 사망한 경우 등 예외적인 경우에 사건의 특성에 따라 인정되는 것이며,[4] 이러한 경우가 아닌데도 나중에 失踪宣告가 있었다는 이유만으로 確定判決이 소급적으로 無效가 된다고 본다면 이는 法的 安定性을 크게 해치는 것으로서 인정되어서는 안 된다.

그리고 失踪宣告의 效力이 소급하므로 相續人은 辯論終結 후의 承繼人이 아니라는 주장에 대하여는, 원래 辯論終結 전의 承繼人에 대하여 旣判力이 미치지 않는 이유는 辯論終結 전에 그가 當事者로서 소송을 수행할 수 있는 기회가 있으므로 굳이 그에게는 旣判力을 미치게 할 필요가 없다는 점도 고려되었다고 할 것인데, 이 사건에서처럼 承繼 자체는 失踪宣告의 확정으로 인하여 辯論終結 후에 발생하였으나 그 效力이 辯論終結 전으로 소급하는 경우에는 辯論終結 전에 그 承繼人이 실제로 소송의 當事者가 될 기회가 없었으므로 이를 辯論終結 전의 承繼人으로 보아 旣判力이 미치지 않는 것으로 본다는 것은 확정된 判決을 무용하게 만드는 결과밖에 되지 않는다는 反論을 제기할 수 있다.

이러한 有效說을 뒷받침할 만한 자료로서는 다음과 같은 것들을 들 수 있다.

가. 訴訟繫屬 중의 失踪宣告 確定과 訴訟受繼

判例는 法院에 의하여 선임된 不在者의 財産管理人이 不在者를 原告로 하

4) Stein/Jonas/Grunsky, ZPO, 20. Aufl., vor §578 Rdnr. 14 참조. 대법원 1985. 9. 10. 선고 85므27 판결은 離婚事件의 原審判決 선고 후 그 確定 전에 一方當事者가 사망한 경우에 그 未確定判決이 無效인지에 관하여는 직접 언급하지 아니하고 訴訟終了宣言을 하였다. 李時潤(註 1), 715면 참조.

여 訴訟을 제기하였는데 그 訴訟繫屬 중에 不在者에 대한 失踪宣告가 확정되었고 그 失踪期間 滿了는 訴 제기 이전으로 소급하는 경우에, 결과적으로 위 不在者는 그 사건 제소시에도 사망한 것이 되었으나 失踪宣告의 效力이 생기기 전까지는 생존하였던 것으로 보아야 하므로 이때에 死亡으로 인한 中斷事由가 발생하고 따라서 위 不在者의 相續人들이 不在者를 수계한 것은 정당하며, 이 경우에 소송제기 당시 이미 當事者가 사망한 경우처럼 當事者表示訂正으로 처리할 것은 아니라고 하였다.[5)]

이 경우에도 순수하게 論理的으로만 본다면 위 訴訟提起 전인 失踪期間이 만료된 때에 不在者가 사망한 것으로 간주되므로 위 訴는 사망한 자를 相對方으로 하여 제기된 것으로서 受繼의 여지가 없다고 볼 수도 있으나 판례는 失踪宣告가 확정된 경우를 그 때에 當事者가 사망한 것과 같이 취급하여 訴訟中斷事由로 취급한 것이다.[6)] 이 점은 위 대법원 1987. 3. 24. 판결(註 5)이나 위 東京高等裁判所 判決(註 5)처럼 抗訴審에서 失踪宣告가 확정된 경우를 상정한다면 더욱 명백하여진다. 만일 失踪宣告의 效力이 提訴 전인 失踪期間 만료시로 소급한다는 원칙을 끝까지 관철한다면 失踪者를 當事者로 한 第 1 審判決은 當然無效로 되고 訴訟受繼의 여지가 없게 될 것이기 때문이다.[7)]

그리고 대법원 1982. 9. 14. 선고 82다144 판결 및 대법원 1983. 2. 22. 선고 82사18 판결은 위 1977. 3. 22. 판결(註 5)을, 失踪宣告가 있기까지는 失踪者의 소송상 當事者能力이 없다고는 할 수 없고 失踪宣告 확정으로 소송절차가 중단되는 것이지 提訴 자체가 소급하여 死亡者의 행위로 돌아가는 것은 아니라는 취지인 것으로 이해하였다.

그러므로 이러한 논리를 이 사건에 적용한다면 判決確定 후에 失踪宣告가 확정되었다고 하더라도 訴訟繫屬 중에 失踪宣告가 확정된 경우와 마찬가지로 제소 자체가 소급하여 死亡者의 행위로 돌아가는 것은 아니라는 결론을 이끌어낼 수도 있을 것이다.

---

5) 대법원 1977. 3. 22. 선고 77다81, 82 판결. 동지, 대법원 1987. 3. 24. 선고 85다카1151 판결. 東京高等裁判所 1971(昭和 46). 10. 29. 판결(判例タイムズ 275호 210면)도 不在者가 제기한 소송의 抗訴審에 이르러 不在者에 대한 失踪宣告가 확정된 경우 不在者가 사망한 것으로 간주되는 시기가 소 提起 전의 時點으로 소급한다고 하여 처음부터 當事者能力이 흠결된 것으로 되는 것은 아니라고 한다. 青木敏行, 民商法雜誌 제69권 3호, 577면 이하 참조.

6) 朴禹東, 判例回顧 제 6 호, 1979, 98-99면 참조.

7) 金炫彩, "失踪宣告 訴訟節次受繼 및 生存推定", 法曹 1980. 3, 86면 참조.

나. 不在者 財産管理人의 訴訟行爲와 失踪宣告

판례는 또한, 法院에 의하여 일단 不在者 財産管理人 選任決定이 있었던 이상 그 選任決定 전에 不在者가 이미 사망한 것이 확실하여졌다 하더라도 위 選任決定이 취소되지 않는 한 당연히는 선임된 不在者 財産管理人의 權限이 소멸되는 것은 아니므로 위 不在者財産管理人이 不在者의 代理人으로서 제기한 訴가 부적법하게 되는 것은 아니라고 하고,[8] 不在者財産管理人으로서 權限超過行爲의 허가를 받고 그 選任決定이 취소되기 전에 위 權限에 의하여 이루어진 행위는 不在者에 대한 失踪期間이 만료된 후에 이루어졌더라도 유효하므로 위 不在者財産管理人이 제기한 訴는 적법하다는 취지로 판시하고 있다.[9]

그러므로 이 사건에서도 만일 위 乙에게 不在者財産管理人이 선임되어 있었고, 被告 Y_1이 그를 위 乙의 代理人으로 하여 訴訟을 수행하였더라면 그 判決 확정 후에 失踪宣告가 확정되었다는 사정은 위 判決의 效力에 아무런 영향을 미치지 못할 것이다. 물론 실제 이 사건에 있어서는 그와 같이 訴訟이 진행되지는 아니하였으므로 위의 理論이 직접 이 사건에 적용되는 것은 아니지만, 적어도 失踪宣告의 效力이 소급한다는 것만으로 失踪者를 當事者로 하는 判決이 항상 無效가 되는 것은 아니라는 한 근거는 될 수 있을 것이다.

다. 獨逸의 學說

獨逸의 失踪法(Verschollenheitsgesetz) 제 9 조는 失踪宣告(Todeserklärung)의 確定에 대하여 우리 民法과는 달리 死亡의 推定(Vermutung)이라는 효과만을 부여하고 있으나, 사망한 것으로 추정되는 시점이 失踪宣告 이전인 失踪期間 滿了時로 소급하는 것은 우리 法과 마찬가지이다.

그런데 獨逸의 학설은 위 失踪宣告의 遡及效에 관하여, 위 推定은 이미 종결된 法律的 行爲가 推定 때문에 바로 無效로 된다는 의미에서 소급하는 것은 아니라고 하면서 그 예로서 失踪者를 위하여 선임된 不在者財産管理人이 法院의 허가를 얻어 失踪者를 위한 法律行爲를 체결하였는데 그 후의 失踪宣告에서 사망의 시점이 법원의 허가 이전으로 확정되었다고 하더라도 위 法律行爲

8) 대법원 1967. 2. 21. 선고 66다2352 판결; 1968. 9. 17. 선고 67다1604, 1605 판결.
9) 대법원 1981. 7. 28. 선고 80다2668 판결.

는 유효한 것이라고 설명하고 있다.[10)]

물론 우리나라의 경우에는 失踪宣告의 효과로서 失踪者의 사망이 추정되는 데에 그치는 것이 아니라 사망한 것으로 간주된다는 차이가 있기는 하나, 위와 같은 獨逸의 이론이 우리나라에서도 참고가 될 수 있을 것이다.

3. 두 說의 實際的 差異

이제까지 두 설의 근거를 살펴보았는데, 과연 실제에 있어서 이 두 설은 어떤 차이가 있는가?

우선 無效說 내지 失踪者를 상대로 한 判決의 旣判力이 相續人에게는 미치지 않는다는 설에 따르면 위 判決의 原告는 다시 相續人을 상대로 訴訟을 제기하여 判決을 받아야 하고, 반대로 失踪者의 相續人으로서는 언제나 시간의 제한을 받지 않고서 위 判決의 無效를 주장할 수 있게 된다. 그러나 원래의 原告는 경우에 따라서는 提訴期間이나 消滅時效 등이 경과하였다는 法律的 障碍 때문에 다시 勝訴判決을 받는 것이 불가능할 수도 있고, 그렇지 않더라도 證據가 보존되어 있지 아니하므로 勝訴判決을 받을 수 없게 된다는 사정도 생각할 수 있다(물론 證據의 문제는 뒤에서 보는 것처럼 旣判力을 인정하면서 追完抗訴를 허용하는 경우에도 발생한다). 또한 失踪者의 相續人이 언제나 위 判決의 無效를 주장할 수 있다고 하는 것은 法的 安定性의 측면에서도 문제가 있다.

그리고 이처럼 失踪者를 상대로 한 判決이 無效라는 원칙이 확립되게 되면 失踪者를 상대로 訴訟을 하려는 사람은 처음부터 失踪者에 대하여 不在者財産管理人 선임신청을 하여 그 管理人을 代理人으로 하여 訴訟을 수행하여야 하게 되나(失踪者를 상대로 訴訟을 하려는 자가 失踪宣告를 신청할 수 있는 利害關係人에는 해당하지 않는다는 것이 통설이다) 과연 이러한 것까지 요구할 수 있는지는 의문이다.

반면 有效說에 따를 때에는 반대로 失踪者의 相續人 기타 위 判決의 效力을 다투려는 사람이 불리한 입장에 놓이게 되나, 그에게도 전혀 救濟手段이 없는 것은 아니다. 즉 先行의 裁判이 公示送達로 진행된 점에 착안한다면 失踪者의 相續人은 失踪宣告가 확정된 후에 失踪者의 受繼申請을 함과 동시에 訴訟

10) Staudinger/Coing · Habermann, Verschollenheitsgesetz §9 Rz. 26.

行爲의 追完(民事訴訟法 제160조 제1항)으로서 抗訴를 할 수 있을 것이다. 이 점에 관하여는 판례[11]가, 不在者를 상대로 公示送達의 방법에 의하여 確定判決을 받은 것은 代理權 欠缺로 인한 再審事由에는 해당하지 않으나 判決宣告 후에 선임된 不在者 財産管理人은 追完抗訴를 제기할 수 있다고 한 것이 참고가 될 수 있을 것이다.

그리고 위 追完抗訴期間의 起算點은 失踪宣告가 확정된 것과, 失踪者에 대하여 公示送達의 방법으로 判決이 확정되었다는 것을 相續人이 안 때의 두 가지 要件이 모두 갖추어진 때로 보아야 할 것이다.

물론 이렇게 본다고 하더라도 위 追完抗訴의 기간이 2주일에 불과하다는 점에서 相續人의 이익을 충분히 보장하기에는 불충분하다는 비판이 있을 수 있다.

4. 有效說의 合理性

위에서 살펴본 바와 같이 無效說과 有效說은 모두 다 나름대로 근거를 가지고 있어서 어느 한 설만이 옳고 다른 설은 그르다고 하기는 어렵다. 그러나 실제에 있어서는 失踪期間이 만료된 失踪者에 대하여도 公示送達의 방법에 의하여 訴訟을 진행하고 判決을 선고하는 사례가 많음에 비추어볼 때 法的 安定性의 측면에서 有效說이 보다 합리적이 아닌가 생각된다.

그 근거로서는 앞에서도 설명한 바와 같이, 失踪者도 失踪宣告가 확정되기까지는 當事者能力이 없는 것이 아니므로 그를 상대방으로 하여 제기한 訴도 적법하고 그 소송절차에서 확정된 判決도 유효한 것으로서 旣判力이 발생하며, 이처럼 유효하게 旣判力이 발생한 이상 사후에 失踪宣告가 확정되었다 하더라도 위 判決 자체가 소급하여 죽은 사람을 當事者로 한 判決로서 無效가 된다고는 볼 수 없다고 설명하여야 할 것이다. 그리고 위 失踪者의 相續人들도 追完抗訴의 방법에 의하여 구제를 받을 수 있으므로 利益衡量에 있어서도 반드시 부당한 것이라고 할 수도 없다.

다만 구체적으로 이 사건에서 追完抗訴의 起算點을 언제로 잡을 것인가 하는 문제가 있는데, 종래에는 失踪者를 상대로 한 判決이 追完抗訴의 대상이

---

11) 대법원 1968. 11. 19. 선고 68다1735 판결.

되는지의 여부가 불분명하였으므로 이 사건 判決로써 追完抗訴의 대상이 된다고 선언하면 當事者가 이 사건 判決이 있음을 안 때에 追完抗訴가 가능하다는 사실을 알았고 따라서 이 사건에 한하여는 이때부터 追完抗訴期間이 진행한다고 볼 수도 있으나, 이 점에 관하여는 異論의 여지가 있을 수 있다.

5. 이 判決의 意義

이 判決도 이와 같은 有效說의 입장에 서서 被告 Y_1과 위 乙 사이의 確定判決이 죽은 사람을 當事者로 한 無效의 判決이라고는 볼 수 없고 이 경우에 위 乙의 相續人은 追完抗訴를 제기할 수 있을 뿐이라고 판단하였다.

종래 訴訟實務上 失踪者를 當事者로 한 判決이 적지 않았으나 그다지 문제가 되지 않았던 것은 실제로 失踪宣告가 행하여지는 경우가 별로 없었기 때문인 것으로 보인다. 그러나 이 사건에서 보는 것처럼 失踪宣告가 있는 경우에는 이 사건 判決이 중요한 先例로서의 의의를 가진다고 하겠다.

〈法曹 1993. 2(통권 437호) = 大法院判例解說 1992년 하반기(통권 18호)〉

민법 중 법인, 물건 및 소멸시효, 취득시효에 관한 개정예비안

I. 서　　론

이하의 글은 민법총칙 및 물권에 관한 부분을 맡은 법무부 민법개정위원회 제1소위원회[1]에서 논의된 것을 바탕으로 하여 필자가 법인, 물건, 조건, 기한, 소멸시효 및 취득시효 부분의 개정안을 마련하여 본 내용이다. 이 개정안은 제1소위원회[2]에서 일단 검토되기는 하였으나 아직 확정된 것은 아니다.

Ⅱ. 법인에 관한 규정의 개정

1. 법인의 설립(제31조 이하)

가. 문 제 점

현행 민법 제32조는 비영리법인의 설립은 주무관청의 허가를 얻어야 하는 이른바 허가주의를 택하고 있다. 그러나 이는 법인 설립을 극도로 제한하였던 시대의 유물로서, 헌법상 보장되고 있는 결사의 자유를 부당하게 제한하고 있

1) 위원장 이영준, 위원 이상경, 김상용, 이은영, 백태승, 윤진수.
2) 그 중 중요한 쟁점은 전체 회의에서 논의되었다.

다는 비판을 받고 있다.[3)]

나. 개정방향

그리하여 그 대안으로서 인가주의 또는 준칙주의가 논의되고 있는데, 이는 법인에 대한 국가의 감독을 어느 정도로 인정할 것인가 하는 점과 연관이 있다.

법인 설립 및 운영을 최대한 자유화하려면 일정한 요건을 갖추어 등기만 하면 법인이 성립할 수 있도록 하는 준칙주의를 택하면 될 것이고, 그렇지 않고 어느 정도 주무부서의 감독을 필요로 한다고 판단할 때에는 인가주의를 택하는 것이 좋을 것이다. 그러나 인가주의를 채택하더라도 법인 설립의 불인가에 대하여 사법적으로 다툴 수 있는 길이 현행법보다는 넓어지게 된다.[4)]

여기서는 준칙주의를 채택하는 것은 다소 시기상조이고, 준칙주의를 채택하면 악용될 우려가 있다는 점도 고려하여 인가주의를 채택하기로 하였다.[5)]

다. 개 정 안

(1) 제32조(비영리법인의 설립과 인가) 학술, 종교, 자선, 기예, 사교 기타 영리 아닌 사업을 목적으로 하는 사단 또는 재단은 주무관청의 인가를 얻어 이를 법인으로 할 수 있다.

(2) 제38조(法人의 設立認可의 取消) 法人이 目的以外의 事業을 하거나 設立許可의 條件에 違反하거나 其他 公益을 害하는 行爲를 한 때에는 主務官廳은 그 認可를 取消할 수 있다.

(3) 제42조(社團法人의 定款의 變更) ② 定款의 變更은 主務官廳의 認可를 얻지 아니하면 그 效力이 없다.

---

3) 예컨대 李銀榮, 民法總則, 改訂版, 2000, 261면 등. 대법원 1996. 5. 16. 선고 95누4810 전원합의체 판결(公 1996상, 1752)은, 민법 제45조와 제46조에서 말하는 재단법인의 정관변경 "허가"는 법률상의 표현이 허가로 되어 있기는 하나, 그 성질에 있어 법률행위의 효력을 보충해 주는 것이지 일반적 금지를 해제하는 것이 아니므로, 그 법적 성격은 인가라고 보아야 한다고 판시하여 종전의 판례를 변경하였는데, 이 또한 이러한 맥락에서 이해될 수 있다. 나아가 金曾漢·金學東, 民法總則, 제9판, 1995, 171-172면은 허가주의를 규정한 민법 제32조는 위헌이라고 한다.

4) 高翔龍, 民法總則, 全訂版, 1999, 188면은 준칙주의와 인가주의 사이에는 실질적으로 거의 차이가 없고 다만 인가주의는 행정관청에 의하는 사전심사가 있다는 절차상의 차이가 있을 따름이라고 한다.

5) 대한변호사협회는 민법개정위원회에 제출한 개정의견에서, 비영리법인의 설립을 허가주의에서 준칙주의로 전환하는 문제를 검토할 필요가 있으나, 이에 따른 법인의 난립 등 부작용이 우려되므로 허가주의를 계속 유지하는 것이 바람직하다는 의견을 제시하였다.

(4) 제46조(財團法人의 目的 其他의 變更) 財團法人의 目的을 達成할 수 없는 때에는 設立者나 理事는 主務官廳의 認可를 얻어 設立의 趣旨를 參酌하여 그 目的 其他 定款의 規定을 變更할 수 있다.

(5) 제49조 제1항: 法人設立의 認可…

제2항 제4호: **設立認可의 年月日**

2. 민법 제35조의 표제

민법 제 35조는 그 표제를 "法人의 不法行爲能力"이라고 하고 있는데, 위 조문은 법인의 이사 기타 대표자의 손해배상책임 야기행위에 대한 법인의 책임귀속규정으로서 표제가 규정과 부합되지 않는다는 주장이 있었다. 이 문제는 법인의 본질에 관한 논의와 결부되는 것이기는 하나, 이를 "法人의 不法行爲責任"으로 개정하는 것이 적절하다고 판단된다.

3. 사실상의 이사에 관한 규정 신설

가. 문 제 점

상법 제401조의2(1998. 12. 28. 신설)는 회사에 대한 자신의 영향력을 이용하여 이사에게 업무집행을 지시한 자, 이사의 이름으로 직접 업무를 집행한 자 및 이사가 아니면서 명예회장 등 회사의 업무를 집행할 권한이 있는 것으로 인정될 만한 명칭을 사용하여 회사의 업무를 집행한 자는 상법 제399조, 제401조 및 제403조의 적용에 있어서는 이사로 본다고 규정하고 있다. 그러므로 민법상의 법인에 있어서도 이사가 아니면서 업무지시를 할 영향력이 있는 자, 혹은 이사의 이름으로 업무지시를 하는 者에게 이사와 같은 책임을 인정하자는 의견이 제시되었다. 이에 대하여는 현행 민법 규정을 준용 내지 유추적용함으로써 해결할 수 있다는 의견도 있었으나 제1소위원회에서는 이에 관한 명문규정을 두기로 하였다.

나. 개정의 방향

상법은 이러한 사실상의 이사에 관하여 상법 제399조(회사에 대한 책임), 제401조(제3자에 대한 책임) 및 제403조(주주의 대표소송)에 관한 규정을 적용하고 있으나, 민법에는 상법 제403조에 해당하는 규정은 없고, 상법 제401조에 해당하는 제35조의 규정과, 상법 제399조에 해당하는 제65조의 규정이 있으므로 그에 관한 규정을 두면 될 것이다.

다. 개 정 안

제35조 제 3 항(신설): 이사의 업무를 사실상 지시하는 자, 또는 이사의 이름을 사용하거나 대표권한이 있는 것으로 인정될 만한 명칭을 사용하여 업무를 집행하는 자가 직무에 관하여 타인에게 손해를 가하는 경우에도 제 1 항을 준용한다.

현행 제65조를 제65조 제 1 항으로 하고 제 2 항(신설)을 신설하여 다음과 같이 규정한다: 이사의 업무를 사실상 지시하는 자, 또는 이사의 이름을 사용하거나 대표권한이 있는 것으로 인정될 만한 명칭을 사용하여 업무를 집행하는 자가 그 임무를 해태한 때에도 제 1 항을 준용한다.[6)]

4. 비법인 사단 및 재단에 관한 규정을 두는 문제

가. 문 제 점

현행 민법에는 권리능력 없는 사단에 관하여는 이를 총유로 한다는 규정(제275조)만을 두고 있을 뿐, 달리 권리능력 없는 사단 및 재단에 관하여 별다른 규정을 두고 있지 않다. 우선 권리능력 없는 사단도 그 형태가 매우 다양한데, 이를 총유로 하는 것이 과연 적절한지는 검토를 요한다. 그러나 이 문제 이외에 권리능력 없는 사단 또는 재단에 관하여 별도의 규정을 둘 필요가 있는가 하는 점은 신중히 판단하여야 할 문제이다.

이 점과 관련하여, 비법인 사단 또는 비법인 재단이 법률행위에 의하여 채무를 부담하였을 때에 비법인 사단, 비법인 재단의 재산 이외에 구성원 또는 그 대표자도 책임을 지도록 할 필요가 있다고 하는 의견이 민법개정위원회에서 제시되었으나, 이러한 규정을 두는 것은 원칙적으로 비법인사단 또는 재단의 성질에 부합하지 않으므로 이를 두지 않으며, 다만 특별한 사정이 있는 경우에는 법인격부인론 등에 의하여 해결할 수 있다는 견해가 제 1 소위원회의

6) 한편 상법 제395조가 규정하고 있는 표현대표이사와 같은 규정을 민법에도 두어야 하지 않는가 라는 주장이 이은영 교수에 의하여 제기되었다.

다수 의견이었다.

다만 제 1 소위원회에서는 권리능력 없는 사단 또는 재단에 관하여는 그 성질에 반하지 않는 한 민법상의 사단 또는 재단에 관한 규정을 준용한다는 규정을 두는 것은 필요하다는 데 의견이 모아졌다.

나. 개 정 안

제39조의2(신설): 권리능력 없는 사단과 재단에 대해서는 그 성질에 반하지 않는 한 본장의 규정들이 준용된다.

5. 민법 제48조의 개정

가. 문 제 점

민법 제48조는, 재단법인을 설립하는 경우의 출연재산의 귀속에 관하여, 생전처분으로 재단법인을 설립하는 때에는 법인이 설립된 때로부터, 유언으로 재단법인을 설립하는 때에는 유언의 효력이 발생한 때로부터 각 법인의 재산이 되거나 법인에게 귀속하는 것으로 본다고 규정하고 있다. 그런데 특히 출연재산이 부동산인 경우에, 등기와의 관계에 관하여 학설과 판례가 대립하고 있음은 주지의 사실이다.

다수설은 위 조문이 형식주의에 관한 민법 제186조의 예외로서, 이 규정은 민법 제187조가 말하는 법률의 규정에 해당하기 때문에 출연재산에 관하여 민법 제186조의 등기를 등기를 거치지 않더라도 당연히 설립등기시 또는 유언자 사망시에 법인에게 귀속된다고 본다. 반면 소수설은 재단법인의 설립도 법률행위이므로 이때에도 민법 제186조가 적용되어 등기를 필요로 하지만, 등기가 완료된 후에는 그 소유권이 법인설립시 내지 유언의 때로부터 법인에게 귀속되는 것으로 의제된다고 주장한다.[7)]

한편 판례[8)]는, 출연자와 법인 사이 및 법인과 제 3 자 사이의 관계를 분리하여, 민법 제48조의 규정은 출연자와 법인과의 관계를 상대적으로 결정하는 기준에 불과하여 출연재산이 부동산인 경우에도 출연자와 법인 사이에는 법인의 성립 외에 등기를 필요로 하는 것은 아니지만, 제 3 자에 대한 관계에 있어

7) 학설의 개관은 白泰昇, 民法總則, 2000, 227면 이하 참조.

8) 대법원 1979. 12. 11. 선고 78다481, 482 전원합의체 판결(集 27권 3집 民212면) 등.

서 출연행위는 법률행위이므로 출연재산의 법인에의 귀속에는 부동산의 권리에 관한 것일 경우 등기를 필요로 한다고 보고 있다.

다수설은 법문에 충실한 해석이라 하겠지만 이렇게 되면 아직 출연재산이 출연자 내지 그 상속인의 명의로 남아 있는 동안에 이해관계를 맺은 제 3 자가 불측의 손해를 보게 되어 거래의 안전을 해칠 우려가 있다. 판례는 이러한 결과를 고려한 것이기는 하나, 우리 법상 권리의 상대적 귀속을 인정할 수 있는가 하는 점이 문제로 된다.

나. 개정방향

따라서 거래의 안전을 고려하면서도 법문에 부합하는 방향으로 개정할 필요가 있다.[9] 그 구체적인 개정안에 관하여는 두 가지의 의견이 제시되었는데, 그 하나는 민법 제186조의 원칙을 이 경우에도 관철하여야 한다는 것이고, 다른 하나는 현행 판례를 입법화하자는 것이다.

그러나 권리의 상대적 귀속을 인정하는 것은 우리 민법의 기본 체계와 부합하지 않으므로 형식주의의 원칙을 이 경우에 관하여도 관철하는 것이 보다 낫다고 생각된다.

다. 개 정 안

제48조: ① 재단법인의 설립이 인가된 경우에는 설립자는 그가 설립행위에서 출연을 약속한 재산을 재단법인에게 이전할 의무를 부담한다. 그러나 의사표시만으로 이전될 수 있는 권리는 설립자가 설립행위에서 다른 의사표시를 하지 아니한 때에는 허가와 동시에 재단법인에 이전된다.

② 설립자의 사망 후에 재단법인의 설립이 인가된 때에는 설립자의 출연에 관하여는 그의 사망 전에 재단법인이 성립한 것으로 본다.

6. 외국법인에 관한 규정을 신설하는 문제

가. 문 제 점

우리 민법에는 외국법인에 관한 규정이 없으나, 상법에는 외국회사에 관한

---

9) 이는 1999. 9. 18. 전체회의에서 결정된 것이다.

규정이 있고(상법 제614조 이하), 외국에도 민법에 외국법인에 관한 규정법인에 관한 규정을 두는 입법례를 찾아볼 수 있다(일본민법 제36조, 제49조; 독일민법 제23조 등). 대한법무사협회는 우리 민법에도 외국법인에 관한 규정을 두자고 제안하였다.

나. 개 정 안

第56조의2(신설): ① 외국법인은 법률 또는 조약에서 금지하는 경우를 제외하고는 권리와 의무의 주체가 된다.

② 제49조, 제50조 및 제51조의 규정은 외국법인이 우리나라에 사무소를 설치하는 경우에 준용한다. 다만 등기사항이 외국에서 생긴 때에는 등기기간은 그 통지가 도달한 날로부터 기산한다.

7. 대표권 있는 이사의 직무집행 정지에 관한 가처분 및 임시이사 선임의 등기에 관한 규정 신설의 문제

가. 문 제 점

이는 대한법무사협회가 제안한 것으로서, 공시원칙의 관철을 위하여 이사의 직무집행 정지나 그 직무대행자 선임의 민사가처분이 있는 경우에는 그 등기를 함이 바람직하다는 하고, 이사결원의 경우 임시이사를 선임한 경우도 마찬가지라고 하는 취지이다. 민법개정위원회에서는 일본민법 제46조, 독일민법 제64조 제 2 문 등과 마찬가지로 그러한 규정이 필요하다고 하는 데 의견이 일치되었다.

나. 개 정 안

제49조 제 3 항(신설): ③ 理事[10]의 職務執行을 停止하거나 그 職務代行者를 選任하는 假處分 또는 그 假處分을 變更하거나 取消한 때에는 事務所의 所在地에서 그 登記를 하여야 한다. 臨時理事의 選任이 있는 때에도 또한 같다.

---

10) 대한법무사협회는 "대표권 있는 이사"라고 하였으나 우리 민법상은 이사는 각자 법인을 대표할 수 있으므로(제59조 제 1 항), 대표권 있는 이사라고 한정할 필요가 없다고 생각된다.

8. 등기하지 않은 이사의 권한 제한에 대한 제3자에의 대항 여부

가. 문 제 점

민법 제60조는 이사의 대표권에 대한 제한은 등기하지 아니하면 제3자에게 대항하지 못한다고 규정하여, 문언상으로는 악의의 제3자에게도 대항하지 못하는 것으로 규정하고 있고, 판례도 같은 취지이나,[11] 이에 대하여는 반대설이 많다. 뿐만 아니라 보다 거래의 안전이 중요시되는 상법에서도 회사의 대표자의 권한의 제한은 선의의 제3자에 대하여만 대항하지 못하는 것으로 규정하고 있는 것(제209조, 제269조, 제389조 제3항, 제562조 제4항 등)과의 균형을 맞추기 위하여도 선의의 제3자에 대하여만 대항하지 못하는 것으로 개정할 필요가 있다.

나. 개 정 안

제60조(개정)(이사의 대표권에 대한 제한의 대항요건) 이사의 대표권에 대한 제한은 등기하지 아니하면 **선의의** 제3자에게 대항하지 못한다.[12]

9. 제49조의 등기사항에 주민등록번호를 추가하는 문제

가. 문 제 점

대한변호사협회는 법인의 등기사항 중 제49조 제8호에 '이사의 주민등록번호', 제10호[13]에 '감사를 둔 때에는 그 성명, 주민등록번호, 주소'를 추가할 필요가 있다는 의견을 제시하였는데, 상법 제179조, 제317조 등의 규정에 비추어 타당하다고 생각된다.[14]

---

11) 대법원 1992. 2. 14. 선고 91다24564 판결(公 1992, 1022) 등.

12) 상법 제37조 제2항은 등기한 후라도 제3자가 정당한 사유로 인하여 이를 알지 못한 때에는 그 제3자에게 대항하지 못한다고 규정하고 있고, 여기서의 정당한 사유란 교통두절 등과 같은 사유로 인하여 상업등기의 조사를 할 수 없었거나 또는 등기부의 멸실·오손 등에 의하여 이를 조사하여도 그 등기사항을 알 수 없었던 것과 같은 객관적 사유만을 말하고, 주관적 사유는 포함하지 않는다고 한다. 崔基元, 商法學新論(上), 제11新訂版, 2000, 150-151면. 이와 같은 규정을 추가하는 것도 고려하여 볼 필요가 있다.

13) 제11호라고 하였으나 오기로 생각된다.

14) 이 점에 관하여는 민법개정위원회 제1소위원회에서 찬성의견과 반대의견이 대립하였다.

나. 개 정 안

제49조 제 2 항 제 9 호: 理事의 姓名, 住民登錄番號, 住所

제10호(신설): 監事를 둔 때에는 그 姓名, 住民登錄番號, 住所

제85조 제 1 항: 청산인의 성명, 주민등록번호 및 주소

10. 민법 제97조의 벌칙 금액 조정

민법 제97조는 과태료 부과를 명하면서 민법 제정 당시의 화폐 단위인 圜을 쓰고 있으나, 그 단위를 원으로 고칠 필요가 있으며, 금액도 현재의 상황에 상응하게 조정할 필요가 있다.[15]

Ⅲ. 소멸시효에 관한 규정의 개정

1. 消滅時效 완성의 효과에 관하여 명문의 규정을 두는 문제

가. 문 제 점

현행 민법은 소멸시효가 완성하면 바로 권리가 소멸하는지(이른바 절대적 소멸설), 아니면 당사자의 원용이 있어야만 비로소 권리가 소멸하는지(이른바 상대적 소멸설)에 관하여 직접적인 규정을 두지 않고 있다. 일반적으로 입법자의 의사는 절대적 소멸설이었던 것으로 설명되고 있으나, 이 점에 관하여는 학설상 논쟁이 계속되고 있고, 판례도 반드시 어느 한 설로만 설명할 수 없다.[16] 그러므로 이 점에 관하여 명문의 규정을 둘 필요가 있다.

나. 개정방향

다만 절대적 소멸설을 택할 것인지, 아니면 상대적 소멸설을 택할 것인지는 어려운 문제이나, 비교법적으로 볼 때 절대적 소멸설을 채택한 경우는 별로

---

15) 벌금등임시조치법 제 4 조 제 2 항에 의하면 圜을 원으로 보도록 하고 있을 뿐이다.

16) 상세한 것은 尹眞秀, "消滅時效 完成의 效果", 茂巖 李英俊 博士 華甲紀念論文集 韓國民法理論의 發展, 1999, 184면 이하 참조.

없다는 점에서 일단 상대적 소멸설을 명문화하기로 한다.[17)]

다. 개 정 안

제167조 제 1 항(신설): 권리의 소멸시효가 완성한 때에는 그 권리의 소멸로 인하여 이익을 받을 당사자는 그 권리의 소멸을 주장할 수 있다.[18)][19)]

2. 단기소멸시효규정의 개정

가. 문 제 점

단기소멸시효에 관하여는 그 기간의 분류를 재검토하자는 의견, 대상채권을 재검토하자는 의견 및 용어를 순화하자는 의견 등 여러 가지의 의견이 제시되었으나 여기서는 우선 제163조 제 2 호, 제 4 호, 제 5 호의 채권자 및 채무자를 유사한 다른 경우도 포함하는 것으로 하였다.

나. 개 정 안

제163조 제 2 호: 醫師, 韓醫師, 獸醫師, 助産師, 看護師 및 藥師, 漢藥師의 治療, 勤勞 및 調劑에 관한 債權

제 4 호: 辯護士, 辨理士, 公證人, 公認會計士, 法務士, 公認勞務士, 稅務士, 關稅士에 대한 …

제 5 호: 辯護士, 辨理士, 公證人, 公認會計士, 法務士, 公認勞務士, 稅務士, 關稅士의 직무에 관한 채권[20)]

---

17) 이 문제는 전체회의에 회부하여 다시 논의하기로 하였다.
18) 현행 제167조는 제167조 제 2 항으로 한다.
19) 그리고 현행 민법 중에서 상대적 소멸설과는 잘 어울리지 않는다고 지적되는 제369조는 "抵當權으로 擔保한 債權이 時效의 援用 기타 事由로 인하여 消滅한 때에는"이라고 개정하고, 제766조 제 1 항도 제162조 등과 같이 "不法行爲로 인한 損害賠償의 請求權은 … 消滅時效가 完成한다"라고 개정할 필요가 있다.
20) 지가공시및토지등의평가에관한법률에 의한 鑑定評價士, 부동산중개업법에 의한 公認仲介士를 포함시키자는 주장도 있었다.

3. 재판상 청구로 인한 소멸시효의 중단

가. 문 제 점

종래 소멸시효의 중단사유인 재판상 청구(민법 제168조 제1호)에 응소가 포함되는지에 관하여 논란이 있었고, 판례는 이를 부정하다가, 대법원 1993. 12. 21. 선고 92다47861 전원합의체 판결[21]에 이르러 비로소 "권리자가 시효를 주장하는 자로부터 제소당하여 직접 응소행위로서 상대방의 청구를 적극적으로 다투면서 자신의 권리를 주장하는 것은 자신이 권리위에 잠자는 자가 아님을 표명한 것에 다름아닐 뿐만 아니라, 계속된 사실상태와 상용할 수 없는 다른 사정이 발생한 때로 보아야 할 것이므로, 이를 민법이 시효중단사유로서 규정한 재판상의 청구에 준하는 것으로 보더라도 전혀 시효제도의 본지에 반한다고 말할 수는 없다 할 것이다"라고 판시하여 종래의 판례를 변경하였고, 학설도 일반적으로 이를 지지하고 있다. 따라서 이러한 사정을 반영하기 위하여 민법 제168조 제1호의 개정이 필요하다.

나. 개정의 방향

다만 "청구 또는 응소"로만 개정하는 것은 반드시 적절하지 않다. 가령 독일민법에서는 재판상 상계의 주장도 시효중단 사유로 인정하고 있으므로(독일민법 제209조 제2항 제3호), 이러한 것들을 포괄하기 위하여는 좀더 융통성 있는 규정을 둠이 옳다고 생각된다.

다. 개 정 안

제168조 제1호: 청구, 본안에 관한 응소 기타 재판상의 권리 행사[22]

4. 제170조 제1항의 개정

가. 문 제 점

제170조 제1항은 재판상의 청구가 기각된 경우에 시효중단의 효력이 없

21) 公 1994상, 487.
22) 다만 그 규정의 위치를 제170조에 두는 것도 생각하여 볼 수 있다.

다고 규정하고 있으나, 청구가 기각된 경우에는 청구권의 부존재가 확정되므로 시효중단의 문제가 처음부터 생기지 않는 것이고 따라서 이는 부주의한 입법이라고 보는 것이 일반적인 견해이므로 이를 반영할 필요가 있다. 그 외에도 민사소송법은 소송의 각하, 취하라는 용어를 쓰지 않고 소의 각하, 취하라고 하고 있으므로 용어도 바로잡을 필요가 있다.

나. 개 정 안

第170條(裁判上의 請求와 時效中斷): ① 裁判上의 請求는 訴의 却下 또는 取下의 境遇에는 時效中斷의 效力이 없다.

5. 제172조의 개정

가. 문 제 점

1990년 민사소송법이 개정되어 가집행선고부 지급명령제도가 폐지되었으므로 현행 제172조가 유지될 수는 없는데, 지급명령에 의한 시효중단을 부정하지 않는 한 제172조를 폐지할 필요는 없고,[23] 시효중단의 효력이 생기는 시기가 지급명령의 신청시임을 명시하고,[24] 다른 경우와 마찬가지로 각하 또는 취하된 때에는 시효중단의 효력이 없음을 규정하면 충분하다고 생각된다.

나. 개 정 안

제172조: 支給命令의 申請은 그 申請이 却下 또는 取下된 때에는 時效中斷의 效力이 없다.

6. 제174조의 개정

가. 문 제 점

민법 제174조는 최고 후 그 시효중단의 효력을 유지하기 위하여 하여야 하는 조치 가운데 지급명령을 들고 있지 않으나, 이는 입법상의 과오라고 보는 것이 일반적이므로 이를 추가할 필요가 있다.

---

23) 대법원은 민법 제172조를 삭제하여야 한다는 의견을 제출하였다.
24) 이 점은 통설이라고 할 수 있다.

나. 개 정 안

第174條(催告와 時效中斷): 催告는 **6個月** 內에 裁判上의 請求, 破産節次參加, **支給命令의 申請**, 和解를 爲한 召喚, 任意出席, 押留 또는 假押留, 假處分을 하지 아니하면 時效中斷의 效力이 없다.

Ⅳ. 기타의 개정사항

1. 민법 제197조 제1항의 자주점유의 추정

가. 문 제 점

민법 제197조 제1항은 점유자는 소유의 의사로 점유한 것으로 추정하고 있고, 대법원 1983. 7. 12. 선고 82다708709 전원합의체 판결[25])도, "취득시효에 있어서 자주점유의 요건인 소유의 의사는 객관적으로 점유취득의 원인이 된 점유권원의 성질에 의하여 그 존부를 결정하여야 하는 것이나, 다만 점유권원의 성질이 분명하지 아니한 때에는 민법 제197조 제1항에 의하여 점유자는 소유의 의사로 점유한 것으로 추정되므로 점유자가 스스로 그 점유권원의 성질에 의하여 자주점유임을 입증할 책임이 없고 점유자의 점유가 소유의 의사 없는 자주점유임을 주장하는 상대방에게 타주점유에 대한 입증책임이 있다고 할 것이다"라고 판시하고 있다. 이러한 자주점유 여부는 특히 취득시효에서 문제되는데, 위와 같은 민법 규정 및 판례에 의할 때에는 취득시효의 요건으로서 자주점유가 다투어질 때에는 취득시효를 부정하는 사람이 점유자의 점유가 자주점유가 아님을 입증하지 못하는 한 자주점유가 추정되게 되어, 취득시효의 성립이 매우 쉽게 된다. 그러나 이러한 결과는 특히 이른바 악의의 무단점유, 즉 점유자가 점유 개시 당시에 소유권 취득의 원인이 될 수 있는 법률행위 기타 법률요건이 없이 그와 같은 법률요건이 없다는 사실을 알면서 타인 소유의 부동산을 무단점유한 경우에까지 소유의 의사가 있었던 것으로 보아서 취득시효를 인정할 수 있게 되는데, 이는 정의관념에 부합하지 않는다는 비판이 있어

25) 公 1983, 1248.

왔다.

그리하여 대법원 1997. 8. 21. 선고 95다28625 전원합의체 판결[26]은, "점유자가 점유 개시 당시에 소유권 취득의 원인이 될 수 있는 법률행위 기타 법률요건이 없이 그와 같은 법률요건이 없다는 사실을 잘 알면서 타인 소유의 부동산을 무단점유한 것임이 입증된 경우에도 특별한 사정이 없는 한 점유자는 타인의 소유권을 배척하고 점유할 의사를 갖고 있지 않다고 보아야 할 것이므로 이로써 소유의 의사가 있는 점유라는 추정은 깨어졌다고 할 것이다"라고 판시하여 종래의 판례를 변경하였다.

이 판결에 대하여는 찬반 양론이 있으나,[27] 이러한 판례의 결론은 지지될 수 있다고 생각된다.[28] 판례를 비판하는 견해도, 이러한 판례가 민법 제197조 제 1 항의 추정을 외면하는 결과가 된다고 주장하면서, 이러한 난점을 해결하려면 민법을 개정하여야 한다고 주장하고 있으므로,[29] 위 규정의 개정은 필요하다고 생각된다.

나. 개정의 방향

종래 위 규정에 관하여는, 민법 제197조 제 1 항에 의한 자주점유의 추정을 취득시효에도 적용되는 것으로 보는 것은 잘못이라는 주장이 있었고,[30] 민법개정위원회에서도 취득시효에 한하여 자주점유의 추정을 배제하는 것이 타당하다는 의견도 제시되었다. 그러나 현행 민법상 자주점유가 요건으로 되는 것은 취득시효에 한정되어 있으므로,[31] 일반적으로 민법 제197조 제 1 항 자체를 개정하여야 할 것이고, 그 내용도 현재의 판례와 같이 원칙적으로는 자주점유의 추정을 인정하되, 악의의 무단점유에 한하여 그 추정이 깨어지는 것으로 봄이 타당할 것이다.

---

26) 公 1997하, 2501.

27) 상세한 소개는 李東明, "90年代 物權法 判例 回顧", 民事判例硏究 XXII, 2000, 711면 주 126) 참조.

28) 尹眞秀, "'惡意의 無斷占有와 自主占有'에 대한 所見", 比較法實務硏究 I, 1997, 377면 이하 참조.

29) 趙誠民, "無斷占有의 경우에 自主占有의 推定이 깨지는지 여부", 判例月報 1997. 11, 16면 이하 참조.

30) 崔秉祚, "不動産의 占有取得時效와 占有者의 所有意思의 推定", 比較法實務硏究 I, 1997, 129면 이하 등.

31) 果實收取權과 관련하여서도 문제가 된다는 주장이 있으나, 민법 제201조는 점유자가 선의인가 악의인가에 따라 과실수취권의 존부 여부를 달리하고 있을 뿐이다.

다. 개 정 안

第197條(占有의 態樣) ① 占有者는 善意, 平穩 및 公然하게 占有한 것으로 推定한다.

② 占有者는 所有의 意思로 占有한 것으로 推定한다. 다만 占有者가 소유권 취득의 원인이 될 수 있는 요건이 없음을 알면서 점유를 개시한 때에는 그러하지 아니하다.[32)]

* 현재의 제 2 항은 제 3 항으로 함.

2. 점유취득시효에 있어서 선의·무과실의 요건 추가

가. 문 제 점

부동산 점유취득시효의 주관적 요건으로서 현행법상 소유의 의사 이외에 선의 및 무과실을 요건으로 하여야 한다는 견해가 제시되었고,[33)] 제 1 소위원회에서는 이러한 방향으로 개정을 추진하기로 하였다.

그러나 현실적으로는 그 입법화에 어려움이 있다. 성립요건주의를 취하는 현행민법 아래서는 등기 없이는 자신이 소유자라는 데 대한 선의나 무과실은 성립하기 어렵다. 다른 한편으로 위의 개정안이 바탕에 깔고 있는 문제점은, 악의의 무단점유자의 시효취득을 제한함으로써[34)] 대부분 해결될 수 있다고 생각된다. 그리하여 제 1 소위원회에서도 이 문제를 일단 담당 위원에게 맡기기로 하였고, 그에 따라 이 문제는 일단 개정대상에서 제외하였다.[35)]

32) 이은영 교수는 부동산에 관하여만 자주점유의 추정을 번복하는 것으로 하고, 그 표현도 "점유할 권원이 없음을 알면서"라고 하였다.

33) 대법원에서도 이와 같은 의견을 제시하였다.

34) 위 1. 참조.

35) 이 문제와 관련하여 최근의 대법원 2000. 3. 16. 선고 97다37661 전원합의체 판결(公 2000 상, 962)을 살펴볼 필요가 있다. 이 판결의 소수의견은 어떠한 부동산 점유의 권원이 등기를 수반하지 아니한 매매 등 소유권이전 목적의 법률행위로 밝혀졌다면, 그 점유에 대하여는 민법 제197조 제 1 항이 규정하는 자주점유의 추정은 더 이상 유지될 여지가 없어지고, 나아가 부동산 물권 변동에 관하여 의사주의가 아닌 형식주의를 취하고 있음이 명백한 현행 민법 아래에서 그러한 점유는 권원의 성질상 타주점유로 보아 이로 인한 소유권의 취득시효를 부정하여야 할 것이라고 하였으나, 다수의견은 민법 제197조 제 1 항이 규정하고 있는 점유자에게 추정되는 소유의 의사는 사실상 소유할 의사가 있는 것으로 충분한 것이지 반드시 등기를 수반하여야 하는 것은 아니므로 등기를 수반하지 아니한 점유임이 밝혀졌다고 하여 이 사실만 가지고 바로 점유권원의 성질상 소유의 의사가 결여된 타주점유라고 할 수 없다고

V. 기타 개정 여부가 논의되었으나 개정하지 않기로 한 사항들

1. 「공익법인의 설립·운영에 관한 법률」의 민법전에의 흡수 여부

2. 사단법인의 분열에 관한 규정의 신설 검토 여부[36)]

3. 공법상 법인에 대한 준용규정 신설 여부

4. 제49조의 등기사항에서 법인 설립허가의 연월일을 삭제하는 문제[37)]

5. 제70조에 재단법인 이사회도 법원의 허가에 의한 소집을 규정하는 문제[38)]

6. 토지와 건물도 소유자가 원하면 하나의 부동산으로 합병하고 두 개의 부동산으로 분할할 수 있도록 하는 방법을 강구하여 거래상 하나의 객체로 매매될 수 있도록 새로운 제도를 신설하는 문제[39)]

7. 물건에 대한 규정을 물권법에 두는 문제[40)]

8. 동물에 대한 특별한 규정을 두는 문제

9. 물건의 정의에 정보를 추가하는 문제[41)]

10. 물건의 정의에서 전기를 생략하는 문제

11. 온천수 및 광천수를 광물과 동일하게 취급하는 문제[42)]

12. 무체재산권과 관련 특허법·실용실안법·의장법에 공통한 규정을 규정하는 문제[43)]

13. 과실의 분리와 소유권에 관한 규정을 두는 문제

14. 소멸시효 기간의 장기화(30년 정도) 여부

15.. 주채무자에 대한 채권이 판결 등에 의하여 그 소멸시효 기간이 10년으로 된 때에는 보증인에 대한 채권의 소멸시효도 10년으로 연장되도록 하는

판시하였다. 이 판결은 소유의 의사를 문제삼고 있으나, 특히 성립요건주의와 관련하여 논하고 있는 점에서 선의·무과실의 문제와도 관련이 있다고 여겨진다.

36) 법원행정처의 제안이었다.

37) 대한법무사협회의 의견이었다.

38) 대한변호사협회의 제안이나, 재단법인의 이사회는 민법상 법인의 기관이 아니고, 민법상 따로 규정도 없으므로, 이러한 규정을 두는 것은 부적당하다고 생각된다.

39) 대한변호사협회의 제안임.

40) 1999. 9. 18. 전체회의 결과, 개정대상에서 제외하기로 함.

41) 1999. 9. 18. 전체회의 결과, 개정대상에서 제외.

42) 물건에 관한 사항이 아니라 소유권의 범위 문제로서 검토하기로 하였다.

43) 1999. 9. 18. 전체회의 결과, 개정대상에서 제외하기로 함.

문제

16. 제168조 제 4 호에 '제165조 제 1 항 및 제 2 항의 경우 제 1 심 판결법원의 확인' 규정을 신설하여, 판결 등에 의해 확정된 채권의 소멸시효 중단을 위해 10년 후에 다시 소송절차를 밟게 하지 말고 간편한 확인절차로 할 수 있는 것이 바람직하다는 제안

17. 확정된 지급명령에 대하여도 제165조를 적용하는 문제

18. 제175조를 개정하여 압류·가압류 및 가처분으로 인한 시효 중단의 효력 발생 시점이 신청시라는 점과, "법률의 규정에 따르지 아니함으로 인하여"의 의미를 명확히 하는 문제.

19. 제척기간에 관한 규정의 신설

20. 취득시효기간의 장기화

21. 점유취득시효는 미등기부동산에만 한정

22. 취득시효의 완성을 등기청구권을 가진 것으로 간주하는 문제; 취득시효로 인한 소유권이전등기청구권은 타인에게 양도할 수 없다는 규정을 신설하는 문제

23. 취득시효 점유기간의 점유기간의 역산 허용문제

〈민사법학 제19호, 2001〉

〈追記〉

여기서 보고한 개정예비안은 그 후 확정되어 국회에 제출된 개정안과는 상당한 차이가 있다. 이 중 법인에 관한 부분은 이 논문집에 게재된 "法人에 관한 民法改正案의 考察" 참조. 그리고 소멸시효 완성의 효과에 관하여는 명문의 규정을 두지 않기로 하였고, 민법 제197조 제 1 항의 자주점유의 추정에 있어서도 악의의 무단점유에 관하여 별도의 규정을 두지 않기로 하였다.

法人에 관한 民法改正案의 考察

I. 序　　論

정부는 지난 2004. 10. 21. 국회에 民法(財産法) 改正案을 제출하였다.[1] 이 개정안은 개정 및 신설 조항이 130여개나 되는 것으로 그대로 개정이 이루어진다면 민법이 제정된 이래 최대의 개정이 될 것이다.[2] 이 개정안 가운데에는 법인에 관하여도 상당히 중요한 개정이 포함되어 있다.

필자는 1999년 2월부터 2004년 6월까지 법무부 산하에 설치되었던 民法(財産法)改正特別委員會(이하 民法改正委員會라고만 한다)의 위원으로서 위 민법개정작업에 관여하였다. 그리하여 지난 2000년 6월에 개최되었던 韓國民事法學會 하계학술대회에서 민법 중 법인 등에 관한 개정안의 작업 경과에 관하여 보고를 한 바 있다.[3] 이 보고는 당시 民法改正委員會 중 민법총칙과 물권법을 담당하였던 제 1 소위원회에서 논의되었던 것을 토대로 한 것이었다. 그 후 民法改正委員會는 제 1 소위원회에서의 논의를 바탕으로 하여 전체회의에서 개정안을 일단 확정하였고, 법무부는 2001년 11월에 이 개정안을 가지고 공청회를 개최한 바 있었다.[4] 위 개정안(이하 공청회 개정안이라고만 한다)에 대하여는 여

1) 국회에 제출된 민법개정안은 국회 홈페이지(www.assembly.go.kr)의 의안정보시스템이나 법률정보시스템에서 확인할 수 있다.
2) 개정안에 관한 기본자료로는 法務部, 民法(財産編) 改正 資料集, 2004가 있다. 이하에서는 '資料集'이라고만 인용한다. 민법개정작업의 경과에 관하여는 위 資料集, 1면 이하; 梁彰洙, "最近의 韓國民法典改正作業", 民法研究 제 7 권, 2003, 1면 이하 등 참조.
3) 그 내용은 民事法學 제19호에 게재되어 있다. 尹眞秀, "민법 중 법인, 물건 및 소멸시효, 취득시효에 관한 개정예비안", 民事法學 제19호, 2001, 39면 이하 참조.
4) 法務部, 民法(財産編)改正 公聽會. 이하에서는 '公聽會'라고만 인용한다.

러 가지의 비판이 있었고,[5] 民法改正委員會도 이러한 비판을 참조하여 2004. 6.에 최종적으로 개정안을 확정하였으며, 이 개정안이 국회에 제출된 것이다.

법인에 관한 개정안 중 중요한 부분은 법인의 설립에 관하여 허가주의를 인가주의로 바꾼 것(제32조), 법인 아닌 사단과 재단에 관한 규정을 신설한 것(제39조의2), 재단법인의 설립에 관한 제48조의 개정, 법인 이사의 대표권 제한에 관한 제60조의 개정 등이다. 이 밖에도 몇 가지 달라지는 부분이 있다.

여기서는 법인에 관한 민법개정안 중 중요한 부분에 관하여 그 규정들이 마련되게 된 개정의 경위와 이유를 객관적으로 살펴보고, 그에 대한 찬반의 논의를 소개한 다음 그에 관한 필자의 의견을 밝히고자 한다. 그리고 이 외의 개정안에 대하여도 간단히 소개하며, 개정 과정에서 논의되었으나 최종적으로는 반영되지 않은 부분도 중요한 것에 한하여 언급하고자 한다.

Ⅱ. 법인 설립에 관한 認可主義의 채택(제32조의 개정)

1. 현행 제32조와 개정안 제32조

현 행 법	개 정 안
제32조:(非營利法人의 設立과 許可) 學術, 宗敎, 慈善, 技藝, 社交 其他 營利 아닌 事業을 目的으로 하는 社團 또는 財團은 主務官廳의 許可를 얻어 이를 法人으로 할 수 있다.	제32조:(비영리법인의 설립과 인가) 學術, 宗敎, 慈善, 技藝, 社交 그 밖의 營利 아닌 事業을 目的으로 하는 社團 또는 財團은 主務官廳의 인가를 얻어 이를 法人으로 할 수 있다.

2. 개정의 경과

현행 민법 제32조는 비영리법인의 설립은 주무관청의 허가를 얻어야 하는 이른바 허가주의를 택하고 있다. 그러나 이에 대하여는, 이는 법인 설립을 극

5) 포괄적인 비판으로는 黃迪仁 外 29人, 民法改正案意見書, 2002가 있다. 이하에서는 '意見書'라고만 인용한다. 법인에 관한 부분에 관하여 특별히 언급한 것으로는 姜台星, "法人에 관한 民法改正方向", 法曹 2001. 7, 180면 이하; 金敎昌, "民法 總則 중 法人에 관한 改正意見", 法曹 2002. 5, 142면 이하가 있다.

도로 제한하였던 시대의 유물로서, 헌법상 보장되고 있는 결사의 자유를 부당하게 제한하고 있다는 비판이 많았다.[6] 현행법과 같이 허가주의를 택할 때에는 자유재량행위인 허가의 거부에 대하여 다툴 수 있는 방법이 별로 없다.[7] 대법원 1996. 5. 16. 선고 95누4810 전원합의체 판결[8]은, 민법 제45조와 제46조에서 말하는 재단법인의 정관변경 "허가"는 법률상의 표현이 허가로 되어 있기는 하나, 그 성질에 있어 법률행위의 효력을 보충해 주는 것이지 일반적 금지를 해제하는 것이 아니므로, 그 법적 성격은 인가라고 보아야 한다고 판시하여 종전의 판례를 변경하였는데, 이 또한 이러한 맥락에서 이해될 수 있다.

외국의 예를 보더라도 독일 민법은 비영리사단에 관하여는 자유설립주의를 취하고(제21조), 재단법인에 관하여는 인가주의를 취하며(제80조), 영리사단에 관하여만 허가주의를 택하고 있다(제22조).[9] 일본 민법 제34조는 공익법인에 관하여는 허가주의를, 영리법인에 관하여는 준칙주의를 취하고 있으나, 1998년에

---

6) 예컨대 金曾漢·金學東, 民法總則, 제 9 판, 1995, 171-172면; 姜台星(註 5), 182면. 이외에 鄭煥淡, "民事法人設立에 관한 比較法的 考察", 比較私法 제 5 권 1호, 1998, 94면 이하는 결사의 자유 외에 영리를 목적으로 하는 사단(회사)은 준칙주의에 의한다는 점에서 헌법 제11조가 규정하는 평등의 원칙 위반 여부가 재음미되어야 한다고 하고, 金敎昌(註 5), 153면 이하도 같은 취지이다.

7) 대법원 1979. 12. 26. 선고 79누248 판결(公 1980, 12553)은, 재단법인의 정관 변경 불허가 처분에 대한 그 취소소송이 제기된 데 대하여, "비영리재단법인의 설립이나 정관 변경에 관하여 허가주의를 채용하고 있는 제도 아래에서는 비영리 재단법인의 설립이나 정관변경에 관한 주무관청의 허가는 그 본질상 주무관청의 자유재량에 속하는 행위로서 그 허가 여부에 대하여 다툴수 없는 법리이므로 허가주의를 써오는 우리 법제 밑에서 이 사건 불허가 처분은 행정소송의 대상이 되는 행정처분이 아니"라고 하였다. 물론 이 판결 중 재단법인 설립허가에 관한 부분은 방론에 불과하고, 또 아래에서 살펴볼 대법원 1996. 5. 16. 선고 95누4810 전원합의체 판결(註 8)은 재단법인 정관 변경 허가에 관하여는 위 79누248 판결을 변경하였으나, 설립허가에 관한 부분까지 변경된 것은 아니다. 위 95누4810 판결이 선고된 후인 대법원 1996. 9. 10. 선고 95누18437 판결(公 1996하, 3041)에서는 건설부장관이 비영리 재단법인의 설립허가신청을 불허가한 처분이 위법인가가 다투어졌다. 원심판결은 위 불허가처분은 재량권을 남용·일탈하였다고 하여 이를 취소하였으나 대법원은 "비영리법인의 설립에 관하여 허가주의를 채용하고 있으며, 현행 법령상 비영리법인의 설립허가에 관한 구체적인 기준이 정하여져 있지 아니하므로, 비영리법인의 설립허가를 할 것인지 여부는 주무관청의 정책적 판단에 따른 재량에 맡겨져 있다고 할 것이다. 따라서 주무관청의 법인설립불허가처분에 사실의 기초를 결여하였다든지 또는 사회관념상 현저하게 타당성을 잃었다는 등의 사유가 있지 아니하고, 주무관청이 그와 같은 결론에 이르게 된 판단과정에 일응의 합리성이 있음을 부정할 수 없는 경우에는, 다른 특별한 사정이 없는 한 그 불허가처분에 재량권을 일탈·남용한 위법이 있다고 할 수 없다"라고 하여 원심판결을 파기환송하였다.

8) 公 1996상, 1752.

9) 그러나 독일에서는 일반적으로 허가주의(Konzessionssystem)는 자유설립의 조건을 충족하는 것이 기대될 수 없을 때에만 예외적으로 고려될 수 있다고 하여 허가주의의 副次性(Subsidiarität)을 인정한다. MünchKomm/Reuter, 4. Aufl., 2001, §§21. 22 Rdnr. 54 참조.

제정된 特定非營利活動促進法(NPO法)은 特定非營利活動法人에 관하여 인가주의를 택하고 있고, 2001년에 제정된 中間法人法은 이른바 中間法人에 관하여 준칙주의를 취하고 있다.[10)]

허가주의에 대한 대안으로서는 인가주의 또는 준칙주의가 고려될 수 있다. 법인 설립 및 운영을 최대한 자유화하려면 일정한 요건을 갖추어 등기만 하면 법인이 성립할 수 있도록 하는 준칙주의를 택하여야 할 것이다.[11)] 그러나 민법개정안은 준칙주의 대신 인가주의를 택하였다. 이는 준칙주의를 채택하면 악용될 우려가 있다는 점[12)]을 고려한 것으로 보인다. 인가주의를 택하면 인가는 기속행위이기 때문에 인가의 거부에 대하여 행정소송의 방법에 의하여 다툴 수 있게 된다. 따라서 인가주의를 채택하는 것이 집회·결사의 자유 보장이라는 측면에서는 진전된 것이라고 할 수 있다.[13)] 민법개정안에 대한 공청회에서의 토론자들이나 강태성 교수 등은 위 개정안에 찬성하였다.[14)]

3. 개정안 제38조

이처럼 법인의 설립에 관하여 허가주의에서 인가주의로 바꾸기로 한 결과 민법에서 허가라고 되어 있는 규정들은 모두 인가로 바뀌게 되었다.[15)] 이 중에서 특히 설명을 필요로 하는 것은 제38조의 개정이다. 현재의 제38조는 "法人이 目的 以外의 事業을 하거나 設立 許可의 條件에 違反하거나 其他 公益을

10) 이에 대하여는 朴駿緖 編/鄭鍾休, 註釋民法, 제 3 판, 總則(1), 2002, 513면 이하; 김진우, "日本의 中間法人制度에 관한 考察", 人權과 正義 2003. 10, 62면 이하 등 참조.

11) 金敎昌(註 5), 156면은 비영리법인의 설립에 관하여 원칙적으로는 준칙주의를 취하되 예외적으로 국가안전보장·질서유지 또는 공공복리를 위하여 필요한 경우에 한하여 그 성립에 법률로써 주무관청의 인가를 요하는 것으로 정할 수 있도록 하자고 제안하고 있다.

12) 대한변호사협회는 民法改正委員會에 제출한 개정의견에서, 비영리법인의 설립을 허가주의에서 준칙주의로 전환하는 문제를 검토할 필요가 있으나, 이에 따른 법인의 난립 등 부작용이 우려되므로 허가주의를 계속 유지하는 것이 바람직하다는 의견을 제시하였다. 대한변호사협회, "민법개정에 대한 의견", 人權과 正義 2000. 5, 186면. 박경량 교수, 황적인 교수도 마찬가지의 취지에서 현행 제32조를 그대로 유지하여야 한다고 하였다. 意見書, 14면 참조. 그리고 건설교통부, 보건복지부도 인가주의를 도입하면 악성법인에 대한 최소한의 규제마저 못하게 된다는 반대의견을 냈다. 法務部(註 2), 46면 참조.

13) 高翔龍, 民法總則, 제 3 판, 2004, 188면은 준칙주의와 인가주의 사이에는 실질적으로 거의 차이가 없고 다만 인가주의는 행정관청에 의하는 사전심사가 있다는 절차상의 차이가 있을 따름이라고 한다.

14) 姜台星(註 5), 182면; 公聽會, 36면(강용현), 45면(강일원), 54면(이상욱), 59면(안법영) 등.

15) 제38조, 제42조 제 2 항, 제46조, 제49조 제 1, 2 항, 제53조, 제77조, 제80조 제 2 항 등.

害하는 行爲를 한 때에는 主務官廳은 그 許可를 取消할 수 있다"라고 규정하고 있다. 그런데 일반적으로 자유재량행위인 허가에는 조건을 붙일 수 있지만 기속행위인 인가에는 조건을 붙일 수 없고, 다만 법령상 근거가 있는 경우에 한하여 조건을 붙일 수 있다고 설명되고 있다.[16] 그리하여 "설립 허가의 조건에 위반하거나 기타 공익을 해하는 행위"를 "法令에 違反하여 公益을 해하는 行爲"로 개정하였다.

Ⅲ. 법인 아닌 사단 및 재단에 관한 규정의 신설

1. 개정안 제39조의2(신설)

第39條의2(法人 아닌 社團과 財團) 法人 아닌 社團과 財團에 대하여는 그 性質에 반하지 아니하는 한 本章의 規定을 準用한다.

2. 개정의 경위

현행 민법에는 법인 아닌 사단과 재단에 관하여는 별다른 규정이 없고, 다만 제275조 제1항이 법인이 아닌 사단의 사원이 집합체로서 물건을 소유할 때에는 총유로 한다고 규정하고 있을 뿐이다. 그러므로 법인 아닌 사단과 재단에 관하여는 일종의 입법적인 공백이 존재하는 셈이다. 그런데 종래의 학설은 일반적으로 법인 아닌 사단과 재단에 대하여는 법인격을 전제로 하는 것을 제외하고는 사단법인과 재단법인에 관한 규정을 유추적용하여야 한다고 보고 있다.[17] 판례도 법인 아닌 사단에 대하여는 사단법인에 관한 민법규정 가운데서 법인격을 전제로 하는 것을 제외하고는 이를 유추적용하여야 할 것이라고 보

---

16) 金東熙, 行政法 Ⅰ, 제7판, 2001, 276면 이하 등 참조. 대법원 1988. 4. 27. 선고 87누1106 판결(公 1988, 924) 등도 일반적으로 기속행위나 기속적 재량행위에는 부관을 붙일 수 없고 가사 부관을 붙였다 하더라도 이는 무효의 것이라고 한다.

17) 郭潤直, 民法總則, 제7판, 2002, 126, 129면; 金疇洙, 民法總則, 제4판, 1996, 197, 199면(내부관계에 관하여); 金曾漢·金學東(註 6), 166면, 168면; 白泰昇, 民法總則, 改訂版, 2004, 207, 217면; 李英俊, 韓國民法論[總則編], 修訂版, 2004, 790면, 807면; 李銀榮, 民法總則, 제3판, 2004, 247, 251면 등.

고 있다.[18)]

개정안은 이러한 점을 참작하여 법인 아닌 사단이나 재단에 관하여는 그 성질에 반하지 않는 한 민법의 법인에 관한 규정을 준용한다고 하고 있다.

3. 개정안에 대한 논의

이러한 개정안에 대하여는 찬성하는 견해도 있으나,[19)] 몇 가지 비판적인 견해도 제기되었다.[20)] 그 하나는 법인의 본질 및 현행 법률제도의 해석에 관한 철저한 연구・검토가 이루어지지 않은 단계에서 제39조의2를 신설하는 것은 적절하지 않다는 견해이다. 이 견해는 법인 아닌 단체에 관하여 법인격을 전제로 한 것을 제외하고는 모두 이를 유추적용하여야 한다는 통설과 판례에 대하여, 이는 부동산등기법상 법인 아닌 단체의 명의로 등기할 수 있는 규정이 없었던 일본의 판례・통설을 답습하고 있는 것이라고 비판한다.[21)]

이와 맥을 같이하는 비판으로는 이른바 권리능력 없는 사단은 권리능력이 없는 것이 아니라 권리능력이 있고, 따라서 권리능력 있는 사단이며, 이를 미등기 사단이라고 불러야 한다는 전제에서,[22)] 개정안 제39조의2는 법인과 법인 아닌 단체조직을 엄격히 구별하는 통설을 입법화하려는 것이지만, 이러한 준별론은 법학방법론으로는 이미 극복되었으며, 미등기 사단에 대한 법적 지위에 대해 법실무의 발전에 따라서 법인으로 이론구성할 수도 있으므로 입법이 미리 법인이 아니라고 못박을 것이 아니라 법인이론의 발전에 맡기는 것이 타당하고, 이는 조속한 입법이 필요한 입법론적 흠결의 경우가 아니라 규율흠결의 문제이므로 거래에서의 판례의 형성을 주시하여야 할 필요가 있다고 하는 견

---

18) 대법원 1992. 10. 9. 선고 92다23087 판결(公 1992, 3113); 1996. 9. 6. 선고 94다18522 판결(公 1996하, 2955); 1997. 1. 24. 선고 96다39721, 39738 판결(公 1997상, 640); 2003. 11. 14. 선고 2001다32687 판결(公 2003하, 2325) 등.

19) 姜台星(註 5), 185면; 金敎昌(註 5), 160면 등. 다만 이러한 견해는 법인 아닌 사단과 재단도 권리능력을 가지고 있다고 보는 것을 전제로 하고 있다. 또한 公聽會, 36면(강용현), 46면(강일원), 54면(이상욱), 60면(안법영); 安法榮, "2001년 法務部 民法改正試案에 대한 小考", 高麗法學 제38호, 2002, 170면 참조.

20) 이외에 대한변호사협회는 법인 아닌 사단, 재단에 관한 통일된 특별법을 제정하는 것이 바람직하다고 하는 의견을 제시하였다. 대한변호사협회(註 12), 185면.

21) 意見書, 16-18면(고상룡). 高翔龍(註 13), 259면도 참조.

22) 姜台星, "法人本質論에 입각한 法人 아닌 社團의 民法上 取扱", 財産法研究 제17권 1호, 2000, 17면 이하도 법인 아닌 사단은 권리능력을 가지므로 법인 등기를 전제로 하는 민법상 사단법인에 관한 규정 외의 규정은 법인 아닌 사단에 유추적용된다고 한다.

해가 있다.[23]

또 다른 비판으로는 비법인사단의 설립이라든지 운영에 관한 부분에 대해서는 사단에 관한 규정을 준용하는 것이 맞지만, 재산관계에 관하여는 조합에 관한 규정을 준용하는 것이 비법인사단과 거래당사자 쌍방간에 형평을 기할 수 있다고 하는 견해가 있다.[24]

먼저 앞의 견해는 기본적으로 법인 아닌 사단 내지 재단의 본질을 어떻게 파악하는가 하는 문제와 직결된 것이다. 우선 법인 아닌 사단이 법인과 마찬가지로 권리능력을 가진다는 것은 현행 민법의 규율계획에 어긋나므로 해석론으로는 받아들이기 곤란하다. 물론 현행법은 법인 아닌 사단이나 재단에 대하여 등기능력을 인정하고(부동산등기법 제30조), 민사소송에 있어서의 당사자능력도 인정하고 있다(민사소송법 제52조). 그러나 이러한 것들은 법률이 예외적으로 법인과 같은 취급을 하고 있는 것이므로 이러한 것들만으로 법인 아닌 사단이나 재단이 법인과 마찬가지로 완전한 권리능력을 가진다고 할 수 있는 근거가 될 수는 없는 것이다.[25] 물론 법이론의 발전에 따라서는 법인 아닌 사단이나 재단의 권리능력을 인정하게 될 필요성에 관하여 공감대가 형성될 수도 있을 것이고, 그에 따라 그러한 형태의 법률을 제정할 가능성도 배제할 수는 없다. 그러나 현 단계에서는 아직 그러한 단계에 이르기까지 법이론이 발전되어 있지는 않다. 이러한 상황에서 개정안을 신설한다고 하여 그것이 법이론의 발전을 가로막는 것이라고는 생각되지 않는다.

또 현행법이 법인 아닌 사단이나 재단에 대하여 등기능력을 인정하고 있다는 것이 왜 법인에 관한 규정을 성질에 반하지 않는 한 법인 아닌 사단이나 재단에 준용하여서는 안 되는 근거가 되는지도 명확하지 않다. 위의 반대론은 이처럼 법인에 관한 규정을 법인 아닌 사단이나 재단에 준용하면 어떠한 문제가 있다는 것인지를 구체적으로 제시하고 있지는 않은 것이다.

그리고 법인 아닌 사단의 책임 문제에 관하여 조합에 관한 규정을 준용할 필요가 있다는 견해는 검토할 가치가 있기는 하다. 현재의 판례나 통설은 법인 아닌 사단의 경우에는 사단의 채권자는 사단의 재산에 대하여만 책임을 물을

---

23) 南基潤, "私法上 法人概念의 새로운 構成", 저스티스 통권 70호, 2003, 200면 이하.

24) 좌담회, "민법개정(총칙편)", 인권과 정의 2003. 3, 20-21면(이호원 발언).

25) 이 점을 설명하는 개념으로서는 部分的 權利能力이라는 개념이 유용할 수 있을 것이다. 宋鎬煐, "法人의 權利能力", 比較私法 제7권 1호, 2000, 93면 이하 참조.

수 있고, 사단의 구성원은 사단의 채무에 대하여 책임을 지지 않는다고 보고 있다.[26] 그러나 근래에는 입법론적으로 제한된 범위에서는 법인 아닌 사단의 채무에 대하여 사단 구성원 개인의 책임을 인정하려는 학설이 주장되고 있다. 즉 비영리사단 아닌 영리사단의 경우에는 사단과 거래하는 제 3 자의 보호를 위하여 가능한 한 구성원의 무한책임을 인정하여야 한다는 것이다.[27] 이 문제 또한 앞으로 더 연구할 문제이기는 하나, 개정안 제39조의2를 신설하는 데 결정적인 반론이 되기는 어려울 것이다.[28]

4. 기타 개정안에 대한 지적

기타의 개정안에 대한 지적으로는 우선 개정안 제39조의2를 신설하면 법인 아닌 사단의 구성원의 總有에 관한 규정(민법 제275조 내지 제278조)은 삭제하여야 한다는 주장이 있다.[29] 이와는 반대로 현행 민법 제275조에서는 법인이 아닌 사단의 소유형태를 총유로 하고 있으므로 이에 관한 민법전의 합체계성을 고려하여야 하므로 '그 조직 및 구성 그리고 능력에 관하여' 또는 '재산소유에 관한 사항 이외에는'이라는 문구를 추가하여야 한다는 제안이 있다.[30] 사실 민법의 총유에 관한 규정이 입법론적으로 타당한가에 관하여는 논의가 있고,[31] 民法改正委員會에서도 총유에 관한 규정의 존치 여부를 검토하였으나 개정 대상에서는 제외하였다.[32] 앞으로 이 문제는 좀더 검토되어야 할 문제이다.

그러나 총유의 규정이 개정안 제39조의2와 바로 모순된다고는 할 수 없다.

---

26) 대법원 1992. 7. 10. 선고 92다2431 판결(公 1992, 2360); 1996. 6. 28. 선고 96다16582 판결(公 1996하, 2362) 등 참조.

27) 金疇洙(註 17), 198면. 郭潤直, 民法總則, 新訂(修正版), 1998, 192면도 입법론으로서는 합유, 즉 준합유라고 하는 것이 제 3 자의 보호를 위하여 좋을 것이라고 하는데, 郭潤直(註 17)에는 이러한 서술이 생략되었다. 기타 일본에서의 논의를 포함한 상세한 설명은 朴駿緖 編/鄭鍾休(註 10), 576면 이하 참조. 이에 대한 반론으로는 高翔龍(註 13), 260면 참조.

28) 좌담회(註 24), 24면(김재형 발언)은 비법인사단과 그 구성원의 책임 문제는 개정안과 큰 상관이 없고, 비법인사단에 관하여 사단법인에 관한 규정을 준용하는 규정을 둔다고 해서 비법인사단이나 그 구성원에 대한 책임을 추궁하기가 더 어렵게 되는 것도 아니고, 쉽게 되는 것도 아니라고 한다.

29) 姜台星(註 5), 186면; 金敎昌(註 5), 160면. 또한 意見書, 18면(고상룡)도 같은 취지이다.

30) 意見書, 19면(安法榮); 安法榮(註 19), 170면.

31) 이 점에 대하여 상세한 것은 梁彰洙, "共同所有", 民法硏究 제 6 권, 2001, 107면 이하 참조.

32) 資料集, 333면 참조.

이를 폐지하자는 주장은 법인 아닌 사단에 완전한 권리능력이 인정된다는 전제에서 법인 아닌 사단의 소유라고 보자는 것이지만, 그러한 전제가 성립하기 어려움은 앞에서 살펴본 바와 같고, 법인 아닌 사단의 완전한 권리능력을 인정할 수 없는 이상 그 소유 형태에 대하여 어떤 방식으로든 규정이 필요하다고 하지 않을 수 없다. 개정안의 태도는 민법 기타 법률에 규정이 있는 것에 관하여는 그에 따르고, 규정이 없는 경우에만 민법 규정의 준용 여부가 문제된다는 것으로 이해할 수 있을 것이다.[33)]

5. 준용의 구체적인 범위

이처럼 민법상 법인인 사단과 재단에 관한 규정을 법인 아닌 사단과 재단에 준용한다고 할 때에는 과연 어느 규정이 준용될 것인가가 문제된다. 실제로 위 개정안에 대하여는 "그 성질에 반하지 아니하는 한"이란 어떠한 것을 의미하는지 전혀 예시도 하지 않고 있기 때문에 이를 해석하는 데 많은 어려움이 있을 것이라는 주장도 있고,[34)] '그 조직 및 구성, 그리고 능력에 관하여' 또는 '공동소유에 관한 사항 이외에는'이라는 문구를 추가하여야 한다는 주장도 있다.[35)] 그러나 어떤 경우가 성질에 반하는 것인지 여부를 구체적인 사건을 떠나서 미리 판단하기에는 어려움이 많으므로 이를 명확하게 규정하기는 현재로서는 어려울 것이다. 다만 종래 판례와 학설이 이 점에 관하여 논의한 것이 개정안의 해석에 관하여 도움이 될 수 있을 것이다.

종래 판례상 문제되었던 것은 주로 법인 아닌 사단의 경우였다. 판례가 사단법인에 관한 규정의 법인 아닌 사단에의 유추적용을 인정한 것으로는 다음과 같은 것들이 있다.

첫째, 사단법인에 있어서는 사원이 없게 된다고 하더라도 이는 해산사유가 될 뿐 막바로 권리능력이 소멸하는 것이 아니므로 법인 아닌 사단에 있어서도 구성원이 없게 되었다 하여 막바로 그 사단이 소멸하여 소송상의 당사자능력을 상실하였다고 할 수는 없고 청산사무가 완료되어야 비로소 그 당사자능력

33) 공청회, 36면(강용현)은 개정안 제39조의2가 신설되면 총유에 관한 민법 제275조 내지 제277조는 삭제되어야 할 것이라고 하면서도 소유관계는 개정안이 말하는 "성질에 반하는 경우"라고 본다면 사원의 총유라고 해석할 수도 있을 것이라고 한다.

34) 意見書, 18면(고상룡).

35) 意見書, 19면(안법영).

이 소멸한다.[36)]

둘째, 비법인사단 대표자가 행한 타인에 대한 업무의 포괄적 위임과 그에 따른 포괄적 수임인의 대행행위는 민법 제62조의 규정에 위반된 것이어서 비법인사단에 대하여는 그 효력이 미치지 아니한다.[37)]

셋째, 정관의 규정에 따른 이사의 임면을 규정한 민법 제40조, 수인의 이사의 사무집행에 관한 민법 제58조 및 총회의 권한을 정관에 의하여 이사 또는 기타 임원에게 위임할 수 있다는 민법 제68조의 규정도 법인 아닌 사단에 준용될 수 있다.[38)]

넷째, 사단법인의 총회에 관한 민법 제73조 제 2 항, 제75조 제 2 항의 규정은 정관에 다른 규정이 없으면 종중과 같은 권리능력 없는 사단의 경우에도 준용된다.[39)]

다섯째, 비법인사단의 대표자가 직무에 관하여 타인에게 손해를 가한 경우 그 사단은 민법 제35조 제 1 항의 유추적용에 의하여 그 손해를 배상할 책임이 있고,[40)] 노동조합이 불법쟁의행위에 대하여 민법 제35조 제 1 항의 유추적용에 의하여 불법행위책임을 지는 경우 불법쟁의행위를 기획, 지시, 지도하는 등으로 주도한 조합의 간부들 개인도 책임이 있다.[41)]

이 외에 법인 아닌 사단의 채무에 대하여 사단 구성원에게 책임을 물을 수 없다는 판례[42)]도 사단법인의 법리를 법인 아닌 사단에 적용한 것이라고 할 수 있다. 또 대법원 1993. 1. 19. 선고 91다1226 전원합의체 판결[43)]에서의 윤관, 김

---

36) 대법원 1992. 10. 9. 선고 92다23087 판결(公 1992, 3113). 대법원 2003. 11. 14. 선고 2001다32687 판결(公 2003하, 2325)은 비법인사단인 교회의 교인이 존재하지 않게 된 경우 그 교회는 해산하여 청산절차에 들어가서 청산의 목적범위 내에서 권리·의무의 주체가 되며, 이 경우 해산 당시 그 비법인사단의 총회에서 향후 업무를 수행할 자를 선정하였다면 민법 제82조를 유추하여 그 선임된 자가 청산인으로서 청산 중의 비법인사단을 대표하여 청산업무를 수행하게 된다고 판시하였다. 이러한 경우에 제82조의 규정에 의하여 청산인이 될 자가 없다면 제83조의 규정을 준용하여 법원이 청산인을 선임할 수 있을 것인가 하는 점도 문제될 것이다.

37) 대법원 1996. 9. 6. 선고 94다18522 판결(公 1996하, 2955).

38) 대법원 1997. 1. 24. 선고 96다39721, 39738 판결(公 1997상, 640).

39) 대법원 1992. 9. 14. 선고 91다46830 판결(公 1992, 2854).

40) 대법원 2003. 7. 25. 선고 2002다27088 판결(公 2003하, 1834). 대법원 1994. 4. 12. 선고 92다49300 판결(公 1994, 1412)도 권리능력 없는 사단인 종중 대표자의 행위에 대하여 종중의 불법행위책임을 인정하였다.

41) 대법원 1994. 3. 25. 선고 93다32828, 32835 판결(集 42권 1집 民236면; 公 1994, 1322).

42) 위 註 26) 참조.

43) 集 41권 1집 民17면; 公 1993, 712.

상원 대법관의 반대의견은 법인 아닌 사단인 교회에 사단법인의 해산결의에 관한 민법 제78조를 유추적용하여 사단법인의 총회라 할 수 있는 지교회의 공동의회에서 재적회원의 4분의 3 이상의 찬성으로 교단변경을 결의할 수 있게 함이 타당하다고 하였다.

반면 대법원 2003. 7. 22. 선고 2002다64780 판결[44]은 "비법인사단의 경우에는 대표자의 대표권 제한에 관하여 등기할 방법이 없어 민법 제60조의 규정을 준용할 수 없고, 비법인사단의 대표자가 정관에서 사원총회의 결의를 거쳐야 하도록 규정한 대외적 거래행위에 관하여 이를 거치지 아니한 경우라도, 이와 같은 사원총회 결의사항은 비법인사단의 내부적 의사결정에 불과하다 할 것이므로, 그 거래 상대방이 그와 같은 대표권 제한 사실을 알았거나 알 수 있었을 경우가 아니라면 그 거래행위는 유효하다고 봄이 상당하고, 이 경우 거래의 상대방이 대표권 제한 사실을 알았거나 알 수 있었음은 이를 주장하는 비법인사단측이 주장・입증하여야 한다"고 판시하였다.

학설상으로는 권리능력 없는 사단에 관하여 유추적용되는 조문으로 정관에 관한 규정, 사단의 행위능력, 대표기관의 권한과 그 대표의 형식, 대표기관의 불법행위로 인한 사단의 배상책임 등을 든다.[45][46]

---

44) 公 2003하, 1775.

45) 郭潤直(註 17), 191면; 金曾漢・金學東(註 6), 166면 등 참조. 李銀榮(註 17), 247면은 법인의 해산에 관한 규정도 유추적용된다고 한다.

46) 그런데 郭潤直(註 17), 191면은 사단의 권리능력에 관한 규정(민법 제34조를 가리키는 것으로 보인다)도 유추적용된다고 하나, 법인 아닌 사단의 권리능력을 인정하지 않는 이상 이 규정의 유추적용을 인정할 수 있는지 의문이다. 같은 취지, 姜台星(註 22), 20면. 姜台星 교수는 법인 아닌 사단의 권리능력이 인정된다는 전제에서 이 규정의 유추적용을 긍정한다. 다른 한편 姜台星 교수는 법인의 불법행위책임에 관한 민법 제35조의 유추적용을 인정하는 통설에 대하여도 법인 아닌 사단의 권리능력을 부정한다면 불법행위능력도 인정될 수 없다고 주장하나(위 註 22의 글 20면 註 24), 권리능력이 불법행위책임의 논리필연적인 전제가 될 수는 없다. 白泰昇(註 17), 240면은 민법 제35조 제1항은 법인격과 반드시 결부된 것이 아니라 기관의 행위에 대한 법인의 손해배상책임이 문제되기 때문에 권리능력 없는 사단에도 동 조항은 유추적용되어야 한다고 한다. 법인 아닌 사단의 권리능력을 원칙적으로 인정하지 않는 독일에서도 통설은 법인의 불법행위책임에 관한 독일 민법 제31조의 법인 아닌 사단에의 유추적용을 긍정한다. Staudinger/Günther Weick, 13. Bearbeitung, 1995, §54 Rn. 71 참조.

Ⅳ. 재단법인의 설립에 관한 규정의 개정

1. 개 정 안

현 행 법	개 정 안
第48條(出捐財産의 歸屬時期) ① 生前處分으로 財團法人을 設立하는 때에는 出捐財産은 法人이 成立된 때로부터 法人의 財産이 된다. ② 遺言으로 財團法人을 設立하는 때에는 出捐財産은 遺言의 效力이 發生한 때로부터 法人에 歸屬한 것으로 본다.	第48條(出捐財産의 歸屬時期) ① (현행 조문과 동일) ② (현행과 같음) ③ 第1項 및 第2項의 경우에 그 權利變動에 登記, 引渡 등이 필요한 出捐財産은 이를 갖추어야 法人의 財産이 된다. ④ 第1項 및 第2項의 경우에 設立者의 死亡 後에 財團法人이 성립된 때에는 設立者의 出捐에 관하여는 그의 死亡 前에 財團法人이 成立한 것으로 본다.

2. 개정의 경과

이 개정안은 법인에 관한 민법개정안 중 가장 많은 논란의 대상이 되었다. 잘 알려진 것처럼 민법은 물권변동 일반에 관하여는 이른바 형식주의를 채택하여 등기나 인도가 있어야만 물권변동의 효력이 생기는 것으로 규정하고 있으면서도(제186조, 제188조-제190조), 재단법인의 설립에 관하여는 의사주의를 채택하고 있었던 의용민법의 규정(제42조)을 답습하여[47] 등기나 인도 등이 없어도 법인의 성립 또는 유언의 효력 발생과 동시에 출연 재산이 법인의 재산이 되는 것으로 규정하고 있다. 그리하여 이러한 법규정을 둘러싸고 여러 가지 논란이 많았다. 이 문제는 주로 부동산의 경우에 제48조가 민법 제186조의 예외에 해당하는가 하는 형태로 많이 논의되었다.[48]

---

47) 대법원 1973. 2. 28. 선고 72다2344, 2345 판결(集 21권 1집 民116면); 1976. 5. 11. 선고 75다1656 판결 등은 모두 의용 민법 시행 당시의 사안에 관하여 출연재산은 법인의 설립과 동시에 법인에 귀속한다고 하였다.

48) 학설의 상세는 郭潤直 編/洪日杓, 民法注解 Ⅰ, 1992, 635면 이하; 朴駿緖 編/鄭煥淡, 註釋民法(註 10), 666면 이하 참조.

종래의 다수설은 위 제48조에 의한 출연재산의 재단법인 귀속은 민법 제186조의 예외로서 민법 제187조가 규정하는 법률의 규정에 의한 물권변동에 해당하므로 출연 후 재단법인이 성립한 때에는 민법 제186조에 의한 등기가 없더라도 재단법인이 성립한 때로부터 당연히 그 출연재산은 재단법인에게 귀속한다고 보고 있다. 반면 소수설은, 재단법인 설립행위는 법률행위이므로 법률행위로 인한 부동산 물권변동에 관한 형식주의의 원칙에 따라 등기가 있어야만 출연재산이 재단법인에게 귀속된다고 한다.

그런데 대법원 1979. 12. 11. 선고 78다481, 482 전원합의체 판결[49]의 다수의견은 이러한 다수설과 소수설 어느 것도 따르지 아니하고, 출연자와의 관계 및 제 3 자와의 관계를 나누어, 출연재산은 출연자와의 관계에 있어서는 등기 없이도 재단법인 성립시에 재단법인에게 귀속되지만, 제 3 자와의 관계에 있어서는 등기가 있어야 한다고 하는 제 3 의 견해를 채택하였다.[50] 그러나 이러한 다수의견에 대하여는, 위 판결의 소수의견이 지적하고 있듯이 현행 민법하에서 이러한 상대적인 소유권의 귀속을 인정할 수 없다고 하는 비판이 있다.[51]

이 개정안은 형식주의의 원칙을 재단법인 설립의 경우에도 관철시키는 것이 좋다는 취지에서 마련된 것이다. 그리고 제 4 항은 이른바 유언에 있어서의 同時存在의 원칙과의 관계에서 생기는 문제점을 해결하기 위한 것이다. 즉 상속이나 유증의 경우에 상속인이나 유증을 받을 受遺者는 상속개시 당시에는 존재하고 있어야 하는데, 유언으로 재단법인을 설립하는 경우에는 유언의 효력발생 당시에 아직 유증을 받을 당사자인 재단법인이 성립하지 않았으므로 그 유언은 무효가 될 것이라는 염려가 있어서 이를 막기 위한 것이다.[52] 물론 제 4 항의 규정은 유언의 경우에만 적용되는 것은 아니고, 생전출연의 경우에도 출연자가 사망할 때까지 재단법인이 설립되지 않았다면 마찬가지로 적용될 수 있다.[53]

그러나 이러한 개정 방향은 일단 확정되었지만, 그 구체적인 표현을 둘러

---

49) 集 27권 3집 民212면.

50) 같은 취지, 대법원 1993. 9. 14. 선고 93다8054 판결(公 1993, 2762).

51) 예컨대 梁彰洙, "不動産物權變動에 관한 判例의 動向", 民事判例硏究 X, 1988, 372면 이하 참조. 또한 金容漢, "財團法人設立에 있어서의 出捐財産의 歸屬時期", 財産法의 理論과 判例, 1989, 412면 이하 등 참조.

52) 資料集, 72면; 좌담회(註 24), 43면(백태승, 양창수, 지원림 각 발언 참조).

53) 南孝淳, "프랑스法에서의 法人의 歷史", 서울대학교 法學 제40권 3호, 1999, 184면에 의하면 프랑스에서는 이러한 점이 문제로 되고 있다고 한다.

싸고는 우여곡절이 있었다. 民法改正委員會의 제 1 소위가 2001년 초에 마련한 假案(제 3 차 假案)은 다음과 같았다.[54)]

> 제48조(출연재산의 귀속시기) ① 재단법인이 성립된 경우에는 그 설립행위에서 약속한 재산을 재단법인에게 이전할 의무를 부담한다. 그러나 의사표시에 의하여 이전되는 권리는 설립자가 설립행위에서 다른 의사표시를 하지 아니한 때에는 성립과 동시에 재단법인에게 이전된다.
> ② 설립자의 사망 후에 재단법인이 성립된 때에는 설립자의 출연에 관하여는 그의 사망 전에 재단법인이 성립한 것으로 본다.

이 규정은 독일민법 제82조와 제84조[55)]의 규정을 참조한 것이다.

그런데 民法改正委員會의 실무위원회[56)]는 현행 제48조의 규정을 두고 다만 제 2 항 단서에서 유언으로 재단법인을 설립하는 경우에 유언의 효력발생시점에 법인이 성립하는 것으로 의제하는 규정을 추가하고, 제 3 항에서 출연재산은 등기나 인도가 있어야 법인에 귀속하는 규정을 두기로 하였고,[57)] 이러한 실무위원회의 안을 바탕으로 하여 2001. 7. 12. 제14차 전체회의에서는 다음과

54) 資料集, 72면.

55) 2002년 개정 전 독일 민법 제82조: 재단이 인가되면 설립자는 설립행위에서 약속한 재산을 재단에 이전하여야 한다. 양도계약만으로 이전되는 권리는 설립행위로부터 설립자의 다른 의사가 인정되지 아니하는 한 승인과 동시에 재단에 이전된다(Wird die Stiftung als rechtsfähig anerkannt, so ist der Stifter verpflichtet, das in dem Stiftungsgeschäft zugesicherte Vermögen auf die Stiftung zu übertragen. Rechte, zu deren Übertragung der Abtretungsvertrag genügt, gehen mit der Anerkennung auf die Stiftung über, sofern nicht aus dem Stiftungsgeschäft sich ein anderer Wille des Stifters ergibt).

제84조: 재단이 설립자의 사망 후에 비로소 인가된 때에는 재단은 설립자의 출연에 관하여는 그 사망 전에 성립한 것으로 본다(Wird die Stiftung erst nach dem Todes des Stifters als rechtsfähig anerkannt, so gilt sie für die Zuwendungen des Stifters als schon vor dessen Tod entstanden).

2002년 개정된 제82조, 제84조는 종전의 "인가된 때(genehmigt)"라는 표현 대신 "권리능력 있는 것으로 승인(als rechtsfähig anerkannt)"이라는 표현을 쓰고 있다. 이는 독일 민법 제80조가 2002년 개정되면서 인가(Genehmigung)라는 표현을 권리능력의 승인으로 바꾸었기 때문이다.

56) 이 실무위원회는 2001. 6. 마련된 개정안 초안을 놓고 개정안을 확정하기 위하여 양창수 위원, 백태승 위원, 남효순 위원의 3인으로 구성되었다. 資料集, 2면 참조.

57) 실무위원회 안: 제48조(출연재산의 귀속시기) ① 생전처분으로 재단법인을 설립하는 때에는 출연재산은 법인이 성립된 때로부터 법인의 재산이 된다.
② 유언으로 재단법인을 설립하는 때에는 출연재산은 유언의 효력이 발생한 때로부터 법인에 귀속한 것으로 본다. 유언의 효력발생 후에 비로소 재단법인이 성립한 때에는 출연재산에 관하여는 유언의 효력발생 전에 재단법인이 성립한 것으로 본다.
③ 제 1 항 및 제 2 항의 경우에 그 권리의 변동에 의사표시 외에 등기, 인도 또는 그 밖의 요건이 필요한 출연재산은 그 요건이 충족되어야 법인의 재산이 된다.

같은 안을 마련하였다.

> 第48조(출연재산의 귀속시기) ① 생전처분으로 재단법인을 설립하는 때에는 출연재산은 법인이 성립된 때로부터 법인의 재산이 된다.
> ② 유언으로 재단법인을 설립하는 때에는 출연재산은 유언의 효력이 발생한 때로부터 법인에 귀속한 것으로 본다.
> ③ 제1항 및 제2항의 경우에 설립자의 사망 후에 재단법인이 성립된 때에는 설립자의 출연에 관하여는 그의 사망 전에 재단법인이 성립한 것으로 본다.
> ④ 제1항 및 제2항의 경우에 그 권리변동에 등기, 인도 등이 필요한 출연재산은 이를 갖추어야 법인의 재산이 된다.

이처럼 실무위원회가 제1소위의 假案을 변경한 것은 독일민법의 규정을 그대로 차용하는 것보다 현행 제48조의 규정을 가급적 존중하는 방향에서 개정하는 것이 바람직하다고 본 때문이다.[58]

그 후 공청회 등을 거쳐 최종 확정된 개정안이 위 1.에 나온 것이다. 이 개정안은 위 공청회 전의 개정안과 큰 차이는 없고 다만 제3, 4항의 순서가 바뀌었다.

3. 개정안에 대한 비판

이 개정안에 대하여는 찬성하는 견해도 있었으나,[59] 여러 가지의 비판이 제기되었다. 그 중 하나는 개정의 필요성 자체를 부정하는 것이다. 즉 개정안대로라면 재단법인의 성립과 관련하여 보다 중요한 의미를 가지는 공익재산의 보전이라는 가치가 위태롭게 된다는 것이다.[60]

다른 하나는 아예 현행 제48조를 삭제하여 버리자는 것이다.[61] 이 견해는 개정안대로라면 소급적으로 재단법인의 성립이 간주되는 시점과 출연재산의 귀속시기가 일치하지 않고, 또 개정안대로 개정되더라도 판례가 여전히 종래의

---

58) 백태승, "民法總則 改正案에 관한 主題發表", 公聽會, 18면.
59) 金敎昌(註 5), 160-161면.
60) 意見書, 20-21면(김진현). 좌담회(註 24), 43-44면(고상룡 발언)이 개정안에 따르면 재산 없는 재단법인이 성립한다고 하는 비판도 같은 취지로 이해된다.
61) 意見書, 22-23면(안법영), 24-25면(홍성재); 公聽會, 60-62면(안법영); 安法榮(註 19), 171-172면 등.

판례와 마찬가지로 제 3 자에 대한 관계와 설립자와 재단법인 사이의 관계를 나누어 볼 가능성도 있는 등 개정안도 문제를 해결하지 못하고 있으므로 물권변동의 형식주의를 관철하기 위하여는 제48조를 삭제하여 버리는 것이 간단명료하다고 한다.

세 번째 견해는 개정하되 제 1 소위원회의 假案과 같은 방향으로 개정안을 마련하여야 한다는 것이다.[62] 그 근거로는 다음과 같은 점들을 들고 있다. 첫째, 개정안과 같이 제 1, 2 항을 그대로 존치한 채 제 4 항을 추가하면 기존의 제 1, 2 항에 대하여 판례가 출연자와 법인 사이 및 법인과 제 3 자 사이 관계를 분리하여 권리의 상대적 귀속을 인정하게 되는 문제점이 해소되지 못하고, 제 1, 2 항과 제 4 항 사이의 관계를 어떻게 해석할 것인지에 관한 새로운 논란을 불러 올 염려가 있다.[63] 둘째, 재단법인 설립을 위한 재산 출연에 등기, 인도, 배서 · 교부 등 권리 이전에 필요한 추가적인 요건이 필요한 것이 대부분인데도 예외적인 경우가 제 1 항 · 제 2 항에 그대로 남고 원칙적인 경우들은 뒤로 밀려나게 된다. 셋째, 개정시안 제48조 제 3 항[64]과 같이 규정하면 사망 전의 법인설립 의제와 사망시 법인에의 귀속 의제가 연달아 일어나게 되는데 이러한 겹치기 규정이 필요하지 않다. 넷째, 개정시안 제48조 제 4 항은 “등기, 인도 등”이라고 하여 그 의미를 불분명하게 하고 있는데, 이러한 것들은 배서 · 교부 등을 가리키는 표현으로는 매우 부적절하다.[65][66]

4. 개정안에 대한 擁護論

이러한 비판에 대하여 民法改正委員會의 위원으로서 실무위원회 안을 작

62) 다음의 註 63), 65)에서 인용하는 문헌들 외에 民法改正委員會에 제출된 곽윤직 교수의 의견(이에 대하여는 資料集, 76면; 梁彰洙, “財團法人出捐財産의 歸屬時期에 관한 獨逸民法의 規定”, 民法研究 제 7 권, 2003, 84면 참조)도 이와 같다.

63) 법원행정처의 의견(이에 대하여는 資料集, 82면; 박병대 외 5인, “민법 개정안에 대한 의견”, 人權과 正義 2003. 10, 160-161면 참조). 아래에서 인용하는 송덕수 교수도 같은 취지로 비판하고 있다.

64) 이는 현재의 개정안 제 4 항에 해당한다.

65) 둘째에서 넷째까지의 이유는 意見書, 21-22면(송덕수)이 들고 있는 것이다.

66) 이 외에 姜台星(註 5), 187면이 제시하고 있는 개정안은 출연재산의 공시방법을 구비하면 법인의 성립시로부터 재산을 취득하고, 유언으로 재단법인을 설립하는 때에는 법인은 공시방법을 구비하면 유언의 효력발생시로부터 재산을 취득하며, 이 경우 제 3 자의 권리를 해하지 못하고, 공시방법을 요하지 않는 재산은 법인성립시 또는 유언의 효력발생시에 법인에 귀속한다고 하고 있다.

성하는 데 참여하였던 양창수 교수는 개정안을 옹호하는 글을 발표하였다.[67] 이 글은 주로 위의 비판 가운데 독일 민법과 같은 태도를 취하는 제 1 소위원회의 가안을 기초로 다시 개정시안을 준비하여야 한다는 견해[68]에 대하여 개정안의 옹호론을 펴고 있다.

위 주장을 요약하면 다음과 같다. 첫째, 제 1 소위원회 가안의 모범이 되었던 독일 민법 제82조는 제81조 제 2 항에서 정하고 있는 설립행위의 철회가능성의 문제와 밀접하게 연관되어 있다. 즉 독일민법은 설립자가 설립행위를 일단 한 후에도 이를 자유롭게 철회할 수 있다는 입법적인 결단을 하였고(제81조 제2항 제 1 문), 재단법인의 성립과 동시에 설립자에게 출연재산을 재단법인에 이전할 의무를 지우는 것은 그러한 철회의 자유가 종료되는 시점을 정하고 있다는 것이다. 따라서 독일 민법 제82조와 같은 규정을 두기 위하여는 이러한 철회가능성 여부의 문제에 대하여 검토를 하지 않으면 안 되고, 그러한 검토 없이 독일 민법 제82조의 규정을 그대로 우리 민법 안으로 「借用」하여 오는 것이 맥락착오 또는 구조일탈이 될 우려가 있다.[69]

둘째, 우리 민법 제47조 제 1 항은 "생전처분으로 재단법인을 설립하는 때에는 증여에 관한 규정을 준용한다"고 규정하고 있는데, 이러한 규정은 독일 민법에는 없고, 그렇다면 독일 민법 제82조와 같은 규정을 우리 민법에 도입하는 경우에 그것이 오히려 이 규정과 중복 내지 상충되지 않는지, 또는 양자 사이에 어떠한 관계가 있는지를 검토해 보아야 한다.[70]

5. 檢　　討[71]

필자의 私見으로는 이러한 개정안의 개정방향은 기본적으로 타당하고, 나아가 구체적인 안으로서는 현재의 개정안보다는 제 1 소위원회의 假案이 우수하다고 생각한다.

우선 개정안의 취지는 재단법인의 설립에 관하여 현행민법의 물권변동에

67) 梁彰洙(註 62). 또한 資料集, 78-81면(양창수 발언) 참조.
68) 위 註 65)의 송덕수 교수 및 같은 취지인 註 62)의 곽윤직 교수의 견해.
69) 梁彰洙(註 62), 100면 이하.
70) 梁彰洙(註 62), 101면 이하.
71) 필자는 民法改正委員會의 위원으로서 제 1 소위의 가안을 마련하는 데 참여하였고, 공청회안 등의 논의과정에도 참여하기는 하였으나 최종 개정안의 확정 과정에는 해외 출장으로 인하여 참여하지 못하였다. 여기서 그때 밝히지 못하였던 사견을 밝혀둔다.

관한 성립요건주의를 관철하려는 것으로서 그에 대하여 반대할 별다른 이유가 없다. 일부 논자는 그렇게 되면 현행법보다도 재단법인의 보호가 소홀해질 것을 우려하지만,[72] 그러한 우려는 근거가 없다. 재단법인이 일단 설립되면 설립자 내지 그 상속인에 대하여 출연재산을 이전하여 줄 것을 청구할 수 있는 권리를 가지게 되며, 이는 현재의 대법원 판례에 따른 것과 별 차이가 없는 것이다.

그런데 이처럼 형식주의의 원칙을 관철하는 방법으로서 현행 제48조를 삭제하여야 한다는 의견도 있으나[73] 이 또한 바람직하지 못하다. 이러한 의견은 물권변동에 관한 제186조 이하의 규정만으로 재단법인의 설립에 관한 법률관계를 충분히 규율할 수 있다고 보고 있으나, 재단법인의 설립에 따르는 물권변동은 통상적인 법률행위에 의한 물권변동과는 다른 특수성이 있기 때문에 이에 관한 별도의 규정이 필요하다. 통상의 법률행위에 따른 물권변동의 경우에는 그 물권변동의 당사자가 법률행위 당시에 이미 존재하고 있으나, 재단법인의 설립에 따르는 물권변동은 그 물권을 취득할 재단법인이 설립행위 당시에는 아직 존재하지 않기 때문에 예컨대 설립자의 사망 후에 비로소 재단법인이 설립하였다면 어떻게 되는가 하는 문제가 생기는 것이다.

문제는 구체적인 입법에 있어서 1소위의 가안과 현재의 개정안 중 어떤 것이 나은 것인가 하는 점이다. 필자가 보기에는 아래에서 살펴보는 것처럼 현재의 개정안에는 여러 가지 오해의 소지가 없는 것은 아니지만, 개정안의 의도를 잘 이해한다면 제 1 소위의 가안과 개정안 사이에 실제적인 차이는 없다고 보인다. 그렇지만 입법기술면에서 볼 때에는 여러 가지 점에서 1소위의 가안이 더 낫다고 생각된다.

첫째, 개정안은 현행의 제48조 제 1, 2 항을 그대로 두면서 여기에 제 3 항을 덧붙이는 형식을 취하고 있다. 그리하여 마치 제 1, 2 항이 원칙이고 제 3 항은 예외인 것과 같은 모습을 보이고 있다. 그러나 실제에 있어서는 우리 민법이 물권변동에 관하여 형식주의의 원칙을 취하고 있는 결과 제 3 항이 원칙이고 제 1, 2 항은 예외라고 할 수 있다. 뿐만 아니라 제 1, 2 항과 3 항의 관계가 모호하여 이렇게 되면 판례가 종전의 판례를 유지할지도 모른다고 하는

72) 위 註 60) 및 그 본문 참조.
73) 위 註 61) 및 그 본문 참조.

우려를 낳고 있다.[74)75)] 그러므로 형식주의의 원칙이 적용되는 경우와 그렇지 않은 경우를 나누어 명확하게 규정하고 있는 1소위의 가안이 이 점에서 더 낫다.

둘째, 개정안은 설립자가 설립된 재단법인에게 출연재산을 이전하여 줄 의무가 있음을 명확히 하지 않고 있다.[76)] 이 점에서도 이를 명확히 하고 있는 1소위 가안이 더 낫다고 할 수 있다. 그런데 이 점에 대하여는 두 가지의 반론이 있다. 그 하나는 예컨대 민법 제245조 제1항에서 장기취득시효의 효과에 대하여 "등기함으로써 그 소유권을 취득한다"고 규정하고 있는데 판례나 통설은 시효가 완성된 점유자는 등기청구권을 가지게 된다고 하고 있으므로 개정안에 대하여도 그와 같이 말할 수 있다는 것이다.[77)] 확실히 점유취득시효의 경우에는 판례나 통설이 시효가 완성된 점유자에게 등기청구권을 인정하고 있다. 그러나 그러한 등기청구권을 인정하는 명문의 규정이 없기 때문에 그 근거에 대하여 논란이 있는 것이다.[78)] 그러므로 설립자의 출연재산 이전의무를 인정하는 규정을 두는 것이 명확할 것임은 말할 것도 없다. 또 다른 반론은 설립자의 재산이전의무를 중심으로 하는 규정을 두면 이는 재단법인의 설립에 관하여 증여 또는 유증에 관한 규정을 준용하는 현재의 민법 제47조와 중복되는 규정이라고 볼 우려가 있다는 것이다.[79)] 물론 설립자의 재단법인에 대한 출연재산 이전의무는 기본적으로는 출연행위에서 찾아야 할 것이고, 따라서 제47조가 그러한 출연재산 이전의무의 근거가 된다는 설명은 충분히 가능할 것이다. 그러나 제47조만으로는 그러한 출연재산 이전의무를 누구에 대하여 부담하는지, 그 의무의 발생시기는 언제인지 하는 점이 명확하지 않으므로 제1소위 가안과 같이 이 점을 명확히 하고 그 법률관계에 관하여는 증여 또는 유증의 규정을

74) 위 註 61) 및 註 63)의 본문 참조.

75) 고상룡 교수는 공청회 개정안 제1항의 재산은 채권이고 제4항의 재산은 물권(소유권)으로 해석해도 좋은가 하는 의문을 제기하고 있다. 좌담회(註 24), 45면(고상룡 발언).

76) 고상룡 교수가 개정안에 대하여 재산이 없는 재단법인이 성립한다고 하는 것은 개정안대로라면 설립자가 재단법인에게 출연재산을 이전하여 줄 의무가 있다는 근거가 없다는 취지로 이해된다. 좌담회(註 24), 44-45면(고상룡 발언).

77) 좌담회(註 24), 45면(양창수 발언).

78) 예컨대 郭潤直 編/金滉植, 民法注解 物權 Ⅰ, 1992, 85면 참조. 점유취득시효의 경우에 시효완성자의 상대방인 소유자는 시효완성자에 대하여 전혀 「채무」(Schuld = Leistensollen)를 부담하는 것이 아니며, 기껏해야 법이 부과하고 있는 말하자면 일정한 「책임」(Haftung = Einstehenmüssen)을 부담할 따름이라고 하는 견해로는 崔秉祚, "取得時效 完成者의 代償請求權: 代償請求權에 관한 小考", 判例實務硏究 Ⅰ, 1997, 498면 참조.

79) 資料集, 78면(양창수 발언). 梁彰洙(註 62), 102면도 같은 취지로 보인다.

준용한다고 하여 중복이라고 할 수는 없을 것이다.[80)]

셋째, 개정안 제 3 항은 "第 1 項 및 第 2 項의 경우에 그 權利變動에 登記, 引渡 등이 필요한 出捐財産은 이를 갖추어야 法人의 財産이 된다"(밑줄은 필자)고 규정하고 있다. 그러나 이러한 표현도 문제가 있다. 현행법상 권리 변동에 당사자의 의사표시 내지 법률행위 외에도 추가적인 요건이 필요한 경우가 많고 오히려 그것이 원칙이라고 할 수 있는데, 등기나 인도가 그 대표적인 예라고 하겠지만, 그 외에도 지시증권의 경우에는 배서 및 인도가, 주식의 경우에는 주주명부에의 기재 등이 필요하다. 이러한 여러 가지 경우를 모두 나열하는 것은 입법기술상으로 어렵기 때문에 위와 같이 登記, 引渡 등이라고 표현하고 있으나, 그것이 좋은 방법이라고 하기는 어렵다. 어느 것이 여기에 포함되는지가 불명확하기 때문이다.[81)]

넷째, 개정안을 옹호하는 입장에서는 제 1 소위 가안의 모델이 되었던 독일 민법 제82조는 설립자의 철회가능성과 밀접한 관련이 있고, 이 규정은 그러한 철회의 자유가 종료되는 시점을 정하고 있으므로 독일 민법 제82조와 같은 규정을 들여오려면 철회가능성에 대한 검토가 필요하다고 주장한다. 그러나 이는 杞憂에 불과하다. 우선 독일 민법 제82조를 설립자의 철회의 자유가 종료되는 시점으로 이해할 이유가 없다. 그러한 철회의 자유가 종료되는 시점을 규정하고 있는 것은 독일 민법 제82조가 아니라 제81조 제 2 항 제 1 문이다. 2002년 개정 전의 이 규정은 "설립자는 인가가 있기까지는 철회할 권리를 가진다(Bis zur Erteilung der Genehmigung ist der Stifter zum Widerrufe berechtigt)"라고 규정하고 있어서 철회의 자유가 종료되는 시점이 인가가 있을 때임을 명백히 하고 있었고, 2002년 개정 후의 이 규정은 "인가가 있기까지는"이라는 표현을 "권리능력의 승인이 있기까지는(Bis zur Anerkennung der Stiftung als rechtsfähig)"으로 바꾸었을 뿐 내용에는 변화가 없다.[82)] 이론적으로도 철회 가능성이 있다는 것과 설립자의 이전의무의 존부는 필연적인 관련이 있는 것은 아니다. 다시 말하여 철회의 자유가 있더라도 의무는 존재할 수 있고,[83)] 반대로 철회를 할 수 없다고

---

80) 梁彰洙(註 62), 102면 註 64)도 이 점을 인정하는 것으로 보인다.

81) 좌담회(註 24), 42면(김재형 발언)은 등기, 인도 등이 필요한 출연재산이라고 할 때 등기 등을 대항요건으로 하고 있는 경우(예컨대 선박에 관한 권리의 이전, 상법 제743조)까지 포괄할 수 있는 문제가 있다고 지적하고 있다.

82) 위 註 55) 참조.

83) 예컨대 민법 제555조, 제556조, 제557조가 규정하고 있는 증여의 해제는 실질적으로 철회

하더라도 구체적인 의무는 아직 발생하지 않을 수도 있는 것이다.[84] 그러므로 독일 민법 제82조의 규정이 반드시 철회의 자유를 전제로 하는 것은 아니다. 오히려 독일 민법 제82조의 규정은 재단법인이 설립되기 전까지는 설립자가 의무를 부담할 상대방이 존재하지 않기 때문에 재단법인이 설립되어야만 그 재단법인에 대하여 의무가 발생한다는 취지로 이해해야 할 것이다.[85]

그러므로 우리 민법상 위 독일 민법 제82조 내지 제1소위 가안과 같은 규정을 들여온다고 하더라도 설립자가 설립행위를 철회할 수 있는가 하는 점에 관하여 직접 영향을 미치는 것은 아니다. 이러한 점은 예컨대 설립자가 출연 재산 중 일부를 다른 데 처분한 경우에 나중에 설립된 재단법인이 설립자에 대하여 책임을 추궁할 수 있는가 하는 형태로 문제될 수 있는데,[86] 이 문제에 관하여는 견해가 갈릴 수 있고, 이는 제1소위 가안과 같은 형태로 입법화된다고 하여 달라지는 것은 아닐 것이다.[87]

라고 하겠는데, 증여자에게 이러한 규정에 의한 해제권이 있다고 하더라도 아직 해제를 하지 않고 있는 이상은 증여자의 의무는 여전히 존재하고, 해제를 함으로써 비로소 의무가 소멸하는 것이다.

84) 예컨대 기간을 정한 현상광고는 그 기간만료 전에는 철회하지 못하고(제679조 제1항), 우수현상광고는 응모기간을 정하여야 하므로(민법 제678조 제1항) 마찬가지로 철회할 수 없는데, 이처럼 철회할 수 없다고 하더라도 구체적으로 지정행위를 완료한 자가 있거나 응모에 응하여 우수의 판정이 있기까지는 현상광고자의 보수지급의무는 발생하지 않는다.

85) 독일에서는 설립 중의 재단법인(Vorstiftung)이라는 개념을 인정할 수 있는가에 관하여 논란이 있으나, 통설은 이를 부정한다. MünchKomm/Reuter, 4. Aufl., 2001, §80 Rdnr. 24; Staudinger/Peter Rawert, §80 Rz. 42 등 참조.

86) Staudinger/Peter Rawert, §80 Rz. 7 참조.

87) 문제를 다시 서술한다면 다음과 같다. 유언에 의하여 재단법인을 설립하는 경우에는 유언은 사망하기까지는 언제나 철회할 수 있으므로(민법 제1108조 참조), 사망하기까지는 철회가 가능하고 사망한 후에는 철회할 수 없을 것이다. 반면 생전행위에 의하여 재단법인을 설립한다면 증여에 관한 규정이 준용되므로 증여의 해제에 관한 규정(민법 제555조-557조. 주로 문제되는 것은 제557조에 의한 사정변경으로 인한 해제일 것이다)이 준용될 것이다. 문제는 이 규정들이 재단법인의 설립 전후를 막론하고 준용될 것인가, 아니면 재단법인의 설립 후에만 이 규정들이 준용되고 재단법인의 설립 전에는 다른 원리에 의하여 철회 여부가 결정될 것인가 하는 점이다. 현재까지의 잠정적인 사견은 생전행위의 경우에는 재단법인 설립 전까지는 제한 없이 철회를 인정하는 것이 실제적이라고 생각된다. 다만 재단법인 설립의 인가가 있은 후에 철회를 하려면 재단법인의 해산 절차를 밟아야 하는 것 아닌가 하는 문제는 생길 수 있다.

V. 등기되지 않은 이사의 대표권 제한에 관한 규정의 개정

1. 개 정 안

현 행 법	개 정 안
第60條(理事의 代表權에 對한 制限의 對抗要件) 理事의 代表權에 對한 制限은 登記하지 아니하면 第三者에게 對抗하지 못한다.	第60條(理事의 代表權에 대한 制限의 對抗要件) 理事의 代表權에 對한 制限은 登記하지 아니하면 善意의 第三者에게 對抗하지 못한다.

2. 改正의 경과

민법 제59조 제1항 본문은 "理事는 法人의 事務에 관하여 각자 法人을 代表한다"고 규정하고, 제60조는 "理事의 代表權에 對한 制限은 登記하지 아니하면 第三者에게 對抗하지 못한다"고 규정하고 있다. 원래 의용민법 제54조는 "理事의 代理權에 가한 制限은 이를 가지고 善意의 第三者에게 대항하지 못한다"고 규정하고 있었다. 민법 제정 당시에도 당초에는 이러한 의용민법의 규정을 답습하려고 하였으나 국회에서의 심의과정에서 현재와 같이 선의·악의를 구분하지 않는 것으로 바뀌었다.[88]

그런데 민법 시행 후에는 이러한 법문의 규정에도 불구하고 학설상으로는 등기되지 않은 이사의 대표권 제한은 선의의 제3자에 대하여만 대항할 수 없을 뿐 악의의 제3자에 대하여는 대항할 수 있다고 주장하는 견해(제한설)가 많다. 반면 법문과 같이 악의의 제3자에 대하여도 대항할 수 없다고 주장하는 견해(무제한설)도 있다. 제한설은 그 근거로서, 악의의 제3자는 보호할 필요가 없고, 만일 악의의 제3자도 위 조문의 제3자에 포함된다면 현저히 정의관념에 반하는 결과가 된다고 주장한다.[89] 반면 무제한설은 위 조문이 선의와 악의

88) 상세한 것은 梁彰洙, "法人 理事의 代表權 制限에 관한 若干의 問題", 民法硏究 제1권, 1991, 113면 이하 참조.

89) 郭潤直 編/崔基元, 民法注解 Ⅰ, 1992, 683면 이하가 자세하다. 또한 郭潤直(註 17), 2002, 147면; 金相容, 民法總則, 全訂版, 1998, 247면; 白泰昇(註 17), 252면; 李銀榮(註 17), 278-279면 등 참조.

를 구별하지 않고 있고, 입법과정에서도 선의의 제 3 자에 한정하고 있던 의용민법 제54조와는 달리 그냥 제 3 자로 규정하였다는 점, 등기제도에 의하여 법률관계가 획일적으로 처리되어야 한다는 점 등을 근거로 들고 있다.[90)]

판례는 "법인의 대표자가 법인의 채무를 부담하는 계약을 함에 있어서 이사회의 결의를 거쳐 노회와 설립자의 승인을 얻고 주무관청의 인가를 받도록 정관에 규정되어 있다면 그와 같은 규정은 법인대표권의 제한에 관한 규정으로서 이러한 제한은 등기하지 아니하면 제 3 자에게 대항할 수 없다고 할 것인바(당원 1975. 4. 22. 선고 74다410 판결; 1987. 11. 24. 선고 86다카2484 판결 각 참조), 피고 법인의 정관 제10조에 그와 같은 취지의 법인 대표권의 제한에 관한 규정이 있음은 소론과 같으나 그와 같은 취지가 등기되어 있다는 주장 입증이 없는 이 사건에서 피고 법인은 원고가 그와 같은 정관의 규정에 대하여 선의냐 악의냐에 관계없이 제 3 자인 원고에 대하여 이러한 절차의 흠결을 들어 이 사건 보증계약의 효력을 부인할 수 없다"고 하여 무제한설을 따르고 있다.[91)]

그런데 개정안 제60조는 다시 의용민법과 같이 이사의 대표권 제한을 등기하지 않으면 제한할 수 없는 제 3 자를 선의자로 한정하고, 악의자에게는 등기하지 않더라도 대항할 수 있는 것으로 하고 있다. 그와 같이 개정하게 된 이유는 보다 거래의 안전이 중요시되는 상법에서도 회사의 대표권의 제한은 선의의 제 3 자에 대하여만 대항하지 못하는 것으로 규정하고 있는데(제209조, 제269조, 제389조 제 2 항, 제562조 제 4 항 등) 이와 균형을 맞추어야 한다는 것이다.[92)]

3. 개정안에 대한 찬반 논의

이러한 개정안에 대하여는 찬성하는 견해가 있는 반면[93)] 반대하는 견해도

---

90) 梁彰洙(註 88), 122면 이하; 同, "民法 제60조에서 정하는 "第 3 者"의 範圍", 民法硏究 제 3 권, 1995, 350면 이하; 이교림, 법인이사의 대표권의 제한, 대법원판례해설 제17호(92년 상반기), 150면 이하; 高翔龍(註 13), 222면 이하; 朴駿緖 編/朱基東, 註釋民法(註 10), 제 3 판, 716-717면 등. 다만 무제한설에서도 거래의 상대방이 배신적 악의자라고 판단될 때와 같은 경우에는 대항할 수 있다는 예외를 인정한다.

91) 대법원 1992. 2. 14. 선고 91다24564 판결(公 1992, 1022). 이 판결이 인용하고 있는 대법원 1975. 4. 22. 선고 74다410 판결(集 23권 1집 民224면; 公 1975, 8433); 1987. 11. 24. 선고 86다카2484 판결(公 1988, 151) 등도 같은 취지로 보인다.

92) 백태승(註 58), 20면; 資料集, 106면(윤진수 위원 검토의견).

93) 公聽會, 37면(강용현), 46면(강일원).

있다. 반대하는 견해도 그 하나는 개정할 필요가 없다는 견해와, 민법 제60조를 아예 삭제하자는 견해로 나눌 수 있다.

개정할 필요가 없다는 견해는 상법에 있어서는 대표권의 제한 자체가 등기사항이 아니므로 제 3 자의 선의·악의에 따라 취급을 달리하여야 하지만, 민법은 대표권의 제한 자체를 등기사항으로 규정하고 있으므로 민법에 있어서는 등기하지 않으면 제 3 자의 선의·악의를 불문하고 일률적으로 취급하여야 한다고 한다.[94)]

다른 견해는 제58조를 개정하여 정관으로 이사 중 1인 또는 수인만이 법인을 대표할 권한을 가지는 것으로 정할 수 있도록 하여야 하고, 그렇게 되면 대표권을 가지는 이사의 대표권에 제한을 가하도록 규정할 필요도 없고, 그런 길까지 열어 주는 것은 타당하지 않으므로 제60조를 삭제하여야 한다고 주장한다.[95)]

4. 검　토

개정안은 타당하다고 여겨진다. 개정할 필요가 없다고 하는 비판론은 주로 등기의 기능을 강조하고 있다. 그런데 그 타당성 여부를 논하려면 우선 이러한 문제에 관한 일반 원칙은 무엇인가를 따져 볼 필요가 있다. 그리고 이를 위하여는 일부 견해와 같이[96)] 민법 제60조를 삭제하면 어떻게 될 것인가를 생각하여 본다. 이 점에 관하여는 대법원 2003. 7. 22. 선고 2002다64780 판결[97)]이 참고가 된다. 이 판결은 "비법인사단의 경우에는 대표자의 대표권 제한에 관하여 등기할 방법이 없어 민법 제60조의 규정을 준용할 수 없고, 비법인사단의 대표자가 정관에서 사원총회의 결의를 거쳐야 하도록 규정한 대외적 거래행위에 관하여 이를 거치지 아니한 경우라도, 이와 같은 사원총회 결의사항은 비법

94) 姜台星(註 5), 194-196면. 意見書, 29면(박영규), 29-31면(안법영); 安法榮(註 19), 173-175면도 같은 취지이다. 그런데 公聽會, 64면(안법영)은 등기 전의 제 3 자 보호와 등기 후의 제 3 자 보호를 나누어 전자에는 선의의 제 3 자를 보호하는 규정을 두고 후자에는 현행 조항과 같이 "제 3 자"라고만 규정하여 등기제도의 취지를 반영하여야 한다고 하면서 다음과 같은 개정안을 제안하고 있다.

제60조: ① 理事의 代表權에 對한 制限은 登記하지 아니하면 第三者에게 對抗하지 못한다.
② 第1項의 制限은 登記하기 전에는 善意의 第三者에게 對抗하지 못한다.

95) 金敎昌(註 5), 164-165면.

96) 위 註 95) 및 그 본문 참조.

97) 위 註 44).

인사단의 내부적 의사결정에 불과하다 할 것이므로, 그 거래 상대방이 그와 같은 대표권 제한 사실을 알았거나 알 수 있었을 경우가 아니라면 그 거래행위는 유효하다고 봄이 상당하고, 이 경우 거래의 상대방이 대표권 제한 사실을 알았거나 알 수 있었음은 이를 주장하는 비법인사단측이 주장·입증하여야 한다"고 판시하였다.

이러한 판례는 대표권의 남용에 관한 판례와 궤를 같이하는 것으로서 수긍할 수 있다고 생각된다. 즉 판례는 주식회사의 대표이사가 회사의 이익을 위해서가 아니고 자기 또는 제3자의 이익을 도모할 목적으로 그 권한을 행사한 경우에 상대방이 대표이사의 진의를 알았거나 알 수 있었을 때에는 그 행위는 회사에 대하여 무효가 된다고 판시하고,[98] 이는 민법상 법인의 대표자가 대표권한을 남용한 경우에도 마찬가지라고 하여,[99] 대표권 남용에 관한 여러 학설 중에서 이른바 비진의표시 유추적용설을 따르고 있다.[100] 그런데 비법인 사단의 대표자의 대표권한이 제한되었는데 대표자가 그 제한된 범위를 넘어서 대표행위를 한 경우에도 그 이익상황은 대표권 남용의 경우와 비슷하므로 대표권 남용의 경우에 준하여 취급하여야 할 것이다.[101] 그러므로 법인의 이사의 대외적인 대표권을 제한하여서는 안 되기 때문에 민법 제60조를 삭제하자는 논의는 받아들이기 어렵다.[102]

---

98) 대법원 1988. 8. 9. 선고 86다카1858 판결(集 36권 2집 民64면; 公 1988, 1207); 1990. 3. 13. 선고 89다카24360 판결(公 1990, 880); 1993. 6. 25. 선고 93다13391 판결(公 1993, 2117); 1997. 8. 29. 선고 97다18059 판결(公 1997하, 2870); 2004. 3. 26. 선고 2003다34045 판결(公 2004상, 712).

99) 위 대법원 2004. 3. 26. 선고 2003다34045 판결(위 註 98).

100) 대표권 남용에 관한 여러 가지 학설에 대하여는 朴駿緖 編/朱基東, 註釋民法(註 10), 704면 이하 참조. 다만 대법원 1987. 10. 13. 선고 86다카1522 판결(公 1987, 1699)은 "주식회사의 대표이사가 그 대표권의 범위 내에서 한 행위는 설사 대표이사가 회사의 영리목적과 관계없이 자기 또는 제3자의 이익을 도모할 목적으로 그 권한을 남용한 것이라 할지라도 일응 회사의 행위로서 유효하고, 다만 그 행위의 상대방이 그와 같은 정을 알았던 경우에는 그로 인하여 취득한 권리를 회사에 대하여 주장하는 것이 신의칙에 반하므로 회사는 상대방의 악의를 입증하여 그 행위의 효과를 부인할 수 있을 뿐이라고 함이 상당하다"라고 하여 비진의표시 유추적용설 아닌 권리남용설을 따랐다.

101) 다만 이에 대하여는 이는 대표자가 대표권의 범위를 넘어서 행동한 것이므로 민법 제126조의 표현대리 법리의 적용에 의하여야 할 것이라는 반론도 있을 수 있다. 그러나 법인의 대표자뿐만 아니라 비법인의 대표자도 원래 포괄적인 대표권을 갖는 것이 원칙이므로 대리권의 범위가 수권행위에 의하여 정하여지는 경우와는 다르다. 따라서 그러한 포괄적인 대표권을 내부적으로 제한한 경우에 대표자가 그 제한의 범위를 넘어서 행동한 경우에는 민법 제126조의 표현대리의 법리보다는 대표권 남용의 법리를 적용하는 것이 타당하다고 생각된다.

102) 이는 또한 상법과의 균형도 맞지 않는다.

그렇다면 대표권의 제한을 등기할 수 있는 경우에는 이러한 법리가 크게 달라져야 할 것인가? 이에 관하여 개정 반대론자들은 대표권의 제한을 등기할 수 없는 상법의 경우와는 달라서 민법상으로는 대표권의 제한을 등기할 수 있으므로 등기하지 않은 경우에는 악의의 제 3 자에 대하여도 대항하지 못하는 것이 타당하다고 주장한다. 그러나 과연 그러한가는 의문이다.

악의의 제 3 자에게 대항할 수 있는가 아닌가의 문제는 결국 대표권의 제한을 등기하지 않은 법인의 이익과, 그러한 제한이 있음을 알면서도 대표자와 거래한 제 3 자 양자 가운데 누구의 이익을 더 보호하여야 할 것인가 하는 문제로 귀착된다. 그렇게 본다면 현행법의 해석론은 차치하고라도 입법론적으로 악의의 제 3 자를 더 보호하여야 한다는 주장을 하기는 어렵다고 생각된다. 만일 이 경우에까지 악의의 제 3 자를 보호하여야 한다면 그 근거는 위와 같이 대표권의 제한을 등기할 수 있었음에도 불구하고 등기하지 않은 법인에게 그에 대한 제재를 가하여야 한다는 점에서 찾을 수밖에 없으나, 그렇게까지 함으로써 대표권의 제한을 등기하도록 강제하여야 할 별다른 이유가 없는 것이다.

가령 상법 제37조 제 1 항은 "登記할 사항은 登記하지 아니하면 善意의 第三者에게 對抗하지 못한다"고 규정하고 있어 등기하기 전이라도 악의의 제 3 자에게는 대항할 수 있는 것으로 해석되고 있고 반대의 견해는 없는 것으로 보인다.[103] 외국의 예를 보더라도 독일 민법 제70조는 제68조를 준용하여 사단법인의 대표권을 가진 이사회의 대표권 제한은 등기되거나 상대방인 제 3 자가 악의인 때에는 대항할 수 있다고 규정하고 있다.

보다 근본적으로는 등기 제도의 목적이 무엇인가를 따져 볼 필요가 있다. 등기 제도의 목적은 다른 사람으로 하여금 일정한 사항을 쉽게 알아볼 수 있게 하는데 있다고 할 수 있다. 그러므로 등기된 사항에 관하여는 일반적으로 다른 사람이 아는 것으로 취급된다. 그렇지만 반대로 등기하지 않은 사항이라 하여 항상 다른 사람이 몰랐다고 취급되어야 하는 것은 아니다. 등기하지 않은 사항이라도 다른 사람이 알고 있었다면 등기 제도에 의하여 원래 달성하려고 한 목적은 이미 달성된 것이므로, 그에 따라 처리하면 되고, 특별히 그 사람을 몰랐던 사람과 같이 취급할 이유는 없는 것이다.[104]

---

103) 예컨대 金星泰, 商法總則·商行爲法講論, 1998, 307면 등. 梁彰洙(註 88), 124면은 상법 제37조 제 1 항의 존재는(민법 제60조와의 관계에서) 우리의 사법체계 내에 評價矛盾(Wertungs-widerspruch)이 존재하는 것이 아닌가 하는 의구심을 불러일으킨다고 한다.

104) 이 점에 관하여는 프랑스의 不動産 二重讓渡와 公示制度에 관한 Capitant, Les grands arrêts

또한 이 문제는 앞에서 언급한 대표권 남용의 경우와 비교할 수도 있다. 대표권 남용의 경우에는 대표자는 그 대표권의 범위 내에서 행동하지만 다만 그 목적이 법인을 위한 것이 아니라 자기 또는 제3자의 이익을 도모하는데 있는 경우이다. 그럼에도 불구하고 판례는 상대방이 그러한 대표권 남용의 사실을 알았거나 알 수 있었을 경우에는 그 행위는 무효라고 보고 있다. 그런데 등기되지 않은 이사의 대표권 제한의 경우에 이사가 제한된 대표권을 넘어서 행동한 경우에는 말하자면 대표권 없이 행동한 것과 마찬가지라고 할 수 있다. 그런데 그러한 사실을 아는 상대방에 대하여도 대표권의 제한이 등기되지 않았다는 이유만으로 대항할 수 없다고 하는 것은 현저히 균형에 맞지 않는다.[105)]

다만 대표권의 제한을 등기할 수 있었다는 점은 상대방이 대표권의 제한 있음을 몰랐던 경우에 관하여는 고려하여야 할 것이다. 즉 상대방이 그 대표권의 제한을 알 수 있었는데 과실에 의하여 알지 못한 경우에, 대표권 남용의 법리를 그대로 적용한다면 그 행위는 무효가 되어야 할 것이다.[106)] 그러나 이렇게 되면 법인과 거래하는 제3자는 이사의 대표권이 제한되어 있는가를 알아보아야 할 필요가 있게 되어 추가적인 情報費用(information cost)을 지출하게 된다. 반면 법인으로서는 대표권의 제한을 등기하기만 하면 제3자가 선의이더라도 그에게 대항할 수 있는 것이다. 다시 말하여 법인은 등기라는 간편한 방법에 의하여 자신이 입을지도 모르는 불이익을 막을 수 있으므로 그러한 방법을 취하지 않았을 때에는 적어도 제3자가 선의인 한 그 제3자에게 대항할 수 없다고 보아야 할 것이다.[107)][108)]

---

de la jurisprudence civile, 9ᵉ édition, par F. Terré et Y. Lequette, 1991, p. 810; Barreau-Saliou, Les publicités légales, 1991, nᵒˢ 225 et s. 특히 nᵒˢ 227, 228의 설명 참조. 이에 대한 소개는 尹眞秀, "프랑스에서의 부동산 이중양도에 관한 법적 규율(사해의 공모이론에서 불법행위이론으로)", 私法硏究 제2집, 1994, 294-295면 참조.

105) 資料集, 109면(윤진수 발언) 참조.

106) 위 대법원 2003. 7. 22. 선고 2002다64780 판결(註 44) 참조.

107) 프랑스 破棄院(cour de cassation)의 판례는 부동산 이중양도에 관하여, 第三民事部 1968. 3. 22.判決(D. 1968, 412 note J. Mazeaud, J.C.P. 1968, Ⅱ, 15587 obs. A. Planquel, Rev. trim.dr.civ. 1968, 564 obs. Bredin, Rec. gén. loi et jur. 1968, Jur., 444, p. 601, obs. Désiry) 이래로 두 번째 양수인이 우리 법상의 등기에 해당하는 土地公示(publicité foncière)를 갖추었어도 첫 번째 양수인이 있음을 알았다면 첫 번째 양수인에게 불법행위를 이유로 하는 원상회복책임을 부담한다고 판시하고 있으나, 破棄院 第三民事部 1979. 5. 28. 判決(Bull. civ. 1979, Ⅲ, n° 116, p. 88)은 第一賣買의 사실에 관하여 善意이지만 過失있는 第二買受人은 不法行爲責任을 지지 않음을 명백히 하였다. 이에 대하여는 尹眞秀(註 104) 참조. 또한 尹眞秀, "不動産 二重讓渡의 經濟的 分析",

따라서 이처럼 등기되지 않은 이사의 대표권 제한을 선의의 제3자에게만 대항할 수 없도록 하고 있는 개정안 제60조는 타당하다고 하겠다.

5. 개정안에 관한 해석상 문제점

다만 개정안이 입법화될 경우에 문제될 수 있는 점 몇 가지를 검토할 필요는 있다.

첫째, 개정안 제60조는 선의의 제3자에게는 대항할 수 없도록 하고 있는데, 제3자가 선의이지만 중대한 과실이 있는 경우에도 대항할 수 없는가? 법문상 선의의 제3자에게만 대항할 수 없도록 하고 있는데도 판례상 제3자가 중과실일 때에는 대항할 수 있다고 하는 경우가 있다. 예컨대 대법원 1996. 6. 28. 선고 96다18281 판결[109]은 "민법 제449조 제2항이 채권양도 금지의 특약은 선의의 제3자에게 대항할 수 없다고만 규정하고 있어서 그 문언상 제3자의 과실의 유무를 문제삼고 있지는 아니하지만, 제3자의 중대한 과실은 악의와 같이 취급되어야 할 것이므로 양도금지 특약의 존재를 알지 못하고 채권을 양수한 경우에 있어서 그 알지 못함에 중대한 과실이 있는 때에는 악의의 양수인과 같이 양도에 의한 그 채권을 취득할 수 없다고 해석하는 것이 상당하다"고 판시하고 있다.

또 대법원 1999. 11. 12. 선고 99다19797 판결[110]은 표현대표이사의 행위에 대하여 회사가 선의의 제3자에 대하여 책임을 진다고 규정하고 있는 상법

저스티스 제29권 1호, 1996, 95면 이하 참조.

108) 그러나 대법원 1978. 6. 27. 선고 78다389 판결(集 26권 2집 民151면; 公 1978, 10971)은 규정이 비슷한 주식회사의 대표이사가 대표권 제한을 위반한 경우(상법 제389조 제3항, 제209조 제2항)에 관하여는 "대표이사가 이사회의 결의를 거쳐야 할 대외적 거래행위에 관하여 이를 거치지 아니하고 한 경우라도 위와 같은 이사회의 결의사항은 회사의 내부적 의사결정에 불과하다 할 것이므로 그 거래상대방이 그와 같은 이사회결의가 없었음을 알거나 알 수 있었을 경우가 아니라면 그 거래행위는 유효하다"고 보고 있다. 개정안 제60조와 동일한 취지의 일본 민법 제54조에 관하여 입법론적으로는 선의 및 무과실을 요한다고 하면서도 실제에 있어서는 제3자에게 대표권의 제한을 조사할 의무를 부과할 것은 아니므로 실제상의 차이는 없을 것이라고 하는 것에는 新版 注釋民法(2), 1991, 378-380면(藤原弘道) 참조.

109) 集 44권 1집 民665면; 公 1996, 2364. 같은 취지, 대법원 1999. 2. 12. 선고 98다49937 판결(公 1999상, 534); 1999. 12. 28. 선고 99다8834 판결(公 2000상, 362); 2000. 4. 25. 선고 99다67482 판결(公 2000상, 1271); 2003. 1. 24. 선고 2000다5336, 5343 판결(公 2003상, 677).

110) 公 1999하, 2483. 같은 취지, 대법원 2003. 7. 22. 선고 2002다40432 판결(公 2003하, 1765); 2003. 9. 26. 선고 2002다65073 판결(公 2003하, 2080).

第395조의 해석에 관하여, "상법 제395조가 규정하는 표현대표이사의 행위로 인한 주식회사의 책임이 성립하기 위하여 법률행위의 상대방이 된 제3자의 선의 이외에 무과실까지도 필요로 하는 것은 아니지만, 그 규정의 취지는 회사의 대표이사가 아닌 이사가 외관상 회사의 대표권이 있는 것으로 인정될 만한 명칭을 사용하여 거래행위를 하고, 이러한 외관이 생겨난 데에 관하여 회사에 귀책사유가 있는 경우에 그 외관을 믿은 선의의 제3자를 보호함으로써 상거래의 신뢰와 안전을 도모하려는 데에 있다 할 것인바, 그와 같은 제3자의 신뢰는 보호할 만한 가치가 있는 정당한 것이어야 할 것이므로 설령 제3자가 회사의 대표이사가 아닌 이사가 그 거래행위를 함에 있어서 회사를 대표할 권한이 있다고 믿었다 할지라도 그와 같이 믿음에 있어서 중대한 과실이 있는 경우에는 회사는 그 제3자에 대하여는 책임을 지지 아니한다"라고 판시하고 있다.[111]

이러한 판례에 비추어 보면 개정안 제60조의 경우에도 중과실 있는 제3자에 대하여는 대항할 수 있다고 해석할 여지도 있다.[112]

둘째, 제3자의 善意에 관한 주장입증책임에 대하여는 규정의 체제상 제3자가 자신이 선의임을 주장입증하여야 한다는 견해도 있을 수 있다.[113] 그러나 이사의 대표권 제한이 등기되지 않은 경우에는 그 대표권이 제한되었다는 사실에 대한 제3자의 선의는 추정된다고 보아 그 대표행위의 효력을 다투는 법인측이 제3자의 惡意(또는 重過失)를 입증해야 한다고 보아야 하지 않을까? 판례는 규정형식이 비슷한 대표사원이나 대표이사의 대표권 제한에 관한 상법 제209조 제2항, 제389조 제3항의 경우에는 회사가 제3자의 악의를 주장·입증하여야 한다고 보고 있다.[114]

---

111) 이 외에도 대법원 2004. 3. 25. 선고 2003다64688 판결(公 2004상, 701)은 회사의 대표이사가 이사회의 승인 없이 한 이른바 자기거래행위는 회사와 이사 간에서는 무효이지만, 회사가 위 거래가 이사회의 승인을 얻지 못하여 무효라는 것을 제3자에 대하여 주장하기 위해서는 거래의 안전과 선의의 제3자를 보호할 필요상 이사회의 승인을 얻지 못하였다는 것 외에 제3자가 이사회의 승인 없음을 알았다는 사실을 입증하여야 할 것이고, 비록 제3자가 선의였다 하더라도 이를 알지 못한 데 중대한 과실이 있음을 입증한 경우에는 악의인 경우와 마찬가지라고 한다. 기타 惡意와 重過失의 취급에 관하여는 洪晙豪, "指名債權讓渡에 대한 異議保留 없는 承諾의 效果와 相計抗辯의 斷切 與否", 民事判例研究 XXIII, 2001, 277면 이하 참조.

112) 개정안 제60조와 같은 취지의 일본 민법 제54조에 관하여도 같은 취지의 주장이 있다. 藤原弘道(註 108), 380면 참조.

113) 일본 민법 제54조에 관한 藤原弘道(註 108), 378면; 日本 最高裁 1985(昭和 60). 11. 29. 判決(民集 39권 7호 1760면) 등 참조.

114) 대법원 1978. 6. 27. 선고 78다389 판결(註 108). 같은 취지, 대법원 1994. 10. 28. 선고 94

Ⅵ. 기타의 문제

여기서는 기타 민법개정안에서 달라진 법인에 관한 규정과, 개정이 논의되었으나 개정되지 않은 조항들에 대하여 살펴본다.

1. 기타의 개정조항

가. 감사의 人的 事項을 등기사항으로 함

민법상 법인에 있어서는 감사는 필요적으로 두어야 하는 기관은 아니고, 정관 또는 총회의 결의에 의하여 둘 수 있는 임의적 기관이다(민법 제66조). 종래 법인의 등기사항에는 이사의 성명 및 주소는 포함되었지만, 감사의 성명 및 주소는 포함되지 않았으나, 개정안 제49조 제2항 제10호는 "감사를 둔 때에는 그 성명 및 주소"를 등기사항으로 하였다.[115] 상법은 감사의 성명과 주민등록번호를 등기사항으로 하고 있다(제317조 제2항 제8호, 제549조).

나. 등기사항의 공고에 관한 규정 폐지

현행 민법 제54조 제2항은 "登記한 事項은 法院이 遲滯없이 公告하여야 한다"고 규정하고 있다. 그러나 이제까지는 비용 등의 문제로 인하여 비송사건절차법 부칙에 특별규정을 두어 그 공고를 계속 미루어 왔다. 다른 한편 종전의 상법에도 동일한 취지의 규정이 있었으나(제36조), 이 규정도 실제로 그 시행을 미루어 오다가 1995년의 상법 개정으로 삭제되었다. 이러한 점뿐만 아니라 현실적으로 공고의 실효성이 크지 않은 점에 비추어 보면[116] 이를 삭제하는 것이 타당하다.[117] 그리고 이 조항을 삭제함에 따라서 청산인의 채권신고의 공고방법에 관하여 등기사항의 공고와 동일한 방법으로 하도록 규정하고 있는

다39253 판결(公 1994, 3124); 1998. 3. 24. 선고 95다6885 판결(公 1998상, 1127) 등. 또한 비법인 사단에 관한 대법원 2003. 7. 22. 선고 2002다64780 판결(註 44) 참조.

115) 이는 대한변호사협회의 제안에 따른 것이다. 대한변호사협회(註 12), 184면; 資料集, 84면 이하.

116) 더구나 현재에는 인터넷 상으로 법인등기부의 검색이 가능해졌으므로 공고의 필요성은 별로 없을 것이다.

117) 이는 金敎昌 변호사의 제안을 받아들인 것이다. 金敎昌(註 5), 162면; 資料集, 98면 이하.

제88조 제3항도 삭제하였고, 이 제88조 제3항을 준용하고 있던 여러 다른 조항들(제1032조 제2항, 제1046조 제2항, 제1056조 제2항)도 수정되었으며, 민법 제88조 제1항에 의한 채권신고의 공고방법에 관하여는 비송사건절차법 제36조의2와 제36조의3을 신설하기로 하였다(개정안 부칙 제12조 제5항).

다. 臨時理事의 登記

현행 제63조는 임시이사의 선임에 관한 규정을 두고 있는데, 개정안은 제2항을 신설하여 선임된 임시이사의 등기에 관하여는 직무집행정지 등 가처분의 등기에 관한 제52조의2를 준용하도록 하였다.[118] 그리고 그 구체적인 내용에 대하여는 비송사건절차법 제33조의2를 신설하기로 하였다(개정안 부칙 제12조 제5항).

2. 개정이 논의되었으나 개정에서 제외된 사항

이 외에 개정이 논의되어 개정안까지 마련되었으나 최종적으로는 개정안에서 제외된 사항들이 있다.

가. 사실상의 이사에 관하여

이사가 아니면서 업무지시를 할 영향력이 있는 자, 혹은 이사의 이름으로 업무지시를 하는 자에게 이사와 같은 책임을 인정하여야 할 규정이 필요하다는 주장이 제기되어, 개정위원회에서는 상법 제401조의2와 유사한 규정을 제35조 제3항으로 두기로 하여 공청회에 회부하였다.[119] 그러나 법원행정처에서는 상법 제401조의2의 규정은 사실상의 이사의 개인책임을 인정하기 위한 규정인데 반하여 위 개정안은 사실상의 이사의 행위에 대하여 법인의 책임을 인정하는 것으로서 가치모순이 발생한다고 하여 개정안에 반대하였고,[120] 民法改正委員會에서도 이러한 비판을 받아들여 개정에서 제외하였다.[121]

---

118) 임시이사가 선임된 경우뿐만 아니라 선임된 임시이사의 변경, 취소도 포함될 것이라는 주장이 있다. 資料集, 86면(남효순 발언) 참조.

119) 공청회 개정안 제35조 제3항: 이사에게 그의 업무를 사실상 지시하는 자 또는 이사 그 밖의 대표권한이 있는 것으로 인정될 만한 명칭을 사용하여 업무를 집행하는 자에 대하여도 제1항을 준용한다.

120) 박병대 외(註 63), 159-160면 참조.

121) 資料集, 49-55면.

나. 등기사항에 이사 등의 주민등록번호 포함 여부

현재 상법에서는 이사와 감사의 주민등록번호를 등기사항으로 하고 있다(제317조 제 2 항 제 8 호, 제549조 제 2 항 제 3 호, 제 7 호). 개인을 특정하기 위하여는 성명과 주소 외에도 주민등록번호가 더 효율적이라고 할 수 있다. 그리하여 공청회 개정안에서는 이사와 감사의 주민등록번호를 등기에 기재하도록 하였다.[122] 그런데 이에 대하여는 프라이버시를 침해할 우려가 있다는 논란이 많았고, 그에 따라 결국 이사와 감사의 주민등록번호는 등기사항에서 제외되었다. 그러나 이에 대하여 법원행정처는 이사와 감사뿐만 아니라 청산인의 주민등록번호까지도 등기사항으로 하여야 한다는 견해를 제기하였지만,[123] 이러한 주장은 받아들여지지 않았다. 다른 한편 현재 법인 등의 등기사항에 관한 특례법 제 2 조는 법인 등의 임원의 등기에 있어서는 주민등록번호를 기재하여야 한다고 규정하고 있다.

다. 外國法人에 관한 규정

공청회 개정안은 외국인의 권리능력에 관한 규정을 두는 것(제 3 조의2)과 함께 외국법인의 권리능력과 그 등기에 관한 규정을 두었다.[124] 그러나 이 규정에 대하여는 국제사법의 규정과 중복된다는 등의 비판이 있었다.[125] 법원행정처에서도 이 규정의 신설에 반대하였다.[126]

民法改正委員會는 이러한 비판을 수용하여 이 규정을 제 3 조의2와 함께 신설하지 않기로 하였다.[127]

---

122) 資料集, 86면 참조.

123) 박병대 외(註 63), 161면. 여기서는 2002. 12. 31. 신설된 상업등기처리규칙 제109조의3이 등기부에 기록된 임원 및 지배인등의 표시에 관한 사항 중 주민등록번호의 일부를 공시하지 아니할 수 있다고 규정하여 프라이버시 침해의 가능성은 감소되었다고 지적하였다.

124) 공청회 개정안 제56조의2: ① 외국법인은 대한민국에서 설립되는 동종의 법인 또는 가장 유사한 법인과 동일하게 권리와 의무의 주체가 된다. 그러나 법률 또는 조약에서 제한하는 경우에는 그러하지 아니하다.
② 제49조 내지 제52조의 규정은 외국법인이 우리나라에 사무소를 설치하는 경우에 준용한다. 다만 등기사항이 외국에서 생긴 때에는 등기기간은 그 통지가 도달한 날로부터 기산한다.

125) 意見書, 27면(박경량), 28면(최홍섭).

126) 박병대 외(註 63), 161-162면.

127) 資料集, 104-106면 참조.

Ⅶ. 결 론

민법개정안 중 법인에 관한 부분은 다른 부분만큼 관심의 대상이 되지는 않았다. 그러나 실제에 있어서는 이번에 개정안에 포함된 부분은 상당히 중요한 의미를 가지고 있다. 전체적으로 볼 때 개정안의 기본 골격에는 여러 비판에도 불구하고 큰 문제가 없다고 여겨진다. 그러나 특히 제48조의 개정안은 여러 가지 문제가 있다고 보여진다.

종래 법인에 관하여는 민법의 다른 분야에 비하여 비교적 소홀하게 다루어진 감이 없지 않다. 그러나 국민들의 실제 생활에 있어서는 민법의 법인 규정이 가지는 의미가 작다고 할 수 없다. 앞으로 이 개정안이 좀더 많은 연구가 이루어지는 계기가 되기를 희망한다.

〈서울대학교 法學 제46권 제1호, 2005〉

〈追記〉

본문 Ⅲ. 5.에서 언급한 교회의 분열 문제에 관하여 대법원 2006. 4. 20. 선고 2004다37775 전원합의체 판결(公 2006상, 851)은 종래의 판례를 변경하여 이른바 교회의 분열이라는 개념을 부정하고, 다만 지교회의 소속 교단에서의 탈퇴 내지 소속 교단의 변경은 사단법인 정관변경에 준하여 의결권을 가진 교인 2/3 이상의 찬성에 의한 결의를 필요로 한다고 판시하였다. 반면 위 판결의 별개의견(대법관 손지열, 박재윤, 김용담, 김지형)은 교회의 소속 교단의 변경에 관하여는 사단법인의 정관변경에 관한 민법 제42조 제1항을 유추적용할 것이 아니라 사단법인의 해산결의에 관한 민법 제78조를 유추적용함이 옳고, 따라서 교회는 교회의 규약 등에 정하여진 적법한 소집절차를 거친 총회에서 의결권을 가진 교인 3/4 이상의 동의를 얻은 경우에 한하여 적법하게 소속 교단을 탈퇴하거나 변경할 수 있다고 보는 것이 옳다고 한다.

法律行爲의 補充的 解釋에 관한 獨逸의 學說과 判例

I. 序　　論

어떤 契約의 실행과정에서 當事者들이 미처 생각하지 못하여 契約에서 규정한 바 없는 事項에 관하여 紛爭이 생기는 경우를 흔히 볼 수 있다. 보통 이러한 紛爭은 이른바 任意法規(dispositives Recht)의 適用에 의하여 解決될 수 있다. 예컨대 當事者가 賣買契約上 賣買目的物의 瑕疵에 관하여 아무런 約定을 한 바 없었는데 나중에 瑕疵가 있음이 밝혀진 경우 이로 인한 紛爭은 民法上의 瑕疵擔保責任에 관한 규정(제580조 이하)에 의하여 해결될 수 있다. 그러나 그와 같이 適用될 수 있는 任意法規가 존재하지 아니하거나 존재하더라도 當該 事件에는 適用될 수 없는 사정이 있는 경우에는 어떻게 하여야 할 것인가가 問題된다.

이 問題에 관하여 獨逸의 學說과 判例는 法律行爲의 補充的 解釋(ergänzende Auslegung des Rechtsgeschäfts) 내지 補充的 契約解釋(ergänzende Vertragsauslegung)[1]의 理論을 발전시켜 왔다. 이 理論에 의하면 法律行爲에 規定이 없는 事項에 관하여 紛爭이 생겼을 때에는 法律行爲에 欠缺(Lücke)[2]이 있다고 보

1) 法律行爲의 補充的 解釋은 契約 이외의 다른 法律行爲에 있어서도 가능하지만 契約의 경우에 주로 問題가 된다. 本文에서 補充的 解釋이라고 할 때에는 특별한 경우가 아닌 한 補充的 契約解釋을 가리킨다.

2) Lücke라는 단어를 "欠缺"이라고 번역하는 것이 보통이나 李英俊, 民法總則, 1987, 288면 이

고 이 欠缺을 當事者들이 그러한 事項에 관하여 規定하였더라면 어떻게 規定하였을까라는 이른바 假定的인 當事者意思(hypothetischer Parteiwille)에 의하여 補充한다는 것이다.

理解를 돕기 위하여 두 가지 例를 들어본다.

1. 醫院交換事件(Praxisaustauschfall) [BGHZ 16, 71]

原告와 被告는 서로 다른 도시에서 開業하고 있던 醫師들인데 1951년 2월 서로의 醫院 施設을 交換하기로 하여 1952. 7. 1. 그 交換이 완료 되었다. 그 후 被告가 위 交換契約이 無效라고 주장하면서 종전의 開業地로 돌아가겠다는 意思를 나타내자 原告는 위 交換契約의 有效確認 및 被告가 종전의 開業地나 그 부근에서 開業하는 것을 禁止하여 달라는 내용의 不作爲請求의 訴를 제기하였다. 抗訴審法院은 위 交換契約에는 被告의 復歸禁止(Rückkehrverbot)에 관한 내용이 포함되어 있지 않다고 하여 原告의 不作爲請求를 기각하였다. 그러나 聯邦大法院(Bundesgerichtshof, BGH)은, 契約目的의 確保에 本質的인 欠缺이 있을 때에는 補充的 契約解釋에 의하여 當事者들이 空白으로 남겨둔 점을 規律하였더라면 表示하였으리라고 여겨지는 내용을 탐구하여야 한다고 前提하고, 이 事件 當事者들은 交換契約 당시 相對方이 곧 종전의 開業地로 돌아오리라는 可能性을 염두에 두지 않아서 그에 대하여 아무런 規定을 둔 바 없었는데 契約當事者의 一方이 곧바로 종전의 開業地로 돌아간다면 이는 全體 契約目的을 危脅하는 것이므로 위 契約에는 欠缺이 存在하고, 補充的 契約解釋에 의하면 當事者들이 交換契約 이행 완료 후 2-3년 내에 相對方이 종전 開業地로 돌아올 것을 예상하였다면 그 기간 동안의 復歸禁止에 合意하였을 것이라고 하여 原審判決을 파기환송하였다.

2. 호밀條項(Roggenklausel) [BGHZ 81, 135]

原告는 1958. 9. 1. 被告를 위하여 原告 소유의 1,119㎡의 土地에 地上權을 설정하였는데 地料는 1년에 1㎡당 0.3마르크(DM)로 하되 原告는 地料로서 돈

하에서는 "間隙"이라는 用語를 사용하고 있다.

대신 1㎡당 750g의 호밀을 請求할 수 있다고 約定하였다. 그 후 1978년까지 사이에 一般生計費는 96.18% 상승한 데 반하여 그 기간 동안 호밀의 價格은 유럽 共同體의 農業市場規定에 기한 政府의 農民에 대한 補助金 때문에 불과 5.1%만이 引上되었다. 이에 原告는 1978. 6. 27. 生計費의 變動에 따른 地料增額請求權[3]의 確認 및 그에 따른 地料 差額의 支給請求의 訴를 제기하였다.

聯邦大法院은, 위와 같이 地料로서 호밀을 請求할 수 있도록 한 것은 原告가 호밀을 필요로 한 때문이 아니고 生計費 上昇으로 인한 貨幣의 購買力 低下에 대비하기 위한 價值保全條項(Wertsicherungsklausel)의 性格을 가진 것인데, 호밀 價格의 變動이 一般 生計費 上昇을 따르지 못하여 원래 의도하였던 價値保全의 機能을 충족시키지 못하게 되었으므로 補充的 契約解釋의 問題가 發生한다고 하면서, 當事者들이 위 호밀條項의 不適合性을 알았더라면 原告가 주장하는 바와 같이 매 5년마다 生計費 指數가 10% 이상 增減하였을 때에는 그에 따라 地料가 다시 책정되어야 한다는 이른바 給付留保(Leistungsvorbehalt)[4]에 合意하였을 것이라고 하여 原告의 請求를 기본적으로는 正當하다고 인정하였다.

우리나라에서는 아직 위와 같은 法律行爲의 補充的 解釋의 理論이 잘 알려져 있지 않으므로[5][6] 이를 소개하는 것도 意味있는 일이라 하겠다.

이 글에서는 우선 補充的 解釋의 性質에 관한 論議를 소개하고 다음으로 補充的 解釋의 具體的 內容을 알아보며 끝으로 補充的 解釋과 관련된 기타의 問題들에 관하여 살펴보기로 한다.

Ⅱ. 性 質

法律行爲의 補充的 解釋이 그 이름처럼 法律行爲 解釋의 一種인가, 아니면 法의 適用일 뿐 法律行爲의 解釋과는 관계없는 것인지에 관하여 獨逸에서는

3) 獨逸의 地上權令(Verordnung über das Erbbaurecht)에는 우리 民法 제286조와 같은 當事者의 地料增減請求權에 관한 規定이 없다.

4) 그 槪念에 대하여는 Larenz, Lehrbuch des Schuldlrechts, Bd. 1, 14. Aufl., S. 172 참조.

5) 李英俊, 註 2) 288-295면이 비교적 체계적인 소개라고 할 수 있다. 그 외에 金亨培, 註釋民法總則(下), 1979, 93면 및 尹眞秀, "法定地上權 成立 後 建物을 取得한 者의 地位(中)", 司法行政 1986. 6(통권 306호), 24-27면 참조.

6) 日本의 石田穰이 주장하는 補充的 解釋은 여기에서 論하는 補充的 解釋보다 더 包括的인 槪念이다. 石田穰, 法解釋學の方法, 1976(昭和 51年), 183면 이하 참조.

學說上 對立이 있다.[7)]

通說은 法律行爲의 補充的 解釋을 意思表示의 意味를 確定하는 이른바 固有의 解釋(eigentliche Auslegung)[8)]과 함께 法律行爲의 解釋에 포함시킨다.[9)] 그러나 Brox의 지적처럼[10)] "補充的 解釋"은 그 자체로는 矛盾되는 말이라고 할 것이니 왜냐하면 解釋(Auslegen)이란 이미 意思表示에 담겨 있는 것을 끄집어내는 것을 意味하는 데 반하여 補充(Ergänzen)이란 意思表示에 포함되어 있지 않은 것을 外部로부터 첨가하는 것을 말하기 때문이다.

Larenz는 이에 대한 說明을 契約을 구성하는 個個의 意思表示의 解釋과, 當事者에 의하여 설정되는 規律(Regelung)로서의 契約의 解釋을 구별하는 데에서 찾고 있다.[11)] 補充的 契約解釋은 個個의 意思表示의 解釋이 아니라 契約에 의하여 創設된 客觀的 規律의 解釋인데, 위 規律이 不完全할 때에는 兩當事者가 채택한 評價尺度를 기초로 하여 契約의 目的 및 전체적인 利益狀況을 고려하여 首尾一貫하게 계속 思考함으로써(folgerichtig weiterdenkt) 不完全한 規律을 그 자체의 前提와 意味聯關에서부터 出發하여 補充하는 것이 補充的 契約解釋의 임무이고,[12)] 補充的 契約解釋의 結果도 私的 自治에 根據한다고 주장한다.[13)]

Brox는 法律行爲의 解釋을 모든 資料를 기초로 하는 "法官에 의한 解釋(Richterauslegung)"과 意思表示의 相對方이 意思表示의 도달 당시 이용할 수 있

---

7) 學說史에 대하여는 Sandrock, Zur ergänzende Vertragsauslegung im materiellen und internationalen Schuldvertragsrecht, 1966, S. 14-23 참조. Sandrock은 前者의 立場에 선 學者를 主觀主義者(Subjektivist), 後者의 立場에 선 學者를 客觀主義者(Objektivist)라고 부른다.

8) 單純解釋(einfache Auslegung) 또는 說明的 解釋(erläuternde Auslegung)이라고도 한다.

9) Brox, Die Einschränkung der Irrtumsanfechtung, 1960(이하 Einschränkung), S. 117 ff.; ders., Allgemeiner Teil des Burgerlichen Gesetzbuchs, 10. Aufl., 1986(이하 Allgemeiner Teil), S. 72 ff.; Flume, Allgemeiner Teil des Bürgerlichen Rechts, 2. Bd., Das Rechtsgeschäft, 3. Aufl., S. 322; Hübner, Allgemeiner Teil des Bürgerlichen Gesetzbuches, 1985, S. 415 f.; Köhler, BGB Allgemeiner Teil, 18. Aufl., 1983, S. 172 f.; Larenz, Die Methode der Auslegung des Rechtsgeschäfts, 1930(Nachdruck 1966), S. 92 ff.; ders., "Ergänzende Vertragsauslegung und dispositives Recht"(이하 dispositives Recht), NJW 1963, S. 732 ff.; ders., Allgemeiner Teil des deutschen Bürgerlichen Rechts, 6. Aufl., 1983(이하 Allgemeiner Teil), S. 528 ff.; Medicus, Allgemeiner Teil des BGB, 2. Aufl., 1985, S. 124 ff.; MünchKomm/Mayer-Maly, 2. Aufl., 1984, §157 Rdnr. 24 ff.; Pawlowski, Allgemeiner Teil des BGB, 3. Aufl., S. 159 ff.; Rüthers, Allgemeiner Teil des BGB, 6. Aufl., 1986, S. 148 ff.; Sandrock, 註 7), S. 45; Sonnenberger, Verkehrssitte in Schuldvertrag, 1969, S. 154 ff.; Staudinger/Dilcher, 12. Aufl., 1979, §§133, 157, Rz. 39.

10) Brox, Einschränkung, S. 117.

11) Larenz, dispositives Recht, S. 739. Sonnenberger, 註 9), S. 154도 同旨이다.

12) Allgemeiner Teil, S. 529.

13) dispositives Recht, S. 739 f.

었던 제한된 資料만을 기초로 하여 행하는 "相對方에 의한 解釋(Empfängerauslegung)"으로 나누고 補充的 解釋은 法官에 의한 解釋의 一種으로 파악한다.[14] 이 補充的 解釋의 임무는 단순히 存在하는 當事者의 意思를 明確하게 하는 것이 아니라 意思를 首尾一貫하게 發展시킬 경우 必然的으로 일어나는 結果를 승인하게 하는 것이며, 客觀的인 法律行爲의 目的을 기초로 하여 當事者의 意思를 계속 形成하고(Fortbildung) 補充하는 것이라고 한다.[15]

위와 같이 法律行爲의 補充的 解釋을 法律行爲의 解釋에 포함시키는 獨逸의 通說은 그 法的 根據로서 "契約은 信義誠實이 去來의 慣習을 고려하여 요구하는 바에 따라 解釋되어야 한다(Verträge sind so auszulegen, wie Treu und Glauben mit Rücksicht auf die Verkehrssitte es erfordern)"라고 規定하고 있는 獨逸民法 제157조를 들고 있다.[16]

결국 獨逸의 通說이 法律行爲의 補充的 解釋 또한 法律行爲의 解釋이라고 이해하는 주된 根據는 補充的 解釋은 法律行爲에 나타난 當事者의 意思를 기초로 하여 法律效果를 확정하는 것이므로 當事者가 反對意思를 表示하지 않는 한 當事者의 意思에 관계없이 適用되는 任意法規와는 구별된다는 점에 있다고 할 수 있다.

위와 같은 通說에 반하여 獨逸의 少數說은 通說이 말하는 이른바 法律行爲의 補充的 "解釋"은 더 이상 解釋이 아니며 客觀的인 法(objektives Recht)의 適用에 불과하다고 주장한다. Henckel에 의하면 契約의 解釋에 의하여 契約의 拘束力의 限界, 즉 契約의 欠缺의 存在는 確定할 수 있으나 그 欠缺을 어떻게 메우는가 하는 점은 固有의 解釋에 의하여는 더 이상 불가능하고 이는 오직 客觀的 觀點에 의하여서만 探究될 수 있으므로 欠缺의 補充은 法適用의 問題라고 한다.[17]

Pilz는 主觀的 意思의 探究(즉 契約의 解釋)와 客觀的인 契約의 補充 이외에 補充的 契約解釋이라는 제 3 의 可能性은 인정할 수 없으며, 客觀化된 假定的 當事者意思(der objektivierte hypothetische Parteiwille)에 따른 "補充的 契約解釋"과 客觀的인 契約의 補充은 결과에 있어서 아무런 差異가 없고, 다만 그 根據에 있어

14) Einschränkung, S. 101 ff., 117 ff.
15) Einschränkung, S. 130.
16) 註 9)의 각 文獻 참조.
17) Henckel, "Die ergänzende Vertragsauslegung", AcP 159(1960), S. 116 f., 121.

서 後者는 實存하는 法官의 補充的 活動을 明示的으로 밝힘에 대하여 前者는 擬制된 當事者의 意思에 의존하지 않을 수 없는 差異밖에 없다고 한다.[18] Pilz는 通說이 말하는 法律行爲의 補充的 解釋을 기존의 任意法規의 適用이 아니라 法官에 의한 法의 創造(richterliche Rechtsschöpfung)로서 理解한다.[19]

Mangold도 補充的 解釋은 실제로는 法官에 의한 法의 補充이므로 缺如되어 있는 規範은 客觀的인 基礎 위에서 當事者의 利益을 較量함으로써만 발견할 수 있으며, 補充的 解釋의 根據는 通說의 주장과 같이 獨逸民法 제157조가 아니라 債權關係 一般에서의 信義則을 규정한 獨逸民法 제242조라고 주장한다.[20]

이상의 學說對立은 獨逸의 判例가 法律行爲의 補充的 解釋이라는 이름으로 행하고 있는 活動을 理論上 法律行爲의 解釋에 포함시킬 것인가 아니면 이를 客觀的 法의 適用으로 理解할 것인가 하는 體系上의 論爭일 뿐 결과에 있어 兩說 사이에 큰 차이가 있는 것은 아니다. 理論的으로는 그 性質을 어떻게 理解하느냐에 따라 補充的 解釋과 任意法規의 適用順位, 錯誤로 인한 取消의 可否 등과 같은 問題의 結論이 달라질 것처럼 보이지만 실제로는 대부분의 學者들이 그 性質에 관하여 어느 說을 따르는가에 관계없이 위의 問題들에 관하여 意見을 같이하고 있다.[21] 이 점에서 補充的 解釋의 性質論의 意義는 그리 크지 않다고 하겠다.[22]

또한 法律行爲의 補充的 解釋과 任意法規의 繼續的 形成(Fortbildung)의 區分은 반드시 明確하지 않다. 예컨대 獨逸의 判例는 지금은 確固한 判例上의 制度로 굳어진 第3者 保護效力 있는 契約(Vertrag mit Schutzwirkung für Dritte)[23]이나 第3者 損害清算(Drittschadensliquidation)[24]의 根據를 한때 補充的 契約解釋에서 구한 바 있었다.[25]

---

18) Pilz, “Richterliche Vertragsergänzung und Vertragsabänderung”, Diss. Freiburg i. Breisgau, 1963, S. 62.

19) ibid., S. 98.

20) Mangold, “Eigentliche und ergänzende Vertragsauslegung”, NJW 1961, S. 2284 ff.

21) 補充的 解釋과 任意法規의 關係에 대하여는 뒤의 Ⅲ. 2를, 錯誤의 問題는 뒤의 Ⅳ. 1을 참조할 것.

22) Flume, 註 9), S. 322 참조.

23) 이에 대한 소개로는 宋德洙, “第3者 保護效力 있는 契約, 厚岩郭潤直敎授華甲紀念”, 民法學論叢, 1985, 454면 이하 및 李銀榮, 債權各論, 1989, 118면 이하 참조.

24) 李好珽, 債權法總論, 韓國放送通信大學敎材, 1985, 68면 이하 참조.

25) 前者의 例로는 RGZ 87, 64 ff.; 289 ff.; BGHZ 33, 247 등. Flume, 註 9), S. 330 f.도 이에

Sandrock은 任意法規의 繼續的 形成은 定形的이고 一般的이며 去來上 계속 관찰되는 事案에 있어서만 가능하고 非定型的이고 個別的이며 特殊한 事案은 法律行爲의 補充的 解釋에 의하여 解決된다고 주장하나,[26] 그러한 區分은 실제로 이루어지지 않고 있고 또 그러한 區分이 가능한지도 疑問이다.[27]

다른 한편 法律行爲의 補充的 解釋과 固有의 解釋의 區分이 流動的이라는 점도 일반적으로 인정되고 있다[28] 이러한 점에서 본다면 法律行爲의 補充的 解釋은 결국 契約과 法의 中間階段(Zwischenstufe)라고 하는 Rummel의 表現[29]이 적절한 것이라고 하겠다.

위와 같은 補充的 解釋의 性質論과는 다른 次元에서 法律行爲의 補充的 解釋을 否定하는 主張도 있다. 이른바 實在的 法理論(reale Rechtslehre)의 主唱者인 Ernst Wolf는 補充的 契約解釋이란 解釋者의 恣意에 의하여 存在하지 아니하는 法律關係를 存在하는 것으로, 存在하는 法律關係를 存在하지 아니하는 것으로 다루는 것이며 契約內容을 變造하고 契約締結者를 壓制하는 것이어서 法律뿐만 아니라 憲法에 위반된다고 한다.[30]

그러나 Ernst Wolf의 위와 같은 主張은 現實的으로 解決을 필요로 하는 問題에 대하여 解答의 提示를 거부하는 것이므로 받아들이기 어렵다. 法律行爲의 補充的 解釋은 그 性質을 어떻게 이해하건 간에 問題의 올바른 解決을 위하여 없어서는 안될 手段이다.[31]

法官이 補充的 解釋을 할 수 있는 權限의 根據는 欠缺의 存在로 인하여 破壞된 契約에 있어서의 等價關係(Äquivalenzverhältnis)가 補充的 解釋에 의하여 回復된다는 Brox의 主張[32]에 의하여 설명될 수 있을 것이다.

관하여 언급하고 있다. 後者에 관하여는 BGHZ 15, 224, 228; 40, 91 등 참조.

26) Sandrock, 註 7), S. 63, 77.

27) Rummel, Vertragsauslegung nach der Verkehrssitte, 1972, S. 115.

28) Flume, 註 9), S. 323; Brox, Einschränkung, S. 118. 등. Sonnenberger, 註 9), S. 156은 法律行爲의 補充(Ergänzung)과 解釋(Auslegung)을 분리하는 것을 不可能하다고 주장한다. 또한 Mangold, 註 20), S. 2284 ff. 참조.

29) Rummel, 註 27), S. 116. 또한 Lüderitz, Auslegung von Rechtsgeschäften, 1966, S. 453 참조.

30) Allgemeiner Teil des Bürgerlichen Rechts, 3. Aufl., 1982, S. 429. 또한 Bickel, Die Methoden der Auslegung Rechtsgeschäftlicher Erklärungen, 1976, S. 172 및 金亨培, 註 5), 93면 참조.

31) Larenz, Allgemeiner Teil, S. 531, Fn. 6.

32) Einschränkung, S. 123 f.

Ⅲ. 補充的 解釋의 具體的 適用

1. 欠缺(Lücke)의 確定

앞에서도 언급한 바와 같이 獨逸의 學說과 判例는 法律行爲의 補充的 解釋을 가능하게 하는 前提로서 法律行爲에 欠缺(Lücke)이 있어야 한다고 한다. 그러나 이러한 欠缺이란 실제로는 매우 不明確한 槪念이다.[33)]

判例는 "契約의 當事者가 어떤 生活關係에 대하여 完決的인 合意(eine abschließende Vereinbarung)를 하였으나 그 合意에 있어서 特定의 問題를 그에 관하여 앞으로 合意하게 될 것으로 기대하였기 때문에 일부러 空白으로 남겨 두었건, 그에 관하여 생각이 미치지 않았기 때문이건 간에 規律하지 않았을 때"에 欠缺이 存在한다고 한다.[34)]

그러나 어떤 事項이 法律行爲에서 規律되지 않았다고 하여 언제나 欠缺의 存在가 肯定되는 것은 아니다. 判例는 이 점에 관하여 補充이 契約의 對象 그 자체의 擴張을 가져올 때에는 欠缺은 존재하지 않는다거나,[35)] 또는 補充的 契約解釋은 契約의 補充이 合意된 것의 全體聯關으로부터 나오는 必然的이고 自明한 結論이어서 그 補充이 없으면 結果가 契約內容에 따라 사실상 合意된 것과 명백히 矛盾될 때 許容된다[36)]고 判示하고 있다.

가령 RGZ 87, 211에서는 原告와 被告가 각 같은 날에 同一人으로부터 서로 인접한 土地를 매수하였는데, 被告와 賣渡人 사이의 賣買契約에서는 原告가 매수한 土地에서의 순무 재배를 위하여 被告가 매수한 土地 위에 있는 鐵道를 利用할 수 있는 地役權이 설정, 등기되었고 이 地役權은 原告에게 양도되었으나 위 地役權 설정 당시 鐵道에 이르는 通路에 대하여는 아무런 언급이 없었는데 이는 그 당시 위 通路가 누구나 통행할 수 있는 公路로 간주되었기 때문이었다. 그러나 그 후 被告가 위 通路는 公路가 아니라는 判決을 얻어낸 다음 위 通路를 봉쇄하자 原告가 위 通路를 통행할 權利를 주장하여 訴訟에 이르게 되었는데, 1심과 2심에서는 모두 被告와 賣渡人 사이의 契約에서 當事者들이

33) Pilz, 註 18), S. 24.
34) BGH LM BGB §157(D) Nr. 1.
35) RGZ 87, 211, 213 f.; 136, 266, 271; BGHZ 9, 273, 278.
36) BGHZ 12, 337, 343; 29, 107, 110.

위 通路를 언급하지 않은 것은 위 通路를 公路로 여긴 때문이라고 하여 欠缺의 存在를 인정하고 補充的 契約解釋에 의하여 原告의 通路通行權을 인정하였다. 그러나 帝國大法院(Reichsgericht)은 補充이 契約 對象 그 자체의 擴張을 가져올 때에는 補充이 가능한 契約의 欠缺에 대하여 논할 수 없다고 하여 原審判決을 파기하였다.

그리고 RGZ 136, 138에서는 主債務者의 被告에 대한 債務를 保證한 原告가 被告를 상대로 제기한 債務不存在確認 등 請求에서 原審은 補充的 契約解釋에 의하여 主債務者가 原告에게 辨濟한 돈은 被保證債務의 辨濟에 우선적으로 充當되어야 한다고 判示한 데 대하여, 帝國大法院은 이는 當事者들이 어떤 事實이 존재하면 法律에 의하여 발생하는 法律效果를 合意에 의하여 排除하는 것을 게을리 한 것과 마찬가지로서 이러한 경우에는 契約의 欠缺은 존재하지 않는다고 하여 原審判決을 파기환송하였다.

위 두 번째 判決의 結論은 수긍할 수 있으나[37] 위 첫번째 判決의 結論에는 問題가 있다.[38]

그리고 補充이 契約 對象의 擴張을 가져와서는 안된다는 判例의 表現도 반드시 적절한 것은 아니다.[39]

Larenz는 欠缺의 槪念을 當事者의 規律計劃(Regelungsplan)에 어긋나는 不完全性(planwidrige Unvollständigkeit)으로 규정하고 있다.[40] 當事者의 規律計劃은 當事者가 合意하여야 하는 주된 爭點, 즉 雙務契約에 있어서는 雙方의 給付의 交換目的과 種類 및 範圍만을 포괄하며, 기타 그 計劃의 實行을 위하여 필요한 다른 事項들에 관한 附加的 規定이 缺如되었을 때에는 이 規律로서의 契約은 不完全하므로 欠缺을 가지고 있고 따라서 補充을 필요로 한다는 것이다.[41]

위와 같은 欠缺의 存在를 當事者가 法律行爲 당시에 알고 있었는지(bewusste Lücke) 모르고 있었는지(unbewusste Lücke)는 중요하지 않으며 欠缺이 法律行爲 당시에 이미 존재하였는지(primäre Lücke) 사후에 事情의 變化로 인하여 생겼는지(sekundäre Lücke)도 문제되지 않는다.[42] 欠缺의 특수한 例로는 契

37) Flume, 註 9), S. 327; Pilz, 註 18), S. 42.

38) 註 37)의 각 文獻 및 Lüderitz, 註 29), S. 431 참조.

39) Flume, 註 9), S. 327. Larenz, Allgemeiner Teil, S. 533은 이 表現을 조심스럽게(cum grano salis) 이해해야 한다고 한다.

40) 同旨, Staudinger/Dilcher, §§133, 157 Rz. 41; Rummel, 註 27), S. 103 f.

41) Larenz, dispositives Recht, S. 738; Allgemeiner Teil, S. 529 f.

42) Brox, Einschränkung, S. 117; Staudinger/Dilcher, §§133, 157, Rz 41; MünchKomm/Mayer-Maly,

約의 一部條項이 無效인 경우를 들 수 있다.[43)]

그런데 위와 같이 補充的 解釋의 前提로서 欠缺을 要求하는 데 批判的인 見解도 있다. Lüderitz는 欠缺의 存在여부도 規範的으로 결정되고, 그 基準은 欠缺의 補充을 결정하는 基準과 同一하며, 따라서 欠缺의 存在를 確定하는 것은 곧 이를 補充하는 것을 의미하므로 欠缺의 問題는 하나의 疑似問題(Scheinproblem)에 불과하다고 주장한다.[44)]

확실히 많은 경우에 欠缺의 確定과 그 補充이 同一한 評價基準에 의하여 이루어지는 것은 否定할 수 없다. 그러나 契約의 一部條項이 無效인 경우처럼 그 欠缺의 存在는 明白하지만 이를 어떻게 補充하여야 할 것인지가 不分明한 경우도 있으므로,[45)] 欠缺의 問題가 疑似問題에 불과하다고는 할 수 없을 것이다.[46)]

2. 任意法規와의 關係

法律行爲에 欠缺이 存在한다는 것이 確定되었다 하여도 바로 補充的 解釋이 問題되는 것은 아니다. 위와 같은 欠缺에 대하여 適用될 수 있는 任意法規가 없는 경우에는 補充的 解釋에 의하여야 하겠지만 그러한 任意法規가 存在하는 경우에는 위 任意法規와 補充的 解釋 중 어느 것이 優先的으로 適用될 것인지를 먼저 결정하여야 하기 때문이다.

얼핏 생각하기에는 이와 같은 任意法規와 補充的 解釋의 適用順位 問題는 補充的 解釋의 性質을 어떻게 이해하느냐에 따라 그 結論이 달라질 것처럼 보인다. 즉 補充的 解釋을 法律行爲의 解釋으로 이해한다면 補充的 解釋이 任意法規에 優先한다는 結論이, 補充的 解釋을 法의 適用으로 이해한다면 그 反對의 結論이 나오는 것이 論理的일 것으로 생각할 수 있다.

그러나 오늘날에는 補充的 解釋을 法律行爲의 解釋이라고 이해하는 學者들 중에서도 補充的 解釋의 優先適用을 주장하는 立場은 거의 찾아보기 어렵

---

§157, Rdnr. 19, 32.

43) Larenz, Allgemeiner Teil, S. 534; BGHZ 63, 132; 90, 69 등.

44) Lüderitz, 註 29), S. 401 ff. Sonnenberger, 註 9), S. 165도 同旨이다.

45) BGHZ 62, 83, 89 f.에서는 都給人의 受給人에 대한 損害賠償請求權 및 解除權을 排除하는 約款條項은 無效이고, 이 경우 欠缺을 補充할 수 있는 여러 가지 可能性이 있어 當事者가 어떻게 規律하였을지가 不確實하므로 補充的 解釋은 不可能하다고 한다.

46) MünchKomm/Mayer-Maly, §157 Rdnr. 30; Rummel, 註 27), S. 104.

다. 실제에 있어서 法律行爲의 欠缺이 存在하는 모든 個別的인 경우에 法官이 補充的 解釋에 의하면 어떤 結論이 나올 것인지, 그 結論이 기존의 任意法規와 調和되는지의 여부를 審理하여야 한다면 이는 訴訟經濟의 側面에서도 바람직하지 않을 것이다.[47]

現在의 支配的인 見解는 當該 法律行爲가 法이 예상하고 있는 類型(Typus)에 속하는가에 따라 補充的 解釋과 任意法規의 適用順位 問題를 해결하려고 한다. 즉 外見上으로는 기존의 任意法規가 그 法律行爲에 適用될 수 있는 것처럼 보이더라도 실제에 있어서 그 法律行爲가 法이 예상하고 있는 類型에서 벗어난다면,[48] 이 경우에는 任意法規를 適用하는 것보다는 補充的 解釋에 따르는 편이 보다 妥當한 結果를 얻을 수 있을 것이고, 반대로 그 法律行爲가 法이 예상하고 있는 類型에 속할 때에는 任意法規 자체가 이러한 類型에서 定型的으로 요구되는 것의 法的 表現에 불과하므로 任意法規가 適用되어야 한다는 것이다.[49][50]

3. 欠缺補充의 方法

위와 같이 法律行爲의 欠缺이 확인되고 任意法規에 의한 補充도 不可能하여 補充的 解釋이 요구될 경우에 判例上 흔히 假定的인 當事者의 意思(hypothetischer Parteiwille)를 探究하여야 한다고 말하여진다.[51] 그러나 이러한 假定的인 當事者의 意思라는 槪念은 그 名稱이 示唆하는 것처럼 단순히 當事者가 欠缺에 대하여 생각이 미쳤더라면 어떻게 행동하였을까를 추측하는 事實的, 心理學的 槪念은 아니다.[52]

물론 假定的 當事者意思를 探究함에 있어서는 當事者의 實際的인 意思

47) Larenz, dispositives Recht, S. 740.

48) 이른바 金融리스契約과 賃貸借契約의 關係가 그 典型的인 例에 해당한다.

49) Larenz, dispositives Recht, S. 740; ders. Allgemeiner Teil, S. 538 ff.; Flume, 註 9), S. 324 f.; Sandrock, 註 7), S. 47 f.; MünchKomm/Mayer-Maly, §157 Rdnr. 26.

50) Medicus는 通說을 좀더 세분하여 다음과 같이 주장한다. 즉 任意法規 가운데 高度로 補助的(höchst subsidiär)이어서 별다른 正義의 要素를 가지고 있지 않는 任意法規의 경우에는 우선 當事者의 意思를 狀況에 의하여 補充하는 것이 要請되고, 그렇지 않은 任意法規의 경우에는 그 任意法規가 特定 事案의 具體的 狀況에 적합한지를 살펴야 한다는 것이다. Medicus, 註 9), S. 125 f.

51) RGZ 142, 23; BGHZ 23, 282 등.

52) Brox, Einschränkung S. 131 ff.

(tatsächlicher Wille)가 重要한 意味를 갖는다. 우선 補充的 解釋의 結果는 法律行爲에 나타난 當事者의 實際意思와 矛盾되어서는 안 된다는 점에서 補充的 解釋의 限界를 제시하는 消極的 機能(negative Funktion)을 갖는다.[53] 나아가 補充的 解釋은 當事者의 實際意思를 기초로 하여 이루어져야 한다는 점에서 當事者의 實際意思는 補充的 解釋의 內容을 결정하는 積極的인 調整機能(positive Steuerungsfunktion)도 수행한다.[54]

그러나 補充的 解釋에 있어서는 위와 같은 事實的인 要素 외에 規範的인 要素도 무시하여서는 안 된다.[55] 獨逸의 判例가 當事者가 空白으로 남겨진 部分을 信義誠實의 要求와 去來의 慣習을 존중하면서 規律하였더라면 表示하였을 것을 探究하여야 한다거나[56] 순수한 客觀的 基礎 위에서 合理的인 利益較量을 행하여야 한다[57]고 判示하고 있는 것은 이점을 나타낸 것이다.

BGHZ 12, 337의 判決은 이와 같은 補充的 解釋의 規範的 側面을 잘 보여주고 있다. 이 事件의 原告는 市가 유일한 社員인 被告 有限會社에 1933년 入社하기 전부터 國家社會主義 獨逸勞動黨(NSDAP), 즉 Nazi의 黨員이었는데, 獨逸의 제2차 세계대전 敗戰 직후인 1945. 6. 20. 被告로부터 이를 이유로 하여 같은 해 7. 31.자로 해고되었다. 原告와 被告 사이의 勤勞契約에서는 4년마다 연장되게 되어 있는 勤勞契約이 被告에 의하여 연장되지 않을 때에는 原告에게 年金을 받을 權利를 부여하고 있었으나, 被告가 실제로 原告를 해고하였을 당시에는 아직 위 期間이 만료되지 않았었다. 原審은, 當事者들이 위 勤勞契約을 체결할 당시에는 原告가 Nazi黨員이라는 이유로 해고되리라는 것을 예상할 수 없었으나, 만일 當事者들이 이를 예상하였더라면 그 경우에도 原告의 年金請求權을 인정하였을 것이라고 하여 補充的 契約解釋에 의하여 原告에게 正常的인 年金의 半額을 인정하였다. 그러나 聯邦大法院은 補充的 契約解釋은 去來에 있어서의 信義誠實의 原則에 따라 행하여져야 한다고 전제하고, 原告가 Nazi黨員이라는 이유로 職場을 잃게 될지도 모른다는 것을 예견하여 그에 대한 豫防措置를 취하였을 것인가가 重要한 것은 아니며, 건강하고 勞動能力이

53) Mayer-Maly, "Die Bedeutung des tatsächlichen Parteiwillens für den hypothetischen", Festschrift für Flume, 1978, S. 625; Larenz, Allgemeiner Teil, S. 533.
54) Mayer-Maly, 註 53), S. 625.
55) Larenz, Allgemeiner Teil, S. 533.
56) BGHZ 16, 71.
57) BGHZ 5, 302.

있는 原告가 Nazi黨員이라는 이유로 職場을 잃는다고 하여 그가 Nazi黨員이기 때문에 받을 수 있었던 많은 액수의 俸給을 기초로 하여 年金을 지급하는 것은, 비록 그 額이 반으로 減額되었다 하더라도 이는 그가 Nazi黨員이었기 때문에 얻을 수 있었던 利益의 一部를 Nazi의 支配가 종료된 뒤에도 保障하는 것 외에 아무것도 아니므로 信義則에 어긋나며 原告의 利益만을 고려하는 것이라고 하여 原審判決을 파기환송하였다.

이 判決은 原告와 被告 사이에 勤勞契約이 체결될 당시의 原告와 被告의 意思라는 側面에서 본다면 原審判決과 같은 補充的 解釋도 가능하다는 것을 暗黙的으로 승인하면서도 그러한 補充的 解釋은 信義則에 어긋나므로 許容될 수 없다고 한 것이다.[58)]

이와 같이 補充的 解釋에는 事實的 側面과 規範的 側面이 있다는 점에 대하여는 대체로 意見이 一致하고 있으나[59)] 위 두 가지 側面이 어떤 關係에 있는지,[60)] 구체적으로 어떤 方法에 의하여 補充的 解釋을 하여야 할 것인지는 반드시 明白하지 않다. 補充的 解釋에 있어 고려되어야 할 要素로서 흔히 契約의 目的(Vertragszweck), 契約의 內容(Vertragsinhalt), 契約의 聯關(Vertragszusammenhang)들을 들고 있으나,[61)] 補充的 解釋을 위한 一般的 公式은 存在하지 않는다. 만일 欠缺을 補充할 수 있는 慣習이 存在하는 경우에는 慣習에 따른 補充的 解釋이 이루어질 수 있다.[62)] 최근에 法經濟學的 觀點에서 補充的 契約解釋을 分析하려는 試圖가 나타나서 補充的 解釋의 方法에 관하여 새로운 照明을 비추어 주고 있다.[63)] 이에 따르면 補充的 契約解釋은 完全契約(vollständiger Vertrag)을 再構成하려는 努力으로 이해될 수 있다고 한다. 여기에서 完全契約이라 함

---

58) 類似한 事例에 관한 同旨의 判決로서 BGHZ 23, 282 참조.

59) Flume는 補充的 解釋이 規範的 解釋(normative Auslegung)에 속한다는 점에 대하여는 合意가 存在한다고 하고 있다. Flume, 註 9), S. 322. 다만 여기서의 規範的 解釋이란 規範的 性格을 지녔다는 意味로서 固有의 解釋의 一種으로서의 規範的 解釋과 同一한 槪念은 아니다. ibid. S. 325 f. 참조.

60) Flume는 遺言과 같은 死因處分(Verfügung von Todes wegen)에 있어서는 補充的 解釋은 生存者 사이의 法律行爲에 있어서와는 달리 死因處分者의 意圖대로 행하여져야 하고 規範的인 補充的 解釋은 副次的으로 이루어진다고 주장한다. Flume, 註 9), S. 336.

61) Pilz, 註 18), S. 46 ff.; Lüderitz, 註 29), S. 410 ff. 등이 비교적 자세히 說明하고 있다.

62) MünchKomm/Mayer-Maly, §157 Rdnr. 43; Rummel, 註 27); Sonnenberger, 註 9). Rummel은 慣習을 當事者의 表示의 意味를 確定하는 表示慣習(Erklarungssitten)과 當事者의 給付行態(Leistungsverhalten)에 관한 眞正한 去來慣習(echte Verkehrssitten)으로 區分한다. 補充的 解釋에서는 後者만이 問題된다. Rummel, 註 27), S. 78 ff. 참조.

63) Schäfer/Ott, Lehrbuch der ökonomischen Analyse des Zivilrechts, 1986, S. 275 ff.

은 契約當事者가 契約締結 당시에 契約의 實行과 결부된 모든 危險(risk, Risiko)을 예견하고 그 負擔의 分配에 관하여 合意한 契約을 말한다.[64]

이러한 完全契約이 現實的으로 存在할 수 없다는 것은 明白하지만, 이는 契約法上의 여러 問題를 解決함에 있어 매우 도움이 되는 概念이다. 여기서 重要한 것은 完全契約에 있어서 當事者들이 危險負擔을 任意로 分配하는 것이 아니라 그 危險으로 인한 雙方의 損失을 最少化하는 方法으로 分配한다는 것이다. 즉 同一한 危險을 契約의 一方이 相對方보다 더 적은 費用으로 豫防할 수 있다면 合理的인 當事者들은 그 一方이 危險이 現實化되는 경우 이를 負擔하기로 하고 그 대신 相對方이 그 對價를 支給하기로 약정할 것이다(the cheapest cost avoider rule). 이와 같은 約定은 雙方에게 모두 有利한데 왜냐하면 그 反對의 경우, 즉 相對方이 危險을 負擔하기로 하는 경우에는 그는 더 많은 對價를 要求할 것이기 때문이다. 問題의 危險을 豫防하는 것이 無意味한 경우, 즉 危險防止費用이 그 危險의 期待値(危險으로 인한 損失 危險 發生의 確率)보다 큰 경우에는 가장 적은 費用으로 保險에 加入할 수 있는 當事者가 危險을 負擔하는 것이 雙方에게 가장 有利하다(the cheapest cost insurer rule). 保險에 의한 危險의 除去가 不可能하다 하더라도 그 외의 다른 方法으로 危險을 더 잘 負擔할 수 있는 當事者가 있다면 그 當事者가 危險을 負擔하여야 한다(the superior risk bearer rule).

위와 같은 完全契約에서의 危險負擔이라는 槪念이 假定的 當事者 意思에 의한 補充的 解釋과 기본적으로 同一하다는 것은 쉽게 알 수 있다.[65] 다만 위의 理論이 제시하는 危險負擔者 決定의 基準이 실제 適用에 있어 반드시 용이한 것은 아니나, 위와 같은 法經濟學的 分析은 補充的 契約解釋이 契約締結 당시를 基準으로 하여[66] 雙方의 利益을 極大化하는 것을 目標로 하여야 한다는 점을 잘 밝혀주고 있다.

4. 補充的 解釋의 實例

여기에서는 獨逸의 判例에 나타난 代表的인 補充的 解釋의 實例를 몇 가

---

64) ibid. S. 251 ff.

65) Schäfer와 Ott는 補充的 解釋뿐만 아니라 契約法 자체를 完全契約을 再構成하려는 努力으로 理解한다. ibid., S. 252. 참조.

66) 補充的 解釋의 基準時點에서 관하여는 뒤의 Ⅳ. 2. 참조.

지 들어본다.

가. RGZ 92, 318

被告는 제1차 세계대전 발발 직후인 1914. 8.에 그의 고용인인 原告에 대하여 戰爭이 계속되는 동안 俸給을 그대로 지급할 것을 약속하는 證書를 작성, 교부하였다. 原告는 1915년 5월에 軍人으로 徵集되었는데, 被告는 1916. 11. 1.까지의 俸給만을 지급하고, 그 후로는 原告를 해고하였다고 주장하면서 俸給의 지급을 거절하여 原告가 訴를 제기하였다.

帝國大法院(Reichsgericht)은 위 證書 작성 당시에는 原告와 被告 모두 戰爭이 곧 끝날 것으로 생각하였다고 確定하고, 위 證書가 原告의 해고를 排除한 것은 오로지 짧은 戰爭期間에 한한 것이며 戰爭이 길어질 것을 고려하였더라면 相當한 期間이 경과한 후에는 해고권을 留保하였을 것인데, 2年 半의 期間은 相當한 期間이라고 하여 1917. 3. 31.에 原·被告 사이의 勤勞關係가 종료되었다고 判示하였다.

나. BGHZ 9, 273

1949. 2. 13.에 死亡한 原告들의 被相續人과 被告들은 같은 合名會社의 社員이었는데, 위 會社의 定款에는 社員 死亡의 경우 그 相續人들에게 被相續人의 持分 중 75% 상당만을 淸算金으로 지급하고 나머지 社員들이 會社를 계속하기로 규정되어 있었다. 原告들과 被告들 사이에서 위 淸算金의 액에 관하여 다툼이 있었으나 1949. 7. 1.의 和解契約으로 그 金額을 確定하였다. 그런데 그 후 卽時扶助法(Soforthilfegesetz)의 시행으로 原告들은 被相續人 死亡 전의 會社持分을 기준으로 하여 卽時扶助金을 납부하게 되자 原告들은 그 1/4은 被告들이 負擔하여야 한다고 주장하면서 訴를 제기하였다.

抗訴審은 이 경우 獨逸民法 제157조에 의한 補充的 契約解釋은 不可能하고, 대신 獨逸民法 제242조에 의하여 被告들이 그들 몫으로 된 原告들 被相續人의 持分에 상응하여 原告들이 납부한 卽時扶助金의 25%를 負擔하여야 한다고 보았으나, 聯邦大法院은 抗訴審이 제157조의 適用을 부정하고 제242조를 適用한 것은 잘못이라고 하면서 다만 原告들과 被告들은 위 和解契約時에 卽時扶助法의 制定을 예상하고 각자의 몫은 스스로 負擔하기로 합의하였지만, 原告들이 被告들에게 귀속된 被相續人 持分의 1/4에 대한 卽時扶助金까지 負擔하기로 合意한 것은 아니므로 여기에는 契約의 欠缺이 存在하고, 이는 補充的 契約解釋에 의하여 메워져야 한다고 하여 結果에 있어서는 抗訴審 判決을 그대로 유지하였다.

다. BGHZ 25, 1

被告는 原告의 어머니인데 原告가 被告의 남편으로부터 相續받은 財産을 被告가 관리하면서 사용하고 있었다. 原告는 위 相續財産에 관하여 負擔하게 된 卽時扶助金 등을 被告가 償還하여야 한다고 주장하여 訴를 제기한 데 대하여 被告는 위 財産 중 일부가 收用되어 원고가 받은 補償을 위 財産의 使用權이 있는 被告에게 지급하여야 한다고 하여 相計의 抗辯을 주장하였다.

抗訴審은 위 相續財産에 대한 被告의 使用權을 인정하고 被告는 原告가 받은 收用된 財産에 대한 補償을 債權者의 代償請求權을 규정한 獨逸民法 제281조의 규정[67]에 따라 被告의 使用權의 代償으로 請求할 수 있다고 하여 被告의 相計 抗辯을 받아들였다. 이에 반하여 聯邦大法院은 위 제281조의 규정은 契約에 의한 債務關係에 있어서는 法에 의하여 규율된 補充的 契約解釋(eine gesetzlich geregelte ergänzende Vertragsauslegung)에 해당하지만, 賃貸人이 賃貸目的物의 收用으로 補償을 받았을 때에는 債務의 目的物과 債務者가 賠償받은 것 사이에 同一性이 없어 賃借人은 위 補償을 代償으로 請求할 수 없다고 判斷하여 제281조의 適用을 배제하고, 다만 補充的 契約解釋에 의하여 補償의 一部 또는 그 利子를 請求할 수 있는지를 審理하여야 한다고 하였다.

라. BGHZ 29, 107

原告 市는 被告에게 土地를 賣渡함에 있어 被告가 그 지상에 工場 등을 세워야 하고, 만일 그 工場의 運營이 2년 이상 중단될 때에는 原告가 이를 還買할 수 있기로 하였는데, 被告는 위 契約에 따른 工場을 세우지 않았다. 이 경우에도 原告가 還買權을 행사할 수 있는지가 문제되었는데, 聯邦大法院은, 補充的 契約解釋은 補充이 合意의 全體聯關으로부터 必然的이고 自明한 것으로 導出되어서 그 補充없이는 結果가 契約의 內容에 따라 실제로 合意된 것과

67) 獨逸民法 제281조 제1항: 債務者가 給付를 不能으로 한 事由에 의하여 債務의 目的物에 갈음하여 賠償 또는 賠償請求權을 取得한 때에는 債務者는 賠償으로서 受取한 物件의 引渡 또는 賠償請求權의 讓渡를 請求할 수 있다.

명백히 모순될 때 가능한데, 工場이 일단 가동되었다가 중단되었을 때에는 原告의 還買權을 인정하면서 工場이 전혀 개설되지 않았을 때에는 原告의 還買權을 인정하지 않음은 모순이라고 하여 補充的 契約解釋에 의한 原告의 還買權을 인정하였다.

마. BGHZ 63, 132

被告는 不動産 所有者로부터 不動産을 임차하여 所有者의 同意하에 이를 原告에게 賃料를 월 2,600마르크로 정하여 轉貸하였다. 그러나 所有者는 被告의 賃料 未支給을 이유로 被告와의 賃貸契約을 解止한 다음 原告에게 위 不動産을 引渡하든지 아니면 직접 賃貸借契約을 체결하라고 요구하여 原告는 所有者와 賃料를 월 4,000마르크로 정하여 賃貸契約을 체결한 다음 被告를 상대로 하여 契約不履行을 이유로 월 1,400마르크의 위 賃料 差額을 損害賠償으로 청구하였다.

抗訴審은 原告와 被告 사이의 轉貸借契約에는 生計費가 10% 이상 변동되면 그에 따라 賃料도 변동되기로 하는 價値保全條項(Wertsicherungsklausel)이 포함되어 있는데 이는 通貨法(Wahrungsgesetz)에 의하여 州 中央銀行의 認可를 받아야 하나 轉貸期間이 10년 미만이므로 認可를 받을 수 없고, 따라서 위 轉貸借契約 전체가 無效라고 하여 原告의 請求를 기각하였다. 이에 반하여 聯邦大法院은 補充的 契約解釋의 原則에 의거하여 當事者들이 위 價値保全條項이 無效임을 알았더라면 認可를 받을 수 있거나 認可가 불필요한 다른 내용의 價値保全條項에 合意하였을 것이므로 결국 위 轉貸借契約이 無效가 아니라고 判斷하였다.

이 判決은 法院이 補充的 解釋에 의하여 法律行爲의 一部가 無效라면 原則的으로 全部가 無效라는 獨逸民法 제139조의 適用을 배제한 것이 된다.

바. BGHZ 77, 301

被告는 原告의 被承繼人으로부터 음식점을 賃借하였는데 原告가 위 음식점을 취득한 후 賃貸關係가 종료되었다.

위 賃貸借契約에서는 賃借人이 賃貸借 종료 후에 目的物에 대한 美裝修繕(Schönheitsreparatur)義務[68]를 負擔하기로 약정되어 있었다. 原告는 위 약정에 따

68) 이는 주로 벽, 천정, 지붕 등의 도배나 페인트칠 등을 하여야 할 의무이다. Larenz, Lehrbuch des Schuldrechts, Bd, Ⅱ, Halbband I, 13. Aufl., 1986, S. 220 참조.

라 被告에게 위 美裝修繕費用을 청구하였으나, 제 1, 2 심은 모두 原告가 위 賃貸借 종료 후 즉시 위 음식점 건물의 改築工事에 착수하였기 때문에 被告의 美裝修善義務 不履行으로 原告에게 아무런 不利益도 없었다고 하여 原告의 청구를 기각하였다. 이에 반하여 聯邦大法院은 改築을 결심한 賃貸人이 賃借人에게 美裝修繕義務의 履行만을 청구할 수 있다는 것은 不合理하며, 또한 賃借人이 契約에 의하여 부담한 美裝修繕義務는 원칙적으로 賃貸人의 給付에 대한 反對給付의 一部이고 따라서 賃借人의 責任을 면제하는 것은 契約의 內容과 명백히 모순되므로 이 경우에는 賃貸人에게 意味가 없게 된 美裝修繕의 履行請求權 대신 그에 상당하는 金錢支給請求權을 부여하는 것이 當事者의 推定的 意思(mutmasslicher Wille)에 부합한다고 하여 補充的 契約解釋에 의한 原告의 請求權을 인정하였다.69)

사. BGHZ 90, 69

原告는 1977년 自動車製造會社인 被告에게 自動車를 주문하였는데 당시의 賣買價格은 그 날의 被告의 價格表 상의 價格인 25,330마르크였다. 그런데 위 契約에서 사용된 被告의 約款에는 契約 체결 후 4월 이상 경과하여 自動車의 引渡가 이루어질 때에는 引渡 당일의 被告의 價格表의 價格이 적용된다(이른바 Tagespreisklausel)고 규정되어 있었다. 위 自動車의 引渡는 1980년에야 이루어졌는데, 原告는 위 引渡日 당시의 價格인 28,580마르크를 被告에게 지급하였다가 나중에 위 賣買 당시의 價格과의 差額을 不當利得이라 하여 返還請求하였다(위와 같은 Tagespreisklausel이 無效임은 이미 BGHZ 82, 21 判決에 의하여 確認되었다).

聯邦大法院은 위와 같은 Tagespreisklausel의 無效로 인하여 契約에 欠缺이 생겼는데, 補充的 契約解釋에 의하면 買受人은 원칙적으로 自動車 引渡 당일의 價格表의 價格을 지급할 義務를 부담하고 다만 위와 같은 價格의 引上이 注文日과 引渡日 사이의 一般生計費의 上昇을 현저하게 능가할 때에는 買受人이 契約을 解除할 수 있게 함으로써 위의 欠缺을 메울 수 있으나, 이 事件에 있어서는 原告가 契約을 解除할 수 있는 事情이 존재하지 않는다고 하여 原告의

---

69) 그러나 通說은 이 判決과는 反對의 立場을 취한다. MünchKomm/Voelskow, §§535, 536, Rdnr. 118 참조.

請求를 기각한 原審判決을 그대로 확정시켰다.[70]

Ⅳ. 기타의 關聯問題

1. 補充的 解釋과 錯誤

法律行爲의 補充的 解釋이 행하여진 경우에 當事者가 이는 자기의 契約締結 당시의 意思에 어긋난다고 하여 錯誤를 이유로 取消할 수 있는지에 관하여 論議가 있다. 補充的 解釋을 客觀的 法의 適用으로 보는 見解를 따른다면 補充的 解釋의 結果는 意思表示의 내용이 될 수 없고, 그에 대한 錯誤는 法律效果의 錯誤(Rechtsfolgenirrtum)에 불과하기 때문에 錯誤를 이유로 하는 取消는 불가능하다.[71]

이에 반하여 補充的 解釋을 法律行爲의 解釋으로 이해하는 學者들 사이에서는 이에 관하여 意見이 나누어져 있으나, 多數說은 錯誤에 의한 取消를 否定하고 있다. Larenz는 表示의 內容에 관한 錯誤만이 取消權을 발생시킬 뿐 表示에 의하여 效力이 부여된 規律[72]의 結果에 관한 錯誤는 取消權의 發生事由가 아닌데, 왜냐하면 表示를 意欲한 者에게는 그 結果를 감당하도록 요구할 수 있고, 그 結果에 대한 錯誤보다는 契約의 維持가 優先한다고 주장한다.[73]

Flume는 補充的 解釋은 規律(Regelung)의 확정과는 관계가 없으므로 錯誤가 문제되지 않음은 明白하다고 한다.[74]

이에 반하여 補充的 解釋에 있어서도 錯誤로 인한 取消를 긍정하는 Sandrock은 固有의 解釋에 의하여 얻어진 法律效果와 補充的 解釋에 의하여 얻어진 法律效果는 그 效力根據(Geltungsgrund)에 있어 차이가 없고, 補充的 解釋에 있어서도 意思와 補充된 表示(ergänzte Erklärung) 사이에 不一致가 있을

70) 一般契約約款의 一部條項이 無效인 경우에 補充的 解釋이 가능한가에 대하여는 否定說도 있으나(李銀榮, 約款規制論, 1984, 48면 참조) 현재 獨逸의 通說과 判例는 모두 이를 인정하고 있다. Ulmer, NJW 1981, S. 2031 Fn. 69; Bunte, NJW 1984, S. 1145 ff.; MünchKomm/Kotz, AGBG §6 Rdnr. 15 ff. 참조.

71) Henckel, 註 17), S. 125; Pilz, 註 18), S. 105.

72) 이른바 效力說(Geltungstheorie)의 立場이다.

73) Larenz, Allgemeiner Teil, S. 537 f.

74) Flume, 註 9), S. 325 f.

수 있으므로 錯誤로 인한 取消는 허용되어야 한다고 주장한다.[75] Sonnenberger도 固有의 解釋과 補充的 解釋의 分離가 不可能하다는 점을 들어 錯誤로 인한 取消를 인정하면서도 실제적으로는 錯誤가 문제되는 事例가 거의 없을 것이라고 한다.[76]

위와 같은 錯誤로 인한 取消의 問題는 理論的으로는 상당히 흥미 있는 테마이지만, 실제에 있어서는 Sonnenberger의 지적처럼 錯誤가 인정될 수 있는 事例는 거의 없기 때문에 重要性이 별로 없다고 할 수 있다. 判例上으로도 補充的 解釋에 있어서 錯誤로 인한 取消의 可否가 問題된 事例는 아직 찾아볼 수 없다.

2. 補充的 解釋의 基準時點

法律行爲의 補充的 解釋에 있어서는 어느 時點의 狀況을 基準으로 하여야 할 것인가가 重要한 論點의 하나이다. 가령 契約 체결 후에 성립한 慣習은 補充的 解釋에 있어 고려될 수 있을 것인가?

앞에서 살펴본 Nazi黨員의 年金請求權에 관한 聯邦大法院 判決은 다음과 같이 판시하고 있다. "여기에서는 1935년(즉 契約 체결시점)이나 그 후의 國家社會主義의 支配하의 時期의 標準으로 측량하여서는 안 되고, 무엇이 현재 雙方의 利益을 較量하여 공평하고 정당한 것으로 여겨져야 하는가가 중요하다. 被告는 오늘날 國家社會主義의 監督 하에 있는 것이 아니라 1933년 이전처럼 民主的인 共同體의 經濟的 企業이라는 事實을 간과하여서는 아니된다"[77]라고 하고 또한 "原告는 여기에서 결정적인 것은 契約체결 당시의 法觀念이라는 立場을 견지하고 있다. 이는 法的으로 잘못된 것이다(BGHZ 12, 343 ff). 여기에서 政治的 狀況의 變化로 특징지어지는 事件이나 法觀念의 變化 후에 일어난 事態가 문제될 때에는 그 事態가 狀況의 變化로 말미암아 전혀 다른 狀況과 法觀念에 기인한 契約意思에 따른 判斷을 불가능하게 하기 때문에 補充的 契約解釋이 배제되든가 아니면 民法 제157조에 의하여 補充的 契約解釋에서도 요구되는 信義誠實의 原則이 적용됨에 따라 變化된 法觀念을 참작하여야 한

---

75) Sandrock, 註 7), S. 120 ff.
76) Sonnenberger, 註 9), S. 192 f.
77) BGHZ 12, 337, 343.

다"[78]고 판시하여 契約 체결 후 法觀念이 變化하였다면 補充的 契約解釋에 있어서는 위와 같이 變化된 法觀念을 고려하여야 한다고 한다.

法律行爲의 補充的 解釋을 客觀的 法의 適用으로 보는 Henckel은 위와 같은 法觀念의 變化를 참작하여야 한다는 점을 固有의 解釋과 구별되는 補充的 解釋의 特徵으로 들고 있다.[79] 補充的 解釋을 法律行爲의 解釋으로 이해하면서도 法律行爲 당시가 아니라 補充的 解釋 당시의 狀況을 補充的 解釋의 基準으로 하여야 한다고 주장하는 見解도 있다.[80]

그러나 補充的 解釋을 法律行爲의 解釋으로 이해하는 學者들은 대부분 法律行爲 당시의 狀況을 基準으로 하여야 하고, 따라서 法律行爲 이후에 성립한 慣習은 고려될 수 없다는 立場을 취하고 있다.[81]

생각건대 이 問題는 補充的 解釋의 事實的 側面과 規範的 側面을 나누어 고찰할 필요가 있다. 契約의 實行에 결부되는 危險을 어느 當事者가 가장 잘 負擔할 수 있는가 하는 側面에서 본다면 契約 체결 당시의 事前的 豫測에 의해야만 契約 체결 당시의 雙方의 利益을 極大化할 수 있을 것이고, 事後的 觀察은 이 경우 아무런 意味가 없다.[82]

반면 規範的 側面에서 본다면 Nazi黨員의 年金請求事件처럼 契約 체결 당시에는 補充的 解釋에 의한 年金請求權을 인정하는 것이 當事者의 假定的 意思 에 부합하더라도 그것이 그 후 變化된 法觀念과 背馳된다면 補充的 解釋은 허용될 수 없을 것이다.[83]

3. 補充的 解釋과 行爲基礎論

補充的 解釋에 관한 또 하나의 重要한 論點은 補充的 解釋이 行爲基礎論(Die Lehre von der Geschäftsgrundlage)과 어떤 關係인가 하는 점이다. 行爲基礎論에 관하여는 여러 가지의 學說이 주장되고 있어서 그 槪念을 定義하는 것도 쉬운 일은 아니나 대체로 契約의 當事者들이 契約 체결 당시에 共通의 基礎로

78) BGHZ 23, 282, 285 f.
79) Henckel, 註 17), S. 124.
80) Flume, 註 9), S. 326; Staudinger/Dilcher, §§133, 157, Rz. 42.
81) Mayer-Maly, 註 53), S. 626; Sonnenberger, 註 9), S. 204.
82) Schäfer/Ott, 註 63), S. 277.
83) Sandrock, 註 7), S. 126 f.

삼았던 事情이 實際와 差異가 있거나(行爲基礎의 缺如, Fehlen der Geschäftsgrundlage) 또는 當事者들이 契約체결 당시 豫測하지 못하였고, 豫測할 수도 없었던 事態가 사후에 發生한 경우(行爲基礎의 喪失, Wegfall der Geschäftsgrundlage) 이러한 事情이 契約의 效力에 어떤 영향을 미칠 것인가에 관한 論議라고 할 수 있다.[84)]

이러한 行爲基礎論이 法律行爲에 欠缺이 있는 경우에 이를 當事者의 假定的 意思에 의하여 解決하려는 補充的 契約解決과 어떤 關係에 있는지가 자주 問題된다.

가령 序論에서 소개한 BGHZ 81, 135 判決에서는 地上權者와 地上權 設定者가 貨幣價值의 下落에 대비하여 地料의 支給을 호밀로 청구할 수 있다고 약정한 事案에서 地料增額請求의 問題를 補充的 契約解釋에 의하여 해결하고 있음에 반하여 BGHZ 77, 194 判決은 그러한 適應條項(Anpassungsklausel)이 없는 경우에 地料增額請求權을 行爲基礎論의 觀點에서 인정하고 있다.

Brox는 行爲基礎論에서 問題되는 事例들은 補充的 契約解釋에 의하여 모두 해결될 수 있다고 믿는다.[85)] 즉 行爲基礎의 缺如나 喪失의 경우에는 當事者들이 그와 같은 事情을 알았더라면 信義誠實의 原則에 따라 去來의 慣習을 고려하여 合意하였을 內容에서 출발하여야 한다는 것이다.[86)]

Flume도 일반적으로 行爲基礎論이 적용된다고 여겨져 왔던 事例의 상당 부분을 契約의 解釋으로 해결하고자 하며 그에 따라 補充的 契約解釋에 넓은 適用範圍를 賦課한다.[87)]

Medicus는 위와 같은 Brox와 Flume의 主張에 同感을 나타내면서, 判例를 검토한 끝에 대부분의 경우에는 行爲基礎混亂(Grundlagenstörung)의 結果는 假定的 當事者意思를 지향하는 契約解釋에 의하여 제거될 수 있고, 극히 드문 경우에만 合意에 의한 規律이 當事者의 意思는 고려되지 않은 채 公平의 觀點에서 現實에 더 잘 들어맞는 다른 規律로 代置되고 있다고 結論을 내린다.[88)]

이에 반하여 Fikentscher는 補充的 契約解釋이라는 槪念은 當事者가 意欲한 것과, 當事者가 豫見하지 못했던 狀況에 직면하여 信義誠實의 原則에 따라

84) 獨逸의 行爲基礎論에 관하여는 李英俊, "事情變更의 原則에 關한 硏究", 司法論集 제 5 집, 1974; 閔日榮, 行爲基礎論에 관한 硏究, 서울대학교 대학원 法學碩士學位論文, 1983 참조.

85) Brox, Einschränkung, S. 180 ff.; Allgemeiner Teil, S. 185 f.

86) Brox, Allgemeines Schuldrecht, 14. Aufl., 1986, S. 55 f.

87) Flume, 註 9), S. 497 ff.

88) Medicus, "Vertragsauslegung und Geschäftsgrundlage", Festschrift für Flume, Bd. 1. 1979, S. 637 ff. 참조.

마땅히 行動하여야 할 것을 부당하게 혼동하고 있으며, 固有의 解釋이 完了되면 行爲基礎論 등을 포함하는 獨逸民法 제242조에 의한 審査가 필요할 뿐이라고 하여 補充的 契約解釋의 理論을 거부한다.[89)]

근래에 이르러서는 Nicklisch가 補充的 契約解釋과 行爲基礎論을 統一的으로 파악하려는 理論을 제창하였다. 그에 따르면 補充的 契約解釋과 行爲基礎論은 構造的으로 同一하고 段階的인 差異밖에 없다고 한다.[90)]

즉 그 要件 면에서는 두 制度가 다같이 欠缺의 存在를 前提로 한다는 점에서 같고, 다만 그 效果를 결정함에 있어서 前者, 즉 補充的 契約解釋의 경우에는 契約에 나타난 當事者의 意思에 의존하는 정도가 높고 規範的 要素는 미약한데 반하여, 後者, 즉 行爲基礎論에 있어서는 規範的 要素가 더 큰 意味를 가지고 사실적 要素는 副次的인 意味만을 가진다는 것이다. 다시 말하여 補充的 契約解釋과 行爲基礎論은 現實의 規律(=契約)이 特定한 解決策에 대하여 구체적인 準據(Anhaltspunkt)를 제공하는가, 제공한다면 어느 정도나 제공하는가에 따라 구분될 수 있으나, 그 境界는 流動的이며 위와 같이 兩者의 境界가 流動的이라면 여기에서 欠缺을 補充하는 한 개의 統一的인 制度를 發展시키는 것은 쉬운 일이라고 한다. 이러한 統一的인 制度에 있어서는 契約에서 직접 規律되지 않은 契約과 現實과의 不一致라는 危險은 2段階의 節次에 의하여 처리되는데, 그 첫 段階에 있어서는 契約의 欠缺을 契約上의 實在 準據에 더욱 의존하는 假定的 當事者意思에 의하여 메우는 것이며 이 첫 段階에서 성과가 없으면 두 번째 段階에서는 規範的인 側面을 더욱 重視하여 合理的이고 誠實한 當事者가 規律되지 않은 事項을 고려하였다면 어떻게 行動하였을까를 探究하여야 한다고 주장한다.

위와 같이 Nicklisch가 兩制度의 要件 면에서의 同一性과 效果면에서의 差異를 주장함에 대하여, Littbarski는 위 主張을 상당 부분 받아들이면서도 그 法律效果면에서의 兩者의 差異는 결코 段階的인 것에 不過한 것이 아니라 根本的인 것이어서 兩者가 하나의 統一的인 上位槪念에 의하여 포섭될 수는 없다고 反論을 펴고 있다.[91)]

즉 補充的 契約解釋에 있어서는 契約을 變更하거나 契約의 對象을 擴張

89) Fikentscher, Schuldrecht, 7. Aufl., 1985, S. 106 f.

90) Nicklisch, “Ergänzende Vertragsauslegung und Geschäftsgrundlagenlehre- ein einheitliches Rechtsinstitut zur Lückenausfüllung?”, BB. 1980, S. 949 ff.

91) Littbarski, Neuere Tendenzen zum Anwendungsbereich der Lehre von der Geschäftsgrundlage, JZ 1981, S. 8 ff.

하는 것이 허용되지 않음에 반하여, 行爲基礎論에 있어서는 契約을 變更하거나 경우에 따라서는 이를 解消하는 것이 주된 法律效果라는 점에서 Nicklisch의 見解는 不當하다고 한다. 그리고 Nicklisch가 주장하는 2段階의 統一的 制度라는 것도 그 이름만이 새로워졌을 뿐 실질적으로 달라진 것은 없다고 批判한다. 다만 Littbarski도 Flume와 마찬가지로[92] 行爲基礎論은 이른바 社會的 實體의 變動(Änderung der Sozialexistenz)의 경우에만 적용될 수 있다는 立場을 취한다.

그 자신 行爲基礎論에 관하여 重要한 硏究業績을 남긴 Larenz[93]는 Nicklisch의 主張에 대하여 Littbarski와는 또 다른 角度에서 批判을 가하고 있다.[94]

즉 補充的 契約解釋과 行爲基礎論은 전혀 상이한 目的을 위하여 발전되었고 상이한 問題의 해결에 이바지하고 있으므로 兩者의 要件과 效果가 서로 重複될 수는 있어도 결코 일치하지는 않는다는 것이다. Larenz에 의하면 兩制度가 다같이 欠缺을 補充하는 機能을 하는 것은 아니며, 行爲基礎論은 行爲基礎의 缺如 내지 喪失로 인한 重大한 不正義(grober Ungerechtigkeit)를 회피하는 것이 그 目的이라고 한다. 補充的 契約解釋에서의 欠缺은 當事者의 不完全한 規律計劃(unvollstandiger Regelungsplan)으로 인한 것인데 반하여 行爲基礎論에서 문제되는 것들, 예컨대 인플레이션으로 인한 貨幣의 購買力 低下는 當事者의 規律計劃과는 관계가 없고 따라서 契約의 欠缺도 문제되지 않는다는 것이다.

위에서 본 바와 같이 補充的 解決과 行爲基礎論의 관계에 관하여는 아직 定說이라고 할 만한 것이 없다. 그러나 다음의 두 가지 점에 대하여는 대체로 合意가 存在한다고 할 수 있다.

첫째 補充的 契約解釋은 行爲基礎論에 優先한다. 다시 말하여 補充的 解釋에 의하여 問題解決이 가능할 때에는 行爲基礎論을 끌어들일 必要는 없다.[95]

둘째 行爲基礎論이 적용될 수 있으려면 期待不可能性(Unzumutbarkeit)의 要件이 갖추어져야 함에 반하여 補充的 契約解釋에 있어서는 그러한 要件을 필

---

92) Flume, 註 9), S. 518 ff.

93) Geschäftsgrundlage und Vertragserfüllung, 3. Aufl., 1963.

94) "Ergänzende Vertragsauslegung und Rückgriff auf die Geschäftsgrundlage", Versicherungs-Recht, 25 Jahre Karlsruher Forum, 1983, S. 156 ff. 특히 160 f. 참조.

95) Larenz, 註 94), S. 158; Hübner, 註 9), S. 431; MünchKomm/Roth, §242 Rdnr. 534; BGHZ 74, 370, 373; BGHZ 81, 135, 143 등.

요로 하지 않는다.[96]

V. 結　　論

이제까지 法律行爲의 補充的 解釋에 관한 獨逸의 學說과 判例를 살펴보았다. 그러나 이 問題가 결코 獨逸에 특유한 問題라고는 할 수 없고, 다만 獨逸에서 이에 관한 理論이 비교적 잘 發達하였을 뿐이다.[97] 우리나라에서도 補充的 解釋의 理論에 의하지 아니하고는 說明할 수 없는 判例를 볼 수 있다.[98] 그러므로 이 理論을 우리나라에 導入하는 것은 충분히 가능할 뿐만 아니라 필요한 일이라고 생각된다.

다만 補充的 解釋의 理論을 우리나라에 導入함에 있어서는 다음의 두 가지 점에 특히 留意하여야 한다고 생각된다. 첫째 補充的 解釋의 性質을 어떻게 파악할 것인가 하는 점이다. 獨逸의 通說이 이를 法律行爲의 解釋으로 이해하고 있음은 앞에서 본 바이지만 우리 民法의 解釋에 있어서는 이를 再考할 필요가 있다. 私見으로서는 오히려 補充的 解釋을 法의 適用 내지 法官에 의한 法規範의 創造로 이해하는 것이 理論的으로 首尾一貫한 結論을 얻을 수 있지 않을까 여겨진다. 둘째 補充的 解釋이 濫用될 危險에 관하여 특히 警戒할 필요가 있다.[99] 補充的 解釋이 法官으로 하여금 마음에 들지 않는 契約內容을 마음대로 變形시킬 수 있게 하는 免許狀은 결코 아닌 것이다.

〈判例月報 1990. 7(통권 238호) = 裁判資料 제59집,
外國司法硏修論集(10), 法院行政處, 1992〉

---

96) Nicklisch, 註 90), S. 950; Littbarski, 註 91), S. 10; Schäfer/Ott, 註 63), S. 281; MünchKomm/Roth, §242 Rdnr. 478, 503.

97) 英美法에서의 補充的 解釋에 관하여는 Lüderitz, 註 29), S. 386 ff 참조.

98) 예컨대 대법원 1976. 1. 13. 선고 70다2462 전원합의체판결, 대법원판결집 24권 1집 民1면; 1985. 4. 9. 선고 84다카1131, 1132 전원합의체 판결, 대법원판례집 33권 1집 民174면, 이에 대하여는 尹眞秀, 註 5), 24-27면 참조.

99) 이에 대하여는 Hübner, 註 9), S. 415 f.; Medicus, 註 9), S. 127 f. 참조.

契約 解釋의 方法에 관한 國際的 動向과 韓國法*

I. 序　　論

우리나라에서는 법률행위 해석의 이론에 관하여 지난 1980년대 중반 이후 상당한 변화가 있었다. 그 이전까지는 주로 일본의 학설에 근거하여 법률행위 해석론을 논하고 있었다. 특히 법률행위 해석의 목적을 당사자의 숨은 진의 내지 내심적 효과의사를 탐구하는 것이 아니라 당사자의 의사의 객관적인 표현이라고 볼 수 있는 것, 즉 표시행위가 가지는 의미를 밝히는 것이라고 하여, 表示主義的 解釋論을 취하고 있었는데, 이는 일본의 종전의 통설과 대체로 유사하다.[1] 그런데 1980년대 중반 무렵부터 법률행위의 해석 방법을 自然的 解釋, 規範的 解釋, 補充的 解釋으로 분류하는 독일의 학설이 소개되기 시작하여,[2] 현재에는 이러한 이론이 지배적인 학설로 되었다.[3]

---

* 이 글은 처음 발표하였던 것을 다소 요약하여 比較私法 제12권 4호에 공간하였는데, 그 후의 문헌 등을 보완한 것이다.

1) 嚴東燮, "법률행위의 해석에 관한 연구", 서울대학교 대학원 법학박사학위논문, 1992, 233-234면 참조. 물론 일본의 종래의 통설도 독일의 이전의 이론의 영향을 받은 것임은 부정할 수 없다. 野村豊弘, "法律行爲の解釋", 星野英一 編, 民法講座 1, 1984, 303면 이하 참조.

2) 이에 관한 가장 처음의 문헌은 李英俊, "法律行爲의 解釋論"(1)-(3), 대한변호사협회지 1986. 4, 5, 6으로 여겨진다. 또한 거의 같은 무렵에 나온 것으로 宋德洙, "法律行爲의 解釋", 경찰대 論文集 제6집, 1987, 237면 이하가 있다. 다른 한편 朱宰璜·金曾漢 編 註釋 民法總則(下), 1979, 74면 이하(金亨培)는 주로 독일의 Bickel에 의존하여(Die Methoden der Auslegung rechtsgeschäftlicher Erklärungen, 1976) 독일의 학설을 소개하였다. 그러나 김형배 교수의 위 글은 직접적으로는 별다른 영향을 미치지 못했던 것으로 보인다. Bickel의 이론 및 그에 대한 비판은 嚴東燮(註 1), 129면 이하 참조.

그런데 이제는 이러한 이론에 변화를 모색할 때가 되었다. 우선 현행 민법에는 법률행위의 해석에 관한 일반적인 규정이 없으나,[4] 법무부가 2004. 10. 21. 국회에 제출한 민법개정안은 법률행위의 해석에 관하여 다음과 같은 규정을 두고 있다.

제106조(법률행위의 해석) ① 법률행위의 해석에 있어서는 표현된 문언(文言)에 구애받지 아니하고 당사자의 진정한 의사를 밝혀야 한다.

② 법률행위는 당사자가 의도한 목적, 거래관행 그 밖의 사정을 고려하여 신의성실의 원칙에 따라 해석하여야 한다.

물론 이 규정의 내용 자체는 독일 민법의 영향을 받은 것으로서 종래의 학설에 근거를 둔 것이고 새로운 내용이라고 하기는 어려우나, 종전에 민법상 법률행위의 해석에 관한 규정이 없었던 것에 비추어 보면 법률행위의 해석에 관하여 새로운 연구의 자극을 부여하는 것이라고 할 수 있다.

다른 한편 우리나라가 2004. 2. 17. 가입서를 기탁하여 2005. 3. 1.부터 발효하게 된 국제물품 매매계약에 관한 국제연합협약(United Nations Convention on Contracts for the International Sale of Goods, CISG)[5]은 계약의 해석에 관한 규정을 두고 있다. 뿐만 아니라 UNIDROIT 國際商事契約原則(Principles of International Commercial Contracts, PICC)[6]이나 유럽契約法原則(Principles of European Contract Law, PECL)[7]도 각각 계약의 해석에 관한 규정을 두고 있다. 이 두 가지의 원칙은 모두 다 통상적인 의미에서의 法規範은 아니다. 이 중 PICC

3) 註 1), 註 2)의 각 문헌 외에 金相容, 民法總則, 全訂版增補, 2003, 425면 이하; 金相容 · 尹達遠 · 朴秀坤, 民法總則, 2004, 223면 이하; 金疇洙, 民法總則, 제 4 판, 1996, 297-298면; 金曾漢 · 金學東, 民法總則, 제 9 판, 1995, 284면 이하, 292면 이하; 명순구, 민법총칙, 2005, 353면 이하; 白泰昇, 民法總則, 改訂版, 2004, 371면 이하; 李英俊, 새로운 체계에 의한 韓國民法論 總則編, 修正版, 2004, 244면 이하; 李銀榮, 民法總則, 제 3 판, 2004, 423면 이하; 郭潤直 編, 民法注解 Ⅱ, 1992, 181면 이하(宋德洙); 郭潤直 編, 民法注解 Ⅰ, 1992, 167면 이하(梁彰洙) 등. 補充的 解釋에 관하여는 김진우, "契約의 空白補充", 比較私法 제 8 권 2호(통권 15호), 2001, 413면 이하; 尹眞秀, "法律行爲의 補充的 解釋에 관한 獨逸의 學說과 判例", 재판자료 제59집, 1992, 87면 이하; 嚴東燮, "法律行爲의 補充的 解釋", 茂巖李英俊博士華甲紀念論文集 韓國民法理論의 發展, 1999, 81면 이하 등 참조. 그러나 南孝淳, "法律行爲의 解釋의 爭點: 法律行爲解釋의 本質 및 方法에 관하여", 서울대학교 法學 제41권 1호, 2000, 147면 이하는 自然的 解釋과 規範的 解釋의 峻別에 대하여 의문을 제기한다.

4) 다만 민법 제106조가 당사자의 의사가 명확하지 아니한 때에는 관습에 의한다고 규정하고 있는 것이 법률행위의 해석에 관한 것이라고 볼 수 있다.

5) 이하 CISG라고 약칭한다.

6) 이하 PICC라고 약칭한다.

7) 이하 PECL이라고 약칭한다.

는 로마에 있는 私法統一國際協會(the International Institute for the Unification of Private Law, UNIDROIT)가 1994년 5월에 국제상사계약에 관한 일반적 원칙을 정립하여 발표한 것으로서, 형식적으로는 法典과 같은 체제를 갖추고 있지만, 그 자체는 법률적인 효력이 인정되는 것은 아니고, 계약의 당사자들이 그 계약이 이 원칙에 의하여 규율된다는 것을 합의함으로써 비로소 적용되는 것이다. 다른 한편 PECL은 유럽 연합 회원국의 법학자들로 결성된 유럽계약법위원회(Commission on European Contract Law)에서 발표한 것으로, 1990년에 제 1 부가 채택되었고, 1996년에 제 2 부가 채택되었다. 이 원칙도 직접적인 구속력이 있는 법규범은 아니지만, 장래 유럽 연합의 입법을 위한 기초가 될 수 있고, 당사자들이 이를 명시적으로 채택할 수도 있으며, 법원이나 중재인들을 위한 참고가 될 수도 있다는 것을 목적으로 하고 있다. 위 두 개의 원칙의 제정에는 각국의 유수한 법률가들이 참여하였으므로 이러한 원칙은 앞으로 각국의 입법이나 판례에 많은 영향을 줄 것으로 여겨진다.[8)9)] 따라서 위와 같은 CISG, PICC 및 PECL의 내용을 파악하는 것은 상당히 중요한 의미를 가진다고 생각된다.

이 글에서는 종래 일본과 독일의 이론에 영향을 받고 있던 종래의 논의에서 벗어나, 계약의 해석에 관한 위와 같은 국제적인 동향을 참고하여 계약 해석의 방법에 관하여 살펴보고자 한다. 일반적으로는 계약의 해석도 법률행위의 해석의 일부로 다루어지고 있으나, 유언과 같은 단독행위의 해석은 계약의 해석과는 다소 원리 면에서 상이한 점이 있으므로, 계약의 해석 방법을 별도로 다룰 필요가 있는 것이다. 이 글에서는 우선 법률행위의 해석방법에 관한 종래의 통설을 간략히 기술하고, 이어서 CISG와 PICC 및 PECL의 계약 해석에 관한 규정을 소개한다. 그리고 계약 해석의 방법에 관하여 새로운 체계를 모색하여 보고, 이러한 체계가 종래의 판례도 잘 설명할 수 있음을 보이고자 한다. 다만 約款의 解釋에 특유한 문제는 이 글에서는 다루지 않는다.

---

8) PICC와 PECL의 제정경위 및 법적 의미에 관하여는 尹眞秀, "民法上 錯誤規定의 立法論的 考察", 心堂宋相現先生華甲紀念 二十一世紀 韓國民事法學의 課題와 展望, 2002, 44-45면; 박영복, 글로벌시대의 계약법, 2005 등 참조.

9) 이외에 유럽계약법전 예비안(파비아 草案)도 계약의 해석에 관한 규정을 두고 있다(제39-41조). 이에 대하여는 梁彰洙 · 金炯錫 譯, "유럽계약법전 예비안(파비아 草案) 제 1 부(Ⅰ)", 서울대학교 法學 제45권 3호, 2004, 517-518면 참조. 그러나 이 글에서는 이에 대하여는 별도로 다루지 않았다.

Ⅱ. 從來의 通說

종래의 통설은 일반적인 법률행위의 해석 방법에 관하여 이를 自然的 解釋(natürliche Auslegung), 規範的 解釋(normative Auslegung) 및 補充的 解釋(ergänzende Auslegung)으로 나누어 설명한다. 그리고 이들 사이의 관계에 있어서는 자연적 해석이 규범적 해석에 우선하고, 보충적 해석은 법률행위의 내용에 欠缺 내지 空白(Lücke)이 있어서 자연적 해석이나 규범적 해석에 의하여는 해결할 수 없는 경우에 적용된다고 한다. 또한 規範的 解釋은 유언과 같은 단독행위에서는 별로 문제되지 않는다고 한다.

1. 自然的 解釋

자연적 해석이란 법률행위의 해석에 있어서 표현의 문자적·언어적 의미에 구속되지 않고 표의자의 실제의 의사, 즉 내심적 효과의사를 추구하는 것을 말한다. 일반적으로 상대방 없는 단독행위(예컨대 遺言)의 경우에는 자연적 해석에 따라야 하고, 상대방이 있는 경우에도 당사자의 진의가 상대방의 의사와 일치한 경우에는 그 표현의 객관적 의미에 관계없이 이러한 일치된 의사가 법률행위의 내용으로 되는 것이라고 설명되고 있다. 자연적 해석의 전형적인 예로서는 이른바 "잘못된 表示는 害가 되지 않는다(falsa demonstratio non nocet)"는 것을 든다. 예컨대 부동산의 매매계약에 있어 계약서상에는 매매 목적물이 A 토지로 표시되어 있으나 매도인과 매수인의 일치된 의사는 이와 다른 B 토지를 매매목적물로 하려는 것이었다면 매매목적물은 A 토지 아닌 B 토지로 보아야 하는 것이다.[10)]

그런데 표의자의 진의가 잘못 표시되었는데, 상대방이 표의자의 진의를 인식하지는 못하였으나 상당한 주의를 기울였더라면 알 수 있었을 경우에 어떻게 다루어야 할 것인가에 관하여는 학설상 다소 견해의 불일치가 보인다. 즉 이러한 경우에 법률행위의 내용은 어떤 것이 되는가, 가령 해석의 결과가 표의자의 진의대로 된다고 하는 경우에 이를 자연적 해석으로 볼 수 있는가 하는

---

10) 대법원 1993. 10. 26. 선고 93다2629, 2636 판결(公 1993, 3165) 참조.

점이다. 많은 학자들은 상대방이 표의자의 내심적 효과의사를 알지는 못하였으나 이를 알 수 있었을 때에는 표의자의 내심적 효과의사대로 의사표시가 성립한 것으로 해석하여야 한다고 하면서 이를 자연적 해석의 한 경우로 설명한다.[11] 반면 상대방에게 重過失이 있는 경우에만 표의자의 진의가 법률행위의 내용이 되고, 상대방이 단지 輕過失로 표의자의 진의를 알지 못한 경우에는 상대방에게 계약관계상의 선관주의의무가 있다고 할 수 없으므로 이때에는 표시된 바대로의 법률효과가 생긴다고 하는 견해도 있다.[12] 다른 한편 착오로 표시를 교부한 경우에는 상대방이 사실적으로 일치하여 이해한 때에만 그것대로 효력이 있고, 상대방이 表意者의 진정한 의사를 알 수 있었거나 알았어야 했으나 실제로 그것을 인식하지 못한 경우는 그렇지 않다고 하는 견해도 있다. 表意者에게도 착오를 저지른 잘못이 있음에도 불구하고 상대방의 부주의한 불인식을 이유로 表意者의 생각대로 효력을 인정하는 것은 부당하기 때문이라는 것이다.[13]

2. 規範的 解釋

규범적 해석이란 내심적 효과의사와 표시행위가 일치하지 않는 경우에 상대방의 시각(Empfängerhorizont)에서 표시행위에 따라 법률행위의 성립을 인정하는 해석이라고 설명된다. 그리고 이러한 규범적 해석의 근거는 상대방의 신뢰를 보호하기 위한 자기책임의 원칙에 있다고 한다. 예컨대 매매계약의 청약자가 매매대금을 65만원에 청약하려 했는데 청약서에 56만원으로 잘못 기재한 경우, 카탈로그나 기타 다른 아무런 자료가 없어서 56만원이 65만원의 오기임을 승낙자로서는 알 수 없었던 때에는 승낙자가 청약자의 표시행위에 의하여 이해한 대로 그 계약은 56만원에 성립하였다고 인정할 수밖에 없다고

11) 李英俊(註 3), 255-256면; 명순구(註 3), 356면; 白泰昇(註 3), 371-372면 등. 같은 취지의 독일의 학설로는 Brox, Allegemeiner Teil des BGB, 28. Aufl., 2004, Rdnr. 134 참조. 그러나 Bork, Allgemeiner Teil des Bürgerlichen Gesetzbuchs, 2001. Rdnr. 527; Larenz/Wolf, Allgemeiner Teil des Bürgerlichen Rechts, 9. Aufl., 2004, §28 B. Rdnr. 16 ff., 19(S. 513 f.) 등은 이를 규범적 해석에 포함시키고 있다.

12) 金曾漢 · 金學東(註 3), 285-286면.

13) 宋德洙(註 3), 183면. 같은 취지의 독일의 학설로는 Flume, Allgemeiner Teil des Bürgerlichen Rechts, 2. Band, Das Rechtsgeschäft, 3. Aufl., 1979, S. 302 참조. 한편 송덕수 교수는 자연적 해석을 어떤 일정한 표시에 관하여 당사자가 사실상 일치하여 이해한 경우에는 그 의미대로 효력을 인정하여야 하는 것으로 이해하고 있다.

한다.[14)]

또 다른 설명으로는 표시행위의 규범적·객관적인 의미를 탐구하는 것이 규범적 해석인데, 이는 상대방 있는 의사표시에 있어서 상대방의 신뢰보호라는 요청에 부응하는 것일 뿐만 아니라, 해석에 적용되는 신의성실의 원칙에도 부합하는데, 특히 해석에 있어서의 신의성실의 원칙의 고려는 표시의 상대방(受領者)이 적절한 주의를 베푼 경우에 이해되었어야 하는 표시행위의 의미가 탐구되어야 함을 요구한다고 한다.[15)]

그런데 법률행위의 해석에 있어서 법률행위의 文言, 당사자가 기도한 목적 등 계약 당시의 제반 사정, 慣習 및 신의칙 등과 같은 것들이 법률행위 해석의 표준으로 제시되고 있는데, 이러한 것들이 법률행위의 규범적 해석과는 어떠한 관계에 있는가? 많은 문헌들은 양자의 관계를 명확히 하지 않고 있다. 그러나 일부 문헌은 이러한 것들을 고려하는 것을 규범적 해석의 내용으로 이해하고 있다.[16)]

3. 補充的 解釋

어떤 계약의 실행과정에서 당사자들이 미처 생각하지 못하여 계약에서 규정한 바 없는 사항에 관하여 분쟁이 생기는 경우를 흔히 볼 수 있다. 보통 이러한 분쟁은 이른바 任意法規(dispositives Recht)나 관습법의 적용에 의하여 해결될 수 있다. 그러나 그와 같이 적용될 수 있는 임의법규나 관습법이 존재하지 않거나, 존재하더라도 당해 사건에는 적용될 수 없는 사정이 있는 경우에는 어떻게 하여야 할 것인가가 문제된다. 이러한 경우에 관하여 국내의 학설은 독일의 영향을 받아 補充的 解釋(ergänzende Auslegung)이라는 개념을 인정하고 있다. 즉 이러한 경우에는 법률행위에 欠缺(Lücke)[17)]이 있다고 보고, 이 欠缺을

---

14) 李英俊(註 3), 252-253면. 다소 표현은 다르지만 金相容(註 3), 428면; 白泰昇(註 3), 372면; 李銀榮(註 3), 424면 등도 같은 취지로 이해된다. 다른 한편 명순구(註 3), 357-358면은 종래의 학설상 규범적 해석의 개념 설정에는 문제가 있다고 하면서 규범적 해석을 "표의자의 입장에서 그의 진의를 탐구하는 것이 아니라 그 상대방의 입장에서 표시행위가 가지는 객관적인 의미를 탐구하는 것이다"라고 정의한다.

15) 宋德洙(註 3), 183면 이하.

16) 宋德洙(註 3), 186면 이하 참조. 李銀榮(註 3), 425면 이하도 같은 취지로 보인다.

17) 李英俊(註 3), 261면은 '틈'이라고 부르고 있고, 嚴東燮(註 3), 81면; 김진우(註 3), 413면 등은 空白이라고 부르고 있다.

당사자들이 그러한 사항에 관하여 규정하였더라면 어떻게 규정하였을까 하는 이른바 假定的인 當事者意思(hypothetischer Parteiwille)에 의하여 補充한다는 것이다.[18)]

종래의 통설은 이러한 보충적 해석을 법률행위 해석의 일종으로 보면서, 그 근거를 다음과 같이 설명한다. 즉 보충적 해석은 양 당사자의 실제적 의사를 확정하는 것은 아니고 법률행위의 당시 및 보충적 해석을 할 당시에 있어서의 사정, 신의성실의 원칙과 거래관행에 의하여 인정되는 양 당사자의 가상적 의사를 확정하는 것이지만, 가상적 의사는 당사자가 정한 법률행위의 내용에 기초하여 양 당사자가 법률행위의 틈과 이에 관한 규정의 필요를 알았더라면 규정하였을 것의 내용을 확정하는 것이므로 역시 내심적 효과의사의 연장으로서 사적 자치와 조화된다고 한다.[19)] 그리고 보충적 해석을 보충하기 위한 기준이 되는 가상적 의사를 확정함에 있어서는 그 법률행위에 의하여 당사자가 추구하는 목적 · 동기 · 이해의 균형 · 거래관행 등을 참작하여야 한다고 한다.[20)]

그런데 이와는 달리 법률행위의 보충적 해석은 더 이상 법률행위의 해석이 아니고 법률행위의 이부에 존재하는 객관적인 법의 적용이라고 보는 法適用說도 주장된다.[21)]

Ⅲ. CISG, PICC 및 PECL의 계약 해석에 관한 규정

여기서는 우선 각 규정을 소개하고, 이어서 이들 3자를 간단히 비교하여 본다.

---

18) 그러나 宋德洙(註 3), 208-209면은 가정적인 당사자의 의사라는 표현의 사용에 반대한다.

19) 李英俊(註 3), 262-264면. 宋德洙(註 3), 206면은 보충적 해석이 아니라 임의법규의 적용이라고 한다면 부당하게도 각각의 경우의 특별한 사정이 해석에 대하여 중요하게 작용할 수 없다고 하는 이유로 보충적인 해석은 해석에 의한 법률행위의 보충이라고 한다.

20) 李英俊(註 3), 264면. 宋德洙(註 3), 207면 이하는 보충적 해석의 표준으로서 慣習, 임의규정(다만 법률행위의 틈이 임의규정에 의하여 채워지는 경우에는 이는 법의 적용이라고 한다), 법률행위규정 및 평가와 법률행위의 목적, 의미관계 등의 제반사정 및 신의성실의 원칙을 들고 있다.

21) 嚴東燮(註 3), 82-89면, 특히 87-89면 참조. 같은 취지, 尹眞秀(註 3), 118면. 김진우(註 3), 414면 이하, 특히 420면은 종래 "보충적 해석"이라 일컬어 왔던 것은 그 자체로 모순적이고 현상을 왜곡하는 면이 없지 않으므로 "법관에 의한 계약의 계속적 형성"으로 칭하는 것이 타당할 것이라고 서술한다.

1. 규　　정

가. CISG

CISG에서 법률행위의 해석에 관한 규정은 제 8 조와 제 9 조이다.[22)]

제 8 조

(1) 이 협약의 적용상, 당사자의 진술 그 밖의 행위는 상대방이 그 당사자의 의도를 알았거나 모를 수 없었던 경우에는 그 의도에 따라 해석되어야 한다.

(2) 제 1 항이 적용되지 아니하는 경우에 당사자의 진술 그 밖의 행위는, 상대방과 동일한 부류의 합리적인 사람이 동일한 상황에서 이해하였을 바에 따라 해석되어야 한다.

(3) 당사자의 의도 또는 합리적인 사람이 이해하였을 바를 결정함에 있어서는 교섭, 당사자간에 확립된 관례, 관행 및 당사자의 후속 행위를 포함하여 관련된 모든 사항을 적절히 고려하여야 한다.

제 9 조

(1) 당사자는 합의한 관행과 당사자간에 확립된 관례에 구속된다.

(2) 별도의 합의가 없는 한, 당사자가 알았거나 알 수 있었던 관행으로서 국제거래에서 당해 거래와 동종의 계약을 하는 사람에게 널리 알려져 있고 통상적으로 준수되고 있는 관행은 당사자의 계약 또는 그 성립에 묵시적으로 적용되는 것으로 본다.

나. PICC

PICC의 제 4 장(Chapter 4)은 "解釋(Interpretation)"이라는 표제를 가지고 이 문제를 다루고 있다.[23)]

제4.1조(당사자들의 의사)

(1) 계약은 당사자들의 공통된 의도에 따라 해석되어야 한다.

---

22) 번역은 외교통상부의 공식적인 번역을 이용하였다.

23) 필자가 번역한 것이다. 박영복(註 8), 625면 이하의 번역과는 다소 차이가 있다.

(2) 그러한 의도를 확정할 수 없을 때에는 계약은 당사자들과 같은 부류의 합리적인 사람들이 동일한 상황에서 계약에 부여하였을 의미에 따라 해석되어야 한다.

제4.2조(진술과 그 외의 행동의 해석)

(1) 한 당사자의 진술과 그 외의 행동은 다른 당사자가 그 당사자의 의도를 알았거나 모를 수 없었을 때에는 그 당사자의 의도에 따라 해석되어야 한다.

(2) 전항이 적용될 수 없을 때에는 그러한 진술과 그 외의 행동은 다른 당사자와 같은 부류의 합리적인 사람이 동일한 상황에서 그러한 진술과 그 외의 행동에 부여하였을 의미에 따라 해석되어야 한다.

제4.3조(관련 있는 사정)

제4.1조와 제4.2조를 적용함에 있어서는 (a) 당사자들의 예비적인 교섭 (b) 당사자들 사이에 확립된 관행 (c) 계약 체결 이후의 당사자들의 행동 (d) 계약의 성격과 목적 (e) 관련 업계에서 용어와 표현들에 대하여 보편적으로 부여되는 의미 (f) 관습 등을 포함하는 모든 사정을 고려하여야 한다.

제4.4조(계약 또는 진술 전체와의 연관)

조항과 표현들은 그들이 들어 있는 계약 전체 또는 진술 전체에 비추어 해석되어야 한다.

제4.5조(모든 조항에의 효과부여)

계약 조항은 그들 중 일부에 대하여 효과를 박탈하기보다는 모든 조항에 효과를 부여하도록 해석되어야 한다.

제4.6조(작성자 불이익의 원칙)

일방 당사자에 의하여 제공된 계약조항이 불분명할 때에는 그 당사자에게 불리한 해석이 우선한다.

제4.7조(언어상의 불합치)

계약이 둘 또는 그 이상의 언어 본으로 작성되었고 그들이 모두 정본일 때에는 각 언어 본 사이에 불일치가 있으면 계약이 원래 작성된 본에 따른 해석이 우선한다.

제4.8조(누락된 조항의 보충)

(1) 계약의 당사자들이 그들의 권리와 의무의 결정을 위하여 중요한 조항에 관하여 합의를 하지 않았을 때에는 상황에 따라 적합한 조항이 보충되어야 한다.

(2) 어느 것이 적합한 조항인가를 결정함에 있어서는 여러 요소 가운데 (a) 당사자의 의도 (b) 계약의 성격과 목적 (c) 신의성실 및 공정한 거래 (d) 합리성을 고려하여야 한다.

다. PECL

PECL은 제 5 장에서 解釋(Interpretation)을 다루고 있으나, 내용과 효과(Content and Effect)를 다루는 제 6 장의 일부 조항도 해석과 관련이 있다.[24)]

제5:101조(해석의 일반원칙)

(1) 계약은 당사자들의 공통된 의도가 단어의 문자적 의미와 다르더라도 공통된 의도에 따라 해석되어야 한다.

(2) 일방 당사자가 계약이 특정한 의미를 가진다는 의도를 가졌다는 점이 증명되고, 계약 체결 당시에 다른 당사자가 이를 모를 수 없었다면, 계약은 그 일방 당사자의 의도에 따라 해석되어야 한다.

(3) 제 1 항 또는 제 2 항에 따르는 의도가 증명될 수 없을 때에는 계약은 당사자들과 동일한 유형의 합리적인 사람들이 동일한 상황에서 계약에 부여하였을 의미에 따라 해석되어야 한다.

제5:102조(관련 있는 사정들)

계약을 해석함에 있어서는 특히 다음의 사정을 고려해야 한다.

(a) 예비적 교섭을 포함하여 계약이 체결된 정황;

(b) 계약이 체결된 후를 포함하여 당사자들의 행태;

(c) 계약의 성질과 목적;

(d) 당사자들이 유사한 조항에 이미 부여한 해석 및 그들 사이에 성립한

24) PECL의 번역은 梁彰洙, "「유럽 契約法原則」에 대한 一考 및 그 飜譯", 民法硏究 제 6 권, 2001, 345면 이하를 참고로 하였다.

관행;

(e) 그 계약조항과 표현에 당해 거래계에서 공통적으로 부여되는 의미 및 유사한 조항에 주어진 해석;

(f) 관행 및;

(g) 신의성실과 공정한 거래

제5:103조(작성자 불이익의 원칙)

개별적으로 합의되지 아니한 계약조항의 의미에 관하여 의문이 있는 경우에는 이를 제공한 당사자에게 불리한 해석이 우선한다.

제5:104조(개별약정 우선의 원칙)

개별적으로 합의된 조항은 그러하지 아니한 것에 우선한다.

제5:105조(계약 전체의 고려)

각 계약조항은 그것이 들어 있는 계약 전체에 비추어 해석된다.

제5:106조(유효해석의 원칙)

계약의 조항을 적법하고 또는 유효하게 하는 해석이 그러하지 아니한 해석에 우선한다.

제5:107조(언어상의 불일치)

계약이 둘 또는 그 이상의 언어본으로 작성되고 그 중 어느 언어도 정본으로 정해지지 않은 경우에, 그 각 언어본 사이에 불일치가 있는 때에는 계약이 최초로 작성된 언어본에 따른 해석이 우선한다.

제6:102조(묵시적 의무)

계약은 명시적인 조항 외에도 다음으로부터 나오는 묵시적인 조항을 포함할 수 있다

(a) 당사자들의 의도

(b) 계약의 성질과 목적 그리고

(c) 신의성실과 공정한 거래

2. 比較考察

위와 같은 각 규정들은 다소 차이는 있지만, 기본적으로는 동일한 사고에 바탕을 두고 있다.

첫째, 계약 당사자들이 공통된 의도를 가졌을 때에는 그 의도가 단어의 문자적 의미와 다르더라도 계약은 그러한 공통된 의도에 따라 해석되어야 한다.[25] CISG 제 8 조는 의사표시의 해석에 관하여만 규정을 두고 있을 뿐 계약의 해석 자체에 관하여는 규정하고 있지 않으나, CISG의 해석상으로도 당사자들의 공통된 의도가 확인되면 그에 따라야 한다는 것은 당연한 것으로 받아들여지고 있다.[26]

둘째, 위 각 규정들은 계약 당사자들이 서로 다른 의도를 가진 경우에 관하여 규정한다. 그런데 각 규정 사이에는 약간의 미묘한 차이가 있다. 즉 CISG 제 8 조 제 1 항과 PICC 제4.2조 제 1 항은 "당사자의 진술과 그 외의 행동" 즉 의사표시에 초점을 맞추어, 의사표시의 상대방이 의사표시를 한 당사자의 의도를 알았거나 모를 수 없었을 때[27]에는 그 당사자의 의도에 따라 해석되어야 한다고 규정하고 있다.[28] 반면 PECL은 일반적으로 일방 당사자가 계약

25) PICC 제4.1조 (1); PECL 제5:101조 (1). 또한 미국의 Restatement(Second) of Contract §201 (1) 참조.

26) 따라서 falsa demonstratio non nocet의 원칙은 CISG의 경우에도 그대로 적용된다. Schlechtriem/Schwentzer/Schmidt-Kessel, Kommentar zum Einheitlichen UN-Kaufrecht, 4. Aufl., 2004, Art. 8 Rdnr. 21 f.; Staudinger/Magnus, Wiener UN-Kaufrecht, Neubearbeitung 2005, Art. 8 Rdnr. 16; Witz/Salger/Lorenz, International Einheitliches Kaufrecht, 2000, Art. 8 Rdnr. 6(Witz); Farnsworth, in Bianca/Bonell Commentary on the International Sales Law, 1987, p. 97(이 글은 Pace 대학교 법과대학의 홈페이지에서 검색할 수 있다. http://www.cisg.law.pace.edu/cisg/biblio/bib2.html) 등 참조.

27) CISG의 "모를 수 없었다(could not have been unaware)"고 하는 표현은 일반적으로 상대방에게 알지 못한 데 중대한 과실(grobe Fahrlässigkeit)이 있었음을 의미하는 것으로 해석되고 있다. Staudinger/Magnus, Art. 8 CISG Rdnr. 12; MünchKomm/H. P. Westermann, 4. Aufl., 2004, Art. 8 CISG Rdnr. 3 등 참조. 그러나 Schlechtriem/Schwentzer/Schmidt-Kessel, Art. 8 Rdnr. 16은 이처럼 나라에 따라 다른 개념에 의존하는 것보다는 의사를 특별히 쉽게 인식할 수 있어서 반문이 필요없을 경우라고 표현하는 것이 더 낫다고 한다. Witz/Salger/Lorenz/Witz, Art. 8 Rdnr. 7도 이것이 독일법상의 중과실과 일치하지는 않는다고 한다.

28) 그리하여 독일에서는 CISG의 이러한 규정은 독일법에서 말하는 受領者의 視界(Empfängerhorizont) 이론과 일치한다고 설명하기도 한다. Staudinger/Magnus, Art. 8 Rdnr. 11, 17; Schlechtriem, Internationales UN-Kaufrecht, 3. Aufl., 2005, Rdnr. 54; Witz/Salger/Lorenz/Witz, Art. 8 Rdnr. 7(Witz); Larenz/Wolf(註 11), §28 B. Ⅰ. 1(Rdnr. 15) 등. 그러나 MünchKomm/H. P. Westermann, Art. 8 CISG Rdnr. 2는 양자를 동일시할 수는 없다고 한다.

이 특정한 의미를 가진다는 의도를 가졌다는 점이 증명되고, 계약 체결 당시에 다른 당사자가 이를 모를 수 없었다면, 계약은 그 일방 당사자의 의도에 따라 해석되어야 한다고 규정하고 있어서, 표의자의 의도를 상대방이 알았거나 모를 수 없었던 경우뿐만 아니라 그 반대의 경우, 즉 표의자가 자신의 의사표시를 상대방이 자신의 의도와 달리 이해한다는 것을 알았거나 모를 수 없었던 경우도 마찬가지로 규정하고 있다.[29)][30)]

셋째, 당사자들의 계약 체결 당시의 의도를 확인할 수 없는 경우에는 당사자들과 동일한 부류의 합리적인 사람이 동일한 상황에서 이해하였을 바에 따라 해석되어야 한다.[31)]

넷째, 위 각 규정들은 계약을 해석함에 있어서는 당사자들 사이의 교섭경위, 당사자간에 확립된 관례, 계약의 성격과 목적, 관행 및 당사자의 후속 행위 등의 제반 사정을 고려할 것을 요구하고 있다.[32)]

다섯째, PICC와 PECL은 누락된 조항의 공급 또는 묵시적 조항이라는 이름으로 보충적 해석을 허용하는 규정을 두고 있다.[33)] 양자의 내용에는 큰 차이가 없으나, PICC는 이를 계약 해석의 일부로 다루고 있는데 반하여 PECL은 계약의 내용과 효과에 관한 장에서 다루고 있는 차이가 있다.[34)]

여섯째, PICC와 PECL은 이외에도 여러 가지 계약 해석의 準則들을 열거하고 있다. 즉 계약 전체에 비추어 해석할 것,[35)] 유효해석의 원칙,[36)] 作成者不利益의 원칙(Contra proferentem rule),[37)] 언어의 불일치에 관한 규정[38)] 등이다.

---

29) Restatement(Second) of Contract, §201 (2)도 비슷한 방식으로 규정하고 있다.

30) 다른 한편 PICC는 제4.1조에서 계약의 해석에 관하여 규정하는 반면 제4.2조는 의사표시의 해석에 관하여 규정하고 있어서 양자의 관계가 어떠한가가 문제되는데, PICC의 공식 코멘트는 제4.2조는 주로 계약의 성립 과정에서 계약이 과연 체결되었는가를 결정하기 위하여 의사표시의 정확한 법적 의미를 확인할 필요가 있는 경우에 적용될 것이라고 설명하고 있다. UNIDROIT Principles of International Commercial Contracts 2004, p. 120 참조.

31) CISG 제 8 조 제 2 항; PICC 제4.1조 (2), 제4.2조 (2); PECL 제5:101조 (3). 이를 합리성 기준(reasonableness test)이라고 부르기도 한다. UNIDROIT Principles(註 30), p. 119 참조.

32) CISG 제 8 조 제 3 항, 제 9 조; PICC 제4.3조; PECL 제5:102조.

33) PICC 제4.8조; PECL 제6:102조.

34) CISG의 경우에 보충적 해석이 허용되는가에 관하여는 논란이 있다. Schlechtriem/Schwentzer/Schmidt-Kessel, Art. 8 Rdnr. 25 f. 참조.

35) PICC 제4.4조; PECL 제5:105조.

36) PECL 제5:106조. PICC 제4.5조도 비슷한 의미로 이해된다. Schlechtriem/Schwentzer/Schmidt-Kessel, Art. 8 Rdnr. 49 Fn. 273 참조.

37) PICC 제4.6조; PECL 제5.103조. 다만 PECL은 작성자 불이익의 원칙의 적용을 개별적으로 교섭되지 않은 계약 조항에 한정하고 있는 반면 PICC는 그러한 제한을 두고 있지 않다.

38) PICC 제4.7조; PECL 제5:107조.

Ⅳ. 契約 解釋의 方法에 관한 종래 논의의 문제점

1. 契約 解釋의 目標 내지 對象

계약 해석의 방법을 논하기 위하여는 먼저 계약 해석의 目標 내지 對象이 무엇인가를 분명히 할 필요가 있다. 이 문제에 관하여는 과거부터 이른바 意思主義 및 表示主義의 대립이 있었다.[39] 一說은 표시주의적인 입장에서, 법률행위의 해석은 당사자의 의사를 밝히는 것인데, 이는 당사자의 숨은 의사 내지 내심적 효과의사를 찾아서 밝히는 것은 아니며 당사자의 의사의 객관적인 표현이라고 볼 수 있는 것, 바꾸어 말하면 표시행위가 가지는 의미를 밝히는 것이라고 한다.[40] 반면 意思主義 내지 新意思主義의 입장에 서서 법률행위 해석의 대상은 원칙적으로 표의자의 '內心的 效果意思'를 밝히는 것이고 '표시상의 효과의사'를 확정하는 것은 아니며 다만 내심적 효과의사를 확정할 수 없을 때 표시상의 효과의사를 법률행위 해석의 대상으로 하는 것이라는 견해도 있다.[41]

그러나 계약의 해석과 관련하여서는 이러한 논쟁은 실제로 별다른 의미가 없다.[42] 예컨대 falsa demonstratio의 사례에서 의사주의를 따른다면 표시상의 문언과는 달리 당사자들이 공통으로 이해한 바에 따른다고 하는 반면 표시주의를 따른다면 당사자의 공통의 의사가 아니라 표시상의 문언을 따라야 한다고 하게 될 것처럼도 생각되지만, 현재는 표시주의를 따르더라도 falsa demonstratio non nocet의 원칙은 인정하고 있으므로,[43] 어느 이론에 따르더라도 차이가 없는 것이다.

이 문제에 대하여는 다음과 같이 말할 수 있을 것이다. 계약은 당사자의

---

39) 계약 해석에 있어서 意思主義(Willenstheorie)와 表示主義(Erklärungstheorie)의 대립에 관하여는 예컨대 Kötz, Europäisches Vertragsrecht Ⅰ, 1996, S. 164 ff. 영미법에서도 이와 유사한 客觀主義(objective theory)와 主觀主義(subjective theory)의 대립이 있었다. Farnsworth, Contracts, 3rd Ed., 1999, §7. 9(pp. 459 ff.) 참조. 이 점에 관하여 국내의 학설을 비교적 상세하게 다룬 문헌으로서는 李學洙, "당사자가 표시한 문언에 의하여 객관적 의미가 명확하게 드러나지 않는 경우 법률행위의 해석방법", 判例硏究 제12집, 2001, 486면 이하 참조.

40) 예컨대 郭潤直, 民法總則, 제 7 판, 2002, 223면 등.

41) 예컨대 李英俊(註 3), 243-244면 참조.

42) 高翔龍, 民法總則, 제 3 판, 2003, 362면; 白泰昇(註 3), 370-371면도 같은 취지로 보인다.

43) 예컨대 郭潤直(註 40), 223-224면 참조.

意思를 실현하는 手段이므로 계약 해석의 1차적인 대상은 당사자들의 실제적인 의사 내지 현실적 의사일 수밖에 없다. 나아가 계약이 성립하기 위하여는 당사자들의 합의(Konsens)가 필요하므로 당사자들 사이에 의사가 일치한다면 그 표현에 관계없이 이러한 일치된 당사자의 의사에 따라야 하는 것은 너무도 당연하다.[44)45)] 앞에서 살펴본 PICC나 PECL도 계약 해석의 1차적인 목표가 이러한 당사자의 일치된 의도임을 명언하고 있다.

반면 이처럼 양 당사자가 공통으로 이해한 의미가 존재하지 않는다면, 즉 각 당사자가 계약의 내용에 관하여 서로 다른 의미로 이해하였다면 어떻게 되는가 하는 문제의 경우에는 이와 달리 해결할 수밖에 없다. 이 점을 판단함에 있어서는 뒤에서 살펴보는 것처럼 합리적인 당사자라면 표시행위에 부여하였을 의미가 기준이 되어야 할 것이다.[46)]

2. 契約 解釋의 實際

그러나 계약 해석이 문제되는 대부분의 사례에 있어서는 이처럼 당사자의 실제 의사를 구체적으로 확인할 수 있는 경우가 그다지 많지 않다. 왜냐하면 당사자가 계약을 체결함에 있어서 계약 조항의 구체적인 의미에 관하여 아무런 생각을 하지 않은 경우도 많을 뿐만 아니라,[47)] 설사 당사자가 계약 체결 당시에 어떠한 의사를 가지고 있었다고 하더라도 계약의 의미에 관하여 분쟁이 생긴 경우에는 계약 체결 당시의 당사자의 실제 의사를 알 수 있는 믿을 수 있는 증거를 확보하기가 어렵기 때문이다. 이러한 경우에는 당사자들이 사후에 자신들의 계약 체결 당시의 의사가 어떠했다는 점에 관하여 증거를 제출하더라도, 그것이 계약서와 같이 객관적인 증거가 아닌 경우에는 당사자들에 의한 조작의 가능성이 매우 높다. 뒤에서 보는 것처럼 판례가 處分文書의 證明力을 강조하는 것도 이 때문이라고 할 수 있다.

---

44) 高翔龍(註 42), 362면 이하는 이러한 관점에서 誤表示 無害(falsa demonstratio non nocet)의 원칙은 당연한 것이고 새로이 해석상 원칙으로 인정할 필요도 없다고 한다. 또한 Farnsworth(註 39), §7. 9(p. 459) 참조. 그러나 표시주의적 입장에서는 그 근거의 설명에 다소 어려움이 있다. 상세한 것은 嚴東燮(註 1), 159면 이하 참조.

45) 川島武宜・平井宜雄 編, 新版 注釋民法(3), 2003, 67-68면(平井宜雄)도 본문과 같은 취지로 이해된다.

46) 상세한 것은 아래 Ⅴ. 4. 참조.

47) Farnsworth(註 39), §7. 9(p. 465) 참조.

그러므로 법원에서 계약 해석이 문제되는 대부분의 경우에는 우선 계약서와 같은 객관적인 자료에서 출발하여 그 내용이 불분명할 때에는 계약 체결 당시 및 그 후의 정황 등의 사정에 비추어 계약을 해석할 수밖에 없고, 당사자들의 진정한 의사를 인정하여 그에 따라 재판하는 것은 오히려 예외에 속한다.

대법원의 판례[48]가 "처분문서는 그 성립의 진정함이 인정되는 이상 법원은 그 기재 내용을 부인할 만한 분명하고도 수긍할 수 있는 반증이 없는 한 그 처분문서에 기재되어 있는 문언대로의 의사표시의 존재 및 내용을 인정하여야 하고, 당사자 사이에 계약의 해석을 둘러싸고 이견이 있어 처분문서에 나타난 당사자의 의사해석이 문제되는 경우에는 문언의 내용, 그와 같은 약정이 이루어진 동기와 경위, 약정에 의하여 달성하려는 목적, 당사자의 진정한 의사 등을 종합적으로 고찰하여 논리와 경험칙에 따라 합리적으로 해석하여야 하며, 만약 의사표시 해석에 있어서 당사자의 진정한 의사를 알 수 없다면, 의사표시의 요소가 되는 것은 표시행위로부터 추단되는 효과의사 즉, 표시상의 효과의사이고 표의자가 가지고 있던 내심적 효과의사가 아니므로, 당사자의 내심의 의사보다는 외부로 표시된 행위에 의하여 추단된 의사를 가지고 해석함이 상당하다"고 판시하고 있는 것도 이러한 의미에서 이해할 수 있다.[49]

그러므로 계약 해석의 결과로 당사자의 의사가 확정된다고 할 때 그 당사자의 의사는 현실적인 당사자의 의사인 경우도 있지만 제반 사정에 의하여 합리적인 당사자라면 그러한 의사를 가졌을 것으로 추단되는 경우도 있고, 오히려 후자의 경우가 계약의 해석에 관하여 당사자 사이에 분쟁이 있는 재판의 실제에 있어서는 주류를 이룬다고 할 수 있다.[50] 그러므로 앞에서 살펴본 판례

48) 대법원 2002. 2. 26. 선고 2000다48265 판결(公 2002상, 786); 1996. 4. 9. 선고 96다1320 판결(集 44권 1集 民313면; 公 1996, 1399); 2002. 6. 28. 선고 2002다23482 판결(公 2002하, 1816). 대법원 1993. 10. 26. 선고 93다3103 판결(公 1993, 3167)도 같은 취지이다.

49) 그러나 이러한 판례의 표현에 대하여는 法律行爲의 解釋의 정의에서 自然的 解釋을 간과하고 있고, 判例가 드는 當事者의 眞正한 意思는 무엇을 의미하는지 모호할 뿐만 아니라 '當事者의 內心的 意思와 관계없이' 解釋하는 것이라고 표현한 判例의 태도와도 스스로 모순된다고 하는 비판이 있다. 白泰昇, "法律行爲의 解釋에 관한 判例의 態度", 저스티스 제32권 1호, 1999, 161-162면.

50) Witz/Salger/Lorenz/Witz, Art. 8 Rdnr. 5. Larenz/Wolf(註 11), §28 Rdnr. 4 ff.는 법률행위 해석의 목표는 언제나 동일한 것이 아니라고 하면서 주관적 의사의 탐구, 수령자가 이해한 것의 외에 불특정 다수에 대한 의사표시나 상대방 있는 의사표시의 경우에 구체적 상대방의

는 단순히 규범적 해석을 말하는 것이라기보다는,[51] 오히려 CISG, PICC나 PECL이 말하고 있는 것처럼 합리적인 당사자가 가졌을 진정한 의사를 추측하고 있는 것이라고 할 수 있다.[52]

다른 한편 계약의 해석에 있어서는 반드시 당사자가 현실적으로 가졌거나 또는 가졌으리라고 추단되는 의사만을 탐구하는 것이 아니다. PICC나 PECL은 여러 가지 계약 해석의 準則을 들고 있고, 뒤에서 보는 것처럼 이러한 準則들은 우리 판례상으로도 인정되고 있는데, 이러한 준칙은 많은 경우 당사자가 그러한 의사를 가졌으리라는 점에 근거한 것이라기보다는 그러한 준칙에 따르는 것이 규범적으로 타당한 결과를 가져오기 때문에 인정되는 것이라고 할 수 있다. 예컨대 作成者 不利益의 原則은 약관에 관하여는 우리나라 약관의 규제에 관한 법률 제5조 제2항에도 채택되어 있는 것으로서 판례도 여러 차례 이를 확인하고 있는데, 이러한 작성자 불이익의 원칙이 약관을 사용하는 사업자의 의사에 부합한다고 말할 수는 없다. 그러나 이러한 원칙은 작성자로 하여금 좀 더 명확한 계약 조항을 사용하게 하는 誘因을 제공하게 할 수 있다는 점에서 정당화될 수 있는 것이다.[53]

나아가 이른바 보충적 해석의 경우에는 당사자의 실제적 의사에 따라 계약 해석의 결과가 정해지는 것은 아니며, 다만 이러한 실제적 의사는 이른바 가정적 당사자 의사를 확정하는 데 기초가 될 따름이다. 뒤에서 보는 것처럼 이러한 보충적 해석은 엄밀한 의미에서는 본래의 해석에 속하지 않는다고 하겠지만, 이를 논외로 하더라도 법원이 계약 해석의 결과로서 인정하는 당사자의 의사에는 적어도 3가지가 있다고 할 수 있다. 첫째, 당사자의 실제적 의사. 둘째, 당사자의 실제적 의사로 추단되는 것. 셋째, 규범적으로 요구

이해를 확정할 수 없거나 또는 이를 승인할 수 없는 경우에는 去來上 典型的인 意思表示의 의미의 탐구(Ermittlung der Verkehrtypischen Erklärungsbedeutung)가 목표가 되어야 한다고 설명한다.

51) 그러나 白泰昇(註 49), 161면 이하는 判例가 規範的 解釋의 입장에 서 있는 것으로 이해하면서 판례가 그 解釋의 標準으로서 그 文言의 內容과 그 契約이 이루어지게 된 動機 및 經緯, 當事者가 그 契約에 의하여 달성하려고 하는 目的과 眞正한 意思를 들고 있는 데 대하여, 規範的 解釋은 상대방 시각에서 解釋하는 것이므로 그 解釋의 標準으로서는 慣習과 信義則 정도만 강조하면 충분할 것이라고 한다.

52) Farnsworth(註 39), §7. 9(pp. 465 ff.)도 참조할 것.

53) Farnsworth(註 39), §7. 11(p. 473) 참조. Ian Ayres and Robert Gertner, “Filling Gaps in Incomplete Contracts: An Economic Theory Of Default Rules”, 99 Yale L. J. 87 ff.(1989)는 이처럼 당사자가 원하지 않았을 결과를 부과하는 방식을 “Penalty Default Rule”이라고 부른다.

되는 당사자의 의사. 물론 이들은 현실적으로는 겹치는 경우도 많고, 양자를 엄밀하게 구분하는 것은 쉽지 않지만, 계약 해석에 있어서 문제되는 당사자의 의사가 이처럼 여러 가지라는 것을 인식하는 것 자체가 중요하다고 할 수 있다.

3. 從來의 論議의 問題點

현재의 학설이 법률행위 해석의 방법을 자연적 해석, 규범적 해석 및 보충적 해석의 3가지로 분류하여 설명하고 있는 것은 그 이전의 분화되지 않은 설명에 비하여는 확실히 발전된 것이라고 할 수 있다. 특히 자연적 해석의 방법에 의하여 당사자의 일치된 의사가 있으면 그에 따라야 한다는 것을 명백히 한 점은 이러한 분류방법의 공적이라고 할 수 있다. 그러나 이러한 설명에도 문제점이 없지 않다. 우선 이러한 설명은 이른바 규범적 해석을 지나치게 강조할 뿐만 아니라, 규범적 해석의 근거를 주로 상대방의 신뢰보호에서 찾고 있으나, 이러한 신뢰보호는 규범적 해석의 한 근거에 불과할 뿐이다. 뿐만 아니라 이러한 설명은 현실적으로 이루어지고 있는 법률행위 내지 계약 해석의 실제를 제대로 반영하지 못하고 있다.

물론 신뢰보호는 계약의 해석에서도 고려되어야 할 중요한 이념임에는 틀림없다. 따라서 일방 당사자의 내심의 의사는 상대방이 이를 알지 못하였을 뿐만 아니라 알 수도 없었던 경우에는 고려되어서는 안 된다.[54] 또한 계약의 일방 당사자의 의사를 상대방이 알았거나 또는 쉽게 알 수 있었을 때에는 이러한 당사자의 의사가 기준이 되는데, 이 경우에는 상대방의 신뢰 보호의 필요가 없기 때문이다.

그러나 이러한 소극적인 의미에서가 아니라 적극적으로 계약의 해석 결과에 있어서 당사자의 의사를 어떻게 확정할 것인가 하는 점에서는 현실적으로 상대방의 신뢰보호가 반드시 중요한 역할을 한다고 말하기는 어렵다. 즉 신뢰보호가 계약 해석에 있어서 적극적으로 작용한다고 하기 위하여는 상대방 당사자가 계약의 의미를 특정한 의미로 이해하였고, 그 이해가 정당한 경우에 이를 보호하는 것이라야 한다. 그러나 많은 경우에는 과연 계약 당시에 상대방

54) 이 점에서 현재의 민법 제109조가 착오로 인한 취소를 지나치게 넓은 범위에서 인정하고 있는 것은 문제가 있다. 尹眞秀(註 8) 참조.

당사자가 계약의 의미를 어떤 의미로 이해하였는지를 잘 알 수 없는 경우가 많다. 대부분의 경우에는 아래에서 설명하는 것처럼 합리적인 인간이라면 계약을 어떤 의미로 이해하였을 것인가를 탐구하여, 당사자도 그와 같이 이해하였을 것이라고 간주하는 것이 현실에서 이루어지고 있는 계약 해석의 실제라고 말할 수 있다. 그러한 결과가 정당화될 수 있는 것은 한편으로는 법원이 당사자의 의사를 정확히 파악하기 어렵기 때문이고, 다른 한편으로는 당사자들도 계약의 의미를 그와 같이 합리적인 인간이라면 이해하였을 내용대로 이해하였으리라고 추정할 수 있기 때문이다.[55] 사회적인 거래에 참여하는 당사자로서는 계약의 조항을 합리적인 당사자라면 어떻게 이해했으리라는 것을 알 수 있는 능력을 가진 것으로 기대할 수 있는 것이다.

그리고 규범적 해석의 근거로서 受領者의 視界(Empfängerhorizont)라는 점을 강조하는 것도 반드시 적절한 것은 아니다. 이는 기본적으로 계약이 청약과 승낙과 같은 의사표시의 집합이라는 점, 그리고 특정한 의사표시는 특정 당사자에게 귀속시킬 수 있다는 점을 전제로 하고 있다. 그러나 많은 경우에는 계약이 청약과 승낙이라는 단순한 의사표시의 교환에 의하여 성립하는 것이 아니고, 상당 기간의 교섭을 거쳐 당사자들이 계약 내용에 합의한 때에 계약이 체결되게 된다. 그러므로 특정한 계약 조항이 어느 당사자의 의사표시에 기한 것이라고 결정할 수 없는 경우가 많다.[56] 그러므로 이러한 경우에는 일방의 의사표시를 상대방이 어떻게 이해하였는가, 또는 이해할 수 있었는가를 묻는 것은 별다른 의미를 가지지 못한다.

뿐만 아니라 계약의 특정 조항을 어느 일방의 의사표시에 기한 것으로 확정할 수 있는 경우에도 상대방의 이해가능성만이 문제되는 것은 아니다. 일방의 의사표시를 상대방이 알았거나 알 수 있었는가 하는 점을 고려한다면 마찬가지로 의사표시를 한 사람이 상대방이 어떻게 이해할 것인가를 알았거나 알 수 있었을 때에는 이 또한 고려하여야 한다고 보는 것이 균형에 맞는다.

55) 李學洙(註 39), 499-500면도 그러한 취지로 이해된다.

56) Farnsworth(註 39), §3. 5(pp. 115 f.); Larenz/Wolf(註 11), §29 Ⅱ. 3. b)(Rdnr. 15) 등 참조. Farnsworth(註 26), p. 100도 예컨대 장기간의 교섭을 거쳐 양 당사자가 거의 동시에 그들이 초안을 작성한 문서에 서명을 하는 경우에 관하여는 (일방 당사자의 진술에 초점을 맞추고 있는) CISG 제 8 조 제 1, 2 항의 규정은 그다지 잘 설계되지 못한 것 같다고 하면서도, 그럼에도 불구하고 각 당사자의 서명을 각 당사자의 진술로 본다면 이 규정들은 이러한 경우에도 적용될 수 있을 것이라고 한다.

다만 계약의 조항을 어느 일방의 의사표시에 기한 것이라고 확정할 수 있는 경우에, 그러한 의사표시에 있어서의 표현은 그 표시를 한 사람이 선택한 것이므로 그에 대한 상대방의 오해가 있었을 경우에는 그로 인한 위험은 어느 정도는 표의자가 부담하여야 하는 것이나, 규범적 해석의 근거를 전적으로 수령자의 시계라는 관점에서 구하는 것은 적절하다고 할 수 없다.

V. 契約 解釋의 방법에 관한 새로운 敍述 體系의 모색

1. 概 觀

이하에서는 좀더 실제에 부합하는 계약 해석의 방법에 관한 서술 체계를 모색하고자 한다. 구체적으로는 다음과 같다. 법원은 계약 해석이 문제되는 경우에는 제 1 차적으로 계약의 문언에서 출발한다(文言 解釋). 그러나 그 문언의 내용이 명백하지 않거나 또는 문언의 내용이 당사자의 의사에 부합하지 않는다는 의문이 있는 경우에는 제 2 단계로 여러 가지의 제반 사정을 종합하여 계약의 의미를 탐구한다. 이때에는 합리적인 당사자라면 계약 조항에 어떠한 의미를 부여하였을까 하는 점이 기준이 된다. 이를 客觀的 解釋(objektive Auslegung)이라고 부를 수 있다.[57] 이러한 두 번째 단계의 탐구 결과 계약 문언과는 다른 당사자의 일치된 의사가 인정되는 경우에는 그에 따라야 한다(falsa demonstration non nocet). 만일 계약 당사자가 서로 상이한 의사를 가졌다고 인정되면 어느 당사자의 의사를 계약의 의미로 볼 것인가가 문제된다. 이는 제 3 단계라고 할 수 있다. 이를 主觀的 解釋(subjektive Auslegung)이라고 부를 수 있을 것이다. 그리고 이러한 방법에 의하여도 계약의 의미를 확정할 수 없을 때에는 법원이 어느 해석이 규범적으로 가장 바람직한가를 결정하는 수밖에 없다. 이것이 본래의 의미에서의 規範的 解釋(normative Auslegung)이라고 할 수 있다. 이는 제 4 단계에 해당한다. 이 때에는 종래부터 인정되어 온 여러 가지의 해석에 관한 준칙이 도움이 될 수 있을 것이다. 다른 한편으로 계약에 공백 내지 흠결이 있으면 보충적 해석의 방법을 동원하여야 한다. 이는 굳이 분류한다면

57) Kötz(註 39), S. 167 ff. 참조.

제 5 단계라고 할 수 있다. 이러한 서술의 체계가 현재의 실무를 가장 잘 설명할 수 있다고 생각된다.

다른 한편 앞에서 살펴 본 PICC나 PECL은 당사자의 일치된 의사를 확인하는 것이 계약 해석의 출발점인 것처럼 설명하고 있으나, 위와 같은 설명체계가 이러한 PICC나 PECL의 규정과 모순되는 것은 아니다. 다만 통상적인 경우에는 당사자의 일치된 의사를 확정할 수 있는 것은 예외적이기 때문에 보다 일반적인 경우에서 출발할 따름이다.

2. 계약 해석의 제 1 단계 — 文言 解釋

계약이 계약서와 같은 서면에 의하여 체결된 경우에는 계약 해석의 제 1 단계는 그 서면의 文言에서 출발하여야 한다. 그러한 서면이 당사자의 의사를 가장 정확하게 표현한 것일 뿐만 아니라,[58] 계약 해석에 동원되는 여타의 다른 표준에 비하여 가장 객관적이고 신뢰할 수 있는 자료이기 때문이다. 법규범의 해석에 있어서도 그 출발점은 文言인 것과 마찬가지이다.[59]

판례가 계약 해석에 있어서 문언을 기본적인 출발점으로 하고 있는 예는 매우 많다. 예컨대 최근의 판례로서 대법원 2003. 1. 24. 선고 2000다5336, 5343 판결[60]을 들 수 있다. 이 사건에서는 임대차계약서에 “전세권자는 임대보

58) 宋德洙(註 3), 186면; Flume(註 13), S. 309; Larenz/Wolf(註 11), §28 B. Ⅳ. 1.(Rdnr. 34) 등은 文言에 따른 해석을 규범적 해석의 출발점으로 설명하고 있으나, 문언에 따른 해석은 자연적 해석의 경우에도 필수불가결한 것이고, 규범적 해석의 경우에만 문언에 따른 해석이 요구되는 것이라고는 할 수 없다.

59) 계약이 서면에 의하여 이루어진 경우뿐만 아니라 구두로 이루어진 경우에도 이러한 이론은 그대로 적용될 수 있다. 대법원 1999. 11. 26. 선고 99다43486 판결(公 2000상, 47)에서는 임대인의 아들이 임차인에게 세입자의 보증금은 자신이 책임지고 해결하겠으니 걱정하지 말고 기다리라고 말한 것이 임대차보증금의 반환을 약정한 것인가가 문제되었는데, 대법원은 “법률행위의 해석은 당사자가 그 표시행위에 부여한 객관적인 의미를 명백하게 확정하는 것으로서 문언에 구애받는 것은 아니지만 어디까지나 당사자의 내심적 의사의 여하에 관계없이 그 문언의 내용에 의하여 당사자가 그 표시행위에 부여한 객관적 의미를 합리적으로 해석하여야 하는 것이고, 당사자가 표시한 문언에 의하여 그 객관적인 의미가 명확하게 드러나지 않는 경우에는 그 문언의 내용과 그 법률행위가 이루어진 동기 및 경위, 당사자가 그 법률행위에 의하여 달성하려는 목적과 진정한 의사, 거래의 관행 등을 종합적으로 고려하여 사회정의와 형평의 이념에 맞도록 논리와 경험의 법칙, 그리고 사회일반의 상식과 거래의 통념에 따라 합리적으로 해석하여야 하는 것이다”라고 하는 계약 해석에 관한 일반론을 전개하면서 결과에 있어서는 그러한 약정이 있다고 보기 어렵다고 판단하였다.

60) 公 2003상, 677.

증금으로서 임대료의 지불에 대체할 수 없으며, 반환청구권을 타인에게 양도하거나 질권 기타 담보로 할 수 없다"라고 하는 양도금지의 특약이 부가되어 있었는데, 위 조항이 임대차 계약 종료 후에도 적용될 수 있는가가 문제되었다. 원심은 위 조항의 취지는 임대기간 중 임대보증금반환채권을 타인에게 양도하는 경우 임대인에게 불이익이 발생할 가능성이 있어 이를 방지하기 위한 것이라고 봄이 상당하므로, 임대차계약이 종료되고 임대목적물이 명도된 이후까지 임대보증금반환채권의 양도를 금지하는 것으로 보기는 어렵다고 하였다.

그러나 대법원은 이러한 원심의 판단은 잘못이라고 하였다. 즉 아래에서 설명할 처분문서의 증명력에 관한 법리를 설시하면서, 당사자 사이에 계약의 해석을 둘러싸고 별다른 이견이 없는 이 사건에서 임대차계약서에 기재되어 있는 문언의 내용상으로 위 특약규정의 효력을 임대차계약의 종료시나 임대목적물의 명도시까지로 제한하고 있지 아니함이 명백하므로, 위 법리에 비추어 그 객관적 문언과 다른 내용의 해석을 할 수는 없는 것이고, 더욱이 임대차계약 체결 당시 임차인은 이러한 특약을 감수하고 이에 동의한 것이므로 위와 같은 제한해석을 하지 않는다고 하여 임차인에게 가혹한 것이라고 볼 수 없으며, 임대인으로서는 임대차계약이 종료되고 임대목적물이 명도된 이후라도 보증금반환채권만이 양도되어 버림으로써 최초 법률관계의 당사자가 아닌 제3자와의 법률분쟁에 휩싸이거나 복잡한 권리관계가 형성되는 것을 미리 방지하기 위하여 양도금지의 특약을 할 수 있는 것이고, 임대인에게 이러한 특약의 실익이 없는 것은 아니므로 원심이, 양도금지조항의 효력을 위와 같이 제한적으로 본 것은 처분문서에 나타난 문언의 해석을 그르친 잘못을 저질렀다는 것이다.[61]

나아가 판례는 이른바 處分文書의 證明力이라는 법리를 발전시켜 왔다. 이에 따르면 계약서와 같은 處分文書[62]의 경우에는 그 성립의 진정함이 인정되

61) 위 판결에 대한 대법원 재판연구관의 해설인 尹瓊, "自動解止條項의 意味와 效力, 傳貰金債權에 대한 讓渡禁止特約의 解釋, 契約의 合意解止시 返還할 傳貰金에 대한 遲延損害金 附加여부", 대법원판례해설 제44호(2003 상반기), 66면 이하 참조.

62) 文書는 그 내용에 따라 處分文書와 報告文書로 구별된다. 前者는 증명할 法律的 行爲를 포함하여 이를 그 文書에 의하여 具現하고 있는 것을 말한다. 이 문서에 의하여 證明主題인 法律行爲가 있었다는 사실이 증명되는 것이다. 어음, 수표, 유언서, 계약서, 해약통지서 등이 이에 해당한다. 處分文書 이외의 문서는 報告文書이다. 報告文書는 사건, 다시 말하자면 외부적 사실 및 사람의 내심적 상태에 관한 보고, 기술, 의견 내지 감상을 기재한 문서를 말한다. 朴禹東 "判決書의 證據力", 民事判例研究 Ⅳ, 1982, 212면 이하; 註釋 新民事訴訟法(Ⅴ), 2004, 335-337면(孫容根); 대법원 1997. 5. 30. 선고 97다2986 판결(公 1997하, 2017) 등 참조.

는 이상 법원은 그 기재내용을 부인할 만한 분명하고도 수긍할 수 있는 반증이 없는 한 그 기재내용대로의 의사표시의 존재 및 내용을 인정하여야 한다는 것이다.63) 따라서 법원이 계약서에 기재되어 있는 것과는 다른 내용의 계약조항이 있었음을 인정하기 위하여는 고도의 신빙성이 있는 특별한 증거가 있어야 한다. 이는 英美法上의 이른바 口頭證據 排除의 法則(parole evidence rule)과 유사한 이론이다.64) 그러나 이러한 처분문서의 증명력이 인정되어 계약서에 기재된 대로의 계약이 있는 것으로 인정된다고 하더라도, 그러한 계약 내지 의사표시를 어떻게 해석할 것인가 하는 것은 이와는 별개로서, 이는 계약 해석의 일반 이론에 따라 해결할 문제이다.65)

다른 한편 이러한 문언해석과 밀접한 관련이 있는 것이 體系解釋(systematische Auslegung)의 문제이다.66) 즉 계약의 각 조항은 개별적으로 해석하기보다는 계약 전체에 비추어 체계적으로 해석하여야 한다는 것이다. PICC 제4.4조, PECL 제5:105조가 계약 조항을 계약 전체에 비추어 해석하여야 한다는 것도 이러한 의미이다.67)

---

63) 대법원 1995. 2.10. 선고 94다16601 판결(公 1995상, 1290); 2002. 2. 26. 선고 2000다48265 판결(公 2002상, 786); 2002. 6. 11. 선고 2002다6753 판결(公 2002하, 1620); 2005. 5. 13. 선고 2004다67264, 67271 판결(公 2005상, 947) 등 다수. 처분문서의 증명력에 대하여는 尹景鉉, "處分文書의 證明力(證據力)", 司法論集 제 7 집, 1976, 435면 이하 참조. 愼鏞碩, "處分文書의 진정성립을 인정함에 있어서 審理의 程度 및 서증의 인부 절차에서 법원의 釋明義務", 대법원판례해설 제44호(2003 상반기), 490면은 사실심에서는 일종의 처분문서의 도그마(dogma) 같은 것이 있어 처분문서의 진정성립이 인정되면 자유심증을 후퇴시키는 사례가 있다고 보인다고 서술한다.

64) 그러나 영미법상의 parole evidence rule은 실체법상의 원칙으로서, 증거법상의 원칙인 처분문서의 증명력의 법리와는 차이가 있다. parole evidence rule에 대하여는 예컨대 Farnsworth (註 39), §7. 2 ff.(pp. 427 ff.) 참조. CISG는 이러한 parole evidence rule을 채택하지 않았다고 보는 것이 일반적인 견해이다. 예컨대 Schlechtriem/Schwentzer/Schmidt-Kessel, Art. 8 Rdnr. 32 참조. parole eivdence rule에 대한 국내의 문헌으로서는 安京煥, "美國法上 契約의 解釋과 陪審의 役割: Parole Evidence Rule을 중심으로", 二十一世紀 韓國民事法學의 課題와 展望(註 8), 3면 이하; 이호정, 영국계약법, 2003, 197면 이하 참조.

65) 대법원 1993. 5. 27. 선고 93다4908, 4915, 4922 판결(公 1993, 1877); 1995. 8. 22. 선고 95다12040 판결(公 1995하, 3246) 등은 처분문서라 하더라도 거기에 기재된 작성자의 법률행위를 어떻게 해석할 것인가 하는 것은 별도의 판단 문제로서 경험법칙과 논리법칙에 반하지 않는 범위 내에서 자유로운 심증으로 판단할 수 있다고 한다. 엄동섭, "法律行爲의 解釋에 관한 判例分析", 서강법학연구 제 5 권, 2003, 110면 이하; 尹景鉉(註 63), 447면 등 참조.

66) Larenz/Wolf(註 11), §28 B. Ⅳ. 2(Rdnr. 37, 38); Staudinger/Singer, Bearbeitung 2004, §133 Rdnr. 47 참조.

67) 南孝淳(註 3), 162면 이하가 들고 있는 統一解釋의 원칙도 이러한 체계해석의 의미로 이해된다. 다른 한편 PICC 제4.5조는 "계약 조항은 그들 중 일부에 대하여 효과를 박탈하기보다는 모든 조항에 효과를 부여하도록 해석되어야 한다"고 규정하고 있는데, 이 규정이 제4.4조

이러한 체계해석의 예를 잘 보여 주고 있는 대법원 판례[68]를 살펴본다. 이 사건에서는 계약의 당사자가 이 사건의 피고인 동서산업주식회사인가 아니면 위 회사의 대표이사인 김성규 개인인가가 문제되었다.[69] 이 사건의 원심판결은 계약의 상대방이 대표이사인 김성규 개인이라고 보았다. 그러나 대법원은 "계약의 해석은 그 계약서 문언의 취지에 따름과 동시에 계약당사자가 기도하는 목적과 계약당시의 제반사정을 참작하여 당사자의 진의에 맞도록 합리적으로 해석하여야 할 것"이라고 하면서 계약당사자가 대표이사 개인이라고 한 원심판결과는 달리 위 김성규가 자기 개인자격으로서뿐만 아니라 대표이사 자격으로도 체결한 것이므로 그 상대방은 김성규와 동서산업주식회사 둘이라고 판시하였다.[70]

대법원이 이와 같이 보게 된 이유로서 들고 있는 것 중 중요한 것은 다음과 같다. 첫째, 위 계약서의 기재내용 자체를 보면 그 약정당사자 표시가 (을) 당사자의 경우는 당시 원고가 피고 회사의 이사였음에도 불구하고 그 성명과 주소만으로 표시되고 그 이름 아래에 개인 인장이 날인된 반면 그 상대방인 (갑) 당사자의 경우는 "동서산업주식회사 대표이사 김성규" 또는 "김성규 동서산업주식회사"라고 표시되고 그 이름 아래에 피고 회사 대표이사의 직인이 날인되어 있다.

둘째, (갑) 당사자가 이행하기로 되어 있는 사항 중에는 위 김성규 개인이 이행할 수 있는 것 외에 피고 회사만이 이행할 수 있는 사항(예컨대, 피고 회사 소유의 부동산에 관하여 원고 앞으로 분할에 따른 소유권이전등기절차의 이행)이 포함되어 있다.

셋째, 그 합의서에 인증촉탁인이 "동서산업진흥주식회사 대표이사 김성규의 대리인 이재호"라고 표시되어 있다.[71]

이러한 대법원의 판단은 체계적 해석의 한 예라고 할 수 있다.

가 규정하고 있는 전체적 해석의 원칙과 어떤 관계에 있는지는 다소 명확하지 않다. Farnsworth(註 39), §7. 11(p. 471)은 양자를 같은 의미로 이해하고 있다.

68) 대법원 1990. 3. 9. 선고 89다카17809 판결(公 1990, 867).

69) 계약의 당사자가 누구인가를 확정하는 것도 계약의 해석에 의하여 결정될 문제이다. 尹眞秀, "契約 當事者의 確定에 관한 考察", 判例實務研究 Ⅱ, 1998, 367면 참조.

70) 그러나 이 판결의 평석인 李太鍾, "代表關係에 관한 當事者意思表示의 解釋", 人權과 正義 1990. 8, 132면 이하는 위 계약의 당사자는 피고 회사만이라고 보는 것이 타당하다고 주장한다.

71) 이외에 대법원은 위 계약의 체결 경위도 계약의 당사자가 누구인지를 판단함에 있어서 고려하고 있다.

3. 계약 해석의 제 2 단계 — 客觀的 解釋

계약에 관하여 서면이나 구두의 약정과 같은 言語的 表現이 존재하지 않거나,[72] 그러한 것들이 있더라도 그 문언이 계약 당사자의 의도를 제대로 반영하지 못하였다거나 또는 그 문언의 의미가 명확하지 않을 때에는 법원이 여러 가지 사정을 고려하여 합리적인 당사자라면 이를 어떻게 이해하였을까 하는 관점에서 객관적으로 계약의 의미를 판단하여야 한다. 이 점에 관하여 고려할 수 있는 사정으로는 첫째, 당사자들의 예비적인 교섭과 같은 계약 체결에 이르게 된 경위, 둘째, 당사자들 사이에 확립된 관행, 셋째, 계약 체결 이후의 당사자들의 행동, 넷째, 계약의 성격과 목적, 다섯째, 관습 등을 들 수 있다.[73] 이 중 첫째에서 셋째까지의 사정은 주로 당사자의 주관적 의사가 어떠했는가 하는 점을 탐구하는 것으로서, 학설이 말하고 있는 자연적 해석에 가까운 반면, 나머지 사정은 당사자의 주관적 의사보다는 합리적인 당사자라면 어떻게 이해했을까 하는 것을 탐구하는 것으로서 학설이 말하는 규범적 해석에 가깝다고 할 수 있으나,[74] 양자를 명확하게 구별하는 것은 쉽지 않고, 또 구별하여야 할 필요성도 별로 없다.[75]

---

72) 이른바 묵시적 의사표시 내지 推斷的 意思表示(konkludente Erklärungen)의 경우가 이에 해당할 것이다. Larenz/Wolf(註 11), §28 B. Ⅳ. 3 a)(S. 519 f.)는 의사표시에 관련된 사정은 추단적 의사표시의 경우에는 제 1 차적인 의미의 전달자(Sinnträger)라고 한다.

73) CISG 제 8 조 제 3 항, PICC 제4.3조, PECL 제5:102조 참조.

74) PICC의 공식 코멘트는 PICC 제4.3조가 열거하고 있는 여러 요소 가운데 처음의 3개, 즉 (a) 당사자들의 예비적인 교섭 (b) 당사자들 사이에 확립된 관행 및 (c) 계약 체결 이후의 당사자들의 행동은 당사자들의 주관적 의사를 확인하는 주관적 기준(subjective test)의 적용에 있어서 좀더 중요한 반면 나머지 3개, 즉 (d) 계약의 성격과 목적 (e) 관련 업계에서 용어와 표현들에 대하여 보편적으로 부여되는 의미 및 (f) 관습은 주로 합리성 기준(reasonableness test)의 적용에 있어서 중요하다고 설명한다. UNIDROIT Principles(註 30), p. 121 f.

75) 平井宜雄(註 45), 70면은 本來的 解釋(自然的 解釋을 말한다)은 논리적으로는 당사자의 합의의 내용이 불명확한 것을 전제로 하여 합의가 무엇인가를 추정하기 위한 기준을 포함하므로, 그 기준은 “당사자의 합의는 A라고 추정되어야 한다” 또는 “합리적 당사자라면 A로 합의했을 것이다”라고 하는 언명을 포함하지 않을 수 없고 그 한도에서는 무엇인가의 “規範的” 要素를 포함하는 것이 되어 규범적 해석과 접근하는 것은 부정할 수 없다고 한다. 다만 여기서 말하는 규범적 요소의 개입은 당사자의 본래의 의도(內心的 效果意思)를 명확하게 하는 한도에서 허용되는 것이므로 당사자의 본래의 의도와 관계없이 권리의무를 판단하는 전형적인 규범적 해석과는 다르다고 한다. 平井 교수는 規範的 解釋을 계약당사자의 의사와는 관계없이 재판관이 행하는 규범의 정립작업 내지 계약상의 권리의무를 창조하는 작업이라고 이해하고 있다(위 책 79면. 이러한 의미에서 平井 교수는 일본민법상으로는 補充的 解釋의 관념을 인정할 필요가 없다고 본다. 위 책 61면).

가. 契約 締結의 經緯

계약 체결의 경위 내지 계약 체결에 이르게 된 사정, 특히 계약 체결 과정에서 있었던 당사자들 사이의 교섭 내용은 계약의 의미를 확정하는데 중요한 참고자료가 될 수 있다. 특히 이 점을 잘 보여주는 것은 대법원 1994. 3. 25. 선고 93다32668 판결[76]이다.

위 판결에서는 피고 회사를 A와 B가 인수하면서, 피고 회사의 사장이던 원고를 어떻게 예우할 것인가가 문제되었는데, 원고측은 피고회사를 인수하면 대표이사로 취임할 예정이던 A에게 원고를 약정일로부터 향후 6년 이상 명예회장으로 추대하고 모든 예우를 사장과 동일하게 한다는 내용 등이 기재된 약정서에 서명날인을 요구하여 A가 위 약정서의 말미에 "최대 노력하겠습니다"라는 문구를 부기하고 서명날인하였다. 이 경우에, 과연 피고 회사가 원고를 6년 동안 사장과 동일하게 예우하여야 하는 법적인 의무를 부담한 것인가가 문제되었다.

원심 판결은 피고 회사에게 그러한 의무가 있다고 하였으나, 대법원은 어떠한 의무를 부담하는 내용의 기재가 있는 문면에 "최대 노력하겠습니다"라고 기재되어 있는 경우, 특별한 사정이 없는 한 당사자가 위와 같은 문구를 기재한 객관적인 의미는 문면 그 자체로 볼 때 그러한 의무를 법적으로는 부담할 수 없지만 사정이 허락하는 한 그 이행을 사실상 하겠다는 취지로 해석함이 상당하다고 하는 이유로 원심 판결을 파기하였다. 그 이유로서는 그러한 의무를 법률상 부담하겠다는 의사이었다면 굳이 "최대 노력하겠습니다"라는 문구를 사용할 필요가 없는 것이므로, 위와 같은 문구를 삽입하였다면 그 문구를 의미 없는 것으로 볼 수는 없는 것이고 따라서 당사자가 그러한 표시행위에 의하여 나타내려고 한 객관적인 의사는 그 문구를 포함한 전체의 문언으로부터 해석함이 상당하다는 점 외에[77] 다음과 같은 점을 들었다. 즉 위와 같은 문구를 삽입하게 된 경위가 A와 B가 피고 회사에 대한 소유 및 경영권을 인수하는 과정에서 피고 회사의 주주이던 원고측이 은행 전무의 중재 아래 A에게 피고 회사의 전 사장인 원고를 약정일로부터 향후 6년 이상 명예회장으로 추대하고 모든 예우를 사장과 동일하게 한다는 내용 등이 기재된 위 약정서에 서명날인

76) 公 1994상, 1320.

77) 이는 앞에서 언급한 체계적 해석의 한 예라고 할 수 있다.

을 요구하여 A는 이를 거절하였으나 위 은행 전무가 A에게 서로 섭섭지 않게 대우해 주는 것이 좋지 않겠느냐고 설득하여 A가 위 약정서의 말미에 "최대 노력하겠습니다"라는 문구를 부기하고 서명날인하였다는 것인데, A가 원고측의 제의를 일단 거절하였던 점, A가 은행 전무의 중재를 받아들여 원고측이 제시한 위 내용을 그대로 수용할 의사이었다면 위 약정서에 그대로 서명날인하여 원고측에 교부하면 되는 것인데, 굳이 "최대 노력하겠습니다"라는 문구를 삽입하여 원고측에 교부한 점 등 위와 같은 문구를 삽입하게 된 경위 등에 앞서 본 바와 같은 위 "최대 노력하겠습니다"라는 문언의 일반적인 의미를 함께 고려하여 보면, A가 위 약정서의 말미에 "최대 노력하겠습니다"라고 기재한 표시행위에 의하여 부여한 객관적인 의사는 원고측이 제시한 위와 같은 의무를 법률적으로는 부담할 수 없지만 사정이 허락하는 한 성의껏 이행하겠다는 취지이었다고 봄이 상당하고, 또한 원고측은 A가 위 표시행위에 의하여 나타내려는 객관적인 의사를 알았거나 알 수 있었다고 봄이 상당하는 것이다.[78] 이외에도 판례는 계약을 해석함에 있어서 계약 체결의 경위를 중요시하고 있다.[79]

이와 관련하여 언급할 필요가 있는 것이 이른바 吸收條項(merger clause)의 문제이다. 이는 계약 가운데 계약서가 당사자들이 합의한 내용을 완전히 구현하고 있다(embody)는 내용의 조항을 말한다. 이는 주로 종전의 당사자의 계약 교섭 과정을 근거로 하여 계약서와 상충되는 내용을 주장하지 못하게 하기 위하여 이용된다. 미국에서는 구두증거 배제의 법칙(parole evidence rule)과 같은 목적을 달성하기 위하여 이러한 조항이 많이 이용되고 있다. 우리나라에서는 이러한 조항이 잘 사용되지는 않으나 우리나라의 당사자가 외국 기업 등과 체결하는 국제적인 계약에서는 이러한 조항이 들어가 있는 사례를 볼 수 있다. 이에 관하여 PICC와 PECL은 각각 별도의 규정을 두고 있다. PICC 제2.1.17조는 흡수조항이 있는 서면계약의 경우에 계약은 종전의 진술이나 합의에 관한 증거에 의하여 반박되거나 보충될 수 없으나, 그러한 진술이나 합의는 서면을 해석하기 위하여 이용될 수는 있다고 규정한다. PECL 2:105조도 비슷한 취지

---

78) 위 판결에 반대하는 평석으로서 金星泰, "'최대 노력하겠다'는 약정의 法的 拘束力", 民事判例硏究 XVIII, 1996, 35면 이하가 있다.

79) 예컨대 대법원 1994. 4. 29. 선고 94다1142 판결(公 1994상, 1614); 1995. 3. 17. 선고 93다46544 판결(公 1995상, 1704) 등.

이나, 여기서는 약관에 의한 흡수조항은 종전의 진술이나 행위 또는 합의는 계약의 일부를 이루지 않을 것을 당사자들이 의도했다는 추정만을 가져온다고 규정하고 있다.[80)]

나. 當事者들 사이에 확립된 慣行

이러한 사유는 국내 문헌에서는 별로 언급되고 있지 않으나, CISG, PICC 및 PECL은 모두 이를 고려하여야 할 요소로 들고 있다. 이는 일반적인 관습을 말하는 것은 아니고 계약 당사자 사이에서만 준수되었던 관행을 의미하는데, 그러한 관행이 어느 정도 자주 행해지고 또 지속됨으로써 당사자가 특정한 행동방식이 통상적이라고 신뢰할 정도가 되어야 한다.[81)] 대법원 1999. 6. 25. 선고 99다7183 판결[82)]이 "당사자 사이에 명시적, 묵시적으로 형성된 거래의 원칙"이라고 하고 있는 것도 이러한 의미로 이해된다.[83)]

예컨대 캐나다의 제조업자가 미국의 소매상인에게 여러 차례에 걸쳐서 광학 렌즈를 팔았는데 그 계약에서는 가격이 모두 캐나다 달러로 표시되어 있었다면 그 후의 계약에서 제조업자가 소매상인에게 청약을 할 때 단지 달러라고만 하였다고 하더라도 이는 캐나다 달러로 해석되어야 하고,[84)] 프랜차이즈 계약의 조항이 가맹자가 프랜차이즈 본부로부터 물건을 받은 때로부터 10일 내에 대금을 지급하여야 한다고 규정하고 있는데 가맹점은 3개월 동안 물건을

80) 각국이 흡수조항을 어떻게 취급하는가에 대한 간략한 소개는 O. Lando/H. Beale(ed.), Principles of European Contract Law part Ⅰ and Ⅱ, 2000, pp. 153 f. 참조. CISG상의 논의에 대하여는 Schlechtriem/Schwentzer/Schmidt-Kessel, Art. 8 Rdnr. 35 참조. 미국법상의 논의에 대하여는 Farnsworth(註 39), §7. 3(p. 436) 참조.

81) Staudinger/Magnus, Art. 9 CISG Rdnr. 13.

82) 集 47권 1집 民308면; 公 1999하, 1500.

83) 이 사건에서는 계속적 거래계약에서 기본계약 외에 개개의 매매에 관한 별개의 개별계약의 체결이 예정되어 있는 경우, 기본계약이 예정하고 있는 개별계약의 체결이 당사자의 의무인지의 여부는 원칙적으로 기본계약 자체가 정하는 바에 의하여 결정될 것이지만, 기본계약에 그에 관한 정함이 없다 하여 당사자가 그 의무를 부담하지 않는다고 할 것은 아니고, 당사자가 당해 계약에 이른 동기와 경위, 당사자가 당해 계약에 의하여 달성하려는 목적, 당사자 사이에 명시적, 묵시적으로 형성된 거래의 원칙, 당해 업계에 있어서의 거래관행 등에 비추어 당사자의 의사가 공급자 또는 피공급자에게 개별계약의 체결을 의무지우려는 의사였던 것으로 볼 만한 사정이 존재하는 때에는 그 공급자 또는 피공급자는 상당한 이유가 없는 한 상대방에 대하여 개별계약을 체결할 의무를 부담하는 것으로 보아야 한다고 판시하였다. 그러나 이 사건에서 구체적으로 무엇이 당사자 사이에 명시적, 묵시적으로 형성된 거래의 원칙인지는 분명하지 않다. 이 판결에 대한 대법원 재판연구관의 해설로는 趙英哲, "계속적 거래계약에서의 개별계약 체결의무", 대법원판례해설 제32호(1999년 상반기), 22면 이하 참조.

84) UNIDROIT Principles(註 30), p. 122.

받은 때로부터 10去來日(10 working day) 내에 대금을 지급하였다면 그 후 프랜차이즈 본부가 공휴일을 포함하여 10일 내에 대금을 지급하라고 주장하는 것은 잘못이라고 할 수 있다.[85)]

우리 판례상 이에 해당하는 것은 쉽게 찾아보기 어려우나 다음의 판례는 이 점을 고려한 것으로 보인다. 즉 대법원 1987. 4. 28. 선고 82다카789 판결[86)]은, 근보증 계약서의 문언상 보증기간이나 보증한도액을 정함이 없이 회사가 부담하는 모든 채무를 보증하는 것으로 되어 있다 하더라도 그 보증을 하게 된 동기와 목적, 피보증채무의 내용, 거래의 관행등 제반사정에 비추어 당사자의 의사가 계약문언과 달리 일정한 범위의 거래의 보증에 국한 시키는 것이었다고 인정할 수 있는 경우에는 그 보증책임의 범위를 제한하여 새겨야 할 것이라고 하면서, 피고는 위 회사의 이사라는 지위에 있었기 때문에 원고은행의 대출규정상 계속적 거래로 인하여 생기는 회사의 채무에 대하여 연대보증을 하게 된 것이고, 원고은행은 거래시마다 그 당시 회사의 이사등의 연대보증을 새로이 받아 왔다면 원고은행과 피고사이의 연대보증계약은 피고가 회사의 이사로 재직중에 생긴 채무만을 책임지우기 위한 것이었다고 보아야 할 것이라고 판시하였다.

여기서 법원이 근보증 계약서의 문언과 달리 피고가 회사의 이사의 재직중에 생긴 채무만을 책임진다고 본 중요한 근거는 채권자인 원고 은행이 거래시마다 그 당시 회사의 이사 등의 연대보증을 새로이 받아 왔다는 점이었고, 이는 말하자면 당사자 사이에 확립된 관행에 해당한다고 할 수 있다.[87)]

다. 계약 체결 이후의 당사자의 행동

계약 체결 이후의 당사자의 행동도 당사자들이 그 계약을 어떻게 이해했는가를 보여준다는 점에서 계약 해석의 기준이 될 수 있다.[88)] CISG, PICC,

---

85) Lando/Beale(註 80), p. 292.

86) 集 35권 1집 民300면; 公 1987, 863.

87) 같은 취지의 판례로는 대법원 1987. 7. 21. 선고 87다카677 판결(公 1987, 1390); 1987. 12. 8. 선고 87다카639 판결(公 1988, 263); 1991. 7. 23. 선고 91다12776 판결(公 1991, 2228); 1991. 12. 10. 선고 91다29828 판결(公 1992, 487); 1993. 2. 12. 선고 92다45520 판결(公 1993상, 976); 1998. 12. 22. 선고 98다34911 판결(公 1999상, 187) 등이 있다.

88) Schlechtriem/Schwentzer/Schmidt-Kessel, Art. 8 Rdnr. 50. Flume(註 13), S. 310은 의사표시 이후의 사정은 규범적 해석에 있어서는 원칙적으로 고려될 수 없지만, 그것이 법률행위에 관여한 사람의 행동이거나 의사표시일 때에는 당시의 실제의 이해에 관한 증거방법으로서 의미가 있다고 한다. 그런데 宋德洙(註 3), 187면은 Flume 등을 인용하면서 表示行爲 이후의 사

PECL 등도 그와 같이 규정하고 있다. 이 점에 관하여 Schlechtriem 교수는 다음과 같이 설명한다. 즉 당사자의 사후의 행동도 의사표시 및 계약의 해석에 영향을 미친다는 점은 합리적이기는 하지만 논리적으로는 정당화하기 어려운데, 왜냐하면 의사표시의 의미내용은 그것이 효력을 발생했을 때 확정되어야 하기 때문이라는 것이다. 그러므로 CISG 제 8 조 제 3 항의 "후속 행위(spätere Verhalten)"는 의사표시를 발할 당시의 사정을 밝혀 주는 것으로서 당사자의 진정한 의사 또는 의사표시의 객관적 의미를 탐구할 수 있게 해 주는 것이라야 한다는 것이다. 후속 행위가 변화된 의사를 표시하는 것이라면 이는 계약 변경의 문제로 생각되어야 한다고 한다.[89]

대법원의 판례도 당사자의 사후의 행동을 계약 해석에 있어서 고려하고 있다. 이 점을 잘 보여주는 것으로는 대법원 2001. 3. 23. 선고 2000다40858 판결[90]을 들 수 있다. 위 사건에서는 건설회사가 토지를 부동산신탁회사에 신탁하여 신탁회사가 그 위에 아파트를 신축·분양하기로 하는 내용의 토지개발신탁계약을 체결한 후 신탁회사로부터 공사를 도급받아 아파트 신축공사를 시행하던 중, 공사현장에 레미콘을 공급하던 원고 등 납품업체들이 건설회사에 신탁회사가 레미콘대금 지급채무를 지급보증한다는 내용의 약속을 받아 줄 것을 요구하자 신탁회사가 건설회사에 '납품사실 확인분에 대해서는 당사가 공동시행자의 입장에서 납품업체에 대한 피해가 없도록 조치를 취할 예정'이라는 내용의 회신을 보낸 경우, 신탁회사가 건설회사의 채무를 보증한 것으로 볼 수 있는가가 문제되었다. 이 사건에서 신탁회사는 건설회사에 회신을 보내면서 '지급보증'의 문구는 사용할 수 없다고 하였으나, 대법원은 신탁회사가 건설회사의 레미콘대금 지급채무를 보증하였거나 중첩적으로 인수하였다고 볼 수 있다고 하였는데, 구체적으로는 다음과 같은 이유를 들었다.

즉 이 사건 회신의 문언은 단지 "공동시행자의 입장에서 납품업체에 대한

정은 그것의 장래의 성립가능성이 이미 표시내용 안에 수용되어 있지 않는 한 규범적 해석에서 고려되지 못한다고 한다. 다른 한편 Staudinger/Singer, §133 Rdnr. 50, 51은 사후의 당사자의 행동에 의한 해석은 의사표시의 상대방으로서 의사표시의 효력발생시에 그 객관적인 의미를 신뢰하였던 사람의 부담으로 작용하여서는 안 되며, 사후적인 경과는 법률행위 당사자의 실제의 의사와 실제의 이해에 대한 추론을 허용하는 한에서만 고려되어야 하고, 의사표시의 규범적 의미에 관한 것이어서는 안 된다고 한다.

89) Schlechtriem(註 28), Rdnr. 57.

90) 公 2001상, 957.

피해가 없도록 조치를 취할 예정"이라고만 하고 있어 그 자체만으로는 객관적인 의미가 명확하게 드러나지는 않고 있으나, 회신을 하게 된 목적이나 경위뿐만 아니라 회신을 하게 된 이후의 사정, 즉 원고 등 레미콘 납품업체들은 건설회사에 대한 레미콘 공급을 일시 중단하였다가 위와 같은 경위로 신탁회사로부터 이 사건 회신을 받은 이후에야 비로소 레미콘 공급을 재개하였고, 건설회사가 부도난 이후 신탁회사가 원고로부터 이 사건 아파트 공사현장에 공급된 레미콘의 분량 등을 확인한 일도 있었다는 점도 고려하여 이 사건 회신의 객관적 의미를 합리적으로 해석하면, 원고와 신탁회사는 건설회사를 매개로 하여 신탁회사가 건설회사의 원고에 대한 레미콘대금 지급채무를 보증하였거나 중첩적으로 인수하였다고 볼 수 있고, 이는 신탁회사가 위 회신을 보내면서 건설회사에게 '지급보증'의 문구는 사용할 수 없다고 한 사실이 있다 하여 달라지는 것은 아니라고 하였다.

라. 契約의 性格과 目的

계약의 성격과 목적을 고려하여야 한다는 점에 관하여는 CISG는 직접 규정하는 바가 없으나, PICC와 PECL은 이에 관하여 규정하고 있다. 계약의 성격[91]과 목적이 계약 해석에 있어서 고려되어야 하는 것은 당연하다.

여기서는 계약의 성격을 고려한 판례로서 저작권에 관한 계약을 다룬 대법원 1996. 7. 30. 선고 95다29130 판결[92]을 살펴본다. 이 사건에서는 노래의 작사·작곡자들인 원고들이 음반 회사와 맺은 음반 제작계약의 효력이, 그 후 위 음반 회사가 위 음반을 CD로 복제하여 판매하는 행위에도 미치는가 하는 점이 문제되었다. 대법원은 먼저 위 계약이 저작권 양도계약인지 저작권 이용허락계약인지에 관하여, 저작권 양도 또는 이용허락되었음이 외부적으로 표현되지 아니한 경우 저작자에게 권리가 유보된 것으로 유리하게 추정함이 상당하는 등의 이유를 들어서 위 계약은 비배타적 저작권 이용허락계약이라고 보았다. 그러나 이 사건 계약시 상용화되지 않은 매체인 CD음반을 피고가 제작 · 판매하는 것이 원고들의 이용허락 범위를 일탈하는 것인지 여부에 관하여는, 저작권 양도 또는 이용허락되었음이 외부적으로 표현되지 아니한 것은 일

91) 예컨대 매매계약인가 도급계약인가. Lando/Beale(註 80), S. 292는 綠地(green space)의 관리를 맡은 조경회사는 담장을 수리할 의무는 없다고 한다.

92) 集 44권 2집 民76면; 公 1996하, 2639.

응 저작자에게 권리가 유보된 것으로 유리하게 추정함을 원칙으로 한다고 하면서도 여러 가지 사정을 종합하여 결론적으로는 이 사건 계약에는 새로운 매체인 CD음반에 대한 이용허락까지도 포함되어 있는 것이라고 봄이 상당하다고 하였다.[93)]

계약의 목적에 관하여도 대법원의 판례는 당사자가 그 법률행위에 의하여 달성하려고 하는 목적을 법률행위의 해석에 있어서 고려하여야 한다는 점을 여러 차례 판시한 바 있다.[94)] 그런데 계약의 당사자는 서로 상이한 목적을 추구할 수 있기 때문에 어느 당사자의 목적이 기준이 되어야 하는가가 문제될 수 있다. 그러나 많은 경우에는 계약의 일방은 상대방이 추구하는 목적을 이해한다. 그러므로 상대방의 일반적인 목적을 알면서 계약에 합의한 경우에는 그러한 목적을 좌절시키는 해석보다는 그러한 목적을 달성하는 해석이 이루어져야 할 것이다.[95)]

판례상 계약의 목적을 특별히 중시한 사례로서 대법원 1995. 3. 17. 선고 93다46544 판결[96)]을 들 수 있다. 이 사건에서는 농공지구 내 토지를 매도한 지방자치단체(피고)가 매수인의 자금융통의 편의를 위하여 매수인에게 시설자금을 대출하는 금융기관(원고)에 대하여 "매수인이 토지대금을 완납하고 매수인 명의로 소유권이전등기를 경료함과 동시에 위 금융기관에 대하여 선순위의 근저당을 설정하도록 조치할 것을 확약한다"는 취지의 각서를 교부하였고 그에 따라 원고는 매수인에게 시설자금을 대출하여 주었다. 그런데 매수인이 토지대금을 완납하였으나 피고는 원고를 위한 별다른 조치를 취하지 않은 채 매수인에게 소유권이전등기를 경료하여 주었고, 매수인은 위 토지에 원고 아닌 제3자를 근저당권자로 하는 근저당권을 설정하여 결국 원고는 매수인에 대한 대출금의 일부를 회수하지 못하게 되었다. 그리하여 원고는 피고에 대하여 자신

---

93) 그러나 이 판결의 결론은 "利用許諾範圍의 제한적 해석"이라는 이 판결 스스로가 인정하고 있는 원칙에 어긋난다는 점에서 문제가 있다. 丁相朝, "著作物 利用許諾의 範圍", 判例實務研究 Ⅰ, 1997, 53면 이하; 金文煥, "音盤製作契約의 意味 및 그 適用範圍: 신정성 외 1인 대 주식회사 地球", 民事判例研究 XX, 1998, 446면 이하 참조.

94) 상세한 판례의 소개는 엄동섭(註 65), 93면 이하 참조. 또한 Larenz/Wolf(註 11), §28 B. Ⅳ. 4.(S. 521 f.)는 계약의 해석에 있어서는 원칙적으로 당사자들이 공동으로 합의된 계약의 목적을 나머지의 계약상 규정에 의하여 수미일관하게 관철시키려고 한다는 점에서 출발할 수 있다고 하면서, 계약 목적에 부합하는 해석(vertragszweckkonforme Auslegung)이 중요한 계약 해석의 준칙이라고 한다. Staudinger/Singer, §133 Rdnr. 52 f.도 참조.

95) Farnsworth(註 39), §7.10(p. 468) 참조.

96) 公 1995상, 1704.

에게 근저당권을 취득할 수 있도록 통지를 하여 주지 않았음을 이유로 하여 손해배상청구를 제기하였다.

원심은, 위 각서는 피고측으로서는 매수인이 그 명의로 소유권이전등기를 경료함과 동시에 원고에게 선순위의 근저당권을 설정하도록 협조하고 이를 이행하지 아니할 경우에는 원고가 스스로 선순위의 근저당권을 설정할 수 있도록 원고에게 통지하는 등의 행위를 하기로 약정한 것이라고 해석하여 원고의 청구를 기각하였다.

그러나 대법원은, 원고가 미리 충분한 담보도 확보하지 아니한 상태에서 매수인에게 거액의 시설자금을 대출하는 이례적인 내용의 여신업무를 수행하게 된 것은 지방자치단체인 피고가 발급한 각서를 신뢰하여 장차 피고가 위 각서에 따른 조치를 취해 줄 것을 기대하였기 때문이라고 볼 수밖에 없고, 또 농공지구의 조성자로서 그 입주기업에 자금융통의 편의를 공여하기 위하여 위 각서를 발급하게 된 피고로서도 위와 같은 사정을 잘 알고 있었다고 보아야 할 것이라는 점, 피고가 매수인에게 소유권이전등기 소요서류를 교부하기에 앞서서 원고에게 이를 사전에 통지함으로써 원고로 하여금 이 사건 토지에 선순위의 근저당권을 설정하기 위하여 필요한 준비를 할 수 있게 하고 만일 그 준비과정에서 매수인이 위 각서 내용을 이행하지 아니할 태세를 보이는 경우에는 매수인에게 그 이행을 촉구하여 그러한 준비가 마쳐진 것이 확인될 때까지 매수인에 대하여 소유권이전등기 소요서류의 교부를 거절하는 등의 조치를 취하는 것이 피고로서는 용이하였을 뿐만 아니라 그와 같은 조치가 이루어졌더라면 원고가 이 사건 토지에 관하여 선순위의 근저당권설정등기를 경료하는데 큰 어려움이 없었을 것으로 보여지는 점 등을 들어 피고가 위 각서에 의하여 취하기로 약정한 조치 속에는 매수인에게 이 사건 토지에 관한 소유권이전등기 소요서류를 교부하기에 앞서 원고에게 이를 사전에 통지하고 나아가 원고가 매수인과 사이에 선순위의 근저당권을 설정하기 위한 준비를 마쳤는지 여부를 확인하는 조치가 당연히 포함되어 있는 것으로 해석함이 상당하다고 하여 피고가 그러한 조치의무를 이행하지 않음으로 말미암아 원고에게 손해를 입혔다면 피고로서는 다른 특별한 사정이 없는 한 그 손해를 배상할 책임이 있다고 하였다.

이 판결은 원고가 피고로부터 각서를 받은 목적, 이를 피고도 잘 알고 있었다는 사정 등을 위 각서의 교부행위의 의미를 해석하는데 중요하게 고려한

것이라고 할 수 있다.[97)]

마. 慣　　習

계약과 같은 법률행위의 해석에 있어서 당사자의 의사가 명확하지 아니할 때에는 慣習에 따른다는 것은 민법 제106조가 규정하고 있다. CISG와 PICC, PECL도 이러한 관습 내지 관행이 계약 해석의 기준이 됨을 밝히고 있다. 그런데 PICC와 PECL은 계약 해석에서 고려되는 요소로서 "관련 업계에서 용어와 표현들에 대하여 보편적으로 부여되는 의미"와 "관행(usage)"을 구별하고 있는데,[98)] 양자의 관계에 대하여, 후자는 PICC 제1.9조의 요건을 갖추어야 하는 반면,[99)] 전자는 그러하지 않다는 차이가 있다고 한다.[100)] 다른 한편으로는 "관련 업계에서 용어와 표현들에 대하여 보편적으로 부여되는 의미"란 이른바 계약의 解釋에 관한 관습을 의미하고,[101)] 慣行이란 계약의 보충에 관한 관습을 의미한다고 볼 여지도 있다.[102)]

CISG는 제 8 조 제 3 항에서 계약 해석의 기준으로서 慣行(usage)을 들고 있는 한편, 제 9 조 제 2 항에서는 "별도의 합의가 없는 한, 당사자가 알았거나 알 수 있었던 관행으로서 국제거래에서 당해 거래와 동종의 계약을 하는 사람에게 널리 알려져 있고 통상적으로 준수되고 있는 관행은 당사자의 계약 또는 그 성립에 묵시적으로 적용되는 것으로 본다"라고 규정하고 있는데, 양 조항에서 사용되는 관행의 차이에 관하여는 논란이 없지 않으나, 유력한 학설은 제 8

97) 또한 판례는 도급계약에 있어서 지체상금 약정의 적용범위를 정함에 있어서도 지체상금 약정을 하는 목적을 중시하고 있다. 대법원 1999. 1. 26. 선고 96다6158 판결(公 1999상, 329); 2005. 8. 19. 선고 2002다59764 판결(公 2005하, 1477).

98) PICC 제4.3조. PECL 제5:102조도 마찬가지이지만 "그 계약조항과 표현에 당해 거래계에서 공통적으로 부여되는 의미"와 "유사한 조항에 주어진 해석"을 동일하게 취급하고 있다. 여기서 유사한 조항이란 주로 재판의 대상이 되었던 통상적인 조항을 의미한다고 한다. Lando/Beale(註 80), p. 292.

99) PICC 제1.9조 제 2 항은 "당사자들은 그 적용이 불합리한 경우가 아니면 당해 특정 거래계에서 당사자들에게 알려져 있고, 국제 거래에서 준수되는 관행에 구속된다"고 규정하고 있다.

100) Unidroit Principles(註 30), p. 122. Lando/Beale(註 80), p. 292도 같은 취지로 이해된다.

101) 이른바 表示上의 慣習(Erklärungssitte). MünchKomm/Mayer-Maly/Busche, 4. Aufl., 2001, §157 Rdnr. 17 참조.

102) Lando/Beale(註 80), p. 293은 관행이 계약의 공백(gaps in the contract)을 채우는 해석(PECL 제6:102조)에 있어서도 역할을 할 수 있다고 설명한다. 일반적으로 민법 제106조가 법률행위의 해석규정인가 아니면 법률행위의 보충규정인가에 관하여는 논란이 있다. 民法注解 Ⅱ(註 3), 106면 이하(朴英植); 朴駿緖 編, 註釋民法 總則(2), 제 3 판, 2001, 519-520면 이하(朱한일) 참조.

조 제3항은 의사표시의 해석에 관한 규정으로서 제9조 제2항과 같이 계약의 보충에 관한 규정이 아니라고 하여, 제8조 제3항의 관행은 제9조 제2항의 관행과는 달리 국지적, 지역적 또는 국내적 관행이거나 특정한 사람들의 집단에 의하여만 준수되는 것이라도 무방하다고 한다.[103)]

대법원의 판례도 일반적인 계약 해석 기준의 하나로서 거래의 관행을 들고 있다.[104)] 근래의 판례로서 관행을 특별히 고려한 것으로서는 대법원 2004. 5. 14. 선고 2003다57697 판결[105)]을 들 수 있다. 이 사건에서는 상가 분양대금에 부가가치세가 포함되어 있는가 아닌가가 문제되었다. 원심은 원·피고 사이에 작성된 이 사건 분양계약서는 분양대금을 산정함에 있어 토지가액, 건물가액 및 부가가치세를 구별하지 않고 총 분양대금만을 기재하였는데, 일반적으로 건물 분양시 부가가치세가 부과되고 부가가치세를 포함하여 총 분양대금이 산정된다는 사실은 널리 알려진 거래의 관행이므로 수분양자들은 분양계약서에 기재된 분양대금을 전액 납부하면 그것으로 모든 분양대금을 완납한 것으로 인식하고 분양대금과 별도로 부가가치세를 납부하여야 한다고 생각하지는 않는 점, 이 사건 건물의 분양으로 인한 부가가치세를 피고가 부담하기로 약정하였다면 원고로서는 분양계약서를 작성함에 있어 피고가 부담하여야 할 부가가치세를 명시하거나 최소한 총 분양대금 중 부가가치세 산정의 기초가 되는 건물가액을 토지가액과 구별하여 기재하여야 할 것임에도 아무런 구별 없이 총 분양대금만을 기재하였고, 그렇다면 이는 총 분양대금에 분양과 관련하여 피고가 부담할 모든 금액을 포함시키겠다는 의사로 해석할 수 있고, 또한 원고가 1998. 9. 20. 피고에게 이 사건 건물의 분양과 관련하여 건물가액 및 부가가치세가 기재된 세금계산서를 교부하기까지 한 점 등에 비추어, 이 사건 분양계약서에 "부가가치세는 별도로 을(수분양자)이 부담한다"는 약정이 기재되어 있다고 하더라도 이 사건 분양계약서상의 총 분양대금에는 원고가 구하는 부가가치세가 포함되어 있다고 하였고, 대법원도 이러한 원심의 판단이 정당하다고 하였다.[106)]

---

103) Schlechtriem(註 28), Rdnr. 56. 같은 취지, Schlechtriem/Schwentzer/Schmidt-Kessel, Art. 8 Rdnr. 45.

104) 예컨대 대법원 2002. 5. 24. 선고 2000다72572 판결(公 2002하, 1479) 등 다수.

105) 대법원 LX 프로그램에서 검색할 수 있다.

106) 대법원 2003. 7. 11. 선고 2001다6619 판결(대법원 LX 프로그램에서 검색할 수 있다)에서는 자동차 판매회사의 판매원이 보험회사와의 사이에 판매한 자동차를 고객이 요청한 일정

바. 信義誠實의 原則?

일반적으로 규범적 해석의 한 기준으로서 신의성실의 원칙을 든다.[107] PECL 제5:102조 (g)도 마찬가지이다. 신의성실의 원칙은 민법의 기본원칙이므로 계약의 해석에 있어서도 적용된다고 말할 수 있을 것이다. 그러나 신의성실의 원칙을 계약의 해석에 있어서 적용함에 있어서는 다소 주의를 요한다.

보는 관점에 따라서는 계약 해석의 방법 전체가 신의성실의 원칙에 의하여 근거지워진다고 말할 수도 있을 것이다. 즉 합리적 당사자라는 기준은 신의성실의 원칙에 근거한 것이라고 말할 수도 있고,[108] 상대방의 이해가능성을 고려하여야 한다는 것도 마찬가지이며,[109] 뒤에서 살펴보는 여러 가지의 규범적인 해석원칙도 기본적으로는 신의성실의 원칙에 근거한 것이라고 할 것이다. 나아가 보충적 해석에 있어서도 당사자의 가정적 의사를 탐구하는데 있어서 신의성실의 원칙이 기준이 될 수 있다. 그러나 적어도 제 1 단계와 제 2 단계의 계약해석에 있어서는 신의성실의 원칙이 이처럼 다른 계약 해석의 방법들의 근거로서 작용하는 외에 직접 계약 해석에서 적용되는 기준이 된다고 볼 필요는 없다고 여겨진다.

CISG 제 8 조에 관하여는 信義誠實의 原則(Good Faith and Fair Trading)이 독립된 계약 해석의 기준이 될 수 있는가에 관하여 논란이 있다. 신의성실의 원칙은 CISG 제 7 조 제 2 항[110]이 규정하고 있는 일반원칙에 해당한다고 보는

장소까지 운반하여 인도하는 과정에서 생긴 사고에 대하여 제 3 자에게 손해배상책임을 지는 경우 보험회사가 그 배상금을 지급하기로 하는 내용의 자동차취급업자종합보험계약을 체결하였는데 실제로 위 자동차의 운반은 판매원 아닌 자동차 탁송업자의 종업원이 하다가 사고를 일으킨 사례에서, 위 보험의 피보험자가 실제로 보험계약을 체결한 판매원인가 아니면 자동차 탁송업자인가가 문제되었다. 대법원은 피보험자가 판매원 아닌 자동차 탁송업자라고 하였는데 그 주된 이유는 신조자동차의 판매와 관련하여 소외 회사 소속의 판매원이 신조자동차를 판매하고 고객으로부터 탁송을 의뢰받아 탁송료 및 탁송보험료를 지급받은 후 탁송업자에게 탁송을 의뢰하면서 업무의 편의상 판매원 자신이 탁송업자를 위하여 자동차취급업자종합보험계약을 체결하는 것이 관행으로 되어 있다는 점이었다.

107) 예컨대 郭潤直(註 40), 224면; 李英俊(註 3), 289면 이하; 宋德洙(註 3), 193면 등.

108) Schlechtriem(註 28), Rdnr. 54.

109) 李英俊(註 3), 289-290면.

110) CISG 제 7 조 제 2 항: 이 협약에 의하여 규율되는 사항으로서 협약에서 명시적으로 해결되지 아니하는 문제는, 이 협약이 기초하고 있는 일반원칙, 그 원칙이 없는 경우에는 국제사법 규칙에 의하여 적용되는 법에 따라 해결되어야 한다(Questions concerning matters governed by this Convention which are not expressly settled in it are to be settled in conformity with the general principles on which it is based or, in the absence of such principles, in conformity with the law applicable by virtue of the rules of private international law).

것이 일반적인 견해인데,[111] 一說은 이러한 신의성실의 원칙이 제 8 조에 의한 계약 해석의 기준이 된다고 한다. 즉 명확하지 않은 의사표시의 해석은 신의성실의 원칙에 합치되어야 하고, 따라서 국제적인 상거래의 합리적인 참여자가 구체적인 상황에서 받아들일 수 있는 것으로 여기는 것을 지향하여야 한다고 한다.[112] 그러나 반대설은 CISG는 신의성실의 원칙에 대하여 제 7 조 외에는 의식적으로 규정을 두지 않았고 다만 그와 부분적으로 기능을 같이 하는, 예컨대 객관적 해석이나 계약의 보충과 같은 것들로 만족하였으므로 신의성실의 원칙은 제 8 조에 의한 계약 해석의 기준은 될 수 없다고 한다.[113]

이 문제는 어떻게 보면 단순한 체계상의 문제에 불과하다고 할 수 있다. 어떻게 보든 결과의 차이는 없기 때문이다. 그러나 이론적으로는 신의성실의 원칙과 같은 일반조항에 의존하는 것은 되도록 회피하여야 한다는 점에서, 신의성실의 원칙이 직접 계약 해석에서 적용된다고 하기보다는 신의성실의 원칙에 기반을 둔 좀더 구체화된 법리를 찾아보도록 노력하는 것이 바람직하다고 생각된다.

사. falsa demonstratio non nocet의 원칙

앞에서 살펴본 것처럼 당사자의 의사가 일치하였을 때에는 그 일치된 의사가 계약서상의 표시와 다르더라도 계약의 해석은 그러한 일치된 의사에 따라야 한다. 대법원의 판례도 이 점을 몇 차례에 걸쳐서 확인하고 있다.[114]

그런데 여기서는 계약 해석의 방법과 관련하여 이 원칙을 채택하였음을 명백히 하고 있는 위 대법원 1993. 10. 26. 판결(註 10)에서 당사자의 의사가 일치한다는 점을 어떻게 확인하였는가 하는 점을 살펴본다. 이 사건에서 객관

111) Schlechtriem/Schwentzer/Ferrari, Art. 7 Rdnr. 49 참조.

112) Staudinger/Magnus, Art. 8 CISG Rdnr. 10. 같은 취지, Schlechtriem(註 28), Rdnr. 54; Witz/Salger/Lorenz/Witz(註 28), Art. 8 Rdnr. 7 등.

113) Schlechtriem/Schwentzer/Schmidt-Kessel, Art. 8 Rdnr. 30. Staudinger/Singer, §133 Rdnr. 63은 신의성실의 원칙은 개념적으로 또는 연역적으로 도출될 수는 없고, 해석의 원칙(Auslegungsmaximen)과 경험칙에 반영된 下位 原理(Unterprinzipien)에 의한 구체화를 필요로 한다고 설명한다.

114) 대법원 1993. 10. 26.(註 10)이 매매목적물인 토지의 지번이 잘못 표시된 경우에 관하여 이 점을 명확하게 설시한 최초의 선례이지만, 이미 대법원 1992. 11. 24. 선고 92다31514 판결(公 1993상, 239)가 같은 취지로 판시한 바 있다. 이후의 예로서 매매목적물의 표시가 잘못된 경우에 관한 것으로는 대법원 1996. 8. 20. 선고 96다19581, 19598 판결(公 1996하, 2792); 1997. 4. 11. 선고 96다50520 판결(公 1997상, 1433) 등이 있고, 계약 체결 당사자가 다른 사람으로 표시된 경우에 관하여는 대법원 1999. 6. 25.(註 82)가 있다.

적으로 확인되는 사실관계는 다음과 같다. 즉 이 사건에서 문제된 토지(부산시 동구 수정동 969의 36 대 76 평방미터)는 1969. 7. 13. 국가로부터 A 명의로 소유권이전등기가 경료되었다가 그 후 순차로 여러 사람을 거쳐서 1982. 12. 28. 원고 명의로 소유권이전등기가 경료되었다. 그러나 위 토지는 실제로는 피고가 그 선대 때부터 40년 이상을 그 지상에 건물을 소유하면서 점유하여 왔는데 피고는 위 토지가 국유인 줄 알고 국가로부터 불하받으려다가 위 토지가 원고 명의로 등기되어 있다는 사실을 알게 되었다. 그러자 원고가 피고를 상대로 위 건물의 철거 및 토지의 인도를 청구하였다. 그런데 국가와 A 사이의 국유재산 매매계약서에 의하면 그 매매목적물은 이 사건 토지인 위 수정동 969의 36 대 23평으로 표시되어 있기는 하나 매수인인 A의 주소 또한 위 수정동 969의 36으로 기재되어 있으며, 원고도 이 사건 소장에서 자신의 주소를 위 수정동 969의 36으로 표시하였으나 제 1 심법원의 검증 및 감정결과 이 사건 수정동 969의 36 토지는 피고만이 점유하고 있는 것임이 확인되었다. 다른 한편 피고는 A가 원래 점유하고 있던 토지는 이 사건 토지에 인접하고 있는 부산 동구 수정동 969의 39, 71, 73의 3필지 73제곱미터인데 국유재산인 위 위 73제곱미터를 불하받으려고 하는 과정에서 자신이 점유하는 토지의 지번이 이 사건 토지의 지번인 위 같은 동 969의 36인 것으로 착각하여 이에 관하여 불하신청을 하여 이를 불하받았다고 주장하고 있고, 위 수정동 969의 39, 71, 73의 3필지는 위 매매계약 체결 당시부터 국유로 남아 있었다.

위 사건의 원심은 A와 국가 사이의 매매계약의 목적물이 위 수정동 969의 36 대 76 평방미터임을 전제로 하여 원고의 청구를 받아들였으나, 대법원은 A가 이 사건 토지가 아닌 그에 인접한 다른 토지를 점유하고 있었다면, 위 각 토지의 소유자인 국가가 A가 점유하고 있던 토지를 제쳐놓고 피고측이 점유하고 있는 이 사건 토지를 A에게 매도한다는 것은 이례에 속하는 일로서 오히려 A가 점유하고 있던 토지를 그에게 매도할 의사로 이 사건 매매계약을 체결하였다고 봄이 경험칙에 부합한다고 보았다. 그리고 “일반적으로 계약의 해석에 있어서는 형식적인 문구에만 얽매여서는 아니되고 쌍방당사자의 진정한 의사가 무엇인가를 탐구하여야 하는 것이므로, 부동산의 매매계약에 있어 쌍방당사자가 모두 특정의 갑(甲) 토지를 계약의 목적물로 삼았으나 그 목적물의 지번 등에 관하여 착오를 일으켜 계약을 체결함에 있어서는 계약서상 그 목적물을 갑 토지와는 별개인 을(乙) 토지로 표시하였다 하여도 위 갑 토지에 관하여 이를 매매의 목적물로 한다는 쌍방당사자의 의사합치가 있은 이상 위 매매계약은 갑 토지에 관하여 성립한 것으로 보아야 할 것이고 을 토지에 관하여 매매계약이 체결된 것으로 보아서는 안 될 것이며, 만일 을 토지에 관하여 위 매매계약을 원인으로 하여 매수인 명의로 소유권이전등기가 경료되었다면 이는 원인이 없이 경료된 것으로써 무효라고 하지 않을 수 없다"라는 법률론을 전개하여 원심판결을 파기환송하였다.[115)]

결국 통설이 말하는 자연적 해석이라 하더라도 위와 같은 계약 당시 내지 그 이후의 여러 가지 사정을 종합하여야만 쌍방 당사자의 의사가 일치하였는가 하는 점을 확인할 수 있는 것이다.

4. 계약 해석의 제 3 단계 — 主觀的 解釋

가. 문제의 분류

계약 해석의 제 3 단계는 쌍방 당사자의 의사가 확인되었으나 그것이 일치하지 않는 경우에 어떻게 할 것인가 하는 점이다. 주로 문제되는 것은 쌍방 당사자의 의사 중 어느 하나는 제 2 단계까지의 방법에 의하여 인정된 객관적 해석의 결과에 합치하지만, 다른 하나는 합치하지 않는 경우이다. 이때에는 다시 객관적 해석의 결과에 합치하지 않는 의사를 가진 당사자의 의사를 상대방이 알 수 없었던 경우(아래 나.)와 알았거나 알 수 있었던 경우(아래 다.)로 나누어 보아야 한다.

그리고 특수한 문제로서 각 당사자의 의사가 어느 것도 객관적 해석의 결과와는 합치하지 않는 경우에는 어떻게 할 것인가 하는 점이 있다(아래 라.).

나. 일방의 의사만이 객관적 해석의 결과에 합치하지 않고, 이를 상대방이 알 수 없었던 경우

먼저 일방의 의사만이 객관적 해석의 결과에 합치하지 않지만 이를 상대방이 알 수 없었던 경우에는 어떻게 할 것인가? 이 때에는 객관적 해석의 결

---

115) 宋德洙, "賣買目的土地의 地番에 관한 당사자 쌍방에 공통하는 錯誤", 考試界 1997. 10, 25면은 이 판결이 계약의 해석이 당사자의 진정한 의사를 탐구하여야 하는 것이라고 한 것은 항상 옳은 것은 아니라고 비판하고 있으나, 앞에서 설명한 것처럼 계약 해석에 있어서 가능하다면 쌍방 당사자의 진정한 의사를 탐구하여야 하는 것은 당연한 것이다.

과에 합치하지 않는 일방의 의사는 고려할 필요가 없고, 객관적 해석의 결과가 종국적인 해석의 결과로 되어야 한다. 만일 이 경우에 객관적 해석의 결과에 합치하지 않는 일방의 의사를 고려한다면 상대방의 신뢰는 보호되지 않는 것이 된다. 종래의 이른바 규범적 해석론이 염두에 두고 있던 것은 주로 이러한 경우였다고 할 수 있고, 그 결론도 여기서 주장하는 바와 일치한다. 나아가 이러한 결론은 일방의 의사는 객관적 해석의 결과에 합치하지 않지만 상대방의 의사는 알 수 없었던 경우에도 마찬가지로 적용되어야 한다.

종래의 판례가 법률행위의 해석에 있어서 당사자의 진정한 의사를 알 수 없다고 한다면 의사표시의 요소가 되는 것은 표시행위로부터 추단되는 효과의사 즉 표시상의 효과의사이고 표의자가 가지고 있던 내심적 효과의사가 아니므로, 의사표시 해석에 있어서도 당사자의 내심의 의사보다는 외부로 표시된 행위에 의하여 추단된 의사를 가지고 해석함이 상당하다고 한 것[116]도 주로 이러한 취지라고 이해된다.

위 대법원 1997. 11. 28.(註 116)의 사실관계는 다음과 같다. 원고들은 피고 회사에 근무하다가 퇴직하였는데, 피고 회사가 산정한 퇴직금 액수에 이의를 제기하였으나 피고 회사의 직원으로부터 서약서에 서명날인하지 않으면 퇴직금 등을 수령할 수 없다는 말을 듣고 서명날인을 보류한 채 변호사 사무실에 찾아가 서약서에 날인하여도 후에 정당한 퇴직금을 청구하는 데 있어서 문제가 없다는 취지의 자문을 듣고 그 다음날 법원에 피고를 상대로 퇴직금을 구하는 이 사건 소송을 제기하고, 그 익일 피고 회사에 대하여 "본인은 신문 제작 전산화와 관련한 노사합의에 따라 1993. 9. 30.자로 피고 회사와의 근로관계를 종료함에 있어 노사합의에 의한 퇴직금, 가산금 및 특별위로금 등 근로대가 일체를 지급받은바, 근로관계 종료와 관련하여 추후 여하한 이의 제기도 하지 않을 것을 서약합니다"라고 기재된 서약서에 서명 날인하였으나 위 퇴직금 지급소송은 계속 유지하였다. 이 사건에서 쟁점은 위 서약서에서 말하는 "근로관계 종료와 관련하여 추후 여하한 이의도 제기하지 않을 것을 서약합니다"라는 문언이 원고들이 향후 노사간의 합의에 따른 퇴직 사실에 대하여 이를 다투지 않는다는 의미일 뿐인지 아니면 퇴직금 지급소송도 제기하지 않겠다는 부제소합의도 포함하는지 하는 점이었다.

---

116) 대법원 1996. 4. 9. 선고 96다1320 판결(集 44권 1집 民313면; 公 1996상, 1399); 1997. 11. 28. 선고 97다11133 판결(公 1998상, 49) 등.

원심은 원고들이 퇴직에 이르게 된 경위, 원고들이 퇴직금 등을 지급받으면서 위 서약서를 쓰게 된 상황, 원고들이 이 사건 소송을 먼저 제기한 후 서약서에 서명날인하고서도 이 사건 소송을 계속한 점, 피고 회사에서도 통상의 퇴직자와는 달리 원고들에게 퇴직금 외에 가산금 및 특별위로금을 지급하게 된 사정에다가 일반적으로 소권은 공권이므로 이를 포기하였는지의 여부는 신중하게 판단되어야 하는 점, 부제소의 특약은 당사자가 자유로이 처분할 수 있는 권리관계에 한정되는 것인데, 퇴직금제도 자체는 강행법규의 성질을 띠고 있는 점 등의 사유를 들어 위 서약서가 부제소특약은 아니라고 판단하였다.

그러나 대법원은 의사표시의 해석에 있어서 당사자의 진정한 의사를 알 수 없는 경우에는 당사자의 내심의 의사가 아니라 외부로 표시된 행위에 의하여 추단된 의사를 가지고 해석하여야 할 것이라고 하면서, 위 서약서는 그 문언에 표시된 대로 피고 회사와의 근로관계가 종료됨으로 인하여 발생하는 모든 법률관계 특히 퇴직금, 가산금 및 특별위로금 등 근로 대가와 관련된 일체의 청구권을 포기한 것이거나 향후 이에 관한 민사상 소송을 제기하지 않겠다는 부제소특약을 한 것으로 봄이 합리적인 의사 해석의 방법이라 할 것이고, 소권이 공권이라거나 퇴직금제도 자체가 강행법규의 성질을 띠고 있다고 하여 이러한 특약을 할 수 없는 것이 아닐 뿐 아니라, 원심이 들고 있는 사정들 중 원고들이 이 사건 소송을 먼저 제기한 후 서약서에 서명날인하고서도 이 사건 소송을 계속할 의사를 가지고 있었다는 사정은 원고들의 내심의 의사에 지나지 않은 것으로 그와 같은 의사가 외부로 표시된 것이 아닌 이상 의사표시의 해석에 참작할 것도 아니라고 하여 원심판결을 파기하였다.[117)]

다. 일방의 의사가 객관적 해석에 합치하지 않지만 상대방이 이를 알았거나 알 수 있었던 경우

먼저 일방의 의사가 객관적 해석에 합치하지 않는데, 상대방이 이러한 일방의 의사를 알았던 경우에는 비록 그 일방의 의사가 객관적 해석에 합치하지 않는다고 하더라도 그 일방의 의사가 계약이 의미하는 것으로 인정되어야 할

117) 또한 위 대법원 1996. 4. 9. 선고 96다1320 판결(註 116); 2004. 4. 28. 선고 2003다39873 판결(법고을 LX 수록)도 참조할 것.

것이다. CISG, PICC 및 PECL도 모두 이를 인정하고 있다. 예컨대 기명식 예금에 있어서 예금의 출연자와 예금주가 다른 경우에, 종전의 판례는 우리나라의 종전의 판례는, 금융기관에 대한 기명식 예금에 있어서는 그 명의가 누구 앞으로 되어 있는지를 묻지 않고 또 금융기관이 누구를 예금주라고 믿었는가에 관계없이 예금을 실질적으로 지배하고 있는 자로서 자기의 출연에 의하여 자기의 예금으로 한다는 의사를 가지고 스스로 또는 사자, 대리인을 통하여 예금계약을 한 자를 예금주로 보아야 한다고 판시하고 있었다.[118] 그러다가 금융실명제가 실시된 후에는 판례는 원칙적으로 예금명의인이 예금주이지만,[119] 금융기관과 출연자 사이에 예금반환채권을 출연자에게 귀속시키기로 하는 명시적 또는 묵시적 약정이 있는 경우에는 출연자가 예금주가 된다고 하고 있다.[120] 그러나 이처럼 명시적 또는 묵시적 약정이 있는 경우뿐만 아니라 금융기관이 예금명의인 아닌 출연자가 따로 있고, 또 그가 실질적으로 예금을 지배하고 그로 인한 이익을 취득하려고 한다는 사실을 안 경우에는 출연자를 예금주로 보아야 할 것이다.[121] 이는 앞에서 설명한 바에 따르면 당연하다.[122] 실제로 판례가 명시적 또는 묵시적 특약이 있다고 한 경우도 대체로는 별도의 특약이 있다기보다는 예금기관이 이와 같은 사실을 안 경우였다고 보인다.

문제는 상대방이 일방의 의사를 알지는 못하였으나 알 수 있었다고 하는

118) 대법원 1987. 10. 28. 선고 87다카946 판결(公 1987, 1784); 1988. 12. 27. 선고 88누10060 판결(公 1989, 250); 1992. 1. 31. 선고 91다23073 판결(公 1992. 882); 1992. 6. 23. 선고 91다14987 판결(公 1992, 2223); 1995. 8. 22. 선고 94다59042 판결(公 1995하, 3239); 1996. 6. 14. 선고 94다57084 판결(公 1996하, 2150) 등.

119) 대법원 1998. 6. 12. 선고 97다18455 판결(公 1998하, 1942).

120) 대법원 1998. 11. 13. 선고 97다53359 판결(公 1998하, 2855); 2000. 3. 10. 선고 99다67031 판결(公 2000상, 948); 2002. 2. 26. 선고 99다68096 판결(公 2002상, 774); 2002. 5. 14. 선고 2001다75660 판결(公 2002하, 1395); 2004. 11. 11. 선고 2004다37737 판결(公 2004하, 2005); 2005. 6. 24. 선고 2005다17877 판결(公 2005하, 1262).

121) 尹眞秀, "金融實名制 실시 후에 預金의 出捐者를 預金主로 본 事例", 商事判例研究 Ⅳ, 2000, 110면 註 29); 同, "預金契約", 南孝淳·金載亨 共編 金融去來法講義 Ⅱ, 2001, 25면 이하; 同, "金融機關의 受信去來와 與信去來(Ⅰ)", BFL 제10호, 2005, 71면 이하 참조. 다만 이를 falsa demonstratio non nocet의 한 예로 설명한 것은 적절하지 않았다고 생각된다.

122) 그러나 판례와 마찬가지로 계약당사자가 예금명의자 아닌 자에게 예금반환채권을 귀속시키기로 하는 명시적 또는 묵시적 약정을 한 경우에만 예금명의자 아닌 출연자가 예금주로 되고, 그 이외에 금융기관이 출연자와 명의자가 다름을 안 경우에까지 예외를 인정할 것은 아니라고 하는 견해도 있다. 李忠相, "금융실명제 시행 이후 예금의 출연자(지배자)와 명의자가 다를 경우 누구를 예금자로 볼 것인가", 대법원판례해설 제30호(1998년 상반기), 143면 이하; 金裕鎭, "金融實名制下에서의 預金主의 認定", 民事判例研究 XXⅡ, 2000, 230면 이하 등.

경우이다. 이 경우에 관하여는 상대방에게 과실이 있었으면 표의자의 내심적 효과의사대로 의사표시가 성립한다는 견해, 상대방에게 重過失이 있는 경우에만 표의자의 진의가 법률행위의 내용이 되고, 반면 상대방이 단지 輕過失로 표의자의 진의를 알지 못한 경우에는 상대방에게 계약관계상의 선관주의의무가 있다고 할 수 없으므로 이때에는 표시된 바대로의 법률효과가 생긴다고 하는 견해 및 상대방이 表意者의 진정한 의사를 알 수 있었거나 알았어야 했으나 실제로 그것을 인식하지 못한 경우는 그렇지 않다고 하는 견해가 대립하고 있다는 점은 앞에서 살펴보았다.[123] CISG, PICC 및 PECL은 그 일방의 의사를 상대방이 몰랐을 수 없는 경우(could not have been unaware)에는 그 일방의 의사에 따라야 한다고 규정하고 있다.[124]

우선 일방의 진정한 의사를 상대방이 알 수 있었고, 따라서 알지 못한 데 과실이 있다고 하더라도 그것만으로 일방의 진정한 의사가 기준이 될 수는 없다. 가령 CISG나 PICC가 상정하고 있는, 일방의 의사표시의 의미를 상대방이 그 표의자의 의사가 아닌 객관적인 해석에 따른 의미로 이해한 경우에 관하여 살펴본다. 이 때에는 그 표의자로서는 자신의 의사를 상대방이 이해할 수 있도록 표시하였어야 하는 것이고, 상대방에게는 표의자의 의사표시가 과연 표의자의 의사를 제대로 반영한 것인지를 문의하여야 할 의무(Erkundigungspflicht)는 없는 것이다.[125] 따라서 이러한 경우에는 원칙적으로 表意者가 자신의 의사가 잘못 이해된 데 대한 위험을 부담하여야 할 것이다. 특히 표의자가 자신의 의사표시가 가지는 객관적인 의미 내지 그것이 상대방에게 어떻게 이해될 것이라는 점을 알 수 있었을 때에는 더욱 그러하다.

가령 앞에서 설명한 예금계약에 있어서 예금의 출연자와 예금명의인이 다른 경우에, 금융기관이 이 사실을 알지는 못하였지만 출연자가 실질적으로 예금을 지배하고 그로 인한 이익을 취득하려고 한다는 사실을 알 수는 있었다고 하더라도, 그것만으로 출연자를 예금주로 인정할 수는 없다. 왜냐하면 금융기관으로서는 금융실명제의 취지상 예금명의인을 예금주로 취급하면 되고, 더 나아가 예금명의인이 실제의 출연자인가 아닌가를 조사하여 볼 의무는

123) 위 Ⅱ. 1. 참조.

124) 그 의미에 관하여는 위 註 27) 참조.

125) MünchKomm/H. P. Westermann, Art. 8 CISG Rdnr. 3 참조. 같은 취지, Witz/Salger/Lorenz/Witz, Art. 8 Rdnr. 5.

없을 뿐만 아니라, 금융기관은 특별한 사정이 없는 한 예금 명의인을 예금주로 믿을 것이고, 이는 출연자로서도 충분히 예상할 수 있는 사정이므로, 출연자가 자신이 예금주로 취급받기를 원한다면 적극적으로 금융기관에 이러한 사정을 알려야 할 것이다. 그럼에도 불구하고 이를 알리지 않았다면 그로 인한 불이익은 자신이 자초한 것이므로 감수하여야 할 것이며, 상대방 금융기관이 이를 알 수 있었다는 점을 내세워 불이익을 면하려는 것은 허용될 수 없을 것이다.[126)]

그러므로 이 문제는 결국 양 당사자의 책임의 정도를 비교 형량하여 결정할 수밖에 없다. 즉 표의자가 자신의 의사표시를 정확하지 않게 한 잘못이 있다고 하더라도 상대방이 표의자의 진의를 쉽게 알 수 있었고, 이를 알지 못한 상대방의 잘못이 표의자의 잘못보다 크다고 판단될 때에는 표의자의 의사가 기준이 되어야 한다. 많은 경우에는 상대방에게 중대한 과실이 있는 경우에 그렇게 되겠으나, 항상 그렇다고 단정할 수는 없다.

그런데 이러한 결론에 대하여는 예컨대 우리 민법이 非眞意表示를 상대방이 진의 아님을 알았을 경우뿐만 아니라 알 수 있었던 경우에도 무효로 하는 것(민법 제107조 제2항)에 비추어 부당하다고 하는 비판이 있을 수 있다. 그러나 위에서 살펴본 바에 따르면 非眞意表示를 상대방이 진의 아님을 알 수 있었던 경우에까지 무효로 하는 것은 입법론적으로는 부당함을 알 수 있다.[127)]

라. 쌍방의 의사가 모두 객관적 해석의 결과와 합치하지 않는 경우

이러한 경우는 어떻게 처리할 것인가? 이론적으로는 계약 성립에 요구되는 의사의 합치가 없었다고 보아, 계약이 성립하지 않았다고 볼 수밖에 없다.[128)] 그러나 현실적으로는 그러한 경우란 별로 없을 것으로 생각된다. 뒤에서 보는 것처럼 계약은 되도록 유효한 쪽으로 해석하여야 할 것이므로, 법원으로서는

---

126) 尹眞秀, "預金契約"(註 121), 27-28면; "金融機關의 受信去來와 與信去來(Ⅰ)"(註 121), 73-74면 참조.

127) 독일 민법 제116조는 상대방이 비진의표시를 안 경우에만 비진의표시를 무효로 하고 있다. 遠田新一, "契約解釋の二元性", 現代契約法大系 제2권, 1984(昭和 59), 36-37면은 일본 민법 제93조가 心裡留保를 상대방이 알 수 있었던 경우에까지 무효로 한 것은 입법상의 실수라고 주장한다. 국내의 학설도 상대방은 表意者의 眞意를 조사할 의무가 없으므로 상대방의 過失은 좁게 인정되어야 한다고 주장한다. 宋德洙(註 3), 312면 등 참조.

128) 嚴東燮(註 1), 245-246면 참조.

현실적으로 상반되는 두 당사자의 의사 가운데 어느 것이 그래도 더 합리적인가를 따져서, 더 합리적인 당사자의 의사를 기준으로 하여야 할 것이다.[129)]

5. 계약 해석의 제 4 단계 — 規範的 解釋

위와 같이 제 3 단계에 이르기까지도 계약의 의미가 불분명한 경우에는 결국 법원이 당사자의 실제 의사와는 관계없이 어느 해석이 규범적으로 가장 바람직한 결과를 가져오는가 하는 관점에서 결정할 수밖에 없다. 그리고 이를 위하여는 전통적으로 인정되는 계약 해석에 관한 몇 가지 준칙들이 도움이 될 수 있다.[130)]

이하에서는 이러한 준칙들 가운데 주로 많이 문제되는 것들을 살펴본다.

가. 有效解釋의 原則

계약의 해석에 있어서 그것이 유효하게 되는 해석과 무효로 되는 해석이 있다면 유효한 해석이 우선되어야 할 것이다.[131)] 이는 법률의 해석에 있어서도 이른바 憲法合致的 解釋(verfassungskonforme Auslegung)과 같은 형태로 나타난다. 또 독일 민법 제2084조는 遺言의 경우에 관하여 이러한 규정을 두고 있다.[132)] 이러한 유효해석의 근거는 契約 優好의 원칙(favor contractus)[133)] 내지 법률행위 우호의 원칙(favor negotii)에 있다고 할 수 있다.[134)]

---

129) Farnsworth(註 26). p. 100도 같은 취지이다.

130) Farnsworth(註 39), §7. 11(pp. 472 ff.)은 계약 해석에 도움이 되는 規則(Rules)들을 열거하고 있는데 이 중 일부, 예컨대 계약이 공정한 거래(fair bargain)가 되어야 한다는 원칙, 작성자 불이익의 원칙(contra proferendem), 공익(public interest)에 이바지할 수 있는 해석이 우선되어야 한다는 원칙, 약관은 비슷한 상황에 있는 사람들을 동일하게 다루도록 해석되어야 한다는 원칙 등은 당사자가 부여하였을지도 모르는 의미와는 관계없는 것이므로 解釋(interpretation)의 규칙이라기보다는 構成(construction)의 규칙이라고 부를 수도 있다고 한다.

131) PECL 제5:106조 참조. 南孝淳(註 3), 163면이 말하는 效用解釋의 原則은 이를 포함하는 내용이다. 또한 Staudinger/Singer, §133 Rdnr. 60 참조.

132) 이른바 好意的 解釋(Wohlwollende Auslegung). 이에 대하여는 예컨대 R. Frank, Erbrecht, 3. Aufl., 2005., §7 Rdnr. 12 참조.

133) 계약 우호의 원칙이란 가능한 한 계약을 보존함으로써 계약의 존재나 그 효력에 의문이 생기거나 계약이 조기에 종료하는 것을 되도록 제한하려는 원칙을 말한다. Bonell, An International Restatement of Contract Law, 2nd ed., 1997, p. 117. 이는 CISG나 PECL 등에서 기본적인 원칙으로 인정되고 있다. Bonell, 위 책, p. 117; Schlechtriem/Schwentzer/Ferrari, Art. 7 Rdnr. 54 등.

134) Schlechtriem/Schwentzer/Schmidt-Kessel, Art. 8 Rdnr. 49는 법률행위 우호의 원칙은 첫째, 계약이 무효로 되는 것을 막고, 계약의 개별 부분이 무효인 경우에는 이를 최소화하며, 둘째,

우리 판례상 이러한 유효해석의 원칙이 채택된 사례로서는 대법원 1996. 12. 10. 선고 94다56098 판결[135]을 들 수 있다. 이 사건에서는 아파트 분양계약 약관상의 "공유대지에 관한 지분소유권이전등기는 피분양자가 분양가격을 완납하고 공부 정리가 완료된 후에 이행하되, 위치를 지정 또는 할당(구획표시)하지 아니하고 공유대지에 대한 공부 정리 결과 공유대지의 증가나 감소가 있을 경우 이에 대한 상당 금액을 서로 청구하지 않기로 한다"는 조항이 유효한 것인가가 문제되었다. 원심은, 위 조항은 분양면적의 변경권을 사업주체인 피고에게 일방적으로 부여하고 불가피한 면적의 증감에 대하여서 분양신청자들이 예상할 수 있도록 그 사유와 정도를 사전에 정하여 명기하지도 아니하고 사업주체인 피고가 자의로 변경할 수 있도록 정하고 있을 뿐만 아니라 상당한 이유 없이 피고의 담보책임을 배제 또는 제한하는 것이어서 분양신청자에게 부당한 피해를 줄 우려가 있으므로 형평의 원칙 및 신의칙상 무효라고 아니할 수 없다고 판단하였다.[136]

그러나 대법원은, "대규모의 공동주택분양사업에 있어서는 사업주체가 분양계약 당시 계획한 아파트 단지의 대지면적을 사후에 의도적으로 증감시키거나 또는 사업계획 및 시행상의 착오나 실수로 인하여 그 대지면적이 증감되는 경우가 아니라고 할지라도, 그 대지에 관하여 지적법의 규정에 따라 전답이나 임야를 택지로 전환하거나 지적확정측량을 하는 등 지적공부를 정리한 결과 근소하게나마 그 면적이 증감될 수 있음을 능히 예상할 수 있는바, 이에 비추어 보면 위 계약조항에서 '공유대지에 대한 공부 정리 결과 공유대지의 증가나 감소가 있을 경우'라 함은 바로 분양계약 당시 계획된 아파트 단지의 대지에 대하여 위와 같은 순수한 지적공부 정리 결과 객관적으로 불가피하게 발생하는 증감만을 뜻하는 것으로 해석하여야 할 것이고, 이와 같이 해석하는 한 위 면책조항이 형평의 원칙이나 신의칙에 반한 것이어서 무효라고 할 수는 없다 할 것이므로, 원심판결에는 면책조항의 해석을 그르친 위법이 있다"고 하였다.[137]

이는 불합리한 해석의 결과를 막는데 이바지하고, 셋째, 당사자들은 개별 조항을 이유 없이 합의하지는 않았으리라는 추정을 가져온다고 한다.

135) 集 44권 2집 民355면; 公 1997상, 288.

136) 약관의규제에관한법률 제 7 조 제 3 호, 제10조 제 1 호 참조.

137) 다만 대법원도 이 사건의 경우에는 분양자인 피고가 계획한 아파트 단지의 대지 중 일부를 분양계약 체결 후 다른 용도로 사용함으로써 그 공유대지면적이 감소된 것이어서 피고가

나. 엄격해석의 원칙

판례는 당사자 일방이 주장하는 계약의 내용이 상대방에게 중대한 책임을 부과하게 되는 경우에는 그 문언의 내용을 더욱 엄격하게 해석하여야 한다고 하는 이른바 엄격해석의 원칙을 인정하고 있다.138) 그러나 이러한 엄격해석의 근거나 적용범위 등은 아직 명확하지 않다.139) CISG나 PICC, PECL 등에서도 이에 관한 별도의 규정은 두고 있지 않다.140)

이러한 엄격해석의 원리는 약관의 해석에 관하여는 縮小解釋 또는 제한해석이라는 이름으로 일반적으로 승인되고 있다. 즉 법률이 인정하고 있는 고객의 권리를 제한하는 규정은 엄격하게 좁게 해석하여야 한다는 것이다.141) 이는 약관의규제에관한법률 제 5 조 제 2 항이 규정하고 있는 작성자 불이익의 원칙의 파생원칙으로 이해되고 있다.142) 그런데 판례는 약관 이외의 경우에도 이러한 엄격해석의 원칙을 인정하고 있다.143)

위 면책조항에 의하여 면책될 수 없다고 하여 원심의 결론을 유지하였다. 이 판결에 대하여는 安正鎬, "아파트 分讓公告보다 共有垈地面積이 減少된 경우의 法律關係", 民事判例硏究 XXI, 1999, 219면 이하, 특히 256면 이하 참조.

138) 대법원 1993. 10. 26. 선고 93다3103 판결(公 1993하, 3167); 1995. 5. 23. 선고 95다6465 판결(公 1995하, 2239); 2001. 1. 19. 선고 2000다33607 판결(公 2001상, 507); 2002. 5. 24. 선고 2000다72572 판결(公 2002하, 1479) 등.

139) 다만 南孝淳(註 3), 166면 이하는 制限(縮小·嚴格)解釋의 원칙이란 권리자의 권리를 제한하거나 포기하게 하는 약정, 의무자의 의무와 책임을 면제 또는 축소하는 약정, 또는 당사자에게 책임을 부과하는 약정은 제한적으로 해석하여야 한다는 해석원칙을 말한다고 하면서 당사자의 진정한 의사를 추구하는 法律行爲解釋의 본질상 制限解釋도 당연히 하나의 해석방법으로 인정된다고 한다. 그리고 宋德洙(註 3), 194면은 당사자 일방의 본질적인 권리를 제한하는 약정은 의심스러운 때에는 좁게 해석되어야 한다고 한다. 기타 엄격해석에 관한 판례에 관하여 언급하고 있는 것으로는 白泰昇(註 49), 158면 이하; 李學洙(註 39), 503면 이하; 엄동섭(註 65), 106면 이하 등이 있다.

140) 다만 파비아 草案(위 註 9) 제41조는 무상계약은 의무자에게 적은 부담을 지우는 의미로, 유상계약은 당사자들의 이해관계를 공정하게 조정하는 의미로 해석되어야 한다고 규정하고 있다.

141) 대법원 2001. 3. 23. 선고 2000다71555 판결(公 2001상, 979)은 법률행위는 당사자의 내심적 의사 여하에 관계없이 당사자가 그 표시행위에 부여한 객관적 의미를 합리적으로 해석하여야 하고, 특히 그 계약의 내용이 당사자 일방이 작성한 약관의 내용으로서 상대방의 법률상의 지위에 중대한 영향을 미치게 되는 경우에는 약관의규제에관한법률 제 6 조 제 1 항, 제 7 조 제 2 호의 규정 취지에 비추어 더욱 엄격하게 해석하여야 한다고 판시하고 있다.

142) 郭潤直 編, 民法注解 XII, 1997, 333면 이하(孫智烈); 朴駿緖 編, 註釋民法 債權各則(1), 1999, 120면(李銀榮) 등. 그러나 양 원칙을 서로 다른 것으로 구별하는 견해도 있다. 南孝淳(註 3), 165면 註 69) 참조.

143) 白泰昇(註 49), 158면 이하는 이를 규범적 해석의 일종으로 이해한다.

이러한 엄격해석의 원칙이 인정되는 근거는 어디에 있을까? 이에 관하여는 Farnsworth의 설명이 참고가 된다. 즉 당사자들의 거래 과정은 공정한 거래를 초래하여야 하고, 따라서 합리적인 인간이 하였을 거래를 초래하는 해석과 그렇지 않은 해석 가운데에서는 전자가 우선해야 한다고 하면서,[144] 이는 법원이 원래 불공정한 합의의 조항에 대하여 非良心性(unconscionability)의 법리에 근거한 결정이 더욱 솔직한 경우에 그 조항에 대하여 효력을 부여하는 것을 회피하기 위하여 사용한다고 한다.[145]

판례상 엄격해석의 원칙이 자주 적용되는 것은 保證意思의 인정에 관한 것이다. 대법원 2000. 5. 30. 선고 2000다2566 판결[146]은 "보증인의 보증의사의 존부는 당사자가 거래에 관여하게 된 동기와 경위, 그 관여 형식 및 내용, 당사자가 그 거래행위에 의하여 달성하려는 목적, 거래의 관행 등을 종합적으로 고찰하여 판단하여야 할 당사자의 의사해석 및 사실인정의 문제이지만, 보증은 이를 부담할 특별한 사정이 있을 경우 이루어지는 것이므로 보증의사의 존재는 이를 엄격하게 제한하여 인정하여야 한다"라고 설시하였다.[147] 이 사건에서 피고는 같은 마을에 살면서 평소 친하게 지내던 주채무자인 甲으로부터 연대보증 부탁을 받아 채권자인 원고 등이 참석한 가운데 보증의사를 표명하였으

144) Steel Corp. v. Chase Manhattan Bank, 691 F. 2d 1039, 1051(2d Cir. 1982)이 "일방 당사자의 중요한 이익을 희생시키면서 다른 당사자의 중요하지 않은 이익만을 증진시키는 해석은 쌍방 당사자의 중요한 관심사를 보호하기 위하여 그들의 중요하지 않은 이익을 희생시키는 해석을 위하여 배척되어야 한다"고 한 것을 인용하고 있다.

145) Farnsworth(註 39), §7. 11(pp. 472 f.). 또한 Larenz/Wolf(註 11), §28 B. Ⅳ. 4. Rdnr. 43 f.(S. 521 f.)는 이익에 적합한 해석의 원칙(Grundsatz der interessensgerechten Auslegung)은 계약의 해석에 있어서는 양 당사자의 이익에 적합한 해석에 의하여 보완되어야 한다고 하면서, 반대급부가 없는 포기나 면제계약과 같이 불리하고 이익에 반하는 법률효과는 법문과 그 밖의 사정에 비추어 특별한 근거가 있을 때에만 인정되어야 한다고 한다. Staudinger/Singer, §133 Rdnr. 62도 같은 취지이다.

146) 公 2000하, 1533.

147) 이 판결은 같은 취지로 설시하고 있는 선례인 대법원 1998. 12. 8. 선고 98다39923 판결(公 1999 상, 105)을 인용하고 있다. 인용된 판결은 액면금이 다액인 약속어음의 소지인의 의뢰에 의하여 이에 자신 명의의 배서를 하여 액면금이 소액인 수매의 약속어음으로 등가교환을 하도록 주선하였다는 사실만으로는 이를 주선한 자에게, 교환된 액면금 소액의 약속어음의 지급에 관한 보증의사가 있었다고는 볼 수 없다고 하였다. 어음에 배서한 자가 그 원인채무에 대하여 보증한 것으로 볼 수 있는가에 관하여 판례는 다소 혼선을 빚었으나, 근래의 판례(예컨대 대법원 2002. 4. 12. 선고 2001다55598 판결, 公 2002상, 1108 등)는 일반적으로 다른 사람이 발행 또는 배서양도하는 약속어음에 배서인이 된 사람은 그 배서로 인한 어음상의 채무만을 부담하는 것이 원칙이고, 특별히 채권자에 대하여 자기가 그 발행 또는 배서양도의 원인이 된 채무까지 보증하겠다는 뜻으로 배서한 경우에 한하여 그 원인채무에 대한 보증책임을 부담한다고 보고 있다.

나 나중에 주채무자로부터 보증할 주채무액이 1억원을 넘는다는 말을 듣고 보증의사를 철회하였지만 주채무자가 피고가 주채무자 집에 빠뜨리고 간 보증용 과세증명서 및 인장을 이용하여 피고 명의로 연대보증계약을 체결하였는데, 대법원은 피고가 원고와 만난 자리에서 피고가 주채무자를 위한 보증계약 체결 교섭과정에서 피고가 보증계약을 체결할 의사를 밝힌 것만으로는 아직 원고에 대하여 보증의사를 확정적으로 표시한 것으로 보기는 어렵다고 판시하였다. 이 이외에 엄격해석의 원칙에 의하여 보증계약의 성립이나 보증 범위를 제한적으로 판단한 판례는 여러 개 있다.[148)]

또한 판례는 채권의 포기 내지 채무의 면제에 관하여도 엄격해석의 원칙을 적용하고 있다.[149)] 특수한 사례로서 대법원 1994. 6. 28. 선고 94다6048 판결[150)]은 토지개발공사가 매도인으로서 체결한 토지매매계약서상 "계약체결일로부터 3년 이내에 토지를 지정용도에 사용하지 아니하거나 다른 목적으로 사용한 때에는 계약을 해제할 수 있다"고 한 약정해제권 유보의 의미에 관하여 엄격해석의 원칙을 적용하여, 매수인이 계약체결일로부터 3년 이내에 정당한 이유없이 이 사건 토지를 지정용도에 사용하지 아니한 경우에만 매도인인 토지개발공사가 위 매매계약을 해제할 수 있기로 약정을 한 취지로 해석하여야 한다고 판시하였다.

다. 작성자 불이익의 원칙(Contra Proferentem Rule)

계약 내용이 불명확할 때에는 그 계약을 작성한 자에게 불이익하게 해석하여야 한다는 작성자 불이익의 원칙도 일반적으로 인정되는 계약 해석상의 준칙이다. 이는 약관과 관련하여 많이 문제되고, PECL 제5:103조도 약관에 관하여 이를 규정하고 있으며 우리나라의 약관의규제에관한법률 제 5 조 제 2 항도 약관에 관하여 이러한 원칙을 규정하고 있다. 그러나 이 원칙이 반드시 약관에 국한되는 원칙이라고는 할 수 없고,[151)] PICC 제4.6조도 위 원칙의 적용을

148) 대법원 1962. 4. 18. 선고 61다1236 판결(集 10권 2집 民160면); 1992. 5. 26. 선고 91다35571 판결(公 1992, 1997); 1993. 10. 26. 선고 93다3103 판결(公 1993, 3167); 1995. 5. 23. 선고 95다6465 판결(公 1995하, 2239) 등.

149) 대법원 1987. 3. 24, 86다카1907. 선고 86다카1908 판결(公 1987, 720); 1995. 2. 10. 선고 94다44774, 44781 판결(公 1995상, 1313); 2002. 5. 24. 선고 2000다72572 판결(公 2002하, 1479).

150) 集 42권 2집 民107면; 公 1994하, 2098.

151) Schlechtriem/Schwentzer/Schmidt-Kessel, Art. 8 Rdnr. 47; Staudinger/Magnus, Art. 8 CISG

약관에 국한시키지 않고 있다.[152)]

우리나라의 판례는 주로 약관에 관하여 이 원칙을 적용하고 있다. 예컨대 대법원 1998. 10. 23. 선고 98다20752 판결[153)]에서는 신용보증기금의 신용보증약관 중 채권자가 채무자로부터 회수하여 우선 변제충당할 수 있는 '보증부대출 이외의 채권'[154)]의 개념이 문제되었다. 위 약관 제 8 조 제 1 항 본문은 "신용보증사고 발생 후의 회수대전은 채권자의 보증부대출 이외의 채권, 보증부대출채권의 순으로 충당할 수 있습니다"라고 규정하고 있고, 제 2 항은 "제 1 항의 '보증부대출 이외의 채권'이라 함은 채무자가 채권자에게 주된 채무자로서 부담하는 채무를 말하며 채무자가 제 3 자를 위하여 부담한 보증채무 및 어음상의 채무 등은 포함하지 아니합니다"라고 규정되어 있었다. 대법원은 위 약관 제 8 조 제 2 항의 "채무자가 제 3 자를 위하여 부담한 보증채무 및 어음상의 채무 등"은 이를 "'채무자가 제 3 자를 위하여 부담한 보증채무', '어음상의 채무 등'"으로 해석할 수도 있는 반면에 이를 "'채무자가 제 3 자를 위하여 부담한 보증채무', '채무자가 제 3 자를 위하여 부담한 어음상의 채무 등'"으로 해석할 수 있는 여지가 있고 또한 그러한 해석이 무리라고 보여지지도 아니하며, 더구나 "… 어음상의 채무 '등'"이라고 함은 채무자가 제 3 자를 위하여 부담한 보증채무와 같은 종류의 것들이 더 있음을 나타내는 것으로 보여져 위 규정의 "… 어음상의 채무"도 이를 "채무자가 제 3 자를 위하여 부담한 어음상의 채무"로 해석하는 것이 온당하다고 하면서, 결국 약관 제 8 조 제 2 항의 "… 어음상의 채무"라는 규정이 약관작성자인 피고의 의사와는 달리 위와 같이 해석될 수 있고, 따라서 약관 제 8 조 제 2 항은 그 뜻이 명백하지 아니한 경우에 해당하므로 작성자 불이익의 약관해석원칙에 따라 위 규정의 "… 어음상의 채무"는 위 약관의 작성자에게 불리하게, 고객인 원고에게 유리하게 이를 "채무자가 제 3 자를 위하여 부담한 어음상의 채무"로 해석하여야 한다고 판단하였다.[155)]

Rdnr. 18; Farnsworth(註 39), §7. 11(p. 474) 등. 그러나 Staudinger/Singer, §133 Rdnr. 63은 일반적인 "작성자에게 불이익한 해석(interpretatio contra proferentem)"은 모든 당사자, 특히 의사표시의 상대방도 해석을 위한 주의의무를 부담한다는 규범적 해석의 원칙에 어긋난다고 하여 이를 부정하고 다만 약관과 유사한 구조적인 우월성이 존재하고, 계약의 문언이 우월한 계약당사자에 의하여 작성되었을 경우에만 유추적용될 수 있다고 한다.

152) 작성자 불이익 원칙의 근거에 관하여는 위 Ⅳ. 2. 참조.

153) 公 1998하, 2730.

154) 즉 신용보증기금이 보증하지 아니한 채권.

155) 같은 취지의 판례로서 대법원 1996. 6. 25. 선고 96다12009 판결(公 1996하, 2306)이 있다.

6. 계약 해석의 제 5 단계[156] — 補充的 解釋

계약에 흠결 내지 공백이 있어서 통상의 해석에 의하여는 이를 메울 수 없을 때 이를 어떻게 규율할 것인가 하는 점이 문제된다. 이 때에는 우선 이러한 흠결을 메울 수 있는 임의법규나 관습이 있는지를 확인하여 보아야 한다. 이러한 임의법규나 관습이 없거나 임의법규가 있더라도 사안의 성질상 당해 사건에 적용하는 것은 부적절한 경우에는 결국 보충적 해석에 의하여 이러한 흠결을 메울 수밖에 없다.

PICC나 PECL은 누락된 조항의 보충(Supplying an omitted term) 또는 묵시적 의무(Implied obligations)라는 이름으로 이러한 보충적 해석을 인정하고 있다.[157] 그런데 이러한 보충적 해석이 과연 본래의 의미에서의 법률행위의 해석에 속하는 것인지, 아니면 객관적인 법 적용인지에 관하여는 논란이 있다.[158]

생각건대 이를 법률행위(계약)의 보충적 해석이라고 부르는 것은 정확하다고 하기 어렵다. 이 점에 관하여는 여러 가지의 근거를 들 수 있으나, 가장 알기 쉬운 예를 든다면 임의법규와 보충적 해석과의 우선순위 문제를 들 수 있다. 만일 보충적 해석을 법률행위의 해석이라고 본다면 임의법규가 있는 경우에도 보충적 해석은 임의법규에 우선하여 계약의 흠결을 메우기 위하여 시도되어야 할 것이다. 그러나 독일이나 우리나라에서 보충적 해석을 법률행위의 해석의 일종이라고 보는 견해도 현재는 모두 원칙적으로 보충적 해석에 앞서서 임의법규가 우선 적용된다는 것을 시인하고 있다.[159] 실제로 법률행위의 흠결이 존재하는 모든 개별적인 경우에 법관이 補充的 解釋에 의하면 어떤 결론

---

156) 엄밀히 말하면 보충적 해석은 4단계를 거친 다음에 문제가 되는 것이 아니고, 제 1 단계와 제 2 단계의 해석에 의하여 흠결이 있음이 확인된 때에 문제되는 것이기 때문에 이를 제 5 단계라고 하는 것이 반드시 적절한 것은 아니다. 그러나 다른 한편으로는 보충적 해석은 많은 경우에 계약 조항이 적용되는 것처럼 보이는 경우에 그 적용을 배제하는 기능을 하고 있기 때문에 제 4 단계와 연속성이 있다고 할 수도 있다.

157) CISG 제 8 조는 명문으로 이를 규정하고 있지는 않으나, 해석상으로는 이를 인정하는 견해가 유력하다. Schlechtriem/Schwentzer/Schmidt-Kessel, Art. 8 Rdnr. 25 ff.; Witz/Salger/Lorenz/Witz, Art. 8 Rdnr. 3 등 참조. 미국법에 관하여는 Restatement(Second) of Contract §204; Farnsworth(註 39), §7. 14 ff.(pp. 494 ff.) 참조. 영국법에 관하여는 이호정(註 64), 101면 이하 참조.

158) 위 Ⅱ. 3. 참조. 이 문제에 관한 독일의 학설에 대하여는 尹眞秀(註 3), 93면 이하 참조.

159) 尹眞秀(註 3), 101-102면 참조. 양자의 관계에 관한 세분화된 논의로는 Larenz/Wolf(註 11), §28 C. Ⅵ, 1.(S. 540 f.) 참조.

이 나올 것인지, 그 결론이 기존의 임의법규와 조화되는지의 여부를 심리하여야 한다면 이는 소송경제의 측면에서도 바람직하지 않을 것이다. 그러나 보충적 해석을 법률행위의 해석의 일종으로 본다면 이러한 결론을 이끌어내기는 어렵다.

PICC와 PECL도 이 점에 관하여는 다소 차이가 있는 것으로 보인다. 즉 PICC는 보충적 해석의 문제를 계약 해석의 일부로 다루고 있는데 반하여, PECL은 이를 계약의 효과로서 다루고 있는 것으로 생각된다.

결국 이러한 보충적 해석은 본래의 의미에서는 계약의 해석에 속한다고 하기는 어렵지만, 뒤에서 보는 것처럼 당사자의 의사에 바탕을 두고 이루어진다는 의미에서 契約과 法의 中間段階(Zwischenstufe)라고 보아야 할 것이다.[160)]

이러한 性質論과는 별개로 실제에 있어서는 어떠한 방법에 의하여 보충적 해석을 행할 것인지가 중요하다. 이 점에 관하여 국내의 학설은 당사자들이 그러한 사항에 관하여 규정하였더라면 어떻게 규정하였을까 하는 이른바 假定的인 當事者意思(hypothetischer Parteiwille)를 추구하는데, 이를 확정함에 있어서는 그 법률행위에 의하여 당사자가 추구하는 목적·동기·이해의 균형·거래관행 등을 참작하여야 한다고 한다.[161)] PICC는 (a) 당사자의 의도, (b) 계약의 성격과 목적, (c) 신의성실 및 공정한 거래, (d) 합리성 등을 그 기준으로 들고 있고, PECL도 거의 같다.

생각건대 보충적 해석은 우선 당사자의 실제의 의도가 어떤 것이었는가 하는 점에서 출발하여야 한다. 그리고 계약의 성격과 목적도 중요한 역할을 하는 것은 물론이다. 이 점에서 假定的 當事者 意思라는 개념이 보충적 해석을 수행하여야 하는 법원에게 유용한 길잡이가 될 수 있다.[162)] 그러나 이러한 가정적 당사자 의사라는 개념이 실제의 당사자 의사만에 기초하여 결정될 수는 없다. 실제의 당사자 의사를 확정할 수 없는 경우도 있을 뿐만 아니라, 그러한 당사자 의사에 따른 보충적 해석의 결과가 규범적인 관점에서는 부당할 수도 있는 것이다.[163)] 이러한 경우에는 결국 법원이 무엇이 정당한 것인가 하는 관

160) Rummel, Vertragsauslegung nach der Verkehrssitte, 1972, S. 116. 이에 대하여는 尹眞秀(註 3), 97면 참조. 또한 梁彰洙(註 3), 169면 註 172)도 이러한 표현을 지지하고 있다.

161) 註 20) 및 그 본문 참조.

162) Farnsworth(註 39), §7. 16(p. 500)도 이 점과 관련하여 假定的 期待(hypothetical expectation)라는 개념에 대하여 언급하고 있다.

163) 전 나찌 당원의 연금청구권이 문제가 된 독일연방대법원의 판례(BGHZ 12, 337)가 이 점을 잘 보여주고 있다. 이에 대하여는 尹眞秀(註 3), 103면 이하 참조.

점에서 결정을 내릴 수밖에 없다. PICC나 PECL이 신의성실의 원칙을 근거로 들고 있는 것은 이러한 의미라고 이해된다.[164)]

우리나라 대법원의 판례 가운데에도 이러한 보충적 해석을 행하고 있는 사례를 찾아볼 수 있다.[165)] 그러나 많은 경우에 이러한 판례들은 보충적 해석의 이론을 의식한 것으로는 보기 어렵다. 다만 근래의 판례 가운데에는 특히 당사자 쌍방이 동일한 사항에 관하여 착오를 일으킨 이른바 共通의 錯誤의 경우에 이러한 보충적 해석의 이론을 원용하고 있다.

예컨대 대법원 2005. 5. 27. 선고 2004다60065 판결[166)]은 세금의 부과 여부에 관하여 공통의 착오가 있는 경우였다. 즉 건물과 토지의 일괄매매 계약에서 매도인과 매수인이 다같이 건물의 매매에 대하여는 부가가치세가 부과되는 것으로 착각하여 매도인이 매수인으로부터 부가가치세를 징수하였으나 실제로는 건물에 대하여는 부가가치세가 면제되는 사안에서, 매수인이 매도인을 상대로 그 부가가치세 상당액을 부당이득을 이유로 반환청구하였다. 그러나 대법원은 이 사건 매매대금의 결정방법이나 그 경위 등에 비추어 볼 때, 만약 계약 당시 그 부가가치세 중 일부가 면제되리라는 사정을 알았더라면 매수인과 매도인 쌍방이 건물대금의 1/11 해당액 중 실제로 과세대상이 되는 금액만을 부가가치세액으로 기재하고 나머지 면제될 것으로 예상되는 액은 건물의 공급가

164) Farnsworth(註 39), §7. 16(pp. 500 f.)은 가정적 기대(hypothetical expectation)를 확정하기 어렵거나 그 결과가 부당한 경우에는 기본적인 정의의 원칙이 법원을 이끌어야 한다고 한다. 그리고 Larenz/Wolf(註 11), §28 C. Ⅵ. 4(S. 542 ff.)는 가정적 당사자의 의사는 공정하게 생각하는 계약 당사자들이라면 의도하였을, 平均的 契約正義의 思想(Gedanken der ausgleichenden Vertragsgerechtigkeit)을 지향하는 규범적인 의지(normativer Wille)로서, 개별적 의사의 영향이 결여되어 있는 한도에서는 신의성실의 원칙과 형평을 지향하는 이익 형량에 의하여 규정된다고 한다. 보충적 해석의 기준시점에 관하여 사실적 측면과 규범적 측면을 분리하여 설명하고 있는 尹眞秀(註 3), 113-114면도 참조할 것.

165) 예컨대 대법원(全) 1985. 4. 9. 선고 84다카1131, 1132 판결(集 33권 1집 民174면; 公 1985, 721)은 토지와 그 지상의 미등기 건물을 다른 사람에게 매도하고 토지에 관하여만 소유권 이전등기를 넘겨준 사람이 그 후 건물에 관하여 민법 제366조의 법정지상권을 취득한 경우 매수인이 매도인으로부터 법정지상권을 양도받기로 하는 채권계약이 있는 것으로 보았고, 대법원 1992. 10. 23. 선고 91다40238 판결(公 1992, 3226)은 원고가 피고로부터 갑으로부터 '매립토지 중 해변최근지 70평'을 양도받기로 하였으나 매립지의 분배에 관한 피고와 동업자 사이의 분쟁으로 피고에게 돌아갈 토지의 면적과 위치가 정하여 지지 못하였다면, 매립지 중 해변최근지 해당 토지의 피고 소유 지분에서 70평에 해당하는 지분이전등기를 구할 수 있다고 하였다. 尹眞秀, "法定地上權 成立後 建物을 取得한 者의 地位", 法定地上權 成立後 建物을 取得한 者의 地位", 民事裁判의 諸問題 제5권, 1989, 91면 이하는 前者의 판결에 대하여, 金載亨, "法律行爲 內容의 確定과 그 基準", 民法論 Ⅰ, 2004, 10-11면은 後者의 판결에 대하여 각 보충적 해석의 관점에서 설명하고 있다.

166) 公 2005하, 1031.

액인 매매대금에 포함시켜 매매계약서와 세금계산서를 각 작성하였을 것임을 넉넉히 추인할 수 있는바,[167] 위와 같은 경위로 환급받은 부가가치세 상당액을 부당이득으로 보아 매도인으로 하여금 매수인에게 이를 반환하도록 한다면 이는 실질적인 공평의 원칙이나 당사자에게 공통된 동기의 착오에 빠지지 아니한 상태에서의 당사자의 진정한 의사에 반하는 결과가 될 것이므로, 이러한 특별한 사정이 인정될 수 있는 사실관계 아래에서는 대신생명이 원고에 대한 관계에서 법률상 원인 없이 부가가치세 환급액 상당의 재산상 이익을 얻었다고 평가할 수는 없을 것이라고 판단하였다.[168]

공통의 착오의 경우에는 이른바 主觀的 行爲基礎論에 의하여 해결하여야 한다는 견해도 주장되고 있으나,[169] 그러한 경우에는 오히려 보충적 해석에 의하여 계약의 내용을 적절하게 수정하는 것이 보다 낫다고 생각된다.[170]

---

167) 이는 매도인과 매수인이 부가가치세를 포함한 총 매매대금액에 대하여만 관심이 있었고, 그것이 부가가치세를 포함한 것인가 아닌가는 중요한 문제가 아니었으며, 부가가치세가 면제된다는 것을 알았더라면 매매대금의 액수는 부가가치세가 부과될 경우의 매매대금과 부가가치세를 합한 액수로 정하였을 것이라는 의미로 이해된다.

168) 또한 대법원 1994. 6. 10. 선고 93다24810 판결(公 1994하, 1920)도 매매계약에 따라 매수인에게 부과될 양도소득세의 액수에 관하여 매도인과 매수인 사이에 공통의 착오가 있었던 경우에 보충적 해석에 따라 문제를 해결할 수 있음을 시사하고 있다. 이에 대하여는 尹眞秀(註 8), 65면 註 92) 참조.

169) 宋德洙(註 3), 524면 이하; 金相容, "契約當事者 雙方의 共通錯誤와 主觀的 行爲基礎의 喪失", 民事判例評釋(1), 1995, 20면 이하; 李祥敏, "當事者 雙方의 錯誤", 民事判例研究 XVIII, 1996, 53면 이하 등.

170) 같은 취지, 李英俊(註 3), 378-379면; 尹眞秀(註 8), 65면; 註釋民法(註 102), 736-738면(池元林); PECL 제4:105조. 독일의 Brox는 과거에는 공통의 동기착오(Beiderseitiger Motivirrtum)의 경우에는 보충적 해석에 의하여 해결하여야 한다는 견해를 취하였으나(예컨대 Brox, Allegemeiner Teil des BGB, 20. Aufl., 1996, Rdnr. 427 ff.), 2002년 독일 민법 제313조가 신설된 후에는 그에 따라 행위기초론에 의하는 것으로 견해를 바꾸었다. Brox(註 11), Rdnr. 477. 이와 관련하여 언급할 필요가 있는 것이 국회에 제출되어 있는 민법개정안 제544조의4의 규정이다. 이 규정은 당사자가 계약 당시 예견할 수 없었던 현저한 사정변경으로 인하여 계약을 유지하는 것이 명백히 부당한 때에는 그 당사자는 변경된 사정에 따른 계약의 수정을 요구할 수 있고 상당한 기간 내에 계약의 수정에 관한 합의가 이루어지지 아니한 때에는 계약을 해제 또는 해지할 수 있다고 하여 이른바 사정변경의 원칙에 의한 계약의 해제 또는 해지를 인정하고 있으나, 법원에 의한 계약의 수정은 인정하고 있지 않다. 그러나 일반적으로는 이러한 행위기초의 탈락의 경우뿐만 아니라 공통의 착오와 같은 행위기초의 흠결의 경우에 그 효과로서 계약의 해소 외에 법원에 의한 계약의 수정을 인정한다. PICC 제6.2.3.조; PECL 제4:105조, 제6:111조; 독일 민법 제313조 등. 그러므로 민법개정안이 그대로 채택된다고 하더라도 사정변경의 경우에 보충적 해석의 방법에 의한 계약의 수정은 허용될 수 없는 것인지는 여전히 문제로 남는다. 보충적 해석과 행위기초론의 관계에 대하여는 尹眞秀(註 8), 114면 이하; 嚴東燮(註 3), 100면 이하 등 참조.

Ⅵ. 結　　論

계약을 포함하는 법률행위의 해석은 Flume가 말하는 것처럼 하나의 藝術(Kunst)이라고 할 수 있고,[171] 어떤 공식에 의하여 기계적으로 도출될 수 있는 것은 아니다. 계약의 해석에 있어서는 여러 가지의 사정을 종합적으로 고려하여야 할 뿐만 아니라, 서로 상반되는 요청을 동시에 만족시킨다는 것은 불가능한 경우도 있기 때문이다. 이때에는 어느 것을 우선시킬 것인가 하는 점은 해석자의 주관 내지 가치관에 따라 결정된다. 그러므로 계약의 해석 방법에 관한 이론적 서술이 실제 문제의 해결에 있어서 반드시 도움이 되지 않을 수도 있다. 그럼에도 불구하고 계약의 해석이 어떠한 구조를 가지고 있는가, 그 해석에 있어서는 어떠한 점을 고려하여야 하는가를 인식하는 것은 중요한 의미를 가진다. 문제가 무엇인가를 알아야 올바른 결론이 나올 수 있기 때문이다.

다른 한편 계약의 해석에 관한 종래 우리나라의 논의는 지나치게 이론적인 면에 치우쳐서 실제로 계약의 해석이 어떻게 이루어지는가에 대한 설명은 부족한 편이었다. 이 글에서는 이러한 점들을 염두에 두어, 현실을 잘 설명할 수 있는 계약 해석 방법에 관한 이론의 체계를 모색하여 보려고 하였으며, 이를 위하여 CISG, PICC 및 PECL과 같은 국제적 규범들의 규정을 참조하였다. 이 글이 계약 해석에 관한 한층 심화된 논의에 도움이 되기를 바란다.

〈成樂仁 · 金載亨 編, 한국법과 세계화, 2006〉

171) Flume(註 13), S. 317은, Savigny를 인용하면서 해석의 "藝術(Kunst)"은 命題들을 가지고 배울 수는 없고, 연습을 통하여 경험할 수밖에 없다고 한다.

契約 當事者의 確定에 관한 考察*

— 특히 預金契約을 중심으로 —

I. 序　論

訴訟法에서는 이른바 '當事者의 確定'이 중요한 문제의 하나로서 논의된다. 그런데 民事實體法에서도 이와 유사하게 법률행위, 그 중에서도 계약의 당사자를 누구로 보아야 할 것인가 하는, '契約 當事者의 確定'이 실제로 문제되는 경우가 많이 있다. 즉 어떤 계약에 있어서 그 당사자로 표시되어 있는 사람(名義者)과 실제로 계약을 체결한 사람(行爲者) 및 그에 관하여 실제로 경제적인 이익을 가지는 자(대개의 경우에는 그 계약에 필요한 財貨를 출연한 出捐者이다)의 3자가 일치하지 않을 경우에 누구를 계약의 당사자로 보아야 하는가 하는 것이다. 종래에는 이에 관하여 이론적으로 별달리 다루어지지 않고 있었고,[1] 다만 근래에 이르러 뒤에서 보는 것처럼 이 문제의 일부라고 할 수 있는 이른바 '他人의 名義로 한 法律行爲(Handeln unter fremdem Namen)'에 관하여는 비교적 판례와 학설상 이론이 정립되어 가고 있다.

이러한 계약 당사자의 확정이 문제되는 紛爭의 형태는 편의상 다음과 같은 2가지로 나누어 볼 수 있다. 그 하나는 경제적 출연자와 행위자 내지 명의

---

* 이 글은 1997. 9. 11. 大法院 比較法實務硏究會에서 발표한 내용을 기초로 한 것이다. 이 글의 草稿를 읽고 유익한 비평을 하여 주신 서울대학교 梁彰洙 교수님과, 발표 후 토론 과정에서 좋은 의견을 제시한 比較法實務硏究會 회원 여러분께 감사의 뜻을 표한다.

1) 北川善太郎(鄭鍾休 옮김), "日本에서의 民法의 展開와 體系", 民事法學 6, 1986, 576면은, 日本民法에 관하여, 契約當事者의 문제는 존재하고 있어도 아직 민법의 체계상 적절한 위치를 부여받지 못하고 있다고 한다.

자가 분리되어 양자 사이에 누가 계약의 당사자인가를 둘러싸고 분쟁이 생기는 경우이다. 이는 대체로 출연자가 여러 가지 이유로 자신이 전면에 나서기를 꺼려하여 다른 사람의 승낙을 얻어 그 사람 명의로 계약을 체결하는 경우(이른바 契約名義信託 또는 名義借用)가 대부분이겠으나, 경우에 따라서는 경제적 출연자의 이름으로 계약을 체결하여 줄 것을 위임받은 사람이 그 위임의 취지와는 달리 자기나 또는 제 3 자의 명의로 체결하는 경우도 있을 수 있다.

다른 하나는, 행위자가 제 3 자의 명의를 모용하여 계약을 체결하는 경우, 즉 이른바 "他人의 名義로 한 法律行爲"의 경우이다. 이때에는 행위자와 명의자 사이에 의사의 합치가 없다는 점에서 앞의 경우와는 구별된다.[2)]

이 글에서는 이러한 계약의 당사자 확정에 관한 종래의 판례를 살펴본 다음, 이 문제를 이론적으로는 어떻게 다루어야 할 것인가를 논하고, 마지막으로 이러한 이론에 따라 구체적으로 예금계약의 당사자는 누구인가를 다루어 보고자 한다. 예금계약을 특별히 다루는 이유는, 이것이 당사자의 확정이 문제되는 대표적인 예일 뿐만 아니라, 1993년에 이른바 金融實名制가 실시됨에 따라 종래의 논의도 달라져야 하는 것이 아닌가 생각되기 때문이다.

Ⅱ. 종래의 판례

1. 이른바 契約名義信託에 관한 判例

가. 名義受託者(名義貸與者)를 계약당사자로 본 판례

종래 인정되고 있던 보통의 명의신탁은 명의신탁자와 명의수탁자의 합의에 의하여 양자 사이의 대내적 관계에서는 신탁자가 소유권을 보유하면서, 登記簿와 같은 公簿上으로만 명의수탁자의 소유명의로 하는 것을 말한다.[3)] 그러

2) 이론적으로는 他人의 명의로 한 법률행위에는 명의를 모용한 경우뿐만 아니라 그 타인의 승낙을 얻었으나 다만 실제로 법률행위를 함에 있어서는 그 타인의 대리인임을 표시하지 않고 직접 타인 명의로 한 경우도 포함되지만, 後者의 경우에는 代理의 이론에 따라 그 계약의 효력이 본인에게 미친다는 점에 대하여 별다른 疑問이 없으므로(예컨대 宋德洙, "他人의 名義를 빌려 체결한 土地分讓契約의 效力", 民事判例硏究 XIV, 1992, 102면 참조) 이하의 서술에서는 이 경우는 論外로 한다.

3) 郭潤直, 物權法(新訂版), 1992, 391면.

나 판례상으로는 이처럼 공부상의 소유자 명의가 아니라 다른 사람의 명의를 빌려 계약을 체결하는 경우도 찾아볼 수 있는데, 판례는 이러한 경우에도 당사자 사이의 명의신탁관계를 인정하고 있는 것이다.[4] 가령 대법원 1989. 11. 14. 선고 88다카19033 판결(註 4)에서는, 피고 산업기지개발공사가 반월 신공업도시 개발공사의 일환으로 조성한 연립주택부지를 제 1 순위로 분양받을 수 있는 자격이 공단입주업체로 제한되자 그러한 자격이 없는 원고가 입주업체인 다른 회사의 명의를 빌려 피고 공사와의 사이에 분양계약을 체결한 것이다. 이를 가리켜 契約名義信託이라고 부를 수 있고,[5] 실제로 不動産實權利者名義登記에관한法律(1995. 3. 30. 법률 제4944호) 제 4 조 제 2 항 단서는 이러한 계약명의신탁을 규율하고 있다.[6]

판례는 이러한 계약명의신탁에 있어서는 원칙적으로 명의수탁자만이 계약의 당사자이고, 명의신탁자는 당사자가 아니며, 다만 명의수탁자와의 관계에 있어서만 자신의 권리를 주장할 수 있는 것이라고 보고 있다. 위 대법원 1989. 11. 14. 선고 88다카19033 판결(註 4)에서는, "원고는 원래 이 사건 토지를 분양받을 자격이 없는 자로서 피고공사와의 관계에 있어서는 피분양계약명의자인 피고회사나 소외회사가 당사자이고 따라서 피고회사나 소외회사만이 이전등기를 청구할 수 있는 것이며 원고는 그 스스로가 피분양계약자임을 주장하고 이전등기를 구할 수 없다고 할 것이고 다만 피고회사나 소외회사의 내부관계에 있어서만 원고가 피분양자임을 주장할 수 있는 것이므로"라고 하면서, 명의신탁자인 원고가 명의신탁계약을 해지하였더라도 대외적인 관계에 있어서는 여전히 명의수탁자가 분양계약상의 소유권이전등기청구권자라고 한다. 대법원 1993. 4. 23. 선고 92다909 판결(註 4)도, "어떤 사람이 타인을 통하여 부동산을 매수함에 있어 매수인 명의를 그 타인 명의로 하기로 하였다면 이와 같은 매

4) 예컨대 대법원 1989. 11. 14. 선고 88다카19033 판결(公 1990, 23); 1993. 4. 23. 선고 92다909 판결(公 1993, 1524); 1997. 5. 16. 선고 95다29116 판결(公 1997, 1812) 등.

5) 梁彰洙, "不動産實名法의 私法的 規定에 의한 名義信託의 規律 — 소위 契約名義信託을 중심으로", 省谷論叢 제28집 3권, 1997, 356면 이하 참조.

6) 이러한 契約名義信託에 있어서는 실제로 계약을 체결한 行爲者가 명의신탁자일 수도 있고 명의수탁자일 수도 있으나 어느 경우에건 그 효과에 있어서는 차이가 없다. 宋德洙(註 2), 76면 이하에서는 명의자(명의수탁자)가 실제의 행위자가 아니었던 경우와 명의자가 실제의 행위자였던 경우를 나누어, 전자의 경우에는 타인 명의를 사용하여 한 법률행위(Handeln unter fremdem Namen)의 이론을 적용하고, 후자의 경우에는 독일법상의 이른바 허수아비 行爲(Strohmanngeschäft)의 이론을 적용하고 있으나, 前者의 경우에도 명의수탁자와 신탁자 사이에 명의의 차용 내지 신탁에 관하여 합의가 존재하였던 한, 後者와 특별히 구별할 실익이 없다.

수인 명의의 신탁관계는 그들 사이의 내부적인 관계에 불과한 것이고 대외적으로는 그 타인이 매매당사자라고 할 것이므로 달리 특별한 사정이 없는 한 그 사람은 타인과의 내부적인 신탁관계의 종료를 이유로 매도인에 대하여 직접 소유권이전등기를 청구할 수 없는 것이고 또 매도인도 그와 같은 이유를 들어 그 타인에 대한 등기의 이전을 거부할 수 없다"고 한다.[7)]

나. 虛僞表示 또는 非眞意表示 여부

그런데 이러한 계약명의신탁에 기하여 체결된 계약은, 특히 그 계약의 상대방이 이러한 명의신탁 사실을 알고 있었다면 허위표시 또는 眞意 아닌 의사표시가 아닌가가 문제된다. 판례 가운데에는 이를 허위표시로 본 것도 있고, 허위표시나 眞意 아닌 의사표시가 아니라고 본 것도 있다.

우선 대법원 1996. 8. 23. 선고 96다18076 판결[8)]에서는, 피고인 상호신용금고로부터 대출을 받음에 있어서, 동일인에 대한 대출액 한도를 제한한 상호신용금고법 및 그 시행령의 적용을 회피하기 위하여 실질적인 주채무자인 소외 회사가 원고를 주채무자로 내세웠고, 피고도 이를 양해하여 원고 명의로 대출이 된 사안에 있어서, 원심은 피고가 원고에 대하여는 채무자로서의 책임을 지우지 않을 의도하에 원고 명의로 대출관계 서류 및 약속어음을 작성받았음을 추단할 수 있으므로 원고는 형식상의 명의만을 빌려 준 자에 불과하고 그 대출계약의 실질적인 당사자는 피고와 소외 회사라 할 것이어서 원고의 약속어음 공동 발행행위는 통정허위표시에 해당하는 무효의 법률행위라고 판단하였고, 대법원도 이와 같은 원심의 판단을 수긍하였다. 나아가 대법원은 이러한 경우 형식상 주채무자가 실질적인 주채무자를 위하여 보증인이 될 의사가 있었다는 등의 특별한 사정이 없는 한, 그 형식상의 주채무자에게 실질적인 주채무자에 대한 보증의 의사가 있는 것으로 볼 수 없다고 하였다.

대법원 1991. 4. 23. 선고 90다19657 판결[9)]도 마찬가지로 동일인에 대한

---

7) 대법원 1997. 5. 16. 선고 95다29116 판결(註 4)도 같은 취지이나, 이 판결에서는 위와 같은 명의신탁의 약정은 그 약정이 해제 등의 사유로 종료된 경우 약정 당사자 사이에서는 매매계약상의 매수인의 지위가 매수를 의뢰한 사람에게 바로 이전하는 것으로 약정한 취지라고 보아야 할 것이므로, 위 약정이 해제되고 계약상대방인 매도인이 위와 같은 취지의 약정 사실과 그 해제 사실을 알고 이와 같은 매수인의 지위 이전에 동의 내지 승낙을 하였다면 매수를 의뢰한 사람에게 매수인의 지위가 승계되었다고 한다.

8) 公 1996하, 2847.

9) 公 1991, 1461.

상호신용금고법상의 대출제한 규정 때문에 형식적인 주채무자를 내세운 경우에 이를 허위표시로 보았으나, 결과에 있어서는 다소 차이가 있다. 이 사건에서는 실질적인 주채무자가 연대보증인이 되고, 원고는 실질적인 주채무자와 함께 형식적인 주채무자인 원고 보조참가인들의 연대보증인이 되어 약속어음 공정증서를 작성한 것인데, 원심은 원고 보조참가인들의 피고에 대한 채무부담행위와 그에 대한 원고의 연대보증행위는 통정한 허위의 의사표시에 기한 것으로서 무효라고 하면서도, 이러한 외형상의 법률행위에 숨겨져 있는, 실질적인 주채무자의 피고에 대한 채무부담행위와 그에 대한 원고의 연대보증행위의 효력은 부인할 수 없다고 판시하였고, 대법원도 이러한 원심의 판단이 정당하다고 하였다.

반면 대법원 1980. 7. 8. 선고 80다639 판결[10]은, 학교법인이 피고 은행으로부터 돈을 차용함에 있어서 사립학교법의 규정에 따른 이사회의 결의와 감독관청의 허가를 얻을 수 없기 때문에 그 경영하는 학교의 교직원들인 소외인들의 명의를 빌려 피고 은행으로부터 대여받았고 그에 대하여 원고들이 연대보증을 한 사안에 관한 것이다. 원심법원은, 피고도 이러한 사정을 알고 있었으니 위 채무부담행위는 무효라는 원고의 주장에 대하여, 원고들의 주장 자체가 소외인들이 사립학교법상의 위 제한규정 때문에 그들 임의로 위 대여에 필요한 각종 서류를 작성하여 피고에게 제출하였다면, 위 소외인들의 의사는 위 대여에 관하여 그들이 주채무자로서 채무를 부담하겠다는 뜻이라고 해석함이 상당하다고 하여 이를 배척하였고, 대법원도 원심의 위와 같은 판단이 정당하다고 하였다.

또한 대법원 1996. 9. 10. 선고 96다18182 판결[11]도 상호신용금고법상의 동일인에 대한 대출한도액 제한 때문에 실질상의 주채무자가 다른 사람을 내세운 경우인데, 여기서도 형식상의 주채무자의 채무부담행위가 眞意 아닌 의사표시가 아니라고 인정되었다. 이 사건의 내용은, 소외 甲이 상호신용금고로부터 대출을 받음에 있어 대출한도액 제한 때문에 자기 명의로는 더 이상 대출받을 수 없게 되자, 피고들을 내세워 피고들 명의로 대출을 받았는데,[12] 당시

---

10) 公 1980, 13000.

11) 公 1996하, 3000.

12) 실제로는 2개 신용금고로부터 대출을 받았는데, 한 신용금고로부터의 대출에는 피고 1인만이 주채무자로 되어 있고, 다른 신용금고로부터의 대출에는 피고 2인이 모두 주채무자로 되어 있다.

위 대출은 甲이 피고들로부터 대출에 필요한 서류를 교부받아 혼자 상호신용금고에 가서 대출절차를 밟아 이루어졌고, 상호신용금고 역시 甲이 피고들의 명의만을 빌려 대출받는다는 사실을 잘 알고서 대출하여 준 것이다. 그 후 위 甲이 위 채무를 변제하지 아니하여 담보로 제공한 부동산이 경락될 위기에 처하자 그 부동산에 관하여 이해관계를 가지고 있던 원고가 대출금을 대위변제한 다음 피고들을 상대로 대위변제한 돈의 상환을 구하였다.

원심은, 피고들은 위 甲의 위와 같은 편법적인 대출에 명의를 빌려준 자에 불과하고 상호신용금고는 그와 같은 사실을 잘 알고서 돈을 대여하였으므로 위 대출금의 채무자는 명의상의 채무자인 피고들이 아니라 실질적인 계약당사자인 甲으로 보아야 한다고 하는 이유로 원고의 청구를 기각하였다. 그러나 대법원은, 피고들은 대리인인 위 甲을 통하여 이 사건 대출금 채무를 주채무자로서 부담한다는 표시행위를 위 상호신용금고들에게 하였음이 명백하므로 그 표시행위에 나타난 대로의 법률효과가 발생하지 않기 위하여는 적어도 그 표시행위에 대응하는 내심의 효과의사, 즉 주채무자로서 채무를 부담한다는 의사가 피고들에게 존재하지 않았어야만 할 것인데, 법률상 또는 사실상의 장애로 자기 명의로 대출받을 수 없는 자를 위하여 대출금채무자로서의 명의를 빌려준 자에게 그와 같은 채무부담의 의사가 없는 것이라고는 할 수 없으므로 피고들의 의사표시를 眞意 아닌 표시에 해당한다고 볼 수 없을 뿐만 아니라, 설령 피고들의 의사표시가 眞意 아닌 표시에 해당한다고 하더라도 그 의사표시의 상대방인 위 상호신용금고들로서는 피고들이 전혀 채무를 부담할 의사 없이 眞意에 반한 의사표시를 하였다는 것까지 알았다거나 알 수 있었다고 볼 수도 없다고 하여 원심판결에는 법률행위의 효력에 관한 법리를 오해한 위법이 있다고 하였다.[13)]

그리고 대법원 1996. 9. 24. 선고 96다21492 판결[14)]은, 소외 甲이 원고 농업협동조합으로부터 사료를 외상으로 공급받아 오다가, 그 외상대금이 1인당 외상공급 한도액을 초과하자 원고와의 합의하에 자신의 아버지인 피고를 대리하여 피고를 구매자로 하고 자신을 연대보증인으로 하는 영농자재구매약정을 체결한 경우에 관하여, 피고가 甲에게 자기 명의로 구매약정을 체결하도록 승

13) 다만 대법원은, 원고는 이 사건 대출금채무를 변제함에 있어서 미리 피고들에 대한 상환청구권의 행사를 포기하였다는 이유로 결국 원고의 상고를 기각하였다.

14) 公 1996하, 3181.

낙한 이상, 피고의 의사는 위 약정에 관하여 주채무자로서 채무를 부담하겠다는 뜻으로 해석함이 상당하다고 하여, 위 약정상 실제 주채무자는 甲이고 피고는 연대보증인에 불과하다고 한 원심판결을 파기하였다.

대법원 1997. 6. 27. 선고 95다19959 판결(公 1997하, 2295)도 참고할 필요가 있다. 이 사건의 내용은 다음과 같다. 즉 구 중소기업제품구매촉진법에 의하여 공공기관이 물품을 구매하고자 할 때에는 중소기업협동조합과 우선적으로 단체 수의계약을 체결할 수 있게 되어 있고, 또 중소기업협동조합법에 의하면 중소기업협동조합이 공공기관의 계약 당사자가 되어 계약을 이행함에 있어서는 그 물품을 생산하는 조합원에게 균등한 수혜가 이루어지도록 하여야 하게 되어 있는데, 원고인 서울특별시는 위와 같은 중소기업협동조합인 피고 甲공업협동조합과 사이에 모포를 공급받기로 하는 단체 수의계약을 체결하였으나, 실제로는 위 계약은 피고 乙 주식회사의 대표이사인 丙이 원고의 관계 공무원들과 협의하여 개인적으로 그 공급권을 따내어 乙 회사와 자기의 처인 피고 丁이 모포를 공급하기로 하는 계약을 피고 甲 조합 명의로 맺었고, 위 계약 체결과정에서 甲 조합은 명의를 빌려주는 외에는 별다른 관여를 하지 아니하였다. 원고가 甲 조합 및 乙 회사와 丁에 대하여 이 구매계약에 기한 책임을 묻는 소송을 제기하자, 원심은 위 구매계약은 실질적으로는 원고와 피고 乙 회사 및 피고 丁 사이에서 계약을 맺은 것으로 보아야 한다는 이유로 甲 조합에 대한 청구를 기각하였다.

그러나 대법원은, 단체수의계약의 당사자는 중소기업협동조합이고, 이 사건 구매계약 역시 원고와 피고 甲 조합 명의로 체결되었다는 것이므로, 이 사건 구매계약의 체결 및 이행과정에 위와 같은 사정이 있다 하더라도 이 사건 구매계약이 당사자를 피고 甲 조합이 아닌 피고 乙 회사와 피고 丁으로 볼 수는 없다고 판시하여 이 부분 원심판결을 파기하였다.

다른 한편 대법원 1989. 11. 28. 선고 88다카30603 판결[15]은, 부동산 매매계약과 관련하여 계약서상으로는 매수인이 자연인인 甲으로 되어 있으나, 실질적인 매수인은 소외 乙 會社라고 인정하였는데 여기서는 허위표시 또는 眞意 아닌 의사표시 여부가 판결의 문언상으로는 전혀 문제되고 있지 않다. 이 사건에서는 소외 乙 회사가 피고로부터 부동산을 매수함에 있어 법인과의 사이

15) 公 1990, 125.

에 직접 매매계약서가 작성될 경우 불리한 과세처분이 있게 될 것을 꺼려한 피고측의 요구로 매수인 명의를 형식상 위 乙 회사의 부사장인 甲 명의로 하였는데, 乙 회사는 피고의 승낙을 얻어 매수인의 지위를 제3자에게 양도하였으나 甲은 이러한 사실을 알면서도 매매계약서상 자신이 매수인으로 되어 있음을 기화로 원고에게 위 부동산을 전매하였다. 대법원은, 위 甲은 매수인 명의를 위 乙 회사에게 대여한 자에 불과하고 실제로 이 사건 부동산을 매수한 것이 아니므로 실질적인 부동산 매수인인 위 乙 회사가 피고의 승낙하에 이미 그 매수인의 지위를 타에 양도한 이상 피고로서는 형식적인 매수명의인에 불과한 위 甲에게 위 부동산에 관한 소유권이전등기절차를 이행할 의무가 없다고 하였다. 학설상으로는 이 판결의 사안이 虛僞表示에 해당하는 것으로 보고 있는 견해가 있으나,[16] 이 판결 자체는 그와 같이 보는 것 같지는 않다. 이 판결은 원고의 청구를 배척하는 이유로서, 위 乙 회사가 매수인의 지위를 피고의 승낙 하에 타에 양도하였다는 점을 들고 있어, 그러한 사정이 없다면 원고의 청구가 인용될 여지도 있는 것처럼 보이기 때문이다. 이 문제는 당사자의 계약내용을 좀더 따져 보아야 한다. 만일 피고와 乙 회사 사이의 계약이 매수인 명의만 甲으로 할 뿐이고 소유권이전등기는 직접 乙 회사에게 이행하는 것이라고 한다면 매수인 명의를 甲 명의로 한 것은 허위표시라고 할 여지도 있으나, 등기 자체를 甲에게 이전하는 것이라고 한다면[17] 이를 허위표시라고 단정하기는 어렵다.

다. 명의신탁자를 계약당사자로 본 판례

그러나 다른 한편 대법원판례는, 株式 引受에 있어서 다른 사람의 승낙을 얻어 그 사람 이름으로 주식을 인수한 경우에는, 실제로 주식을 인수하여 그 대금을 납입한 명의차용인만이 명의대여인으로부터 명의개서 등 절차를 밟은 여부와 관계없이 실질상의 주식인수인으로 주주가 되며, 그 명의자는 단순한 명의대여자에 불과하여 주주가 될 수 없다고 한다.[18]

---

16) 宋德洙(註 2), 106면; 梁彰洙(註 5), 380면 註 59) 등.

17) 불리한 과세처분을 피한다는 목적을 관철하기 위하여는 단지 계약서상의 매수인 명의만을 바꾸는 것으로는 부족하고, 소유권이전등기까지도 甲 명의로 이루어져야 할 것이다.

18) 대법원 1975. 7. 8. 선고 75다410 판결(集 23권 2집 民186면); 1975. 9. 23. 선고 74다804 판결(集 25권 3집 民143면); 1977. 10. 11. 선고 76다1448 판결(集 25권 3집 民136면); 1980. 9. 19. 선고 80다[illegible] 판결(集 28권 3집 民84면); 1985. 12. 10. 선고 84다카319 판결(集 33권 3집

그리고 뒤에서 보는 것처럼 판례는, 금융기관에 대한 기명식 예금에 있어서는 그 명의가 누구 앞으로 되어 있는지를 묻지 않고 또 금융기관이 누구를 예금주라고 믿었는가에 관계없이 예금을 실질적으로 지배하고 있는 자로서 자기의 출연에 의하여 자기의 예금으로 한다는 의사를 가지고 스스로 또는 사자, 대리인을 통하여 예금계약을 한 자를 예금주로 보아야 한다고 한다.[19]

2. 他人의 名義를 冒用한 계약의 경우

이에 관한 리딩 케이스라고 할 수 있는 것은 대법원 1995. 9. 29. 선고 94다4912 판결[20]이다. 이 사건의 내용은, 자신의 명의로 사업자 등록을 할 수 없었던 소외 甲이 평소 친분이 있던 소외 乙 모르게 그의 명의로 문구류 판매업을 시작하면서 피고와의 사이에 대리점계약을 체결하고, 위 대리점계약상의 영업보증금의 지급담보를 위하여 乙의 승낙도 없이 자신이 乙인 것처럼 임의로 乙의 명의를 사용하여 보증보험회사인 원고와의 사이에 피보험자를 피고로 하는 지급계약 보증보험계약을 체결하였는데, 그 후 위 甲이 영업보증금의 지급을 지체하자 피고가 원고에게 보험금의 지급을 청구하여 원고가 피고에게 보험금을 지급하였다가, 나중에 이와 같은 사실을 알게 된 원고가 위 보험계약은 효력이 없는 것이라 하여 피고에게 그 지급받은 보험금을 부당이득으로서 반환을 청구한 것이다.

원심은 위 보험계약은 乙에 대한 관계에 있어서는 무효이지만 甲에 대한 관계에 있어서는 무효라고는 할 수 없고, 이 사건 보험계약의 당사자는 원고와 위 甲이며, 이 사건 보험계약이 담보하는 보험사고도 甲이 피고와의 사이에 체

民201면) 등. 위 1980. 9. 19.자 결정에 대하여 반대하는 評釋으로는 梁承圭, "名義借用에 의한 株式引受와 株主資格", 민사판례연구 V, 1983, 192면 이하가 있다.

19) 대법원 1987. 10. 28. 선고 87다카946 판결(公 1987, 1784); 1988. 12. 27. 선고 88누10060 판결(公 1989, 250); 1992. 1. 31. 선고 91다23073 판결(公 1992. 882); 1992. 6. 23. 선고 91다14987 판결(公 1992, 2223); 1995. 8. 22. 선고 94다59042 판결(公 1995하, 3239); 1996. 6. 14. 선고 94다57084 판결(公 1996하, 2150) 등. 위 1987. 10. 28. 판결의 해설로는 李昌求, "예금주의 인정에 관하여", 대법원판례해설 1987년 하반기(통권 제 8 호), 85면 이하; 이 판결을 지지하는 평석으로는 李俊相, 金融判例研究(1982-1991), 91면 이하. 위 1992. 6. 23. 판결을 지지하는 평석으로는 朴性哲, "記名式 預金에 있어서의 預金主의 인정", 釜山判例研究會 편 判例研究 Ⅲ, 1993, 256면 이하 참조.

20) 公 1995하, 3584. 이를 지지하는 評釋으로는 宋德洙, "他人의 이름을 任意로 사용하여 체결한 契約의 當事者 決定", 法律新聞 제2521호(1996. 7. 22.자), 14-15면이 있다.

결한 위 대리점계약상의 영업보증금의 지급불이행이므로 피고는 원고와 甲 사이에 유효하게 체결된 보험계약에 따라 위 보험금을 지급받았다고 하여 원고의 청구를 기각하였다.

그러나 대법원은 우선 다음과 같은 일반론을 전개한다. 즉 "이 사건과 같이 타인의 이름을 임의로 사용하여 계약을 체결한 경우에는 누가 그 계약의 당사자인가를 먼저 확정하여야 할 것으로서, 행위자 또는 명의인 가운데 누구를 당사자로 할 것인지에 관하여 행위자와 상대방의 의사가 일치한 경우에는 그 일치하는 의사대로 행위자의 행위 또는 명의인의 행위로서 확정하여야 할 것이지만, 그러한 일치하는 의사를 확정할 수 없을 경우에는 계약의 성질, 내용, 목적, 체결 경위 및 계약체결을 전후한 구체적인 제반 사정을 토대로 상대방이 합리적인 인간이라면 행위자와 명의자 중 누구를 계약 당사자로 이해할 것인가에 의하여 당사자를 결정하고, 이에 터잡아 계약의 성립 여부와 효력을 판단함이 상당할 것이다"라는 것이다.

그리하여 이 사건에서는 원고와 甲 사이에 甲을 보험계약의 당사자로 하기로 하는 의사의 일치가 있었다고 볼 여지는 없고, 이 사건 보험계약에 있어서는 채무자인 보험계약자의 신용상태가 그 계약체결의 여부 및 조건을 결정하는 데에 중요한 요소로 작용하였다고 보아야 할 것인데, 원고는 실제로 계약을 체결한 甲이 서류상에 보험청약자로 되어 있는 乙로만 알고 이 사건 보험계약을 체결하였다고 여겨지고, 이 사건 당시 증권교부 부적격자인 甲을 당사자로 생각하였더라면 계약을 체결하지 아니하였을 것이므로 원고는 乙을 보험계약의 상대 당사자인 주채무자로 인식하여 그와 이 사건 계약을 체결하는 것으로 알았으리라고 인정되므로 원고와 보험계약을 체결한 당사자는 甲이 아니라 乙이라고 보아야 할 것인데, 실제로는 甲이 乙로부터 아무런 권한도 부여받음이 없이 임의로 乙의 이름을 사용하여 계약을 체결한 것이므로 이 사건 보험계약은 특별한 사정이 없는 한 그 계약 내용대로 효력을 발생할 수 없는 것이라 하여, 원심판결을 파기하였다.

이 이외에 대법원 1995. 10. 13. 선고 94다55385 판결,[21] 1996. 7. 30. 선고 95다1019 판결,[22] 1996. 11. 26. 선고 96다32003 판결[23]도 같은 취지에서,

21) 公 1995하, 3769.
22) 公 1996하, 2618.
23) 公 1997, 63.

타인의 이름을 모용하여 체결한 보증보험계약은 그 계약 내용대로 효력을 발생할 수는 없다고 판시하고 있다.

Ⅲ. 理論的 考察

1. 契約의 解釋에 의한 當事者의 確定

이처럼 계약에 있어서 누구를 당사자로 볼 것인가 하는 점은 기본적으로는 당해 계약의 해석에 의하여 결정될 문제이다.[24)]

일반적으로 법률행위의 해석에 관하여는, 自然的 解釋(natürliche Auslegung), 規範的 解釋(normative Auslegung) 및 補充的 解釋(ergänzende Auslegung)의 3단계를 구분한다.[25)] 여기서 自然的 解釋이라 함은, 의사표시자의 진정한 의사를 탐구하는 것이라고 할 수 있다. 따라서 계약에 있어서는 쌍방 당사자가 특정의 의사표시를 동일한 의미로 일치하여 이해하였다면, 그 의사표시가 객관적으로는 당사자들이 이해한 것과는 다른 의미로 받아들여지는 경우에도, 당사자들이 이해한 대로 받아들여져야 하는 것이다.[26)] 그러므로 계약에 있어서 쌍방이 동일한 사람을 그 계약의 당사자로 생각하였다면 그 사람이 당사자로 확정되는 것이다. 반면 意思表示에 관하여 표시자가 생각한 의미와 그 상대방이 생각한 의미가 다른 경우에는 規範的 解釋이 문제된다. 이때에는 단독행위 아닌 계약에 있어서는 원칙적으로 그 상대방의 觀點[27)]에서 그 의사표시를 해석하여야 한다. 다시 말하여 그 상대방의 신뢰를 보호하기 위하여, 그 상대방이 이해한 내용이, 제반 사정에 비추어 합리적이라면 그러한 의미로 의사표시가 해석되어야 하는 것이다.[28)] 이는 계약의 당사자 결정에 있어서도 마찬가지이다. 타인의

24) 梁彰洙(註 5), 377면. 宋德洙(註 2), 99면도 他人 명의를 사용하여 행한 법률행위에 있어서 누가 행위 당사자로 되는가는 법률행위의 해석에 의하여 결정되어야 한다고 주장한다.

25) 民法注解 Ⅱ(總則 2), 1992, 181면(宋德洙 집필부분); 李英俊, 民法總則(全訂版), 1995, 260면 이하 등 참조.

26) 이른바 "잘못된 表示는 害가 되지 않는다(falsa demonstratio non nocet)"는 원칙이다. 宋德洙(註 25), 181면 이하.

27) 이른바 "受領者의 視界(Empfängerhorizent)."

28) 그러나 規範的 解釋에 있어서 상대방이 현실적으로 이해한 것과, 상대방이 합리적으로 이해하였어야 하는 것이 서로 다를 때에는 어느 것이 표준이 되어야 하는가에 대하여, 독일민

명의를 모용하여 체결한 계약에 관한 위 대법원 1995. 9. 29. 선고 94다4912 판결(註 20)도 기본적으로는 같은 취지로 이해된다.[29)]

이하에서는 이러한 契約의 解釋에 의한 당사자의 확정을, 계약명의신탁의 경우와, 타인의 명의를 모용한 경우로 나누어 본다.

2. 契約名義信託에 있어서의 當事者 確定

가. 契約名義信託에 있어서의 當事者의 意思

실제로 계약을 하는 자가 다른 사람의 이름으로 계약을 하는데 관하여 그 다른 사람과의 사이에 합의가 존재하는 이른바 계약명의신탁의 경우에는, 원칙적으로 앞에서 언급한 자연적 解釋에 따라 그 名義人이 계약의 당사자가 될 것이다. 왜냐하면, 이 경우에는 실제로 계약을 체결하는 名義受託者[30)]의 효과의사 자체가, 자신이 계약의 당사자로 된다는 것을 의도하는 것으로 보아야 하고, 그 상대방도 명의수탁자를 계약의 당사자로 보기 때문에 양자의 이해가 일치하는 것이다.

만일 이와는 견해를 달리하여, 이 경우에 명의수탁자의 效果意思는 자신이 당사자가 아니라 명의신탁자가 당사자가 되는 것이라고 이해한다고 한다면 어떻게 될 것인가? 이때에는 명의수탁자의 의사표시는 일종의 眞意 아닌 의사표시가 될 것이고, 따라서 상대방이 명의신탁의 사실을 알았거나 또는 과실로 알지 못하였을 경우에는, 민법 제107조 제1항 단서의 규정에 따라 이러한 계약은 무효로 되고, 다만 경우에 따라 명의신탁자와의 계약만을 인정할 수 있게 될 것이다.

그러나 일반론으로서는, 이러한 명의신탁에 의한 계약의 체결을 非眞意表示로 볼 필요는 없다고 생각된다.[31)] 예컨대 부동산 매매계약에 있어서 매수인

법학에서는 논란이 있다. 이에 대하여는 嚴東燮, "법률행위의 해석에 관한 연구", 서울大學校 法學博士學位論文, 1992, 특히 143면 이하; 嚴東燮, "法律行爲의 解釋", 私法硏究 제2집, 1994, 228면 이하 참조. 본문에서의 설명은 嚴東燮 교수의 견해를 따른 것이다.

29) 法律行爲의 補充的 解釋은, 법률행위에 欠缺(Lücke. 空白 또는 間隙이라고도 번역된다)이 있을 때 문제되는 것으로서, 當事者의 確定과 관련하여서는 별로 문제되지 않는다. 補充的 解釋에 관하여는 尹眞秀, "法律行爲의 補充的 解釋에 관한 獨逸의 學說과 判例", 裁判資料 제59집, 1992, 87면 이하 참조.

30) 名義信託者가 직접 계약을 체결하는 경우에도, 이는 代理의 법리에 따라 名義受託者의 행위로 간주될 것이다. 위 註 6) 참조.

31) 梁彰洙(註 5), 379-380면 참조.

의 명의를 신탁한 경우에, 그 명의수탁자는 자신의 이름으로 부동산 소유권 이전등기를 취득한다는 효과의사를 가지고 그에 따라 소유권이전등기를 취득하는 것이다. 不動産實權利者名義登記에관한法律 제4조 제2항은, "名義信託約定에 따라 행하여진 登記에 의한 不動産에 관한 物權變動은 無效로 한다. 다만, 不動産에 관한 物權을 취득하기 위한 契約에서 名義受託者가 그 一方當事者로 되고 그 他方當事者는 名義信託約定이 있다는 사실을 알지 못한 경우에는 그러하지 아니하다"라고 규정하여, 부동산에 관한 물권을 취득하기 위한 명의신탁에 기하여 체결된 계약의 상대방이 그 명의신탁 사실을 알았을 경우에는 이를 무효로 하고 있으나,[32] 이 또한 이처럼 무효가 되는 명의신탁약정이 비진의표시 내지 허위표시라는 취지는 아니고, 오히려 그러한 명의신탁약정이 비진의표시 내지 허위표시는 아님을 전제로 하고 있다고 이해된다.

독일에서도 이처럼 자신이 스스로 계약을 체결할 수 없기 때문에 다른 사람을 내세워서 그로 하여금 계약을 체결하게 하는 것을 허수아비行爲(Strohmanngeschäft)라고 부르는데, 이러한 허수아비 행위는 원칙적으로는 유효하고, 내세워진 당사자인 허수아비 자신이 그 법률행위에 의하여 권리를 취득하고 의무를 부담하며, 이는 그 상대방이 이러한 허수아비 행위임을 인식하였더라도 마찬가지라고 한다.[33]

그러나 경우에 따라서는 이러한 명의신탁 약정에 기하여 체결된 계약이 非眞意表示 내지 허위표시로서 무효로 될 수 있는 가능성이 배제되는 것은 아니다. 어떠한 경우에 이러한 계약이 무효로 되는가는 구체적인 여러 가지의 사정을 종합하여 판단하여야 할 것이고 일률적으로 말할 수는 없겠으나, 실제에 있어서 그 효력 유무에 관한 판단은 반드시 용이하지 않다. 이 점은 예컨대 판례가 대출을 받는데 장애가 있는 자가 자기 대신 다른 사람을 내세워서 대출을 받은 경우에 관하여, 명의수탁자의 채무부담행위가 허위표시로서 무효라고

---

32) 梁彰洙(註 5), 383면은 위 제4조 제2항 단서는 "不動産에 관한 物權을 취득하기 위한 契約에서 **그 일방당사자가 명의신탁약정이 있다는 사실을 알지 못하는 등의 사유로** 名義受託者가 그 他方當事者인 것으로 해석되는 경우에는 그러하지 아니하다"라고 해석하여야 한다고 주장하고 있어, 매도인이 명의신탁약정이 있다는 사실을 알면서 명의수탁자와 직접 매매계약을 체결한 경우에는 무효가 되는 것이 아니라는 취지이다.

33) MünchKomm/Kramer, §117 Rdnr. 12; MünchKomm/Schramm, Vor §164 Rdnr. 24; Larenz, Allgemeiner Teil des deutschen Bürgerlichen Rechts, 7. Aufl., 1989, §20 Ⅰ c)(S. 367). 이 점에 관한 상세한 獨逸의 문헌 소개는 宋德洙(註 2), 105면 註 102) 참조.

본 사례[34]와, 유효하다고 본 사례[35]가 나뉘고 있는 것을 보아도 알 수 있다. 위의 각 사례에 있어서 사실관계 내지 당사자의 지위 등에 다소의 차이가 있기는 하나, 이러한 점 때문에 결론이 달라졌다고 생각되지는 않는다.

결론부터 이야기한다면 위의 각 사례에 있어서도 원칙적으로는 명의수탁자의 채무부담행위에 관하여 표시된 대로의 효력을 인정하는 것이 타당하다고 생각된다. 우선 상대방의 입장에서는, 위와 같은 행위가 무효로 된다는 것을 안다면 그러한 계약을 체결할 이유가 없다. 가령 학교법인이 경영하는 학교의 교직원들이 학교법인을 위하여 자신의 명의로 은행으로부터 대출을 받은 사례[36]에서는, 명의신탁자인 학교법인을 주채무자로 본다면 그러한 계약은 사립학교법의 규정 때문에 무효로 될 것이고, 따라서 은행으로서는 교직원들이 채무를 부담하지 않는다면 대출을 하지 않았을 것이다.[37] 그 이외의 사례들에 있어서는 명의신탁자 내지 실질적인 주채무자와의 사이에 유효한 계약의 성립 자체가 불가능한 것은 아니지만, 이때에도 명의수탁자의 채무부담행위가 전혀 무효라고 보는 것은 부당하다고 생각된다. 위와 같은 사례들에서 명의수탁자의 동기는, 명의신탁자가 대출 또는 사료의 외상공급 등 신용거래를 받을 수 있게 도와 준다는 데 있다고 할 것인데, 이러한 도움의 방법으로 통상적인 것은 連帶保證[38]을 하여 주는 것이다. 그렇다면 이러한 경우에 자기 명의로 주채무자가 된 명의수탁자에게 적어도 명의신탁자를 위한 연대보증인으로서의 책임은 부담할 의사가 있었다고 봄이 상당할 것이고, 일부의 판례가 이러한 경우에 명의수탁자에게 명의신탁자를 위한 연대보증인으로서의 책임을 인정하는 것[39]은 이러한 생각에 근거한 것으로 보인다. 그렇다면 이보다 한 걸음 더 나아가서, 단순히 연대보증을 서는 데 그치지 않고 자기 명의로 주채무자로서 계약을 체

34) 위 대법원 1991. 4. 23. 선고 90다19657 판결(註 9); 1996. 8. 23. 선고 96다18076 판결(註 8).

35) 위 대법원 1980. 7. 8. 선고 80다639 판결(註 10); 1996. 9. 10. 선고 96다18182 판결(註 11). 사료의 외상공급에 관한 위 대법원 1996. 9. 24. 선고 96다21492 판결(註 14)도 같은 취지라고 하겠다.

36) 대법원 1980. 7. 8. 선고 80다639 판결(註 10).

37) 물론 학교법인과의 계약이 무효라고 하더라도 은행으로서는 학교법인에 대하여 부당이득반환을 청구할 길은 남아 있으나, 이것이 유효한 계약에 기한 청구보다 불리함은 말할 것도 없다.

38) 거래의 실제에 있어서는 單純保證은 찾아보기 어렵고 連帶保證이 대부분이다.

39) 대법원 1991. 4. 23. 선고 90다19657 판결(註 9). 그러나 대법원 1996. 8. 23. 선고 96다18076 판결(註 8)에서는 특별한 사정이 없는 한 보증의 의사가 있는 것으로 볼 수도 없다고 하였다.

결한 명의수탁자에게 그 표시대로 주채무자로서의 책임을 인정하는 것도 불가능하다고는 할 수 없다. 명의수탁자로서는 주채무자로서 책임을 부담하건, 연대보증인으로서 책임을 부담하건간에 적어도 상대방에 대한 관계에 있어서는 차이가 없기 때문이다. 특히 명의신탁자가 주채무자가 될 수 없는 사정이 있는 경우에는 이러한 解釋이 요구된다.

나. 名義信託者와 名義受託者의 관계

학설 가운데에는 판례가 위와 같은 사례에서 명의수탁자를 계약당사자로 보는 것 자체는 지지하지만 이를 위하여 명의신탁의 이론을 적용하는 것을 비판하면서, 명의수탁자 스스로가 계약을 체결한 경우에는 독일에서 말하는 허수아비 行爲의 理論을 적용하여야 하고, 명의신탁자가 명의수탁자의 이름으로 계약을 체결한 경우에는 "他人의 名義를 사용하여 행한 法律行爲(Handeln unter fremdem Namen)"의 이론을 적용하여 설명하여야 한다는 견해가 있다.[40] 그러나 우선 계약을 실제로 체결한 자가 명의신탁자와 명의수탁자 중 누구인가는, 적어도 결과에 있어서는 아무런 차이가 없다.

뿐만 아니라, 위와 같은 허수아비 행위의 이론과, 판례가 말하는 계약명의신탁의 이론 사이에 실질적으로 어떠한 차이가 있는지도 알 수 없다. 양자 모두 계약의 상대방에 대한 관계에 있어서는 명의수탁자가 계약의 당사자로 된다는 점에서는 마찬가지이다. 그렇다고 하여 명의수탁자와 신탁자 사이의 내부관계에 있어서 차이가 있다고 보기도 어렵다. 독일에서도, 이러한 허수아비(Strohmann)는 그 背後人(Hintermann)의 間接代理人(mittelbarer Stellvertreter)이지만 동시에 원칙적으로 背後人의 受託者(Treuhänder)로 간주된다고 설명하고 있다.[41] 그러므로 판례가 종래 부동산에 관한 명의신탁의 유효성을 인정하였던 것에 문제가 있다는 비판과는 별도로, 적어도 계약명의에 있어서 신탁을 인정하는 것 자체를 잘못이라고 할 수는 없다. 물론 그렇다고 하여 종래 부동산의 명의신탁에 관하여 인정되었던 법리가 그대로 계약명의신탁에 인정되어야 한다는 취지는 아니다. 판례도 계약명의신탁에 관하여 부동산의 명의신탁에 인정

---

40) 宋德洙(註 2), 85면 이하.

41) MünchKomm/Schramm, Vor §164 Rdnr. 26. Flume, Allgemeiner Teil des Bürgerlichen Rechts, 2. Teil, Das Rechtsgeschäft, 3. Aufl., 1979, S. 407은 허수아비는 항상 背後人의 수탁자인 것처럼 설명하고 있다.

되었던 법률효과를 그대로 인정하였던 것으로는 보이지 않는다.

그러므로 명의수탁자는 명의신탁자와의 관계에 있어서는 상대방과의 계약에 의하여 취득한 권리를 명의신탁자에게 이전하여 줄 의무가 있고, 명의수탁자가 경제적인 부담을 안게 되었다면 명의신탁자가 이를 청산하여 줄 의무가 있다고 하겠다. 따라서 명의수탁자가 명의신탁자를 위하여 채무를 부담하게 되어 이를 이행하였다면 명의수탁자는 명의신탁자에게 구상할 수 있을 것이다. 이는 형식적으로는 명의수탁자가 주채무자로, 명의신탁자는 연대보증인으로 되어 있다 하더라도 마찬가지이며, 역으로 명의신탁자가 연대보증인의 지위에서 채무를 이행하였다 하더라도 명의수탁자에게 구상을 할 수 없음은 물론이다.[42)]

이와 관련하여 대법원 1994. 6. 10. 선고 94다2701 판결[43)]에 관하여 살펴볼 필요가 있다. 이 사건의 내용은 다음과 같다. 즉 소외 甲(조한평)이 자동차운수회사인 피고와 이른바 지입계약을 체결하고, 자동차회사인 乙 회사로부터 피고 명의로 자동차를 구입하였는데 그 할부대금의 지급보증을 위하여 보증보험회사와 피보험자를 乙 회사로 하는 보증보험계약을 체결하였다. 그런데 원고는 甲의 장인으로서, 보험회사와의 사이에 피고의 위 보험회사에 대한 구상금 지급채무에 대하여 연대보증을 하였다. 그 후 위 자동차 할부매매대금이 제대로 지급되지 아니하자 위 보험회사가 잔존 할부대금 전액을 乙 회사에게 지급하였고, 원고는 위 보험회사에 대하여 구상보증채무를 이행한 다음 피고회사에 대하여 구상권을 행사한 것이다.

원심은 원고의 구상권 청구를 받아들였으나, 대법원은, 다음과 같은 이유로 원심판결을 파기하였다.

"피고가 대외적인 관계에서는 위 화물자동차에 대한 매수인 내지 소유자로서 위 자동차회사에 대하여 할부금을 납입할 의무를 부담하는 것이기는 하나, 피고와 위 조한평 내부 사이에서는 위 지입계약에 의하여 궁극적으로 위

---

42) 民法注解 X(債權 3), 1995, 317면(朴炳大 집필부분), 317면도, 보증인의 주채무자에 대한 구상권은 보증계약에 표시된 형식상, 명목상의 지위와 상관없이 보증인과 주채무자 또는 보증인 상호간의 내부적 실질관계에 따라 그 유무와 범위가 결정된다고 하여, 대외적으로는 보증인으로 되어 있지만 내부관계에서는 주채무자인 자는 변제를 하더라도 구상권을 취득할 수 없으며, 반대로 채권자에 대한 관계에서는 주채무자이지만 실질상은 보증인에 지나지 않는 자에 대하여는 다른 보증인이 채무를 이행하였더라도 그 출연한 전액을 구상할 수는 없고, 보증인간의 부담부분의 비율로만 구상할 수 있을 뿐이라고 한다.

43) 公 1994하, 1030

조한평이 할부금을 납입할 의무를 부담하는 것이고, 원고가 위 보증보험계약상의 연대보증인이 되게 된 경위가 원심 판시와 같다면, 원고 또한 피고와의 관계에서는 위 조한평이 부담하는 할부금 납부의무를 위하여 위 보험계약상의 연대보증인이 된 것이라고 할 것이므로, 피고와 위 조한평 사이의 내부관계에서 위 화물자동차의 양도양수에 불구하고 그 양도양수 이후의 할부금에 대하여도 위 조한평이 이를 납부하기로 하는 지입계약상의 의무가 여전히 남아 있다면, 형식상으로는 피고가 위 보증보험계약상 위 보험회사에 대한 구상채무의 주채무자이고, 원고는 그 연대보증인에 불과하다고 하더라도, 원고가 연대보증인으로서 위 보험회사에 대한 채무를 대위변제하였다고 하더라도 피고에 대하여는 이를 구상할 수는 없다고 봄이 상당할 것이다."[44]

이 사건의 경우에는, 자동차 매매계약 및 보증보험계약에 관한 명의신탁자와 명의수탁자 외에, 제3자, 즉 보증보험계약에 기하여 발생하는 구상채무에 관한 연대보증인이 더 있다는 점에서 다소의 특수성이 있다. 즉 이 사건에서 원고인 위 제3자의 구상권 행사가 인정될 수 있는가를 결정하기 위하여는, 앞에서 설명한 것 외에 추가로 위 제3자의 연대보증이 실질적으로 명의수탁자와 명의신탁자 중 누구를 위한 것인가를 확정하여야 하는 것이다. 그러나 원고가 위 연대보증인이 된 경위가 위와 같이 명의신탁자라고 할 수 있는 위 甲의 장인으로서 그의 요청에 의하여 된 것이라면, 이는 실질적으로는 피고 회사를 위한 것이 아니라 위 甲을 위한 것이라고 볼 수 있을 것이고, 그렇다면 위 판결의 결론은 타당하다고 생각된다. 이 경우에 원고와 피고의 의사는, 실질적인 주채무자는 위 甲이라는 데 대하여 의사의 합치가 있는 것이다. 이를 굳이 이론적으로 설명한다면, 위와 같은 경우에는 원고의 피고에 대한 구상권 불행사의 묵시적인 약정이 있었다고 보면 될 것이다.

3. 他人의 名義를 冒用한 계약의 경우

이 경우에 관하여는 宋德洙 교수가 잘 정리하여 놓은 바가 있으므로[45] 이

---

44) 다만 이 사건에서는 위 甲이 자동차를 제3자인 丙에게 양도하였는데, 대법원은 이와 관련하여 피고 회사가 위 甲의 할부대금 납부의무를 면제하여 준 것인지를 더 심리하여 보아야 한다고 판시하였다.

45) 宋德洙(註 2), 95면 이하. 또한 宋德洙, "他人의 名義를 사용하여 행한 法律行爲", 私法研究 제2집, 1994, 335면 이하 참조.

하에서는 이를 간단히 요약하는 데 그친다.[46)]

우선 타인의 명의를 사용하였더라도 그 계약의 당사자가 명의자 아닌 행위자 자신이 되는 경우가 있다. 먼저 행위자와 상대방이 일치하여 행위자를 당사자로 생각한 때에 그러하다.[47)] 특히 고용·임대차·조합계약처럼 계약당사자의 인적 성질이 중요한 의미를 가지는 계약에 있어서 그러하다. 나아가 당사자의 이름이 상대방에게 아무런 의미가 없는 때에도 마찬가지이다. 架空의 인물의 이름으로 계약을 한 경우에도 그 당사자는 행위자가 된다.[48)] 이러한 경우에는 계약의 효과는 행위자에게 귀속한다.

반면 명의자가 그 계약의 당사자로 되는 경우로서는, 우선 행위자와 상대방이 일치하여 명의인을 당사자로 생각한 때는 물론이고, 쌍방의 의사가 일치하지 않더라도, 행위의 성질상 또는 제반 사정상 상대방이 명의인과 법률행위를 하였으리라고 인정되는 경우에 그러하다. 특히 신용행위 또는 계속적 거래관계의 설정에 있어서 그러하다. 이처럼 당사자가 명의인으로 되는 경우에는 대리에 관한 규정이 적용 내지 유추적용되게 된다.[49)]

Ⅳ. 預金契約上의 預金主

예금계약에 있어서 예금의 출연자와 실제로 예금계약을 체결한 자 및 예금의 명의자, 이 3자가 서로 다를 때 누구를 예금주로 보아야 하는가 하는 문제를 다룸에 있어서는 金融實名去來 및 秘密保障에 관한 緊急財政經濟命令(1993. 8. 12. 대통령긴급경제명령 제16호)에 의하여 이른바 금융실명제가 실시되기

---

46) MünchKomm/Schramm, §164 Rdnr. 33 ff. 등도 참조할 것.

47) 위 대법원 1995. 9. 29. 선고 94다4912 판결(註 20) 참조.

48) Staudinger/Dilcher, Vorbem zu §164 Rz. 88.

49) 宋德洙(註 2), 103면은 타인 명의를 사용하여 행한 법률행위가 그 해석상 행위자임과 동시에 명의인의 행위인 경우도 있을 수 있다고 하면서 다음과 같은 예를 들고 있다. 즉 취업을 위하여 자기 이름을 사용하여 지원서와 이력서 그리고 각종 증명서를 제출한 자가, 그 뒤 면접시험에 자기와 닮은 친구를 보내어 자기 이름으로 행동하게 하고 그 결과 좋은 인상을 주어 채용된 경우이다. 이때 채용결정이 제출된 서류 등에 좌우된 때에는, 지원자(명의인)가 채용된 것으로 보고, 면접할 때의 인상이 결정적이었다면 면접에 응한 친구가 채용된 것으로 보며, 두 기준이 동등할 때에는 이는 "행위자 및 명의자의 행위"이지만 계약은 어느 누구와도 성립하지 않은 것으로 된다고 한다. 이러한 경우는 결과적으로 당사자를 확정할 수 없어 계약이 무효로 되는 것으로 보아야 할 것이다. MünchKomm/Schramm, §164 Rdnr. 40 참조.

전과 그 이후[50]를 나누어 보아야 한다. 이하 1.에서 3.까지는 금융실명제가 실시되기 전의 상황을 중심으로 하여, 이 문제에 관한 우리나라와 일본에서의 종래의 논의를 살펴보고 독일의 논의를 참고로 소개한 다음 간단히 필자의 입장을 밝힌다. 그리고 4.에서는 금융실명제가 실시된 이후의 상황에 대하여 논의하고자 한다.

1. 종래의 논의

예금계약상 예금주를 누구로 볼 것인가에 관한 우리나라의 판례나 학설[51]은 일본의 학설과 판례에서 많은 영향을 받고 있는 것으로 보이므로[52] 이하에서는 우리나라와 일본의 학설을 아울러 살펴본다.[53]

예금주의 인정에 관한 견해는 客觀說, 主觀說 및 折衷說의 3가지로 분류하는 것이 일반적이다. 여기서 객관설이라 함은, 스스로의 출연에 의하여, 자기의 예금으로 하는 의사로, 은행에 대하여 스스로 또는 대리인·사자를 통하여 예금계약을 한 자가 예금주라고 하는 설로서, 이 설에 따른다면 예입행위자가 출연자의 돈을 횡령하여 자기의 예금으로 한다는 등의 특별한 사정이 없는 한 출연자가 예금주가 된다고 한다. 반면 주관설은, 예금 당시에 예입행위자가 특별히 다른 사람이 예금주임을 명시적 또는 묵시적으로 표시한다거나 또는 은행이 실질상의 권리자를 알지 못하는 한, 예입행위자가 예금주라고 하는 설이다. 예입행위자의 표시에 의하여 판단하므로 예금의 자금을 누가 부담하였는가는 출연자와 예입행위자의 내부관계에 지나지 않고, 예금계약의 당사자가 누구인가와는 관계가 없다고 한다. 그리고 절충설은, 원칙적으로 객관설에 의하여 출연자가

---

50) 위 명령 부칙 제1조에 의하면 위 명령은 1993. 8. 12. 20시부터 시행하도록 되어 있다.

51) 이에 관하여 비교적 자세하게 언급하고 있는 국내의 문헌으로는, 李昌求(註 19); 李俊相(註 19); 朴性哲(註 19) 외에 金滉植, "예금에 관한 법적 문제", 裁判資料 제32집 은행거래·임대차 사건의 제문제, 1986, 65면 이하; 金炳宰, "記名式預金에 있어서의 預金債權者의 判定基準", 民事判例研究 IX, 1987, 77면 이하; 民法注解 XV(債權 8), 1997, 681면 이하(全孝淑 집필) 정도가 있다.

52) 실제로 우리나라의 학설은 이론대립이 많은 일본과는 달리 예금주의 인정에 관하여 모두 객관설을 지지하고 있으며, 반대설을 찾아보기 어렵다.

53) 이에 관한 일본의 문헌은 매우 많으나, 비교적 상세한 것으로, 平出慶道, "預金者の認定と預金の拂戻", 鈴木祿彌·竹內昭夫 編輯 金融取引法大系 第2卷(預金取引), 1983(昭和 58), 70면 이하; 中馬義直, "預金者の認定", 現代契約法大系 5, 1984, 84면 이하 참조. 비교적 최근의 것으로는 榎本克已, "預金者の認定", 裁判實務大系 22 金融信用供與取引訴訟法, 1993, 13면 이하가 있다.

예금주이지만, 예입행위자가 자기의 예금이라는 것을 명시적 또는 묵시적으로 표시한 때에는 예입행위자가 예금주라고 한다. 다른 한편으로 예금의 종류가 기명식 예금인가 아니면 무기명예금인가에 따라서도 취급을 달리하는 설도 있다.

앞에서 살펴본 우리나라의 판례[54]는 한결같이 記名式 預金에 관하여, 그 명의가 누구 앞으로 되어 있는지를 묻지 않고 또 금융기관이 누구를 예금주라고 믿었는가에 관계없이 예금을 실질적으로 지배하고 있는 자로서 자기의 출연에 의하여 자기의 예금으로 한다는 의사를 가지고 스스로 또는 사자, 대리인을 통하여 예금계약을 한 자를 예금주로 보아야 한다고 하고 있어 일단 객관설을 따르고 있는 것으로 보이나, 누가 예금의 자금을 출연하였는가 하는 점 외에 예금을 실질적으로 지배하고 있는 자라는 요건을 추가하고 있는 점에 특색이 있다.[55]

일본 최고재판소의 판례[56]도 객관설을 따르고 있다. 먼저 무기명정기예금에 관하여는 일본최고재판소 1973(昭和 48). 3. 27 판결[57]이, "무기명정기예금계약에 있어서 당해 예금의 출연자가 스스로 예금행위를 한 경우는 물론, 다른 사람에게 돈을 교부하여 무기명정기예금을 하는 것을 의뢰하여 그 자가 예입행위를 한 경우에 있어서도, 예입행위자가 위 돈을 횡령하여 자기의 예금으로 하려는 의도로 무기명정기예금을 하였다는 등의 특단의 사정이 인정되지 않는 한, 출연자를 무기명정기예금의 예금자로 해석하여야 한다"고 하면서, 그 이유로서, "무기명정기예금이 체결되는 데 지나지 않는 단계에서는 은행은 예금자가 누구인가에 관하여 특별한 이해관계를 가지지 않기 때문에, 출연자의 이익보호의 관점에서, 위와 같은 특단의 사정이 없는 한, 출연자를 예금자로 인정함이 상당"하다고 하였다.[58]

---

54) 위 註 19) 및 그 본문 참조.

55) 그러나 위의 판례 중 대법원 1992. 6. 23. 선고 91다14987 판결(註 19)에서는 예금의 출연자와 예금명의인이 일치하고 다만 예입행위자만이 다른 경우였다. 또한 대법원 1985. 12. 24. 선고 85다카880 판결(公 1986, 315)도 마찬가지의 사안에 관하여 출연자 겸 예금명의인을 예금주로 인정하였으나, 그 이론적 근거는 명백히 밝히지 않았다.

56) 일본의 판례를 분석한 최근의 문헌으로는, 太田知行, "記名式預金における預金者の認定", 加藤一郎先生古稀記念 現代社會と民法學の動向 下, 1992, 247면 이하 참조.

57) 民集 27권 2호 376면.

58) 다만 이 판결은, 예입행위자를 예금주로 誤信하여 예금담보대부나 예금과의 상계를 한 은행의 보호에 관하여, 은행이 예금자라고 인정한 表見預金者가 진실한 예금자와 다르다고 하여도, 은행으로서는 기울여야 할 상당한 주의를 다한 이상, 일본민법 제478조(우리 민법 제470조에 해당한다)의 유추적용 또는 예금계약상 존재하는 면책규정에 의하여 위 상계 등을 가지고 진정한 예금자에게 대항할 수 있다고 하였다.

그리고 기명식 예금에 관하여는, 최고재판소 1982(昭和 57). 3. 30.의 두 판결[59]이, "무기명정기예금계약에 있어서 당해 예금의 출연자가 다른 사람에게 돈을 교부하여 무기명정기예금을 하는 것을 의뢰하여 그 자가 예입행위를 한 경우, 예입행위자가 위 돈을 횡령하여 자기의 예금으로 하려는 의도로 무기명정기예금을 하였다는 등의 특단의 사정이 인정되지 않는 한, 출연자를 무기명정기예금의 예금자로 해석하여야 한다는 것이 당재판소의 확정된 판례"라고 하면서, 이러한 이치는 기명식정기예금에 있어서도 다르지 않으므로, "예입행위자가 출연자로부터 교부받은 돈을 횡령하여 자기의 예금으로 하려는 의도로 기명식 정기예금을 하였다는 등의 특단의 사정이 인정되지 않는 한, 출연자를 기명식 정기예금의 예금자로 해석하는 것이 상당하다"고 하였다.[60]

국내의 학설은 대체로 판례와 마찬가지로 객관설을 지지하고 있으며,[61] 일본의 학설은 무기명 정기예금에 관하여는 객관설이 통설이고, 기명식 예금에 관하여도 판례가 객관설로 확립된 뒤에는 객관설이 다수를 점하고 있다.[62]

이처럼 우리나라나 일본의 판례가 취하고 있는 객관설에 대하여는, 계약이론에 어긋난다는 비판이 제기되고 있다.[63] 즉 예금주가 누구인가라는 문제는 예금계약이라는 계약의 효과를 누구에게 귀속시킬 것인가라는 문제에 지나지 않으며, 통상의 계약이론대로 한다면 이는 계약 자체에 의해서 결정되어야 하고, 따라서 계약 당사자가 예금주로 할 것으로 합의한 자가 당연히 예금주로 되어야 하나, 객관설에 의하면 계약시에 표시되지도 않고 채무자인 은행이 알지도 못하는 출연자가 예금주로 되므로 객관설은 위와 같은 통상의 계약 이론에 잘 맞지 않는다는 것이다.

이에 대하여 객관설은 예금계약은 적어도 예금주의 인정에 관한 한 계약이론을 그대로 적용할 수 없는 특수한 계약이라고 한다.[64] 즉 당좌예금의 경우에는 당좌거래계약을 체결함에 있어서 예금주의 신용을 조사하여 신중을 기하

59) 金融法務事情 No. 992, 38면 및 40면.

60) 이 판결 이전에도 이미 최고재판소 1977(昭和 52). 8. 9. 판결(民集 31권 4호 742면); 1978(昭和 53). 2. 28. 판결(金融法務事情 No. 855, 27면) 등이 기명식 예금에 관하여 객관설을 따르고 있었다.

61) 註 51)의 각 문헌 참조. 이 이외에 梁彰洙(註 5), 379면 註 57)도 판례를 지지하는 것으로 이해된다. 반면 宋德洙(註 2), 102면은 판례의 태도에 의문을 표시한다.

62) 일본 학설의 분포에 대하여는 榎本克已(註 53), 16면 및 18면 참조.

63) 각 설의 논거 및 그 문제점에 대하여는 金炳宰(註 51), 85면 참조.

64) 朴性哲(註 19), 261면 이하 참조. 객관설을 지지하는 논자가 공통적으로 들고 있는 논거이다.

지만, 보통예금, 정기예금 등의 경우에는 예금을 하고자 하는 자가 있으면 은행은 누구로부터나 예금을 받으며, 기명식예금의 경우에는 예금명의인의 주소, 성명을 제출하게 하지만, 대량으로 반복적으로 이루어지는 만큼 신속하게 정형적으로 처리하여야 할 필요상 하나하나의 예입에 대하여 누가 예금주이며 예입행위자가 예금주 본인인가 대리인인가를 따로 조사하지 않는 것이 일반적이라는 것이다. 또한 보통의 경우 예금통장이나 예금증서 및 계출인감을 가지고 예금반환을 구하면 은행은 이를 거절하지 아니하므로 예금주가 누구인가를 따로 조사하지 아니하며 은행의 입장에서도, 예금주 이외의 제 3 자에게 예금을 반환하여도 예금반환청구자가 통장이나 증서 및 인감을 소지한 경우에는 최소한 채권의 준점유자에 대한 변제로서 면책될 것이므로 은행보호의 측면에서 예금주가 누구인가를 확정하는 문제는 그다지 필요성이 없다고 한다.

2. 獨逸의 論議

여기서 참고로 독일에서의 計座의 保有者(Der Inhaber des Kontos) 결정에 관한 논의를 보기로 한다.[65] 독일에서는 計座(Konto)를 예금계좌(Guthabenskonto)뿐만 아니라 채무계좌(Debitorisches Konto)를 포괄하는 개념으로 사용하며, 그에 따라 누가 계좌의 보유자인가를 결정하는 것은, 단순히 금융기관에 대한 채권자뿐만 아니라 누가 금융기관에 대하여 채무자인가를 결정하는 의미도 가진다. 이에 관하여 독일의 판례와 학설은, 이는 契約의 解釋(Vertragsauslegung) 문제라고 한다. 여기서 중요한 것은 계좌를 개설하는 자의 의사인데, 이는 일반원칙에 따라 內心의 意思(innerer Wille)가 아니라, 상대방인 은행이 인식할 수 있는 의사(erkennbarer Wille)라고 한다.[66] 판례는 이에 관하여 다음과 같이 판시하고 있다. 즉 누가 은행에 대한 관계에서 정당한 계좌보유자인가 하는 문제에 있어

---

65) 이하의 설명은 주로 Claus-Wilhelm Canaris, Bankvertragsrecht, 3. Aufl., 1988, Rdnr. 143 ff.; Uwe Hüffer, Aktuelle Rechtsfragen zum Bankkonto, 2. Aufl., 1989, Rdnr. 29 ff.를 참조하였다.

66) Canaris(註 65), Rdnr. 152는 이러한 원칙이 貯蓄預金通帳(Sparbuch)의 개설에도 적용된다고 하면서, 이러한 경우에는 은행은 독일민법 제808조에 의하여 無權利者에 지급하더라도 면책되므로 누가 채권자인지에 관하여는 관심이 없다고 하는, 일부 판례는 타당하지 않다고 한다. 왜냐하면 내심의 의사는 원칙적으로 법률효과를 낳을 수 없으며, 의사의 인식가능성은 의사표시의 상대방뿐만 아니라 예컨대 압류채권자와 같은 제 3 자의 이익을 위하여도 요구되고, 또 은행이 언제나 독일민법 제808조에 의하여 면책될 수 있는 것도 아니며, 은행은 상계나 계좌 보유자에 대한 신용 공여를 위하여 계좌보유자가 누구인지를 아는 데 기본적인 이해관계가 있기 때문이라고 한다.

서는 누가 그 계좌의 명의자로 표시되었는가, 또는 누구의 자금에서 예입된 돈이 나왔는가 하는 것이 결정적인 것은 아니며, 계좌개설 당시에 은행 또는 貯蓄金庫(Sparkasse)에 대한 관계에서 채권자 내지 貸主로 행동하였는가가 중요하고, 따라서 구체적 사례의 특별한 정황을 고려하여, 예금을 하는 자의 인식될 수 있는 의사에 따라 누가 은행에 대한 채권자가 되어야 하는가를 심리하여야 한다는 것이다.[67)]

이러한 당사자 의사를 탐구하기 위한 기준으로서 제 1 차적으로 고려될 수 있는 것은 계좌를 개설한 사람에 의한 계좌 명의인의 표시(Kontobezeichnung)이다. 그러므로 계좌 명의인 이외의 제 3 자를 계좌 보유자라고 인정하려면 특별한 사정이 있어야만 한다.[68)] 그리하여 계좌가 다른 제 3 자의 이름이 부가됨이 없이 자신의 이름으로 개설된 때에는 개설자의 계좌로 보아야 한다.[69)]

그러나 다른 한편 貯蓄預金計座(Sparkonto)[70)]의 경우에는 이러한 계좌명의인의 표시보다는 저축예금통장을 누가 소지하고 있는가가 더 중요하다고 한다. 그리하여 판례[71)]는 할머니가 자신의 손녀딸 이름으로 저축예금계좌를 개설하였으나 그 통장은 자신이 소지하고 있다가 사망한 경우에, 그 계좌의 보유자는 할머니 자신이고 손녀딸이 아니라고 하였다.[72)]

그러므로 독일에서는, 예금된 돈을 예입행위자 아닌 제 3 자가 출연하였다는 사정은 원칙적으로는 계좌 보유자의 결정에 있어서 고려되지 않는다. 다만 은행이 이러한 사정을 알았을 때에는 이 또한 계좌 보유자의 결정에 있어서 징표가 될 수는 있으나, 가령 다른 사람의 이름으로 예금을 할 의무가 있는 자가 그 의무에 위배하여 자신의 이름으로 예금하였고, 이를 은행이 알았더라도, 당사자의 일치한 의사가 실제 예금행위자를 계좌 보유자로 할 의사였을 때에

---

67) BGHZ 21, 148, 150.

68) Canaris(註 65), Rdnr. 154; Hüffer(註 65), Rdnr. 30.

69) BGH WM 1983, 14, 15. Canaris(註 65), Rdnr. 155에서 재인용.

70) 貯蓄預金計座는 金融機關法(Gesetz über das Kreditwesen) §§20, 21에 의하여 특별히 규율되는 계좌인데, 여기서는 예입한 돈이 貯蓄預金(Spareinlagen)이라고 표시된 문서(貯蓄預金通帳, Sparbuch)가 발행되어야 하고, 이 계좌에는 예금만이 포함되므로 금융기관의 고객에 대한 채권은 존재하지 않는다. 이 이외에도 저축예금계좌의 경우에는 3월의 해지기간 전에도 고객이 30일 이내에 2,000마르크까지는 인출할 수 있다는 등의 특성이 있다. Hüffer(註 65), Rdnr. 19 참조.

71) BGHZ 46, 198, 199.

72) 다만 이 판결에서는 할머니가 자신이 사망하면 손녀딸을 예금주로 할 의사가 있었는지(독일민법 §331 참조)를 심리하여야 한다고 하여 원심판결을 파기하였다.

는 실제 예금행위자가 계좌 보유자가 된다고 한다.[73)]

3. 客觀說과 法律行爲 理論

그러면 여기서 법률행위 이론 내지 계약 해석 이론의 관점에서 과연 판례가 따르고 있는 객관설이 이론상 가능한 것인가를 검토하여 본다.

우선 이는 대리에 관한 기본원칙인 顯名主義와 관련하여 문제된다. 앞에서 본 것처럼 우리의 판례는, 금융기관에 대한 기명식 예금에 있어서는 그 명의가 누구 앞으로 되어 있는지를 묻지 않고 또 금융기관이 누구를 예금주라고 믿었는가에 관계없이 예금을 실질적으로 지배하고 있는 자로서 자기의 출연에 의하여 자기의 예금으로 한다는 의사를 가지고 스스로 또는 사자, 대리인을 통하여 예금계약을 한 자를 예금주로 보아야 한다고 하는데, 출연자로부터 예금을 위탁받은 제 3 자가 출연자의 이름으로 예금을 한 경우에는 이를 대리인(또는 사자)을 통한 예금계약이라고 보기에 어렵지 않다. 문제는 이 제 3 자가 자신의 이름으로 예금을 한 경우에도 이를 대리인에 의한 예금계약이라고 볼 수 있겠는가 하는 점이다. 민법은 대리행위에 관하여는 顯名主義의 원칙을 채택하여, 대리인은 본인을 위한 것임을 표시하여야 하고(제114조 제 1 항), 대리인이 본인을 위한 것임을 표시하지 아니한 때에는 그 의사표시는 자기를 위한 것으로 보되, 다만 상대방이 대리인으로서 한 것임을 알았거나 알 수 있었을 때에만 대리행위로 인정하고 있다(제115조).[74)] 그렇다면 예금계약에 있어서만은 이러한 현명주의의 예외를 인정할 수 있을 것인가?

이 점과 관련하여 이른바 "關係人을 위한 行爲(Geschäft für den, den es angeht)"[75)]의 이론을 살펴볼 필요가 있다. 이 이론은 원래 상법상으로도 현명주

---

73) Canaris(註 65), Rdnr. 237; Hüffer(註 65), Rdnr. 28. 다만 Canaris는 이러한 경우 은행이 자금을 출연한 제 3 자에 대하여 형벌법규 위반에 대한 공동불법행위 내지 방조범으로서 불법행위로 인한 손해배상책임을 지며, 또 경우에 따라서는 형식상의 계좌보유자에 대한 상계할 권능도 부정될 수 있다고 한다.

74) 상법 제48조는 상행위의 대리인이 본인을 위한 것임을 표시하지 아니하여도 그 행위는 본인에 대하여 효력이 있다고 하여 현명주의의 예외를 인정하고 있으나, 이는 본인에게 상행위가 되는 행위를 대리하는 경우에만 적용된다. 崔基元, 商法總則·商行爲(第 3 新訂版), 1997, 249면 참조.

75) 이는 원래는 '그 자가 누구이든 관계되는 그 자를 위한 법률행위'라는 의미이다. 崔秉祚, "駐車場利用契約과 駐車車輛盜難으로 인한 損害賠償責任", 民事判例硏究 XIV, 1992, 177면 참조. 李英俊(註 25), 531면 이하는 이를 "歸屬行爲"라고 번역하고 있고, 金相容, 民法總則(改訂

의의 예외를 인정하고 있지 않은 독일에서, 그로 인한 불편을 해소하기 위하여 판례와 학설상 발전된 이론으로서, 대리인이 본인을 위한 것임을 표시하지 않은 경우에도, 그 상대방으로서는 누구와 법률행위가 이루어지는가에 대하여 관심을 가지지 않은 경우에, 그 법률행위는 본인에 대하여 효력이 미친다는 것이다.[76] 그 전형적인 예로는 일상생활에서의 현금에 의하여 이루어지는 법률행위를 들 수 있다. 가령 家政婦가 본인을 위하여 시장에서 일상 필수품을 사고 바로 대금을 치르는 경우 등이다. 그러나 이 이론에 대하여는 독일에서도 민법의 규정에 반한다는 이유로 반대설이 있고,[77] 이 이론을 인정하는 경우에도 그 인정범위에 관하여 다툼이 있다. 우리나라에서도 이러한 이론은 명문의 규정이 없으므로 인정될 수 없다는 부정설[78]이 없는 것은 아니지만, 당사자가 자신의 상대방이 누구인가를 특정하는 데 관하여 별다른 이해관계를 가지지 않는 경우에는, 제한적으로나마 이를 인정하여도 무방할 것이다.[79] 예금계약에 있어서 객관설이, 은행으로서는 예금주가 누구인가를 확정하는 데 별다른 이해관계를 가지지 않는다고 하는 것은, 결국 이러한 '관계인을 위한 행위'의 이론에 따라 대리행위에 있어서 현명주의의 예외를 인정하는 결과가 된다.[80] 그러면 과연 예금계약을 '관계인을 위한 행위'로 볼 수 있을까?

먼저 무기명예금의 경우에는 대체로 위와 같은 '관계인을 위한 행위'의 이론이 적용될 수 있다고 생각된다. 이때에는 은행으로서는 특별한 사정이 없는 한 예금주가 누구인지를 알 수도 없으며, 알려고도 하지 않는다고 보아야 할 것이고, 따라서 무기명예금에 있어서는 현명주의의 예외를 인정할 수 있을 것이다.

그러면 기명식 예금의 경우에는 어떠한가? 이는 기명식 예금에 있어서 預

版), 1994, 658면은 이를 "關係人을 위한 行爲"라고 번역하고 있다.

76) 李英俊(註 25), 532면 이하; Larenz(註 15), S. 604; MünchKomm/Schramm, §164 Rdnr. 42; Staudinger/Dilcher, Vorbem zu §164 Rz. 52 등 참조. 金相容(註 75), 658면은, 당해 법률행위가 자기를 위해서가 아니라 타인을 위해서 행한다고 하는 것이 명백한 경우에 인정된다고 하나, 반드시 이러한 경우에만 인정되는 것은 아니다.

77) Flume(註 41), S. 771 ff.

78) 郭潤直, 民法總則(新訂版), 1989, 467면; 李銀榮, 民法總則, 1996, 587면; 高翔龍, 民法總則, 1990, 574면 등.

79) 李英俊(註 25), 534면; 金相容(註 75), 659면; 金曾漢·金學東, 民法總則(第 9 版), 1995, 416면 등. 崔秉祚(註 75), 177면은, 자동차회사의 대리점 직원이 유료주차장 관리인과 체결한 자동차 보관계약은, 당사자의 표시가 없었더라도 Geschäft für den, den es angeht에 해당하여 자동차회사를 위하여 효력이 있다고 한다.

80) 실제로 Flume(註 41), S. 767은 확립된 판례가 저축예금의 예입을, 이해관계인을 위한 행위로 보고 있다고 하면서, 저축예금통장의 명의인은 누가 그 통장상의 채권을 가지는지에 관하여 기준이 되는 것이 아니라고 한다.

金主의 명의가 어떤 의의를 가진 것으로 파악할 것인가에 달려 있다. 만일 예금주의 명의를 예금계약의 당사자를 지칭하는 것으로 이해한다면, 명의상 예금주와 실제로 예금계약을 체결한 자가 다를 때에는, 이는 원칙적으로 예금계약을 체결한 자가 명의상 예금주를 대리한 것으로 이해되고, 현명주의의 예외 문제는 생기지 않는다.

그러나 객관설의 입장에서는 이러한 판단을 받아들일 수 없을 것이다. 따라서 이 입장에서는, 예금계약에 있어서 예금주의 표시는 예금계약의 당사자를 나타내는 것이라기보다는, 다만 다른 예금계약과 구별하는 정도의 의미밖에는 없는 것이 된다. 이처럼 이해할 때에는, 예금계약에 있어서도 위와 같은 '관계인을 위한 행위'의 이론에 따라 현명주의의 예외를 인정할 수 있게 될 것이다.[81] 사실 과거에 금융실명제가 실시되기 전에는, 객관설이 지적하는 것처럼 타인의 명의나 가명 등에 의한 예금계약도 얼마든지 허용되었고, 은행측에서도 이를 일일이 문제삼거나 심사하지는 않는 경우가 많았으므로, 예금주 명의자를 일반적으로 예금계약의 당사자로 받아들이기에는 난점이 있었다.

그럼에도 불구하고, 예금계약을 일반적으로 '관계인을 위한 행위'에 포함시키는 것에는 의문이 없지 않다. 우선 과연 은행의 입장에서, 예금주가 누구인지 확정하는 것에 관하여 무관심하다고 볼 수 있을까?

은행거래의 실제를 본다면, 예금주가 누구인가 하는 것은, 단순히 그 예금을 누가 찾아갈 수 있는가 하는 면에서만 의의를 가지는 것이 아니다. 가령 은행으로서는 대출을 함에 있어서 예금을 담보로 하는 경우가 많다. 그리고 근래의 예금 가운데에는, 대출의 한 방법으로서 일정 금액의 한도 내에서는 예금계좌가 마이너스가 되는 것을 허용하는 경우도 있는데, 이러한 각 경우에는 은행으로서는 진정한 예금주가 누구인가에 관하여 확인을 한 다음 거래를 하는 것이다. 그러므로 이러한 각 경우에는 은행으로서는 진정한 예금주가 누구인가에 관하여 확인을 할 정당한 이익을 가지고, 또 실제로도 그러한 거래를 함에 있어서 예금주가 누구인가에 대하여 조사를 하고 있는 것이다.

---

81) 李英俊(註 25), 266면은, 예금주에 관하여 객관설을 취하는 판례에 대하여, 이처럼 현명주의의 예외로 설명하지 않고, 이른바 「合意에 의한 거짓 表示(falsa demonstratio)」의 이론을 원용하여, 이는 거래 관행상 假·借名이 무수하고 예금계약 및 통장상의 명의에 불구하고 실제의 예금주를 예금주로 하겠다는 은행측의 내심의 효과의사와 실제의 예금주의 의사가 묵시적으로 합치되어 합의에 의한 거짓 표시가 이루어져 표시행위는 무효이고 내심적 효과의사의 합치에 의한 실제 예금주와의 계약이 성립된 것이라고 한다.

물론 객관설의 입장에서도, 이러한 경우에 예금의 출연자가 아닌 자를 예금주로 믿은 은행을 보호하기 위하여 채권의 준점유자에 대한 변제에 관한 규정(민법 제470조)을 적용하거나 이를 유추적용함으로써 은행을 면책시키고 있으나, 이는 계약체결 후의 사후적인 문제로서 이것만을 가지고 예금주 확정에 관한 은행의 이익을 부정할 수는 없는 것이다.[82] 나아가 이러한 채권의 준점유자에 대한 변제의 법리만으로는 은행의 정당한 이익을 보호하기에 충분하다고 하기도 어렵다. 즉 은행예금의 변제에 있어서 채권의 준점유자라고 하기 위하여는, 원칙적으로 예금통장과 그에 찍힌 인영과 같은 인장을 소지하여야 한다고 하는 것이 판례이다.[83] 근래에는 예금계약을 체결함에 있어서 비밀번호(암부호)의 사용이 보편화되어 있으므로 이 또한 알아야 할 것이다. 그런데 가령 예금통장상의 명의인이, 자신이 예금주인데 긴급한 사정이 있다고 하면서 통장 등이 없이 예금의 지급을 요구하여, 이를 믿은 은행측이 그에게 예금을 지급하여 주었다고 한다면, 어떻게 될 것인가? 이 경우에 은행으로서는 명의인을 예금주라고 믿은 데 과실이 없다고 본다면 위 지급이 채권의 준점유자에 대한 변제라고 보아 유효하다고 할 여지도 있다. 그러나 다른 한편으로는 판례가, 명의인일 뿐 예금통장 등을 소지하지 않고 있는 자는 채권의 준점유자가 아니라고 하여 그에 대한 지급의 효력을 부정할 가능성도 있다. 그러나 예금의 출연자가 제 3 자에게 그 사람 명의로 예금을 할 것을 승낙하여 그 명의로 예금이 된 경우에, 은행이 그 제 3 자의 예금이라고 믿은 데 과실이 없다면, 과연 은행의 그 제 3 자에 대한 변제가 예금통장 등의 소지인에 대한 것이 아니라는 이유만으로 무효로 보는 것이 타당한지는 의심스럽다.[84]

그러므로 순수하게 이론상으로만 본다면, 은행이 출연자 아닌 예금계약상의 명의인이 예금주라고 믿었고, 그와 같이 믿은 것이 예금계약 체결 당시의 제반 사정에 비추어 별 잘못이 없다면 이처럼 은행이 예금주라고 믿은 사람을

82) 註 66)에서의 Canaris의 설명 참조.

83) 대법원 1985. 12. 24. 선고 85다카880 판결(公 1986, 315). 이 사건에서는 실제로 지급을 받은 자가 예입행위자이기는 하였으나 예금명의자는 아니었다. 이 판결에 대한 비판으로는 李俊相(註 19), 67면 이하 참조.

84) 鈴木正和, “預金者の認定に關する一考察”, 金融法務事情 No. 1299, 9면도, 出捐者가 고의로 表見預金者에게 그의 명의의 이용을 승낙한 경우에는, 예금증서 등의 제출 없이 한 변제·담보취득행위가 채무자의 과실에 의한 것이라고 하여 은행이 선의라고 하더라도 출연자에게 대항할 수 없다고 한다면, 최종적으로는 善意·輕過失의 은행과 고의로 한 명의대여자의 입장을 비교하여 그 위험부담을 후자에게 인정하는 것으로 되는 주관설이 객관설에 의한 것보다 타당성이 있다고 느껴진다고 한다.

예금주라고 인정하는 것이 이론적으로는 타당하다고 생각된다. 한 걸음 양보하여 타인 명의의 예금 또는 가공인 명의의 예금이 가능하다고 하는 객관설의 논거를 일부 받아들인다고 하더라도, 은행이 실제로 예금자의 신분을 확인하는 노력을 기울였을 때에는, 예금자의 인정에 있어서도 그러한 은행의 신뢰를 보호하는 쪽이 바람직할 것이다.

그러나 객관설이 판례로서 확립된 현재 굳이 이에 반대할 실익은 없다고 생각된다. 특히 금융실명제가 실시된 지금으로서는 종래의 객관설의 당부를 따지기보다는 일단 기존 판례를 전제로 하여, 금융실명제의 실시가 예금주의 인정에 관하여 어떤 영향을 미칠 것인가에 논의를 집중하는 것이 現實的이라고 생각된다.

4. 金融實名制와 預金主의 認定

金融實名去來 및 秘密保障에 관한 緊急財政經濟命令(이하에서는 '긴급명령'이라고만 한다) 제 3 조는, 금융기관은 거래자의 實地名義(實名)에 의하여 금융거래를 하여야 하고(제 1 항), 위 명령 시행 전에 개설된 금융자산의 명의인에 대하여는 명령 시행 후 최초의 금융거래가 있는 때에 그 명의가 실명인지를 확인하여야 하며(제 2 항), 실명확인을 하지 아니하였거나 실명이 아닌 것으로 확인된 기존 금융자산의 支給·償還·還給·還買등("지급등")을 하여서는 아니 된다(제 3 항)고 규정하고 있다. 이러한 金融實名制의 시행은 예금주의 결정에 관하여 어떠한 영향을 미칠 것인가?

가. 從來의 論議

이 문제에 관하여 언급하고 있는 문헌은 많지 않으나, 대체로 위 금융실명제는 출연자가 타인 명의로 예금한 경우 그 私法的인 효력까지 무효로 되는 것은 아니므로 금융실명제 아래서도 예금주 결정의 문제는 여전히 남는데, 이 제도 하에서는 예금명의인이 예금주로 일단 추정될 것이나, 다른 증거에 의하여 출연자가 따로 있음이 밝혀진 때에는 출연자를 예금주로 보아야 할 것이라고 한다.[85] 그러나 이러한 설명에 의하면 금융실명제 실시로 인하여 별달리 달

85) 全孝淑(註 51), 683면. 韓國金融研修院 編(吳時正·林承瑞·金成泰 집필), 受信實務法律, 1995, 100-101면은 실명거래에 위반한 他人名義의 예금계약(형식상의 예금명의인과 실질적인

라진 것이 없는 것이 된다. 종래 예금주 결정이 문제가 된 것은 항상 출연자가 따로 있음이 밝혀진 때이기 때문이다.

금융실명제 실시 이후에 나온 예금주 결정에 관한 대법원 판례도 금융실명제에 관하여는 직접 언급하지 않은 채 종래의 객관설만을 되풀이하고 있을 뿐이다.[86] 다만 대법원 1996. 4. 23. 선고 95다55986 판결[87]은, 금융실명제 실시 이후에 개설된 예금의 명의인도 아니고 예금통장도 소지하지 않은 자에 대한 예금의 지급이 채권의 준점유자에 대한 변제로서 유효한지가 문제된 사안에서 이를 부정하면서, 긴급명령 제 3 조 제 1 항을 근거로 들어서, "금융기관으로서는 자기가 주민등록증을 통하여 실명확인을 한 예금명의자를 위 재정명령 제 3 조에서 규정한 거래자로 보아 그와 예금계약을 체결할 의도를 가지고 있었다고 보아야 할 것이므로, 예금명의자가 아니고 예금통장도 소지하지 않은 예금행위자에 불과한 자는 금융실명제가 시행된 후에는 극히 예외적인 특별한 사정이 없는 한 예금채권을 준점유하는 자에 해당될 수가 없다"(밑줄은 필자에 의한 것이다)고 판시하였다.

그리고 대법원 1997. 4. 17. 선고 96도3377 전원합의체 판결[88]에서는, 금융실명제 실시 전에 은행에 예금되었던 돈을, 그 실소유자(출연자) 아닌 자가 실소유자와 합의하여 거래자가 자기라는 실명확인을 받은 것이 은행에 대한 업무방해죄의 구성요건에 해당하는가가 문제되었다. 위 판결의 다수의견[89]은, 은행으로서는 실명전환사무를 처리함에 있어서 거래통장과 거래인감 등을 소지하여 거래자라고 자칭하는 자의 명의가 실명인지의 여부를 확인하여야 하고 또 그것으로써 금융기관으로서의 할 일을 다하는 것이라 할 것이고, 나아가 그

예금주가 다른 경우)에 관하여, 긴급명령 제 3 조 제 1 항은 효력규정 아닌 단속규정이므로 그 위반자가 처벌받는 것은 별론으로 하고 그 예금계약 자체의 사법상의 효력에는 아무런 영향이 없다고 하면서, 금융기관이 타인명의라는 것을 알고서 예금계약을 체결한 경우는 실제로 예입한 자가 예금주가 되며, 금융기관이 타인명의라는 것을 알지 못하고 예금계약을 체결한 경우에는 대법원 판례가 객관설을 취한다고 한다. 그리고 李俊相(註 19), 101면도 금융실명제가 실시되기 전의 金融實名去來에관한法律(위 긴급명령에 의하여 폐지됨) 제 3 조에 의하여 실명거래가 실시된다고 하더라도, 이는 단속규정으로서 예금계약 자체의 효력을 부인하게 해서는 안된다고 한다.

86) 대법원 1995. 8. 22. 선고 94다59042 판결(註 19); 1996. 6. 14. 선고 94다57084 판결(註 19). 다만 위 각 판결은 시기적으로 보아 금융실명제 실시 이전의 사건에 관한 것이라고 추측된다.

87) 公 1996상, 1575.

88) 公 1997, 1354.

89) 엄밀히 말하자면 대법관 13인 중 6인의 찬성만을 얻었으므로 多數意見(majority opinion)이라기보다는 複數意見(plurality opinion)이라고 하겠다.

가 과연 금융자산의 실질적인 권리자인지의 여부를 조사·확인할 것까지는 없으므로, 실명전환을 청구하는 자가 과연 금융자산의 실질적인 권리자인지의 여부를 조사·확인하는 것까지 그 업무라고 할 수는 없다고 하여 위와 같은 행위는 업무방해죄에 해당하지 않는다고 하였다.[90)]

하급심 판결 가운데에는 광주지방법원 장흥지원 1997. 7. 22. 선고 97가합56 판결[91)]이 금융실명제 실시 후에는 예금주가 예금계약 명의자이지 자금의 실소유자는 아니라고 하였다. 이 판결에서 문제된 사안의 내용은 다음과 같다. 즉 피고 농업협동조합의 전무인 소외 甲이 원고에게 피고 조합에 예금을 많이 하여 줄 것을 요청하여 원고가 1992. 8.경 및 1993. 9.경 각 피고 조합에 돈을 예탁하였고, 위 甲은 원고와의 합의에 따라 예금주를 제3자 명의로 하였다가 긴급명령 시행 후 그 각 예금통장 해당란에 위 제3자 명의로 실명확인필이라고 기재하였다. 그 후 위 각 예탁금의 만기가 되자 원고는 위 甲의 부탁으로 피고 조합에 재예탁하기로 하여 피고 조합의 직원이 위 甲의 지시에 따라 통장에 재예탁한다는 취지의 기재를 하였는데, 그 후 위 甲이 원고에게는 새로운 통장을 교부하고 기존의 통장을 소지하고 있다가 이를 이용하여 위 예탁금을 인출하여 도주하자, 원고가 피고 조합에 대하여 주위적으로 예탁금 반환을, 예비적으로 불법행위를 이유로 하는 손해배상청구를 한 것이다.

이에 대하여 법원은, 긴급명령의 규정 및 취지 등에 비추어 보면, 위 긴급명령 시행 후의 예금거래에 있어서는 금융기관은 주민등록표 등을 제시하고 실명확인을 한 통장상의 명의자와 예금계약을 체결할 의사를 가지고 있었다고

90) 이 이외에 대법관 2인의 보충의견은, 위 긴급명령은 금융자산의 실권리자와 명의대여자 사이의 명의대여약정에 기초한 借名을 금지하는 것은 아니고, 금융기관으로서는 자금의 출처, 배후에 차명관계가 있는지 여부 또는 실권리자가 누구인지 등을 조사·확인하는 것은 금융거래의 속성상 필요하지도, 적절하지도 아니하고 금융기관에 대하여 예금반환청구권 등을 갖는 권리자가 누구인지 하는 것은 민사절차에서 다룰 문제라고 하였다. 반면 대법관 4인의 반대의견은, 위 긴급명령에 의하여 실명전환의무를 부담하는 비실명자산의 거래자는 금융거래계약에 따라 금융기관에 대하여 금융자산 환급청구권을 갖는 계약상의 채권자이므로, 거래자 자신이 아닌 타인의 실명에 의한 거래(예컨대 合意借名)는 實名에 의한 금융거래에 포함되지 않고, 비실명자산에 관하여 실명전환을 청구할 수 있는 자도 이러한 거래자에 한한다고 하여, 금융기관이 기존 비실명자산에 대하여 실명전환청구를 받았을 때 실명전환을 청구하는 자가 그 금융자산의 권리자 즉 거래자인지의 여부를 조사·확인하는 업무는 금융기관이 담당하는 실명전환업무의 가장 기본적인 업무 내용을 이룬다고 하였고, 대법관 1인의 반대의견도, 위 긴급명령에서 말하는 實名에 이른바 合意借名이 포함되지 아니하므로 피고인들에 의한 합의차명에 의한 실명전환은 금융기관에 대하여 위계에 의한 업무방해가 된다고 한다.

91) 法律新聞 2620호(1997. 8. 7.자), 12면.

보아야 할 것이므로 위 정기예탁금의 예금주는 그 계약명의자이지 원고가 아니라고 하였다. 그리고 원고의 주장, 즉 피고 조합이 원고가 타인의 명의로 정기예탁금 계약을 체결한다는 사실을 잘 알고 있으면서 이를 용인하고 예탁금을 예치받고서도 실명거래가 아님을 이유로 그 예탁금의 반환을 거부하는 것은 금반언의 원칙에 반한다는 주장에 대하여는, 피고 조합의 의사는 원고가 명의를 대여한 제 3 자 명의로 예금 반환을 청구하여 올 경우 이를 반환하겠다는 의사로 예금계약을 체결한 것이지, 예금계약의 당사자, 즉 예금주를 원고로 인정하겠다는 의사는 아니었다고 보아야 하며, 피고 조합으로서는 위 제 3 자들이 정기예탁금의 반환을 청구하여 올 경우 이를 반환할 의무를 부담하게 되므로 피고 조합이 이중지급의 위험을 피하기 위하여 원고 명의로 청구된 이 사건 정기예탁금 반환청구를 거부하는 것을 들어 금반언의 원칙에 반한다고 볼 수는 없다고 하면서, 이와 같이 해석하지 아니한다면 금융기관이 자발적으로 위 긴급명령에 위반하여 비실명금융거래를 하는 경우에는 언제든지 유효한 예금계약이 성립하는 것으로 볼 수밖에 없어 위 긴급명령의 취지에 반하는 결과가 될 것이라고 하였다. 그리고 예비적 청구에 대하여도, 위 甲 등의 불법행위로 인하여 손해를 입게 되는 사람은 예금주인 제 3 자이지 원고가 아니라고 하여 이를 기각하였다.

나. 金融實名制 시행 후에 체결된 預金契約의 경우

생각건대 금융실명제 시행 이후에는 종래의 객관설은 더 이상 유지될 수 없고, 이때에는 예금주는 원칙적으로 그 실명확인을 거친 예금주라고 보아야 할 것이다. 우선 위 긴급명령이 예금계약의 효력에 직접 영향을 미치는 효력규정인지, 아니면 단순한 단속규정인지가 문제되는데, 위 긴급명령 제 3 조 제 3 항이 실명확인을 하지 아니하였거나 실명이 아닌 것으로 확인된 기존금융자산을 지급하여서는 아니 된다고 규정하고 있는 점에서, 위 규정을 예금계약의 효력에 관한 효력규정이라고 볼 여지가 전혀 없는 것은 아니다.[92] 그러나 위 긴급명령의 목적이 기본적으로는 금융자산의 흐름을 국가가 더 잘 파악할 수 있게 하자는 데 있다고 본다면, 이는 예금주와 금융기관간의 私法的 關係를 직접 규율하려는 것은 아니며, 위 제 3 조 제 3 항의 규정도 효력규정이라기보다는 예

92) 위 광주지방법원 장흥지원 1997. 7. 22. 판결(註 91)은 이를 효력규정으로 해석한 취지로 이해된다.

금 지급 등에 관한 절차적 규정으로 이해함이 상당하다고 생각된다.

그러나 이와 같이 이해하더라도, 예금주의 결정 문제가 기본적으로는 契約의 解釋 문제라고 한다면, 위와 같은 금융실명제의 시행은 예금주의 결정 문제에 관하여 중대한 영향을 미치지 않을 수 없다. 종래 예금주의 결정에 관한 객관설은, 금융기관이 예금계약을 체결함에 있어서 예금주가 누구인지를 확인하지 않으며, 따라서 예금하는 사람으로서는 얼마든지 자신의 실명 아닌 제 3 자 이름으로 예금할 수 있었다는 점을 들어, 은행측의 의사는 예금주의 명의 여하를 묻지 않고 실제의 출연자와 예금계약을 체결하려는 의사를 가진다고 해석하고 있었다. 그렇지만 금융실명제가 실시된 이후에 있어서는 금융기관의 의사를 이처럼 해석할 근거가 사라지게 되었다. 즉 예금실명제 하에서는, 금융기관은 그 예금자가 누구인가를 확인하여야 할 뿐만 아니라, 이러한 확인절차를 거치지 않으면 예금을 지급할 수 없게 되었으므로, 금융기관으로서는, 특별한 사정이 없는 한, 실명확인을 한 예금명의자와 예금계약을 체결할 의도를 가지고 있었다고 보아야 할 것이다. 위 대법원 1996. 4. 23. 선고 95다55986 판결(註 87)이, 금융기관으로서는 자기가 주민등록증을 통하여 실명확인을 한 예금명의자를 위 재정명령 제 3 조에서 규정한 거래자로 보아 그와 예금계약을 체결할 의도를 가지고 있었다고 보아야 할 것이라고 한 것도 바로 이 때문이다. 또한 위 대법원 1997. 4. 17. 선고 96도3377 전원합의체 판결(註 88)의 다수의견이, 은행으로서는 실명전환사무를 처리함에 있어서 거래통장과 거래인감 등을 소지하여 거래자라고 자칭하는 자의 명의가 실명인지의 여부를 확인하여야 하고 또 그것으로써 금융기관으로서의 할 일을 다하는 것이라 할 것이고, 나아가 그가 과연 금융자산의 실질적인 권리자인지의 여부를 조사·확인할 것까지는 없다고 하는 것도, 그 바탕에는 금융기관으로서는 실명확인을 거친 사람을 예금주로 취급하면 된다고 하는 생각이 깔려 있는 것이라고 여겨진다.

그런데 문제는, 은행 등의 금융기관이 예금계약을 체결할 당시에 그 예금이 실명확인을 받은 명의인이 아닌 제 3 자가 출연자임을 안 경우이다. 이러한 경우에도 과연 명의인을 예금주로 보아야 할 것인가? 앞에서 살펴본 것처럼 계약명의신탁 일반론에 있어서는 이러한 경우에도 원칙적으로 명의인(명의수탁자)을 계약당사자로 보아야 하는 것이고, 또 독일의 학설도 예금된 돈을 예입행위자 아닌 제 3 자가 출연하였다는 사정을 은행이 알았어도 계좌의 보유자는 원칙적으로 실제 예금을 한 자라고 하고 있다는 점은 앞에서 언급하였다. 그리고 위 장흥지원 판결(註 91)은, 이러한 경우에 금융기관의 의사는 출연자가 명의를 대여한 제 3 자 명의로 예금 반환을 청구하여 올 경우 이를 반환하겠다는 의사로 예금계약을 체결한 것이지, 예금계약의 당사자, 즉 예금주를 출연자로 인정하겠다는 의사는 아니었다고 보아야 한다고 하고 있다.

그러나 이러한 경우에까지 명의자를 예금주로 인정한다는 것은 지나친 것으로 생각된다. 우선 이러한 경우에 명의자를 예금주로 인정하는 것은 실제의 출연자에게 지나친 불이익을 가져오게 된다. 일단 예금계약이 성립하면 은행 등 금융기관이 예금주에 대하여 부담하는 의무는 그 예금의 지급의무가 주된 것이고, 따라서 금융기관이 누구에게 예금을 지급하는가 하는 것은, 예금주에게는 가장 중요한 이해관계가 걸린 문제이다. 그런데 출연자로서는, 가령 제 3 자의 명의를 빌렸다 하더라도, 그 예금의 관리는 자신이 하는 것이 보통이고, 제 3 자가 임의로 금융기관으로부터 예금을 찾는 것까지 허용할 의사를 가진다고 보기는 어려울 것이며, 금융기관으로서도 이러한 출연자의 의사를 알 수 있음에도 불구하고, 그 예금의 명의자가 자신이 명의자라는 사실을 이용하여 임의로 지급청구를 하는 경우에, 이에 응한다고 하는 것은 출연자에게 커다란 불이익을 입히는 것이 된다. 이 점은 가령, 이처럼 출연자가 따로 있음을 아는 은행이 명의자에게 그 명의자 명의의 예금을 담보로 하여 대출을 하고서, 그 예금채권과 상계하겠다고 하는 경우를 상정하여 보면 그 부당성을 쉽게 알 수 있다.[93] 다른 한편으로는, 이 경우에 출연자 외에는 은행이나 또는 명의인에게 다같이 보호하여야 할 만한 특별한 이익이 있다고 할 수 없다. 이 점에서 예금계약은 다른 계약명의신탁의 경우와는 구별되는 특수성이 있다. 다른 계약명의신탁의 경우에는, 그 계약의 상대방이 이러한 명의신탁 사실을 알았다고 하더라도, 그 상대방은 계약의 유효를 전제로 하여 출연을 하는 것이 보통이기 때문에 이러한 상대방의 이익을 보호하기 위하여는 명의자와의 계약이 유효하다고 할 필요성이 있으나, 예금계약의 경우에는 예금계약 성립 당시에는 은행이 어떠한 출연을 하는 것이 아니므로, 구태여 명의자와의 계약이 유효하다고 할 이유가 없는 것이다.[94]

---

93) 註 73)에서의 Canaris의 주장 참조.

94) 위 장흥지원 판결(註 91)은, 피고 조합으로서는, 예금계약 명의자가 정기예탁금의 반환을 청구하여 올 경우 이를 반환할 의무를 부담하게 되므로 이중지급의 위험을 피하기 위하여 출연자의 예금지급 청구를 거부할 이익이 있다는 취지이나, 출연자를 예금주로 본다면 피고가 예금명의자의 예금지급 청구를 거부할 수 있으므로 문제가 되지 아니한다.

또한, 위와 같은 경우에 단순한 예금명의자를 예금주로 취급하는 것은, 금융실명제의 취지에도 어긋난다. 금융실명제가 과연 누가 금융자산의 보유자인가를 확인하려는 데 있다면, 이는 단순한 명의자만의 실명확인으로는 부족하고, 실제로 그 자산을 출연한 자의 실명확인이 있어야 할 것이다. 이 점에 관하여 대법원 1997. 4. 17. 선고 96도3377 전원합의체 판결(註 88)의 보충의견은, 금융자산의 실권리자와 명의대여자 사이의 명의대여약정에 기초한 차명거래가 금지되는 것이 아니라고 하나, 이는 반대의견은 물론 다수의견의 지지도 받지 못하였다.[95] 위 판결의 다수의견이 이러한 차명거래에 기한 실명확인이 업무방해죄가 되지 않는다고 한 것은, 금융기관이 실명확인자가 실질적인 권리자인지의 여부를 조사·확인할 것이 요구되지 아니하고, 또 그러한 조사·확인을 할 수 있는 수단도 마련하여 두고 있지 아니하기 때문이라는 것이지, 금융기관이 그러한 차명의 사실을 아는 경우에도 실명확인을 하여도 무방하다는 취지로까지 볼 수는 없는 것이다.

이 경우에 예금주의 명의에도 불구하고 출연자와의 사이에 예금계약이 성립하였다고 볼 수 있는 이론적인 근거는, 이른바 「合意에 의한 거짓 表示(falsa demonstratio)」에서 찾을 수 있을 것이다. 즉 이 경우에 양 당사자 사이에는 실제의 출연자를 예금주로 하는 데 대하여 의사의 합치가 있었고, 실제로 예금을 한 자는 대리인에 불과하며, 그 예금 명의는 합의에 의한 거짓 표시에 불과하다는 것이다.[96]

다만 이렇게 볼 경우에 문제가 되는 것은, 실명확인을 한 자 아닌 제 3 자에게 예금을 지급할 수 있는가 하는 점이다. 긴급명령 제 3 조 제 3 항은, 금융기관은 실명확인을 하지 아니하였거나 실명이 아닌 것으로 확인된 기존금융자산을 지급하여서는 아니된다는 취지로 규정하고 있는데, 위 조항 자체는 동조 제 2 항에 의한 실명확인, 즉 위 긴급명령 시행 전에 금융거래계좌가 개설된 금융자산에 대한 실명확인의 경우에만 적용되는 것이고, 또 위 조항의 규정만으로는 실명확인된 자에게만 금융자산을 지급하라는 취지인지 반드시 분명하지 않으나, 금융실명제의 취지에 비추어 볼 때, 금융실명제 실시 전뿐만 아니라 그 실시 후에 개설된 예금계좌에 대하여도 그 실명자 아닌 제 3 자에 대하여

---

95) 이 점에서 위 補充意見은 別個意見(concurring opinion)에 해당한다.

96) 예금계약이 일반적으로 합의에 의한 거짓표시에 해당한다는 주장(註 81) 참조)은 이 경우에만 타당할 것이다.

예금을 지급하는 것은 허용되지 않는 것으로 보아야 할 것이다. 그렇다면 실제로 예금을 한 자를 예금주로 볼 수 있는 경우에도, 그의 실명으로 예금된 것이 아닌 한 그에 대하여 금융기관이 예금을 지급할 수는 없는 것이 아닌가 하는 의문이 있을 수 있다. 그러나 이러한 경우에는 실제 예금주로서는, 명의자의 동의를 받아 금융기관에 대하여 실명전환의 정정을 요구할 수 있고, 명의자 및 금융기관이 불응할 때에는 재판상 이를 청구할 수도 있다고 해석하면 위 조항과의 저촉 문제는 해결될 수 있을 것이다. 그러므로 실제로 명의자가 실명전환의 정정에 동의를 하지 않을 때에는, 실제 예금주로서는 명의자 및 금융기관을 공동피고로 하여, 명의자에 대하여는 실명전환에 동의할 것을 청구하고, 금융기관에 대하여는 명의자의 동의가 있을 것을 조건으로 하여 실명전환의 정정 및 예금의 지급을 구하면 될 것이다.

다른 한편, 이처럼 예외적으로 명의자 아닌 자를 예금주로 보는 경우에, 제 3 자가 명의자를 예금주라고 믿고 가령 그로부터 예금채권을 양수하였다거나 또는 압류전부명령을 받았다면 그 효력은 어떻게 될 것인가 하는 문제가 생길 수 있다. 이 경우에는 이러한 제 3 자를 보호하기 위하여, 명의자와의 사이에 허위표시로서의 예금계약이 존재하고, 따라서 금융기관은 이러한 허위표시의 무효로써 선의의 제 3 자에게는 대항하지 못한다고 보아야 할 것이다.[97]

위에서 설명한 것은 어디까지나 금융기관이 계약체결 당시에 출연자가 명의인 외에 따로 있음을 안 경우이고, 일단 예금계약 체결 당시에는 금융기관이 명의인을 예금주로 믿었는데, 후에 출연자가 따로 있음을 안 경우에는 위와 같은 이론이 그대로 적용될 수는 없다. 이 경우에는 예금주는 어디까지나 명의인이 되며, 출연자는 명의인에 대하여 금융기관에 대한 예금채권의 양도를 청구하고,[98] 그 양도를 받아서만 금융기관에 예금을 청구할 수 있다고 보아야 할 것이다. 금융기관으로서는 누가 진정한 권리자인가 하는 양자 사이의 분쟁에

---

97) 대법원 1972. 5. 9. 선고 72다266, 267 판결(集 20권 2집 民17면)은, 제 3 자 명의를 모용하여 은행에 금원을 예치한 경우에 있어서 예금계약당사자는 은행과 실제 예입한 자이므로 그 예금채권자는 그 명의 여하에 불구하고 예입한 본인이고, 따라서 위 제 3 자 명의의 예금채권에 대하여 발령한 압류 및 전부명령은 피압류 및 전부채권이 존재하지 않는 무효의 명령이라고 하였다. 그러나 위 사건은 명의자와의 사이에는 전혀 통모가 없었을 뿐만 아니라, 금융실명제 실시 전에는 명의인의 표시에 당사자 특정의 기능을 인정하지 않고 있었으므로 금융실명제 실시 후에 명의자와의 사이에 통모가 있는 때에는 결론이 달라져야 할 것이다.

98) 양자간의 명의신탁 약정상 명의인은 출연자의 요구가 있을 때에는 금융기관에 대한 예금반환채권을 출연자에게 양도할 의무가 있다고 보아야 할 것이다.

연루될 필요가 없기 때문이다.

그러나 이처럼 출연자가 금융기관에 예금의 지급 청구를 할 수는 없다고 하여도, 금융기관이 어떠한 경위로든 실제의 출연자에게 예금을 지급하여 버렸다면, 명의인이 금융기관에 대하여 예금의 반환을 청구하거나 또는 손해배상을 청구할 수는 없다고 해석하여야 할 것이다. 위 예금은 결국 실질적으로 귀속될 자에게 귀속된 셈이기 때문이다. 이는 중간생략등기의 경우에, 전득자가 최초의 매도인에 대하여 직접 중간생략등기를 청구할 수는 없지만, 일단 중간생략등기가 된 후에는 중간자가 자신의 동의가 없음을 내세워 그 말소를 청구할 수 없는 것과 마찬가지이다.

다. 예금계약 체결 후 금융실명제가 실시된 경우

이제까지의 설명은 금융실명제 실시 후에 예금계약이 체결된 경우에 관한 것인데, 그러면 예금계약이 체결된 후에 금융실명제가 실시된 경우는 어떠한가? 이 경우에는 종래의 객관설에 따른다면 예금주는 일단 자금의 출연자이고, 금융실명제 실시 그 자체만으로 예금주가 달라지지는 않을 것이며, 나아가 자금의 출연자 명의로 실명전환이 된 경우에는 별다른 문제가 생기지 않는다.

문제는 자금의 출연자 아닌 제3자 명의로 실명전환이 된 경우에 예금주를 누구로 볼 것인가 하는 점이다. 이때에도 그 실명전환이 제3자와 원래의 출연자 사이의 합의에 기하여 이루어진 것이라면, 원칙적으로 예금주가 그 제3자로 바뀌는 것으로 보아야 할 것이다. 말하자면 당사자의 변경이 이루어지는 셈이다. 그러나 이때에도 실명전환 당시에 금융기관이 출연자가 따로 있음을 알았다면, 이러한 당사자 변경의 효력은 인정될 수 없고, 이때에는 여전히 출연자가 예금주로 남는다고 보아야 할 것이다. 이 때의 법률관계는 금융실명제 실시 후에 금융기관이 출연자가 따로 있음을 알면서 제3자와 예금계약을 체결하는 경우와 같이 보면 될 것이다.

만일 실명전환이 출연자의 의사에 기하지 않고 이루어졌다면 어떻게 보아야 할 것인가? 이때에는 원칙적으로 예금주가 변경되는 효력은 인정될 수 없을 것이나, 그 실명전환이, 통장 등을 가지고 있는 예금 명의자에 의하여 이루어졌고,[99] 그 실명전환자에 대하여 금융기관이 예금을 지급한 때에는, 채권의

99) 실명전환이 기존의 예금명의자에 의하여 이루어졌으나, 그 자가 통장 등을 소지하지 않고 있었다면 어떻게 볼 것인가 하는 문제는 남는다.

준점유자에 대한 변제 규정(민법 제470조)을 유추적용하여 금융기관을 보호하여야 할 것이다. 다만 나중에라도 출연자가 이러한 사실을 안 때에는 예금명의자에 대하여 그 실명전환의 정정을 청구할 수 있다고 보아야 할 것이다.

Ⅴ. 結　論

이제까지 계약의 당사자 확정에 관하여 살펴보고, 구체적으로는 예금계약에 있어서 예금주를 누구로 볼 것인가에 관하여 살펴보았다. 이제까지의 설명을 요약한다면, 계약의 당사자를 확정하는 것은 기본적으로 법률행위 해석의 문제라는 것, 그리하여 계약의 명의신탁에 있어서는 원칙적으로 그 명의를 빌려준 자(명의수탁자)가 당사자이고, 타인의 명의를 모용하여 체결된 계약에 있어서는 그 계약의 내용, 계약 체결의 경위 등에 따라 명의자가 당사자로 되는 경우도 있고, 실제로 계약을 체결한 행위자가 당사자로 되는 경우도 있다는 것이다.

그리고 예금계약에 있어서는 종래의 판례나 다수설은 예금계약의 명의에 관계없이 실제로 자금을 출연한 자를 예금주로 보았으나, 이에는 이론상 다소 의문이 있을 뿐만 아니라, 특히 금융실명제 실시 이후에는 원칙적으로 명의자를 예금주로 보아야 하고, 다만 계약 체결 당시에 금융기관이 별도로 출연자가 있음을 안 때에 한하여 달리 취급하여야 한다는 것이다. 예금주의 확정에 관하여는 이 이외에도 여러 가지 문제가 있을 수 있으나, 기본적인 이론의 면에서는 위와 같은 전제에서 출발하여야 할 것이다.

〈法曹 1997. 11. 12 = 判例實務硏究 Ⅱ, 1998〉

〈追記〉

註 96) 및 그 본문에서 예금주의 명의에도 불구하고 출연자와의 사이에 예금계약이 성립하였다고 볼 수 있는 이론적인 근거를 「合意에 의한 거짓 表示」에서 찾을 수 있다고 한 부분은 부적절한 설명이었다고 생각된다. 이 책 266면 註 121) 참조.

不動産의 二重讓渡와 原狀回復

I. 序　　論

우리 民法은 法律行爲로 인한 不動産物權의 變動에 있어서는 登記가 있어야 그 效力이 생긴다고 規定하고 있다(제186조). 따라서 不動産의 所有者가 그 不動産을 일단 他人에게 讓渡하였더라도 그 登記 전에는 얼마든지 이를 다시 第3者에게 讓渡할 수 있고 그 第3者는 登記를 마침으로써 先行하는 讓受人의 存在에 關係없이 所有權을 取得할 수 있는 것이 原則이다. 그렇지만 위와 같은 讓渡人의 行爲는 첫번째의 讓渡契約이 어느 정도 履行된 段階에 있었다면 第1讓受人에 대하여는 刑法上의 背任罪에 해당하게 된다. 나아가서 종래의 學說과 判例는 第2讓受人이 讓渡人의 위와 같은 背任行爲에 積極 加擔하였다는 등의 特別한 事情이 있는 때에는 위 二重讓渡契約은 反社會秩序의 法律行爲로서 無效라고 함으로써 第1讓受人을 救濟하고 있다.

그러나 위와 같은 종래의 學說과 判例에 대하여는 근래 몇 가지 難點이 지적되고 있어 더 이상 그대로 維持되기 어려운 것이 아닌가 한다. 筆者는 이전에 일차 이에 關한 論稿를 發表한 적이 있었으나,[1] 그 內容이 不充分했던 것으로 여겨져 이 자리를 빌어 다시 한 번 論議하여 보고자 한다. 敍述의 順序로서는 먼저 종래의 學說과 判例의 理論을 알아보고 이어 그에 대하여 이제까지 指摘된 問題點을 살핀 다음 私見을 밝히고자 한다.

本論에 앞서 한 가지 言及할 것은 用語의 問題이다. 이제까지는 「二重賣

1) 尹眞秀, "第三者의 債權侵害와 不動産의 二重讓渡", 司法論集 第16輯, 1985, 특히 150면 이하.

買」라는 呼稱이 많이 사용되었던 것 같으나 「二重讓渡」라는 用語도 사용되고 있는 것을 볼 수 있다.[2] 생각건대 不動産의 二重契約이 問題되는 것은 반드시 賣買에 한한 일이 아니므로 二重賣買라는 用語는 一般的인 呼稱으로서는 반드시 適切하다고 할 수 없다. 반대로 二重讓渡라는 用語에 대하여도 二重讓渡란 單一한 目的物에 관하여 兩立할 수 없는 2個의 所有權이 有效하게 成立되어 있는 狀態를 말하므로 形式主義의 立場에서는 일어날 餘地가 없다는 反論이 있다.[3] 그러나 二重讓渡라는 用語를 二重으로 讓渡하는 行爲 그 자체를 가리키는 것으로 理解한다면 現行民法下에서도 二重讓渡라는 用語를 使用할 수 있지 않은가 한다. 앞으로 適切한 用語로 統一되어야 할 것이다.

Ⅱ. 종래의 學說과 判例

1. 學　　說

우리 나라에서 不動産의 二重讓渡가 公序良俗 違反임을 理由로 無效가 될 수 있다는 可能性을 처음으로 提示한 것은 金曾漢 教授가 1964年에 發表한 "二重賣買의 反社會性"이라는 論文[4]이다. 金曾漢 教授는 위 論文에서 不動産의 第2買受人이 讓渡人과 通謀하여 橫領을 企圖한 것일 때에는 第2買受人과 讓渡人 사이의 賣買契約은 公序良俗에 違反하여 無效라는 日本 最高裁判所의 1961(昭和 36). 4. 27 判決 등 一連의 日本 判例를 소개하면서 다음과 같은 理論을 펴고 있다. 우선 不動産의 買受人이 賣買代金을 完給하고 移轉登記에 必要한 書類를 交付받은 때에는 物權行爲가 있었던 것으로 解釋하고 이 物權行爲가 있으면 買受人에게 物權的 期待權이라고 하는 物權的인 權利가 取得된다. 그리고 이와 같은 物權行爲가 있은 후에 한 賣渡人의 二重賣買行爲만이 背任罪가 되는데 이와 같이 賣渡人에 관하여 背任罪의 成立을 인정하는 이상 어떤 경우에는 惡意의 第2買受人도 背任罪의 教唆 또는 共同正犯이 될 수 있고 그

2) 李容勳, "反社會的 二重讓渡와 不法原因給與", 溫山方順元先生古稀記念 民事法의 諸問題, 1984, 22면 이하.

3) 崔敏根, "不動産 二重賣買의 反社會性의 基準試論", 晴軒金曾漢博士華甲記念 現代民法學의 諸問題, 1981, 105면 이하.

4) 法政 19권 9호 7면 이하.

러한 경우에는 第1買受人을 保護하기 위하여 第2의 賣買의 私法上의 效力도 否定되어야 할 것이다.

이를 위한 우리 民法上의 理論構成으로서는 日本에서 論議되고 있는 세 가지 見解, 즉 第2의 賣買를 公序良俗에 反한다는 理由로 無效로 하는 判例의 理論에 贊成하는 見解와 詐害行爲取消權의 規定을 適用 내지 類推適用하는 것이 좋다는 見解 및 惡意의 第2取得者는 日本民法 제177조 소정의 登記없이는 對抗할 수 없는 第3者에 해당하지 않는다고 解釋하는 見解 가운데 첫째 見解, 즉 우리 民法 제103조의 用語에 의한다면 善良한 風俗 기타 社會秩序에 違反하는 것을 理由로 第2의 賣買를 無效로 한다는 理論構成을 취하는 수밖에 없을 것이다.

나아가서 金曾漢敎授는 그와 같은 理論構成을 취하는 경우에 檢討하여야 할 問題點으로서 다음의 두 가지를 든다. 첫째, 第2의 買受人이 惡意인 경우에는 언제나 反社會性이 있어서 無效라고 할 것이냐 또는 그 중에서도 특히 一定한 要件에 해당하는 경우에 한하여 無效로 할 것이냐에 관하여 이는 具體的 事例를 가지고 判斷하여야 하며 그러한 事例가 蓄積됨으로써 어떤 基準을 모색할 수 있게 될 것이고 抽象的으로 그 基準을 긋기는 어려울 것이지만 第2의 賣買가 無效로 될 수 있는 것은 적어도 第1의 賣買에 관하여 物權行爲가 있은 후에 二重賣買된 경우라야 한다고 주장한다. 둘째, 惡意의 第2買受人으로부터 善意로 轉得한 者의 地位에 대하여는 善意의 取得者가 保護를 받을 수 있게 하는 것이 去來의 安全을 確保하는 길이지만 登記의 公信力이 없는 우리나라에서 善意의 取得者가 保護받지 못하는 것은 이 경우에만 일어나는 問題는 아니므로 現在로서는 善意의 轉得者의 保護는 物權行爲의 無因性理論에 의하여 登記의 公信力이 없는 데서 오는 缺陷을 다소라도 補完하는 方向을 모색하는 수밖에 없을 것이라고 한다.

위와 같은 金曾漢 敎授의 理論은 이른바 反社會的 二重讓渡의 問題를 物權的 期待權의 理論[5)]과 關聯시켜 다루고 있는데 그 特色이 있고, 또한 物權變動에 관하여 舊民法 時代의 意思主義를 저버리고 形式主義를 채택한 우리 民法下에서 처음으로 이 問題를 다룸으로써 그 뒤의 學說과 判例에 대하여 先導的인 役割을 하였다는 점에서 重要한 意味를 가지는 것으로 여겨진다.

5) 이에 대하여 詳細한 것은 金曾漢, "物權的 期待權論", 民法論集, 1978, 109면 이하 참조.

이 이후에 學者들은 第2讓渡受人이 讓渡人의 背任行爲에 積極 加擔하였을 때에는 讓渡人과 第2讓受人 사이의 讓渡行爲는 公序良俗에 違背되어 無效라는 것을 큰 疑問없이 받아들여서 위 理論은 일단 學界의 定說이 되었다고 할 수 있고[6] 이에 대한 疑問이 提起되기 시작한 것은 비교적 最近의 일이다. 그렇지만 具體的으로 어떤 경우에 二重讓渡를 無效라고 보아야 할 것인가에 대하여는 그다지 활발하게 論議되지 않고 있다.[7]

2. 判　　例

現行 民法이 施行된 후 얼마 동안은 二重讓渡를 無效라고 인정한 大法院의 判決例를 찾아볼 수 없었다.[8] 그러다가 大法院은 1969年에 이르러 처음으로 不動産의 二重賣買가 反社會的 法律行爲로서 無效라고 인정하였다. 즉 買受人이 賣買의 目的인 土地가 오래 전부터 學校 校庭으로 使用되어 온 事實을 잘 알면서도 賣渡人에 대하여 굳이 二重賣渡할 것을 要求했으나 응하지 아니하자 二重賣渡는 民刑事上 아무 問題가 없고 만일 問題가 되면 自己가 전부 責任을 지겠다는 등 甘言利說로 賣渡人을 적극 欺瞞하여 그 말을 믿게 함으로써 賣渡人의 背任行爲에 적극 助成 加擔하여서 이를 買受하였다면 그 賣買는 社會正義觀念에 違背된 反社會的 法律行爲로서 無效라고 判示한 것이다.[9] 그 후 大法院은 여러 차례에 걸쳐 같은 趣旨의 判決을 反復함으로써 이제는 確立된 判例로서 成立하였다고 하겠다.

위와 같은 判例 全部를 여기에서 詳細하게 檢討할 수는 없고 이 글의 主題와 關聯되는 範圍 안에서 判例理論의 骨子를 살펴본다.

---

6) 예컨대 崔栻, "不動産의 二重買受가 反社會秩序의 法律行爲로서 無效가 된다고 한 判決", 司法行政 第13卷 9호, 1972, 33면 이하; 李太載, "信義誠實의 義務와 二重賣買", 새法政 1972, 12, 31면 이하; 張庚鶴, "不動産의 二重賣渡의 反社會性", 法曹 제23권 8호, 1974, 85면 이하; 郭潤直, 民法總則, 再全訂版, 1985, 357면; 金疇洙, 民法總則, 1982, 247면; 黃迪仁, 現代民法論 Ⅰ, 1981, 150면; 李在華, 註釋民法總則(下), 1979, 130, 131면 등. 또한 "討論會 — 不動産 二重賣買의 反社會性의 基準試論(Ⅲ)", 判例月報 130호(1981. 7), 9면 이하 참조.

7) 다만 崔敏根, 위 註 3)의 論文은 이에 관하여 1979년까지의 判例를 實證的으로 分析하고 있다.

8) 대법원 1965. 6. 15. 선고 65다596 판결, 대법원판결집(이하 "집"이라고 줄여 부른다) 13권 1집 民191면 및 1967. 12. 5. 선고 64다2451, 2452 판결, 判例總覽 民法 103조(91)는 모두 不動産이 다른 사람에게 賣渡된 事實을 買受人이 알고 買受한 경우에도 有效한 것으로 인정하였다.

9) 대법원 1969. 11. 25. 선고 66다1565 판결, 集 17권 4집 民46면.

첫째, 어떠한 경우 不動産의 二重賣買(二重讓渡)가 反社會的인 경우로서 無效로 되느냐에 관하여 判例는 買受人이 賣渡人의 背任行爲에 적극 加擔하였을 것을 그 要件으로 들고 있다. 그러나 具體的으로 어떤 경우가 買受人이 背任行爲에 적극 加擔한 때에 해당하는지는 반드시 明白하지 않다. 예컨대 대법원 1981. 12. 22. 선고 81다카197 판결[10]은 二重賣買에 있어서 賣渡人의 犯罪行爲에 적극 加擔하는 行爲는 他人과의 賣買事實을 알면서 賣渡를 要請하여 賣買契約에 이르는 정도로 足하다고 한 反面 대법원 1974. 2. 26. 선고 73다120 판결[11]에서는 賣渡人과 第 2 買受人이 背任罪로 處罰받았다는 事實만으로는 買受人이 賣渡人의 背任行爲에 積極 加擔하였다고 볼 수 없다고 한다. 그러나 判例는 대체로 目的物의 客觀的인 狀態가 이미 他人이 讓受하여 이를 利用하고 있다는 것을 第 3 者가 쉽게 알 수 있는 경우에 讓受人이 讓渡人에게 二重으로 讓渡할 것을 積極 勸誘하였다면 二重讓渡는 反社會的 法律行爲로서 無效라고 보는 것 같다.[12]

둘째, 不動産의 二重讓渡가 反社會的 法律行爲로서 無效라고 하여도 登記하지 않은 第 1 讓受人은 아직 所有權者는 아니므로 직접 第 2 讓受人에 대하여 그 名義의 所有權移轉登記의 抹消를 구할 수는 없고 단지 讓渡人을 代位하여서만 第 2 讓受人에게 이를 請求할 수 있을 뿐이다.[13] 이른바 意思主義를 취하고 있는 日本民法의 경우에는 第 1 讓受人은 自己의 所有權에 기하여 직접 第 2 讓受人에게 所有權移轉登記의 抹消를 請求할 수 있으므로 굳이 讓渡人을 代位할 必要가 없는 것과는 對照的이다.

셋째, 위와 같이 讓渡人과 第 2 讓受人 사이의 讓渡行爲가 反社會的 法律行爲라면 이는 第 3 者의 善意·惡意를 不問하고 누구에 대하여나 그 無效를 主張할 수 있는 이른바 絶對的 無效에 해당하므로 第 2 讓受人으로부터 善意로 目的物을 轉得한 者라 하여도 保護를 받지 못하게 된다. 判例는 이를 當然한 것으로 認定하고 있다. 예컨대 대법원 1979. 7. 24. 선고 79다942 판결[14]은 建物에 대한 讓渡擔保權者가 그 建物을 適正한 時價에 處分하여 債權의 滿足을

10) 法院公報 675호 215면.

11) 判例總覽 民法 103조(122).

12) 李容勳, 위 註 2) 25-26면 및 同, "反社會的 法律行爲로 인한 給付의 回收와 不法原因給與", 民事判例硏究 Ⅵ, 22면, 좀더 詳細한 것은 崔敏根, 위 註 3) 참조.

13) 대법원 1980. 5. 27 선고 80다565 판결, 法院公報 636호 12879면; 1983. 4. 26 선고 83다카57 판결, 集 31권 2집 民121면.

14) 法院公報 618호 12150면.

얻지 아니하고 買受人과 짜고 極히 低廉한 價格으로 買受시켜 不當利得을 취하려 한 것은 一種의 背任行爲이고, 買受人이 讓渡擔保權者의 이러한 背任行爲에 積極 加擔하여 建物을 取得한 경우 이는 反社會的 法律行爲로서 無效이므로 買受人이 轉得者에게 建物을 賣渡한 것도 效力이 없고 따라서 轉得者 名義의 登記는 無效라고 한다.[15)]

Ⅲ. 종래의 學說과 判例에 대한 批判

1. 不法原因給與 및 旣判力과의 關係

위와 같이 종래의 學說과 判例는 二重讓渡가 無效로 되는 根據를 民法 제103조에서 말하는 善良한 風俗 기타 社會秩序에 違反된다는 데에서 찾고 있으므로 이러한 理論을 反社會的 無效論이라고 부를 수 있을 것이다. 그런데 이에 대하여 근래 여러 가지의 疑問이 提起되고 있다.

먼저 問題로 되는 것은 이러한 反社會的 無效의 理論이 不法原因給與와의 關係를 어떻게 說明할 수 있는가 하는 점이다. 종래의 判例와 같이 第1讓受人이 讓渡人을 代位할 수 있으려면 讓渡人 自身이 第2讓受人에게 그 앞으로 이루어진 登記의 抹消를 請求할 수 있어야 한다는 것이 前提되어야 한다. 그런데 讓渡人과 第2讓受人 사이의 두 번째 讓渡行爲가 社會秩序에 違反하여 無效라고 한다면 그에 기하여 이루어진 第2讓受人 名義의 所有權 移轉登記는 民法 제746조 소정의 不法原因給與에 해당되게 될 것이므로 讓渡人은 原則的으로 第2讓受人에게 위 登記의 抹消를 請求할 수 없고 따라서 第1讓受人도 讓渡人을 代位할 수 없다는 結論이 나오게 된다.[16)] 물론 이는 매우 不合理한 結論이 아닐 수 없다. 원래 二重讓渡가 公序良俗에 違反되어 無效라고 하는 것은 第1讓受人을 救濟하기 위한 理論이었는데 거꾸로 二重讓渡가 公序良俗에 違

---

15) 同旨, 대법원 1977. 2. 22. 선고 75다226, 227 판결, 判例總覽 民法 103조(130); 1984. 6. 12. 선고 82다카672 판결, 法院公報 734호 1266면; 1985. 11. 26. 선고 85다카1580 판결, 法院公報 768호 124면. 위 마지막 判決에 대하여는 李在性, "不法한 目的으로 不動産 所有者 및 競賣申請人과 通謀하여 한 競落의 效力", 大韓辯護士協會誌 제117호(1986. 5), 66면 이하 참조.

16) 이에 대하여는 丁玉泰 敎授도 問題를 提起한 바 있으나(註 9)의 討論會, 判例月報 130호 16면 참조), 이를 本格的으로 다룬 것은 李容勳 部長判事이다. 註 2) 및 註 12)의 각 論文 참조.

反되어 無效이기 때문에 第2讓受人 名義의 所有權移轉登記도 不法原因給與에 해당하여 그 返還을 請求할 수 없다면 二重讓渡가 反社會的 法律行爲로서 無效라는 것은 전혀 意味가 없게 되기 때문이다.[17)]

위와 같은 不合理를 막기 위하여 反社會的 二重讓渡는 다른 反社會秩序의 法律行爲와 그 軌를 달리하므로 反社會的 二重讓渡는 讓渡人과 第二讓受人 사이에서는 不法原因給與에 해당하지 않는다고 보아야 한다는 說이 主張되고 있다.[18)] 즉 다른 反社會的 法律行爲에 있어서와는 달리 反社會的 二重讓渡는 讓渡契約 當事者 사이의 法律行爲 過程에 그러한 善良한 風俗 기타 社會秩序에 反하는 要素가 있다고 하기보다는 第1讓受人에 대한 關係에 있어서 反社會性을 띠고 있는 것이고, 二重讓渡를 反社會的 法律行爲로 보는 것은 讓渡人을 保護하기 위한 것이 아니라 第1讓受人을 保護하기 위한 것이므로 反社會的 二重讓渡에 있어서는 다른 反社會的 法律行爲에 있어서와는 달리 이를 無效라고 主張할 수 있는 것은 第1讓受人뿐이며 讓渡人 단독으로는 이를 主張할 수 없다고 한다. 그리고 第1讓受人이 二重讓渡의 無效를 主張하여 自己의 權利를 保全하려고 하는 限 第2讓受人은 讓渡人에게 그 給付를 반환하여 第1讓受人이 그 目的物에 관한 權利를 移轉해 갈 수 있도록 協力하여야 할 義務가 있으며 讓渡人도 그 目的物을 回收하여 第1讓受人에게 移轉하여야 할 義務가 있다고 한다. 第2讓受人은 第1讓受人에게 目的物을 移轉하기 위하여 給付의 回收를 구하는 讓渡人의 要求를 거절할 수 없으며, 바로 이러한 法律關係에서 생기는 反射的 權利를 第1讓受人이 代位하여 行使한다는 것이다.

위 說이 反社會的 二重讓渡가 다른 反社會秩序의 法律行爲와는 軌를 달리한다고 본 것은 正確한 觀察이라고 할 것이다. 또한 第2讓受人에게 第1讓受人이 目的物에 관한 權利를 移轉해 갈 수 있도록 協力하여야 할 義務가 있다고 하는 것도 올바른 方向으로 나아간 것이라고 여겨진다. 그러나 위 說에서는 第2讓受人의 그와 같은 義務가 어디에서 由來하는 것인지, 그리고 그 性質은

---

17) 이러한 不合理는 이전의 判例(대법원 1977. 6. 28. 선고 77다728 판결, 法院公報 565호 10173면 등)처럼 所有權에 기한 物權的 請求權을 行使할 때에는 民法 제746조는 適用되지 않는다고 解釋하면 생기지 않는다. 그러나 現在의 通說과 判例(대법원 1979. 11. 13. 선고 79다4283 전원합의체 판결, 集 27권 3집 民140면)는 모두 所有權에 기한 物權的 請求權의 경우에도 民法 제746조의 適用을 肯定하고 있다. 徐晟, "物權的 請求權의 行使에 있어 民法 제746조(不法原因給與)의 適用與否", 民事判例研究 Ⅲ, 1981, 61면 이하 참조.

18) 李容勳, 위 註 2) 34, 35면.

무엇인지를 明確히 밝히지 않고 있다. 또한 第2讓受人이 第1讓受人에게 直接 위와 같은 義務를 負擔한다는 것을 인정한다면 굳이 第1讓受人이 讓渡人을 代位한다는 종래의 法的 構成을 維持할 實益이 있을지도 疑心스럽다.

第1讓受人이 讓渡人을 代位하여야 한다는 理論을 維持할 때 생길 수 있는 또다른 問題點은 讓渡人으로부터 第2讓受人 앞으로의 所有權移轉登記가 判決에 의하여 이루어진 경우에 나타난다. 讓渡人과 第2讓受人이 法을 惡用할 能力이 있다면 第2讓受人이 讓渡人을 相對로 所有權移轉登記節次履行請求의 訴를 提起하고 讓渡人은 이를 다투지 않음으로써 第2讓受人 勝訴의 確定判決을 얻어 所有權移轉登記를 넘겨가는 것도 얼마든지 생각할 수 있다. 이 경우 讓渡人 自身이 위 所有權移轉登記의 抹消를 請求하는 것이 確定判決의 旣判力에 抵觸되어 許容될 수 없음은 물론이고,[19] 第1讓受人이 讓渡人을 代位하여 그 같은 請求를 하는 것 또한 旣判力에 抵觸된다고 보지 않을 수 없다. 判例도 不動産을 買受한 者가 그 所有權移轉登記를 하지 아니하고 있던 중 第3者가 賣渡人을 相對로 提訴하여 위 不動産에 대한 所有權移轉登記節次履行의 勝訴確定判決을 받아 所有權移轉登記를 經了한 경우에는 그 確定判決이 當然無效이거나 또는 그것이 再審의 訴에 의하여 取消되지 아니한 이상, 買受人은 讓渡人에 대한 所有權移轉登記請求權을 保全하기 위한 方便으로 賣渡人을 代位하여 위 第3者 名義의 所有權移轉登記의 抹消請求를 할 수 없다고 判示하고 있다.[20] 그렇다고 하여 讓渡人과 第2讓受人 사이의 讓渡行爲가 公序良俗에 反하여 無效라는 것만으로 위 確定判決이 當然無效이거나 再審事由에 해당한다고 하기도 어려울 것이다. 그러나 第2讓受人이 判決에 의하여 讓渡人으로부터 所有權移轉登記를 넘겨 받았다는 理由로 第1讓受人까지 그 登記의 抹消를 請求하지 못한다는 것은 아무래도 그대로 받아들이기 어렵다고 하지 않을 수 없다.

第1讓受人이 讓渡人을 代位하여야 한다는 理論을 따를 때 위와 같이 難點이 생기는 根本的인 原因은 어디에 있을까? 그 理由는 다음과 같다.

다른 債權者代位權에 있어서는 債務者가 가지는 代位의 客體인 權利는 본래 債權者의 存在와 關係없이 인정될 수 있는 性質의 것인데 다만 그 權利를

---

19) 李時潤, 서울대학교 法學, 判例回顧 제4호(1975년도), 1976, 107-108면 참조.

20) 대법원 1975. 8. 19. 선고 74다2229 판결, 法院公報 522호 8627면; 1980. 12. 9. 선고 80다1836, 1837 판결, 集 28권 3집 民231면; 1981. 2. 24. 선고 80다1838 판결, 法院公報 654호 13733면; 1981. 7. 7. 선고 80다2751 판결, 集 29권 2집 民197면, 다만 위 判決들은 모두 反社會的 二重讓渡가 問題되었던 事案은 아니었음을 留意할 必要가 있다.

行使하는 것이 債權者의 債權을 保全하기 위하여 必要한 경우에 한하여 債權者에게 그 權利의 代位 行使를 許容하는 것뿐이다. 逆으로 債務者에게 그러한 權利가 없다면 債權者代位權을 行使할 수 있느냐는 처음부터 問題되지 않는다. 말하자면 代位의 客體인 權利의 存否의 面에서는 債權者는 債務者에 대한 關係에서 從屬的인 位置에 있다고 할 수 있다. 따라서 이러한 경우에는 代位의 相對方인 第3者가 債務者에게 主張할 수 있는 모든 事由를 債權者에게 대하여도 主張할 수 있어야 한다는 것은 當然한 일이며 이것이 不合理하다고는 할 수 없다. 그러나 不動産의 二重讓渡의 경우에는 狀況이 다르다. 不動産의 二重讓渡를 特別한 경우 無效로 하는 것은 오로지 第1讓受人을 保護하기 위한 것으로서 만일 第1讓受人의 存在를 考慮하지 않는다면 讓渡人과 第2讓受人 사이의 契約을 無效로 할 아무런 理由가 없다.[21] 따라서 이 경우에는 다른 債權者代位權과는 그 處地에 있어 正反對라고 할 수 있다. 즉 第1讓受人이 讓渡人을 代位한다고 하는 것은 實際로는 第1讓受人의 保護를 위하여 讓渡人에게 權利가 있다고 擬制하는 것에 지나지 않으며, 이 때에는 오히려 讓渡人이 第1讓受人에 대한 關係에 있어 從屬的인 位置에 있다고 보아야 할 것이다. 그럼에도 불구하고 이 경우도 다른 債權者代位權과 同一視하여 第2讓受人이 讓渡人에게 主張할 수 있는 事由를 第1讓受人에게도 主張할 수 있다고 보는 것은 위와 같은 差異를 看過한 것으로서 이 點이 바로 앞에서 살펴본 바와 같은 不合理를 생기게 하는 원인이 된다.

2. 善意의 轉得者와의 關係

종래의 判例와 學說이 不動産의 二重讓渡가 反社會的 法律行爲로서 無效라고 한다면 第2讓受人으로부터 善意로 轉得한 者도 保護를 받지 못한다고 보고 있음은 앞에서 살펴본 바와 같다. 이는 종래부터 反社會的 無效論이 안고 있는 問題點으로 認識되어 왔지만 대체로 登記에 公信力을 인정하지 않는 우리 民法下에서는 不可避한 것이라고 받아들여져 온 것 같다. 그리고 善意의 轉得者를 保護하려고 하는 日本의 여러 學說[22]도 物權變動에 관하여 形式主義를

21) 예컨대 第1讓受人과의 契約이 解除 또는 取消된 경우. 李容勳, 위 註 2) 34면 참조.

22) 簡略한 紹介로는 金應烈, "不動産의 二重賣買에 關한 考察", 司法論集 제15집, 1984, 27-29面; 金曾漢, "不動産 物權變動에 관한 日本判例의 變遷", 厚岩 郭潤直敎授華甲記念, 民法學論

擇한 우리 民法下에서는 不可能한 立論이라고 보고 있다.[23)]

그러나 不動産의 二重讓渡가 反社會的 法律行爲로서 無效라 하여 善意의 轉得者가 保護받지 못한다는 것은 매우 不合理한 일이다. 원래 第1讓受人도 登記하기 전까지는 讓渡人에 대하여 債權을 가지고 있는 데 不過하고 아직 所有者라고 할 수 없다. 그런데도 이와 같이 債權者의 地位만을 가지고 있는 第1讓受人이 이미 登記까지 갖춘 善意의 轉得者에 優先할 별다른 이유가 없는 것이다.

흔히 우리 民法이 登記의 公信力을 認定하지 않는 것은 去來의 安全이라는 動的인 安全보다는 眞正한 權利者의 保護라는 靜的인 安全을 重視하기 때문이라고 說明하지만 單純한 債權者가 善意의 轉得者에 優先할 수 있는 眞正한 權利者에 해당한다고 할 수 있을까?

그리하여 우리나라에서도 善意의 轉得者를 保護하기 위하여 몇 가지 試圖가 行하여지고 있다. 그 하나는 物權行爲의 無因性 理論에 의하여 登記의 公信力이 인정되지 않는 缺陷을 補完하자는 主張이다.[24)] 즉 不動産의 二重讓渡가 反社會的 法律行爲라고 하여도 이때 無效로 되는 것은 債權行爲 뿐이고 物權行爲는 有效하므로 第2讓受人이나 그로부터의 轉得者는 有效하게 所有權을 取得한다는 것이다. 그러나 物權行爲의 無因性을 인정할 것인가가 우선 問題될 뿐만 아니라 相對的 無因說을 따른다면 反社會的 二重讓渡에 있어서는 債權行爲 뿐만 아니라 物權行爲도 無效가 되는 경우가 거의 大部分일 것이니 별로 實效性이 없을 것이다. 또 다른 說로서는 登記에 制限的으로라도 公信力을 인정함으로써 善意의 轉得者를 保護하자는 主張이 있다.[25)] 그러나 立法論으로서는 몰라도 解釋論으로서는 곧바로 登記의 公信力을 인정한다는 것은 적어도 現在로서는 어렵다고 여겨진다.

마지막으로 注目할 만한 說로서는 不動産의 二重讓渡를 詐害行爲 取消의 問題로서 다루려는 見解이다. 이에 대하여는 조금 뒤에 보다 자세히 보기로 한다.

叢, 1985, 117면 이하 참조. 日本에서의 不動産 二重讓渡一般에 관하여 詳細한 것은 鎌田薫, "對抗問題と第3者", 民法講座 2, 1984, 특히 101-108면 및 125-130면 참조.

23) 崔敏根, 위 註 3), 108면.

24) 金曾漢, 위 註 4), 12면.

25) 金應烈, 위 註 22), 31면.

3. 새로운 理論의 모색

종래의 反社會的 無效論이 더 이상 維持되기 어렵다는 것은 이제까지 살펴본 바에 의하여 어느 정도 밝혀졌으리라 생각된다. 종래의 學說과 判例가 不動產의 二重讓渡가 一定한 경우에는 公序良俗에 違反되어 無效라고 인정하여 왔던 것은 根本的으로는 第1讓受人을 保護하기 위한 것이었다. 그러나 이러한 理論은 不法原因給與나 旣判力에 관한 問題를 제대로 說明하지 못하는 반면 善意의 轉得者에 대하여까지 無效를 主張할 수 있다는 點에서는 第1讓受人을 지나치게 保護하는 結果가 된다. 그러므로 위와 같은 問題點을 안고 있는 反社會的 無效論에 의하지 않고서도 第1讓受人을 保護할 수 있는 다른 合理的인 理論은 없는지를 살필 必要가 있다. 만일 그와 같은 理論이 있다면 굳이 종래의 反社會的 無效論에 執着할 理由가 없다.

만일 反社會的 無效論을 代替할 만한 새로운 理論이 있다면 그 理論은 어떤 內容의 것일까? 우선 第1讓受人이 讓渡人을 代位하지 않고 直接 第2讓受人에게 權利를 主張할 수 있어야 할 것이다. 反社會的 無效論이 難點을 갖게 된 基本 原因의 하나는 第1讓受人이 讓渡人을 代位하여야 한다는 데 있기 때문이다. 그리고 第1讓受人의 위와 같은 權利는 去來의 安全을 위하여 善意의 轉得者에게는 對抗할 수 없는 것이라야 한다.

4. 詐害行爲 取消說의 檢討

그런데 第1讓受人이 讓渡人과 第2讓受人 사이의 讓渡行爲를 詐害行爲라 하여 債權者取消權의 行使에 의하여 取消할 수 있다는 理論構成이 可能하고 또 이로써 第1讓受人을 충분히 保護할 수 있다면 이 理論이 反社會的 無效論을 代替할 수 있을 것이다. 실제로 國內에도 第1讓受人에게 債權者 取消權을 인정함으로써 二重賣買(二重讓渡)의 問題를 解決하려는 見解가 있다.[26] 즉 二重讓渡行爲에 의하여 讓渡人이 無資力이 되는 경우에는 第1讓受人은 債權者 取

---

26) 黃迪仁, 現代民法論 Ⅲ, 1981, 171면 이하. 또한 金曾漢 教授도 轉得者 保護를 위하여 그와 같은 方向의 理論構成이 必要함을 示唆한 바 있다. “不動産 二重賣買의 反社會性”, 저스티스 제10권 1호, 1972, 193면. 또한 金旭坤, 註釋 債權總則(上), 1984, 407-409면 참조.

消權을 行使하여 그 二重讓渡行爲를 取消할 수 있다는 것이다. 이러한 債權者取消權的 構成에 따른다면 第1讓受人은 讓渡人을 代位할 必要가 없고 또 善意의 轉得者에게 對抗할 수도 없다(民法 제406조 제1항 但書).

그러나 이로써 과연 第1讓受人을 충분히 保護할 수 있는지는 좀더 檢討하여야 한다. 우선 所有權移轉登記請求權과 같은 特定物에 관한 債權의 경우에도 그 債權者가 債權者取消權을 行使할 수 있는가가 問題된다. 이에 관하여 判例는 債權者取消權은 債務者가 總債權者의 共同擔保를 害하는 法律行爲를 하며 그 辨濟資力을 減少시킨 경우에 債權者를 救濟하려는 데 있는 것이므로 特定物에 대한 所有權移轉登記請求權을 가진 債權者의 詐害行爲取消는 그 要件을 具備하지 못한 것이고, 債權者의 債權이 二重賣買로 인한 損害賠償債權이라 하여도 이는 詐害行爲 이전에 發生한 債權이 아니라고 하여 二重讓渡의 경우에는 債權者取消權의 行使를 인정하지 않고 있다.[27] 그러나 學說은 債權者의 一般財産에 의하여 擔保되는 것은 金錢債權에 한하지 않고 궁극에 있어서는 損害賠償債權으로 바뀌는 모든 債權이라는 理由로 反對의 立場을 취하고 있다.[28]

생각건대 特定物에 關한 債權者라 하여도 債務者가 無資力이 되는 경우 債權者取消權制度에 의한 保護를 받지 못할 特別한 理由가 없으므로 不動産의 第1讓受人은 讓渡人이 無資力인 경우에는 惡意의 第2讓受人이나 轉得者에 대하여 債權者取消權을 行使할 수 있다고 보아야 할 것이다.

그런데 위와 같이 不動産의 第1讓受人이 債權者取消權을 行使할 수 있다고 한다면 한 걸음 더 나아가서 債權者取消權을 行使한 結果 不動産의 登記名義가 讓渡人에게 復歸된 경우에 第1讓受人은 讓渡人을 相對로 原來의 債權을 行使하여 所有權移轉登記를 請求할 수 있을까? 이것이 인정되어야만 第1讓受人이 充分하게 保護를 받을 수 있다. 그러나 이는 인정되어서는 안될 것이다. 만일 이를 인정한다면 總債權者를 위하여 債務者의 財産을 保全한다는 債權者取消權制度의 원래 趣旨와는 달리 特定債權의 保全을 위하여 債權者取消權을 轉用하는 結果가 될 것이며, 債權者取消權의 要件으로서 債務者의 無資力이 要求되는 것과도 調和되지 아니할 것이다. 參考로 日本의 경우를 살펴 본다면 日

27) 대법원 1967. 11. 14. 선고 67다2007 판결, 判例總覽 民法 406조(87). 同旨 대법원 1959. 10. 8. 선고 4291民上243 판결, 集 7권 民237면; 1969. 1. 28. 선고 68다2002 판결, 集 17권 1집 民117면 등.

28) 郭潤直, 債權總論(全訂版), 1976, 231면; 金容漢, 債權總論, 1983, 258면; 金曾漢, 債權總論, 1979, 106면; 金疇洙, 債權總論, 1984, 212면 등.

本의 判例는 1961(昭和 36). 7. 19의 最高裁判所 判決[29] 이래 特定物債權者도 債權者取消權을 行使할 수 있다고 인정하고 있으나 1978(昭和 53). 10. 5의 最高裁判所 判決[30]은 特定物債權者(死因贈與를 받은 者)가 債權者取消權을 行使한 후 債務者의 相續人을 相對로 所有權移轉登記請求를 하는 것을 否定하고 金錢支給에 의한 損害賠償만을 인정하고 있으며 日本의 學說도 대체로 이같은 判例를 支持하고 있다.[31]

위에서 살펴본 바에 의하면 不動産의 第1讓受人에게 債權者取消權을 인정하는 것만으로는 그를 充分히 保護할 수 없음을 알 수 있고 따라서 이 理論에 의하여 종래의 反社會的 無效論을 代替할 수는 없다고 여겨진다.

Ⅳ. 不動産의 二重讓渡와 原狀回復

1. 不法行爲에 기한 原狀回復論의 提唱

私見으로서는 不動産의 二重讓渡에 있어서 第1讓受人을 保護하는 方法으로서 第2讓受人이 第1讓受人의 讓渡人에 대한 債權을 侵害한 데 대하여 不法行爲의 成立을 인정하고, 그 效果로서 第2讓受人에게 第1讓受人에 대한 關係에 있어서 原狀回復義務, 즉 不動産을 二重讓渡가 있기 前의 狀態로 回復시킬 義務를 負擔시키는 것이 가장 合理的인 解決策이 아닌가 여겨진다.

第3者의 債權을 故意로 社會常規에 違反한 方法으로 侵害하였을 때에는 不法行爲가 成立할 수 있음은 오늘날 一般的으로 인정되고 있고[32] 不動産의 二重讓渡 또한 이 範疇에 包含시킬 수 있다.[33] 判例가 判示하고 있는 것처럼 第2讓受人이 讓渡人의 背任行爲에 積極 加擔한 경우에는 第1讓受人에 대한

29) 民集 15권 7호 187頁.

30) 民集 32권 7호 1332頁.

31) 위 判決에 대하여는 辻正美, 民商法雜誌 제81권 1호, 1979, 125면 이하; 竹屋芳昭, "債權者取消權と返還の相手方", 新版判例演習 民法 3(債權總論), 1982; 早川眞一郎, 民法判例百選 Ⅱ(第二版), 43, 49면 등 참조. 다만 金旭坤, 위 註 26), 408면 註 85)는 反對의 立場이다.

32) 이에 대하여는 尹眞秀, 註 1) 참조.

33) 郭潤直, "二重賣買에 있어서의 私法上의 法律關係", 考試界 1965. 6, 104면; 金慶喆, "二重賣買에 있어서 第一買受人의 保護方法", Fides Vol, XIV, no. 2. 1968, 38면. 英國法上의 二重讓渡에 대하여는 吉田邦彦, "第三者の債權侵害に關する基礎的考察" (5), (6), 法學協會雜誌 제103권 2, 3호, 1986 참조.

不法行爲의 成立을 충분히 인정할 수 있는 것이다. 實際로 損害賠償의 方法에 관하여 原狀回復을 原則으로 하고 있는 獨逸民法에서는 二重賣買(Doppelverkauf)가 獨逸民法 제826조에 의한 不法行爲의 問題로서 處理되고 있다.[34] 위와 같이 不動産의 二重讓渡가 不法行爲로서 인정될 경우 그 效果로서 第2讓受人이 原狀回復義務를 負擔하게 한다면 앞에서 본 問題點은 모두 解決될 수 있다. 즉 第1讓受人은 直接 第2讓受人에 대하여 目的物의 返還을 請求할 수 있지만 그러한 請求權은 債權的인 것에 不過하므로 第2讓受人으로부터의 轉得者에 대하여는 그가 善意인 한 對抗하지 못한다.

그러나 우리 民法은 損害賠償의 方法에 있어서 金錢賠償을 原則으로 하고 있으므로(民法 제763조, 제394조) 과연 우리 民法下에서 明文의 規定없이 原狀回復義務를 인정할 수 있을까가 問題된다.[35] 보다 根本的으로는 第1讓受人에게 讓渡人 및 第2讓受人에 대한 金錢賠償請求權과 債權者取消權을 인정하는 外에 굳이 原狀回復請求權까지 許容할 必要가 있을까 하는 疑問도 생길 수 있다.

2. 原狀回復과 金錢賠償

原狀回復(Naturalherstellung; Naturalrestitution)이라 함은 賠償責任을 생기게 하는 行爲가 없었더라면 存在하였을 事實上의 狀態를 債權者에게 實現시키는 것을 말한다.[36] 原狀回復의 長點은 債權者를 가장 完全하게 保護할 수 있다는 데 있다.

그러나 實際로는 事實上 原狀回復이 可能하지 않은 경우도 많고 또 그 方法에 관하여 紛爭의 소지가 있을 수 있으며 原狀回復이 債務者에게 지나치게 不利한 경우도 있을 수 있다. 反面 金錢賠償은 債權者의 保護에 完全하지는 않으나 대체로 그에 가까운 報償을 實現할 수 있고 그 方法이 明確하여 紛爭이 생기지는 않는다. 우리 民法이 金錢賠償의 原則을 採擇한 것은 위와 같은 點을

---

34) Kötz, Deliktsrecht, 3. Aufl., 1983, S. 302 f.; 金亨培, 債權總論(上), 1984, 361면.

35) 대법원 1961. 10. 12. 선고 4293민상115 판결 및 1962. 3. 22. 선고 4294民上1421 판결(李宰勳, 判例不法行爲法 Ⅲ, 1983, 2203, 2204면)은 모두 物件毁損의 경우 原狀回復을 인정하지 않고 있다.

36) K. Larenz Lehrbuch des Schuldrechts, Bd. 1, 12 Aufl., 1979, S. 383; H. Lange, Handbuch des Schuldrechts I, Schadensersatz, 1979, S. 140; 梁三承, "損害賠償의 範圍 및 方法에 관한 獨逸·日本·우리 나라 民法의 比較", 民事法의 諸問題(註 2), 88면.

考慮한 때문으로 여겨진다.[37)]

그런데 不動産의 二重讓渡로 인한 不法行爲에 있어서는 原狀回復과 金錢賠償은 實質的으로 어떤 差異가 있을까? 우선 原狀回復이 金錢賠償보다 第1讓受人에게 有利하다는 것은 쉽게 알 수 있다. 現在 一般的으로 不法行爲의 경우 損害額 算定은 不法行爲時를 基準으로 하고 있으므로 第1讓受人에게 金錢賠償만을 許容한다면 不法行爲 이후에 目的物의 價格이 오른 경우에는 第1讓受人은 그 差額만큼을 賠償받지 못하게 될 것이다. 또한 損害가 過小評價될 危險은 항상 存在한다. 그리고 그 節次의 面에서도 金錢賠償의 경우에는 第2讓受人이나 讓渡人이 任意로 賠償金을 支給하지 않으면 第1讓受人은 별도로 强制執行을 하여야 하는 번거로움이 뒤따르게 되나 原狀回復의 경우에는 登記名義만을 移轉함으로써 그 節次가 完了되므로 훨씬 간편하다.

3. 우리 民法의 解釋論으로서의 原狀回復

그러면 과연 우리 民法下에서 明文의 規定이나 當事者의 特別한 意思表示 없이도 法院이 損害賠償의 方法으로서 原狀回復을 命할 수 있을까? 私見으로서는 制限된 範圍내에서는 이를 肯定할 수 있다고 여겨진다. 즉 原狀回復이 債權者(被害者)를 더 두텁게 保護할 수 있고 債務者에게도 金錢賠償의 경우보다 특별히 더 不利하지 않으며 그 節次도 더 簡便하다면 굳이 金錢賠償의 原則을 固執할 必要가 없을 것이다.[38)]

우리나라에도 不法行爲의 效果로서 原狀回復義務를 인정하는 說을 찾아 볼 수 있다.[39)] 즉 李英俊 部長判事는 "金錢賠償의 原則은 强行規定이 아니고 損害賠償은 그 不法行爲가 없었더라면 相對方이 있었을 狀態로 만드는 것이므로 경우에 따라서 損害賠償의 內容을 原狀回復으로 認定한다고 하여 不當한 것이 아

37) 梁三承, 註釋債權總則(上), 1984, 296면.

38) 반드시 適切한 例인지는 모르겠으나 英國法上의 Specific Performance의 法理가 이와 類似하다고 생각된다. 英國 契約法에 있어서는 契約不履行의 경우 Common Law上의 原則的인 救濟方法은 金錢賠償(Recovery of Damages)이고 우리 民法上의 履行强制는 인정되지 않는다. 그러나 金錢賠償만으로는 充分한 救濟가 될 수 없다고 하는 特別한 事情이 있는 경우에는 法院은 衡平法(Equity)에 의거하여 債務者에게 契約上 義務의 特定履行(Specific Performance)을 命할 수 있다. P. S Atiyah, An Introduction to the Law of Contract, 3rd ed., 1981, p. 324; Cheshire & Fitfoot, Law of Contract, 10th ed., 1981, pp. 559 f. 등 참조.

39) 日本에서의 原狀回復義務 認定說에 대하여는 中井美雄, "損害賠償の方法", 現代損害賠償法講座 1, 1976, 129, 130면 참조.

니다. 더구나 우리 民法은 金錢賠償의 原則을 取하고 있으면서도 謝罪廣告와 같은 原狀回復의 手段도 認定하고 있다"[40]라고 說明하면서 旣判力이 信義則에 反하는 方法으로 騙取된 경우에도 不法行爲를 理由로 하는 損害賠償請求權은 原則的으로 存在하고 이 경우의 損害賠償을 原狀回復으로 理解하면 旣判力 排除의 抗辯을 認定하는 結果가 된다고 主張한다. 金容漢 教授도 立法論으로서는 金錢賠償의 方法이 一般的으로 支持되고 있지만 金錢賠償主義는 賠償義務者 즉 債務者 또는 加害者의 便宜를 꾀하고 있다는 점은 否定할 수 없고 특히 金錢賠償의 方法을 취하는 경우에는 賠償額을 交換價格과 同一視하는 機能을 가지게 되며 따라서 交換價格의 賠償만으로는 塡補될 수 없는 損害가 殘存할 때에는 賠償權者에게 가혹한 결과가 될 것이므로 學說로서는 具體的·個別的인 事例에 따라서 賠償權者와 賠償義務者 雙方의 利害調整이란 觀點에서 必要에 따라서 原狀回復의 方法을 인정하여야 할 素地를 發見할 수 있다고 主張한다.[41]

우리나라의 判例도 確定判決을 執行하는 自體가 不法한 경우에는 權利濫用이 된다 하여 請求異議의 訴를 許容하고 있는데,[42] 이를 가리켜 곧바로 判例가 不法行爲에 基한 原狀回復을 인정한 것이라고 말하기는 어렵겠으나 적어도 단순한 金錢賠償만을 인정하는 경우 强制執行을 당하는 債務者가 强制執行節次에 所要되는 時間이나 현실적으로 發生할 蓋然性이 높은 實際去來價格과 競落價格과의 差額 등 時間的·經濟的 負擔을 감수하여야 한다는 점을 重要視한 것이라고 말할 수 있을 것이다.[43]

원래 우리 民法이 金錢賠償의 原則을 택한 것은 어떤 경우이든 原狀回復은 許容될 수 없다는 積極的인 理由에서라기보다는 金錢賠償도 大部分의 경우에는 原狀回復과 같은 結果를 얻을 수 있고 또한 原狀回復보다 簡便하며 반드시 原狀回復에 의하여야만 할 경우는 별로 없으리라고 判斷하여 原狀回復은 例外的으로 明文의 規定을 둔 경우에만 인정하여도 充分하리라고 본 데 基因한 것이 아닌가 여겨진다. 그렇다면 明文의 規定이 없더라도 原狀回復에 의한 損害賠償이 必要하다고 인정되는 경우 解釋上 이를 인정하는 것은 法의 欠缺을 補充하는 것일 뿐 결코 法律에 反한다고는 할 수 없을 것이다.[44] 여기에 굳이 實定法上의 根據

---

40) 註釋民法總則(下), 1980, 92면 註 18).
41) 金容漢, "損害額計算의 方法論的 考察", 民事法의 諸問題(註 2), 55면.
42) 대법원 1984. 7. 24. 선고 84다카572 판결, 集 32권 3집 民207면.
43) 李恭鉉, "確定判決의 不當取得과 請求異議", 民事判例研究 Ⅶ, 1985, 197면 참조.
44) 法律補充的인 法發見(Rechtsfindung praeter legem)과 法律에 反하는 法發見(Rechtsfindung

를 要求한다면 民法 제2조의 信義誠實의 原則을 들 수 있다.[45)]

물론 구체적으로 어떤 경우 不法行爲에 기한 原狀回復을 인정할 것인가를 判斷하기란 반드시 容易하지 않으며 case by case로 判斷할 수밖에 없다.

그러나 不動産의 二重讓渡로 인한 不法行爲에 있어서는 이를 인정하는 데 별 어려움이 없을 것이다. 이 경우에는 앞에서 든 第1讓受人의 保護, 節次上의 便利함 외에 제2讓受人의 不法行爲가 故意에 기한 것으로서 단순한 過失에 의한 不法行爲보다 그 非難 可能性이 높다는 점을 특히 考慮하여야 한다. 이와 같이 第1讓受人에게 不法行爲로 인한 原狀回復 請求權을 인정한다면 종래의 反社會的 無效論이 갖는 여러 難點은 모두 解決될 것이다.[46)]

Ⅴ. 結　　論

종래의 反社會的 無效論이 物權變動에 관하여 形式主義를 택한 우리 民法下에서도 第1讓受人을 保護할 수 있다는 可能性을 提示한 점은 마땅히 높이 評價되어야 한다. 그러나 그 理論이 實際로 適用되면서 밝혀진 問題點들에 대하여는 이를 克服하려는 努力이 뒤따라야 할 것이다. 이 글도 그러한 努力의 一環이라고 할 수 있으나 獨斷에 빠지고 만 것은 아닌지 危懼가 앞선다. 다만 이 글이 앞으로의 論議에 조금이라도 寄與할 수 있기를 바랄 뿐이다.

〈民事法學: 韓國民事學會 創立30周年 및 晴軒金曾漢敎授停年記念 제6호, 1986〉

---

contra legem)의 區分에 대하여는 金大彙, "法官의 法發見의 3段階", 司法硏究資料 제13집, 1986, 7면 이하 참조.

45) 獨逸이나 日本 民法의 解釋上 明文 規定 없이도 不法行爲에 기한 妨害豫防 및 除去請求가 인정되고 있는 것도 參考가 될 수 있을 것이다. E. von Caemmerer, "Wandlungen des Deliktsrechts", Gesammelte Schriffen, Bd, 1, 1968, S. 456 ff.; 中井美雄, 위 註 39) 128면 이하 등.

46) 日本에서도 이와 비슷한 見解가 主張되고 있다. 즉 好美淸光敎授는 不動産의 第2買受人이 이른바 背信的 惡意者에 해당하는 경우에도 그는 完全한 所有權을 取得하고 다만 第1買受人은 第2買受人에 대하여 信義則으로부터 兩當事者에게 생기는 附隨的 權利義務(Nebenpflicht)로서 所有權移轉 및 移轉登記節次를 구하는 請求權을 가지며 이 請求權은 모든 사람에게 主張할 수 있는 物權的 請求權이 아니라 信義則違反者에 대하여만 가지는 相對的, 人的인 債權的 請求權이라고 한다. 好美淸光, "不動産の二重處分における信義則 違反等の效果", 手形硏究 No. 57(1962. 6), 12면; 同, "判例批評", 民商法雜誌 제55권 2호(1966), 99면 이하. 또한 鎌田薫, 위 註 22) 111면 註 94) 및 그 本文 참조.

프랑스 民法上의 不動産 二重讓渡

I. 概　　觀

프랑스 民法上 物權變動의 구조는 아래에서 보는 바와 같이 日本民法과 유사하다고 할 수 있고, 또한 二重讓渡에 관한 프랑스의 종래 判例는 양도인과 第二讓受人에게 第一讓受人에 대한 詐害가 인정될 때에는 그 第二讓渡는 無效이고 따라서 第一讓受人은 第二讓受人에 대하여 所有權을 주장할 수 있다는 이론을 취하고 있었다. 그러나 후술하는 破棄院 제3民事部 1968. 3. 22. 判決을 계기로 하여 프랑스의 判例는 불법행위설(faute 說)로 전환하였다. 이하 우선 부동산 물권변동에 관한 法規定을 살펴보고 이어서 판례의 흐름 및 학설의 동향을 간단히 살펴보고자 한다.

Ⅱ. 不動産 物權變動에 관한 法規定[1)]

프랑스 民法典은 賣買에 관한 제1583조에서 “所有權은 賣渡人에 대한 관계에서는 법률상 당연히 買受人이 취득한다”라고 규정하고 第三者에 대한 관계에 있어서의 所有權移轉에 관하여는 별도로 규정을 두지 않고 있었다. 따라서 不動産의 二重賣買의 경우에는 第二買受人의 善意·惡意를 불문하고 항상

---

1) 프랑스 民法上의 物權變動, 특히 土地公示制度에 관한 설명은 Mazeaud, Mazeaud et Chabas(1988), n°s 642 et s.; Marty, Raynaud et Jestaz(1987), n°s 644 et s.; Simler et Delebecque(1989), n°s 620 et s.; 鎌田 薫(1974), 34-37面 등 참조.

第一買受人이 우선하는 것으로 해석되고 있었다.

그런데 1855년 3월 23일=26일의 「抵當權에 관한 謄記에 대한 法律」(loi sur la transcription en matiére hypothécaire)은 일정한 범위의 證書 및 判決은 謄記(transcription)를 하지 않으면 第三者에 대하여 대항하지 못한다고 규정하였다.[2] 그리고 1955년 1월 4일의 「土地公示制度의 改革에 관한 décret」[3] 및 동년 10월 14일의 「土地公示制度의 改革에 관한 1955년 1월 4일의 décret의 적용에 관한 décret」는 종래의 公示制度의 근본원칙을 유지하면서도 전체적으로 이를 재편하였다. 여기서는 종래의 優先特權 및 抵當權에 관한 登記(inscription)와 그 외의 권리에 관한 謄記(transcription)의 구별을 폐지하고 양자를 포괄하는 명칭으로서 土地公示(publicité foncière) 또는 단순히 公示(publicité 또는 publication)라는 명칭을 채용하여 謄記라는 용어는 폐지되었다.[4] 그러나 이하에서는 1955년 이후의 公示制度에 관하여도 편의상 謄記라는 용어를 사용하기로 한다.

謄記없이 대항하지 못하는 第三者에 대하여는 1955년 1월 4일의 décret 제30조의 1이 상세하게 규정하고 있다.[5]

제30조의 1

① 제28조 제1호의 적용에 의하여 公示하여야 하는 證書 및 判決은, 그것이 公示되지 않는 경우에는 동일한 不動産에 관하여 동일한 前權利者로부터 마찬가지로 公示의 의무가 있는 證書 또는 判決에 의하여 서로 양립하지 않는 권리를 취득하고 그 證書를 謄記한 第三者, 또는 優先特權 또는 抵當權을 登記한 第三者에 대항하지 못한다. 그러한 證書 또는 判決은 그것이 公示되었어도 第3者가 援用하는 證書, 判決, 優先特權 또는 抵當權이 그보다 전에 公示되었을 때에는 마찬가지로 대항하지 못한다.

---

2) Mazeaud, Mazeaud et Chabas(1988), n° 652; Marty, Raynaud et Jestaz(1987), n°s 657; Simler et Delebecque(1989), n° 626.

3) 여기서의 décret는 우리나라에서의 대통령령과 유사한, 법률보다는 하위의 법규명령을 가리킨다. 그러나 원래 décret란 執行權을 가지는 首長인 大統領 또는 國務總理가 하는 行爲의 形式을 가리키는 말로서 그 내용이 반드시 法規命令의 정립에 국한되는 것은 아니다. 현재에는 法規命令의 제정권은 國務總理에게 있으므로 法規命令의 제정을 내용으로 하는 décret는 國務總理만이 발할 수 있다. 우리 말로는 적절한 用語가 없으므로 이하에서는 原語를 그대로 사용한다.

4) Mazeaud, Mazeaud et Chabas(1988), n° 655; Marty, Raynaud et Jestaz(1987), n° 663; Simler et Delebecque(1989), n° 629.

5) Marty, Raynaud et Jestaz(1987), n° 759.

② 다만 스스로가 서로 양립하지 않는 權利가 公示되도록 하여야 할 義務를 부담하는 第三者 또는 그 자의 包括名義의 承繼人은 위 규정을 이용하지 못한다.

이와 같은 규정은 위 1855년의 法律 제 3 조의 해석에 관한 통설적 견해를 명문화한 것이나, 여기서도 第三者의 善意·惡意의 문제에는 언급하지 않고 그 해결은 해석에 맡기고 있다.

Ⅲ. 1968년까지의 判例 — 詐害(fraude)의 이론

1. 詐害의 共謀(concert frauduleux)理論

위 1855년 법률의 입법자는 第二買受人이 賣渡人의 詐害(fraude)에 관여한 경우에는 먼저 謄記를 하더라도 第一買受人에게 우선하지 못한다고 설명하고 있는데, 이러한 견해는 곧 判例에 의하여 채택되었다.[6] 즉 破棄院(cour de cassation) 審理部 1858. 12. 8. 判決[7]은,

"동일한 所有權의 善意의 二重讓受人 사이에서는 먼저 자기의 계약을 謄記한 자가 다른 자에 우선한다. 그러나 詐害는 모든 規則에 例外를 이룬다(la fraude fait exception à tous les règles). 謄記가 賣渡人과 讓受人 사이의 詐害의 共謀(concert frauduleux)에 의하여 행하여진 경우에는 그 謄記는 아무런 효과도 낳지 못한다"라고 하여 이른바 詐害의 共謀(concert frauduleux)理論을 수립하였다.

그리고 이 점을 더욱 명확히 한 예로는 破棄院 民事部 1925. 12. 7. 判決[8]을 들 수 있다. 이 判決에서는

"동일한 不動産의 二重讓受人 사이에서는 최초로 取得名義를 謄記한 자가 우선한다. 이 원칙에는 第 2 讓渡가 第一讓受人으로부터 權利를 빼앗을 것을 목적으로 하는 詐欺的 術策(manoeuvre dolosive)에 의하여 특징지울 수 있는 詐害

---

6) Mazeaud, Mazeaud et Chabas(1988), p. 667 et s.; Marty, Raynaud et Jestaz(1987), n° 767; 鎌田 薫(1974), 42-89面; 瀧澤聿代(1977), 532-542面; 吉田邦彦(1991), 450-452面 참조.

7) D.P. 1859, 1, 184, S. 1860, 1, 991. 鎌田 薫(1974), 43面에서 재인용.

8) S. 1925, 1, 340, D.P. 1926, 1, 185(2^{e}) note R. Savatier, Gaz. Pal. 1926, 1, 242, Rev tr.dr.civ. 1926. 431 obs. H. Solus. Mazeaud, Mazeaud et Chabas(1988), p. 668에 수록되어 있는 것을 이용하였다.

의 共謀의 결과인 것이 입증된 경우를 제외하고는 예외가 없다"라고 하여, 第二買受人의 惡意만을 이유로 하여 第二賣買 및 그 謄記가 無效라고 한 原審判決을 파기하였다.

이러한 判例에 의하면 二重讓受人 사이에는 최초로 謄記한 자가 우선하고 단지 第二讓受人이 第一讓渡를 알았다(惡意)는 이유로는 이 원칙을 배제할 수 없으나, 第二讓渡 또는 그 謄記가 「第一讓受人의 권리를 빼앗을 목적」으로 특징지울 수 있는 「賣渡人과 第二讓受人의 共謀」에 의하여 행해진 때에는 그 讓渡契約 또는 謄記가 詐害를 이유로 하여 그 효력이 부인된다고 한다. 이러한 태도는 기본적으로는 1968년에 이르기까지 그대로 유지되었다.

여기서 詐害(fraude)라고 하는 것은 형식적으로는 적법하지만 실질적으로는 법률 또는 계약으로부터 생기는 일정한 義務規則(règle obligatoire)을 면할 목적으로 행하여지는 행위에 대한 反道德性의 평가라고 할 수 있고, 이에 대하여는 「詐害는 모든 것을 깨뜨린다(fraus ommia corrumpit)」라는 法彦이 가리키는 바와 같이 超法規的으로 無效 또는 對抗不能(inopposabilité)이라는 제재가 부과된다. 不動産 二重讓渡에 있어서는 第一讓受人에 대하여 완전한 所有權을 이전하여야 할 계약상의 의무를 이행하지 않고 第二讓渡를 하고 第二讓受人에게 먼저 謄記를 하여줌으로써 형식적으로는 확정적으로 第一讓受人의 권리를 상실시킨 讓渡人의 행위가 1차적으로 문제된다. 그리고 第二讓受人도 이러한 讓渡人의 행위로 인한 책임을 부담하는 근거로서는 이른바 共犯(complicité)의 이론에 의하여, 第二買受人이 賣渡人의 第一買受人에 대한 詐害事實을 알면서도 이에 의도적으로 가담하였다는 점을 일반적으로 들고 있다.[9)]

2. 「詐害의 共謀」의 요건

判例가 第二賣買가 「詐害의 共謀」에 해당하여 無效라고 인정하는 경우는 대체로 ① 第二賣買가 假裝行爲 내지 虛僞表示와 동일시할 수 있는 경우, ② 賣渡人이 第一賣買의 이행을 회피하려고 기도하는 데 대하여 第二買受人이 그에 적극적으로 관여한 경우, ③ 第二買受人이 第二賣買를 권유하여 賣渡人이

9) 鎌田 薫(1974), 43-44面. 여기서는 J. Vidal, Essai d'une théorie générale de la fraude en droit français, 1957; G. Ripert, La règle morale dans les obligations civiles, 4e éd., 1949, n° 157 et s. 를 인용하고 있다.

그에 응한 경우 등으로 나누어볼 수 있다.[10] 이는 대체로 우리 判例가 말하는 「背任行爲에의 積極的 加擔」과 유사한 내용이라고 말할 수 있다. 특히 第二買受人이 賣渡人에게 第一賣買보다 유리한 조건을 제시하여 제2의 매매를 하게 한 경우가 전형적인 예라고 할 수 있다.

그런데 실제에 있어서는 判例가 반드시 이러한 경우에만 「詐害의 共謀」를 인정하고 있는 것은 아니다.

첫째, 이러한 「詐害의 共謀」이론은 논리적으로는 賣渡人의 第一買受人에 대한 債務不履行行爲가 위법한 詐害行爲임을 전제로 하여, 第二買受人이 賣渡人의 詐害行爲에 가담하는 것을 내용으로 한다고 말할 수 있다. 그런데 프랑스의 判例는 賣渡人의 第一買受人에 대한 詐害가 존재하지 않는 경우, 즉 第二買受人이 第一賣買가 無效라거나 또는 第二賣買를 하여도 된다고 賣渡人을 기망한 경우 기타 賣渡人 본인에게는 詐害의 의사가 없었던 경우에도 詐害의 共謀를 인정하여 第二賣買가 無效라고 하였다.[11] 이러한 判例는 이론적으로는 「詐害의 共謀」 이론에 의하여는 설명하기 어렵다. 왜냐하면 詐害는 義務規則을 면하려고 하는 행위에 대한 否定的 評價인데, 第二買受人 자신은 第一買受人에 대하여 독자적으로 의무를 부담하는 것이 아니기 때문이다. 그러므로 프랑스의 判例는 실질적으로는 第二買受人에게 第一買受人에 대한 固有의 詐害를 인정하는 것이 되고, 이는 뒤에서 보는 바와 같이 第二買受人의 단순한 惡意만으로 第一買受人을 보호하기 위한 첫 단계라고 할 수 있다.[12]

둘째, 判例는 이론상으로는 第二買受人이 단순히 惡意인 것만으로는 詐害의 의사를 인정할 수 없다고 하여(위 註 8)의 破棄院 1925. 12. 7. 判決 등) 第二買受人이 賣渡人의 詐害行爲에 적극적으로 관여할 것을 요구하고 있으나 判例는 점차 第二買受人에 대하여 요구되는 이러한 詐害의 요건을 완화하여 사실상 第二買受人에게 단순히 惡意만 있었던 경우에도 詐害의 의사가 있었던 것으로 인정하고 있다. 예컨대 判例 가운데에는 證書의 작성과 謄記의 실행이 통상적인 경우와는 달리 비정상적으로 빨랐던 경우에도 詐害의 共謀가 있었다고 인정하여 第二賣買를 無效로 하고 있으나[13] 未謄記의 第一賣買가 존재함을 알면

10) 判例의 상세한 소개는 鎌田 薫(1974), 44-48面 참조.

11) 예컨대 Civ. 1re, 17 oct 1961, Bull. civ. 1. n° 370, Sem. jur. 1962, Ⅱ, 12578, note Bulte. Simler et Delebecque(1989), n° 662에서 재인용.

12) Simler et Delebecque(1989), n° 662.

13) Cass. req. 6. avr. 1925, S. 1925, 1, 101, D.P. 1926, 1, 185(1re) note R. Savatier; Cass. civ.

서 목적물을 다시 매수한 第二買受人으로서는 될 수 있는 한 第一買受人보다 빨리 謄記를 하려고 노력하는 것이 당연하고, 따라서 第二買受人이 서둘러 證書를 작성하여 謄記를 하였다는 사실은 第二買受人의 惡意를 추정하게 하는 근거는 될지언정 그것만으로 詐害의 의사가 있었다고 인정하기는 어려울 것이기 때문이다.[14)]

3. 詐害가 인정되는 경우의 法律效果

프랑스의 종전 判例에 의하면 第二賣買가 賣渡人과 第二買受人의 詐害의 共謀 또는 第二買受人 固有의 詐害에 의하여 행해진 경우에는 第二賣買 내지 그에 기하여 이루어진 謄記는 無效가 된다. 이 점은 善意의 轉得者(Sous-acquéreur de bonne foi)가 있는 경우에 그의 利害關係에 중대한 영향을 미친다. 즉 第二賣買 자체가 無效이므로 第二買受人은 無權利者이고 따라서 그로부터의 讓受人도 所有權을 취득하지 못하게 되는 것이다.

이 점을 최초로 명확히 한 것은 破棄院 民事部 1949. 5. 10. 判決[15)]이다. 이 判決의 사안은 다음과 같다.

A는 1929. 3. 5.의 證書에 의하여 이 사건 不動産에 관하여 X와의 사이에 賣買豫約(promesse de vente)[16)]을 체결하였다. X는 1930. 5. 12. 위 豫約을 완결

1re, 14 févr. 1962, Bull. Civ. 1962, 1, 98, p. 86. 鎌田 薰(1974), 73面 註 19)에서 재인용.

14) V. J. Mazeaud, note D. 1968, 413{Mazeaud, Mazeaud et Chabas(1988), p. 671에 재수록됨}. 瀧澤聿代(1977), 534面; 吉田邦彦(1991), 451-452面도 종래의 판례상 詐害意思와 惡意의 구별이 실질적으로는 불분명하였음을 지적하고 있다.

15) D. 1949, 277 note R. Lenoan, S.1 949, 1, 189 note H. Bulté, J.C.P. 1949, Ⅱ, 4972 obs. E. Becqué, Rev. tr.dr.civ. 1950, 76 obs. H. Solus. Simler et Delebecque(1989), n° 663에서 재인용. 또한 鎌田 薰(1984), 81面 註 5)도 참조.

16) 賣買豫約은 豫約(Promesse de contrat) 또는 前契約(avant-contrat)의 일종으로서, 이러한 豫約이 있으면 豫約 當事者의 一方 또는 雙方은 本契約의 締結을 요구할 權利를 가지게 된다. Marty et Raynaud(1988), n° 127; Weill et Terré(1986), n° 108 참조. 그러나 프랑스 民法 제1589조 제1항은, "目的物과 價格에 관한 兩當事者의 相互合意가 있을 때에는 賣買豫約은 賣買의 效力을 가진다"고 규정하고 있어 이 條項의 해석을 둘러싸고 논란이 있으나, 통설은 위 條項은 雙方이 契約締結을 요구할 權利를 가지는 경우(la promesse synallagmatique de vendre et d'acheter)에만 적용되고 賣渡人이 될 자만이 承諾의 義務를 부담하는 경우(promesse unilatéral de vente)에는 적용되지 않는다고 본다. Ghestin et Desché(1990), n°s 150, 159 et s.; Mazeaud, Mazeaud et Chabas(1987), n°s 784 et s. 등 참조. 나아가 이러한 賣買豫約에는 그 存在를 알고 있는 第3者에 대한 對抗力도 인정되고 있으며, 이에 대하여는 후술하는 破棄院 1968. 3. 22. 판결의 법리가 그대로 적용된다. Ghestin et Desché(1990), n° 162.

하고 같은 해 7. 23.에 A에 대하여 賣買證書를 작성하기 위하여 8. 1.에 公證人事務所에 출석할 것을 최고하였다. 그러나 A는 출석하지 않았고, 公證人이 賣買豫約 및 豫約完結에 관한 調書를 작성하여 이를 8. 8.에 謄記하였다. 그런데 다른 한편 A는 X로부터의 최고를 받은 후인 7. 31.에 이 사건 不動産을 출자하여 C회사를 설립하기로 C'와 합의하여 8. 1. 그 證書를 謄記하였다. C회사는 1931. 7. 27. 이 사건 不動産을 Y(파리市)에 전매하여 Y는 8. 18. 그 謄記를 마쳤는데, 당시 Y는 擔當公務員에게 이 사건 不動産에 대한 權利關係를 확인하여 보았으나 擔當公務員의 過失로 인하여 X의 謄記事實이 확인되지 아니하였다. 그런데 X가 Y를 상대로 하여 所有權確認 등의 訴를 제기하였다.

이 사건의 쟁점은 C의 謄記가 유효한가, 만일 無效라면 Y의 지위는 어떻게 되는가 하는 점이었는데, 제1, 2심법원은 모두 A와 C 사이의 讓渡契約 및 謄記는 X의 취득을 방해할 의도를 가진 詐欺的 術策의 결과로 이루어진 것이므로 無效이고, Y가 善意이고 無過失이라 하여도 無權利者인 C로부터 이 사건 不動産을 양도받은 것이므로 X에게 권리를 주장할 수 없다고 하여 X 승소의 判決을 선고하였다.

破棄院도, 詐欺的 術策의 결과로서 謄記가 행해진 경우에 그 謄記는 無效이고, 前主가 所有權을 취득하지 못한 것으로 간주되는 不動産에 관하여 善意의 轉得者를 소유자로 볼 수는 없는데 이 사건에서 X의 C에 대한 出資行爲가 詐害적이고 假裝行爲이어서 C의 物權取得 및 謄記가 無效로 되는 이상 轉得者가 善意라 하여도 前主의 詐害에 의한 謄記를 원용할 수 없다고 하였다. 다시 말하여 이 사건에서 法院은 詐害가 인정되는 경우에는 계약이 絶對的 無效(nullité absolute)가 되어 善意 無過失의 轉得者라도 보호받지 못한다는 점을 명확히 한 것이다. 그리고 破棄院 第1民事部 1961. 10. 17. 判決(위 註 11)도 이를 거듭 확인하였다.

4. 判例에 대한 批判論

이와 같은 종전의 判例에 대하여는 이를 지지하는 학설도 있었으나, 비판도 적지 않았다.[17] 그 비판의 초점은 다음의 두 가지라고 할 수 있다.

---

17) 후술하는 破棄院 1968. 3. 22.판결에 대한 J. Mazeaud의 평석(註 24) 및 鎌田 薫(1974), 79-80面, 86面 이하; 瀧澤聿代(1977), 535面 이하 참조.

첫째, 判例에 의하면 賣渡人과 第二買受人의 詐害意思가 인정될 때에는 第二賣買가 絕對的 無效로 되어 善意의 轉得者도 보호받지 못하게 된다는 점이다. 判例가 채택하고 있는 「詐害의 共謀」이론은, 第二賣買가 賣渡人의 詐害行爲에 의하여 행하여진 것임을 이유로 第二買受人의 권리도 인정되지 않기 위하여는 第二買受人이 그러한 제재를 받을만한 惡性을 가지고 있어야 한다는 것으로 이해할 수 있다. 그런데 왜 이러한 詐害行爲에 전혀 관여하지도 않았고 그 사실을 알지도 못한 善意의 轉得者에게까지도 詐害行爲의 효과가 미치는 것인가 하는 점이다.[18]

둘째, 判例와 같이 「詐害의 共謀」와 단순한 惡意를 구별하는 것이 합리적인가, 나아가 그러한 구별이 실제상 가능한 것인가 하는 점이다. 不動産에 관한 權利變動의 公示制度가 去來의 安全을 위한 것이라면, 惡意로 不動産을 취득한 자를 보호할 필요는 없고, 善意로 취득한 자만을 보호하여야 하는 것이라는 것이 그 주된 논거이다.

그리하여 학설상 이러한 문제점을 해결하기 위한 새로운 이론이 주장되게 되었다. 가령 R. Savatier는 第二買受人이 단순히 惡意라는 이유만으로는 第二賣買를 無效라고 할 수 없다는 위 破棄院 1925년 判決(註 8)에 대한 評釋에서 단순한 惡意와 詐害의 共謀를 구별하는 것은 사실상 거의 불가능함을 지적하면서 다음과 같이 주장하였다. 즉 二重讓渡에 있어서는 제 1 차적으로는 먼저 謄記를 한 자가 우선한다. 그러나 뒤에 계약을 하였으나 먼저 謄記를 한 자가 惡意인 경우에는 그에게 害意나 詐欺的 術策이 있었는지의 여부에 관계없이 제 2 의 買受人은 프랑스 民法 제1382조 소정의 faute[19]를 범한 것으로서 위 규정 소정의 損害賠償責任을 부담하여야 하고, 그 賠償은 原狀回復이 가능한 경우에는 原狀回復을 인정하여야 한다는 원칙에 따라 第一買受人에게 권리를 반환하는 방법에 의하여야 한다는 것이다.[20]

Savatier 외에도 여러 학자들이 그와 같은 이론을 전개하였다. 즉 判例는 第二買受人의 단순한 惡意와 詐害意思는 질적으로 상이함을 전제로 하고 있으면서도 실제로는 第二買受人에게 단순한 惡意밖에 없는 경우에도 그의 권리를

---

18) Marty, Raynaud et Jestaz(1987), n°s 768.

19) 이는 프랑스 不法行爲法상의 용어로서 우리 不法行爲法상의 歸責事由(故意와 過失) 및 違法性을 포괄하는 개념이라고 할 수 있으나, 不動産 二重讓渡에 있어서는 뒤에서 보는 바와 같이 過失의 경우는 제외되고 故意만이 문제된다.

20) 瀧澤聿代(1977), 535-536面에서 재인용.

부인하고 있는바, 이는 判例가 채택하고 있는 詐害意思의 法理가 破綻에 이르렀다는 것을 의미하는 것이고, 단순한 惡意와 詐害意思의 구별은 실제로 가능한 것이 아니고 단순한 논리상의 구별에 지나지 않는다는 것이다. 이처럼 惡意와 詐害意思의 구별이 실질적으로나 법률적으로 인정되지 않는다면 謄記制度는 당사자의 善意·惡意를 묻지 않는다는 종래의 前提도 흔들리게 되지 않을 수 없다.

나아가 善意의 轉得者를 보호하기 위하여도 第二買受人의 책임을 詐害로 인한 특별한 책임이 아니라 不法行爲(délit civil)에 의한 責任으로 보아야 한다고 주장되었다. 이러한 不法行爲責任은 不法行爲者만이 부담하는 것이므로 不法行爲에 가담하지 않은 特定承繼人까지 책임을 부담하는 것은 아니고, 따라서 二重賣買에 있어 第二買受人은 第一買受人에 대하여 不法行爲責任에 기한 原狀回復(現物返還)의 책임을 진다 하더라도 善意의 轉得者에게는 이를 청구할 수 없다는 것이다.

이처럼 1968년까지는 判例가 詐害理論을 채택하고 있었음에 반하여 학설상은 不法行爲責任說(faute 說)의 입장에 선 반대설이 유력하게 주장되고 있었다.[21]

이 이외에 Pauliana 訴權說(詐害行爲取消說)도 주장된 바 있다.[22]

Ⅳ. 1968년 이후의 判例 — 不法行爲理論

1. 판례에 의한 faute 理論의 採擇

위와 같은 상황에서 破棄院 第三民事部 1968. 3. 22. 判決[23]이 선고되었다. 이 判決의 내용은 다음과 같다.

---

21) 문헌의 소개는 후술 註 24)의 J. Mazeaud의 評釋 참조{Mazeaud, Mazeaud et Chabas(1988), p. 671 et s.}.

22) Grouber, L, action paulienne en droit civil français contemporain, thèse Paris, 1913, n°s 268 et s. 鎌田 薫(1974), 84面 註 18)에서 재인용. 또한 吉田邦彦(1991), 437面; 好美淸光(1961), 416-417面 등 참조.

23) D. 1968, 412 note J. Mazeaud, J.C.P. 1968, Ⅱ, 15587 obs. A. Planquel, Rev. trim.dr.civ. 1968, 564 obs. Bredin, Rec. gén. loi et jur. 1968, Jur., 444, p. 601, obs. Désiry. 原文은 Mazeaud, Mazeaud et Chabas(1988), p. 674에 수록되어 있다.

X는 M회사의 중개로 A 소유의 不動産을 1944. 4. 4.의 私書證書(acte sous seing privé)에 의하여 매수하였다. 그런데 X가 A에 대한 公正證書(acte authentique)의 작성을 요구하였으나 A는 이에 응하지 아니하고 동일한 不動産을 1946. 2. 9.의 公證人證書(acte notarié)에 의하여 위 M회사의 이사인 Y에게 매도하였고, Y는 위 證書를 같은 해 5. 4.에 謄記하였다. 이에 X는 위 A의 Y에 대한 第二賣買 및 그 謄記는 A와 Y의 詐害의 共謀에 의하여 이루어진 것이라고 주장하여 위 第二賣買 및 그 謄記로써 X에게 대항하지 못한다는 것의 宣言을 구하는 訴를 제기하였다.

그러나 原審은, Y는 A의 X에 대한 계약상의 의무를 알고 있었으므로 責任發生事由인 faute를 범하였다고 여겨지지만 이를 이유로 위 第二賣買를 無效로 할 필요는 없다고 하는 이유로 X의 청구를 기각하였다.

이에 대하여 破棄院은 다음과 같은 이유로 原審判決을 파기환송하였다. 즉 原審判決은 Y의 faute와, 不動産이 아직 Y의 수중에 있음은 인정하면서도 아무런 이유를 붙임이 없이 第二賣買의 第一買受人에 대한 對抗不能(inopposabilité)이라는 執行方法(mode d'exécution)을 무시하였다고 하여 不法行爲에 관한 民法 제1382조를 인용하여 原審判決은 法的 基礎를 결여하였다고 하였다.

2. 위 判決의 意義

위 判決은 第二買受人의 faute만을 이유로 하여서는 第二賣買가 無效라고 할 수 없다는 原審判決을 파기하고 faute 있는 第二買受人은 第二賣買로써 第一買受人에게 대항하지 못한다고 함으로써 詐害意思(fraude)가 있는 경우가 아니면 第二買受人의 權利取得을 부인할 수 없다고 하였던 종래의 判例를 정면으로 부정하고 faute에 기한 不法行爲責任說을 채택하는 것으로 判例를 변경한 것이라고 할 수 있다. 이 判決에 報告者로서 관여한 J. Mazeaud는 이 判決의 평석[24]에서 그 의의를 다음과 같이 설명하고 있다.

즉 계약의 존재를 알면서도 이를 침해한 자가 있는 경우에 그의 惡意는 faute를 구성하고 그의 행위는 不法行爲(délit civil)가 된다. 不法行爲者는 그에 의하여 생기는 손해를 배상할 의무를 부담하는데 가장 바람스러운 賠償方法은

---

24) J. Mazeaud note D. 1968, 412. Mazeaud, Mazeaud et Chabas(1988), p. 670 et s.에 재수록된 것을 이용하였다.

原狀回復이므로 原狀回復이 가능한 한 現物賠償(réparation en nature)을 명하여야 한다는 것이다.

그런데 이 判決이 對抗不能을 원상회복의 내용으로 이해하고 있는 것에 관하여는 다소 설명을 요한다.

원래 프랑스의 학설은, 프랑스 민법 제1165조가 규정하고 있는 계약의 상대성 원칙(계약은 당사자 사이에만 효력이 있다는 원칙)과, 判例가 第3者의 채권침해로 인한 불법행위책임을 인정하고 있는 것을 조화시키기 위하여 노력한 끝에 계약의 효력을 강제력(effet obligatoire)과 대항력(opposabilité)의 두 가지로 나누어, 위 제1165조는 전자의 강제력에만 한정되는 것이고 후자의 대항력은 第3者에게도 미치는 것이 원칙이며, 이러한 第3者가 계약을 알고 있어야 할 필요도 없다고 보기에 이르렀다.[25] 이러한 대항력의 효과의 하나는 계약위반에 가담한 第3者가 불법행위책임을 지는 것이다.[26]

그러나 이처럼 계약이 第3者에 대하여도 대항력이 있다는 원칙의 예외의 하나로서, 법률이 계약에 대하여 일정한 公示를 갖출 것을 요구하고 있을 때에는 公示의 결여(défaut de publicité)가 第3者에 대한 대항불능이라는 효과를 가져오게 된다.[27] 그렇지만 이때에도 判例는 일정한 경우에 이러한 대항불능이라는 예외를 완화하고 있는데, Marty/Raynaud(1988)는 그 전형적인 예로서 第3者가 선행의 행위가 公示를 갖추지 못하고 있음을 알면서 자신의 公示方法을 먼저 갖춘 경우에 判例가 그러한 公示의 우선을 부정하고 있는 위 判決의 경우를 들고 있다.[28]

그러므로 이 사건에서 第一買受人이 第二買受人에게 자기의 권리를 주장할 수 있는 것 내지 第二買受人이 자기의 권리를 第一買受人에게 주장하지 못하는 것은 원래의 第一買受人과 매도인 사이의 계약이 第二買受人에게 對抗力을 가지는 효과의 하나로서 第二買受人이 부담하는, 불법행위의 효과로서의 원상회복책임이라고 볼 수 있다.[29] 이를 不法行爲의 효과로서의 原狀回復과 관련

---

25) Marty et Raynaud(1988), n°s 270 et s.; Mazeaud, Mazeaud et Chabas(1991), n°s 758 et s.; 吉田邦彦(1991), 430면 이하 참조. 또한 賣買契約의 對抗力에 관하여는 Ghestin et Desché(1990), n°s 534 et s. 참조.

26) Marty/Raynaud(1988), n° 271; Weill et Terré(1986), n° 519. 물론 이 경우에는 第3者에게 過責(faute)이 있을 것이 요구된다.

27) Marty et Raynaud(1988), n° 272.

28) Marty et Raynaud(1988), n° 272.

29) Mazeaud, Mazeaud et Chabas(1988), p. 674 et s.는 이 判決과 후술하는 破棄院 第三民事部

하여 다음과 같이 설명하기도 한다.30) 즉 不法行爲에 대한 非金錢的 내지 原狀回復的 賠償(condemnation non pécuniaire ou en nature)에는 禁止된 行爲의 法律效果를 否定하는 것(La suppression des conséquences juridiques d'une activité prohibée)도 포함되고, 不動産 二重賣買에 관한 위 破棄院 1968. 3. 22. 判決 이래의 判例는 그 전형적인 사례에 해당하는데, 이때 判例가 第二賣買가 公示方法을 먼저 갖추었음에도 불구하고 第一買受人에게 대항할 수 없다고 하는 것은 被害者의 權利를 만족시키기 위하여 정상적인 경우라면 不動産 賣買의 公示方法에 수반되는 效果를 부정하는 것이라고 한다.

그러나 이 判決이 갖는 의미가 반드시 명확한 것은 아니다.

첫째, 이 判決이 第二買受人의 主觀的 要件에 관하여 과연 종래의 判例와는 다른 입장을 취한 것인가 하는 점이다. 즉 이 사건에 있어서는 第二買受人과 第一賣買의 仲介人 사이에 특별한 관계가 있었고, 따라서 종래의 判例에 의하더라도 第二買受人의 詐害意思가 인정될 수 있었던 경우였다. 따라서 이 判決이 第二買受人의 主觀的 要件에 관한 한 종래의 判例와 다른 것은 아니라는 해석도 있을 수 있다.31) 그러나 일반적으로는 이 判決이, 第二讓受人이 선행양도의 사실을 알기만 하면(la simple connaissance de l'aliénation antérieure) 第二讓受人이 第一讓受人에게 대항할 수 없다고 판시한 것으로 이해되고 있다.32)

둘째, 위 첫째의 점과는 반대로, 일반적으로 faute라고 하면 故意뿐만 아니라 過失의 경우도 포함하는 것으로 이해되고 있으므로 위 判決에 의하여 惡意의 第二買受人뿐만 아니라 善意이지만 過失 있는 第二買受人도 第一買受人에 대하여 不法行爲責任을 지는가 하는 의문이 있을 수 있다. 이 判決 자체는 第二買受人이 惡意임을 전제로 하고 있고 따라서 過失 있는 第二買受人까지 보호한다는 취지는 아닌 것으로 보이나 반드시 명확한 것은 아니다.

1974. 1. 30. 判決(註 81)이 불법행위법에 관한 프랑스 民法 제1382조를 인용하고 있는 것이 對抗不能을 第一讓受人이 입은 損害의 原狀回復으로 간주하고 있음을 보여준다고 평하고 있다. 또한 Simler et Delebecque(1989), n° 662 참조.

30) Viney(1988), n° 22.

31) J. Mazeaud는 이 판결이 faute를 요구하고 있더라도 第二讓受人의 心理狀態에 관하여는 크게 달라진 것은 없고, 다만 詐害라는 불명확한 槪念을 포기하고 프랑스 民法 제1382조를 원용하고 있는 것은 善意의 轉得者의 權利를 보호하는 것 외에 다른 효과는 없다고 한다. 위 註 24의 評釋. Mazeaud, Mazeaud et Chabas(1988), p. 670면. 다만 J. Mazeaud 자신도 종래에는 詐害와 단순한 惡意를 구분하는 것이 불가능하였음을 지적하고 있다.

32) Marty, Raynaud et Jestaz(1987), n° 767; Mazeaud, Mazeaud et Chabas(1988), p. 674; Simpler et Delebecque(1989), n° 662 등.

셋째, 종래 詐害意思說(fraude 說)과 不法行爲說의 실제적인 차이가 善意의 轉得者가 있는 경우 그를 어떻게 취급할 것인가 하는 점에 있었는데, 이 사건에서는 善意의 轉得者가 없었으므로 이 判決만으로는 善意의 轉得者가 보호되는지가 반드시 명확하지 않다. 그러나 이론적으로는 判例가 不法行爲說을 택한 이상 善意의 轉得者는 보호됨이 당연할 것이다.[33)]

3. 그 후의 判例

위와 같은 의문점 중에서 첫째 및 둘째점에 대하여는 그 후의 判例[34)]가 어느 정도 解答을 제시하고 있다. 그러나 善意의 轉得者의 취급에 관하여는 아직 判例가 나오지 않고 있다.

가. 不法行爲說=惡意者 排除說의 유지

위 1968년의 判決이 선고된 후에도 破棄院은 詐害(fraude)라는 용어를 쓰기도 하였으나[35)] 대체로는 第二買受人이 惡意이면 faute에 의한 不法行爲責任을 진다는 입장을 유지하고 있다.

우선 破棄院 第三民事部 1974. 1. 30. 判決[36)]의 사안은, Y_1은 Y_2에게 주택을 매도하여 그 公示節次를 마쳤으나, 위 주택의 임차인인 X가, 그 이전에 Y_1으로부터 賣買豫約을 하였다고 하여 Y_1과 Y_2를 상대로 위 매매는 詐害에 의한 無效임의 확인 등을 구한 것이다.

原審은 X의 청구를 기각한데 반하여 破棄院은, 第一讓渡의 존재를 알면서 不動産을 취득하는 것은 faute를 구성하고, 第二讓受人이 公示의 原則을 원용하는 것은 허용되지 않는다고 하여 原審判決을 파기하였다.[37)]

---

33) Marty, Raynaud et Jestaz(1987), n° 768은 이 판결이 「부동산이 아직 Y의 수중에 있는 한」이라고 표현하고 있는 것은 그와 같은 의미를 시사하는 것이라고 평가하고 있고, Mazeaud, Mazeaud et Chabas(1988), p. 674; Simler et Delebecque(1989), n° 663도 같은 취지이다.

34) 鎌田 薰(1980), 37面 이하가 상세하다. 또한 吉田邦彦(1991), 452面도 참조.

35) Cass. civ. 3e, 10 mai 1972, Bull. civ. Ⅲ, p. 216, n° 300. Ghestin et Desché(1990), n° 162에서 재인용.

36) Bull. civ. Ⅲ, n° 50, p. 37; J.C.P. 1975, Ⅱ, 18001(1re) note Dagot; D. 1975, 427 note Penneau; Gaz.Pal. 1974, 2,570 note Plancquel; Rép. Defrénois, 1974, art. 30631, p. 637 note Goubeaux; Rev. trim.dr.civ. 1975, 569 obs. Giverdon. Mazeaud, Mazeaud et Chabas(1988), p. 675에 判決文이 수록되어 있다.

37) 동지, Civ. 3e Bull. civ. 1979, Ⅲ, n° 71, p. 52; J.C.P. 1979, Ⅳ, 187; D. 1980, I.R. 396;

다만 一部의 判例[38]는 동일하게 faute로써 족하다는 입장을 취하면서도 先行의 讓渡를 인식하면서 不動産을 취득하는 것은 "faute를 구성할 수 있다(peut être constitutive d'une faute)"라고 하여, 惡意만으로 곧 faute를 구성하는 것은 아니라고도 해석될 수 있는 표현을 쓰고 있으나 반드시 다른 判決과 다른 취지인지는 불명확하다.[39]

나. 過失 있는 第二買受人의 문제

破棄院 第三民事部 1979. 5. 28. 判決[40]은 第一賣買의 사실에 관하여 善意이지만 過失있는 第二買受人은 不法行爲責任을 지지 않음을 명백히 하였다.

위 判決의 事實關係는 다음과 같다. 즉 Y는 1952. 1. 31. 자기 소유의 토지에 인접한 토지 중 띠 모양의 이 사건 토지를 그 공유자인 A 등으로부터 私署證書에 의하여 매수하였으나 그 公示節次는 밟지 않고 있었다. 그런데 X와 B는 1958. 5. 27. 이 사건 토지를 포함한 A 등의 共有地를 그 共有者들로부터 公正證書에 의하여 매수하고 그 公示節次도 밟은 후 위 共有地를 1971. 6. 3. 분할하여 Y가 매수한 이 사건 토지는 X의 소유가 되었다. 그러자 X가 Y를 상대로 하여 Y의 所有權取得은 X에게 대항하지 못한다는 것 등의 확인을 구하는 소송을 제기하였다.

原審判決은 X의 청구를 인용하였고, 그에 대하여 Y는 다음과 같은 이유로 破棄院에 上告(破棄의 申請)를 하였다. 즉 X는 Y에의 양도사실을 알고 있으면서도 이 사건 토지를 취득하였으므로 faute가 있고, 第一讓渡의 존재를 조사하지 않은 過失(négligence)도 faute에 해당하며, Y는 X가 취득한 1958년 이전에 이 사건 토지에 통로를 개설하여 사용하고 있었던 사정 등을 고려한다면 原審은 X가 1958년에 Y의 취득을 알았는가 몰랐는가의 점뿐만 아니라 第一讓渡의 존재에 관하여 조사하는 것을 게을리한 것이 아닌가 하는 점도 심리하여야 한

Rev. dr.immob. 1980, 1, p. 80 obs. Dagot. Marty, Raynaud et Jestan(1987), n° 767에서 재인용.

38) Cass. civ. 3e 1974. 10. 3. Bull. civ. 1974, Ⅲ, n° 335, p. 256; J.C.P. 1975, Ⅱ, 1801(2e) note Dagot; Rev. trim.dr.civ. 1975, 569 obs. Giverdon; D. 1974, I.R. 256). Ghestin et Desché(1990), n° 162에서 재인용.

39) 鎌田 薰(1980), 38面 참조. Ghestin et Desché(1990), n° 162은 이 판결이 위 破棄院 第三民事部 1974. 1. 30.판결에 대한 비판에 영향을 받아 종래의 입장을 바꾼 것으로 보인다고 설명하고 있다.

40) Bull. civ. 1979, Ⅲ, n° 116, p. 88. Ghestin et Desché(1990), n° 557에서 재인용. 또한 鎌田 薰(1980), 36面 참조.

다는 것 등이다.

이에 대하여 破棄院은 다음과 같은 이유로 破棄申請을 기각하였다.

"X와 Y는 동일한 不動產을 두 사람에게 매도한 동일한 前所有者의 承繼人으로서 두 사람 사이의 분쟁은 第二取得者가 第一讓渡를 알았다는 것이 증명되지 않는 한 土地公示의 원칙에 따라 取得證書의 公示의 先後에 의하여 해결하여야 한다고 본 原審의 판단은 정당하다. 따라서 原審으로서는 X가 第一讓渡의 존재에 관하여 조사를 게을리하였는가의 여부를 심리할 의무를 부담하지 않는다."

이 判決은 第二讓受人이 第一讓渡의 사실을 알았을 경우에는 公示의 원칙이 적용되지 않는다는 종래의 判例를 再確認함과 동시에, 第二讓受人으로서는 第一讓渡가 있는가의 여부에 관하여 조사할 의무가 없고, 따라서 善意의 第二讓受人은 第一讓渡의 사실을 모른 데 過失이 있다고 하여도 faute에 의한 책임을 부담하지 않음을 명확히 한 것이다.

이 점에 관하여는 이미 J. Mazeaud가 위 破棄院 1968. 3. 22. 判決에 대한 評釋에서 다음과 같이 지적한 바 있다. 즉 第三者는 자기의 利益에 관한 것 이외의 점에 대하여까지 賣渡人의 권리에 관하여 조사할 필요는 없고, 第三者에게는 土地公示에 의한 정보를 신뢰할 권리가 있으며 그에게 調查義務를 인정하는 것은 法의 취지에 반한다는 것이다.[41)]

V. 判例에 대한 批判

그러나 현재의 判例가 위와 같이 faute에 기한 不法行爲責任을 인정하고 있는 데 대하여는 이를 찬성하는 설 외에 이를 비판하는 설이 없는 것은 아니다.[42)]

그 비판의 요지는 다음의 두 가지이다. 첫째, 현재의 判例와 같이 第二讓受人이 單純惡意라는 이유만으로 不法行爲責任을 인정하는 것은 지나치게 責任의 범위를 확대하는 것으로서, 不動產에 관한 公示制度와는 어울리지 않는

41) 註 24{Mazeaud, Mazeaud et Chabas(1988), p. 674} 참조.

42) 비판의 예로서는 Marty, Raynaud et Jestaz(1987), n° 767; Simler et Delebecque(1989), n° 662 등. 기타 贊反의 논의에 대한 자세한 文獻紹介는 吉田邦彦(1991), 459頁 註 96) 참조.

다. 둘째, 종전의 判例 가운데 비판의 핵심이 되었던 善意의 轉得者 보호의 문제는 종래와 같이 詐害意思說을 택하더라도 불가능한 것은 아니고, 이를 위하여 第二買受人의 不法行爲責任을 인정할 필요는 없다.

우선 첫째 점에 관하여는 다음과 같이 주장한다. 즉 계약상의 권리도 모든 사람에 의하여 존중되어야 하고 따라서 故意나 過失에 의한 債權侵害는 不法行爲를 구성한다는 것은 判例에 의하여도 인정되지만, 第3者에 대항하기 위하여는 公示를 필요로 하는 권리에 관하여는 반드시 그렇다고 볼 수 없다. 公示의 制度는 去來의 安全을 목적으로 하는 것인데, 이러한 목적은 取得을 公示한 자가 거래의 시점에서 惡意였는가 아닌가에 관한 論議를 봉쇄하지 않고서는 달성될 수 없다. 다시 말하여 公示라고 하는 方式의 遵守는 公示를 실현한 자의 善意를 증명할 뿐만 아니라 일종의 反證이 不可能한 推定(présomption irréfragable)을 낳는 것으로서 第3者에 대한 對抗問題를 公示에 의하여 결정하여야 할 성질의 권리에 있어서는 善意·惡意의 문제는 일체 논할 필요가 없다.

다만 判例가 「詐害는 모든 것을 깨뜨린다(fraus omnia corrumpit)」는 法彦에 따라 公示의 原則의 적용을 완화하고 있는 것은 대립하는 자들 사이의 이해를 조정하는 것으로서 시인할 수 있으나, 公示의 原則에 대한 이 같은 예외는 「詐害의 共謀」가 인정되는 경우에만 한정되어야 한다는 것이다.

둘째, 善意의 轉得者에 관하여는 Pauliana 訴權(債權者取消權)에 있어서와 같이 惡意의 轉得者가 아니면 賠償을 강제할 수 없다고 하는 이론에 의하여 善意의 轉得者를 보호할 수 있다고 보아야 한다고 하여 결과에 있어서는 faute에 기한 不法行爲說과 결론을 같이한다.

Ⅵ. 小　結

앞에서 살펴본 바와 같이 프랑스의 判例는 不動産 二重讓渡에 관하여 과거의 사해의사설(fraude 說)을 버리고 不法行爲說(faute 說)로 전환하였다. 이러한 전환의 動機는 첫째, 과거의 詐害意思說에 의하면 第二讓渡가 無效가 되어 선의의 전득자도 보호를 받지 못하게 된다는 점, 둘째, 第二讓受人의 사해의사와 단순한 악의를 구별하기 어렵고 또 그 구별의 근거도 없다는 것으로 집약될 수 있다.

현재의 이와 같은 프랑스의 判例는 일단 확립된 것으로 볼 수 있으나, 주로 不動産 公示制度의 機能과 관련하여 判例에 비판적인 理論이 아직까지도 존재하고 있어 이 문제에 관한 논쟁은 아직 완전히 결말이 났다고는 할 수 없다.

〈참고문헌〉

鎌田薫

1974 "不動産二重賣買における第二買主の惡意と取引の安全", 比較法學 제 9 권 2호 31-130면.

1980 "二重賣買における買主の注意義務", 判例タイムズ No. 422, 36-41면.

吉田邦彦

1991 債權侵害論再考, 東京, 有斐閣.

瀧澤聿代

1977 "物權變動における意思主義・對抗要件主義の繼受(4)", 法學協會雜誌 제94권 4호 519-580면.

Ghestin, J et Desché, B

1990 Traité des contrats: La vente, Librairie de droit et jurisprudence, Paris.

Marty, G et Raynaud, P

1988 Droit civil: Les obligations tome 1, Les sources, 2e éd., Sirey, Paris.

Marty, G, Raynaud, P et Jestaz, P

1987 Droit civil: Les sûretés La publicité foncière, 2e éd., Sirey, Paris.

Mazeaud(Henri et Léon), Mazeaud(Jean) et Chabas, F

1987 Leçons de droit civil tome Ⅲ-2e vol., Principaux contrat: Vente et échange, 7e éd., par Juglar, M. de, Montchrestien, Paris.

1988 Leçons de droit civil tome Ⅲ-1er vol., Sûretés La publicité foncière, 6e éd. par Ranouil, V. et Chabas, F., Montchrestien, Paris.

1991 Leçons de droit civil tome Ⅱ-1er vol., Obligations théorie générale, 8e éd., par Chabas, F., Montchrestien, Paris.

Simler. P et Delebecque, P

1989 Droit civil: Les sûretés La publicité foncière, Dalloz, Paris.

Viney, Geneviève

1988 Traité de droit civil Ⅴ: Les obligations La responsabilité; effets, Librairie de droit et jurisprudence, Paris.

Weill, A et Terré, F
1986 droit civil Les obligations, 4e éd., Dalloz, Paris.

〈私法研究 제 2 집, 1994〉

〈追記〉

이 글은 필자의 서울대학교 대학원 박사학위 논문 "不動産 二重讓渡에 관한 研究" 중 제 3 장 제 3 절의 내용을 토대로 한 것이다.

不動産 二重讓渡의 經濟的 分析

— 背任行爲 積極加擔論의 批判 —

I. 序　　論

不動産의 二重讓渡[1]에 관하여 大法院의 판례는 — 적어도 이론상으로는 — 일관된 태도를 유지하고 있다. 즉 (1) 讓渡人이 第一讓受人에 대한 양도의무를 부담함에도 불구하고 다시 제3자, 즉 第二讓受人에게 부동산을 이중으로 양도하고 그 소유권이전등기까지 마치게 되면 원칙적으로 第二讓受人은 그 소유권을 유효하게 취득하고, 이는 第二讓受人이 선행의 양도사실을 알고 있었던 경우라도 마찬가지이지만, (2) 第二讓受人이 讓渡人의 第一讓受人에 대한 背任行爲에 적극 가담한 때에는 위 제2의 양도는 민법 제103조 소정의 善良한 風俗 기타 社會秩序에 위반한 것이어서 무효이고(이른바 背任行爲 積極加擔論), (3) 第一讓受人은 讓渡人을 대위하여 第二讓受人 명의의 소유권이전등기의 말소를 청구할 수 있다는 것이다.

이처럼 종전의 판례가 원칙적으로는 제2의 양도를 유효라고 하면서도 예외적인 경우에는 第一讓受人을 보호하려고 하는 것은 기본적으로는 정당하다고 하겠다. 그러나 어느 경우에 이러한 예외를 인정할 것인지, 그 예외의 경우

---

1) 이는 통상적인 不動産의 二重賣買뿐만 아니라 일반적으로 다른 사람에게 不動産의 讓渡 義務를 부담하는 자가 그 不動産을 제3자에게 처분함으로써 그 讓渡義務를 履行不能으로 만드는 여러 가지 경우를 모두 지칭한다. 예컨대 名義受託者가 名義信託된 不動産을 부당하게 처분하는 경우 및 讓渡擔保權者가 讓渡擔保의 目的物인 不動産을 부당처분하는 부동산을 부당하게 처분하는 경우 등이다.

에는 어떠한 法律效果를 인정할 것인지에 관하여는 여러 가지 논란이 있다. 구체적으로 말한다면 (1) 위 예외가 왜 第二讓受人이 선행의 양도사실을 아는 것만으로는 부족하고 讓渡人의 第一讓受人에 대한 배임행위에 적극 가담한 경우에만 인정되어야 하는 것인지, (2) 위 예외의 경우에 과연 제2양도를 무효라고 볼 필요가 있는지 하는 점이다.

위 後者의 점에 관하여도 여러 가지 논의할 점이 많이 있으나[2] 여기서는 전자, 즉 어떤 경우에 위와 같은 例外를 인정할 것인가, 위와 같은 背任行爲 積極加擔論은 과연 타당한 것인가 하는 점을 다루고자 한다. 그런데 이 문제는 종래의 法解釋學的인 관점에서 다루는 것만으로는 불충분하다고 여겨지므로 法經濟學的인 방법[3]을 도입하여 이 문제를 분석하여 보기로 한다.

논의의 순서로서는 우선 이 점에 관한 종래의 판례와 학설을 구체적으로 살펴보고, 이어서 法經濟學의 몇 가지 기본개념을 소개한 다음 不動産 二重讓渡에 있어서 背任行爲 積極加擔論을 法經濟學的인 관점에서 볼 때에는 어떤 결론을 얻을 수 있겠는가를 생각하여 본다.

Ⅱ. 종래의 判例와 學說

1. 判例의 背任行爲 積極加擔論

가. 최초의 判例

대법원 판례 가운데 위와 같은 背任行爲 積極加擔論에 의하여 부동산의 이중양도를 무효로 선언한 최초의 판례는 대법원 1969. 11. 25. 선고 66다1565 판결[4]이다.

이 사건의 사실관계는 다음과 같다. 이 사건 土地는 원래 소외 甲의 소유

2) 이에 대하여는 尹眞秀, "第3者의 債權侵害와 不動産의 二重讓渡", 司法論集 제16집, 1985, 특히 150면 이하; 同, "不動産의 二重讓渡와 原狀回復", 民事法學 제6집, 1986, 161면 이하 참조.

3) 法經濟學에 관하여 국내에서 나온 槪論書로서는 朴世逸, 法經濟學, 博英社, 1994가 있다. 또한 尹眞秀, "好意同乘의 經濟的 分析", 誠軒黃迪仁博士華甲記念 損害賠償法의 諸問題, 博英社, 1990, 311-332면은 好意同乘의 문제에 관하여 마찬가지로 法經濟學的 分析을 시도한 것이다.

4) 集 17권 4집 民46면.

로서 被告 Y(釜山市)가 甲으로부터 이 사건 土地를 매수하여 未登記狀態로 國民學校 校庭의 일부로 사용하고 있었는데 原告 X가 1964. 12.경 이러한 사실을 알면서 甲으로부터 이 사건 土地를 사서 登記를 마치고 Y를 상대로 그 引渡를 구하는 이 사건 訴를 제기한 것이다. 이에 原審은 X와 甲 사이의 위 賣買가 反社會的 法律行爲로서 無效라고 판시하였고, 大法院도 같은 취지로 판시하였다. 大法院이 위 매매가 無效라고 판시한 주된 이유는, 甲이 X측의 매도요구에 응하지 아니하자 X측에서 二重賣渡는 民刑事上 아무런 문제가 없고 만일 문제가 되면 자기가 전부 책임을 지겠다고 甲을 적극 기만함으로써 甲의 背任行爲에 적극 조성 가담하였다는 데 있다.

이 판결이 第二讓受人이 讓渡人의 背任行爲에 적극 가담하였을 때에는 二重讓渡行爲는 無效임을 밝힌 첫 判決이라고 할 수 있다. 이 판결은 그 후의 學說이나 다른 判例들에 의하여 反社會的 不動産 二重讓渡가 無效임을 밝힌 최초의 leading case로 취급되어 중요한 의미를 부여받게 되었다.

나. 判例上 배임행위 적극가담론의 분석

(1) 背任行爲 積極加擔論과 實際의 作用要素

대법원 1976. 4. 27. 선고 75다1783 판결[5]은 "부동산에 대한 물권변동의 효력은 등기를 요한다는 제도의 입법정신에 비추어보나 자기의 권리를 보호하고 그 피해를 가급적으로 방지하려는 심정은 거래상의 인지상례라는 점을 감안하면" 二重賣買의 경우에 이를 無效라고 인정하기 위하여는 "충분하고 명백한 이유"가 있어야 한다고 판시하고 있다. 그러면 구체적으로 어떤 것이 이러한 충분하고 명백한 이유에 해당하는가?

判例는 第二讓渡行爲가 無效가 되기 위한 要件으로서, "第二讓受人이 讓渡人의 背任行爲에 적극 가담할 것"을 내세우고 있다. 그러나 이러한 公式만으로는 종래의 判例 가운데 일부만을 설명할 수 있을 뿐 이를 가지고 第二讓渡가 無效라고 한 判例의 전부를 설명하기에는 불충분한 것으로 보인다.[6] 실제에 있어서는 判例가 第二讓渡가 無效임을 판단함에 있어서는 第二讓受人이 背任行爲에 적극 가담하였는지의 점 외에도 (가) 第一讓受人이 目的物을 점유하고

5) 大法院民事判決原本 220의 下 652면.

6) 이미 梁彰洙, "韓國社會의 變化와 民法學의 課題", 서울大學校 法學 제28권 1호(통권 69호), 19면이 이를 지적하고 있다.

있는 상태, (나) 讓渡人과 第二讓受人이 特殊한 關係에 있는지 여부, (다) 第二讓渡에 있어서의 代價關係, (라) 第二讓渡의 目的이 第一讓渡人에 대한 義務履行을 免脫하기 위한 것이었는지 여부 등을 종합적으로 고려하고 있는 것으로 보인다.

한편 종래 判例를 實證的으로 분석한 한 論文[7]은 二重賣買가 無效가 되는 경우를 (가) 客觀的 狀態를 容認한 경우, (나) 客觀的 狀態가 지속되어 온 경우, (다) 賣渡人을 欺罔한 경우, (라) 歡心, 困窮狀態를 이용, 訴訟費用 負擔, 저렴한 時價로 매수한 경우, (마) 旣存債務의 辨濟强要, 契約書의 遡及作成의 경우, (바) 賣渡人과 二重買受人의 地位가 실질적으로 동일한 경우 등으로 나누어 설명하고 있는데, 이는 유형화에 관한 하나의 기준을 제시하고 있는 것으로 볼 수는 있겠으나 그 分類의 基準이 불명확할 뿐만 아니라 각 判決例가 어느 한 경우에만 속하는 것으로 분류하고 있어 判例가 여러 要素를 종합적으로 고려하고 있다는 점이 충분히 반영되지 않고 있다고 여겨진다.

(2) 第二讓受人이 先行의 讓渡事實을 알고 있을 것

第二讓渡行爲가 無效로 되기 위하여는 원칙적으로 第二讓受人이 先行의 讓渡事實, 즉 讓渡人이 이미 第一讓受人과의 사이에 讓渡契約을 체결하였다는 사실 내지 별도의 名義信託者나 讓渡擔保設定者 등이 존재한다는 사실을 알고 있어야 한다. 다만 대법원 1989. 10. 24. 선고 88다카22299 판결[8]은 讓渡人인 名義受託者가 當該 不動産이 名義信託된 것이 아니라 第二讓受人 소유라고 잘못 알고 讓受人 명의로 贈與를 原因으로 所有權移轉登記를 마친 것이라고 하여도 이는 社會秩序에 反하는 行爲라고 판시하였으나, 이 사건의 경우에는 위 判決 자신이 판시하듯이 讓受人은 讓渡人이 創宗한 寺刹로서 讓渡人의 單獨支配 하에 있는 것이고 그 實質은 讓渡人과 동일시할 수 있는 특별한 사정이 있는 경우일 뿐만 아니라 동일한 분쟁에서 대법원 1991. 10. 22. 선고 91다26072 판결[9]은 讓受人이 讓渡人의 背信的 法律行爲에 적극 가담한 것이라고 인정한 점에 비추어볼 때 讓渡人이 第二讓受人 소유라고 잘못 알았다고 한 부분은 傍論에 지나지 않는 것으로 보인다.

---

7) 崔敏根, “不動産 二重賣買의 反社會性의 基準試論 — 判例의 背任行爲 積極加擔論의 分析檢討 —”, 晴軒 金曾漢博士 華甲紀念 現代民法學의 諸問題, 博英社, 1981, 109면 이하.
8) 公 1989, 1754.
9) 公 1991, 2809.

물론 第二讓受人이 先行의 讓渡事實을 알고 있었다는 것만으로 第二讓渡行爲가 無效가 아니라고 하는 점은 判例가 되풀이하여 판시하고 있는 사항이다. 그러나 종래의 公刊된 判例만을 가지고 논한다면 第二讓受人이 先行의 讓渡事實을 알고 있을 때에는 第二讓渡行爲가 無效라고 인정된 경우가 그렇지 않은 경우보다 훨씬 많고, 이 점에 비추어 본다면 第二讓受人이 先行의 讓渡事實을 알고 있을 때에는 第二讓渡行爲가 無效라고 인정될 蓋然性은 상당히 높다고 하겠다.

(3) 讓渡人의 背任行爲에 積極 加擔할 것

判例가 第二讓渡가 無效라고 인정하는 주된 根據는 第二讓受人이 讓渡人의 背任行爲에 적극 가담하였다는 데 있다. 대법원 1992. 3. 31. 선고 92다1148 판결[10]에서는 名義受託者가 信託財産을 任意處分한 경우에 관하여, 取得者가 受託者의 犯罪行爲에 적극 가담하는 행위란 受託者가 단순히 登記名義만 수탁받았을 뿐 그 不動産을 처분할 권한이 없는 줄을 잘 알면서 受託者에게 實質所有者 몰래 受託財産을 불법처분하도록 적극적으로 요청하거나 유도하는 등의 행위를 의미하는 것이라고 풀이하고 있다.

구체적으로는 第二讓受人이 먼저 讓渡人에게 第二讓渡를 勸誘하는 것이 積極加擔의 전형적인 실례가 된다. 특히 이 경우 第二讓受人이 讓渡人에 대하여 第二讓渡를 하더라도 아무 문제가 없다거나 第二讓渡로 인한 모든 責任은 자신이 부담하겠다고 하는 것은 積極加擔을 인정할 수 있는 유력한 根據가 된다. 예컨대 대법원 1969. 11. 25. 선고 66다1565 판결[11]에서는 第二讓受人이 讓渡人에 대하여 굳이 二重으로 賣渡할 것을 요구했으나 응하지 아니하자, 二重賣渡는 民, 刑事上 아무 문제가 없고 만일 문제가 되면 자기가 전부 책임을 지겠다는 등 甘言利說로 讓渡人을 적극 欺罔한 경우에 讓渡人의 背任行爲에 적극 조성 가담하였다고 인정되었고, 그 외에도 이미 第一讓受人에게 기증한 토지를 다시 매도하는 것은 허용된다고 하면서 二重賣買를 권유한 경우,[12] 채무의 변제를 강요하여 第二讓渡를 받은 경우,[13] 手票不渡 때문에 은신중이던 窮迫한 처지에 있는 讓渡人에게 事後問題는 책임지겠노라고 하며 자기에게 팔

10) 위 나. (2) 참조.
11) 集 17권 4집 民46면.
12) 대법원 1972. 4. 28. 선고 72다343 판결(集 20권 1집 民261면).
13) 대법원 1977. 4. 26. 선고 76다2419 판결(總覽 민법 103조 131).

것을 强勸한 경우,[14] 第二讓受人이 讓渡人에게 第一讓受人으로부터 수령한 賣買代金을 반환하고 解約할 수 있다 하여 그 解約할 것을 권하고 아울러 이에 관한 民刑事間의 모든 책임을 자신이 질 뜻을 비추면서 매도할 것을 요청한 경우,[15] 讓渡人에게 자기 앞으로 所有權移轉登記를 경유하면 第一讓受人에 대하여 더 많은 代價를 요구할 수도 있을 것이라고 하여 매수한 경우[16] 등이 이에 해당한다. 또한 대법원 1992. 6. 9. 선고 91다29842 판결[17]에서는 地方自治團體(서울市)가 名義信託者와 目的物의 買受交涉을 하다가 名義信託者가 賣買契約 締結에 응하지 아니하자 名義受託者와 賣買契約을 체결한 것이 名義受託者의 背信行爲에 적극 가담한 것으로서 無效라고 판단되었다. 그리하여 大法院은 原審이 구체적인 加擔事實을 밝힘이 없이 단순히 第二讓受人이 讓渡人의 背任行爲에 적극 가담하였다고만 판시하여 第二讓渡行爲가 無效라고 한 경우에는 이를 破棄하고 있다.[18]

그러나 다른 한편으로는 判例는 경우에 따라서는 이처럼 第二讓受人이 讓渡人에게 第二讓渡를 적극 권유한 경우가 아니라도 "背任行爲에의 積極加擔"을 인정하고 있다. 예컨대 대법원 1981. 12. 22. 선고 81다카197 판결[19]은 二重賣渡에 있어서 賣渡人의 犯罪行爲에 적극 가담하여 社會正義의 觀念에 반하는 反社會的 法律行爲로서 그 賣買가 無效가 되는 경우의 이른바 적극 가담하는 行爲는 他人과의 賣買事實을 알면서 賣買를 요청하여 賣買契約에 이르는 정도로 넉넉하다고 풀이하여야 한다고 판시하고 있다.[20]

그리고 대법원 1982. 2. 9. 선고 81다1134 판결[21]에서는 讓渡人이 第一讓受人에게 양도된 不動産을 다시 자기 아들에게 증여한 경우에 "증여자와 수증자 간의 신분관계와 선매수인인 원고의 처지에 대한 피고의 지정 정도 등으로 고려"하면 증여를 받은 아들이 그 아버지의 背任行爲에 적극 가담한 것이라고

14) 대법원 1979. 3. 27. 선고 78다2303 판결(總覽 민법 103조 139).
15) 대법원 1980. 6. 10. 선고 80다569 판결(公 1980, 12910).
16) 서울고등법원 1981. 1. 14. 선고, 80나918, 919 판결(高集 1981 민사 9면).
17) 公 1992, 2114.
18) 대법원 1978. 9. 12. 선고 78다1150 판결(大民原 249집 276면); 1983. 12. 13. 선고 83다카1357 판결(公 1984, 166) 등.
19) 公 1982, 215.
20) 그러나 위 判例의 실제사안은 第二讓受人이 讓渡人에게 매도를 요청하면서 二重賣買로 인하여 일어날 민형사간의 모든 책임을 자기가 스스로 지겠다고 한 것이므로 이전에 적극적 가담을 인정한 判例와 실질적으로는 차이가 있다고 하기 어렵다. 同旨: 孫基植, "二重賣買와 反社會秩序의 法律行爲", 大法院判例解說 1989년 하반기(통권 12호), 180-181면.
21) 公 1982, 338.

볼 수 있다고 하였다. 즉 이 判決에서는 第二讓受人이 讓渡人에게 양도를 적극 권유하였는가 하는 점보다는 讓渡人과 第二讓受人의 身分關係 및 第二讓受人이 第一讓受人의 처지를 얼마나 잘 알고 있었는가 하는 점이 背任行爲 積極加擔의 여부를 인정하는 데 중요한 要素로 작용한 것이다.

그 외에도 第二讓受人이 讓渡人으로부터 不動産을 양도받은 經緯가 반드시 명백하지 않은데도 背任行爲에 적극 가담한 것이라고 인정한 예가 여럿 있다.[22] 그리고 대법원 1991. 11. 22. 선고 91다28740 판결[23]에서는 讓渡人이 第二讓受人에게 第一讓受人과의 關係는 자기가 책임지고 해결하겠다는 覺書를 써 준 것이 讓渡人에게 處分權限 없음을 인식하는 자료로 인정되었는데, 이는 第二讓受人이 자기가 책임을 지겠다고 한 것을 背任行爲 積極加擔의 徵表로 본 종래의 判例와는 상당히 대조적인 태도라 하겠다.

그리고 대법원 1975. 11. 25. 선고 75다1311 판결[24]은 第二讓受人이 第一讓受人에게 讓渡를 한 자의 相續人이 위 讓渡事實을 알지 못하고 있음을 이용하여 第二讓渡를 하게 한 경우에도 위 第二讓渡行爲가 反社會的 法律行爲로서 無效라고 판단하였는데, 이때에는 讓渡人측의 背任行爲 자체가 존재하지 않으므로 第二讓受人이 讓渡人의 背任行爲에 가담한 것이라고는 할 수 없는 것이고, 이는 기본적으로 第二讓受人과 第一讓受人의 關係만을 문제삼은 것이라고 할 수 있다. 만일 契約이 民法 제103조에 해당하여 無效라고 하기 위하여는 원칙적으로 契約의 雙方에게 모두 善良한 風俗 違反이 존재하여야 한다고 본다면[25] 위의 判決은 이론적으로 설명할 수 없는 것이 되고 만다.[26]

---

22) 대법원 1978. 1. 24. 선고 77다1804 판결(集 26권 1집 民40면); 1978. 1. 24. 선고 77다736 판결(月報 94호 32면); 1978. 4. 11. 선고 78다274 판결(總覽 민법 103조 136); 1979. 6. 12. 선고 79다476 판결(總覽 민법 103조 140) 등. 後述하는 바와 같이 이들 判決에서는 目的物이 여러 사람을 위한 用途로 사용되고 있거나 讓渡人과 第二讓受人 사이에 특별한 身分關係가 있다는 점이 중요한 요소로 작용한 것으로 보인다.

23) 公 1992, 269.

24) 集 23권 3집 民99면.

25) Erman-Brox §138 Rdz. 41은 善良한 風俗 違反이 一般人에 대한 것이거나 第3者에 대한 것일 때에는 契約의 雙方이 善良한 風俗에 위반하여 행동하여야 하고 다만 善良한 風俗 違反이 契約의 相對方에 대한 것일 때에는 그 一方에게만 善良한 風俗 違反이 있어도 무방하다고 한다. 李英俊, 民法總則, 博英社, 1987, 244면도 같은 취지로 보인다.

26) 우리나라의 背任行爲 積極加擔論과 같은 이른바 詐害의 共謀(concert frauduleux) 理論을 채택하였던 과거의 프랑스 判例에서도 동일한 점이 問題로 지적되었다. Simler et Delebecque, Droit civil: Les sûretés La publicité foncière, 1988, n° 662; 尹眞秀, "프랑스에서의 不動産 二重讓渡에 관한 法的 規律", 私法研究 제2집, 1994, 283면 참조.

결국 判例가 第二讓受人이 背任行爲에 적극 가담하였다고 하는 데에는 뒤에서 살펴보는 것과 같은 여러 가지 要素가 고려된 것이고 단순히 第二讓受人이 적극적으로 背任行爲를 권유하였다는 등의 事由로 그에 대한 主觀的인 非難可能性이 높은 경우만을 의미하는 것은 아니라고 할 수 있다.

(4) 第一讓受人의 占有狀態

第二讓渡行爲가 無效가 되기 위하여는 第一讓受人이 目的物을 점유하고 있어야 하는가? 第二讓渡行爲가 無效라고 한 判例 중 상당수는 第一讓受人이 目的物을 점유하고 있는 경우였다. 특히 目的物이 公共의 目的 또는 여러 사람을 위한 用途로 사용되고 있을 때에는 대체로 第二讓渡行爲가 無效라고 판단되었다. 예컨대 目的物이 國民學校 敷地,[27] 公會堂,[28] 洞事務所 敷地,[29] 教會堂 내지 傳道館의 敷地,[30] 貯水池의 溜池,[31] 鐵道用地[32] 등으로 사용되고 있었던 경우이다.

다만 대법원 1965. 6. 15. 선고 65다596 판결[33]에서는 目的物이 貯水池의 溜池로 사용되고 있었음에도 第二讓渡行爲가 無效가 아닌 것으로 판단되었으나, 이는 아직 判例上 反社會的 二重讓渡의 法理가 확립되기 전의 일이므로 先例로서의 의미는 크지 않은 것으로 보인다.

그리고 判例가 第二讓渡行爲를 無效라고 한 事案의 상당수는 第一讓受人이 目的物의 占有를 취득하여 장기간 사용한 후에 第二讓渡行爲가 있었던 경우였다. 그러나 단순히 第一讓受人이 장기간 점유하고 있던 사실을 第二讓受人이 알았다는 것만으로 第二讓渡行爲가 無效인 것은 아니라는 判例도 찾아볼 수 있다.[34]

---

27) 대법원 1969. 11. 25. 선고 66다1565 판결(集 17권 4집 民46면); 1972. 4. 28. 선고 72다343 판결(集 20권 1집 民261면); 대구고등법원 1972. 11. 8. 선고 72나230 판결(高集 1972 민사편 2권 282면) 등.

28) 대법원 1970. 10. 23. 선고 70다2038 판결(集 18권 3집 民220면); 1973. 6. 26. 선고 72다2293 판결(月報 35호 32면); 1977. 2. 22. 선고 75다226, 227 판결(總覽 민법 103조 131) 등.

29) 서울고등법원 1972. 12. 30. 선고 72나1357, 1358 판결(高集 1972 민사 2권 521면).

30) 대법원 1977. 1. 11. 선고 76다2083 판결(公 1977, 9869); 1981. 12. 22.선고 81다카197 판결(公 1982, 215); 서울고등법원 1981. 1. 14. 선고 80나918, 919 판결(高集 1981 민사 9면) 등.

31) 대법원 1978. 1. 24. 선고 77다1804 판결(集 26권 1집 民40면); 1978. 1. 24. 선고 77다766 판결(月報 94호 32면); 1979. 6. 12. 선고 79다476 판결(總覽 민법 103조 140); 1983. 4. 26. 선고 83다카57 판결(集 31권 2집 民121면) 등.

32) 대구고등법원 1980. 3. 14. 선고 79나107 판결(高集 1980 민사 1권 308면).

33) 集 13권 1집 民191면.

34) 대법원 1981. 1. 13. 선고 80다1034 판결(公 1981, 13626); 1983. 12. 13. 선고 83다카1347 판

그러나 이처럼 目的物을 第一讓受人이 점유하고 있다는 것이 第二讓渡行爲가 無效가 되기 위한 필요조건인지는 의문이다. 즉 判例 가운데에는 第一讓受人의 占有에 관하여 언급하고 있지 않은 것도 눈에 뜨일 뿐만 아니라 대법원 1977. 4. 26. 선고 76다2419 판결[35]의 경우에는 第二讓受人이 目的物의 引渡를 받았다 하여도 第二讓渡行爲가 無效라는 취지로 판시하고 있기 때문이다.

(5) 讓渡人과 第二讓受人의 관계

判例상 第二讓渡行爲가 無效라고 인정된 사례 중에는 讓渡人과 第二讓受人 사이에 특별한 關係가 있거나 또는 讓渡人과 第二讓受人이 거의 同一人格體에 가까운 경우가 상당수 있다.

예컨대 대법원 1978. 1. 24. 선고 77다1804 판결[36]에서는 讓渡人과 第二讓受人이 兄弟 사이였고,[37] 대법원 1982. 2. 9. 선고 81다1134 판결[38]에서는 讓渡人이 아들인 第二讓受人에게 贈與를 한 사안이었다. 이와 같은 경우에는 判例가 구체적인 第二讓渡行爲의 經緯에 관하여 언급하지 않고서도 第二讓受人이 背任行爲에 적극 가담하였다고 인정하였다.

나아가 대구고등법원 1972. 11. 8. 선고 72나230 판결[39]에서는 讓渡人인 合資會社의 代表社員과 贈與를 받은 第二讓受人인 學校法人의 理事長이 동일인이었고, 서울고등법원 1979. 11. 13. 선고 78나1073, 1074 판결[40]에서는 讓渡人이 자기가 代表理事로 있으며 자신의 一族이 실질적으로 지배하고 있는 會社에게 二重으로 매도한 경우였다. 그리고 광주고등법원 1989. 2. 15. 선고 88나1560 판결[41]에서는 第一讓受人에 대한 所有權移轉登記義務를 부담하는 讓渡人의 相續人들이 그들만을 株主로 하는 家族會社를 만들어 目的物을 現物出資한 사안으로서, 法院도 위 會社가 株主와는 別個의 人格體임을 내세워 第一讓受人에 대하여 그 所有權을 주장함은 信義誠實의 原則에 위반하거나 法人格을

결(公 1984, 166); 1989. 11. 28. 선고 89다카14295, 14301 판결(公 1990, 144) 등.

35) 總覽 민법 103조 131.

36) 集 26권 1집 民40면.

37) 대법원 1978. 4. 11. 선고 78다274 판결(總覽 민법 103조 136); 1980. 5. 27. 선고 80다565 판결(公 1980, 12879) 등도 같다.

38) 公 1982, 338.

39) 高集 1972 민사 2권 282면.

40) 高集 1979 민사 609면.

41) 下集 1989년 제1집 9면.

남용한 것으로서 허용되지 않는다고 하였다.

이 점이 가장 뚜렷한 것은 대법원 1989. 10. 24. 선고 88다카22299 판결 및 1991. 10. 22. 선고 91다26072 판결[42)]이다. 여기서는 名義受託者가 名義信託者의 意思에 반하여 자신이 創宗하고 主持로 있어 자신의 單獨支配下에 있는 寺刹에 信託不動産을 증여한 경우에는 위 寺刹은 실질적으로 名義受託者와 동일시할 수 있으므로 위 贈與는 無效라고 하였다.

이처럼 讓渡人과 第二讓受人을 실질적으로 同一人格體로 평가할 수 있는 경우에는 背任行爲에의 積極加擔 여부를 논할 것도 없이 第一讓受人이 第二讓渡行爲의 效力을 否認할 수 있어야 할 것임은 당연하다고 하겠다.

그리고 서울고등법원 1981. 8. 28. 선고 80나930 판결[43)]에서는 第二讓受人이 讓渡人과 第一讓受人 사이의 訴訟에서 讓渡人의 訴訟代理人이었다.

이제까지 살펴본 사례에서는 讓渡人과 第二讓受人 사이의 特別關係가 문제되었는데, 이와는 달리 第一讓受人(讓渡擔保 設定者)과 第二讓受人 사이의 관계가 문제될 수 있는 경우로서 대법원 1975. 8. 19. 선고 74다2243 판결[44)]을 들 수 있다. 여기서는 讓渡擔保 設定 당시에 原所有者를 대리하여 讓渡擔保를 설정한 자가 다시 현저히 저렴한 가격에 讓渡擔保權者로부터 이를 취득한 경우에 법원이 위 讓渡擔保物의 取得은 無效라고 판시한 것이다.

(6) 第二讓渡에 있어서의 代價關係

一部의 判例에 있어서는 第二讓渡行爲의 效力을 판단함에 있어서 그 代價關係가 중요한 要所로 고려되고 있는 것으로 보인다.

즉 대법원 1963. 3. 28. 선고 62다862 판결[45)]에서는 名義受託者가 信託不動産을 그 事實을 아는 第三者에게 매도한 경우에, 背任行爲 積極加擔論을 원용하지 않은 채로 그 賣買가 無效라고 판단함에 있어 그 매매가격이 시가의 1/3 정도의 헐한 값이라는 것을 강조하고 있고, 대법원 1972. 4. 28. 선고 72다343 판결[46)]도 第二讓受人이 時價의 1/3로 매수하였다는 점을 第二讓渡가 무효라는 사유로 들고 있다. 특히 대법원 1979. 7. 24. 선고 79다842 판결[47)] 및

42) 위 註 8) 및 9) 참조.
43) 月報 138호 91면.
44) 위 가. (2) (나) 참조.
45) 集 11권 1집 民112면.
46) 集 20권 1집 民261면.
47) 公 1979, 12150.

1984. 6. 12. 선고 82다카672 판결[48]은 讓渡擔保의 目的物을 讓渡擔保權者가 第三者에게 매우 저렴한 가격으로 매수시켜 不當利得을 취하려고 하였다는 점을 賣買의 效力을 부인하는 데 있어 주된 이유로 들고 있다. 그 외에도 몇 개의 判決[49]에서도 第二讓渡의 價格이 매우 저렴하였다는 점이 나타나 있어 이 점이 법원의 판단에 작용한 것으로 보인다.

그리고 判例上 무효라고 판단된 第二讓渡行爲가 無償의 贈與行爲인 경우가 눈에 뜨이는데,[50] 이 점이 第二讓渡行爲가 無效라는 판단에 작용하였는지는 반드시 명백하지 않으나 그러한 可能性을 배제할 수는 없다고 여겨진다.

반면 대법원 1976. 4. 27. 선고 75다1783 판결[51]에서는 第二讓渡에서의 賣買代金이 不相當하게 저렴하지는 않다는 것이 第二讓渡의 有效를 뒷받침하는 한 근거가 되고 있다.

(7) 讓渡人이 第一讓受人에 대한 義務를 免脫하려고 한 것인지 여부

判例 가운데에는 讓渡人이 第二讓渡를 하게 된 動機가 第一讓受人에 대한 義務를 免脫하려는 데 있는 것인 경우가 눈에 뜨인다. 이러한 사안은 通情虛僞表示의 문제로도 볼 수 있으나 判例는 이를 二重讓渡의 문제로도 다루고 있다. 나아가 當事者 사이에 代價의 支給이 있었던 경우에는 이를 通情虛僞表示로 보기는 어려울 것이다.

구체적으로 본다면 대법원 1978. 1. 24. 선고 77다1804 판결[52]에서는 貯水池의 溜池를 登記義務者인 兄으로부터 동생이 증여받은 경우에 관하여, 대법원은 兄으로부터 동생이 증여받을 만한 사정이 없으므로 이는 通情虛僞表示이고 아니더라도 동생이 兄의 背信行爲에 적극 가담하였으므로 동생의 所有權取得은 어느 모로 보나 無效라고 하였다.

48) 公 1984, 1266.

49) 대법원 1980. 5. 27. 선고 80다565 판결(公 1980, 12879); 서울고등법원 1976. 10. 2. 선고 75나3080 판결(高集 1976 민사 3권 135면); 1981. 1. 14. 선고 80나918,919 판결(高集 1981 민사 9면); 대구고등법원 1980. 3. 14. 선고 79나107 판결(高集 1980 민사 1권 308면) 등.

50) 대법원 1978. 1. 24. 선고 77다1804 판결(集 26권 1집 民40면); 1982. 2. 9. 선고 81다1134 판결(公 1982, 338); 1989. 10. 24. 선고 88다카22299 판결(公 1989, 1754); 1991. 10. 22. 선고 91다26072 판결(公 1991, 2809); 대구고등법원 1972. 11. 8. 선고 72나230 판결(高集 1972 민사 2권 282면).

51) 大法院民事判決原本 220의 下 652면. 대법원 1977. 4. 12. 선고 75다1780 판결(總覽 민법 103조 129)도 같은 취지이다.

52) 集 26권 1집 民40면.

그리고 대법원 1985. 11. 26. 선고 85다카1580 판결[53] 및 대법원 1988. 9. 27. 선고 84다카2267 판결[54]은 모두 讓渡人이 讓受人에 대한 所有權移轉登記義務를 免脫하기 위하여 第三者와 짜고 假裝債權에 기한 債務名義를 만들어 目的不動産에 대하여 强制競賣를 한 事案에 관하여 反社會的 二重賣買의 法理를 적용하였다. 또한 대법원 1989. 3. 28. 선고 87다카2372 판결[55]에서는 讓渡人이 第一讓受人의 請求를 회피할 목적으로 第二讓受人과 讓渡契約을 체결하고 移轉登記를 마쳤다면, 비록 第二讓渡行爲가 虛僞表示는 아니더라도 第二讓受人이 讓渡人의 背任行爲에 적극 가담한 것이 되고 第二讓渡行爲가 유효하다고 하기 위하여는 특별한 사정에 대한 설명이 필요하다고 하였다.

그러나 대법원 1983. 12. 13. 선고 83다카1347 판결[56]에서는 原審이 第二讓渡가 第一讓受人에 대한 義務를 免脫하기 위한 것이라고 인정하였음에도 불구하고 大法院은 第二讓受人이 背任行爲에 적극 가담한 것이라고 볼 만한 증거가 없다고 하여 원심판결을 파기하였으나, 위 대법원 1989. 3. 28. 판결(註 55) 등과 비교하여 볼 때에는 다소 一貫性이 결여된 느낌이 있다.

(8) 기　　타

학설상으로는 物權行爲가 있은 후의 二重賣買만이 反社會的 法律行爲로서 無效가 될 수 있다는 說이 있는데 여기서 物權行爲가 있은 때는 보통은 買受人이 賣買代金을 완급하고 賣渡人이 그것과 상환으로 登記書類를 교부하는 때에 物權行爲가 있다고 보므로 원칙적으로는 賣渡人이 賣買代金을 모두 지급받은 경우에만 第二賣買가 反社會的 法律行爲로서 無效가 될 수 있다는 결과가 된다.[57]

그러면 과연 判例上으로는 이 점이 고려되고 있는 것인가? 지금까지 나와 있는 判例의 文言만으로는 반드시 명백하지 않고, 第一買受人이 代金을 전부 지급하였는지의 여부 자체가 명확하게 언급되어 있지 않은 경우가 많다. 그러나 第二賣買가 無效라고 인정된 대부분의 경우에는 第一買受人이 代金을 모두

53) 集 33권 3집 194면.
54) 集 36권 2집 140면.
55) 公 1989, 661.
56) 公 1983, 166.
57) 金曾漢, "二重賣買의 反社會性", 法政 제19권 9호, 1964, 10면 이하. 金容漢, "不動産의 二重賣買에 있어서의 問題點", 考試硏究 1987. 1, 86-89면도 같은 취지로 보인다.

지급한 사안인 것으로 추측된다. 이 점을 어느 정도 의식하였다고 보이는 判例로는 대법원 1981. 12. 22. 선고 81다카197 판결[58]이 있다. 여기서는 大法院이 第二賣買를 無效라고 판시하면서, 그 이유 가운데에서 第一買受人이 賣渡人에게 殘代金을 모두 지급하지는 못하였으나 賣渡人으로부터 위 殘代金을 차용한 것으로 하되 殘代金은 모두 지급한 것으로 약정하였다는 점을 들어 借用金 辨濟 문제는 별론으로 하고 殘代金 支給義務는 소멸되어 전부 이행되었다고 판시하고 있다. 그리고 청주지방법원 1987. 4. 9. 선고 86가합221 판결[59]에서는 第一買受人이 中途金만 지급한 상황에서 행하여진 第二賣買를 無效가 아니라고 하였으나 그 직접적인 이유는 第二買受人이 賣渡人에게 二重賣渡를 권유하거나 二重賣買에 적극 가담하였다고 볼 증거가 없다는 데 있어 賣買代金이 완제되지 않았다는 사실까지 고려하였는지는 불분명하다.

반면 서울고등법원 1981. 8. 28. 선고 80나930 판결[60]에서는 第一買受人이 中途金만 지급한 상황에서 행해진 第二의 賣買를 無效라고 판시한 일이 있다. 그리고 讓渡擔保에 관한 것이어서 약간 사안을 달리하기는 하지만 대법원 1979. 7. 24. 선고 79다842 판결 및 1984. 6. 12. 선고 82다카672 판결[61]에서는 讓渡擔保設定者가 債務元利金을 다 변제하지 못하고 있는 상황에서 讓渡擔保權者가 擔保目的物을 현저히 저렴한 가격에 第三者에게 처분한 것이 無效라고 판시하였다. 이러한 점에 비추어보면 判例가 반드시 第一買受人이 賣買代金을 모두 지급한 경우에만 第二賣買를 無效인 것으로 인정하고 있다고 보기는 어려울 것이다.

2. 從來의 學說

國內의 學說은 대체로 自由競爭의 原理를 이유로 위와 같은 判例의 태도를 지지한다. 즉 不動産 二重讓渡뿐만 아니라 일반적으로 第 3 者가 債務者가 이미 債權者와 契約을 체결한 사실을 알면서도 그와 양립하기 어려운 契約을 체결함으로써 債務者로 하여금 債權者와의 契約을 이행하지 못하게 한 경우에, 그것만으로는 第 3 者의 債權侵害로 인한 不法行爲가 성립하지 않는다고 하면

58) 公 1982, 215.
59) 下集 1987년 제 2 권 180면.
60) 月報 138호 91면.
61) 위 註 47), 48) 참조.

서 그 이유로서 自由競爭의 原理를 들고 있다. 그리하여 第3者가 債務者의 契約違反에 의한 背信的 行爲에 적극적으로 가담하여 自由競爭의 범위를 넘어 賣渡人의 契約侵害行爲를 그의 행위의 주된 목적으로 하는 경우이거나 詐欺·强迫과 같은 不正手段을 쓴 경우와 같이 公序良俗에 위반하는 특별한 사정이 있는 경우에만 不法行爲의 성립을 인정하여야 한다고 한다.62) 이 점은 日本에 있어서도 크게 다를 바 없다.63) 이러한 우리나라나 日本의 學說은 絶對權 이외의 權利侵害로 인한 不法行爲의 成立要件으로서 故意 외에도 善良한 風俗 違反을 요구하고 있는 獨逸民法 제826조의 영향을 크게 받은 것으로 보인다.

다만 第二讓受人이 讓渡人의 背任行爲에 적극 가담하였을 때에 第二讓渡가 無效로 된다고 하는 학설도 다소 뉘앙스의 차이가 없는 것은 아니다. 예컨대 한 論者는, 二重買受人(第二買受人)이 賣渡人에게 二重賣渡해 줄 것을 敎唆하거나 背任行爲를 幇助한 경우 뿐만 아니라 二重賣渡 사실을 알면서 매수한 사실만으로도 그 二重賣買를 反公序良俗 違反行爲로 보아 無效로 할 것이 아닌가 하는 의문이 있으나, 去來安全의 問題를 고려하고 또 오늘날의 去來慣習과 통념에 비추어 보면 反公序良俗 내지 反信義則의 판단에 있어서는 신중한 고려가 있어야 한다고 하여 결과적으로는 判例에 찬성하고 있다.64)

또한 다른 學者는 背信行爲에의 積極的 加擔을 요구하고 있는 判例의 입장이 契約自由의 個人性과 社會性을 조화시키려고 노력한 것이라고 평가하면서도, 去來法上 社會性의 强調가 한층 더 전진한다면 加擔行爲가 積極性을 띠었느냐 消極性을 띠었느냐의 구별은 차차 모호해갈 것이라고 한다.65)

그리고 兄弟간의 溜池의 二重賣買를 無效라고 판시한 대법원 1978. 1. 24. 선고 77다1804 판결66)에 대한 한 判例評釋은, 종전에 不動産의 二重讓渡를 無效라고 한 사안은 第二買受人이나 그 대리인이 賣渡人의 背信行爲를 敎唆하였거나 그 敎唆者로부터 형식상의 登記名義만을 받은 경우이었는데 이 사건에서는 不動産의 用途,賣渡人의 相續人과 第二讓受人이 兄弟이고 兄弟 사이에 특히 不動産을 매매·증여할 사정이 없다는 등의 이유를 들어 賣渡人의 相續人의

62) 예컨대 郭潤直, 債權總論(再全訂版), 博英社, 1990, 115-116면; 金亨培, 債權總論, 博英社, 1992, 360면; 李銀榮, 債權總論, 博英社, 1991, 44면 이하 등.

63) 日本의 상황에 대하여는 吉田邦彦, 債權侵害論再考, 有斐閣, 1991이 상세하다. 특히 107면 이하 참조.

64) 李太載, "信義誠實의 義務와 二重賣買", 새法政 1972. 12(통권 22호), 33면, 30면.

65) 張庚鶴, "不動産의 二重賣買의 反社會性", 法曹 제23권 8호, 1974, 91면 이하.

66) 集 26권 1집 民40면.

背信行爲에 第二讓受人이 적극 가담하였다고 판단한 점에서 다른 判例보다 進一步한 것으로서 주목할 만한 것이라고 평가하고 있다.[67]

반면 판례의 태도에 비판적인 견해가 없는 것은 아니다. 한 論者는, "他人이 이미 買受한 不動産이라는 事實을 알면서 그 不動産을 買受하는 것은 賣渡人의 背任行爲와 어우러져 民法 제103조가 규정한 「善良한 風俗 기타 社會秩序에 違反하는 事項을 內容으로 하는 法律行爲」가 된다고 評價하여도 無妨한 것이 아닌가 생각하는 것이다"라고 지적하고 있다.[68]

3. 背任行爲 積極加擔論의 問題點

그러나 이처럼 判例가 第二讓受人이 讓渡人의 背任行爲에 적극 가담한 경우에만 第一讓受人을 보호하고 있는 것은 과연 정당한가? 여기에 대하여는 뒤에서 보는 法經濟學的 論議는 별론으로 하더라도 상식적으로 다음과 같은 몇 가지 문제점을 지적할 수 있다. 우선 判例가 제시하고 있는 「背任行爲에의 積極加擔」이라는 槪念은 실제에 있어서는 반드시 명확하지 않고, 이론적으로도 어떤 경우가 이에 해당하는지를 분명히 가리기가 어렵다는 점이다. 判例도 어떤 경우에는 第二讓受人의 加擔 정도가 미약한데도 二重讓渡를 無效라고 판시하고 있는 반면, 다른 경우에는 비교적 積極的으로 가담하였다고 보이는데도 無效가 아니라고 하고 있다. 이로 인하여 어떤 二重讓渡가 無效인지의 여부를 판단하는 것이 상당히 어렵다고 하지 않을 수 없다. 下級審의 판단과 大法院의 판단이 서로 다른 사례가 많았던 점이 이를 뒷받침한다.

더욱 중요한 문제점은 과연 第二讓受人이 단순히 惡意인 경우와 背任行爲에 적극 가담한 경우를 구별할 필요성이 있는가 하는 점이다. 單純惡意인 第二讓受人이라 하여도 자기의 행위로 인하여 第一讓受人이 피해를 입는다는 것을 충분히 알고 있다고 할 것인데 과연 이러한 第二讓受人을 보호하는 것이 정당한 것인가는 의문이라고 하지 않을 수 없다. 다른 말로 표현한다면 두 경우에 있어 非難可能性의 차이가 있다 하여도 이는 단순한 量的인 것에 불과할 뿐 法律的인 評價를 근본적으로 달리할 만큼 質的인 差異가 있는 것은 아니라고

---

67) 徐廷友, "不動産의 二重讓渡와 反社會的 法律行爲", 司法行政 1978. 12, 82-83면.

68) 李在性, "實體上 無效인 登記가 確定判決에 의하여 經了된 경우의 效力", 李在性判例評釋集 10, 1989, 591-592면.

말할 수 있다. 第二讓受人에 대한 非難의 핵심은 讓渡人의 二重讓渡行爲가 背任罪에 해당하는 것을 알면서도 二重으로 讓渡를 받는 것은 결국 타인의 犯罪行爲를 알면서도 그에 의하여 利益을 얻을 것을 꾀하는 것이어서 부당하다는 것이고 이 점은 第二讓受人이 讓渡人의 背任行爲에 적극 가담하였는가 아닌가에 따라 차이가 없는 것이다. 종래의 학설은 兩者를 구별하는 근거를 自由競爭의 原理에서 찾고 있으나, 自由競爭이라는 것이 讓渡人과 第一讓受人이 아직 계약을 체결하지 않은 단계를 넘어서서, 두 사람이 이미 계약을 체결한 단계에서도 第二讓受人이 讓渡人과 이중으로 계약을 체결함으로써 讓渡人의 契約 違反을 초래하는 것까지 정당화할 수 있는 이론인가 하는 점은 다시 한 번 생각해 볼 필요가 있는 것이다.[69)]

이하에서의 論議는 결국 이와 같은 自由競爭의 限界를 法經濟學的인 方法에 의하여 해명하려는 것이다.

Ⅲ. 法經濟學의 몇 가지 基本概念

1. Coase 定理

어떤 法律問題를 法經濟學的으로 분석함에 있어서는 이른바 Coase 定理[70)]가 유용한 출발점이 되는 경우가 많다. 不動産 二重讓渡에 있어서도 그러하다고 생각된다.

Coase 定理는 1991년도 노벨 경제학상 수상자인 Coase 교수가 1960년에 발표한 논문[71)]에서 서술한 내용을 다른 사람들이 이름붙인 것이다. 원래 위 논문은 Coase 定理 자체를 발표하려는 것이 목적이 아니었고, 이른바 外部效果

69) 磯村保, "二重賣買と債權侵害 — 自由競爭論の神話 — (1)", 神戸法學雜誌 제35권 2호 390면 참조.

70) 우리나라에서의 Coase 定理에 관한 문헌으로는 朴世逸, "코-스定理(Coase Theorem)의 法政策學的 意義", 서울대학교 法學 제27권 2·3호, 1986, 76면 이하 참조. 또한 朴世逸(註 3), 73면 이하도 대체로 같은 내용이다.

71) Ronald H. Coase, The Problem of Social Cost, The Journal of Law and Economics Vol. 3, No. 1, pp. 1-44. M.Kuperberg and C. Beitz(ed.), Law, Economics, and Philosophy: A Critical Introduction, with Applications to the Law of Torts, Rowman & Allanheld, Totowa, 1983, pp. 13-40에 재수록되어 있다(이하 인용은 위 책에서).

(Externality)[72] 문제에 대한 종래의 해결방식, 예컨대 環境汚染의 경우에는 정부가 개입하여 汚染物質 排出業體에 대하여 제재를 가함으로써 이를 해결하려는 것을 비판하고, 이른바 外部效果의 相互性(Reciprocal Nature of Externality)을 지적하여, 적절한 조건 하에서는 정부의 개입 없이도 외부효과의 문제가 해결될 수 있다는 점을 지적하려는 것이었다.

여기서 外部效果의 相互性이라 함은, A가 B에게 유해한 활동을 한다고 하여 A의 행위를 억제하는 것은 곧 A의 활동에 지장을 주는 것이므로, 진정한 문제는 A가 B에 주는 유해한 영향을 허용할 것인가 아니면 이를 억지함으로써 B가 A에 주는 유해한 영향을 허용할 것인가(Should A be allowed to harm B, or should B be allowed to harm A)라는 것이다.[73)]

여기서 Coase가 주장하는 바는, 당사자 사이에 去來費用(Transaction Cost)이 소요되지 않는다면, 어느 당사자에게 權利를 부여하더라도, 최종적인 결과는 같다는 것이다. 이를 Coase 定理라고 한다.[74)]

알기 쉬운 예를 든다면[75)] 어느 공장에서 올리는 이익은 연 2,000만원인데, 그 공장에서 매연을 내뿜어 이웃 주민 5인에게 주는 피해가 주민 1인당 100만원씩이라고 하자. 이 경우 공장의 운영으로 인한 이익이 이웃 주민의 피해보다

---

72) 外部效果란 어느 當事者의 行爲가 第3者에 대하여 影響을 미치는 것을 말한다. 外部效果에는 제3자에게 유해한 경우(external cost)뿐만 아니라 제3자에게 이로운 경우(external benefit)도 있다. 이러한 외부효과의 문제점은, 第3者에 대한 영향이 고려되지 않기 때문에 外部效果를 일으키는 行爲가 사회적으로 바람직스러운 것보다도 더 많이(external cost의 경우) 또는 더 적게(external benefit의 경우) 행해지게 된다는 데 있다. 예컨대 내가 담배를 피움으로써 옆에 있는 사람이 고통을 받는다 하더라도 나는 이에 관계없이 담배를 피우기 때문에 옆 사람의 고통이 담배로 얻는 나의 쾌락보다 큰 경우에도 나는 계속 담배를 피우게 되며, 이는 바람직스럽지 못하다. 반면 만일 내가 담배를 피울 때마다 옆 사람에게 돈을 지급하여야 하고, 그 돈의 액수가 옆 사람의 고통을 정확하게 반영할 수 있도록 적절하게 결정된다면 나는 담배를 피움으로써 내가 얻는 쾌락과, 그로 인하여 옆 사람이 받는 고통을 감안하여 담배를 피우는 정도를 결정하게 될 것이어서 결국 나의 담배를 피우는 정도는 사회적으로 가장 바람직한 수준에 머무르게 될 것이다(담배로 인하여 내가 입게 되는 건강상의 피해는 논외로 한다). 이렇게 되는 것을 外部效果의 內部化(Internalization of Externality)라고 한다.

73) Coase(註 71), p. 2.

74) 이를 보통 다음과 같이 표현한다. "權利의 賦與를 특정하지 않고는 市場去來는 성립될 수 없다. 그러나 法이 어느 입장을 취하더라도 生産物의 極大化라는 최종결과는 동일하다." 朴世逸(註 70), 80면. Coase 자신의 표현은 다음과 같다. "It is necessary to know whether the damaging business is liable or not for damage caused since without the establishment of this initial delimitation of rights there can be no market transactions to transfer and recombine them. But the ultimate result (which maximises the value of production) is independent of the legal position if the pricing system is assumed to work without cost." Coase(註 71), p. 20.

75) A. Mitchell Polinsky(宋相現/鄭相朝 共譯) 法經濟學 入門, 經文社, 1984, 27면 이하 참조.

크므로 공장 문을 닫게 할 필요는 없겠지만, 이웃 주민의 피해는 방지하여야 할 것이다. 이를 위한 방법에는 두 가지가 있는데, 그 하나는 공장 주인이 150만원의 비용을 들여 煤煙除去裝置를 설치하는 것이고, 다른 하나는 각 주민이 각 50만원씩 합계 250만원의 비용을 들여 세탁기를 사는 것이다. 어느 방법을 사용하더라도 현재의 피해 상태(100만원 × 5 = 500만원)보다는 낫지만, 바람직한 것은 공장주인이 150만원의 비용을 들여 매연제거장치를 하는 것이다.

그런데 Coase定理에 따른다면, 이 경우 이웃 주민에게 공장 주인에 대한 권리를 인정하든지(그 방법으로는 공장 문을 닫게 할 수도 있고 아니면 매연으로 인한 피해만큼의 손해배상청구권을 인정할 수도 있다), 아니면 공장 주인에게 마음대로 매연을 배출할 수 있는 권리를 인정하든지 어느 쪽이더라도 그 결과는 공장 주인이 매연제거장치를 하게 된다는 것이다.

먼저 이웃 주민에게 공장 주인에 대한 권리를 인정한다면, 공장 주인으로서는 150만원의 비용을 들여 매연제거장치를 하는 쪽이 이웃 주민에게 손해배상을 하여 주는 것보다는 유리하기 때문에, 공장 주인이 매연제거장치를 하게 되리라는 것은 쉽게 이해할 수 있을 것이다.

그러면 공장 주인에게 매연으로 인한 피해를 보상할 필요가 없게 함으로써 매연을 배출할 권리를 인정하면 어떤 결과가 될 것인가? Coase定理에 의하면 이 경우에도 공장 주인이 매연제거장치를 설치하게 된다는 것이다. 즉 去來費用이 존재하지 않는다면, 이웃 주민들은 공장 주인과 협의하여, 공장 주인으로 하여금 매연제거장치를 설치하게 하고, 그 대신 150만원의 비용을 자신들을 부담하는 편이, 자신들 스스로 250만원의 비용을 들여 세탁기를 사는 것보다 유리하기 때문에 위 前者의 길을 택하게 된다는 것이다.

물론 이러한 결론은 비현실적으로 보일 것이다. 현실적으로는 이웃 주민 5인끼리 위와 같은 합의를 이끌어 낸다는 것조차 쉽지 않고, 나아가 이웃 주민들이 공장 주인과 교섭하여 공장주인으로 하여금 매연제거장치를 설치하게 한다는 것은 더욱 어려울 것이며, 설사 그것이 이루어진다 하여도 그에 드는 시간과 비용은, 세탁기 대신 매연제거장치를 설치함으로써 얻는 100만원의 이익(250만원 − 150만원)을 초과하기 쉬울 것이기 때문이다. 이 점에서 위 Coase定理의 假定, 즉 去來費用(transaction cost)이 존재하지 않는다는 것이 중요한 의미를 가짐을 알 수 있다.

여기서 말하는 去來費用은 광의로는 市場이라는 자발적 去來의 場을 활용하기 위해 드는 일체의 비용을 의미하는데, 예컨대 ① 거래(교환)의 전제로서 교환의 대상이 되는 권리(財産權, Property Right)의 확정 및 확정된 권리의 유지비용, ② 거래 상대방을 찾아내고 상대방의 거래조건을 확인하는 데 드는 정보비용(Information Cost), ③ 최종거래조건을 확정하는 과정에서의 교섭비용 · 계약체결비용, ④ 계약내용의 이행을 확보하기 위해 드는 집행비용(소송비용 · 강제집행의 비용 등) 등을 들 수 있다.[76]

2. 去來費用이 존재하는 경우의 權利配分

그러면 위 매연 사례에서, 현실적으로 존재하는 去來費用을 고려한다면 누구에게 권리를 부여하는 것이 경제적으로 효율적이겠는가? 이 물음에 대한 해답은 그리 어렵지 않다. 즉 이 경우에는 이웃 주민에게 권리를 인정하여야 한다. 왜냐하면 이때에는 공장 주인이 매연제거장치를 설치하는 것이 이웃 주민들에 대한 피해를 보상하는 것보다 유리하다고 판단하여 스스로 매연제거장치를 설치할 것이기 때문이다. 만일 이와 달리 공장 주인에게 매연을 배출할 수 있는 권리를 인정한다면, 다음 두 가지 중 한 가지 결과가 나타날 것으로 예상할 수 있다. 그 한 가지는 이웃 주민과 공장 주인의 교섭에 소요되는 높은 去來費用 때문에 가장 효율적인 매연제거장치의 설치는 이루어지지 않고, 그 대신 이웃 주민들이 세탁기를 구입하게 되는 것이고, 다른 하나는 이웃 주민과 공장 주인의 교섭에 의하여 공장 주인이 매연제거장치가 설치하게 될 것인데 이는 어느 것이나 바람직하지 않다. 이웃 주민들이 세탁기를 구입하는 것이 공장 주인이 매연제거장치를 설치하는 것보다 경제적이 되지 못함은 더 말할 필요가 없고, 이웃 주민과 공장 주인의 교섭에 의하여 매연제거장치가 설치되더라도 이는 이웃 주민에게 권리를 인정할 경우에는 불필요하였던 去來費用이 지출되게 되기 때문이다.

이를 일반화한다면, 경제적인 관점에서는 去來費用이 존재하는 상황에서 이해가 대립하는 당사자들 중 누구에게 권리를 인정하여야 할 것인가는 去來費用 발생의 필요를 최소화한다는 관점에서 세워져야 한다는 것이다. 앞의 예에서는 이웃 주민들에게 권리를 부여하는 것이 去來費用의 발생을 최소화하는

---

76) 朴世逸(註 70), 92면.

것이 된다. 다른 말로 한다면 위 매연으로 인한 피해를 방지하는 데는 공장 주인은 150만원이면 되지만, 이웃 주민들은 250만원이 소요되고, 따라서 보다 적은 비용으로 피해를 방지할 수 있는 공장 주인에게 의무를 부담하게 하는 것이 추가적인 비용의 발생을 억제할 수 있어 효율적이라는 것이다. 이것이 바로 G. Calabresi가 말하는 最低費用 回避者(The Cheapest Cost Avoider)에게 손해를 부담하게 한다는 원칙이다.[77)]

위의 설명을 권리의 분배라는 측면에서 다시 살펴본다. 위 매연 배출의 사례에서, 만일 공장 주인에게 매연을 배출할 권리가 주어진다면, 이웃 주민들은 최대한 250만원까지의 비용을 들여서 공장 주인으로부터 이 권리를 사들이려고 할 것이다. 반면 공장 주인으로서는 150만원 이상만 받는다면 이웃 주민들에게 위 권리를 팔려고 할 것이므로 실제의 가격은 150만원에서 250만원 사이에서 결정될 것이다. 이는 다른 말로 한다면 위 매연을 배출할 권리(또는 매연의 배출을 금지할 권리)는 이웃 주민에게는 250만원의 가치가 있는 반면 공장 주인에게는 150만원의 가치밖에는 없다는 것이 된다. 그렇다면 앞의 설명은 그 권리의 가치가 더 큰 이웃 주민에게 권리를 부여하는 것이 경제적으로는 바람직하다는 말과 같은 것이 된다.

R. Posner는 이러한 주장을 다음과 같이 定式化하였다. 즉 去來費用이 존재하는 경우에는, 法的 權利를, 그 권리가 최초에 다른 사람에게 부여되었더라면 이를 사들일 사람에게 부여하는 것(assigning the legal right to the party who would buy it if it were assigned initially to the other party)이 경제적으로 효율적이라는 것이다.[78)] 그러면 누가 이러한 사람인가? 이는 競賣를 생각하면 된다. 즉 어떤 財貨든지 그 財貨에 의하여 가장 效用을 극대화할 수 있는 사람에게 귀속되는 것이 사회 전체로서도 效用을 극대화하는 것이고, 누가 가장 效用을 극대화할 수 있는 사람인가는 누가 그 재화에 대하여 가장 높은 가격을 지급할 의사가 있는 사람인가에 의하여 알 수 있으며, 이는 권리에 관하여도 마찬가지이다.[79)]

77) G. Calabresi, The Cost of Accidents: A Legal and Economic Analysis, Yale University Press, 1970, pp. 136 ff. 또한 朴世逸(註 3), 276면 이하 참조.

78) R. Posner, Economic Analysis of Law, 3rd ed., Little, Brown and Company, Boston and Tronto, 1986, p. 45. Posner는, "재산권을 그것이 더 가치 있는 사람에게 부여하는 것(assigning the property right to whom it is more valuable)"이라고도 표현하고 있다.

79) J. Coleman은 이러한 의미에서 Posner의 위 주장을 "競賣 原則(auction principle)"이라고 불

이를 다른 말로 표현한다면, 去來費用이 커서 당사자 사이에 자발적인 거래가 이루어지지 못하고 따라서 市場(market)이 형성되지 못하는 경우에도, 法은 당사자 사이의 거래가 이루어지는 경우를 가정하여 그와 같은 결과가 나오도록 권리를 분배하여야 한다는 것이다.[80)]

그러나 이 원칙도 실제 적용에 있어서는 여러 가지 문제가 있다. 가장 중요한 것은, 권리의 가치가 누구에게 가장 큰 것인가 내지 누가 最低費用 回避者인지를 어떻게 알 수 있는가 하는 점이다. 이 점에 관하여도 몇 가지 해결책이 제시되고 있으나[81)] 여기서는 논의를 생략한다.

3. 權利保護의 方法 — Property Rule과 Libiality Rule

이제까지는 去來費用이 존재하는 경우에 누구에게 權利를 부여하는가가 경제적인 효율의 면에서 중요한 의미를 가진다는 것을 살펴보았다. 그러나 일단 누구에게 권리를 부여할 것인가가 결정되었다 하더라도 그 권리의 구체적인 내용이 무엇인가, 다시 말하여 그 권리를 어떤 방법으로 보호할 것인가 하는 점도 경제적으로 중요하다.

이 점을 지적한 사람은 G. Calabresi와 A. Douglas Melamed이다.[82)] 이들은 권리 보호의 방법에 관하여 property rule과 liability rule[83)]을 구별한다.[84)] 여기서 property rule이라 함은, 그 권리를 권리자로부터 제거하고자 하는 자는 그 권리의 가치가 당사자 사이의 합의에 의하여 결정되는 자발적인 거래에 의하

렸다. J. Coleman, "The Economic Analysis of Law", in: M. Kuperberg and C. Beitz(註 71), pp. 113 ff. 원래는 J. Roland Pennock, John W. Chapman(ed.), Ethics, Economics, and the Law: Nomos XXIV, 1982에 발표된 것이다.

80) Coleman은 이를 "권리를 시장을 가장하거나 모방함으로써 배분하는 것(to assign entitlements by simulating or mimicking the market)"이라고 표현하고 있다. Coleman(註 79), p. 116.

81) Calabresi(註 77), pp. 139 ff.; 朴世逸(註 3), 121-124면 참조.

82) "Property Rules, Liability Rules, and Inalienability: One View of Cathedral" in: M. Kuperberg and C. Beitz(註 71) pp. 41-80. 원래는 Harvard Law Review Vol. 85(1972)에 발표된 것이다.

83) 朴世逸(註 3), 124면은 property rule을 物權的 保護原則으로, liability rule을 損害賠償原則으로 번역하고 있으나, 뒤에서 보는 것처럼 property rule이 반드시 物權에만 인정되는 것은 아니고, 또 liability rule이 반드시 損害賠償에만 한정되는 것은 아니며 더 적절한 우리말 표현을 찾지도 못하였기 때문에, 여기서는 原語를 그대로 사용하기로 한다.

84) 이들은 讓渡禁止의 원칙(不可讓의 원칙, inalienability rule)도 권리보호의 한 방법으로 들고 있으나, 이는 이 글의 주제와는 직접 관련이 없기 때문에 여기서는 언급을 생략한다.

여서만 권리를 취득할 수 있는, 그러한 권리의 보호방법을 말한다.[85] 따라서 권리자의 동의를 받지 않고 권리를 침해하는 경우에는 권리자는 그 침해행위 자체를 막을 수 있다. 여기서 중요한 것은 국가는 그 권리의 가치 결정에는 개입하지 않고, 이는 오로지 당사자들에 의하여서만 결정된다는 점이다.

반면 liability rule이란, 권리자 아닌 타인이 그 권리에 대하여 객관적으로 결정되는 가격만을 지급하면 그 권리를 침해할 수 있는, 그러한 권리의 보호방법을 말한다.[86] 여기서는 권리의 가격은 당사자에 의하여 결정되는 것이 아니라 법원 등 제3자에 의하여 결정되며, 권리의 침해가 있는 경우에 권리자는 그 침해행위 자체를 막을 수는 없고, 다만 그 권리의 객관적인 가액만을 청구할 수 있을 뿐이다.

구체적인 예를 들어 본다면, 앞에서 예로 든 공장의 매연 배출 사례에서, 이웃 주민들의 동의를 얻지 않으면 매연을 배출하는 공장을 가동할 수 없다고 하는 것은 property rule이 적용되는 경우이다. 이때 공장 주인이 이웃 주민들의 동의 없이 매연을 배출한다면 이웃 주민들은 법원에 공장의 가동 중지를 청구할 수 있고, 공장 주인으로서는 공장을 가동하기 위하여는 이웃 주민들이 만족하는 가격을 지급하고 주민들의 동의를 얻어야 한다.

반면 공장이 매연을 배출하더라도 이웃 주민들이 공장의 가동 중지 그 자체를 청구할 수는 없고, 다만 공장 주인에게 그로 인한 손해의 배상만을 청구할 수 있을 뿐이라면 이는 liability rule이 적용되는 경우이다. 이때 공장 주인의 처지에서 공장의 가동으로 인한 이익이 주민들에 대한 손해배상액보다 작다면 공장 주인은 가동을 중지하거나 아니면 매연배출 방지장치를 설치할 것이고 따라서 위와 같은 손해배상의 인정도 간접적으로는 매연배출 중지의 효과를 가져오는 셈이다. 그러나 공장의 가동으로 인한 이익이 주민들에 대한 손해배상액보다 크고, 또 매연배출 방지를 위한 비용 역시 손해배상액보다 크다면 공장 주인으로서는 손해배상을 지급하면서라도 공장을 가동하는 쪽을 택할 것이다.

이러한 property rule과 liability rule의 구분은 그 이름이 시사하는 것처럼 보호되는 권리가 物權인가 아니면 債權인가와 일치하는 것은 아니며, 채권의 경우에도 property rule에 의한 보호가 배제되는 것은 아니다. 가령 영미법에서

85) Calabresi and Melamed(註 82), p. 44.
86) Calabresi and Melamed(註 82), p. 44.

는 債務不履行에 대한 구제수단으로서 전통적으로 金錢에 의한 損害賠償(dammage)을 원칙으로 하고 있는데, 이는 liability rule에 의한 구제라고 할 수 있다. 반면 우리 법처럼 채권자가 채무를 이행하지 않는 채무자에 대하여 원칙적으로 그 履行의 强制[87]를 청구할 수 있다면 이는 property rule에 의한 구제를 인정하는 것이다.

위의 설명에서 알 수 있는 것처럼 權利者를 가장 강력하게 보호하는 것은 property rule이다. 그러면 왜 property rule 외에 liability rule이 인정되는가? Calabresi와 Melamed는 그 이유를, 거래에 의하여 권리의 가치를 확정하는 비용이 너무 커서, 권리의 移轉이 모든 당사자에게 유리한 경우에도 (자발적인 거래에 의하여서는) 그러한 권리의 이전이 일어나지 않는 경우가 많다는 데서 찾고 있다.[88] 그 대표적인 예로서 公用收用(eminent domain)을 들 수 있다.

가령 어느 市에 소재한 一團의 토지 소유자가 모두 1,000명이고, 편의상 그 땅의 소유자들이 각각 자기 소유의 땅에 대하여 평균 100만원의 가치를 부여한다고 하면 위 땅의 정상적인 가격은 10억원이 될 것이다. 그런데 위 땅을 공원으로 만들 때에는 그 공원으로 인하여 위 시 100,000명의 시민들이 얻는 이익은 1인당 평균 12,000원이 된다고 하자. 그렇다면 위 땅을 시민들이 매수하여 공원으로 만드는 편이 모두의 이익에 부합한다(12,000원 × 10,000 > 10억원). 그러나 실제로는 위 1000명의 소유자와 모두 교섭을 하여 토지를 매수하는 것은 많은 去來費用 때문에 거의 불가능에 가깝다. 우선 소유자들은 토지의 값을 더 많이 받기 위하여, 자기 소유 땅이 자신들에게 주는 진정한 효용은 평균 100만원인데도 그보다 더 많다고 주장함으로써 자신들의 땅에 대한 진정한 가치를 숨길 것이다. 동일한 문제는 매수인이 될 시민측에도 존재한다. 즉 다수의 시민 가운데에는 자신은 비용을 부담하지 않고서도 다른 사람들이 돈을 내어 공원을 만들면, 그 공원의 혜택만을 누리려는, 일종의 無賃乘車者(free-rider)가 존재할 것이기 때문이다. 이러한 경우에는 국가가 나서서 그 땅의 가격을 일방적으로 결정한 가격에 수용하고, 그 비용을 시민들로부터 세금으로 징수하는 것이 합리적이다.

그러나 이러한 liability rule에도 문제점이 없지 않다. 즉 권리의 가치의 객관적인 평가가 정확하다는 보장이 없는 것이다. 만일 객관적으로 결정된 권리

---

87) 영미법에서는 specific performance라고 한다.

88) Calabresi and Melamed(註 82), p. 58.

의 가치가 실제로 권리자가 그에 부여하는 가치보다 낮다면, liability rule의 적용은 권리자에게 실제 손해보다 작은 보상을 강요하는 것이 되어 바람직하지 않다. 역으로 객관적으로 결정된 권리의 가치가 실제의 가치보다 높은 경우에도 liability rule의 적용은 과다한 보상을 초래하게 된다.

이상의 설명을 좀더 일반화한다면, 거래 비용이 낮아서 당사자 사이의 자발적인 거래에 의한 권리의 이전이 용이할 때에는, property rule에 의하여 권리를 보호하는 편이 객관적인 권리 평가의 오류라는 위험을 회피하는 것으로서 경제적으로는 바람직하다고 하겠지만, 거래 비용이 높을 때에는 liability rule에 의한 권리 보호가 보다 효율적인 권리 이전을 손쉽게 하는 것이 된다는 것이다.[89)]

이러한 property rule과 liability rule의 구분을 이 글의 주제인 부동산 이중양도의 문제에 적용하면 어떻게 되는가?

第一讓受人이 양도인이 제이양수인에게 부동산을 양도하더라도 양도인에 대하여는 여전히 원래의 양도의무의 이행을 청구하고, 第二讓受人에 대하여는 목적부동산의 반환을 청구할 수 있다면 第一讓受人은 양도인 및 第二讓受人에 대한 관계에 있어서는 property rule에 의한 보호를 받는 셈이 된다. 반면 제2의 양도로 인하여 양도인의 第一讓受人에 대한 양도의무는 이행불능이 되었다고 보아 양도인은 第一讓受人에 대하여 금전에 의한 손해배상만을 청구할 수 있다고 하는 것은 第一讓受人이 liability rule에 의한 보호밖에 받지 못하는 것이 된다.

Ⅳ. 不動産 二重讓渡의 經濟的 分析

1. 效率的 違反(efficient breach)의 理論과 不動産 二重讓渡

그러면 구체적으로 부동산 이중양도의 문제를 경제적으로 분석하여 보자. 이에 관하여는 우선 효율적 위반(efficient breach)의 이론을 살펴볼 필요가 있다.

---

89) Calabresi and Melamed(註 82), p. 70은 환경오염 문제에 관하여 여러 가지 변수를 고려하여 보다 복잡하게 분석하고 있으나(朴世逸, 註 4, 131-133면도 참조), 기본적인 분석기준은 누가 最低費用 回避者인가 하는 점과 去來費用의 다과이다.

이를 한 마디로 말한다면, 계약의 이행이 가능한 경우에도 이를 이행하지 않는 것이 경제적으로는 더 효율적일 수 있다는 것이다.[90] 다시 말하여 계약을 이행하는 費用이 양당사들에게 주는 계약 이행의 利益보다 커질 때(when the costs of performance exceed the benefits to all the parties)[91]에는 계약을 이행하지 않는 것이 계약을 이행하는 것보다 더 효율적이라는 것이다.

不動産의 二重讓渡를 예로 들어 본다. A는 부동산을 한 채 소유하고 있는데, 당시 A에게는 위 부동산이 4억 5천만원의 가치가 있었다. 그런데 B가 나타나서, 5억원에 팔라고 하여 그 가격에 매매계약이 성립하였다. B에게는 위 부동산이 5억 5천만원의 가치가 있었으므로, 위 매매계약이 이행되면 A와 B가 얻는 이익은 모두 1억원{(5억원-4억 5천만원)+(5억 5천만원-5억원)}[92]이 된다. 그런데 쌍방이 아직 위 계약의 이행에 착수하기 전에 제 3 자 C가 나타나서, A에게 위 부동산을 6억원에 팔라고 제안한다. 이 경우에는, A가 위 부동산을 C에게 6억원에 팔아서, B에게 5천만원의 손해배상을 지급하더라도, A로서는 B에 대한 계약을 이행할 경우보다 5천만원의 이익을 보는 셈이 되며, B로서도 손해가 없고, 또 위 부동산은 B보다는 C에게 더 가치가 있으므로 위 부동산이 C에게 돌아가는 편이 사회전체적으로도 더 이익이라고 할 수 있다.

그리하여 학자들 가운데에는 위와 같은 효율적 위반 이론에 의하여 背任行爲 積極加擔論을 설명하려는 주장이 있다.

즉 獨逸의 Kötz는, 第一買受人보다 더 많은 가격을 제공함으로써 제 2 의 賣買契約을 체결한 第二買受人의 第一買受人에 대한 不法行爲를 원칙적으로 부정하여야 하는 근거로서, 自由競爭의 經濟에 있어서는 모든 財貨가 그에 대하여 더 높은 가격을 지급할 용의가 있는 자에 의하여 사용되는 것이 일반적인 이익에 합치하는데 二重賣買의 경우에는 第二買受人이 더 높은 가격을 지급할 용의가 있는 자라고 주장한다.[93] 이는 명백히 효율적 위반의 이론을 염두에 둔 것이다.

또한 미국의 Harvey S. Perlman이나 Donald C. Dowling과 같은 학자는, 위

90) Posner(註 78), pp. 105 ff. 또한 Cooter and Ulen, Law, Law and Economics, Scott, Foresman and Company, Glenview and London, 1988, pp. 289 ff.; Burrows, Remedies for Torts and Breach of Contract, Butterworths, London, 1987, pp. 309 ff.; 朴世逸(註 3), 219면 참조.
91) Cooter and Ulen(註 90), p. 290.
92) 이것이 경제학에서 말하는 剩餘(surplus)의 개념이다.
93) H. Kötz, Deliktsrecht, 4.Aufl., Alfred Metzner Verlag, Frankfurth am Main, 1988, S. 240 f.

와 같은 효율적 위반의 이론에 입각하여, 우리 法의 第3者의 債權侵害에 해당하는, 英美法上의 契約關係의 侵害로 인한 不法行爲(Interference with contractual relations, Inducement to breach of contract)[94]는 채무자와 이중으로 계약을 체결하여 채무자로 하여금 기존의 채권자에 대한 계약을 위반하게 한 제3자가 선행의 계약사실을 알기만 하면 불법행위책임을 진다는 종래의 판례를 비판하면서, 第3者가 違法한 手段을 쓴 경우에만 불법행위책임이 인정되어야 한다는 이론을 전개하고 있다.[95]

종래 우리나라의 판례가 인정하는 배임행위 적극가담론은 결국 이러한 효율적 위반의 이론과 일치한다. 다른 말로 하자면 효율적 위반의 이론에서는 부동산 이중양도의 경우에는 第二讓受人이 讓渡人의 배임행위에 적극 가담한 경우에 한하여 第一讓受人을 property rule에 의하여 보호하는 것이다.

2. 검 토

그렇다면 과연 위와 같은 주장은 정당한 것인가?

확실히 위 效率的 違反의 이론은 상당히 의미있는 洞察을 포함하고 있고, 상황에 따라서는 契約의 이행보다도 契約의 불이행이 效率的일 수 있음을 부정할 수는 없다. 그러나 이 이론에 의하여 不動産 二重讓渡에 있어 惡意의 第二讓受人을 보호하여야 한다는 결론이 정당화되기는 어렵다고 여겨진다. 不動産 二重讓渡의 경우에 效率的 違反의 이론이 적용되기 위하여는 몇 가지 前提가 충족되어야 하는데, 그 중 주요한 것으로는 다음의 두 가지를 들 수 있을 것이다. 첫째, 당해 不動産을 第二讓受人이 취득하는 것이 第一讓受人이 취득하는 것보다 더 效率的이어야 한다. 둘째, 第二讓受人이 讓渡人에게 지급한 매매대금을 가지고 讓渡人이 지급하는 損害賠償(金錢賠償)에 의하여 第一讓受人의 損害가 완전히 배상될 수 있다. 不動産 二重讓渡의 경우에는 과연 이러한 전제가 성립하는가?

效率的 違反 이론에서는 第二讓受人이 第一讓受人이 讓渡人에게 지급하기

94) 이에 대하여는 尹眞秀(註 2, 1985), 135면 참조.

95) Harvey S. Perlman, "Interference with Contract and other Economic Expentancies:A Clash of Tort and Contract Doctrine", 49 University of Chicago Law Riew, pp. 61 ff., 1982; Donald C. Dowling, "A Contract Theory for a Complex Tort: Limiting Interference with Contract Beyond the Unlawful Means Test", 40 University of Miami Law Review pp. 488 ff., 1986.

로 한 가격보다 높은 가격을 지급하기로 하였다면 당해 不動產이 第一讓受人보다 第二讓受人에게 더 가치가 있다고 보고 있다. 그러나 우선 모든 不動產 二重讓渡의 사례에서 第二讓受人이 第一讓受人보다 더 높은 가격을 지급하기로 하는 것은 아니다. 나아가 第二讓受人이 第一讓受人보다 더 높은 가격을 지급하기로 하였다고 하여도 그것만으로 당해 不動產이 第二讓受人에게 더 가치가 있는 것이라고 결론을 내릴 수는 없다.

이는 第一讓渡와 第二讓渡 사이에 상당한 시간적 간격이 있어 不動產 자체의 시가가 상승한 경우를 생각하여 본다면 명백하지만, 그렇지 않은 경우에도 다음과 같은 예를 상정하여 본다면 쉽게 이해될 수 있을 것이다. 즉 甲은 자기 소유의 不動產을 公開競爭의 방식에 의하여 매도하기로 하여 최저 가격은 50만원이지만 가장 높은 가격을 지급하겠다는 사람에게 이를 팔겠다고 하였다. 이에 대하여 여러 사람이 競賣에 참가하였으나 최종적으로는 乙이 가장 높은 가격인 100만원을 제의하였고 그 이상의 매수가격을 제의하는 사람이 없어서 甲은 乙과 契約을 체결하였다. 이때 乙은 내심으로는 다른 경쟁자가 있으면 130만원까지는 제의할 의사가 있었던 것이다. 그런데 위 契約 체결 후에 그 사실을 아는 丙이 甲에게 접근하여, 자기가 乙이 지급하기로 한 100만원보다 20만원 더 많은 120만원을 지급할 테니 자기와 契約을 체결하라고 하자 甲이 丙과 이중으로 契約을 체결하였다고 하자. 이 경우 丙이 지급하기로 한 매매대금이 乙이 지급하기로 한 매매대금보다 많다는 이유만으로 이 不動產이 乙보다는 丙에게 더 가치가 있다고 말할 수는 없는 것이다. 왜냐하면 위 不動產이 乙에게 대하여 가지는 가치는 乙이 실제로 지급하기로 한 가격이 아니라, 乙이 지급할 용의가 있는 최대의 가격에 의하여 결정되어야 하기 때문이다.[96]

위에서는 公開競爭에 의한 契約締結의 예를 들었으나 그러한 경우가 아니라도 自由競爭의 原理가 문제되는 경우에는 기본적인 構造에 있어서 이와 다를 것이 없다.

그리고 二重讓渡가 반드시 效率的이라고 할 수 없다는 것은 다음과 같은 점을 생각하여 보아도 쉽게 알 수 있다. 즉, 당해 不動產이 第一讓受人보다 第

96) Cooter and Ulen(註 90), p. 290 fn. 26은, C(위의 문맥에서는 第二買受人)가 어떤 집을 12만 달러에 사겠다고 하였다면 이 집이 C에게는 적어도 12만 달러의 가치가 있다는 사실은 알 수 있지만, C가 제의하는 가격만으로는 그 집이 그에게 얼마나 더 가치가 있는지는 알 수 없다고 지적하고 있다.

二讓受人에게 더 가치가 있는 것이라면 왜 第二讓受人은 第一讓受人으로부터 이를 다시 양도받지 않고 讓渡人으로부터 이를 양도받는 것일까? 第二讓受人이 第一讓受人으로부터 이를 양도받는데 성공한다면 이는 이 不動産이 第二讓受人에게 더 가치가 있다는 것을 가장 확실하게 증명하는 방법인 것이다.

물론 경우에 따라서는 第二讓受人이 第一讓受人으로부터 不動産을 다시 讓受하는 것이 효율적이 아닌 경우도 생각하여 볼 수 있다. 전형적인 것은 第二讓受人으로서는 당해 不動産이 第一讓受人에게 이미 양도하기로 한 사실을 모르고 讓渡人과 契約을 체결하는 경우이다. 이 때에는 第二讓受人과 第一讓受人 사이의 契約을 위한 去來費用(transaction cost)이 높은 경우라고 할 수 있다. 따라서 이러한 경우에는 第二讓受人에 대하여 第一讓受人과 거래하도록 요구하는 것이 의미가 없다고 할 수 있다.

그러나 第二讓受人이 第一讓受人의 존재를 알고 있을 때에는 특별한 사정이 없는 한 第二讓受人의 입장에서 第一讓受人과 거래하는 것이 讓渡人과 거래하는 것보다 어려울 이유가 없는 것이다. 그럼에도 불구하고 第二讓受人이 第一讓受人과 거래하지 아니하고 讓渡人과 거래하는 이유는, 第二讓受人으로서는 第一讓受人이 요구하는 가격을 지급할 의사가 없기 때문이라고밖에 볼 수 없다.[97] 즉 이 不動産이 실제에 있어서는 第二讓受人보다 第一讓受人에게 더 가치가 있는 것이다. 그런데도 讓渡人으로부터 二重으로 讓受한 第二讓受人을 보호한다면 이는 오히려 資源의 效率的인 移動과는 어긋나는 것이다. 따라서 第二讓受人이 第一讓受人의 존재를 알면서도 그를 제쳐놓고 讓渡人과 二重契約을 맺었을 때에는 第二讓受人을 보호하지 않음으로써 第二讓受人으로 하여금 第一讓受人과 직접 거래하도록 만들어야 하는 것이다.

이처럼 第二讓受人이 善意인가 惡意인가에 따라, 즉 去來費用이 높은가 낮은가에 따라 달리 취급하는 점에 관하여는 英美法상의 契約不履行에 대한 救濟手段으로서의 特定履行(specific performance)에 관한 法經濟學的 分析이 참고가 된다. 이에 관한 한 견해는, 契約不履行에 대하여 特定履行을 명하는 것에 다음과 같은 問題點이 있다고 주장한다. 즉 이 경우 債務者가 債權者에게 損害

97) 대법원 1992. 6. 9. 선고 91다29842 판결(註 17)에서는 地方自治團體(서울市)가 名義信託者와 目的物의 買受交涉을 하다가 名義信託者가 높은 가격을 요구하면서 賣買契約 締結에 응하지 아니하자 名義受託者와 명의신탁자가 요구하는 가격보다 낮은 가격에 賣買契約을 체결한 것이 名義受託者의 背信行爲에 적극 가담한 것으로서 無效라고 판단되었다.

賠償을 하더라도 契約不履行으로 인하여 얻는 이익이 더 크다고 판단한다면 債務者는 債權者에 대하여 원래의 債權者의 손해액보다 더 많은 금액을 지급하고서라도 債權者가 特定履行의 권리를 행사하지 않도록 할 것이나, 이를 위하여 債權者와 교섭하는 데에는 그를 위한 추가적인 去來費用(transaction cost)이 필요하고, 또 特定履行을 허용하는 것은 債權者에게 지나치게 유리한 지위를 부여하는 것으로서 債權者의 獨占(monopoly)을 허용하는 것이 되어 불합리하다고 한다.[98)]

이 이론을 不動産의 二重讓渡에 원용한다면, 第一讓受人의 第二讓受人에 대한 原狀回復請求를 인정하는 것은 第二讓受人으로 하여금 다시 第一讓受人으로부터 이 不動産을 양도받기 위한 교섭을 하도록 만드는 셈인데 이는 추가적인 去來費用을 필요로 할 뿐만 아니라 第一讓受人의 獨占을 허용하는 셈이 되어 非效率的이라는 결론을 도출할 수 있을 것이다.

그러나 이와 같은 特定履行 批判論에 대하여는, 기존의 契約 당사자들은 이미 상대방을 알고 있을 뿐만 아니라 그들 사이에서는 이미 여러 가지 예상될 수 있는 상황에 대하여 대비하여 여러 가지의 약정도 하였거나 할 수 있는 처지였으므로 契約不履行을 초래하는 상황이 생기더라도 그들이 이에 대하여 새로운 교섭을 하는 비용은 전혀 낯선 第3者 사이의 契約과는 달리 매우 낮다고 보아야 한다는 反論이 있다.[99)]

이러한 反論을 不動産의 二重讓渡에 원용한다면, 第二讓受人이 第一讓受人의 존재를 알고 있을 때에는, 그가 第一讓受人으로부터 不動産을 취득하는 데 드는 去來費用이 讓渡人으로부터 취득하는 데 드는 去來費用보다 크다고는 할 수 없을 것이므로 第二讓受人의 原狀回復義務를 인정하는 것, 즉 第二讓受人으로 하여금 第一讓受人으로부터 不動産을 취득하게 하는 것이 去來費用의 면에서 第二讓受人이 讓渡人으로부터 不動産을 취득하는 것보다 效率的이 아니라고는 할 수 없는 것이다.

그리고 第一讓受人의 獨占을 허용하는 것이 되어 부당하다는 비판은 이 경우에는 전혀 타당하다고 할 수 없다. 오히려 第二讓受人의 原狀回復義務를 부정하는 것은, 不動産이 第一讓受人보다 第二讓受人에게 더 가치가 크다는 입증이 없음에도 불구하고 第二讓受人의 收用(eminent domain)을 인정하는 것과

---

98) Posner(註 78), pp. 117 ff.

99) Burrows(註 90), pp. 310 ff.; Cooter and Ulen(註 90), pp. 320 ff.

같은 결과가 되어 부당하기 짝이 없는 것이다.

다른 한편 讓渡人이 第一讓受人에게 지급하는 損害賠償으로써 第一讓受人의 손해가 완전히 보상된다고 하는 가정은 반드시 현실적이라고 할 수 없다. 우선 讓渡人이 無資力인 경우에는 第一讓受人은 사실상 구제를 받지 못한다. 뿐만 아니라 讓渡人에게 자력이 있다고 하더라도, 위의 경우에 讓渡人에 대한 금전배상을 인정하는 것만으로는 第一讓受人이 충분히 보호를 받지 못하게 되기 쉽다. 이 점은 여러 가지로 설명할 수 있다. 우선 第一讓受人이 입은 損害를 금전으로 환산할 필요가 있는데 이 경우에는 특단의 사정이 없는 한 원칙적으로 讓渡人의 第一讓受人에 대한 所有權移轉登記義務가 履行不能이 된 때, 즉 第二讓受人 명의로 所有權移轉登記가 경료된 때의 당해 不動産의 時價가 損害額이 될 것이다. 따라서 第二讓受人 명의로 所有權移轉登記가 경료된 후 事實審 辯論終結時까지 그 不動産의 시가가 상승하더라도 이는 損害賠償의 범위에서 제외되게 된다. 가령 第二讓受人이 이러한 사정을 알았거나 알 수 있었다고 보아 事實審 辯論終結時의 시가를 배상하여야 한다고 하더라도 그 이후의 時價上昇은 여전히 고려될 수 없게 된다.

나아가 이러한 손해액 산정의 문제뿐만 아니라 보다 중요한 점은 과연 第一讓受人이 입은 손해를 이처럼 그 不動産의 交換價値 상당액으로 파악하는 것이 정당한가 하는 점이다. 일반적으로 어떤 물건을 有償으로 취득한 자는 그 물건이 그 취득을 위하여 자기가 지급한 대가 내지 그 물건에 대한 시장에 있어서의 交換價格 이상의 가치를 가지고 있다고 보았기 때문에 이를 취득한 것이라고 말할 수 있다. 經濟學에서는 이를 消費者 剩餘(consumer surplus)의 개념으로 설명한다.[100] 그런데 第一讓受人의 손해를 그 不動産의 時價로만 파악한다면 第一讓受人이 그 不動産에 대하여 실제로 부여하는 가치를 제대로 평가하지 못한 것이 된다. 만일 대상이 代替物인 경우에는 被害者는 그 목적물의 時價 상당의 金錢賠償을 받아 同種의 물건을 다시 구입하면 被害者의 손해가 비교적 완전에 가깝게 전보된다고 말할 수 있을 것이다. 그러나 不動産과 같은 非代替物의 경우에는 被害者가 원래의 물건과 동일한 대상을 시장에서 찾는다는 것은 거의 불가능하다. 이처럼 第一讓受人이 그 목적물의 時價 이상의 손해를 입는다는 것은 특히 第一讓受人이 讓渡人으로부터 목적물을 인도받아 이미

---

100) Burrows(註 90), p. 13 참조.

점유사용하고 있는 경우를 상정한다면 쉽게 이해할 수 있을 것이다. 나아가 金錢賠償의 경우에는 항상 債權者의 손해를 금전으로 환산하는 과정에서 그 손해가 과소평가될 위험이 존재한다.[101)]

그리고 讓渡人이 第一讓受人의 손해를 완전히 보상하는 것이 이론적으로 가능하다고 하더라도, 그 損害額에 관하여 當事者들이 자발적으로 合意를 이루기는 어렵고 대부분의 경우에는 訴訟을 통하여 法院에 의하여서만 損害賠償이 이루어지게 되는데, 이 또한 사회적으로 볼 때에는 불필요한 費用의 지출을 의미하게 된다. 그러므로 이와 같은 效率的 違反 내지 自由競爭의 原理로는 惡意의 第二讓受人이 보호받아야 한다는 결론을 정당화할 수 없다고 여겨진다.

그러므로 경제적인 관점에서는, 第二讓受人이 第一讓受人의 존재를 안 경우에는 情報費用 내지 거래비용이 작으므로 property rule을 적용하여 양도인으로 하여금 원래의 양도의무를 이행하게 하고, 이를 위하여 제이양수인에 대하여 목적부동산의 반환을 명하며, 제이양수인이 第一讓受人의 존재를 몰랐다거나 기타 다른 특별한 사유로 제이양수인과 第一讓受人 사이의 거래비용이 큰 경우에 한하여 liability rule을 적용하여 양도인에게 손해배상만을 청구할 수 있게 하는 것이 효율적이라고 하겠다.

3. 不動產 登記制度의 目的과 背任行爲 積極加擔論

다른 한편 배임행위 적극가담론의 또 다른 근거로는 위와 같은 자유경쟁의 이론 외에도, 第二讓受人이 악의이기만 하면 항상 第一讓受人에 대한 관계에서는 보호를 받지 못한다고 하는 것은 부동산 등기제도의 목적에 어긋난다는 주장이 있을 수 있다.[102)] 그러나 이 또한 반드시 설득력이 있는 것은

101) David F. Parlett, “From Victorian Opera to Rock and Rap: Inducement to Breach of Contract in the Music Industry”, 66 Tulane Law Review, 1992, p. 802.

102) 프랑스의 判例는 종전에는 우리나라의 판례에서 말하는 背任行爲 積極加擔論과 동일한 이른바 詐害의 共謀(concert frauduleux) 理論을 채택하고 있었으나 1968년 이를 변경하여 현재에는 第二讓受人이 惡意인 경우에는 第一讓受人에 대하여 不法行爲責任에 기한 原狀回復義務를 부담한다고 보고 있는데, 이에 대하여는 다음과 같은 비판이 있다. 즉 契約上의 權利도 모든 사람에 의하여 존중되어야 하고 따라서 故意나 過失에 의한 債權侵害는 不法行爲를 구성한다는 것은 判例에 의하여도 인정되지만, 第3者에 대항하기 위하여는 公示(publicité)를 필요로 하는 權利에 관하여는 반드시 그렇다고 볼 수 없으며, 公示의 制度는 去來의 安全을 목적으로 하는 것인데, 이러한 목적은 取得을 公示한 자가 거래의 시점에서 惡意였는가 아닌가에 관한 論議를 봉쇄하지 않고서는 달성될 수 없다는 것이다. 公示라고 하는 方式의 遵守는 公

아니다.

부동산 등기제도의 목적이 무엇인가도 여러 가지 측면에서 논할 수 있겠지만, 그 중 중요한 것은 등기제도에 의한 일률적 처리에 의하여 법률관계가 명확하여진다는 것을 들을 수 있을 것이다.[103] 이를 경제학적인 관점에서 설명한다면, 등기제도는 去來費用의 일종인 情報費用(information cost)을 줄이는 기능을 한다고 말할 수 있다. 즉 어떤 권리가 등기의 대상인 경우에는, 그 권리를 취득하려고 하는 자는 등기부만을 확인하여 보면 권리에 관한 정보를 획득할 수 있어 정보비용을 줄일 수 있다는 것이다.

이러한 관점에서는, 善意의 第二讓受人, 즉 第一讓受人이 있음을 알지 못한 第二讓受人을 보호하는 것은 충분한 근거가 있다고 할 수 있다. 만일 第二讓受人이 第一讓受人의 존재를 알지 못한 경우에도 第一讓受人이 第二讓受人에 우선한다면, 부동산에 관한 거래를 하려는 모든 사람은 단순히 등기부만을 확인하여 보는 것만으로는 불충분하고 등기부에 나타나지 않은 다른 이해관계인이 있는지를 확인하여 보아야만 한다는 것이 되나, 이는 실제에 있어서는 거의 불가능에 가까울 뿐만 아니라, 가능하다 하더라도 그 때문에 지출되는 비용은 사회적인 손실이라고 할 수밖에 없다.[104] 반면 第一讓受人의 처지에서는 소유권이전등기나 假登記를 하거나, 또는 假登記나 讓渡人을 상대로 處分禁止 假處分을 받아 그 登記를 하는 등 등기부상 자신의 권리를 확보할 수 있는 여러 가지의 방법이 있으므로 이러한 조치를 취하지 않은 第一讓受人보다 선의의 第二讓受人을 보호하는 것은 去來費用을 줄인다는 측면에서 충분히 정당화될

示를 실현한 자의 善意를 증명할 뿐만 아니라 일종의 反證이 不可能한 推定(présomption irréfragable)을 낳는 것으로서 第3者에 대한 對抗問題를 公示에 의하여 결정하여야 할 성질의 권리에 있어서는 善意·惡意의 문제는 일체 논할 필요가 없다. 다만 判例가 「詐害는 모든 것을 깨뜨린다(fraus omnia corrumpit)」는 法諺에 따라 公示의 原則의 적용을 완화하고 있는 것은 대립하는 자들 사이의 이해를 조정하는 것으로서 시인할 수 있으나, 公示의 原則에 대한 이같은 예외는 「詐害의 共謀」가 인정되는 경우에만 한정되어야 한다는 것이다. 이상에 대하여는 尹眞秀(註 26) 참조.

103) 梁彰洙, "民法 제60조에서 정하는 [第3者]의 範圍", 判例月報 제262호(1992. 7), 52-53면은 주로 民法上 登記되지 아니한 法人 理事의 代表權 制限으로써 第3者에게 대항할 수 있는가에 관하여 논하면서, 登記制度의 目的을 위와 같이 설명한다.

104) 이른바 登錄制度(recording system)를 채택하고 있는 美國에서는 不動産 賣買에 있어서 賣渡人이 진정한 權利者임을 확인하기 위하여 權原調査와 權原保險이 이용되고 있는데, 그에 드는 비용이 많아서 이를 登記制度 내지 Torrens System으로 대치하여야 한다는 논의가 있으나(영국에서는 1925년 이래 종래의 등록제도 대신 우리의 登記制度에 유사한 registration of title 制度를 채택하고 있다) 權原保險會社 등 利害關係者들의 반대로 실현되지 않고 있다. 李東明, "미국의 不動産物權變動에 따른 公示方法", 民法學論叢·第二, 博英社, 1995, 30면 참조.

수 있다.

그러나 第二讓受人이 惡意인 경우에는 상황은 다르다. 이때에는 第二讓受人은 별도의 정보비용을 지출할 필요가 없으므로 정보비용의 지출을 방지하기 위하여 第二讓受人을 보호하여야 할 이유는 없는 것이다.

이 점에 관하여 프랑스에서 惡意의 第二讓受人에 대하여 第一讓受人에 대한 不法行爲責任을 인정하는 판례를 지지하는 설은 判例가 우리나라의 不動産登記制度에 상당하는 土地公示(publicité foncière)의 制度와 모순된다는 批判에 대하여 다음과 같은 反論을 펴고 있다. 즉 第二買受人의 善意는 추정되고 第一買受人이 그 惡意를 입증하여야 하며, 단순히 不動産을 매수하려고 하면서 선행의 매매관계를 확인하여 보지 않았다는 이유만으로 비난받지는 않으므로 判例의 이론이 반드시 不動産 公示制度와 모순되는 것은 아니다. 뿐만 아니라 立法者는 특정한 契約을 公示의 대상으로 함으로써 그러한 계약의 존재를 알지 못하는 第3者에게 이를 가르쳐 주려고 한 것이지 이를 이미 알고 있는 第3者가 그 契約의 違反에 가담하는 것까지 허용하려고 한 것은 아니다. 그러므로 二重讓渡에 관하여 不動産 公示制度의 機械的 性格을 이용하려고 하는 惡意의 第3者에 대하여 契約當事者를 보호함에 있어서는 民事責任(la responsabilité civile)의 원칙을 적용하는 것이 매우 유용한 平衡錐(contrepoids)가 된다고 한다.[105)]

오히려 배임행위 적극가담론에 대하여는 다음과 같은 비판이 가능하다. 즉 현재의 판례는, 어느 경우가 第二讓受人이 讓渡人의 배임행위에 적극가담한 것인지를 명확히 하지 못하고 있고, 따라서 선행의 양도사실을 아는 제3자로서는 자신이 讓渡人과 체결하는 양도양수계약이 법원에 의하여 무효로 판단될 것인지를 예측하기가 어려우며, 또 第二讓受人으로서는 법원이 자신과 讓渡人 사이의 계약을 유효하다고 판단할 것이라고 생각하여 讓渡人과 계약을 체결하더라도 第一讓受人은 이는 무효라고 주장할 것이므로 이는 당사자들 사이의 분쟁을 조장하는 셈이 될 뿐만 아니라, 이러한 분쟁은 결국 소송을 통하여 법원에 의하여 해결될 수밖에 없는데 이 또한 去來費用의 일종인 소송비용의 지출이라는 결과를 가져온다.

반면 第二讓受人이 악의인 경우에는 원칙적으로 第一讓受人에 대하여 책

---

105) 상세한 것은 尹眞秀(註 26) 참조.

임을 부담한다는 이론을 채택할 경우에는, 제 2 의 양도계약 자체를 억제하는 효과를 기대할 수 있을 뿐만 아니라, 소송상 문제되는 경우에도 쟁점은 第二讓受人이 악의였느냐의 여부에만 국한되게 되어 그 처리가 훨씬 간단하게 된다.

V. 結 論

이제까지 부동산 이중양도에 있어서 판례가 채택하고 있는 배임행위 적극가담론을 소개하고 이를 경제적인 관점에서 분석하였다. 그 결론은, 경제적인 효율성의 면에서는 第二讓受人이 讓渡人의 배임행위에 적극가담하였는가 하는, 다소 불분명한 기준에 의하여 문제를 해결하는 것보다는, 第二讓受人이 악의이기만 하면 원칙적으로 第一讓受人에 대하여 책임을 부담한다고 하는 기준이 경제적으로는 더 효율적이라는 것이다.

이러한 이론은 비교법적으로 보더라도 충분히 지지될 수 있다. 우리나라의 배임행위 적극가담론은 제 3 자의 채권침해에 있어서 불법행위의 성립요건으로서 공서양속 위반을 요구하고 있는 것과 맥을 같이하는 것이다. 그런데 이처럼 제 3 자의 채권침해의 요건으로서 공서양속 위반을 요구하는 것은 원래 獨逸民法 제826조가 취하고 있는 태도인데, 이는 근본적으로는 債權의 相對性 原則 (Grundsatz der Relativität des Forderungsrechts)에 근거를 둔 것이다. 그러나 비교법적으로는 이는 오히려 예외에 속한다고 할 수 있다.[106]

위에서 살펴본 것 이외에, 不動産 二重讓渡의 효과로서 현재 판례가 채택하고 있는 絶對的 無效의 이론 또한 문제가 많다. 이 또한 法經濟學的으로는 第二의 讓渡契約을 무효로 보지 않더라도 property rule과 liability rule의 개념을 원용하면, 第二讓受人의 第一讓受人에 대한 불법행위책임의 내용으로서 金錢賠償 아닌 原狀回復責任을 인정하여야 하는 근거를 쉽게 설명할 수 있으나, 이는 다른 기회로 미루기로 한다.

〈저스티스 제29권 제 1 호, 1996〉

106) 이에 관한 比較法的인 상세한 研究는 吉田邦彦(註 63), 특히 548면 이하의 요약 참조.

〈追記〉

근래 미국 코넬 대학교 교수인 Fred S. McChesney가, 이 글과 마찬가지로, 去來費用의 관점에서 Tortious Interference with Contract의 법리를 설명하려고 하는 논문을 발표하였기에 소개하고자 한다.[107)]

종래 영국이나 미국에서는, 판례가 제 3 자가 채무자와 채권자 사이의 계약관계에 개입하여 채무자의 계약 위반을 유도한 때에는 제 3 자가 채권자에 대하여 불법행위를 저지른 것으로 인정하고 있었다.[108)] 그런데 이에 대하여는 앞에서도 본 것처럼, 이러한 불법행위는 효율적 위반(Efficient Breach)의 이론과는 모순된다고 하여 비판하는 주장이 많았다.[109)] 여기서는 채무자가 계약을 위반할 수 있게 하는 대신 채권자에 대하여 손해배상을 하도록 하는 것(즉 효율적 위반)을 인정하는 것이, 거래비용의 면에서 계약 침해로 인한 불법행위를 인정하는 것보다 효율적이라고 주장한다.[110)]

그런데 McChesny는, 효율적 위반의 이론이 거래비용의 면에서 더 효율적이라고 볼 근거가 없다고 한다.[111)] 우선 채무자(promisor)는 계약 위반을 야기한 제 3 자(inducer)로부터 채권자(promisee)에 대하여 손해배상을 하여 주더라도 자신에게 손해가 없다는 약속을 받을 때에만 채권자와의 계약을 지키지 않을 것이고, 이를 위하여는 채무자와 제 3 자 사이의 교섭이 필요하다. 그런데 이 경우 필요한 거래비용이, 제 3 자로 하여금 채권자와 교섭하게 하는 비용[112)]보다 필연적으로 더 작다고 볼 근거가 없다.

나아가 효율적 위반의 이론에서는, 계약불이행이 있을 때 (1) 채무자 또는 제 3 자는 자동적이고 자발적으로 채권자에 대하여 배상을 하고, (2) 그 배상은 채권자의 기대 손해(expectation)를 충분히 보상할 수 있다고 본다. 그러나 이러한 조건이 충족된다고 볼 근거가 없다. 뿐만 아니라 채무자나 제 3 자가 배상을 할 태세가 되어 있다고 하더라도, 그 배상액수에 관하여는 의견의 불일치가 생

107) Fred S. McChesney, "Tortious Interference with Contract versus "Efficient" Breach: Theory and Empirical Evidence", Journal of Legal Studies, vol. 28, 1999, pp. 131 ff.

108) 이른바 계약 침해로 인한 불법행위(Tortious Interference with Contract).

109) 위 註 95) 및 그 본문 참조.

110) 위 註 98)에서 인용하고 있는 Posner의 주장 참조.

111) McChesny(註 107), pp. 148-156.

112) 제 3 자에 대하여 계약 침해로 인한 불법행위책임을 인정하게 되면, 제 3 자는 채무자로 하여금 채권자에 대하여 채무를 이행하지 않도록 하기 위하여는 그에 대한 채권자의 승낙을 얻기 위하여 채권자와 교섭을 하여야 하게 된다.

길 수 있으며, 따라서 계약불이행의 경우에는 또다시 교섭이 필요하거나 소송을 하여야 한다.

그러므로 효율적 위반의 이론과 계약 침해로 인한 불법행위를 비교하여 본다면, 계약 위반이 있기 전의 사전의 교섭으로 인한 거래비용이 소요된다는 점은 양자에 공통되고, 이 중 어느 비용이 더 크다고는 말하기 어렵지만, 계약 위반으로 인한 사후의 거래비용은 효율적 위반의 경우에만 소요되고, 계약 침해로 인한 불법행위의 경우에는 소요되지 않는다. 따라서 다른 특별한 경험적 증거가 없는 한, 계약 침해로 인한 불법행위를 인정하는 것이 효율적 위반의 경우보다 더 우월하다고 한다.

그리고 이처럼 계약 침해로 인한 불법행위를 인정함에 있어서는 교섭으로 인한 비용 기타의 거래비용이 매우 높다는 등의 특별한 사정이 없는 한 liability rule에 의한 책임을 인정할 것이 아니라 property rule에 의한 책임을 인정하는 것이 효율적이라고 한다.

그리고 이러한 관점에서는 제 3 자에게 불법행위 책임을 지우기 위하여는 제 3 자의 害意(malice)를 요구할 필요는 없고, 그 제 3 자가 채권자의 채무자와의 계약관계를 알고서도 채무자의 계약 위반을 유도하였으면 그것으로 충분하며, 반면 제 3 자가 채권자와 채무자 사이의 계약관계를 몰랐다면 그는 채권자와의 교섭을 회피한 것이 아니므로 그러한 제 3 자에 대하여 제재를 가할 필요는 없다고 한다.[113)]

113) McChesny(註 107), pp. 163 f.

反社會的 不動產 二重讓渡에 있어서 轉得者의 地位*

— 대법원 1996. 10. 25. 선고 96다29151 판결** —

[事件의 概要]

Ⅰ. 基本的 事實關係

1. 해방되기 직전인 1943년 경 조선총독부는 전국적으로 제2차 緊急增米用 水源擴充施設事業을 시행하였는데, 그 사업의 내용은 해당 지역의 부, 읍, 면이 주체가 되어 부지를 각 소유자로부터 매수하여 小溜地를 축조하는 것으로서, 그 소요 경비의 7할은 조선총독부가 보조하고 나머지 3할은 그 溜地의 몽리지역 내에 토지를 소유하고 있는 사람들이 부담하도록 하는 것이었고, 그 준공검사에는 그 小溜地 시설부지 소유자의 보상금영수증을 필요로 하였다.

2. 이 사건 원고 X(全州市)의 前身인 전주부는, 위 사업의 일환으로 1943. 3. 15.경 이 사건 토지 6,790㎡를 소유자인 소외 A로부터 매수하는 등 인근 토지 13필지를 매수하여 이 사건 유지인 증산2제를 축조한 후 1944. 5. 1.에는 이 사건 토지를 비과세지로 지정하고 같은 해 11. 27.에는 地目을 유지로 변경하여, 그 때부터 원고가 이를 공공의 용수원으로 사용하면서 제방을 보수하는 등 소류지로서 유지, 관리하여 왔다. 그러나 원고가 위와 같이 소류지 부지로 편입된 토지에 대하여 소유권이전등기를 경료하지 못한 상태에서 종전 소유

---

* 이 사건 관련 판결 및 상고이유를 입수하는 데 도움을 주신 광주지방법원 김관재 부장판사님과 전주지방법원 심병연 부장판사님께 감사의 뜻을 표한다.

** 公 1996하, 3430.

명의자가 소유권을 주장하거나 제 3 자에게 다시 매도하는 등 분쟁이 생기게 되자, 원고는 1977. 9. 19.경 이 사건 토지 등 소류지 부지의 소유자들에게 소류지 축조 당시 보상금이 지급되었으므로 그 각 소유권은 원고에게 있음을 주지시키는 공문을 발송하기도 하였다.

3. 피고 Y_1은 소유자이던 A의 장남으로서 A가 1950. 9. 26. 사망하자 호주상속인 겸 재산상속인이 되어 1984. 8. 16. 이 사건 토지에 대하여 호주상속을 원인으로 하는 소유권이전등기를 마치고, 1987. 4. 18. 피고 Y_2에게 매매를 원인으로 하는 소유권이전등기를 넘겨주었으며, Y_2는 1987. 4. 27. 및 같은 해 6. 22. 이 사건 토지 중 일부 지분에 관하여 피고 Y_3에게 매매를 원인으로 하는 소유권이전등기를 넘겨주었고, 같은 해 8. 30.에는 그 나머지 지분에 관하여 피고 Y_4에게 매매를 원인으로 하는 소유권이전등기를 넘겨주었다. 그 후 이 사건 토지에 관하여는 순차로 피고 Y_5, Y_6 각 단독 명의로 소유권이전등기가 이루어졌다가, 현재에는 피고 Y_7-Y_{12} 공유로 소유권이전등기가 이루어져 있으며, 한편 피고 Y_{13}은 피고 Y_{12} 명의의 지분에 관하여 1990. 4. 12. 근저당권자로 등기되었다.

4. 원고 X는 1990년에 이르러, Y_1이 이 사건 토지는 원고가 A로부터 매수하여 용수원으로 사용하고 있는 사실을 잘 알면서도 Y_2에게 이중으로 매도하였고, Y_2는 Y_1의 위와 같은 배임행위에 적극 가담하여 이 사건 토지를 이중으로 매수하였으므로 이는 사회질서에 위반하는 법률행위이고, 따라서 Y_2 명의의 소유권이전등기는 무효이며, 이러한 무효인 등기에 터잡아 경료된 나머지 피고들 명의의 소유권이전등기 및 근저당권설정등기 역시 무효라고 주장하면서 각 그 말소를 구하고, Y_1에 대하여는 1943. 3. 15.자 매매를 원인으로 하는 소유권이전등기절차의 이행을 구하는 이 사건 소송을 제기하였다.

Ⅱ. 제 1, 2 심 判決

제 1 심 판결[1])은, Y_1이 X가 사건 토지를 A로부터 매수한 사실을 알았다거나, Y_2가 X의 매수 사실을 잘 알면서도 Y_1의 처분행위에 적극 가담하였다고는 볼 수 없고, Y_1의 X에 대한 소유권이전등기의무는 이행불능으로 되었다고 하여 X의 청구를 모두 기각하였다.[2])

1) 전주지방법원 1993. 2. 19. 선고 90가합5411 판결.

2) 원고는 이 이외에도 이 사건 토지는 공공용물로서 사법상 거래의 객체가 될 수 없는 불융

제 2 심 판결[3])도 제 1 심 판결의 이유를 그대로 인용하여 원고의 항소를 기각하였다.

Ⅲ. 大法院의 還送判決

그러나 대법원 1995. 5. 26. 선고 94다28307 판결[4])은, 대체로 다음과 같은 이유로 원심판결을 파기환송하였다.

즉 X는 1944년부터 이 사건 토지를 공공의 용수원으로 사용하면서 줄곧 제방을 보수하는 등 小溜地로서 유지 관리하여 왔고, 이 사건 토지는 제 1 심 법원의 현장검증 당시까지도 그 중 1,787㎡는 물에 잠긴 유지이고, 210㎡는 물이 흐르는 溝渠이었으며, 나머지 토지 역시 물에 잠긴 부분에 연접한 배후지로서 그 부분이 독립된 필지로 분할된 바도 없었고, Y_2는 위 매매 당시부터 이 사건 토지의 소재지인 전주시내에 거주하여 오고 있었는데 Y_1으로부터 이 사건 토지를 매수한 후 이를 각 공유지분별로 나누어 모두 단기에 전매한 사실 등을 각 인정할 수 있는바, 위와 같은 사정하에서라면 Y_1의 나이가 위 A가 사망할 당시 8세 남짓하였다는 등의 사유만으로 Y_1이 이 사건 토지를 Y_2에게 매도할 당시에 있어서도 X가 이 사건 토지를 매수한 사실을 몰랐던 것이라고 단정하기는 어려우므로 A의 X에 대한 이 사건 토지에 관한 소유권이전등기절차 의무를 승계한 Y_1이 이 사건 토지를 Y_2에게 매도한 것은 특별한 사정이 없는 한 부동산의 이중매매로서 X에 대한 관계에서 배임행위를 구성한다 할 것이고, 한편 부동산을 매수하려는 당사자는 현장에 직접 가 보거나 등기부, 지적도면 등에 의하여 부동산의 위치와 부근토지의 상황 등을 점검하여 보는 것이 경험칙상 당연하다고 할 것이므로, 이 사건 토지의 공부상의 지목이 유지이고 그 실제 현황이나 매매 전후의 제반 정황이 위와 같다면 Y_2로서도 이 사건 토지가 유지로서 X가 관리하는 위 증산 2 제에 편입된 토지임을 알고도 단기 전매차익을 얻기 위해 Y_1에게 위 토지의 매도를 요청하여 이를 매수함으로써 매도인의 배임행위에 적극 가담하였다고 인정할 여지가 충분히 있다는 것이다.

통물이라는 주장도 하였으나, 제 1 심 판결은 이 주장도 배척하였다.

3) 광주고등법원 1994. 5. 4. 선고 93나2130 판결.

4) 未公刊.

Ⅳ. 還送 후 原審判決

환송 후 원심판결[5]은, 대체로 대법원의 환송판결과 같은 이유로, 제 1 심 판결을 취소하고 X 전부 승소의 판결을 선고하였다.

즉 Y_1이 이를 다시 Y_2에게 매도한 것은 특별한 사정이 없는 한 부동산의 이중매매로서 X에 대한 배임행위에 해당하고, Y_2는 이 사건 토지가 유지로서 원고가 관리하는 증산 2 제에 편입된 토지임을 알고도 단기 전매차익을 얻기 위해 Y_1에게 위 토지의 매도를 요청하여 이를 매수함으로써 매도인의 배임행위에 적극 가담하였으므로 Y_1과 Y_2 간의 위 매매계약은 반사회적인 행위로서 무효라고 할 것이고, 따라서 Y_2 명의의 소유권이전등기는 원인무효인 등기이며, 이에 터잡아 이루어진 나머지 피고들 명의의 각 지분등기 또는 소유권이전등기와 근저당권설정등기 역시 무효라는 것이다.

Ⅴ. 피고들의 상고이유 요지

1. 제 1 점

원심이 Y_1이 A의 X에 대한 매도사실을 알았다거나 또는 Y_2의 배임행위 적극 가담을 인정한 것은 위법이다.

2. 제 2 점

부동산의 이중양도가 반사회적 법률행위에 해당하여 무효로 되는 경우라고 하여도, 이는 양도인의 의사에 반하여 이루어진 것이 아니고, 오히려 진정한 소유자와의 의사의 합치 또는 진정한 소유자의 의사의 관여 하에 이루어진 것이므로, 禁反言의 법리나 신의성실의 원칙상으로도 양도인 스스로 자신의 법률행위가 무효라고 주장할 수 있는 범위에 관하여 합리적인 제한이 설정되어야 하고, 그 무효를 주장할 수 있는 범위는 배임에 적극 가담한 자나 악의의 전득자에게 한정되고, 선의의 전득자에게는 그 무효를 주장할 수 없는 상대적인 무효의 개념으로 파악되어야 한다. 왜냐하면 양도인과 제 2 의 양수인이 공모하여 한 불법행위(배임)의 책임이나 그 효과를 선의의 제 3 자에게 전가하는 것은 거래의 안전을 해치고 정의의 관념에도 반하여 부당하기 때문이다. 부동산의 이중양도에 있어서 제 1 양수인의 지위는 한 사람의 채권자(소유권이전등기

---

5) 광주고등법원 1996. 6. 13. 선고 95다3984 판결.

청구권자)에 불과한 것이지, 진정한 소유자 그 자체라고 할 수도 없는 것이므로, 이러한 진정한 소유자에 대한 채권자에 지나지 아니한 것을 보호하기 위하여 對世的인 무한정한 절대적 무효를 관철하여야 할 명분도 없다.

제 2 양수인이 양도인의 배임행위에 적극 가담하는 것은 제 1 양수인의 채권을 침해하는 일종의 불법행위에 지나지 않고, 부동산의 이중양도양수행위가 배임의 공모라는 불법에 해당하는 것이라면 이 이중양도는 사실은 불법원인급여에 해당하므로 양도인이 이를 회수하는 것은 민법 제746조의 적용을 받아 반환청구를 할 수 없다는 결론에 이르게 될 수 있고, 한편 제 2 양수인에 대한 소유권이전등기가 확정판결이나 이에 준하는 화해 또는 인낙조서 등에 의하여 이루어지는 경우에도 기판력에 저촉되어 반환청구를 할 수 없다는 결론에 이르게 된다.

양도인이나 이를 대위하는 제 1 양수인이 반사회질서를 이유로 제 2 의 양도행위를 무제한으로 무효라고 주장할 수 있게 허용하게 되면 이는 제 3 자인 전득자에 대하여도 이를 주장할 수 있게 되는 것이나, 이는 거래의 안전을 해치는 것이므로, 부동산의 이중양도와 같이 진정한 소유자와의 의사합치 또는 의사의 관여 하에 이루어진 경우에는 부동산의 진정한 소유자의 의사개입이 전혀 없었던 경우와는 그 등기의 효력을 달리할 필요가 있다.

양도인이 제 2 양수인과 통정하여서 하는 이중양도행위는 통정하여 무효의 법률행위를 한다는 점에 있어서는 통정한 허위의 의사표시와 유사한 것이므로 민법 제108조 제 2 항을 준용하여 선의의 제 3 자에게는 대항할 수 없는 것으로 해석하여야 한다.

이 사건 전득자들은 이 사건 토지가 원고에게 매도된 사실을 알지 못한 채 토지구획정리사업지구내의 토지를 매수하였던 것으로서, 이들은 선의의 취득자이지 배임에 가담할 악의가 없었다.

[對象判決의 要旨]

대법원은 다음과 같은 이유로 피고들의 상고를 기각하였다.

"원심판결 이유에 의하면, 원심은 거시 증거에 의하여 판시와 같은 사실을 인정한 다음, 피고 Y_1은 그의 선대인 소외 망 A가 생전에 이 사건 토지를 원고에게 매도하여 위 토지가 '증산 2 제'에 편입된 사실을 알면서도 피고 Y_2에게 이중으로 매도하였으므로, 이는 특별한 사정이 없는 한 부동산의 이중매매로서 원고에 대한 관계에서 배임행위에 해당한다고 할 것이고, 피고 Y_2는 이 사건 토지가 유지로서 원고가 관리하는 '증산 2 제'에 편입된 토지임을 알고도 단지 전매차익을 얻기 위해 피고 Y_1에게 위 토지의 매도를 요청하여 이를 매수함으로써 매도인의 배임행위에 적극 가담하였다고 할 것이므로, 피고 Y_1과 피고 Y_2 사이의 위 매매계약은 반사회적인 행위로서 무효이고, 따라서 피고 Y_2 명의의 소유권이전등기는 원인무효이며, 이에 터잡은 나머지 피고들의 소유권이전등기 및 근저당권설정등기 역시 무효라고 판단하였는바, 관계 증거를 기록과 대조・검토하여 보면, 원심의 위와 같은 인정 및 판단은 정당하고, 거기에 소론과 같은 위법이 있다고 할 수 없다. 논지는 이유 없다.

부동산의 제 2 매수인이 매도인의 배임행위에 적극 가담하여 제 2 매매계약이 반사회적 법률행위에 해당하는 경우에는 제 2 매매계약은 절대적으로 무효이므로, 당해 부동산을 제 2 매수인으로부터 다시 취득한 제 3 자는 설사 제 2 매수인이 당해 부동산의 소유권을 유효하게 취득한 것으로 믿었다고 하더라도 제 2 매매계약이 유효하다고 주장할 수 없는 것이다(당원 1979. 7. 24. 선고 79다942 판결, 1984. 6. 12. 선고 82다카672 판결, 1985. 11. 26. 선고 85다카1580 판결 등 참조).

논지는 부동산의 이중양도가 반사회적 법률행위에 해당하여 무효인 경우 금반언 내지 신의칙의 원칙상 허위통정표시의 경우와 같이 선의의 제 3 자에 대하여는 무효를 주장할 수 없다고 보아야 한다는 것이나, 이는 독자적인 견해로서 채용할 수 없다."

[研　　究]

I. 序　論

이 사건의 쟁점은 크게 두 가지로 나눌 수 있다. 그 한 가지는 피고 Y_1과 Y_2 사이의 이 사건 溜地에 관한 매매계약이, 판례가 말하는 이른바 반사회적 부동산 이중양도(또는 이중매매)에 해당하여 선량한 풍속 기타 사회질서 위반으로 무효인가 하는 점이고, 다른 한 가지는 이처럼 부동산 이중양도가 무효라면 제 2 양수인으로부터 그 부동산을 취득한 전득자 명의의 등기도 당연히 무효로 되는가 하는 점이다.

먼저 前者에 관하여는 이 사건 판결 이전에도 이미 溜地의 이중매매가 무효라고 본 몇 개의 선례가 있다. 가령 대법원 1994. 10. 14. 선고 94다22231 판결[6]은 이 사건 판결과 유사한 사실관계[7]하에서, 대체로 이 사건 환송판결과 같은 이유로 溜地의 이중매매가 무효라고 인정할 여지가 있다고 하여, 매도인의 상속인이 한 제 2 매매가 무효가 아니라고 한 원심판결을 파기, 환송하였다. 그리고 대법원 1995. 3. 17. 선고 94다48721[8] 판결도 같은 취지이다. 이 이외에도 溜地 내지 貯水池의 부지에 관한 이중양도가 무효라고 한 선례는 여러 개 있다.[9]

그리고 후자에 관하여는, 이 사건 대법원 판결이 선례로서 인용하고 있는, 대법원 1979. 7. 24. 선고 79다942 판결,[10] 1984. 6. 12. 선고 82다카672 판결,[11] 1985. 11. 26. 선고 85다카1580 판결[12] 등이 모두 부동산의 이중양도가 공서양속에 위반하여 무효이면 제 2 양수인 명의의 등기뿐만 아니라 그 제 2 양수인으로부터의 전득자 명의의 등기도 당연히 무효로 된다고 판시하고 있다.

그러므로 이 사건 대법원 판결은 결과만을 놓고 본다면 새로운 선례라고는 할 수 없다. 그러나 전득자 명의의 등기도 무효가 된다고 한 종래의 판례들은 이를 당연한 것으로 보아 특별한 설시가 없었던 데 반하여, 이 사건에서는 상고이유가 부동산의 이중양도가 반사회적 법률행위에 해당하여 무효인 경우 금반언 내지 신의칙의 원칙상 허위통정표시의 경우와 같이 선의의 제 3 자에 대하여는 무효를 주장할 수 없다고 보아야 한다는 주장을 내세운 데 대하여 대법원이 이러한 견해를 채택할 수 없다고 하는 점을 명백히 한 점에서 의미

6) 公 1994하, 2984.

7) 원고도 같은 全州市이다.

8) 公 1995상, 1710.

9) 대법원 1978. 1. 24. 선고 77다1804 판결(集 26권 1집 民40면); 1978. 1. 24. 선고 77다766 판결(判例月報 94호 32면); 1979. 6. 12. 선고 79다476 판결(總覽 민법 103조 140); 1983. 4. 26. 선고 83다카57 판결(集 31권 2집 民121면) 등. 다만 대법원 1965. 6. 15. 선고 65다596 판결(集 13권 1집 民191면)은 目的物이 貯水池의 溜池로 사용되고 있었음에도 第二讓渡行爲가 無效가 아니라고 하였으나, 이는 아직 判例上 反社會的 二重讓渡의 法理가 확립되기 전의 일이므로 先例로서의 의미는 크지 않은 것으로 보인다.

10) 公 1979, 12150.

11) 公 1984, 1266.

12) 公 1986, 124.

가 있다고 할 수 있다. 이하에서는 주로 제 2 양수인으로부터의 전득자는 어떠한 지위에 서는가, 그를 보호할 방법은 어떠한 것이 있겠는가를 따져 보기로 한다.

前者의 문제, 즉 이 사건 매매가 반사회적 이중양도의 요건에 부합하는가 하는 점도, 제 2 양수인이 양도인의 배임행위에 적극 가담하여야 한다고 하는, 이른바 背任行爲 積極加擔論과 관련하여 검토할 필요가 있으나,[13] 이에 대하여는 뒤에서 간단히 언급하는 것으로 그친다.

Ⅱ. 反社會的 無效論에 있어서 轉得者의 地位

1. 反社會的 無效論의 문제점

종래의 판례와 통설이 지지하고 있는 이른바 反社會的 不動產 二重讓渡 이론의 골자는, 대체로 다음과 같다. 즉 부동산 양도에 있어서 양수인(제 1 양수인)이 아직 그 명의의 등기를 갖추지 않고 있는 사이에 양도인이 제 3 자(제 2 양수인)에게 그 부동산을 다시 양도하여 제 2 양수인이 그 등기까지 마쳐 버린 경우에, 제 2 양수인이 양도인의 제 1 양수인에 대한 배임행위에 적극 가담하였으면, 두 번째의 양도행위는 선량한 풍속 기타 사회 질서에 위반하여 무효이고, 이때에는 제 1 양수인은 양도인을 대위하여 제 2 양수인에게 제 2 양수인 명의의 등기의 말소를 청구할 수 있다는 것이다.[14]

그러나 이처럼 두 번째 양도행위가 公序良俗 위반으로서 무효라는 법률적 구성에는 이 사건 상고이유도 지적하고 있는 것처럼 여러 가지의 문제점이 있다.[15] 우선 양도인의 두 번째 양도행위가 제 1 양수인에 대한 背任行爲가 되어

13) 이 사건뿐만 아니라 위 대법원 1994. 10. 14. 선고 94다22231 판결(註 6); 1995. 3. 17. 선고 94다48721 판결(註 8)에 있어서는 구체적으로 제 2 양수인이 양도인의 배임행위에 어떻게 가담하였는가 하는 점은 별로 문제로 되지 않고, 그보다는 대상 토지가 溜地로 사용되고 있다는 객관적인 상황만을 중시하여, 부동산의 매수인에게 사실상 그 토지의 현황을 파악하여 보아야 한다는 점을 요구하고 있는 것이 되어 종래의 背任行爲 積極加擔論과는 잘 부합되지 않는다. 背任行爲 積極加擔論의 問題點에 관하여는 尹眞秀, "不動產 二重讓渡의 經濟的 分析", 저스티스 제29권 1 호, 1996, 95면 이하 참조.

14) 尹眞秀, "不動產의 二重讓渡에 관한 硏究", 서울대학교 법학박사 학위논문, 1993, 1면 이하 참조.

15) 尹眞秀(前註) 외에도 尹眞秀, "不動產의 二重讓渡와 原狀回復", 민사법학 제 6 호, 1987, 161

무효라면, 양도인이 제2양수인에게 등기를 이전하여 주는 것은 민법 제746조 소정의 不法原因給與에 해당하여 양도인은 원칙적으로 제2양수인에게 그 말소를 청구할 수 없게 되고 따라서 제1양수인으로서도 양도인을 대위하여 제2양수인에게 그 말소를 청구할 수 없게 된다는, 매우 모순되는 결론이 도출되게 된다. 이 점에 대하여는 불법원인급여 규정이 적용되지 않는다고 하는 立論이 여러 가지로 시도되고 있으나, 반사회적 무효론을 전제로 하는 한 아직까지는 충분히 수긍할 만한 이론이 제시되지 않고 있다고 생각된다.

다른 하나는 제2양수인이 양도인에 대하여 소유권이전등기를 명하는 確定判決을 받아 그에 기하여 자기 명의로 소유권이전등기를 마친 경우에 일어난다. 이때에는 양도인이 제2양수인에게 그 등기의 말소를 청구하는 것은 위 확정판결의 旣判力에 저촉되어 허용되지 아니하고 따라서 제1양수인도 양도인을 대위하여 그러한 청구를 하지 못하게 된다.[16] 그러나 이는 法을 악용하는 제2양수인을 보호하는 결과가 되어 正義觀念에 현저히 반한다.

그리고 세 번째의 문제점은 여기서 다루려고 하는, 제2양수인으로부터 다시 부동산을 양수한 轉得者의 지위에 관한 것으로서, 두 번째의 양도행위가 선량한 풍속 기타 사회질서에 위반되어 무효라면 제2양수인으로부터 부동산을 양수한 전득자가 등기를 마쳤어도 그 전득자는 제1양수인에 대하여는 자기의 소유권을 주장하지 못하게 된다. 이는 이중양도의 문제를 公序良俗 위반으로 보는 한 당연한 결론이라고 할 수 있다. 공서양속 위반으로 인한 법률행위의 무효는 이른바 絕對的 無效로서 어느 누구에 대하여도 무효를 주장할 수 있는 것이기 때문이다.

그러나 이러한 결과는 거래의 안전을 중대하게 위협할 뿐만 아니라 형평에도 어긋난다고 하지 않을 수 없다. 원래 제1양수인도 등기하기 전까지는 양도인에 대하여 채권을 가지고 있는데 불과하고 아직 소유자라고는 할 수 없는데, 이와 같은 제1양수인이 이미 등기까지 갖춘 선의의 전득자에 우선할 별다른 이유가 없는 것이다. 흔히 우리 민법이 등기의 공신력을 인정하지 않는 것은 거래의 안전이라는 動的인 안전보다는 진정한 권리자의 보호라는 靜的인 안전을 중시하기 때문이라고 설명하지만, 과연 제1양수인과 같은 단순한 채권자가 善意의 전득자에 우선할 수 있는 진정한 권리자라고 할 수 있는지는 매

면 이하 참조.

16) 대법원 1988. 2. 23. 선고 87다카777 판결(集 36권 1집 民53면) 참조.

우 의심스러운 것이다.[17]

2. 通情虛僞表示 類推適用論과 그에 대한 批判

종래에도 이러한 경우에 전득자를 보호하려는 이론이 전혀 없었던 것은 아니었다. 최초에 이 문제를 다룬 金曾漢 교수는, 선의의 전득자 보호는 物權行爲의 無因性 이론에 의하여 등기의 공신력이 없는 데서 오는 결함을 다소라도 보완하는 방향으로 모색하는 수밖에 없다고 하였고,[18] 다른 논자는, 일본이나 우리나라의 대법원이 진정한 소유자의 의사관여가 전혀 없는 소유권이전등기에 公信力을 인정하지 아니하여 絕對的 無效의 입장에 선 판례들은 모두가 진실한 소유자의 보호를 위한 것이지만, 부동산의 이중매매에 있어서는 소유권이전의 경위가 어떻든 진정한 소유자와의 의사합치 또는 의사의 관여하에서 이루어진 것이기 때문에 이 경우는 부동산의 진정한 소유자의 의사개입이 전혀 없었던 경우와는 그 등기의 효력을 달리 해야 할 것이라고 하여, 이러한 경우에는 제한적으로나마 등기의 공신력을 인정하여야 할 것이라고 한다.[19] 그러나 이러한 주장은 별다른 호응을 받지 못하고 있다.

이 이외에도 詐害行爲 取消論, 不法行爲로 인한 原狀回復 理論 등이 주장되고 있으나, 이에 대하여는 아래에서 다시 살펴보기로 하고, 여기서는 상고이유가 주장하고 있는 通情虛僞表示 類推適用論을 살펴보기로 한다.

이 이론은 원래 日本의 판례상 확립되어 있는, 일본 민법 제94조 제 2 항(우리 民法 제108조 제 2 항에 해당함)의 類推適用論을 원용하고 있는 것이다. 위 日本의 판례 이론은, 실체상의 권리관계에 부합하지 않는 不實登記라 하더라도 그러한 不實登記가 경료된 데 대하여 진실한 권리자가 관여 내지 승인하였거나 또는 이러한 不實登記가 경료된 사실을 알면서도 이를 묵인하고 있었던 경우에, 이러한 등기가 유효한 것으로 믿고 이해관계를 맺은 제 3 자가 있으면, 虛僞表示에 있어서의 선의의 제 3 자 보호에 관한 일본 민법 제94조 제 2 항을 유추적용하여 진실한 權利者는 무효를 주장하지 못한다고 하는 내용으로서,[20]

17) 尹眞秀(註 15), 172-173면.
18) 金曾漢, “二重賣買의 反社會性”, 법정 제19권 9호, 1964, 7면 이하.
19) 金應烈, “부동산의 2중매매에 관한 고찰 — 악의취득자를 중심으로”, 사법논집 제15집, 1984, 26-27면, 30-32면.
20) 日最判 1970(昭和 45). 9. 22. 判決(民集 24권 10호 1424頁) 등. 이 판결에 대하여는 磯村

부동산등기에 公信力이 인정되지 않고 있는 결함을 어느 정도 보완하는 기능을 수행하고 있다고 말할 수 있다. 나아가 일본의 판례는 不實登記 명의자 등이 진실한 권리자에 대한 背信行爲에 의하여 등기상태에 변경을 가한 경우에도 일본 민법 제94조 제 2 항과, 대리인이 그 권한을 넘어 대리행위를 한 때에 관한 일본 민법 제110조(우리 民法 제126조에 해당함)를 유추적용하여 善意無過失의 제 3 자를 보호하고 있다.[21)]

국내에서도 이러한 일본판례의 이론을 도입하여야 한다는 주장이 있고,[22)] 나아가 부동산 이중양도에 있어서 선의의 전득자 보호는 이러한 이론에 의하여야 한다는 주장도 있다.[23)] 과연 이러한 판례 이론을 국내에서 받아들일 수 있는지는 매우 어려운 문제라 하겠으나,[24)] 설사 이러한 이론을 인정한다고 하더라도 이 이론이 부동산 이중양도에 적용될 수 있는지는 의문이다.

위 일본판례의 이론은, 소유자의 관여에 기하여 不實登記가 경료되었거나 또는 소유자가 이를 알면서도 방치한 경우에, 소유자의 선의의 제 3 자에 대한 무효 주장을 제한하는 것이다. 그런데 위 이론을 부동산 이중양도에 적용한다면, 제 1 양수인은 등기가 제 2 양수인 명의로 되어 있을 때에는 그에 대하여 그 말소를 청구할 수 있지만, 그에 대하여 이해관계를 가지는 제 3 자가 있을 때에는 더 이상 제 2 양수인 명의의 등기가 무효라고 주장하지 못한다는 것이 된다. 그러나 제 1 양수인은 제 2 양수인 명의의 등기가 경료되는 데 관여하거나 이를 알면서도 방치한 것이라고는 할 수 없고, 다만 자기 명의로 소유권이전등기를 마치는 것을 게을리 한 채 등기가 양도인 명의로 남아 있는 것을 방치하였을 따름이며, 이때 양도인 명의의 등기는 유효한 등기인 것이지 무효이거나 불실의 등기는 아닌 것이다.

만일 제 1 양수인이 자기 명의로 등기를 넘겨 오는 것을 게을리 하였다는

保, "民法九四條二項の擴張適用", 民法判例百選 Ⅰ(第四版), 別冊 ジュリスト No. 136, 1996, 54면 이하 참조.

21) 日最判 1968(昭和 43). 10. 17. 判決(民集 22권 10호 2188面) 등.

22) 高翔龍, "民法 제108조 2항 類推適用論", 考試研究 1988. 7, 256면; 張庚鶴, 民法總則(제 2 판), 1989, 476-477면; 洪性載, 不動產物權變動論, 1992, 355면; 金相容, 民法總則(改訂版), 1994, 527면은 日本의 判例理論을 지지한다.

23) 高翔龍, "不動產의 二重賣買와 第 1 買受人의 保護", 考試研究 1988. 12, 207-213면; 洪性載(註 22), 333면.

24) 李英俊, 民法總則(全訂版), 1995, 347-351면은 한정된 범위 내에서 民法 제108조 제 2 항의 擴大適用을 긍정하고 있다. 반면 宋德洙, 民法注解 Ⅱ, 1992, 387면은 이러한 理論의 도입에 반대한다.

이유로 전득자에 대하여는 제 2 양수인 명의의 등기가 무효임을 주장할 수 없다고 한다면, 왜 제 2 양수인에 대하여는 무효를 주장할 수 있고, 다른 제 3 자에 대하여는 무효를 주장할 수 없는지 설명이 어려울 뿐만 아니라, 근본적으로 두 번째의 양도행위가 公序良俗 위반으로 무효라고 하면서도, 그에 대하여 다시 민법 제108조 제 2 항을 유추적용한다고 하는 것은 앞뒤가 맞지 않는 것이다. 公序良俗 위반으로 인한 무효는 절대적인 무효로서, 두 번째의 양도행위가 公序良俗 위반이라고 하는 것은 그만큼 제 1 양수인을 강력하게 보호하겠다고 하는 것인데, 다른 제 3 자에 대하여는 그로 인한 무효를 주장할 수 없다고 한다면, 이는 두 번째의 양도행위를 公序良俗 위반으로 보는 것 자체에 문제점이 있다는 것밖에 되지 않는다.

Ⅲ. 제 2 양수인의 原狀回復 義務(1) — 詐害行爲 取消論

1. 問題 解決의 方向

위와 같은 종래의 반사회적 이중양도 이론의 문제점을 해결하기 위하여는 다음과 같은 방향으로 이론이 수립되어야 한다. 즉 제 1 양수인이 양도인을 대위함이 없이 직접 제 2 양수인에게 그 등기의 말소를 청구할 수 있는 직접적인 권리를 인정하여야 하고, 그 권리의 성질은 누구에게나 주장할 수 있는 대세적인 것이 아니라, 제 2 양수인이나 그와 동일시할 수 있는 특정인에게만 주장할 수 있는 대인적인 것이 되어야 하는 것이다. 그러한 이론에 의할 때에는, 제 1 양수인이 양도인을 대위함으로써 생기는 불법원인급여의 문제나 기판력 저촉의 문제 등을 회피할 수 있으며, 또 제 2 양수인으로부터의 선의의 전득자도 보호받을 수 있게 된다.[25)]

2. 詐害行爲 取消論

이러한 이론으로서 우선 생각할 수 있는 것이, 제 1 양수인이 양도인과 제 2 양수인 사이의 제 2 양도행위가 자신을 해하는 사해행위라고 하여 채권자취소

25) 尹眞秀(註 15), 174면 참조.

권에 기하여 이를 취소하는 것이다.

부동산 이중양도의 경우에 선의의 전득자 보호를 위하여는 채권자취소권 제도에 의하여야 할 필요성이 있다는 점은 이미 1970년대 초에 지적된 바이지만[26] 그 후에도 이를 강조하는 說이 있다.

그 중 한 설은 대법원의 판례가 특정물의 인도를 청구하는 채권을 보전하기 위하여는 채권자취소권을 행사할 수 없다고 하고 있는 것을 비판하고, 이중양도에 의하여 양도인이 무자력이 되는 경우에는 제1양수인은 채권자취소권을 행사하여 그 第2讓渡行爲를 취소할 수 있다고 한다.[27] 다만 제1양수인의 채권자취소권 행사의 결과 부동산이 양도인 명의로 복귀된 경우에 제1양수인이 양도인에 대하여 그 부동산의 소유권이전을 청구할 수 있는지에 대하여는 직접 언급하고 있지 않다.

또 다른 설은 채권자취소권을 행사한 제1양수인이 양도인에 대하여 목적부동산의 소유권 이전을 청구할 수 있음을 명시적으로 긍정하고 있다. 즉 대법원의 판례는 이중매매의 경우 第1買受人은 채권자취소권을 행사할 수 없다고 하고 있는 반면 일본 최고재판소의 판례는 특정물채권의 경우에도 채무자의 처분행위에 의하여 그 채권이 채무자의 일반재산으로부터 금전으로 만족을 받을 수 없게 될 경우에는 사해행위취소권이 성립될 수 있다고 하였으며 이는 학설의 지지를 받고 있고, 나아가 부동산의 제2양도가 취소되어 부동산의 등기명의가 채무자에게 복귀되는 경우에 채권자는 이 부동산을 자기의 명의로 이전할 것을 청구할 권리를 가진다는 입장이 다수의 학설에 의하여 긍정되고 있다고 하면서, 특정물의 인도청구권이나 소유권이전청구권을 가지는 채권자는 채무자가 그 특정물을 第三者에게 처분함으로써 무자력이 되고 또 다른 요건을 갖춘 때에는 채권자취소권을 행사할 수 있다고 한다.[28]

그러나 이 설에 따를 때에는 종래의 反社會的 無效論에 의하여 제1양수인이 보호되는 경우의 전부가 포함되지는 않는다는 것에 유의해야 한다. 즉 二重讓渡가 있었다는 것 외에 채권자취소권의 또 다른 要件으로서 채무자(양도인)가 無資力이어야 하기 때문이다. 그러나 다른 한편으로는 수익자에 해당하는 제2양수인의 惡意는 추정되기 때문에 그만큼 채권자취소권의 행사가 용이한

26) 金曾漢, "不動産 二重賣買의 反社會性", 저스티스 제10권 1호, 1972, 193면.
27) 黃迪仁, 現代民法論 Ⅲ, 1981, 171면.
28) 金曾漢 編/金旭坤, 註釋 債權總則, 1984, 407-409면. 특히 408면 註 85) 참조.

면도 있다.

그런데 이와는 달리 양도인이 무자력이 아닌 경우에도 제 1 양수인에게 채권자취소권의 행사를 인정하여야 한다고 주장하는 설도 있다. 이 설은 특정물채권의 보호를 위하여 이른바 채권자대위권의 轉用이 인정되는 것과 마찬가지로, 채권자취소권에도 특정물채권의 保全이라고 하는 기능을 승인하여야 하고 이 경우에는 채무자인 양도인이 무자력이 아니라도 무방하다고 한다. 나아가 채권자취소권을 행사한 제 1 양수인이 자기 명의로 소유권이전등기를 청구할 수 있다면 그에게 우선변제를 인정하는 것이 되어 부당하다는 비판에 대하여는, 금전의 지급을 구하는 채권자취소권소송에 있어서는 사실상 優先辨濟가 이루어져 민법 제407조를 死文化하는 것과 같은 결과를 초래하고 있으므로[29) 특정물채권의 보전을 위하여 이 제도가 기능할 수 있음을 부정할 수 없고, 특정물채권에 대한 우선변제권을 인정하는 것이 현실적 관점에서도 취소소송을 제기하는 등 노력을 다한 취소채권자를 아무 것도 하지 않은 다른 채권자보다 두텁게 보호하게 될 뿐만 아니라 금전채권의 경우에 우선변제를 인정하는 것과 균형을 이루게 되어 타당하다고 한다.[30)]

다른 한편 채권자취소권을 직접적용하는 것이 아니라 유추적용하여야 한다는 설도 있다. 이 說[31)]은, 不動産 二重讓渡에 있어 선의의 전득자 보호에 관하여는 민법 제108조 제 2 항의 유추적용에 의하여야 한다고 하면서도, 이처럼 이중매매의 경우 복잡한 이론구성을 취할 수밖에 없는 이유는 첫째, 民法이 이른바 판덱텐 體系를 취함으로써 物權과 債權을 별개의 법률관계로 파악하였고 둘째, 채권자취소권을 규정하면서 특정물채권의 보호에 미흡하였으며 셋째, 손해배상방법에 금전배상의 원칙을 취하고 있다는 점을 들고, 이러한 문제점을 극복하기 위하여는 외국의 법이론을 살펴보아야 한다고 하여 프랑스와 獨逸의 예에 관하여 언급하고 있다. 그리하여 결론적으로는 채권자취소권제도를 이중매매의 경우에 유추적용함으로써 제 1 매수인의 第 2 買受人에 대한 원상회복청구를 인정하고, 선의의 전득자 보호도 도모할 수 있도록 하여야 하며 이때의 요건으로서의 「害意」는 이중매매에 관하여 판례가 고려하고 있는 배임행위에

29) 이는 取消債權者가 相計에 의하여 독점적인 만족을 얻을 수 있다는 점을 가리키는 것으로 보인다.

30) 洪春義, "不動産의 二重賣買와 第 1 買受人의 保護", 石霞金基洙敎授華甲記念 不動産法學의 諸問題, 1992, 245-247면.

31) 高翔龍, "不動産의 二重賣買와 第 1 買受人의 保護", 考試硏究 1988. 12, 207면 이하.

의 적극가담에 대한 판단요소가 그 기준이 되고, 한편 민법 제407조는 특정물채권의 특성상 유추적용의 경우에는 배제되어야 할 것이라고 한다.

일본에서도 부동산 이중양도의 문제를 채권자취소권의 직접적용 또는 유추적용에 의하여 해결하려는 설이 없지 않다.[32] 근래에 이르러서는 平井宜雄 교수가 이를 강력하게 주장하고 있다.[33] 그는 채권자취소권의 성질에 대하여 이른바 訴權說을 지지하면서도, 이는 종래의 판례 법리를 근본적으로 뒤집는 것이므로 次善理論의 구상이 필요하다고 하여, 부동산 이중양도에 있어서는 제 1 양수인이 제 2 양수인에 대하여 양도인과 제 2 양수인 사이의 양도행위를 사해행위로서 취소하고, 등기명의가 양도인에게로 복귀되면, 양도인을 상대로 소유권이전등기를 청구할 수 있다고 보아야 한다고 주장한다. 그리고 이러한 결과가 사해행위 취소는 총채권자의 이익을 위하여 효력이 있다고 하는 일본 민법 425조와 모순된다고 하는 비판에 대하여는, 일본의 채권자취소권제도는 프랑스의 사해행위취소권제도(프랑스 민법 제1167조의 actio paulienne)를 계수한 것인데, 프랑스 민법에는 일본 민법 425조와 같은 규정이 없고, 이는 일본 舊民法 343조에 유래하는 것으로서, 起草者인 Boissonade가 취소의 효과는 총채권자에게 미친다고 하는 이른바 絕對的 效力說을 따른 때문이나, 현재 프랑스에서는 압도적으로 취소의 효과는 취소채권자에게만 미친다고 하는 상대적 효력설을 지지하고 있다고 하면서, 그렇다면 일본 민법 425조를 空文化하여야 한다고 주장한다.

3. 詐害行爲 取消論의 문제점

그러나 이러한 사해행위 취소론은 지지하기 어렵다. 이 설의 요지는 양도인이 무자력일 때에는 제 1 양수인은 양도인과 제 2 양수인 사이의 제 2 의 讓渡契約이 제 1 양수인에 대한 사해행위라고 주장하여 그 취소를 구할 수 있을 뿐만 아니라, 제 2 의 양도계약이 일단 취소되어 양도인에게 복귀한 때에는 다시 양도인을 상대로 소유권의 이전을 구할 수 있다는 것이다.

일반적으로 부동산에 관한 소유권이전등기청구권과 같은 특정물채권을 가

---

32) 직접적용설: 石本雅男, 判例批評, 民商法雜誌 제45권 5호, 1962, 749면 이하. 類推適用說: 好美清光, "Jus ad remとその發展的消滅", 一橋大學法學研究 제 3 호, 1961, 403-421면; 磯村 保, "二重賣買と債權侵害 — 自由競爭論の神話 — (1)", 神戸法學雜誌 제35권 2호, 1986, 400-404면 등.

33) "不動産の二重讓渡と詐害行爲 — actio paulienneへの回歸を意圖して", 鈴木祿彌先生古稀記念 民事法學の新展開, 1993, 171면 이하.

진 채권자도 채권자취소권을 행사할 수 있는가에 관하여, 우리나라의 判例는 부정적인 입장이지만[34] 학설은 거의 일치하여 이러한 특정물채권자도 채권자취소권을 행사할 수 있다고 보고 있다.[35] 문제는 제 1 양수인이 이처럼 채권자취소권을 행사한 후 다시 양도인을 상대로 원래의 특정물채권, 즉 소유권이전등기청구권을 행사할 수 있는가 하는 점이다. 그러나 민법 제407조는 채권자취소권에 의한 취소와 원상회복은 "모든 債權者의 이익을 위하여" 효력이 있다고 규정하여 우리 민법상의 채권자취소권제도는 강제집행법에 있어서와 마찬가지로 이른바 평등주의의 입장에 서 있음을 분명히 하고 있으므로[36] 일단 채권자취소권을 행사한 제 1 양수인이 다시 원래의 소유권이전등기청구권을 행사하는 것을 인정하는 것은 채권자취소권제도의 원래의 취지와는 달리 특정물채권의 보전을 위하여 채권자취소권을 행사하는 것이 되어 부당하다.[37] 이는 채무자가 무자력이 아닌 경우에도 채권자취소권의 轉用을 인정하여야 한다는 주장에 대하여도 마찬가지로 타당하다.

참고로 日本의 경우를 살펴본다면 일본의 판례는 最判 1961(昭和 36). 7. 19.[38] 이래 특정물채권자도 채권자취소권을 행사할 수 있다고 하고 있으나, 最判 1978(昭和 53). 10. 5.[39]은 채권자취소권을 행사한 특정물채권자가 채무자를 상대로 다시 소유권이전등기청구를 한 데 대하여는, 채권자취소권은 궁극적으로는 채무자의 일반재산에 의한 가치적 만족을 얻기 위하여 총채권자의 공동담보의 보전을 목적으로 하는 것이므로 특정물채권자가 목적물 자체를 자기의 채권의 변제에 충당할 수는 없고 특정물인도청구권에 기하여 직접 자기에게 소유권이전등기를 구할 수는 없다고 판시하였으며, 이는 일본의 통설의 지지를 받고 있다.[40]

---

34) 대법원 1969. 1. 28. 선고 68다2002 판결(集 17권 1집 民117면) 등 다수.

35) 尹眞秀(註 15) 175면 註 28)의 문헌소개 참조. 이 이후의 문헌으로는 梁彰洙, "債權者取消權의 被保全債權과 詐害行爲", 考試界 1991. 4, 27면 이하; 李銀榮, "債權者取消權", 小峰金容漢敎授華甲記念 民事法學의 諸問題, 1991, 298면; 金亨培, 債權總論, 439-440면 등.

36) 金洪奎, "債權者取消權行使의 效果", 財産法硏究 제 5 권 1호, 1988, 209면 이하 참조.

37) 尹眞秀(註 15), 176면; 金亨培(註 35), 440면 등 참조.

38) 民集 15卷 7號 187面.

39) 民集 32卷 7號 1332面.

40) 吉永順作, "新判例解說", 判例タイムズ No. 383, 1979, 41면 이하; 辻正美, "不動産の引導請求權者が債務者による目的不動産の處分行爲を詐害行爲として取り消す場合と自己に對する所有權移轉登記手續請求の可否", 民商法雜誌 第81卷 1號, 1979, 125면 이하; 下森定, "判例批評", 判例時報 966號(判例評論 258號), 1980, 164면 이하; 早川眞一郎, "最高裁判所民事判例硏究", 法學協會雜誌 第97卷 7號, 1980, 1025면 이하; 同, "詐害行爲取消と取消債權者の自己に對する

반면 채권자취소권의 유추적용설은, 뒤에서 보는 것처럼 수긍할 수 있는 내용을 포함하고 있으나, 그것만으로는 부족하다고 생각된다. 즉 채권자취소권이 유추적용된다면 그 결과로서 제 1 양수인이 행사할 수 있는 권리가 채권자취소권 그 자체인지 아니면 그와는 다른 별개의 권리인지, 당사자들 사이의 법률관계는 어떻게 규율되는 것인지가 불분명한 것이다. 그러므로 이러한 관점은 그 자체로서 독립적인 이론이 될 수는 없고, 뒤에서 보는 것처럼 제 2 양수인의 원상회복의무를 인정하는 이론을 뒷받침하는 보충적인 근거가 될 수 있을 뿐이다.

Ⅳ. 제 2 양수인의 原狀回復 義務(2) — 不法行爲로 인한 原狀回復 義務 理論

필자는 이 문제는, 제 2 양수인의 제 1 양수인에 대한 불법행위라는 관점에서 파악하여, 그 효과로서 제 2 양수인의 제 1 양수인에 대한 원상회복의무를 인정함으로써 가장 적절하게 해결될 수 있다고 생각한다. 즉 부동산의 二重讓渡에 있어서 제 2 양수인이 惡意인 때에는,[41] 이는 제 1 양수인에 대한 불법행위에 해당하고, 따라서 제 2 양수인은 제 1 양수인에 대하여 손해배상의무를 부담하는데, 그 손해배상의 방법으로는 금전배상 아닌 원상회복의 의무를 인정하여야 한다는 것이다.[42]

이러한 주장에 대하여는, 우리 민법 제394조가 손해배상의 방법으로 원상회복 아닌 금전배상을 인정하고 있으므로 해석론상으로는 불가능하다는 반론이 있다.[43] 여기서 이에 대하여 상론할 여유는 없으나, 한 가지 강조하고 싶은 것은, "다른 意思表示가 없으면 損害는 金錢으로 배상한다"라고 규정하고 있는

不動産移轉登記", 民法判例百選 Ⅱ 債權(第四版), 別冊 ジュリスト No. 105, 1996, 40면 이하; 奧田昌道 編/下森定, 注釋民法(10), 1987, 869면 이하 등.

41) 이 점에 대하여는 尹眞秀(註 13) 참조.

42) 尹眞秀(註 14), 200면 이하; 尹眞秀(註 15), 177면 이하 참조.

43) 예컨대 宋德洙, 民法注解 Ⅸ, 60면 註 234) 등. 대법원 1997. 3. 28, 96다10638(公 1997상, 1202)도, 민법 제763조에 의하여 불법행위에 준용되는 민법 제394조가 금전배상의 원칙을 규정하고 있으므로, 법률에 다른 규정이 있거나 당사자가 다른 의사표시를 하는 등 특별한 사정이 없는 이상 불법행위자에 대하여 원상회복청구는 할 수 없다고 한다. 대법원 1961. 10. 12. 선고 4293민상115 판결(판례 카아드 6083); 1994. 3. 22. 선고 92다52726 판결(公 1994상, 1295) 등도 같은 취지이다.

우리 민법 제394조는 금전배상이 손해배상의 원칙적인 방법이라고 선언하고 있는 任意規定에 불과한 것이지, 해석에 의하여 예외적으로 원상회복에 의한 손해배상을 인정하는 것까지 금지하는 규정이라고 경직되게 이해할 이유는 없다는 것이다.[44] 위 조문 자체가 당사자의 의사표시가 있는 때에는 금전배상에 대한 예외를 인정하고 있는 것이다. 그러므로 이론적으로 볼 때 손해배상을 원상회복의 방법에 의하겠다는 당사자 사이의 의사표시가 있는 것과 동등하게 평가할 수 있는 다른 사정이 있는 경우에도 금전배상의 원칙만을 고집하여야 할 이유는 없고, 이때에는 원상회복에 의한 손해배상이 인정될 수 있는 것이다. 더구나 채무불이행 아닌 불법행위로 인한 손해배상에 있어서는 특별한 경우가 아니면 손해배상의 방법에 관하여 事前의 당사자의 의사표시가 있다는 것은 생각하기 어려우므로 이때에는 더욱 해석에 의한 예외 인정의 필요성이 크다고 할 수 있다.

그러면 어떤 경우가 이처럼 당사자의 의사표시가 있는 경우와 동등하다고 평가될 수 있는가 하는 점이 문제되는데, 추상적으로는 손해배상 의무가 있다고 확정된 때에는 합리적인 당사자라면 손해배상의 방법으로 원상회복을 인정할 것이라고 하는 경우라면 이러한 예외에 해당한다고 할 수 있을 것이다. 구체적으로는 채권자의 입장에서는 금전배상이 명백히 불충분한 반면, 채무자의 입장에서는 원상회복에 의하더라도 금전배상의 경우보다 별달리 가혹하지 않으며, 나아가 그 집행에 있어서도 금전배상보다 편리할 때에는 손해배상의 방법으로서 원상회복을 인정할 수 있을 것이다.[45]

이처럼 우리 민법상 원상회복에 의한 손해배상이 인정된다면, 어떤 경우에 이를 인정할 수 있을까 하는 것은 구체적인 사안에 따라 판단할 문제이다. 몇 가지 예를 든다면, 가령 부당편취한 판결을 가지고 강제집행하려는 데 대한 구제수단으로서는 判例[46]와 같이 請求異議의 訴를 인정할 것이 아니라,[47] 불

---

44) 梁三承, 民法注解 IX, 1995, 595면 이하도 같은 취지이다. 다른 한편 梁彰洙, "損害賠償의 範圍와 方法/損害賠償責任의 內容(不法行爲法 改正案 意見書)", 民事法學 제15호, 1997, 216면 이하는 불법행위로 인한 손해배상의 방법에 관한 立法論으로서, "損害賠償은 金錢으로 한다. 그러나 당사자는 상당한 이유가 있는 경우에는 불법행위가 없었더라면 있었을 상태의 회복을 청구할 수 있다"라는 민법 제752조의2를 신설하자는 제안을 하고 있다.

45) 尹眞秀(註 14), 223-224면 참조.

46) 대법원 1984. 7. 24. 선고 84다카572 판결(集 32권 3집 民207면); 1997. 9. 12. 선고 96다4862 판결(公 1997하, 3073) 등.

47) 일반적으로 청구이의의 소의 사유가 있는 경우에 강제집행이 이미 종료하여 버린 때에는 부당이득의 반환을 청구할 수 있다고 보고 있다. 그런데 다른 한편 판례는 확정판결에 기한

법행위에 기한 원상회복청구권을 인정하여 强制執行의 不作爲(Unterlassen der Zwangsvollstreckung)와 채무명의의 반환을 청구할 수 있는 권리를 인정하여야 하고,[48] 가집행선고부 판결에 기하여 원고가 피고 소유의 부동산을 경락받았으나 나중에 그 가집행선고가 취소된 경우에는 손해배상의 방법으로서 원상회복을 인정하여 경락인인 가집행채권자에 대하여 가집행채무자에게 부동산을 반환하게 하는 것이 합리적이다.[49] 그리고 종래 제 3 자의 채권침해에 대하여 방해배제청구권을 인정할 것인가에 관하여 논란이 있으나, 이 경우에도 불법행위에 기한 원상회복을 인정하는 것이 간명할 것이다.[50] 또 외화채무의 불이행으로 인한 손해배상에 있어서는 원상회복의 방법으로 외화의 지급을 인정할 필요가 있다.[51]

여기서 문제되고 있는 부동산 이중양도는 원상회복에 의한 손해배상이 적절한 대표적인 사례라고 할 수 있다. 즉 제 2 양수인이 제 1 양수인에 대하여 불법행위책임을 지는 경우에는, 제 1 양수인이 제 2 양수인에 대하여 원상회복으로서 그 소유권 이전등기의 말소를 청구할 수 있다고 보아야 한다.[52] 이때 채권자인 제 1 양수인으로서는 금전배상만으로는 그 손해가 충분히 전보되기 어렵고, 반대로 원상회복의무를 인정하는 것이 채무자인 제 2 양수인에게 특별히 불리한 결과를 초래하는 것도 아닌 한편,[53] 제 2 양수인의 원상회복의무를 인정하

강제집행은 불법행위가 될 수 있음은 별론으로 하고 부당이득은 되지 않는다고 보고 있으므로(대법원 1995. 6. 29. 선고 94다41430 판결, 公 1995하, 2526 등), 확정판결을 편취한 경우에 청구이의의 소를 제기할 수 있다고 하는 것은 부당이득반환청구를 할 수 없다는 것과는 모순되게 된다. 尹眞秀, "占有를 상실한 不動産 買受人의 登記請求權의 消滅時效 · 不動産의 二重讓渡와 不法原因給與", 민사재판의 제문제 제10권, 2000, 61면 註 65) 참조.

48) 尹眞秀(註 14), 225-226면 참조.

49) 尹眞秀, "假執行宣告의 失效와 競落人인 假執行債權者의 不當利得返還義務", 민사재판의 제문제 제 6 권, 1991, 175면 이하, 특히 196면 註 37) 참조.

50) 독일에서도 妨害排除와 原狀回復 사이의 구별이 어렵다는 점이 지적되고 있다. 가령 MünchKomm/Medicus, §1004 Rdnr. 59 ff. 참조.

51) 그런데 대법원 1997. 5. 9. 선고 96다48688 판결(公 1997상, 1724)는, 외화로 지급하여야 할 매매대금채무의 불이행에 대하여 손해배상의 예정에 따른 손해배상을 청구하는 사건에서, 금전배상의 원칙을 규정하고 있는 민법 제394조의 금전이라 함은 우리나라의 통화를 가리키는 것이라고 하여, 외화에 의한 지급을 명한 원심판결을 파기하였으나 이는 의문이다. 이 경우에는 우선 당사자간에 묵시적으로라도 손해배상을 외화로 지급하기로 하는 의사표시가 있었는지를 따져 보았어야 할 것이다.

52) 상세한 것은 尹眞秀(註 14), 227면 이하 참조.

53) 이 경우에 제 2 양수인이 금전배상의무만을 부담하는 것과의 차이는 결국 제 2 양수인이 목적물의 시가상승으로 인한 이익을 보유하지 못하게 된다는 데 있으나, 불법행위를 저지른 제 2 양수인에게 그러한 이익을 보유하게 할 이유가 없다.

는 것이 집행절차의 면에서도 특별히 어려움을 초래하는 것도 아니며, 오히려 금전배상의 강제집행보다도 더 간단하다고 할 수 있다.

이는 다음과 같은 점에 비추어 보아도 알 수 있다. 즉 우리 민법상으로는 채무자가 채무를 이행하지 않는 경우에 채권자가 그 채무의 이행을 강제할 수 있도록 규정하고 있으므로, 양도인이 양수인에 대한 양도의무를 이행하지 않는 경우에는 양수인으로서는 양도인의 양도의무의 이행을 강제할 수 있다. 그런데 부동산 이중양도에 있어서 제 3 자인 제 2 양수인이 이러한 양도인의 채무불이행에 가담하여 제 1 양수인에 대한 관계에 있어서 양도인과 함께 책임을 져야 하는 경우에는, 제 2 양수인도 양도인과 같은 내용의 의무를 부담하도록 하는 것이 형평에 부합한다.[54] 그런데 이러한 지위에 있는 제 2 양수인이, 자신은 원래의 계약관계의 채무자가 아니므로 양도인이 제 1 양수인에 대하여 양도의무를 이행하는 데 협력할 수는 없고, 단지 금전배상만을 하여 주겠다고 주장하는 것을 용인하여야 하는가 하는 점은 매우 의문인 것이다. 이러한 경우에는 제 2 양수인에게 자신 명의의 등기를 양도인에게로 원상회복하여야 할 의무를 부담시킴으로써 양도인이 제 1 양수인에게 양도의무를 이행할 수 있게 하는 것이, 우리 민법이 채무불이행에 대한 원칙적인 구제수단으로서 이행의 강제를 인정하고 있는 것과도 조화되는 법 해석이라고 하겠다.

다른 한편으로는 앞에서 언급한 것처럼 債權者取消權制度를 유추하더라도 제 2 양수인의 원상회복의무를 인정할 수 있다고 생각된다. 원래 채권자취소권 제도의 존재이유는 다음과 같은 점에 있다고 할 수 있다. 즉 채권의 實效性을 담보하는 최후의 보루는 채무자의 일반재산인데, 이러한 채무자의 일반재산이 채무자와 제 3 자의 행위에 의하여 부당하게 감소함으로써 채무자의 변제능력이 부족하게 되는 경우에는 그러한 채무자와 제 3 자의 행위(詐害行爲)에 의하여 채권자의 채권이 침해되는 것으로 보아 채무자로부터 이탈한 재산을 회복하게 할 필요가 있는 것이다. 바꾸어 말하면 이러한 채무자와 제 3 자의 사해행위는 제 3 자에 의한 채권침해의 한 유형이라고도 볼 수 있는 것이다. 일반적으로 제 3 자가 채무자와 공모하여 채무자의 책임재산을 불법하게 감소시킨 경우에도 채권자에 대한 채권침해가 있는 것으로 보는 데에는 異說이 없고, 다만 그것이

54) 일반적으로 제 3 자가 채무자의 채무불이행책임에 가담하는 경우에 그 제 3 자가 채권자에 대하여 부담하는 손해배상의무는 채무자의 손해배상의무와 부진정연대관계에 있다고 본다. 金亨培, 債權總論, 1992, 360면 참조.

채권자취소권제도에 의하여 규율될 수 있을 때에는 굳이 채권침해를 이유로 하는 불법행위를 문제삼을 필요가 없을 따름이다. 그런데 채권자취소권의 취소대상인 사해행위의 경우에는 그로 인하여 채권자의 채권이 침해된다고 하더라도 이는 간접적인 것에 지나지 않는다고 할 수 있다. 즉 채권자의 피보전채권은 원칙적으로 금전채권이므로 이행불능의 문제는 생기지 않고 다만 사해행위의 결과 채무자가 무자력이 되면 그로 인하여 채권자의 채권도 집행불능이 되어 사실상 만족을 얻지 못하게 되므로 이를 방지하기 위하여 채권자는 채권자취소권을 행사함으로써 사해행위의 취소와 원상회복을 청구할 수 있는 것이다. 이처럼 채권자의 채권이 간접적으로 침해되는 경우에도 그 효과로서 원상회복이 인정된다고 한다면, 부동산의 이중양도와 같이 제1양수인의 채권이 직접적으로 침해되는 경우에 그 채권의 보전을 위하여 원상회복이 인정된다는 것은 결코 무리라고 할 수 없다. 부동산 이중양도의 문제를 채권자취소권의 類推에 의하여 해결하려는 견해도 이러한 관점에서 이해할 수 있는 것이다.

이러한 부동산 이중양도에 있어서의 원상회복 문제를 좀더 추상화하여 말한다면, 가해자의 불법행위로 인하여 피해자가 원래 가지고 있던 권리의 관념적인 행사에 법률적인 장애가 생겼으나 피해자의 권리행사가 물리적으로 불가능하게 되지는 않은 경우에는 일단 원상회복에 의한 구제로서 피해자의 권리행사를 허용하는 것을 고려할 여지가 있다고 할 수 있다. 즉 제2양수인의 불법행위로 인하여 제1양수인이 양도인에 대한 소유권이전등기청구권을 행사하는 데 법률적인 장애를 초래한 결과가 되었으나, 그러한 법률적 장애를 제거하도록 제2양수인에게 요구하는 것이 기대가능한(zumutbar) 것이라면 불법행위의 효과로서 그러한 법률적 장애를 제거하도록 요구하는 것이 원상회복청구의 내용이 될 것이다. 이 점에 관하여는 프랑스의 판례와 학설이 원상회복의 주요한 예로서 금지된 행위로 인한 법률효과의 否定(La suppression des conséquences juridique d'une activité prohibée)을 들고 있는 것[55]을 참고할 필요가 있다.

그리고 앞에서도 언급한 것처럼 특정물채권의 보전을 위하여 채권자취소권을 행사할 수 있는가 하는 문제도, 그러한 경우에 특정물채권자에게 불법행위로 인한 원상회복 청구권을 인정함으로써 만족스럽게 해결될 수 있다고 생각된다. 즉 이러한 경우에는 채권자취소권의 피보전채권이 사해행위 이전에 존

---

55) Viney, Traité de droit civil Ⅴ: Les obligations La responsabilité; effets, 1988, n° 22 참조.

재하여야 한다는 원칙과 충돌이 생기지도 않을 뿐만 아니라, 채권자가 사실상 우선변제를 받게 되는 것도 이론적으로 문제가 없는 것이다.

Ⅴ. 善意의 轉得者의 地位에 관한 약간의 比較法的 考察

이처럼 선의의 전득자가 보호되어야 한다는 점은 비교법적 고찰에 의하여도 어느 정도 뒷받침된다고 생각된다. 독일에서는 부동산의 이중매매(Doppelverkauf)를 독일 민법 제826조에 의한 선량한 풍속 위반으로 인한 불법행위의 문제로 다루고 있고, 다른 한편 독일 민법 제249조는 손해배상의 방법으로서 원상회복을 원칙으로 하고 있으므로 그 효과로서 第一買受人의 第二買受人에 대한 채권적인 원상회복청구권을 인정하고 있고, 따라서 선의의 전득자는 원칙적으로 보호된다.[56)]

프랑스에서는 이와 같은 이론이 1968년에 비로소 판례에 의하여 채택되었다.[57)] 그 이전까지는 판례가 부동산 이중양도의 문제를 우리나라의 반사회적 이중양도의 이론과 거의 내용이 동일한 이른바 詐害의 共謀(concert frauduleux) 이론에 의하여 해결하고 있었으나, 이 이론에 의하면 제 2 양수인은 무권리자로 되는 결과 제 2 양수인으로부터의 선의의 전득자도 보호를 받지 못하게 되는 등[58)]의 문제점이 있어 비판을 받아 왔다. 그러다가 破棄院 第 3 民事部 1968. 3. 22. 判決[59)]은 이러한 詐害의 共謀 이론을 버리고, 제 2 양수인의 faute에 의한 제 1 양수인에 대한 불법행위로 인한 원상회복의무를 인정하였고 따라서 선의의 전득자는 보호받게 되었다.

한편 일본은 우리나라와 마찬가지로 손해배상에 관하여 금전배상을 원칙으로 하고 있어 이중양도의 문제에 있어서 불법행위로 인한 원상회복의무를 인정하려는 설은 별로 보이지 않으나,[60)] 일본의 판례는 제 2 양수인이 이른바

---

56) 尹眞秀(註 14), 148면 이하 참조.

57) 이에 대하여는 尹眞秀(註 14), 129면 이하 참조.

58) 破棄院 民事部 1949. 5. 10. 判決 D. 1949, 277 note R. Lenoan, S. 1949, 1, 189 note H. Bulté, J.C.P. 1949, Ⅱ, 4972 obs. E. Becqué, Rev. tr.dr.civ. 1950, 76 obs. H. Solus.; 破棄院 第 1 民事部 1961. 10. 17. 판결, Bull. civ. 1. no 370, Sem. jur. 1962, Ⅱ, 12578, note Bulte.

59) D. 1968, 412 note J. Mazeaud, J.C.P. 1968, Ⅱ, 15587 obs. A. Planquel, Rev. tr.dr.civ. 1968, 564 obs. Bredin, Rec. gén. loi et jur. 1968, Jur., 444, p. 601, obs. Désiry.

60) 다만 好美清光, "判例批評", 民商法雜誌 第55卷 2號, 1966, 272-274면은, 배신적 악의자라고

배신적 악의자에 해당할 때에는, 일본 민법 제177조가 규정하고 있는 등기 없이는 대항하지 못하는 제 3 자에 해당하지 않는다고 함으로써 결과에 있어서는 이러한 원상회복의무를 인정하는 것과 별로 다를 것이 없다.[61] 일본의 판례도 처음에는, 부동산 이중양도에 있어서 第2 讓渡가 公序良俗에 위반하여 無效라고 함으로써 제 1 양수인을 보호하였으나,[62] 이렇게 되면 선의의 전득자가 보호를 받지 못하게 되므로[63] 이 점에 대하여 학설의 비판을 받았다. 그러나 그 후에는 이른바 背信的 惡意者 排除說을 수용하여, 실체상 物權變動이 있은 사실을 안 자가 物權變動에 있어서의 등기의 欠缺을 주장하는 것이 信義則에 반한다고 인정되는 사정이 있는 경우에는, 그러한 背信的 惡意者는 등기의 欠缺을 주장함에 있어 정당한 이익을 가지지 않는 것으로서 일본 민법 제177조에서 말하는 등기 없이는 대항할 수 없는 제 3 자에 해당하지 않는다고 해석하여야 한다고 하고 있다.[64] 반면 제 2 양수인이 배신적 악의자라고 하여도, 그러한 배신적 악의자로부터 부동산을 취득한 자는, 그 자신이 배신적 악의자에 해당한다고 평가되지 않는 한, 자신의 소유권 취득을 제 1 양수인에 대하여 대항할 수 있다고 한다.[65]

Ⅵ. 對象 判決의 評價

그러면 대상판결은 어떻게 평가하여야 할 것인가? 대상판결은 종래의 판

인정되는 경우에 전득자의 보호를 위하여 상대적 무효를 인정하는 것보다는, 제 2 매수인은 일본 민법 제176조, 제177조의 원칙대로 매매계약과 등기에 의하여 완전한 절대적인 소유권을 취득하고, 제 1 매수인은 物權法의 차원에서는 완전한 無權利者로 평가되지만 제 2 매수인이 제 1 매수인과의 관계에서 信義則 違反이라고 평가될 때에는 자기의 소유권에 기한 諸請求權을 제 1 매수인에 대하여 행사하는 것이 信義則에 의하여 債權法的으로 제약되고, 반면 제 1 매수인은 제 2 매수인에 대하여 信義則에 의하여 양 당사자 사이에 생기는 附隨的 義務(Nebenpflichten)로서 소유권 이전 및 이전등기절차를 구하는 債權的 請求權을 가진다고 해석하여야 한다고 주장한다. 이를 債權的 請求權說이라고 부르기도 한다.

61) 尹眞秀(註 14), 110면 이하 참조.

62) 最判 1956(昭和 31). 4. 27. 判決(民集 15권 4집 901면).

63) 실제로 위 판결의 사안에서는 제 2 양수인으로부터 根抵當權을 취득한 자가 있었다.

64) 1968(昭和 43). 8. 2. 判決(民集 22卷 8集 1571면) 등.

65) 日最判 1996(平成 8). 10. 29(民集 50권 9호 2506면). 이에 대한 평석으로는 七戸克彦, "背信的悪意者からの轉得者と民法一七七條の第三者", 民商法雜誌 제117권 1호, 1997, 104면 이하; 半田吉信, "背信的悪意者からの轉得者と民法一七七條の第三者", ジュリスト No. 1127, 1998, 127면 이하 등이 있다.

례와 마찬가지로 부동산 이중양도에 있어서 선의의 전득자 보호에 관하여 별다른 배려를 보여 주지 않고 있다는 점에서 문제가 있다.

그러나 다른 한편으로는 이 사건의 경우에는 전득자들이 보호되지 아니한 것이, 대법원의 파기환송판결과 일관되는 면이 있는 특수성이 있음을 간과할 수 없다. 즉 이 사건 파기환송판결이 피고 Y_2가 Y_1의 배임행위에 적극 가담한 것으로 볼 여지가 있다고 한 것은, 이 사건 토지가 溜地이고, Y_2도 그러한 사정을 잘 알고 있었다고 보임에도 이를 매수하였다면 결국 Y_2가 Y_1의 배임행위에 적극 가담하였다고 인정한 때문이다. 그리고 Y_2가 그러한 사정을 알고 있었다고 한 것도, 제 1 심 현장검증 당시까지 이 사건 토지가 溜地로서 사용되고 있다는 객관적인 사정에 근거한 것이다. 그런데 그러한 사정은 나머지 피고들에 대한 관계에 있어서도 마찬가지라고 할 수 있다. 다시 말하여 위와 같은 논리대로라면 Y_2뿐만 아니라 나머지 피고들도 그러한 상황을 잘 알면서도 이 사건 토지를 매수한 것이고, 따라서 법적인 평가에 있어서도 Y_2와 마찬가지로 취급받아야 한다는 것이다.

그렇다면 다시 처음으로 돌아와서, 위 파기환송판결(내지 그에 앞선 일련의 판례들)이, Y_2가 Y_1의 배임행위에 적극 가담하였다고 본 것이 정당한 것인가 하는 기본적인 의문을 제기할 필요가 있다. 위 판결은 결국 이 사건 토지가 溜地로 사용되고 있다는 현상을 중시하여, 그러한 경우 토지를 매수하려는 자는 토지의 현황을 점검하여 보는 것이 경험칙상 당연하다고 하는 점을 전제로 하여 Y_2가 위와 같은 사정을 알고 있었다는 결론을 이끌어 내고 있으나, 과연 그러한 결론이 일반화될 수 있는지는 의심스러운 것이다.

〈法曹 1998. 9(통권 504호)〉

虛僞表示와 第3者*

— 대법원 2006. 3. 10. 선고 2002다1321 판결**—

[事件의 經過]

1. 基本的 事實關係1)

가. A 주식회사는 1995. 4. 4. 피고 Y 공제조합과 사이에 A 회사가 선급금 지급보증을 비롯한 각종 보증을 받기로 하고, A 회사는 피고가 위와 같이 보증한 금액을 보증채권자에게 납입한 경우 납입금과 이에 따른 각종 비용 등을 피고에게 지급한다는 내용의 한도거래용보증채무약정을 체결하였고, 이 때 C, D, E 주식회사(이하 보증 3개 회사라고만 한다)는 A가 위의 약정에 의하여 피고에 대하여 부담하는 구상금채무를 연대보증하였다.

나. B 의료센터는 B 병원 건물의 신축 및 시설물을 관리하는 업체인데 대표자인 甲과 전무인 乙(A 주식회사의 부사장을 겸직하고 있다)은 A 주식회사의 대표이사인 丙과의 사이에 B 의료센터가 A 주식회사에게 자금을 투자하기로 하면서 투자금 반환채권을 확보하기 위하여 A와 B 사이에 B 병원 별관 보수공사 및 기계설치공사 하도급계약이 체결되거나 그 하도급계약에 따라 선급금이

* 이 글은 2006. 7. 24. 민사판례연구회에서 발표한 것을 보완한 것이다. 이 글을 작성함에 있어서 필요한 자료를 제공하여 주신 대법원 김용덕 수석재판연구관님, 서울고등법원 박삼봉 부장판사님과 발표 당시 토론하여 주신 민사판례연구회 회원 여러분께 감사의 뜻을 표한다.

** 公 2006상, 592.

1) 제1차 환송판결시까지의 경과에 대하여는 제철웅, "불성립한 보증채무를 이행한 보증인의 보호와 민법 제108조 제2항", 民事法學 제21호, 2002, 266-270면; 金得煥, "민법 제108조 제2항 소정의 '제3자'에 해당하는지 여부에 대한 판단 기준", 대법원판례해설 제35호(2000년 하반기), 35면 이하 참조.

지급된 사실이 없음에도 마치 그러한 계약이 체결되고 선급금도 지급된 것처럼 가장하여 당시 A 회사가 조합원으로 되어 있는 피고 Y 조합으로부터 공사선금급 지급보증서를 발급받음으로써 A 회사의 부도 발생시 위 선급금 지급보증서를 이용하여 피고 Y 조합으로부터 선급금에 대한 보증금 명목으로 금원을 지급받아 투자금을 회수하기로 공모하고, 1995. 5. 21. B 의료센터가 A 회사에게 B 병원 별관 보수공사 및 기계설치공사를 공사대금 13억 2,000만원, 선급금 6억 6,000만원, 공사기간 1995. 5. 22.부터 1996. 5. 21.으로 하여 하도급 주었다는 허위 내용의 하도급계약서를 작성하였다.[2)]

다. 피고 Y 조합은 위 보증계약에 기하여 1995. 5. 24. 소외 B 의료센터와 A 회사 사이의 위 하도급계약서가 진정하게 성립된 것으로 믿고 금 6억 6,000만원의 선급금 지급보증서를 발급하였다가, 같은 해 6. 30.경 A 회사가 착공도 하지 않고 부도로 파산하게 되자, 같은 해 12. 12. B 의료센터의 대표이사인 甲에게 선급금지급보증서에 따라 금 6억 6,000만원을 지급하였다.

라. 피고 Y 조합은 원래 건설공사업을 하는 조합원들로 구성되어 조합원들이 도급받은 공사에 대하여 부담하는 계약보증금, 선급금지급보증금 등의 납부의무에 대한 이행보증을 그 사업목적으로 하여 설립된 특별법인이고, 원고 X 공제조합은 1996. 5. 18. 구 전문건설공제조합법에 의하여 피고 조합의 조합원들 중 구 건설업법에 의한 설비공사업면허를 받은 자를 조합원으로 하여 분리 설립된 조합으로서 1996. 7. 1. 업무를 개시하였는데, 위 전문건설공제조합법 제 8 조의2에 의하면 원고 조합이 원고 조합의 조합원이 되는 자의 피고 조합에 대한 출자지분을 이체받고 원고 조합의 조합원이 되는 자와의 관계에서 가지는 권리 · 의무를 업무개시일부터 승계하게 되어 있다.

마. A 회사 및 보증 3개 회사는 X 조합이 설립되기 전에는 본래 Y 조합의 조합원이었는데 보증 3개 회사는 앞서 본 것처럼 X 조합이 설립되자 모두 X 조합의 조합원의 지위를 취득하게 되었다. 한편 Y 조합은 X 조합을 분리하여 그 지분금을 이체함에 있어 위 3개 회사가 A 회사의 Y 조합에 대한 구상금 채무를 연대보증하였다는 이유로, X 조합에게 이체하여야 할 전체 지분금

2) 그런데 위 계약상 A의 상대방인 하도급인이 누구인지 분명하지 않다. 이 사건 제 1 차 환송 전 원심판결과 제 1 차 환송판결은 위 계약의 당사자를 B의 대표자인 甲으로 표시한 반면 환송 후 원심판결과 대상판결은 위 계약의 당사자를 B라고 표시하였다. 이 글의 결론에 영향을 주는 것은 아니므로 이하에서는 당사자를 B로 표시한다.

중 위 선급금 6억 6,000만원에 대한 3개 회사의 분담액 합계 466,030,534원을 공제하고 그 나머지 지분금만을 이체하였다.

2. 이 사건 訴訟의 經過

가. 원고의 청구와 피고의 항변

원고 X 조합은 위와 같이 피고가 이체하지 않은 위 466,030,534원의 지급을 구하였고, 이에 대하여 피고 Y 조합은 자신은 위 선급금 지급보증서에 따라 甲에게 선급금을 지급하였으므로 위 3개 회사에 대하여 구상금채권을 취득하였고, 이를 자동채권으로 하여 3개 회사의 피고 조합에 대한 출자금 반환채권과 상계하였으므로 3개 회사의 출자금반환채권은 소멸하였다는 등의 항변을 제기하였다.

나. 제 1 차 환송 전 원심판결[3)]

제 1 차 환송 전 원심판결은 원고의 청구를 인용하면서, 피고의 주장에 대하여는, 보증채무는 주채무의 존재를 전제로 하여 성립하는 것으로서 주채무가 발생하지 아니한 경우에는 보증채무도 성립할 수 없다고 전제한 다음, 피고 조합이 A 회사의 B에 대한 선급금반환채무를 보증하였고, 위 3개 회사가 피고 조합의 보증채무 이행에 의하여 A 회사가 피고 조합에 대하여 부담하게 될 구상금채무를 연대보증하였으나, 주채무인 A 회사의 B에 대한 선급금반환채무가 통정허위표시로서 무효인 이상, 피고 조합의 B에 대한 보증채무 또한 성립하지 아니하는 것이므로, 피고 조합이 B에게 금 660,000,000원을 지급하였다 하더라도 이는 보증채무 없이 지급한 것에 불과하여, A 회사나 3개 회사는 피고 조합에 대하여 위 금원 지급으로 인한 구상금채무를 부담하지 아니한다고 판단하였다.

다. 제 1 차 환송판결[4)]

그러나 대법원은 다음과 같은 이유로 원심판결을 파기환송하였다.

(1) 상대방과 통정한 허위의 의사표시는 무효이고 누구든지 그 무효를 주장할 수 있는 것이 원칙이나, 허위표시의 당사자와 포괄승계인 이외의 자로서 허위표시에 의하여 외형상 형성된 법률관계를 토대로 실질적으로 새로운 법률

---

3) 서울고등법원 1999. 8. 12. 선고 99나21624 판결.

4) 대법원 2000. 7. 6. 선고 99다51258 판결(公 2000하, 1861). 金得煥(註 1)이 위 판결에 대한 재판연구관의 판례해설이고, 제철웅(註 1)이 위 판결에 대한 평석이다.

상 이해관계를 맺은 선의의 제 3 자에 대하여는 허위표시의 당사자뿐만 아니라 그 누구도 허위표시의 무효를 대항하지 못하는 것인바(대법원 1996. 4. 26. 선고 94다12074 판결 참조), 허위표시를 선의의 제 3 자에게 대항하지 못하게 한 취지는 이를 기초로 하여 별개의 법률원인에 의하여 고유한 법률상의 이익을 갖는 법률관계에 들어간 자를 보호하기 위한 것이므로 제 3 자의 범위는 권리관계에 기초하여 형식적으로만 파악할 것이 아니라 허위표시행위를 기초로 하여 새로운 법률상 이해관계를 맺었는지 여부에 따라 실질적으로 파악하여야 한다.

(2) 원심이 확정한 사실관계에 의하면, 피고 조합은 A 회사의 기망행위에 의하여 A의 B에 대한 선급금반환채무가 있는 것으로 믿고 A 회사와 보증계약을 체결한 다음 그에 따라 보증채무자로서 그 채무까지 이행하였으므로 피고 조합은 A 회사에 대한 구상권 취득에 관하여 법률상의 이해관계를 가지게 되었다고 할 것이고, 이와 같은 구상권 취득에는 보증의 부종성으로 인하여 주채무에 해당하는 A 회사의 B에 대한 선급금반환채무가 유효하게 존재할 것을 필요로 하므로, 결국 피고 조합은 A 회사의 B에 대한 선급금반환채무 부담행위라는 허위표시에 기초하여 구상권 취득에 관한 법률상 이해관계를 가지게 되었다고 할 것이어서, 피고 조합은 민법 제108조 제 2 항의 제 3 자에 해당한다고 봄이 상당하다.

(3) 따라서 A 회사의 피고 조합에 대한 구상채무를 연대보증한 3개 회사가 위 선급금반환채무 부담행위가 무효라는 사유로써 제 3 자인 피고 조합에 대항할 수 있는지 여부는 이 사건 보증금 지급 당시에 피고 조합이 선의였느냐의 여부에 달려 있다고 할 것임에도 불구하고, 이 점에 대하여 심리 판단함이 없이 보증채무의 부종성에 의하여 당연히 구상권이 발생되지 않았다고 판단한 원심은 통정허위표시에 있어서의 제 3 자에 관한 법리를 오해하여 판결에 영향을 미친 위법이 있다고 할 것이므로, 이 점에서 원심판결은 더 이상 유지될 수 없다고 할 것이다.

라. 제 1 차 환송 후 원심판결[5)]

제 1 차 환송 후 원심판결은 환송판결의 취지에 따라 원고의 청구를 기각하였다.

즉 피고 조합은 A의 기망행위에 의하여 A의 B에 대한 선급금반환채무가

---

5) 서울고등법원 2001. 11. 21. 선고 2000나37090 판결(미공간).

있는 것으로 믿고 A와 보증계약을 체결한 다음 그에 따라 보증채무자로서 그 채무까지 이행하였으므로 피고 조합은 A에 대한 구상권 취득에 관하여 법률상의 이해관계를 가지게 되었다고 할 것이고, 이와 같은 구상권 취득에는 보증의 부종성으로 인하여 주채무에 해당하는 A의 B에 대한 선급금반환채무가 유효하게 존재할 것을 필요로 하므로, 결국 피고 조합은 A의 B에 대한 선급금반환채무 부담행위라는 허위표시에 기초하여 구상권 취득에 관한 법률상 이해관계를 가지게 되었다고 할 것이어서, 피고 조합은 민법 제108조 제２항의 제３자에 해당한다고 봄이 상당하다고 하였다.

그리고 원고가, 피고가 이 사건 공사도급계약에 기하여 A에 대하여 선급금지급보증서를 발급할 때나 그 후 B에 대하여 선급금을 지급할 때에 위 도급계약이 진정하게 성립된 계약이 아님을 알았거나 중대한 과실로 인하여 이를 알지 못하였기 때문에 피고는 민법 제108조 제２항 소정의 '선의의 제３자'에 해당하지 않는다고 주장한 데 대하여는 민법 제108조에 규정된 통정허위표시에 있어서의 제３자는 그 선의 여부가 문제이지 이에 관한 과실 유무를 따질 것은 아니고, 원고가 제출한 증거만으로는 피고 조합이 위 선급금지급보증을 할 때 또는 선급금을 지급할 당시에 위와 같은 사실을 알았다고 보기는 어렵다는 등의 이유로 이를 배척하였다.

그리고 원고가, 피고 조합이 자신의 업무처리상 잘못으로 인하여 허위공사계약에 대한 지급보증서를 발급한 다음 '선의의 제３자'라고 주장하며 그 책임을 보증인들에게 전가하는 것은 신의칙에 반하여 허용될 수 없다는 취지로 주장한 데 대하여는 피고 조합이 B 등의 부정행위를 알지 못한 채 이 사건 지급보증을 한 사실이 인정되는 이상 가사 그에 관한 과실은 있다고 하더라도 연대보증인인 위 3개 회사에 대하여 구상권을 행사하는 것이 신의칙에 반한다고 할 수는 없다고 하여 이를 배척하였다.

3. 대상판결

그러나 대상판결은 또다시 원심판결을 파기환송하였다.

가. 우선 피고의 악의 또는 과실이 있다는 원고의 상고이유에 대하여는, 민법 제108조 제２항에서 통정허위표시의 무효는 선의의 제３자에게 대항하지 못한다고 규정하고 있는데, 여기에서 제３자는 특별한 사정이 없는 한 선의로 추정할 것이므로, 제３자가 악의라는 사실에 관한 주장・입증책임은 그 허위표

시의 무효를 주장하는 자에게 있고, 민법 제108조 제2항에 규정된 통정허위표시에 있어서의 제3자는 그 선의 여부가 문제이지 이에 관한 과실 유무를 따질 것이 아니며, 피고가 A 주식회사에게 이 사건 보증서를 발급할 때나 그 후 B에게 보증금을 지급할 때에 이 사건 공사하도급계약 및 A 주식회사의 선급금반환채무 부담행위가 통정허위표시에 기한 것이라는 사정을 알지 못하였다고 본 원심의 사실인정은 옳다고 하여 이를 모두 배척하였다.

나. 그러나 피고가 구상금 채권을 주장하는 것은 다음과 같은 이유로 신의칙에 위반된다고 하여 원심판결을 다시 파기환송하였다.

(1) 권리의 행사는 신의에 좇아 성실히 하여야 하며(민법 제2조), 법률관계의 당사자는 상대방의 이익을 배려하여 형평에 어긋나는 내용 또는 방법으로 권리를 행사하여서는 아니 되고, 권리행사가 정의관념에 비추어 용인할 수 없는 상태에 이른 경우에는 신의성실의 원칙에 의하여 그 권리행사를 부정할 수 있고(대법원 2002. 3. 15. 선고 2000다13856 판결 참조), 보증인이 채권자에 대하여 보증채무를 부담하지 아니함을 주장할 수 있었는데도 그 주장을 하지 아니한 채 보증채무의 전부를 이행하였다면 그 주장을 할 수 있는 범위 내에서는 신의칙상 그 보증채무의 이행으로 인한 구상금 채권에 대한 연대보증인들에 대하여도 그 구상금을 청구할 수 없다고 할 것이다(대법원 1995. 6. 29. 선고 94다20174 판결; 2002. 9. 24. 선고 2002다32820 판결 등 참조).

(2) 그런데 이 사건의 계약 체결 과정, 보증금 지급 과정에는 여러 가지의 의심스러운 사정이 있다.[6] 또 이 사건 소송이 제기되기 전에 C 주식회사는 피

6) 대법원은 여러 가지 사정을 나열하고 있는데, 특히 중요한 점만 지적하면 甲과 乙은 위와 같은 범죄사실로 인하여 1998. 11. 13. 특정경제범죄 가중처벌 등에 관한 법률 위반(사기) 피고사건으로 각 징역 2년의 유죄판결을 선고받았다는 점, 이 사건 공사하도급계약의 공사 내용에는 A주식회사의 건설면허에 속하지 아니하는 엘리베이터 공사와 철거공사가 포함되어 있고, 이 사건과 같이 공사에 착수하거나 상당한 담보도 제공받지 아니한 채 이 사건 공사하도급계약을 체결한 당일에 선급금을 지급하고, 더욱이 공사대금의 50%에 이르는 거액의 선급금을 지급한다는 것은 이례에 속한다는 점, 보증 3사 중 소외 C 주식회사는, B 의료센타가 보증금의 지급을 청구한 1995. 7. 5. 직후인 같은 달 19.에 甲이 실제 50%의 선급금을 지급하였는지 조사하여 보아야 할 것이라는 이유를 들어 피고에 대하여 보증금을 지급하지 말 것을 요청하였고, 같은 해 11. 10.에는 내역 및 설비시공도면 없이 계약하였고, A 주식회사는 본관건물 신축공사에 관한 하수급인인데 별관공사인 이 사건 공사하도급계약에서는 수급인이고 공사보증인이 없으므로 이 사건 공사하도급계약은 무효이며, 甲이 A 주식회사에 사채를 주고 있으므로 이 사건 공사하도급계약은 채권확보책으로 허위계약서를 작성한 것으로 사료된다는 이유를 들어 피고에 대하여 보증금을 지급하지 말도록 거듭 요청하였으나 그 후 위와 같은 C 주식회사의 이의 내용은 결국 모두 진실인 것으로 밝혀졌다는 점 등이다.

고를 상대로 '이 사건 보증서에 관한 선급금지급보증과 관련하여 C 주식회사의 피고에 대한 구상금채무가 존재하지 아니한다'는 채무부존재확인 청구 소송을 제기하였고 원고는 C 주식회사의 보조참가인으로 참가하였는바, 1998. 5. 29. 피고 패소 판결이 선고되어 그대로 확정되었다. 이러한 사정을 종합하면, 결국 피고가 B 의료센타의 청구를 받아들여 이 사건 보증서에 관한 보증금을 지급한 데에는 중대한 과실이 있다고 보인다.

또한, 비록 이 사건 보증서에 관한 선급금지급보증약관 제8조 제1항 전단은 '조합이 보증금을 지급한 때에는 채무자에 대하여 구상권을 가지며'라고 정하고 있지만 민법 제441조 제1항에 의하면 변제한 수탁보증인에게 구상권이 발생하기 위해서는 과실 없이 변제하여야 하는 것이 원칙이라는 점과 아울러, 특히 앞서 본 바와 같이 피고가 지급보증계약의 체결 내지 보증금의 지급과 관련된 업무에 관하여 전문가로서 보증 3사에 비하여 이 사건 보증서에 관한 보증금 지급의무의 존부에 관하여 훨씬 더 정확히 판단할 수 있는 지위에 있을 뿐 아니라 이 사건 보증서 발급 과정에서 보증 3사로부터 보증서발급동의서를 받지도 아니하고 나아가 보증 3사 중 C 주식회사나 D 주식회사가 보증금 지급의무를 다투어 검찰청에 진정을 제기하고 2차례에 걸쳐 구체적인 사실을 적시하여 피고에게 이의를 제기하기까지 한 사정에 비추어 보면, 통정허위표시에 의하여 이루어진 이 사건 공사하도급계약 및 선급금반환채무에 기초한 이 사건 보증서의 발급 내지 보증금 지급 과정에 중대한 과실이 있는 피고를 민법 제108조 제2항에 의한 선의의 제3자에 해당한다고 보호하여 보증 3사에 대하여 구상권을 행사할 수 있도록 허용하는 것은 형평에 어긋난다.

(3) 따라서 지급보증인인 피고가 채권자인 B 의료센타에 대하여 지급보증채무 전부를 부담하지 아니함을 주장할 수 있었는데도 중과실로 그 주장을 하지 아니한 채 지급보증채무를 이행한 이 사건에 있어서 그 주장을 할 수 있었던 범위 내에서는 신의칙상 그 지급보증금 지급으로 인한 구상금 채권에 대하여 연대보증인들인 보증 3사에게 구상금을 청구할 수 없고 그 구상금 청구채권이 존재한다고 원고에게 주장할 수 없다.

[研　　究]

Ⅰ. 序　　論

이 사건의 현실적인 분쟁은 X 공제조합과 Y 공제조합 사이에 일어난 것이다. 그러나 Y가 X의 이체청구에 응하지 않은 것은 X의 조합원인 보증 3개 회사에 대한 구상금 채권이 있다는 이유였고, 법원의 판단도 위와 같은 구상금 채권이 존재하는가 아닌가 하는 점에 관한 것이었다. 따라서 이하에서의 연구는 Y가 보증 3개 회사에 대하여 구상금 채권을 가지는가 하는 점에 국한한다.[7)]

그리고 Y가 위 3개 회사에 대하여 구상금 채권을 가지는가 하는 문제도 다시 (i) Y가 주채무자인 A 회사에 대하여 구상채권을 가지는가, (ii) Y가 보증 3개 회사에 대하여 구상채권을 가지는가 하는 두 가지 문제로 나누어 볼 수 있다. Y가 주채무자인 A 회사에 대하여 구상채권을 가지지 않는다면 보증 3개 회사에 대하여 구상채권을 가지는가 하는 문제는 더 이상 따져 볼 필요가 없기 때문이다. 위 문제를 법률적으로 달리 표현한다면 위 (i)의 문제는 Y는 민법 제108조 제 2 항에서 말하는, 통정허위표시의 무효를 대항하지 못하는 선의의 제 3 자에 해당하는가 하는 것이고, 위 (ii)의 문제는 Y가 선의의 제 3 자에 해당한다 하더라도 통정허위표시의 당사자 아닌 보증 3개 회사는 통정허위표시의 무효를 주장할 수 있는가 하는 것이 될 것이다. 이를 좀더 일반화하여 말한다면 허위표시의 무효를 주장하는 제 3 자와 유효를 주장하는 제 3 자 사이에

7) 제철웅(註 1), 270면 이하는 보증 3개 회사가 Y에 대하여 출자금 반환채권을 가지지 않으므로 Y의 상계 주장은 성립할 수 없고, 또 X가 설립된 후 Y의 위 3개 회사에 대한 구상보증채권은 X에게 귀속된다고 주장하고 있다. 이렇게 본다면 이 사건의 쟁점은 전혀 달라지게 된다. 그러나 이 글에서는 이에 대하여는 다루지 않는다. 참고로 대법원 2000. 2. 25. 선고 98다36474 판결(公 2000상, 788)은 이 사건과 같이 업종별 공제조합이 전문건설공제조합에 대하여 출자지분의 이체를 청구하는 경우에 관하여, 원고 조합의 설립은 법률에 의한 피고 조합으로부터의 강제분할이라는 성격을 띠고 있어 그 출자금의 이체는 조합의 해산, 또는 일부 조합원의 탈퇴 등의 경우와 같이 피고 조합의 전 재산에 관한 실질적 평가를 기초로 이루어져야 할 것이라고 판시하였고, 제 1 차 환송 후 원심판결은 위 판결을 인용하여 이 사건에 있어서 위 3개 회사는 조합을 탈퇴하거나 출자금반환청구권을 행사한 일이 없어 Y가 상계를 주장하는 위 수동채권은 발생하지 아니하였다는 X의 주장을 배척하였다.

는 누가 보호를 받아야 할 것인가 하는 점이다.

이 사건 대상판결에서는 (i)의 문제는 직접 다루어지지 않았지만, 제 1 차 환송판결은 이 점을 긍정하였고, 대상판결도 이를 전제로 하고 있다. 그러나 이에 대하여는 이를 부정하는 견해도 있을 뿐만 아니라, 제 1 차 환송판결 선고 후의 원심판결에 대하여 상고가 제기된 후 대상판결이 선고되기까지 오랜 시간이 걸린 것은 이 점에 대한 재검토가 있었기 때문이라고 보인다.8)

이하에서는 Y와 같은 통정허위표시에 기한 채무의 보증인이 주채무자(이 사건에서는 A)에 대한 관계에서 민법 제108조 제 2 항의 제 3 자에 해당하는가 하는 점과, 허위표시의 유효를 주장하는 제 3 자와 무효를 주장하는 제 3 자 사이의 법률관계에 대하여 살펴보기로 한다. 그리고 그에 앞서서 통정허위표시의 무효와 제 3 자에 관한 외국의 입법례를 살펴본다.

Ⅱ. 通情虛僞表示의 無效와 제 3 자에 관한 外國의 立法例

통정허위표시가 무효라는 것은 다른 나라에서도 일반적으로 인정되고 있다. 그러나 통정허위표시의 경우에 일반적인 제 3 자 보호규정을 가지고 있는 나라는 그다지 많지 않다.9)

---

8) 대법원은 오랫동안 대법원의 파기환송판결의 기속력은 환송을 받은 법원뿐만 아니라 환송을 한 대법원 자신에게도 미친다고 판시하여 왔다. 그러나 대법원(全) 2001. 3. 15. 선고 98두15597 판결(集 49권 1집 특586; 公 2001상, 890)은 상고법원 자신도 동일 사건의 재상고심에서 환송판결의 법률상 판단에 기속되지만, 대법원의 전원합의체가 종전의 환송판결의 법률상 판단을 변경할 필요가 있다고 인정하는 경우에는 그에 기속되지 아니하고 통상적인 법령의 해석적용에 관한 의견의 변경절차에 따라 이를 변경할 수 있다고 보아야 할 것이라고 판시하여 종래의 판례를 변경하였다. 그러나 대법원의 전원합의체라도 환송판결에 기속되고, 다만 환송판결에 판례저촉과 같은 재심사유가 있을 때에 한하여 대법원의 전원합의체에서 판례변경절차에 따라 환송판결을 폐기함으로써 그 기속력을 배제하고 환송판결과 달리 판결할 수 있다고 보는 것이 옳을 것이다. 尹眞秀 · 姜溶鉉, "大法院의 破棄還送判決이 再審對象이 되는지 與否", 人權과 正義 1995. 6, 73-74면 참조.

9) 영미법에서는 통정허위표시(sham)가 무효라는 것은 일반적으로 인정되고 있다고 보이지만, 이를 계약의 무효사유로서 별도로 언급하고 있는 경우는 많지 않은 것 같다. 그런데 제 3 자가 통정허위표시를 신뢰한 경우에는 금반언(estoppel) 또는 공서양속(public policy)의 법리에 의하여 허위표시의 당사자가 그 제 3 자에 대하여 무효를 주장할 수 없다는 주장 및 판례가 있다. Restatement(Second) of Contracts § 18(1981) comment c; FPI Development, Inc., v. Nakashima, 231 Cal.App. 3d 367, 401 Fn. 18(Court of Appeal, Third District, California, 1991); Snook v. London and West Riding Investments Ltd., [1967] 2 W.L.R. 1020(영국 Court of Appeal)(Lord Diplock과 Lord Russell의 다수의견; Lord Denning은 반대의견을 주장하였다).

1. 프랑스 민법

우리 민법 제108조 제2항에 영향을 준 것은 프랑스 민법 제1321조로 보인다. 同條는 "反對證書[10]는 계약당사자 사이에서만 효력을 가진다; 反對證書는 제3자에 대하여는 어떠한 효력도 없다"고 규정하고 있다.[11] 이 규정의 의미는 다음과 같다. 즉 허위표시(simulation)의 경우에는 당사자들은 실제 의사와는 다른 假裝行爲(acte apparent ou ostensible)를 하게 되는데, 이 가장행위에 의하여 당사자들의 실제 의사에 따른 隱匿行爲(acte secret ou occulte)가 숨겨지게 된다.[12] 그리고 반대증서는 많은 경우에는 은닉행위와 같은 의미로 쓰이기도 하지만, 원래는 당사자의 진정한 의사를 회복시키는 서면에 의한 증서를 말한다.[13] 그리하여 당사자의 은닉행위는 당사자 사이에서는 효력을 가지지만,[14] 제3자에 대하여는 대항력이 없다(inopposable)는 것이다.

여기서 대항력이 없다는 것은 무슨 의미인가? 얼핏 보기에는 이는 프랑스 民法 제1165조가 규정하고 있는 契約의 相對性 原則(la relativité des conventions), 즉 契約은 當事者 사이에만 효력이 있다는 原則[15]을 되풀이하는 것에 지나지 않는 것처럼 보인다. 그러나 프랑스 민법 시행 후의 프랑스의 판례와 학설은 계약의 상대효(effet relativ) 내지 强制效의 相對性의 원칙(le principe de

---

이외에 유럽계약법원칙(PECL)이나 Unidroit 국제상사계약원칙(PICC)은 별도로 허위표시에 관하여 규정하고 있지 않다.

10) 명순구 역, 프랑스민법전, 2004는 "비밀증서"라고 번역하였다.

11) 원문은 다음과 같다. "Les contre-lettres ne peuvent avoir leur effet qu'entre les parties contractantes; elles n'ont point d'effet contre les tiers."

12) Terré, Simler et Lequette, Droit civil Les obligations, 8e édition, 2002, nos 539 et s.

13) J. Ghestin, "Simulation", Encyclopédie Dalloz, 1975, n° 18. 프랑스 민법 제1321조는 書證(la preuve littérale)에 관한 절에 들어 있다. Carbonnier, Droit civil, Tome 4, Les obligations, 22e édition refondue, 2000, n° 84는 반대증서는 가장행위의 효력을 부정하거나 수정 또는 제거하는 것을 목적으로 할 수 있다고 한다.

14) 좀더 정확히 말하면 허위표시는 중립성(neutralité)을 가진다고 한다. 즉 허위표시는 유효한 것을 무효로 만드는 것도 아니고, 무효인 것을 유효하게 만드는 것도 아니라는 것이다. Ghestin(註 13), nos 28 et s.; Malaurie, Aynès et Stoffel-Munck, Les obligations, 2003, n° 768; Ghestin, Jamin et Billiau, Traité de droit civil, Les effets du contrat, 3e édition, 2001, nos 874 et s. 등. Carbonnier(註 13), n° 85는 Indifférence de la simulation이라고 표현한다.

15) 同條는 다음과 같이 규정하고 있다. "契約은 契約 當事者 사이 외에는 效力이 없다; 契約은 第3者를 해하지 않으며, 제1121조에 규정된 경우 외에는 第3者에게 利益을 주지 않는다(Les conventions n'ont d'effet qu'entre les parties contractanes; elle ne nuisent point au tiers, et elles ne lui profitent que dans le cas prévu par l'article 1121)."

relativité de l'effet obligatoire)과 계약의 대항력(opposabilité)을 구별하여, 제1165조는 계약의 당사자 내지 제 3 자를 위한 계약의 수익자만이 계약에 의한 채권자 또는 채무자가 될 수 있다는 계약의 상대효를 규정한 것일 뿐이고, 계약의 對抗力은 第 3 者에게도 미치는 것이 원칙이라고 보기에 이르렀다.[16)]

그러나 예외적으로 이러한 계약의 제 3 자에 대한 대항력이 제한되는 경우가 몇 가지 있는데, 여기서 살펴보는 허위표시가 그러한 예외에 해당한다.[17)] 반대증서가 제 3 자에 대하여는 효력이 없다는 것은 이러한 의미이다.

구체적으로는 어떠한 제 3 자가 이에 해당하는가? 프랑스의 판례와 학설은 허위표시의 당사자의 일반승계인(ayants cause à titre universel)은 은닉행위의 효력을 부인할 수 없다고 한다. 구체적으로는 상속인(héritier)과 포괄명의의 수유자(légataire à titre universel) 등이다.[18)] 또한 허위표시가 대리인(représentant)에 의하여 이루어진 경우에 본인(personne représentée)도 제 3 자에 해당하지 않는다.[19)]

그러나 허위표시의 당사자로부터의 轉得者나 저당권부 채권자(créancier hypothécaire)와 같은 특정승계인(ayant cause à titre particulier)은 제 3 자에 해당한다.[20)] 나아가 무담보의 일반채권자(créancier chirographaire)도 제 3 자에 해당한다.[21)] 그런데 일반 채권자가 허위표시의 당사자에 대한 채권자대위권(action oblique)을 행사하는 경우에 당사자가 은닉행위로써 대항할 수 있는가에 관하여는 논란이 있으나, 판례는 채권자대위권을 행사하는 채권자는 제 3 자가 아니라고 한다.[22)23)]

---

16) 尹眞秀, "不動産의 二重讓渡에 관한 硏究", 서울대학교 대학원 박사학위 논문, 1993, 142면 이하 및 그 곳에 열거된 참고문헌 참조. 또한 Ghestin, Jamin et Billiau(註 14), n° 677 et s.; Duclos, L'opposabilité, 1984, n°s 22 et s.; Mazeaud, Mazeaud et Chabas, Leçons de droit civil tome Ⅱ-1er vol., Obligations théorie générale, 7e édition, 1991, n°s 758 et s. 등 참조.

17) Larroumet, Droit civil, Tome 3, Les obligations, 4e édition, 1998, n°s 762 et s.

18) Ghestin(註 13), n° 52; Larroumet(註 17), n° 770; Ghestin, Jamin et Billiau(註 14), n° 896 등. 다만 유류분 권리자(héritier réservataire)와 같이 자신의 고유한 권리를 주장할 수 있는 경우에는 제 3 자로 취급된다. Ghestin(註 13), n° 52; Carbonnier(註 13), n° 85; Ghestin, Jamin et Billiau(註 14), n° 896; Larroumet(註 17), n°s 766 et 770 등.

19) Ghestin(註 13), n° 50; Terré, Simler et Lequette(註 12), n° 550 note 1; Ghestin, Jamin et Billiau(註 14), n° 895. 아래에서 살펴볼 破棄院 1983. 2. 22. 판결(註 114)도 마찬가지이다.

20) Ghestin(註 13), n° 53; Ghestin, Jamin et Billiau(註 14), n° 897; Larroumet(註 17), n° 766 등.

21) Ghestin(註 13), n° 55; Ghestin, Jamin et Billiau(註 14), n° 898; Larroumet(註 17), n° 766; Malaurie, Aynès et Stoffel-Munck(註 14), n° 771 등.

22) 상세한 것은 Ghestin(註 13), n° 55 참조. 또한 Larroumet(註 17), n° 768도 참조할 것.

23) Mazeaud, Mazeaud et Chabas(註 16), n° 821은 계약과 관계 없는 순수한 제 3 자(penitus

프랑스 민법 제1321조는 단순히 제 3 자라고만 규정하고 있으나, 이 제 3 자는 善意(bonne foi)라야 하고,[24] 허위표시임을 안 제 3 자에 대하여는 당사자가 은닉행위로써 대항할 수 있으며,[25] 허위표시에 가담한 제 3 자도 마찬가지이다.[26] 이 점에서 이러한 허위표시의 법리는 外觀(apparence)의 이론에 의한 것이라고 설명하기도 한다.[27] 그러나 제 3 자는 극복할 수 없는 착오(erreur invincible)[28]에 빠졌을 필요는 없으므로 극복할 수 없는 착오를 요구하는 외관이론의 원리와는 다소 다른 면이 있다.[29] 또한 가장행위의 유효를 주장할 수 있는 제 3 자가 허위표시에 의하여 손해를 입었을 필요도 없다.[30]

그리고 제 3 자는 선의라 하여도 은닉행위의 내용이 자신에게 유리할 때에는 가장행위 내지 허위표시의 무효를 주장할 수도 있다.[31] 다시 말하여 제1321조는 선의의 제 3 자에게 가장행위의 유효 내지 은닉행위의 무효를 주장할 수 있는 권한(faculté)을 부여하는 것이고, 반드시 제 3 자가 은닉행위의 무효만을 주장하여야 하는 것은 아니다. 따라서 그는 가장행위의 유효를 주장할 수도 있

---

extranei)도 계약이 그에게 대항할 수 있는 드문 경우에는 제1321조의 제 3 자에 포함된다고 한다. 또한 Ghestin, Jamin et Billiau(註 14), n° 894 참조.

24) Malaurie, Aynès et Stoffel-Munck(註 14), n° 771; Ghestin, Jamin et Billiau(註 14), n° 899 등. 이러한 선의는 추정되고, 허위표시의 당사자가 제 3 자의 악의를 입증하여야 한다. Ghestin (註 13), n° 58; Ghestin, Jamin et Billiau(註 14), n° 900.

25) Ghestin(註 13), n° 57; Terré, Simler et Lequette(註 12), n° 551 등.

26) Larroumet(註 17), n° 766.

27) Terré, Simler et Lequette(註 12), n° 551; Danis-Fatôme, Apparence et Contrat, 2004, n° 65 등. Ghestin, Jamin et Billiau(註 14), n° 873은 허위표시의 효과는 (가장행위는 은닉행위에 의하여 수정되거나 제거된다는 의미에서의) 계약 자유의 원칙과, (선의의 제 3 자는 가장행위에 의지하고 은닉행위는 대항할 수 없음을 주장한다는 의미에서의) 외관이론의 결합에 의하여 지배된다고 한다. 프랑스 민법상 외관이론에 관하여는 尹智炫, "프랑스民法上 外觀理論에 관한 硏究", 서울대학교 석사학위 논문, 2000; Derrida et Mestre, "Apparence", Encyclopédie Dalloz, 1986 참조.

28) 극복할 수 없는 착오라는 용어는 공통의 착오(erreur commune)라는 용어와 같이 쓰이는 경우가 많다. 여기서 공통의 착오란 "공통의 착오는 법을 만든다(Error communis facit jus)"라는 로마법 이래의 법원리에서 유래한 것으로서, 프랑스의 판례는 일정한 경우에 외관을 신뢰한 선의의 제 3 자가 공통의 착오, 즉 모든 사람에 의하여 공유되는 (partagée par tous) 착오에 빠진 경우에는 그 제 3 자를 보호하고 있다. 극복할 수 없는 착오와 공통의 착오의 관계에 관하여는 전자가 더 엄격한 개념이라고 설명하기도 하나, 양자의 관계는 반드시 명확하지 않으며, 대체로 비슷한 개념이라고 할 수 있을 것이다. 尹智炫(註 27), 73면; 尹眞秀, "상속회복청구권의 연구", 서울대학교 法學 제41권 1호, 2000, 181면 참조.

29) Ghestin(註 13), n° 59; Ghestin, Jamin et Billiau(註 14), n° 901.

30) Mazeaud, Mazeaud et Chabas(註 16), n° 822; Ghestin, Jamin et Billiau(註 14), n° 899 등.

31) 이는 보통 허위표시의 무효확인청구(Action en déclaration de simulation)라는 방법에 의하여 이루어진다. Ghestin(註 13), n°s 69 et s.; Larroumet(註 17), n° 767 등.

지만, 허위표시의 무효를 주장할 수도 있는 선택권(option)을 가진다.32)

2. 독일 민법

독일 민법 제117조는 다음과 같이 규정하고 있다.

"① 타인에 대하여 행하여지는 의사표시가 상대방과의 了解 아래 단지 가장으로 행하여진 때에는 의사표시는 무효이다.

② 가장행위에 의하여 다른 법률행위가 은닉되어 있는 때에는, 은닉된 법률행위에 관한 규정이 적용된다."33)

즉 독일 민법은 허위표시의 무효만을 규정하고 있고, 제3자의 보호에 관하여는 따로 규정하고 있지 않다. 따라서 허위표시의 무효는 원칙적으로 제3자에게도 미치는 절대적인 것으로서, 허위표시가 유효하다고 믿은 제3자도 특별히 보호받는 것은 아니다.

무효인 허위표시의 경우에 제3자 보호를 위한 특별규정을 둘 것인가에 관하여는 독일 민법 제정 당시에 논란이 있었다. 독일 민법 제정 전의 보통법 시대에 당시의 제국법원(Reichsgericht) 판례는 선의의 제3자는 보호되어야 한다는 입장이었다. 즉 제3자가 법률행위가 행하여진 의사의 진지성을 신뢰하고 행동하였으며, 가장의 계약 당사자 중 일방이 허위표시를 주장함으로 인하여 손해를 입게 될 때에는 그러한 제3자에 대하여는 허위표시임을 주장할 수 없다는 것이었다.34)

그러나 독일 민법의 제정자는 허위표시의 효과와 관련하여 일반적인 제3

---

32) Ghestin(註 13), n°s 61 et s.; Terré, Simler et Lequette(註 12), n°s 550 et s.; Carbonnier(註 13), n° 85; Ghestin, Jamin et Billiau(註 14), n°s 902 et s.; Malaurie, Aynès et Stoffel-Munck(註 14), n° 771; Mazeaud, Mazeaud et Chabas(註 16), n° 823; Larroumet(註 17), n° 767 등.

33) (1) Wird eine Willenserklärung, die einem anderen gegenüber abzugeben ist, mit dessen Einverständnis nur zum Schein abgegeben, so ist sie nichtig.

(2) Wird durch ein Scheingeschäft ein anderes Rechtsgeschäft verdeckt, so finden die für das verdeckte Rechtsgeschäft geltenden Vorschriften Anwendung.

34) 독일제국법원(Reichsgericht) 1887. 11. 1. 판결(RGZ 20, 336 ff., 340). 이 사건에서는 父와 被告인 그 딸 사이에 母로부터 상속받은 재산을 부가 전부 취득하되 부가 자녀에게 돈을 지급하기로 하는 약정이 있었는데, 그 분할 약정서에는 피고가 그 돈을 지급받았다고 기재되어 있었다. 그 후 原告는 부로부터 위 상속재산에 관하여 저당권을 취득하였는데 그 후 피고가 부로부터 돈을 지급받지 않았다고 하여 위 상속재산에 원고보다 선순위의 저당권을 취득한 것이다. 원심은 피고가 원고에 대하여는 허위표시의 무효를 주장할 수 있다고 하였는데, 제국법원은 본문과 같이 판시하여 원심의 판단은 잘못이라고 하였다.

자 보호규정을 두는 것을 거부하였다.[35] 제1초안 이유서는 이 점에 관하여 다음과 같이 설명한다. "가장행위의 무효는 당사자 상호간뿐만 아니라 제3자에 대하여도, 그리고 제3자도 주장할 수 있다. 특별한 선의의 제3자 보호를 목적으로 하는 규정은 필요하지 않다." 그리고 그 이유로서는 가장으로 양도된 동산이 다시 양도된 경우에는 선의의 제3자는 선의취득의 규정에 의하여 소유권을 취득하고, 가장소유권자가 동산에 대한 용익권이나 질권을 설정한 경우에도 마찬가지이며, 채권이 가장양도된 경우에는 채무자는 양도의 무효를 주장할 수 있고, 가장채권의 취득자의 경우에는 이를 특별히 보호할 필요가 없다는 점 등을 든다.[36]

그리고 제2위원회에서도 이 문제가 논의되었는데, 선의의 제3자 보호를 위한 일반적인 규정을 두자는 제안이 있었으나 이는 결국 거부되었다. 즉 그와 같은 거래를 위한 일반적인 보호의 필요성은 인정될 수 없고, 모든 제3자를 위한 광범위한 배려를 할 內的인 理由가 없는데, 기망의 의도는 자주 특정한 사람에 대한 것인데 그로부터 모든 사람을 위하여 그 자체로는 무효한 행위를 유효하게 다룰 수 있는 권리를 도출할 수 없다는 것이다. 그리고 선의의 보호를 일반적인 법원칙으로 고양하는 것은 바람직하지 않은데, 왜냐하면 그에 의하여 가능한 한 회피하여야 할 상대적 법률관계(relative Rechtsverhältnisse)의 발생에 유리하게 될 것이기 때문이라는 것이다.[37]

결국 독일 민법 제정자의 의도는 선의의 제3자의 보호는 선의취득이나 등기의 공신력, 대리권 수여의 고지 규정(제171조), 채권양도의 통지가 있은 경우의 채무자 보호 규정(제409조), 채무증서를 발행한 경우 그 채무증서 제시와 함께 이루어진 채권양도에 있어서 양수인 보호 규정(제405조) 등에 의하여 이루어질 수 있고, 이러한 개별규정을 넘어서는 일반적인 선의의 제3자 보호 규정은 불필요하다는 것이었다.

오늘날에도 이러한 독일 민법의 태도를 지지하는 학자도 있다.[38] 그러나

---

35) 이 문제에 관하여는 梁彰洙, "獨逸民法典 制定過程에서의 法律行爲規定에 대한 論議", 民法硏究 제5권, 1999, 40면 이하; 郭潤直 編, 民法注解 Ⅱ, 1992, 337-341면(宋德洙)도 참조할 것.

36) Motive Ⅰ, S. 193 = Mugdan, Die Gesamte Materialien zum Bürgerlichen Gesetzbuch für das Deutsche Reich, Bd. 1, 1899, S. 459.

37) Prot. Ⅰ, S. 204 = Mugdan(註 36), S. 711 f.

38) 예컨대 Larenz/Wolf, Allgemeiner Teil des Bürgerlichen Rechts, 9. Aufl., 2004, §35 Rdnr. 28(S. 649) 등.

판례는 민법에 규정된 것 이상으로 선의의 제 3 자를 보호하려는 태도를 보이고 있다. 우선 제국법원 1917. 5. 23. 판결[39]은, 저당권부 채권자와 첫 번째 양수인 사이의 채권양도가 허위표시로서 무효인 경우에 첫 번째 양수인으로부터 다시 채권을 양도받은 사람이 유효하게 채권을 취득할 수 있는가 하는 문제를 다루고 있다. 이 판결은 위 RGZ 20, 336 ff., 340(註 34)을 인용하면서 독일 민법은 그와 같이 일반적인 제 3 자 보호의 원칙을 포함하고 있지는 않고, 개별 규정에 의하여 제 3 자를 보호하려고 하고 있는데, 이러한 개별 규정을 넘어서서 일반적으로 허위표시의 당사자로부터 선의로 권리를 취득한 자에 대하여 허위표시의 당사자가 허위표시임을 주장할 수 있는가 하는 문제에 관하여는 학설상 다툼이 있지만, 이 사건에서처럼 서면에 의한 채권양도증서를 발행하여 교부한 사람은 그 양수인으로부터 선의로 다시 채권을 양수받은 사람에 대하여는 허위표시의 주장을 할 수 없다고 한다. 왜냐하면 제 3 자에게는 양도증서만이 중요하고, 이러한 양도증서를 신뢰하여 취득한 권리를 상실함으로써 손해를 입는다는 것은 부당하며, 반대로 양도인으로서는 자신의 행동에 대하여 책임을 져야 하고, 이러한 생각은 독일 민법 제172조, 제405조 및 제409조에서 법적인 근거를 찾을 수 있다고 한다.[40]

그리고 독일의 판례[41]는 대리인이 상대방과 통모하여 허위의 의사표시를 한 경우에, 그러한 허위표시의 합의는 본인에 대한 관계에서는 고려되지 않는 心裡留保와 마찬가지로 평가하여야 하므로 비진의표시를 규정한 독일 민법 제

---

39) RGZ 90, 273, 279.

40) 독일 민법 제172조 [代理權證書] ① 대리권 수여자가 대리인에게 대리권증서를 교부하고 또 대리인이 이를 제 3 자에게 제시한 경우에는, 이는 대리권 수여의 특별통지와 동시된다. ② 대리권증서가 대리권 수여자에게 반환되거나 실효된 것으로 선언되기까지 대리권은 존속한다.
제405조 [證書提示를 隨伴한 債權讓渡] 채무자가 채무에 관한 증서를 교부하였던 경우에 채권양도가 그 증서를 제시하여 행하여진 때에는, 채무자는 채무의 부담 또는 승인이 가장으로 행하여졌음을 또는 양도인과의 약정에 의하여 양도가 금지되었음을 양수인에 대하여 대항할 수 없다. 그러나 양수인이 양도 당시 그 사실을 알아야 했던 때에는 그러하지 아니하다.
제409조 [債權의 讓渡] ① 채권자가 채무자에 대하여 채권양도를 통지한 경우에는 채권양도가 행하여지지 아니하였거나 효력이 없는 때에도 채권자는 채무자에 대하여 그 통지된 양도를 자신에게 효력 있는 것으로 하여야 한다. 채권자가 양도증서를 그 증서 상에 표시된 양수인에게 발행하였고 양수인이 그 증서를 채무자에게 제시한 경우에는 이는 통지와 동시된다.
② 통지는 양수인으로 표시된 자의 동의가 있는 때에만 이를 철회할 수 있다.

41) RGZ 134, 33, 37; BGH NJW 1999, 2882 등.

116조가 유추적용되어 이러한 허위표시는 본인에 대하여는 고려될 수 없다고 하고 있다.

이와 같은 판례는 일반적으로 학설의 지지를 받고 있다.[42] 뿐만 아니라 학설상으로는 제 3 자의 보호를 더 확대하여야 한다는 주장도 있다. 가령 Flume는 통정허위표시에 포함된 의사표시에 의하여 다른 사람이 자신에 대하여 권리를 가졌다거나 자신으로부터 권리를 취득하였음을 표명한 사람은 그 다른 사람에게 자신의 이름으로 권리를 처분하는 권한을 부여한 것이고, 이러한 허위표시에 의하여 표명된 授權은 허위표시의 무효에 의하여 영향을 받지 않는다고 한다.[43] 그러나 이는 지나친 擬制라고 하지 않을 수 없다.[44] 또 다른 주장으로는 선의의 제 3 자에 대하여 허위표시의 당사자가 구체적인 행동으로 법률행위의 존재와 진지성에 대하여 주의를 기울이게 하였을 때에는 허위표시의 당사자가 제 3 자에게 허위표시의 무효를 주장하는 것은 선행행위에 모순된 거동의 금지(Verbot des venire contra factum proprium)에 해당하여 허용되지 않는다는 견해가 있다.[45]

Canaris는 주로 채무자가 채무에 관한 증서를 교부하였던 경우에 채권양도가 그 증서를 제시하여 행하여진 때에는 가장행위임을 양수인에 대하여 대항할 수 없다는 독일 민법 제405조[46]를 확장하여 적용하는 것으로 문제를 해결하려고 한다. 즉 증서가 없었더라도 허위표시상의 채무자가 명시적인 의사표시를 한 경우나, 양수인에 대하여 양도인과 법률행위를 하였다는 추단적 행동을 한 경우 또는 허위표시상의 채무자가 허위표시상의 권리자가 제 3 자에 대하여 그 법률행위를 유효한 것으로 취급하는 것을 단지 용인하였거나 허위표시상의 권리자에게 그러한 허가를 하였을 경우에도 제405조가 유추적용되어야 하며, 또 제405조가 채권양도에만 한정되고 있는 것도 너무 좁다고 하여 다른 경우에도 유추적용될 수 있다고 한다. 결론적으로 허위표시의 유효성을 신뢰한 제

42) 예컨대 Staudinger/Singer, Neubearbeitung 2004, §117 Rdnr. 22 등.

43) Flume. Allgemeiner Teil des Bürgerlichen Rechts, 2. Bd., Das Rechtsgeschäft, 3. Aufl., 1979, §20 2. c)(S. 411 f.).

44) Canaris, Die Vertrauenshaftung im deutschen Privatrecht, 1971, S. 89 ff.; MünchKomm/Kramer, 4. Aufl., 2001, §117 Rdnr. 21; Bork, Allgemeiner Teil des Bürgerlichen Gesetzbuchs, 2001, Rdnr. 808 Fn. 21(S. 295).

45) Kallimoopoulos, Die Simulation im bürgerlichen Recht, 1966, S. 26 ff., 122 ff., 152 ff. Canaris(註 44), S. 90에서 재인용. 그러나 Canaris는 이러한 신의칙에 의한 해결은 다른 특별한 제도가 개입하지 않는 경우에만 적용될 수 있다고 하여 이에 비판적이다.

46) 위 註 40) 참조.

3자를 예외없이 보호하는 것은 현행법상 이질적이지만, 선의자에 대하여 허위표시의 항변을 하는 것은 그러한 허위표시의 주장자가 법률행위의 유효성을 어떤 방식으로든 표명한 경우에는 權利外觀(Rechtsschein)의 원리에 따라 항상 배제되며, 그렇지 않은 경우에도 특별한 경우, 특히 통모가 있었으면 신의성실의 원칙을 규정한 독일 민법 제242조에 의하여 이행책임이 고려될 수 있으므로 제3자는 거의 언제나 보호되고, 허위표시에 관한 제3자 보호의 법률규정은 고의로 허위의 요건을 창출한 사람이 그에 구속되어야 한다는 일반원칙에 장애가 되지 않을 만큼 충분히 확장 가능하다고 한다.[47)]

3. 오스트리아 민법

오스트리아 민법(ABGB) 제916조는 허위표시에 관하여 다음과 같이 규정한다.

(1) 다른 사람에 대하여 그 사람의 了解 아래 허위로 행하여진 의사표시는 무효이다. 그 의사표시에 의하여 다른 의사표시가 은닉되어 있으면 그 의사표시는 그 진정한 성질에 따라 판단되어야 한다.

(2) 그 의사표시를 신뢰하여 권리를 취득한 제3자에 대하여는 허위표시의 항변으로 대항할 수 없다.[48)]

즉 오스트리아 민법은 허위표시의 유효를 신뢰한 제3자에 관하여 일반적인 보호규정을 두고 있는 것이다. 다시 말하여 제3자가 허위표시를 고려하고 진실하게 의욕된 것이라고 하여 자신의 권리 취득에 있어서 기초로 삼았을 때에는 허위표시를 한 사람은 허위표시를 자신에 대하여도 유효한 것으로서 받아들여야 한다.[49)] 여기서의 제3자란 그의 법적 영역이 허위표시에 의하여 영향을 받는, 당사자로서 관련되지 않은 모든 사람을 말한다.[50)] 압류채권자

---

47) Canaris(註 44), S. 89 ff. 같은 취지, Staudinger/Singer, §117 Rdnr. 22; MünchKomm/Kramer, §117 Rdnr. 21.

48) (1) Eine Willenserklärung, die einem anderen gegenüber mit dessen Einverständnis zum Schein abgegeben wird, ist nichtig. Soll dadurch ein anderes Geschäft verborgen werden, so ist dieses nach seiner wahren Beschaffenheit zu beurteilen.

(2) Einem Dritten, der im Vertrauen auf die Erklärung Rechte erworben hat, kann die Einrede des Scheingeschäftes nicht entgegengesetzt werden.

49) Schwimann/Binder, Praxiskommentar zum ABGB, 2. Aufl., 1997, §916 Rdnr. 15.

50) Schwimann/Binder, §916 Rdnr. 15. 그러나 허위표시상의 권리자로부터 단순한 채권적인 양도 청구권을 취득한 사람은 진정한 권리자에 대하여 인도를 청구할 수 없는데, 왜냐 하면 채

(Pfandgläubiger)와 같은 강제집행 권리자도 제 3 자에 속한다.[51] 그러나 파산관재인(Masseverwalter)은 제 3 자에 속하지 않는다.[52]

일반적인 원칙에 따르면 제 3 자에게 輕過失만 있어도 신뢰보호를 받지 못하지만 이는 문제가 있는데, 제 3 자에게 조사의무(Nachforschungspflicht)를 부과할 수는 없다는 것이다.[53] 제 3 자는 허위표시의 유효를 주장할 수도 있지만, 허위표시의 무효 내지 은닉행위를 주장할 수도 있다.[54] 허위표시의 유효를 주장하는 제 3 자와 무효를 주장하는 제 3 자 사이에 대립이 있을 때에는, 경우를 나누어야 한다고 한다. 즉 법률행위에 의한 권리취득자가 강제집행에 의한 취득자보다 우선하고, 양자의 지위가 같을 때에는 진정한 법률관계(즉 행위의 무효)를 신뢰한 제 3 자가 우선하여야 한다고 한다.[55]

4. 스위스 債務法

스위스 채무법(OR)은 허위표시가 무효라는 점에 대하여는 따로 규정이 없으나 이를 당연한 것으로 전제하고서, 제18조 제 2 항에서 제 3 자의 보호에 관하여만 다음과 같은 규정을 두고 있다.

(2) 書面에 의한 債務承認을 신뢰하여 채권을 취득한 제 3 자에 대하여는 채무자는 허위표시의 항변으로 대항할 수 없다.[56]

그러므로 스위스 민법상으로는 허위표시의 무효는 원칙적으로는 제 3 자에 대하여 주장할 수 있고, 제 3 자도 무효를 주장할 수 있다. 다만 위 제 2 항의 제한된 경우에 한하여 채무자가 선의의 제 3 자[57]에 대하여 허위표시의 무효를

권적 청구권은 허위표시를 신뢰하여 취득한 것이 아니기 때문이라고 한다. Rummel in Rummel Kommentar zum Allgemeinen Bürgerlichen Gesetzbuch, 3. Aufl., 2000, §916 Rdnr. 4.

51) Koziol/Welser, Grundriß des Bürgerlichen Rechts, Bd. Ⅰ, 8. Aufl., 1988, S. 115.

52) Schwimann/Binder(註 49), §916 Rdnr. 18 및 그 곳에 인용된 판례 참조.

53) Rummel in Rummel(註 50), §916 Rdnr. 4.

54) Schwimann/Binder(註 49), §916 Rdnr. 15; Rummel in Rummel(註 50), §916 Rdnr. 4.

55) Rummel in Rummel(註 50), §916 Rdnr. 4. 앞의 경우에 관하여는 교과서 외에 판례도 인용하고 있다.

56) (2) 獨文: Dem Dritten, der die Forderung im Vertrauen auf ein schriftliches Schuldbekenntnis erworben hat, kann der Schuldner die Einrede der Simulation nicht entgegensetzen.

佛文: Le débiteur ne peut opposer l'exception de simulation au tiers qui est devenu créancier sur la foi d'une reconnaisance écrite de la dette.

57) 스위스 민법 제 3 조 제 2 항은 상황에 따라 요구되는 주의에 관하여 선의가 아니었던 자는 선의를 주장할 수 없는 것으로 규정하고 있으므로 여기서의 제 3 자도 마찬가지이다. Basler

주장할 수 없는 것이다.[58)]

그런데 이 규정은 그 적용범위가 제한되어 있어서 판례와 학설은 그 적용범위를 넓히려고 한다. 우선 허위표시에 의한 채권에 대하여 물권을 설정하는 경우에 이 규정이 유추적용된다는 데 대하여는 오늘날 異見이 없다고 한다.[59)] 나아가 채권의 양도가 허위표시인 경우에 그 양수인으로부터 다시 양수받은 제 3 자가 있는 경우에도 이 규정이 유추적용된다고 한다.[60)] 그리고 제 3 자가 양도된 채권이 존재한다는 채무자의 구두 의사표시를 신뢰한 경우에도 마찬가지라고 한다.[61)]

이로부터 한 걸음 더 나아가, 자신이 야기한 권리외관에 대한 책임을 일반적인 원리로서 승인하여야 한다는 주장도 있다. 즉 자신에게 책임이 있는 방식으로 권리의 외관을 야기한 자는 선의의 제 3 자에 대하여 책임을 져야 하는데, 이는 손해배상책임이 아니라 신뢰한 자를 있다고 주장된 권리가 실제로 존재하는 것과 마찬가지의 위치에 놓아야 하는 신뢰책임(Vertrauenshaftung)이라고 한다.[62)]

5. 日本 民法

우리 민법에 직접 영향을 준 것은 일본 민법 제94조이다. 그 규정은 다음과 같다.

① 相對方과 통모하여 행한 허위의 의사표시는 무효로 한다.

② 전항의 의사표시의 무효는 선의의 제 3 자에게 대항하지 못한다.[63)]

Kommentar zum Schweizerischen Privatrecht/Wiegand, Obligationenrecht, 3. Aufl., Art. 18 Rdnr. 130.

58) 여기서 채무승인의 서면이란 채권이 존재한다는 인상을 불러일으키는 의사표시가 담긴 서면이면 족하고, 따라서 쌍무계약에 의한 상호간의 채무의 약속도 여기에 해당한다고 한다. Basler Kommentar/Wiegand, OR Art. 18 Rdnr. 129.

59) Basler Kommentar/Wiegand, OR Art. 18 Rdnr. 135.

60) Basler Kommentar/Wiegand, OR Art. 18 Rdnr. 135 및 그 곳에서 인용하고 있는 판례와 문헌 참조.

61) Basler Kommentar/Wiegand, OR Art. 18 Rdnr. 135. 및 그 곳에서 인용하고 있는 문헌 참조.

62) Basler Kommentar/Wiegand, OR Art. 18 Rdnr. 137 ff. 여기서는 Canaris(註 44)를 인용하고 있다.

63) ① 相手方と通じてしたる虛僞の意思表示は，無效とする．
② 前項の規定による意思表示の無效は，善意の第三者に對抗することができない．
* 일본 민법은 2005년 4월에 現代用語化되었다.

위 규정은 일본의 舊民法 證據編 제50조의 규정을 수정한 것인데, 위 구민법의 규정은 다음과 같다.

"당사자는 비밀로 둘 수 있는 反對證書로써 公正證書 또는 私署證書의 효력의 전부 또는 일부를 變更 또는 滅却할 수 있지만 그 반대증서는 공정증서인 때에도 서명자 및 그 상속인에 대하여서가 아니면 효력을 가지지 않는다.

그러나 당사자의 채권자 및 특정승계인이 당사자와 약정할 당시에 반대증서 있음을 안 것을 증명하면 그 채권자 및 승계인에게 대항할 수 있다."[64]

이 규정은 Boissonade가 대체로 앞에서 살펴본 프랑스 민법 제1321조의 해석론과 같은 내용을 명문화한 Boissonade 초안 제1386조를 토대로 한 것이다.[65]

현행 일본 민법 제94조는 대체로 위 구민법의 규정과 같은 내용이나, 구민법의 규정이 反對證書라는 표현을 쓰고 있지만 구두의 의사표시의 경우에도 그 법리를 달리 할 이유가 없다고 하여 그 표현을 바꾼 것이다.[66]

이러한 일본 민법 제94조의 해석론은 우리 민법 제108조의 해석론과 큰 차이가 없다.

Ⅲ. Y가 A에 대한 관계에서 제 3 자에 해당하는지 여부

이 사건에서 보증인인 Y가 주채무자인 A 회사에 대한 관계에서 민법 제108조 제 2 항의 선의의 제 3 자에 해당하는가 하는 점도 두 가지로 나누어 살펴보아야 한다. 첫째, 객관적으로 이러한 통정허위표시에 기한 계약상의 주채

---

64) 當事者ハ秘密ニ存シ置ク可キ反對證書ヲ以テ公正證書又ハ私署證書ノ效力ノ全部又ハ一分ヲ變更シ又ハ滅却スルトヲ得然レトモ其反對證書ハ公正證書タルトキト雖モ署名者及ヒ其相續人ニ對スルニ非サレハ效力ヲ有レス

然レトモ當事者ノ債權者及ヒ特定承繼人カ當事者ト約定スルニ當リ反對證書アルヲ知リタルコトヲ証スルニ於テハ之ヲ以テ其債權者及ヒ承繼人ニ對抗スルコトヲ得

65) 新版 注釋民法(3), 2003, 320면(稻本洋之助) 참조.

66) 未定稿本/民法修正案理由書, 82-83면(廣中俊雄 編著, 民法修正案(前三編)の理由書, 1986, 142-143면). 또한 稻本洋之助(註 65), 320-323면; 宋德洙(註 35), 342-343면 참조. 그러나 일본 민법 제94조 제 1 항은 형식적으로는 舊民法 그리고 프랑스 민법의 흐름을 받아들인 것이라고는 하지만, 기본사상에 있어서는 독일법, 특히 독일 민법 제 1 초안의 강한 영향 아래에서 허위표시가 무효라고 하는 것은 의사를 중시하는 입장으로부터의 해석상 당연한 귀결이라고 하는 주장도 있다. 鹿野菜穗子, "虛僞表示無效", 椿壽夫 編, 法律行爲無效の研究, 2001, 360면.

무자의 보증인도 위 조항의 제3자에 해당하는가? 둘째, 주관적으로 Y에게 A와 B 사이의 계약이 통정허위표시라는 점을 몰랐지만 이를 알지 못한 데 과실이 있다면 이는 제3자 여부 판단에 영향을 미치는가?

1. 제3자 판단의 기준에 관한 종래의 논의

종전의 판례는 통정허위표시의 무효를 대항할 수 없는 제3자란 허위표시의 당사자 및 포괄승계인 이외의 자로서 허위표시에 의하여 외형상 형성된 법률관계를 토대로 새로운 법률원인으로써 이해관계를 갖게 된 자를 말한다고 한다.[67] 종래의 학설도 같은 취지이다.[68] 좀더 부연하여 설명한다면 제108조 제2항의 목적은 그러한 허위표시가 유효한 것이라고 신뢰하여 새로운 이해관계를 맺은 사람을 보호하려고 하는 데 있으므로,[69] 이러한 제3자에 해당하기 위하여는 이른바 처분(Disposition) 내지 信賴投資(Vertrauensinvestition)가 있어야 하는 것이다.[70]

판례상 나타난 예로는 허위표시 매매에 의한 매수인으로부터 매매의 대상인 부동산을 다시 매수하여 소유권이전등기를 마친 자,[71] 또는 그러한 부동산에 소유권이전청구권 보전을 위한 가등기를 취득한 자,[72] 통정허위표시인 전세권설정계약에 기하여 등기까지 경료된 전세권에 관하여 저당권을 취득한 자[73] 등이 있다. 학설상으로는 허위표시에 기한 가장채권을 다시 양수한 자 등도 이에 해당한다고 한다. 이외에 판례는 통정한 허위표시에 의하여 외형상 형성된 법률관계로 생긴 채권을 가압류한 경우, 그 가압류권자는 허위표시에 기초하여 새로운 법률상 이해관계를 가지게 되므로 민법 제108조 제2항의 제3자에 해

67) 대법원 1982. 5. 25. 선고 80다1403 판결(公 1982, 594); 1983. 1. 18. 선고 82다594 판결(集 31권 1집 民18면; 公 1983, 422); 1996. 4. 26. 선고 94다12074 판결(公 1996상, 1656) 등.

68) 예컨대 李英俊, 韓國民法論, 修正版, 2004, 327면; 宋德洙(註 35), 371면; 朴駿緖/崔成俊, 註釋民法, 제3판 總則(2), 2001, 597면 등.

69) 崔成俊(註 68), 595면 등. 郭潤直, 民法總則, 제7판, 2002, 235면은 허위표시의 외형을 신뢰하여 새로운 이해관계를 가지게 된 자가 아니면 보호할 필요가 없다고 한다.

70) 신뢰보호의 요건으로서 處分 내지 信賴投資를 들고 있는 것으로는 Canaris(註 44), S. 510 ff. 이른바 失效(Verwirkung)의 원칙이 적용되기 위하여 信賴投資가 필요하다는 점에 관하여는 郭潤直 編, 民法注解 Ⅲ, 1992, 407-408면(尹眞秀) 참조.

71) 대법원 1996. 4. 26. 판결(註 67).

72) 대법원 1970. 9. 29. 선고 70다466 판결(集 18권 3집 民94면).

73) 대법원 1998. 9. 4. 선고 98다20981 판결(公 1998하, 2396).

당한다고 하고,[74] 가장소비대차의 대주가 파산선고를 받은 경우, 그 파산관재인이 통정허위표시의 제 3 자에 해당한다고 한다.[75]

2. 이 사건 제 1 차 환송판결 및 그에 대한 논의

이제까지 제108조 제 2 항의 제 3 자로서 문제되었던 것은 주로 허위표시의 당사자의 특정승계인 내지 그에 준하는 자라고 할 수 있다. 그런데 이 사건 제 1 차 환송판결은 "제 3 자의 범위는 권리관계에 기초하여 형식적으로만 파악할 것이 아니라 허위표시행위를 기초로 하여 새로운 법률상 이해관계를 맺었는지 여부에 따라 실질적으로 파악하여야 한다"고 하여, Y는 A 회사의 기망행위에 의하여 A의 B에 대한 선급금반환채무가 있는 것으로 믿고 A 회사와 보증계약을 체결한 다음 그에 따라 보증채무자로서 그 채무까지 이행하였으므로 피고 조합은 A 회사에 대한 구상권 취득에 관하여 법률상의 이해관계를 가지게 되었다고 할 것이고, 이와 같은 구상권 취득에는 보증의 부종성으로 인하여 주채무에 해당하는 A 회사의 B에 대한 선급금반환채무가 유효하게 존재할 것을 필요로 하므로, 결국 Y는 A 회사의 B에 대한 선급금반환채무 부담행위라는 허위표시에 기초하여 구상권 취득에 관한 법률상 이해관계를 가지게 되었다고 할 것이어서, 피고 조합은 민법 제108조 제 2 항의 제 3 자에 해당한다고 봄이 상당하다고 판시하여, 종래 허위표시상의 주채무자의 보증인도 제 3 자라고 보았다.

이 판결에 대하여는 찬반의 논의가 있는데, 먼저 위 판결에 대한 대법원 재판연구관의 해설은 다음과 같이 설명한다.[76] 종래 이 점에 관하여 논의하고 있는 선례나 학설은 찾아볼 수 없고, 다만 A가 B에 대하여 선급금반환채무가 있다고 하는 것은 Y가 보증채무의 대상인 주채무가 존재한다는 것을 주장하는 꼴이 되어 오히려 Y에게 불리한 결과가 되기 때문에, Y는 여기의 제 3 자에 해

---

74) 대법원 2004. 5. 28. 선고 2003다70041 판결(公 2004하, 1069).

75) 대법원 2003. 6. 24. 선고 2002다48214 판결(公 2003하, 1581); 2005. 5. 12. 선고 2004다68366 판결(公 2005상, 927). 그러나 파산관재인이 허위표시의 외형을 신뢰하여 새로운 이해관계를 가지게 된 자라고는 볼 수 없으므로 이러한 판례의 타당성에는 의문이 있다. 尹眞秀, "借名貸出을 둘러싼 法律問題(하)", 法曹 2007. 1, 226면 이하 참조. 이를 부정하는 오스트리아에서의 논의에 관하여는 위 註 52) 및 그 본문 참조.

76) 金得煥(註 1), 44면 이하.

당되지 않는다고 볼 수 있다고 한다. 이러한 견해가 가능한 이유는 선의의 제 3 자 보호 조항이 주로 선의의 제 3 자가 가지는 권리를 보호하기 위하여 적용되어 왔기 때문이지만, 제 3 자의 범위는 권리관계에 기초하여 형식적으로만 파악할 것이 아니라 허위표시행위를 기초로 하여 새로운 법률상 이해관계를 맺었는지 여부에 따라 실질적으로 파악할 필요가 있다고 한다. 이런 점에서 대법원 1983. 1. 18.(註 67)은 퇴직금 채권이 양도되었으나 퇴직금 채무자가 아직 지급하지 않고 있는 동안에 위 양도계약이 허위표시란 것이 밝혀진 이상 퇴직금 채무자는 위 허위표시의 선의의 제 3 자임을 내세워 진정한 퇴직금 전부채권자에게 그 지급을 거절할 수 없다고 하였는데, 이 판결은 변제행위를 하지 않은 채무자는 그 가장양도에 기초하여 아무런 법률적 이해관계를 맺은 바 없으므로 제 3 자가 될 수 없지만, 만약 채무자가 선의로 가장양수인에게 변제하였을 경우에는 채권의 가장양도에 기초하여 새로운 법률적 이해관계를 맺은 제 3 자에 해당하기 때문에 채권의 가장양도의 당사자는 양도의 무효를 가지고 채무자에게 대항하지 못한다는 점을 시사하고 있다고 한다.[77] 그리하여 이 사건에서도 Y 조합이 A의 B에 대한 선급금 반환채무가 있는 것으로 믿고 보증계약을 체결하고 그에 따라 보증채무자로서 그 채무를 이행하였으므로 Y는 A에 대한 구상권 취득에 관한 법률상 이해관계를 가지게 되었으므로 위 판결의 취지에 따라 제108조 제 2 항의 제 3 자라고 봄이 상당하다고 한다.

반면 위 판결을 비판하는 견해는 다음과 같이 주장한다. 즉 민법 제108조 제 2 항의 "대항할 수 없다"는 의미는 선의의 제 3 자에 대해서는 허위표시에서 정한 대로의 효력이 있다고 보아서는 안 되고, 우리 민법은 대항요건주의가 필연적으로 수반하게 되는 대항할 수 없는 제 3 자의 범위 획정이라는 난제를 회

77) 이러한 견해로서는 예컨대 宋德洙(註 35), 372면; 崔成俊(註 68), 599면 등. 위 사건의 원심판결은 "통정의 허위표시로서 선의의 제 3 자에게 대항할 수 없음은 법이 명시하고 있는 바이나 그 법의는 피고가 위 계약이 무효임을 알지 못하고 위 채권을 그 양수자인 소외 정옥희에게 변제하였을 경우 피고는 그 변제로서 위 채무를 면하게 된다는 뜻이지 피고 주장과 같이 채무자가 채무를 변제치 아니하고 있는 중 진실한 채권자가 밝혀진 경우에도 그 변제를 곧이 가장 양수인에게 변제하라는 뜻이 아니라 할 것"이라고 하였고, 대법원은 위 원심판시가 대법원의 종전 판례에 어긋나지 않는다고 하면서(상고허가특례법이 시행되던 당시에는 단순한 법률 위반은 상고이유가 아니었고, 판례위반이라야 상고이유에 해당하였다), 민법 제108조 제 2 항에서 말하는 제 3 자는 허위표시의 당사자와 그의 포괄승계인 이외의 자 모두를 가리키는 것이 아니고 그 가운데서 허위표시 행위를 기초로 하여 새로운 이해관계를 맺은 자를 한정해서 가리키는 것으로 새겨야 할 것이므로 피고는 선의의 제 3 자임을 내세워 원고의 이 사건 퇴직금 전부채권의 지급을 거절하지 못한다는 원심의 판시도 정당하다고 덧붙여 판시하였다.

피하고, 물권의 귀속을 분명하게 하기 위하여 등기와 인도를 물권변동의 성립요건으로 삼는 입법적 결단을 하였으므로 민법 제108조 제 2 항의 대항불능은 가장행위가 있었기 때문에 특정의 권리를 취득하지 못하거나 권한을 보유하지 못한 자와 법률행위를 한 경우, 무권리자 또는 무권한이기 때문에 그 법률행위로써 목적한 법률효과가 발생하지 않을 수 있는데 이에 대한 예외로써 그 표현권리자 또는 표현권한자의 무효인 법률행위를 유효하게 만들어 주는 역할을 한다고 한다. 그러므로 이 사건에서는 민법 제108조 제 2 항이 적용되지 않고, 주채무가 성립하지 않으면 보증채무의 부종성에 의하여 보증채무도 성립하지 않으며, 제108조 제 2 항에 의해 보증채무의 부종성 원칙이 깨뜨려지는 것도 회피되어야 한다는 것이다. 그리고 제108조 제 2 항의 "대항불능"을 제 3 자가 원용할 수도, 그렇지 않을 수도 있다는 프랑스 민법의 해석론을 우리 민법에 끌어 와서는 안 되는데, 이런 선택적 권리를 제 3 자에게 부여할 법적 근거도 없을 뿐만 아니라 이를 정당화할 이유도 없고, 가장소유자로부터 부동산을 양수한 선의의 제 3 자가 종국적인 물권취득과 그 취득의 무효 사이에서 선택할 수 있다고 하면, 선의의 제 3 자에게 후회적 양수행위를 물릴 수 있는 기회를 제공할 뿐만 아니라, 선의의 제 3 자와 법적 거래관계를 맺은 여타의 자들을 불리하게 취급하게 될 것이라고 한다.[78)]

3. 檢　討

앞에서 살펴본 대로 우리 민법 제108조의 규정은 프랑스 민법 제1321조의 취지를 일본 민법을 통하여 계수한 것이라고 할 수 있다. 물론 동조 제 1 항의 규정은 독일 민법 제117조와 같은 취지라고 할 수도 있지만, 제 2 항의 규정은 프랑스 민법의 영향을 받은 것이라고밖에 이해하지 않을 수 없다. 그러므로 다른 특별한 사정이 없는 한 프랑스 민법에서의 허위표시에 관한 해석론이 우리 민법에서도 참고가 될 수 있다. 따라서 민법 제108조 제 2 항의 "대항하지 못한다"라는 의미에 관하여는 은닉행위는 허위표시의 당사자 사이에서는 유효하더라도 선의의 제 3 자에 대한 관계에 있어서는 무효이고, 따라서 가장행위는 허위표시의 당사자 사이에는 무효이지만, 선의의 제 3 자에 대한 관계에 있어서는

78) 제철웅(註 1), 275면 이하.

유효한 것으로 취급된다는 프랑스 민법의 해석론이 우리나라에서도 받아들여질 수 있을 것이다. 종래의 우리나라의 학설도 이처럼 허위표시는 당사자 사이에서는 무효이지만 선의의 제 3 자에 대한 관계에서는 표시된 대로 효력이 생기게 되는 상대적 무효라고 보고 있다.[79]

그런데 이에 대한 반론은 우리 민법은 대항요건주의가 필연적으로 수반하게 되는 대항할 수 없는 제 3 자의 범위 획정이라는 난제를 회피하고, 물권의 귀속을 분명하게 하기 위하여 등기와 인도를 물권변동의 성립요건으로 삼는 입법적 결단을 하였으므로 제108조 제 2 항의 "대항하지 못한다"는 의미를 그러한 상대적 무효로 파악하면 안 된다고 한다.

그러나 우선 계약의 상대적 유무효의 문제는 물권변동에서 등기나 인도를 그 성립요건으로 하는가 하는 문제와는 직접 관련이 없다. 앞에서 살펴본 것처럼 프랑스에서의 허위표시의 대항불능 문제도 물권변동의 문제와는 직접 관련이 없는 것이다.[80] 다른 말로 한다면 물권변동에 있어서의 성립요건주의는 물권변동에 관한 한 기본원칙이기는 하지만, 이는 물권 취득의 근거가 되는 법률행위를 한 자라 하더라도 등기나 인도 등의 공시방법을 갖추지 않으면 물권을 취득하지 않는다는 의미를 가질 뿐이지, 어느 법률행위가 당사자 사이에서는 무효이지만 제 3 자에 대한 관계에서는 유효하게 취급될 수 있다는 점까지 허용하지 않는다는 의미를 가지는 것은 아니다. 일반적으로 상대적 법률관계(relative Rechtsverhältnisse)를 배제하고자 하는 것은 독일 민법 입법자의 입법적 결단이었을지는 몰라도 이를 우리 민법 입법자의 입법적 결단이라고 하기는 어렵다.[81]

오히려 민법 제108조 제 2 항의 의미는 Canaris가 말하는 이른바 적극적 신뢰보호(positiver Vertrauensschutz)의 관점에서 파악하여야 할 것이다. 즉 실제와 다른 외관을 창출한 자는 그러한 외관을 신뢰하고 어떠한 처분(Disposition)을 한 제 3 자에 대하여는 그러한 신뢰의 대상인 법률관계가 실제로 존재한 것과

79) 宋德洙(註 35), 376면; 崔成俊(註 68), 606면 등.

80) 그러나 제철웅(註 1), 281-282면은 프랑스 민법의 허위표시에서의 "대항불능"은 계약의 효력만으로 물권변동이 가능한 의사주의 하에서 주로 善意의 양수인을 보호하기 위한 제도라고 한다.

81) 독일에서도 해석론으로서 이러한 입법을 보완하려고 하고 있는 점에 관하여는 앞의 Ⅱ. 2. 참조. 우리 민법과 마찬가지로 물권 취득에 있어서 등기나 공시를 요구하고 있는 오스트리아 민법(ABGB 제380조)의 경우에도 허위표시의 무효를 제 3 자에게 대항하지 못한다(kann nicht entgegengesetzt werden)는 것의 의미를 이처럼 이해하고 있다. 위 註 49)의 본문 참조.

같은 위치에 놓아야 할 책임이 있다는 것이다. 특히 외관이 실제와 다르다는 사실을 알면서 고의로 그러한 외관을 창출시킨 경우에는 더욱 그러하다.[82] 우리 민법상으로도 이러한 적극적인 신뢰보호의 원칙이 존재한다고 할 수 있다. 즉 비진의표시에 관한 민법 제107조 제1, 2항, 대리권 수여의 표시에 의한 표현대리에 관한 민법 제125조, 양도통지와 금반언에 관한 민법 제452조 등은 그러한 원칙을 구현한 것이라고 할 수 있다. 제108조 제2항이 허위표시의 무효를 선의의 제3자에게 대항하지 못한다고 한 것도 이와 다를 바 없다.

특히 이 사건과 관련하여서는 민법 제452조 제1항의 규정이 의미를 가진다. 위 조항은 "讓渡人이 債務者에게 債權讓渡를 通知한 때에는 아직 讓渡하지 아니하였거나 그 讓渡가 無效인 경우에도 善意인 債務者는 讓受人에게 對抗할 수 있는 事由로 讓渡人에게 對抗할 수 있다"고 규정하고 있다.[83] 그러므로 채권양도가 허위표시로서 무효라 하더라도 양도인이 채무자에게 채권양도의 통지를 하였는데, 그 후 채무자가 양수인이 유효하게 채권을 취득한 것으로 믿고 그에게 변제하였다면 그 변제는 양도인에 대한 관계에서도 유효하게 되는 것이다.[84] 이처럼 허위표시에 기한 채권양도의 경우에 그 채권양도가 유효한 것으로 믿고 변제한 채무자가 보호되어야 한다면, 이 사건에 있어서처럼 주채무

82) Canaris(註 44) 특히 S. 28 ff. 또한 Bork(註 44), Rdnr. 1538 ff.(S. 562 ff.) 참조. 그런데 鹿野菜穗子(註 66), 364-366면은 제3자에 대한 허위표시의 법률관계를 心裡留保와 유사한 것으로 파악하여, 표시에 의한 신뢰보호는 의사표시이론 중에 내재하는 것으로서 이미 존재하고 있다고 하면서, 허위표시의 대항불능을 권리외관법리나 신뢰법리의 표현으로 파악하거나 公信을 끌어들일 필요는 없다고 한다. 尹容德, "無效에서의 對抗不能에 대한 考察", 比較私法 제9권 4호, 2002, 203-204면의 서술은 이에 의존하고 있는 것으로 보인다. 독일에서도 신뢰책임을 법률행위이론과는 별개의 독자성을 가진 제도로 이해할 것인가 아니면 독자적인 신뢰책임 이론을 부정하고 법률행위이론 내에서 신뢰보호를 달성할 것인가 하는 점에 관하여는 논쟁이 있다. 긍정하는 것으로는 Canaris(註 44), S. 411 ff.; Canaris, "Die Vertrauenshaftung im Lichte der Rechtsprechung des BGH", Canaris et al.(hrsg.), 50 Jahre Bundesgerichthof, 2000, S. 136 ff. 외에도 MünchKomm/Kramer, Vor §116 Rdnr. 41 등. 그러나 비진의표시와 같이 흠이 있는 법률행위라고 하여도 법률행위의 상대방에 대하여는 구속력이 있다는 결과를 이른바 자기책임의 원칙에 의하여 법률행위 자체로부터 도출할 수도 있을 것이지만, 당사자 사이에서는 무효인데 제3자에 대한 관계에 있어서는 대항할 수 없다고 하는 결과를 법률행위 자체로부터 이끌어내기는 어려울 것이다.

83) 독일 민법 제409조는 규정 내용에 다소 차이는 있으나 기본 취지는 같다고 할 수 있다. 독일의 판례와 학설은 이 규정을 허위표시를 신뢰한 제3자가 보호되는 예로 들고 있다.

84) 註 77)에서 보는 것처럼 종래의 학설은 이러한 경우에 제108조 제2항이 적용되는 것으로 파악하고 있으나, 제452조 제1항이 적용되는 범위에서는 따로 제108조 제2항을 문제삼을 실익이 없다. 일본 민법에는 제452조와 같은 규정이 없는데, 학설상으로는 채권양도를 전제로 하여 변제 등의 채무소멸행위를 한 경우에는 별도의 법률원인에 의하여 이해관계를 생기게 한 것에 의하여 제3자에 해당한다고 보는 설이 유력하다. 稻本洋之助(註 65), 349면 참조.

의 성립 자체가 허위표시인데 보증인이 주채무가 존재하는 것으로 믿고 허위표시상의 채권자에게 변제한 경우에도 그러한 변제는 허위표시상의 채무자에 대한 관계에 있어서는 유효한 것으로 취급되어야 할 것이다. 다만 보증인이 보증계약을 맺기는 하였으나 아직 그러한 변제와 같은 면책행위를 하지 않은 경우에는 보증인은 주채무가 허위표시임을 입증하여 자신의 보증채무를 면할 수 있으므로 구태여 제108조 제2항에 의하여 보호할 실익이 없으나, 일단 변제와 같은 행위를 한 경우에는 새로운 이해관계를 맺은 것으로 보아 여기에서의 제3자에 해당하는 것으로 볼 수 있는 것이다.

다른 한편 기망으로 인한 의사표시의 취소에 관하여 대법원 2002. 11. 8. 선고 2000다19281 판결[85]은 보증보험계약에서 주채무자에 해당하는 보험계약자가 계약체결 과정에서 보험자를 기망하였다는 이유로 보험자가 보증보험계약 체결의 의사표시를 취소한 경우에, 보험자가 이미 보증보험증권을 교부하여 피보험자가 그 보증보험증권을 수령한 후 이에 터잡아 새로운 계약을 체결하거나 이미 체결한 계약에 따른 의무를 이행하는 등으로 보증보험계약의 채권담보적 기능을 신뢰하여 새로운 이해관계를 가지게 되었다면 원칙적으로 그 취소로써 피보험자에게 대항할 수 없다고 하였다.[86] 다시 말하여 기망에 의한 취소의 경우에도 피보험자가 새로운 계약을 체결하거나 이미 체결한 계약에 따른 의무를 이행하는 등 새로운 이해관계를 가지게 되었다면 민법 제110조 제3항의 제3자에 해당할 수 있다는 것이다.[87] 이러한 판결의 논리구조는 이

85) 公 2003상, 6.

86) 같은 취지, 대법원 1999. 7. 13. 선고 98다63162 판결(集 47권 2집 民1면; 公 1999하, 1612); 2001. 2. 13. 선고 99다13737 판결(公 2001상, 641) 등.

87) 洪性珠, "보증보험에서 보험계약자의 사기를 이유로 보험계약이 취소된 경우 피보험자의 보험금청구권의 유무", 判例硏究 제13집, 2002, 167면; 한기정, "보험계약자의 사기에 의해서 체결된 보증보험계약의 효력", 商事法硏究 제22권 1호(37號), 2003, 507면은 타인을 위한 보험계약에서 피보험자가 보험자에 대해서 보험금청구권을 갖게 된 것은, 사기에 의한 법률행위에 기초해서 새로운 이해관계를 맺은 결과는 아니며 사기에 의한 의사표시로 인해서 자연히 맺어진 이해관계에 불과하므로 여기의 피보험자는 사기에 의한 의사표시를 기초로 하여 새로운 이해관계를 맺은 자가 아니라 직접 그 의사표시에 의하여 권리를 취득하는 자이고 따라서, 통설 및 판례가 말하는 제3자에 해당될 수 없다고 하나, 위 대법원 판결은 보험금 취득 그 자체를 새로운 이해관계를 맺은 것으로 본 것이 아니고, 피보험자가 그 보증보험증권을 수령한 후 이에 터잡아 새로운 계약을 체결하거나 이미 체결한 계약에 따른 의무를 이행하는 것을 새로운 이해관계를 맺은 것으로 보고 있다. 다른 한편 洪性珠, 위 논문, 169-170면은 이 문제를 민법 제110조 제2항에 의한 제3자의 기망 문제로 보고 있으나, 보험계약자는 보증보험의 당사자이지 제3자라고는 할 수 없으며, 피보험자는 보증보험의 당사자 아닌 제3자이다.

사건 제 1 차 환송판결과 다를 바가 없다. 물론 위 판례는 기망에 의한 취소의 경우이고 통정허위표시에 의한 무효의 경우는 아니지만, 위 판례에 대한 비판론의 논리를 일관한다면[88] 위 경우에도 무권리자 또는 무권한자의 처분에는 해당하지 않으므로 피보험자는 제 3 자가 아니라고 하여야 할 것이나, 이러한 결론이 타당하다고 할 수는 없을 것이다.[89]

제 1 차 환송판결에 대한 비판론자는 그러한 경우에 제108조 제 2 항이 적용되지 않더라도 Y는 B에게 보증채무의 반환을 청구하거나 A와 B를 상대로 하여 공동불법행위를 이유로 하는 손해배상청구를 하는 등 충분히 보호받을 수 있으므로 구태여 제108조 제 2 항을 적용할 필요가 없다고 주장한다.[90] 그러나 그것만으로 Y의 보호가 충분하다고 단정할 수는 없다. 단적으로 제108조 제 2 항이 적용되지 않으면 Y가 보증 3개사에 대한 구상권을 행사할 수는 없게 되는 것이다. 그러한 경우에 제108조 제 2 항을 적용하여 Y를 보호한다고 하여 현실적으로 어떠한 불합리한 점이 생기는 것도 아니다.

뿐만 아니라 앞에서 살펴본 것처럼 독일이나 스위스에서는 민법에 규정이 없는 경우에도 허위표시에 기하여 이해관계를 맺은 제 3 자에 대한 보호를 확대하려고 하고 있다. 그런데 우리나라에서 구태여 민법의 해석상 가능한 제 3 자에 대한 보호를 배제하려고 할 이유는 없는 것이다. 그러므로 이 사건에서는 Y는 적어도 A 회사에 대한 관계에 있어서는 제108조 제 2 항 소정의 제 3 자에 해당한다고 보아야 할 것이다.

그리고 위 비판론은 제 3 자가 허위표시의 유효를 주장할 수도 있고, 무효를 주장할 수도 있다고 보아서는 안 된다고 주장하나,[91] 그러한 주장도 받아들이기 어렵다. 우선 제108조 제 2 항의 규정 자체도 "전항의 의사표시의 무효는 선의의 제 3 자에 대하여는 대항하지 못한다"라고 규정하고 있어서 선의의 제 3 자가 의사표시의 무효를 주장하는 것을 금지하고 있지는 않다. 뿐만 아니라 민

---

88) 제철웅(註 1), 282면 註 29)는 자신의 주장은 민법 제107조, 제109조, 제110조의 대항불능에도 그대로 적용된다고 한다.

89) 제철웅 교수 자신도 위 대법원 2001. 2. 13. 선고 99다13737 판결(註 86)은 타당하다고 한다. 諸哲雄, "보증보험에 적용될 보증의 법리: 그 顚倒된 이해에 대한 비판", 民事法學 제27호, 2005, 418면 이하 참조.

90) 諸哲雄(註 1), 287면.

91) 같은 취지, 李英俊(註 68), 328-329면; 金曾漢·金學東, 民法總則, 제 9 판, 1995, 335-336면; 명순구, 민법총칙, 2005, 404-405면; 池元林, 民法講義, 제 4 판, 2005, 197면(선의의 제 3 자가 무효를 주장하는 것은 신의칙상 허용되지 않는다는 점을 근거로 한다). 그러나 종래의 통설은 선의의 제 3 자가 무효를 주장하는 것은 허용된다고 한다. 崔成俊(註 68), 607-608면 참조.

법이 이처럼 선의의 제3자에 대하여 허위표시의 무효를 대항할 수 없다고 규정하는 취지는 그러한 제3자의 보호에 목적이 있는 것이므로, 이러한 보호의 대상인 제3자는 자신의 이익을 위하여 이러한 대항불능의 효과를 주장할 것인지, 아니면 허위표시의 무효를 주장할 것인지를 선택할 수 있다고 보아야 할 것이고, 그에게 대항불능의 효과를 강요할 성질의 것은 아니다. 오스트리아 민법의 해석론도 이와 마찬가지이다.[92)93)]

4. 제3자의 無過失 要否

제3자가 제108조 제2항에 의하여 보호를 받기 위하여는 善意, 즉 허위표시라는 사실을 알지 못했어야 한다. 그 선의 여부의 판단 기준시점은 제3자가 법률상 새로운 이해관계를 맺은 때가 될 것이다.[94)] 따라서 이 사건과 같은 경우에는 Y가 보호받기 위하여는 법률상 이해관계를 맺은 때, 즉 B에게 변제를 한 때에 선의였어야 할 것이다. 그리고 대상판결은 종래의 판례와 마찬가지로, 제3자는 특별한 사정이 없는 한 선의로 추정할 것이므로, 제3자가 악의라는 사실에 관한 주장·입증책임은 그 허위표시의 무효를 주장하는 자에게

92) 위 註 54)의 본문 참조.

93) Canaris(註 44), S. 519는 신뢰책임을 주장할 것인지, 아니면 원래의 법률상태를 주장할 것인지는 신뢰를 한 당사자에게 맡겨져야 하는 것이 이론적으로 수미일관할 뿐만 아니라 결과에 있어서도 정당하다고 하고, Staudinger/Singer, §117 Rdnr. 23도 기망을 당한 제3자에게 신뢰보호와 권리외관책임이 강요되어서는 안 되고, 제3자는 제한 없이 허위표시의 무효를 주장할 수 있어야 한다고 한다. Bork(註 44), Rdnr. 1547은 이것이 독일의 통설이지만 다툼이 있다고 하면서, 법적 외관의 책임은 항변의 배제(Einwendungsausschluss)인데, 제3자가 신뢰책임에 의한 보호를 포기하면 그때까지 배제되었던 항변은 다시 허용된다고 설명하면 법이론적으로 아무런 어려움이 없다고 서술한다. 독일에서는 이 문제는 주로 우리나라의 표현대리와 유사한 權利外觀授權(Rechtsscheinsvollmacht), 즉 인용수권(Duldungsvollmacht)과 外觀授權(Anscheinsvollmacht)의 경우에 상대방이 무권대리인의 책임을 물을 수 있는가에 관하여 다투어지는데, 판례는 이를 부정하나, 학설상은 대립이 심하다. 상세한 것은 MünchKomm/Schramm, 4. Aufl., 2001 §167 Rdnr. 75(부정); Staudinger/Schilken, §177 Rdnr. 26(긍정); Bork(註 44), Rdnr. 1547 Fn. 169(긍정) 등 참조. 우리나라에서는 종래 표현대리가 성립하는 경우에는 대리인에게 제135조의 무권대리인의 책임을 물을 수 없다고 하는 것이 다수설이었으나 반대설도 유력하게 주장되고 있다. 학설의 상황에 대하여는 명순구(註 91), 470면 이하 참조. 일본에서도 우리나라와 마찬가지로 학설이 대립하고 있으나, 日最判 昭和 62(1987). 7. 7(民集 41-5, 1133)은 무권대리인의 책임요건과 표현대리의 요건이 함께 존재하는 경우에도 표현대리를 주장할 것인가 아닌가는 상대방의 자유라고 해석할 것이기 때문에 상대방은 표현대리의 주장을 하지 않고 바로 무권대리인에 대해 제117조(우리 민법 제135조와 같다)의 책임을 물을 수 있다고 판시하였다. 山本敬三, 民法講義 Ⅰ, 2001, 376면 이하 참조.

94) 宋德洙(註 35), 373면; 崔成俊(註 68), 601-602면 등.

있다고 하고,[95] 국내의 통설도 같은 취지이다.[96]

과실 있는 제3자에 대하여는 허위표시의 당사자가 허위표시의 무효를 주장할 수 있는가? 대상 판결은 민법 제108조 제2항에 규정된 통정허위표시에 있어서의 제3자는 그 선의 여부가 문제이지 이에 관한 과실 유무를 따질 것이 아니라고 하여 이를 부정하였다.[97]

이 문제에 관하여는 학설상 다소 다툼이 있다. 다수설은 대상판결과 마찬가지로 제3자는 선의이면 충분하고 과실이 없을 것까지 필요로 하지는 않는다고 하나,[98] 제3자에게 중과실이 있는 경우에는 제3자를 보호할 필요가 없다고 하는 견해도 있다.[99] 다른 한편 일본의 판례와 통설은 제3자의 무과실을 필요로 하지 않는다고 보지만, 제3자의 무과실을 필요로 한다는 견해도 유력하다.[100] 제3자의 무과실을 필요로 한다는 견해는 주로 權利外觀法理 내지 表見法理에 따라 신뢰가 보호되기 위하여는 그 신뢰가 정당한 것이어야 하는데, 제3자가 선의이더라도 과실이 있는 경우에는 그 신뢰는 정당하다고는 할 수 없고, 권리외관법리가 적용된다고 해석되는 다른 규정에서는 제3자가 보호되는 요건으로서 무과실을 규정하고 있는 경우가 많다는 점과, 허위표시에는 표의자의 歸責性이 있다고 하여도, 그 귀책성에는 여러 가지가 있고, 표의자의 귀책성과 제3자의 신뢰의 정당성을 형량하여야 비로소 누구를 보호하여야 할

---

95) 대법원 1970. 9. 29. 선고 70다466 판결(集 18권 3집 民94면); 2003. 12. 26. 선고 2003다50078, 50085 판결(未公刊) 등. 다만 앞의 판결은 허위의 매매에 의한 매수인으로부터 부동산상의 권리를 취득한 제3자는 특별한 사정이 없는 한 선의로 추정할 것이라고 판시하였으므로 부동산 등기의 추정력에 의하여 제3자가 선의로 추정된다고 설명하는 것도 가능하다. 그러나 뒤의 판결은 파산관재인을 제3자에 해당한다고 보고, 파산관재인은 특별한 사정이 없는 한 선의로 추정할 것이므로 파산관재인이 악의라는 사실의 주장입증책임은 그 허위표시의 무효를 주장하는 자에게 있다고 판시한 것으로서, 부동산등기의 추정력과는 관계가 없다.

96) 宋德洙(註 35), 374면; 崔成俊(註 68), 603-604면 등. 제3자에게 선의에 대한 입증책임이 있다는 반대설로는 池元林(註 91), 196면. 일본의 판례와 다수설은 제3자가 선의를 입증하여야 한다고 주장한다. 稻本洋之助(註 65), 356면 참조. 규정형식상으로는 제3자가 선의를 입증하여야 한다고 볼 여지도 있다. 그러나 일본 민법의 입법자도 프랑스에서와 마찬가지로 {(註 24) 참조} 제3자의 악의를 증명할 때에는 그 의사표시의 무효를 대항할 수 있다고 보았고{未定稿本/民法修正案理由書, 83면 = 廣中俊雄 編著(註 66), 143면}, 허위표시의 당사자는 고의로 그러한 상태를 창출한 점 및 제3자가 허위표시의 사실을 알면서 이해관계를 맺는다는 것은 이례에 속한다고 할 수 있는 점 등에 비추어 볼 때 제3자의 선의는 추정된다고 봄이 타당할 것이다.

97) 같은 취지의 선례로는 대법원 2004. 5. 28. 판결(註 74)이 있다.

98) 崔成俊(註 68), 602면 및 그 곳에서 인용하고 있는 문헌 참조.

99) 高翔龍, 民法總則, 제3판, 2003, 405면; 崔相鎬, "民法 第108條 2項의 第三者의 範圍", 啓明法學 第1輯, 1997, 82-94면.

100) 일본의 판례와 학설의 상황에 대하여는 稻本洋之助(註 65), 355면 참조.

것인가가 결정되는데, 그러한 형량을 함에 있어서는 제3자의 과실을 요건으로 하여야 한다는 점의 2가지를 근거로 내세운다.[101]

생각건대 민법 제108조 제2항의 문언도 선의만을 요구하고 있고 무과실까지 요구하고 있지는 않을 뿐만 아니라, 허위표시의 당사자는 진실과 일치하지 않는 외관을 고의로 창출한 자이므로 그러한 당사자가 제3자에 대하여 허위표시의 사실을 알 수 있었다는 이유로 허위표시의 무효를 주장할 수 있다고 하는 것은 부당하다고 하지 않을 수 없다.[102] 따라서 제3자가 보호받기 위하여는 선의이면 충분하고 무과실까지 필요로 하지는 않는다고 봄이 타당할 것이다.[103] 그리고 민법 제108조 제2항을 外觀法理에 의하여 설명한다고 하더라도, 이러한 경우에 제3자가 보호받기 위하여 선의이면 충분한지, 무과실까지 필요로 할 것인지는 일률적으로 말할 수 없는 것이다.[104] 이는 제3자에게 중대한 과실이 있다고 하더라도 마찬가지이다. 다만 그 제3자의 과실이 중대하여 惡意가 있었다고까지 추론될 정도라면 별문제이겠지만, 이는 사실인정의 문제이고 일반론으로 제3자에게 중대한 과실이 있다는 것만으로 보호를 받지 못한다고 하기는 어려울 것이다.

다른 한편 대상판결은 "비록 이 사건 보증서에 관한 선급금지급보증약관 제8조 제1항 전단은 '조합이 보증금을 지급한 때에는 채무자에 대하여 구상권을 가지며'라고 정하고 있지만 민법 제441조 제1항에 의하면 변제한 수탁보증인에게 구상권이 발생하기 위해서는 과실 없이 변제하여야 하는 것이 원칙이라는 점과 아울러"라고 판시하여 주채무자의 부탁으로 보증인이 된 자가 과실 없이 변제 기타의 출재로 주채무를 소멸하게 한 때에는 주채무자에 대하여 구상권이 있다고 규정하고 있는 민법 제441조가 주채무가 허위표시에 의한 것인 경우에도 적용될 여지가 있는 것처럼 설시하고 있다. 만일 민법 제441조가

101) 稻本洋之助(註 65), 355면; 內田 貴, 民法 Ⅰ, 제2판, 1999, 54면; 山本敬三, 民法講義 Ⅰ, 2001, 139-140면. 다만 山本敬三은 어느 설을 지지하는지에 관하여는 명확히 밝히고 있지 않다. 또한 崔成俊(註 68), 602-603면 참조.

102) 대법원 2005. 11. 10. 선고 2003다66066 판결(公 2005하, 1939) 등 많은 대법원의 판례는 피해자의 부주의를 이용하여 고의로 불법행위를 저지른 자가 바로 그 피해자의 부주의를 이유로 과실상계를 주장할 수 없다고 하고 있다. 한편 민법 제107조는 非眞意表示의 경우에 상대방이 표의자의 진의 아님을 알았을 경우뿐만 아니라 이를 알 수 있었을 경우에까지 비진의 표시를 무효로 하고 있으나, 이는 입법론적으로 문제가 있다. 尹眞秀, "契約 解釋의 方法에 관한 國際的 動向과 韓國法", 比較私法 제12권 4호, 2005, 74면 註 127) 및 그 본문 참조.

103) 다만 허위표시의 당사자 이외의 제3자 사이의 관계에서까지 선의이기만 하면 충분하다고 할 것인지는 별개의 문제이다. 아래 Ⅳ. 참조.

104) Canaris(註 44), S. 504 ff. 참조.

이 경우에도 적용된다면 보증인이 변제를 함에 있어 과실이 있는 경우에는 주채무자에 대한 구상권이 발생하지 않는다고 할 것이다. 그러나 제441조는 주채무 자체는 유효하게 성립하였음을 전제로 하여 보증인이 유효하게 성립한 주채무를 소멸시킨 경우에 적용되는 규정이고, 이 사건과 같이 주채무 자체가 허위표시에 기한 것일 때에는 적용될 성질의 것이 아니라고 보아야 할 것이다. 다시 말하여 주채무 자체가 유효하게 성립하지 않았을 때에는 보증인의 구상권 행사에 대하여 주채무자는 주채무 자체의 불성립을 주장할 수 있고, 주채무자가 보증인에게 주채무 자체의 불성립을 주장할 수 있다면 보증인에게 주채무 소멸에 관하여 과실이 있었는지 없었는지 여부는 고려될 수 없으며, 반대로 주채무자가 보증인에게 주채무 자체의 불성립을 주장할 수 없다면 보증인에게 과실 있음을 내세워 구상책임을 면할 수는 없는 것이다. 특히 허위표시의 경우에는 스스로 주채무가 성립한 것과 같은 외관을 창출한 주채무자가 나중에 구상권을 행사하는 보증인에 대하여 보증인의 과실을 주장하여 구상책임을 면하려고 한다는 것은 선행행위에 모순된 거동으로서 신의칙상으로도 허용되지 않는다고 보아야 할 것이다.

Ⅳ. Y와 C 등의 법률관계

이 사건에서 Y는 통정허위표시의 유효를 주장하는 반면, C 등은 그 무효임을 주장하고 있다. 이처럼 통정허위표시에 관하여 일부의 제3자는 그 유효를 주장하는 반면, 다른 제3자는 그 무효를 주장하는 경우에는 어떻게 보아야 할 것인가?

1. 從來의 論議

종래에는 학설상 이 점에 관하여 별로 깊이 있게 논의되었다고는 할 수 없다. 다만 선의의 제3자에 대하여는 당사자 및 그 포괄승계인뿐만 아니라 특정승계인이나 채권자도 그 무효를 주장하지 못한다고 하는 정도의 언급이 있을 뿐이다.[105)]

105) 宋德洙(註 35), 376면 및 그 곳의 문헌소개 참조. 또한 崔成俊(註 68), 606면도 같은 취지이다.

판례상 이 문제가 다루어진 것은 대법원 1996. 4. 26. 선고 94다12074 판결(註 67)이 처음으로 보인다. 이 사건에서는 부동산에 관하여 소외 A로부터 소외 B 명의로 소유권이전등기청구권보전을 위한 가등기가 이루어진 다음 원고들 명의로 소유권이전등기가 경료되었으나 원고들 명의의 이 소유권이전등기는 B가 위 가등기에 기해 본등기를 마침에 따라 직권으로 말소되었다. 그 뒤 이 사건 부동산에 대해서는 C 명의의 가등기 및 본등기가 경료되고 이어서 다시 피고들 앞으로 소유권이전등기가 이루어졌다. 여기서 원고들은 위 B 명의의 가등기 및 본등기와 C 명의의 가등기 및 본등기는 모두 통정허위표시에 기초한 것으로 무효임을 주장하면서 피고들 명의의 소유권이전등기의 말소를 청구하였다.

이에 대하여 대법원은, "민법 제108조에 의하면, 상대방과 통정한 허위의 의사표시(다음부터 단순히 허위표시라고 한다)는 무효이고 누구든지 그 무효를 주장할 수 있는 것이 원칙이나, 허위표시의 당사자 및 포괄승계인 이외의 자로서 허위표시에 의하여 외형상 형성된 법률관계를 토대로 실질적으로 새로운 법률상 이해관계를 맺은 선의의 제3자에 대하여는 허위표시의 당사자뿐만 아니라 그 누구도 허위표시의 무효를 대항하지 못한다 할 것이고, 따라서 위와 같은 선의의 제3자에 대한 관계에 있어서는 허위표시도 그 표시된 대로 효력이 있다"고 하여 원고들은 선의의 제3자인 피고들에 대하여는 B 및 C 명의의 위 각 가등기 및 본등기의 원인이 된 각 허위표시가 무효임을 주장할 수 없고, 따라서 피고들에 대한 관계에서는 위 각 허위표시가 유효한 것이 되므로 위 각 허위표시를 원인으로 한 B 및 C 명의의 각 가등기 및 본등기와 이를 바탕으로 그 후에 이루어진 피고들 명의의 소유권이전등기도 유효하다고 하여 원고들의 청구를 인용한 원심판결을 파기하였다.

다시 말하여 선의의 제3자에 대하여는 허위표시의 당사자뿐만 아니라 누구도 허위표시의 무효를 대항하지 못한다는 것이다. 이 판결에 대한 대법원 재판연구관의 판례해설은 다음과 같이 설명한다. 즉 민법 제108조에 따르면, 누구든지 통정허위표시의 무효를 주장할 수 있는 것이 원칙이지만, 통정허위표시를 기초로 하여 새로운 이해관계를 맺은 선의의 제3자에 대하여는 통정허위표시의 당사자뿐만 아니라 그 누구도 통정허위표시의 무효로써 대항할 수 없다고 해석하여야 하는데, 같은 조 제2항에서 선의의 제3자에 대하여 통정허위표시의 무효로써 대항할 수 없는 자의 범위를 특별히 정하고 있지 않기 때문이라고 한다. 따라서 통정허위표시라 하더라도 선의의 제 3 자에 대한 관계에서는 표시된 대로의 효력이 생기게 되고 누구나 그 효력을 인정하여야 하는 것이며, 진정한 권리자인 가장양도인으로부터 가장양도의 목적물을 양수한 자도 가장양수인으로부터 그 목적물을 선의로 양수한 자에 대하여 가장양도의 무효를 주장할 수 없다고 보아야 한다고 한다. 그러나 가장양수인으로부터 부동산을 양수한 선의의 제 3 자가 그 부동산의 소유권을 취득할 수 있는지 여부는 별개의 문제로서, 선의의 제 3 자라 하더라도 그 부동산의 소유권을 취득하려면 등기를 마쳐야 하므로, 통정허위표시를 원인으로 한 가장양수인 명의의 등기를 믿고 가장양수인으로부터 부동산을 선의로 양수한 자와 가장양도인으로부터 그 부동산을 양수한 자 사이의 우열관계는, 민법 제108조 제 2 항에 따라 가장양도인으로부터의 양수인이 통정허위표시의 무효를 가장양수인으로부터의 선의 양수인에 대하여 대항하지 못하는 것을 전제로 하고, 부동산 물권변동에 관한 물권법상의 규정 및 일반이론에 따라 해결하여야 할 것이라고 한다.[106)]

2. 이 사건에 관한 大法院의 태도

이 사건에 관한 대법원의 태도도 기본적으로는 위 94다12074 판결과 마찬가지이다. 즉 위 제 1 차 환송판결은 위 판결을 인용하면서, "상대방과 통정한 허위의 의사표시는 무효이고 누구든지 그 무효를 주장할 수 있는 것이 원칙이나, 허위표시의 당사자와 포괄승계인 이외의 자로서 허위표시에 의하여 외형상 형성된 법률관계를 토대로 실질적으로 새로운 법률상 이해관계를 맺은 선의의 제 3 자에 대하여는 허위표시의 당사자뿐만 아니라 그 누구도 허위표시의 무효를 대항하지 못하는 것"이라고 하여, A의 Y 조합에 대한 구상채무를 연대보증한 C 등이 위 선급금반환채무 부담행위가 무효라는 사유로써 제 3 자인 피고 조합에 대항할 수 있는지 여부는 이 사건 보증금 지급 당시에 피고 조합이 선의였느냐의 여부에 달려 있다고 하였다.

그런데 이 사건 대상판결은 신의성실의 원칙을 근거로 하여, 보증인이 채권자에 대하여 보증채무를 부담하지 아니함을 주장할 수 있었는데도 그 주장

106) 劉南碩, "通情 虛僞表示의 善意 第 3 者에 대한 效力", 대법원판례해설 제25호(96년 상반기), 59면.

을 하지 아니한 채 보증채무의 전부를 이행하였다면 그 주장을 할 수 있는 범위 내에서는 신의칙상 그 보증채무의 이행으로 인한 구상금 채권에 대한 연대보증인들에 대하여도 그 구상금을 청구할 수 없다고 하여, 지급보증인인 Y가 채권자인 B에 대하여 지급보증채무 전부를 부담하지 아니함을 주장할 수 있었는데도 중과실로 그 주장을 하지 아니한 채 지급보증채무를 이행한 이 사건에 있어서 그 주장을 할 수 있었던 범위 내에서는 신의칙상 그 지급보증금 지급으로 인한 구상금 채권에 대하여 연대보증인들인 C 등에게 구상금을 청구할 수 없고 그 구상금 청구채권이 존재한다고 X에게 주장할 수 없다고 하였다.

이러한 대상판결의 판시는 기본적으로는 위 위 94다12074 판결이나 제 1 차 환송판결과 마찬가지로, 허위표시에 의하여 외형상 형성된 법률관계를 토대로 실질적으로 새로운 법률상 이해관계를 맺은 제 3 자가 선의이기만 하면 그에 대하여는 허위표시의 당사자뿐만 아니라 이 사건에 있어서의 C 등 그 누구도 허위표시의 무효를 대항하지 못한다는 입장에 서 있다고 보인다. 다만 구체적인 문제의 해결에 있어서는 보증인이 채권자에 대하여 보증채무를 부담하지 아니함을 주장할 수 있었는데도 그 주장을 하지 아니한 채 보증채무의 전부를 이행하였다면 그 주장을 할 수 있는 범위 내에서는 신의칙상 그 보증채무의 이행으로 인한 구상금 채권에 대한 연대보증인들에 대하여도 그 구상금을 청구할 수 없다는 대법원의 종전의 선례[107]를 원용하여, A의 보증인인 Y가 채권자인 B에 대하여 보증채무 전부를 부담하지 아니함을 주장할 수 있었는데도 중과실로 그 주장을 하지 아니한 채 지급보증채무를 이행하였다면 연대보증인들에 대하여도 구상금을 청구할 수 없다고 결론을 내린 것이다.

이러한 대상판결의 태도는 종래의 판례의 태도를 전제로 하고 특히 환송판결의 기속력에 어긋나지 않으면서도 타당한 결론을 추구하려고 하였다는 점에서 이해될 수 있는 측면이 있다. 그러나 면책을 주장할 수 있었던 보증인이 보증채무를 이행한 경우의 법률관계에 관한 대법원의 종전 선례가 이 사건에 관하여도 적용될 수 있는가 하는 점은 의문이다. 우선 위 대법원의 종전의 선례들은 피보증 채무 자체의 존부가 문제되었던 사례들은 아니고, 보증인(신용보증기금)과 채권자와의 신용보증계약에 특약이 있고, 위 특약 위반의 경우에는 신용보증채무에 대하여 면책되는 것으로 규정되어 있었는데, 채권자가 위 특약

107) 대법원 1995. 6. 29. 선고 94다20174 판결(公 1995하, 2520); 2002. 9. 24. 선고 2002다32820 판결(未公刊).

을 위반하였음에도 불구하고 신용보증기금이 특약 위반으로 인한 면책 사실을 주장하지 않고 채권자에 대하여 보증채무를 이행하고 그 구상권 채무의 연대보증인들에게 구상을 청구한 경우에 신의칙상 그 구상채무의 이행을 청구할 수 없다고 한 것들이다.

뿐만 아니라 위 판결들에서는 객관적으로 보증인이 면책을 주장할 수 있었음에도 불구하고 이를 주장하지 않고 보증채무를 이행하였다면 그로 인한 구상금 채권의 연대보증인에게 이행을 청구할 수 없다고 하였을 뿐, 특별히 보증채무를 이행한 보증인의 고의나 과실 여부를 문제삼고 있지는 않았다. 그런데 이 사건에서는 왜 보증인인 Y에게 중대한 과실이 있었을 경우에 한하여 Y의 C 등에 대한 청구가 신의칙에 어긋나는가 하는 점에 대하여는 별다른 설명이 없다.

기본적으로 양자 사이에는 차이가 있고, 앞의 사례가 이 사건에서 적절한 선례가 된다고 하기는 어렵다. 즉 앞의 사례에서는 보증인의 신뢰 보호 여부는 고려될 사항이 아닌 반면, 이 사건에서는 피보증 채무가 유효하게 성립하였다고 하는 보증인 Y의 신뢰를 어느 정도로 보호하여야 하는가가 문제되기 때문이다.

3. 프랑스에서의 論議

이 문제는 허위표시의 유효를 주장하는 제 3 자와 무효를 주장하는 제 3 자가 경합하는 경우에 누구의 주장을 받아들여야 할 것인가 하는 보다 일반적인 관점에서 살펴보는 것이 필요하다고 생각된다. 이 점에 관한 오스트리아에서의 논의는 앞에서 언급한 바 있으므로[108] 여기서는 프랑스에서의 논의를 살펴본다.

프랑스에서는 예컨대 가장매매에서 가장매도인의 채권자는 은닉행위의 유효 내지 가장행위의 무효를 주장하는 반면, 가장매수인으로부터의 전득자는 가장행위의 유효를 주장하는 것과 같은 이른바 제 3 자 사이의 대립(conflit avec des tiers)이 있는 경우에 누가 우선하는가에 관하여 오랫동안 논란이 있었다. 종전의 판례들 중 일부는 의사의 자율의 원칙(le principe d'autonomie de la

108) 위 註 55)의 본문 참조.

volonté)에 근거하여 외관보다는 실제에 따라 허위표시의 무효를 인정함으로써 가장행위에 근거하여 권리를 취득한 제3자가 보호되지 못했던 반면, 다른 판례는 가장행위를 신뢰한 제3자를 우선시켰다.109)

그런데 破棄院 민사부 1939. 4. 25. 판결110)은 일반적으로 가장행위의 유효를 주장하는 제3자를 보호하여야 한다는 태도를 보였고, 이 판결은 그 후 지도적인 선례로서 취급되고 있다. 이 사건에서는 Marion이라는 사람이 자신의 딸 Louise에게 부동산을 증여하였는데 매매로 가장하였다. Marion이 죽자 그 아들 Jean이 유류분반환청구권자로서 Louise를 상대로 하여 증여의 무효화(annulation)를 청구하였고, 이 판결에서는 Jean 승소의 판결이 확정되었다. 그러자 Jean은 다시 Louise로부터 저당권을 취득한 Raoux를 피고로 하여 위 저당권의 무효를 구하는 청구를 제기하였다. 그러나 원심은 이 청구를 배척하였고, 파기원도 Jean의 상고를 기각하였다.

파기원은, 저당권자인 Raoux와 유류분반환청구권자인 Jean은 다같이 프랑스 민법 제1321조의 제3자에 해당되고, 이러한 제3자는 가장행위의 유효를 주장할 수도 있고 반대로 은닉행위의 유효를 주장할 수도 있는데, 이처럼 두 대립하는 당사자가 제1321조에 의하여 주어진 권한을 상반되게 행사할 때에는, 외관의 극복할 수 없는 힘(la force invincible des apparences)이 貸主의 마음에 假裝權原의 유효성과 확실성에 관하여 불러일으킨 착오(erreur)를 고려하면 사실심 법관은 저당채권자를 우선시킬 수 있었다고 하여 상고를 기각하였고, 이는 일반적으로 학설의 지지를 받고 있다.111)

이 판결은 극복할 수 없는 착오를 언급하고 있다는 점에서 일반적으로 프랑스 민법 제1321조 자체의 문제라기보다는 "공통의 착오는 법을 만든다(Error communis facit jus)"라는 일반적인 외관법리에 근거한 것으로 이해되고 있다.112) 즉 일반적으로 허위표시의 경우에 허위표시의 당사자가 대항하지 못하는 제3자는 선의이기만 하면 되고 극복할 수 없는 착오 내지 무과실일 필요

109) Ghestin(註 13), n°s 65 et s.; Ghestin, Jamin et Billiau(註 14), n° 904; Carbonnier(註 13), n° 88 등 참조.

110) D. 40, 1, 12(Capitant, Terré et Lequette, Les grands arrêts de la jurisprudence civile, Tome 2, 11e édition, 2000, n° 167에 수록되어 있는 것을 이용하였다).

111) Ghestin(註 13), n° 67; Ghestin, Jamin et Billiau(註 14), n° 904; Mazeaud, Mazeaud et Chabas(註 16), n° 824 등 참조.

112) Ghestin(註 13), n° 68; Ghestin, Jamin et Billiau(註 14), n° 904; Carbonnier(註 13), n° 88; Duclos(註 16), n° 402 등 참조.

까지는 없는데,113) 이 경우에는 허위표시의 유효를 주장하는 제 3 자에게 극복할 수 없는 착오가 있을 것이 요구되기 때문이다.114)

4. 小　結

일반적으로 이처럼 허위표시의 무효를 주장하는 제 3 자와 그 유효를 주장하는 제 3 자가 대립하는 경우에, 누구를 우선시킬 것인가 하는 것은 민법 제 108조 제 2 항 자체만으로는 해결되지 않는다. 앞에서 살펴본 것처럼 선의의 제 3 자는 허위표시의 유효를 주장할 수 있지만, 선의의 제 3 자라 하더라도 허위표시의 무효를 주장할 수 있을 뿐만 아니라 그 외의 제 3 자는 당연히 허위표시의 무효를 주장할 수 있을 것이기 때문이다. 다른 말로 한다면 허위표시의 효과는 기본적으로는 무효이고, 다만 선의의 제 3 자가 있는 경우에는 그에게 대항할 수 없다는 의미에서 상대적 무효인 것이며, 무효를 대항할 수 없는 선의의 제 3 자가 있다는 이유만으로 확정적으로 유효하게 되는 것은 아니다. 허

113) 위 註 29)의 본문 참조.

114) 그런데 이 점에 관하여는 일부의 학자는 그 후의 파기원 민사제 1 부 1983. 2. 22. 판결, JCP 1985. Ⅱ. 20359{인터넷 사이트 legifrance(www.legifrance.gouv.fr)에서 검색할 수 있다}는 제 3 자의 선의만으로 충분함을 명언하였다고 설명한다. Terré, Simler et Lequette(註 12), n° 554; Capitant, Terré et Lequette(註 110), p. 152 등. 그러나 이 점은 명확하지 않다. 이 사건에서는 母가 아들과 공동 명의로 부동산을 매수한 것으로 되어 있는데, 母는 미리 반대증서에 의하여 그 매매는 전부 아들에 의하여 이루어졌다고 밝힌 바 있다. 父는 부부공동재산제에 의하여 그 부동산에 관한 권리를 취득하였고, 그 남편이 사망하자 공동상속인, 즉 아들과 그 자매 사이에 위 부동산이 상속재산에 속하는가에 관하여 다툼이 생겼는데, 원심은 위 반대증서는 父나 다른 상속인들에게 대항할 수 없다고 하였다. 이에 아들이 상고하여, 이와 같이 제 3 자 사이에 다툼이 있는 경우에 가장행위가 우선하기 위하여는 제 3 자에게 극복할 수 없는 착오가 있어야 한다고 주장하였다. 그러나 파기원은 이 점에 관하여, 상속인들 사이에 반대증서의 대항불능 사이에 다툼이 있는 경우에는, 프랑스 민법 제1321조는 반대증서를 가지고 적어도 선의(bonne foi)인 다른 상속인에게 대항하는 것을 허용하지 않는다고 하였다. 그런데 이 판결의 경우에는 우선 아들은 제 3 자가 아니라 허위표시의 당사자로 볼 수 있는 것이 아닐까 하는 의문이 있고, 설령 아들을 제 3 자라고 본다고 하더라도{위 판결은 모가 작성한 반대증서가 상대방 없이(sans contre-partie) 이루어진 것이라고 하여, 아들이 허위표시의 당사자는 아니라고 본 것으로 추측된다}, 이 아들은 惡意이므로 이러한 경우에는 가장행위의 유효를 주장하는 제 3 자는 선의이기만 하면 충분한 것이라고 판시하였다고 이해될 여지도 있다. Larroumet(註 17), n° 768 n. 1은 그러한 취지이다. Danis-Fatôme(註 27), n° 65는 이처럼 제 3 자 사이에 대립이 있는 경우에 외관이론이 적용된다고 하여 극복할 수 없는 착오를 요건으로 하고 있는 파기원 1939. 4. 25. 판결(註 110)을 인용하고 있을 뿐 위 파기원 1983. 2. 22. 판결에 대하여는 별도로 언급하지 않고 있다. 다른 한편 Ghestin, Jamin et Billiau(註 14), n° 904는 위 파기원 1983. 2. 22. 판결에 대하여 언급하면서 결론적으로 외관을 규율하는 규칙으로부터 연역한 종전의 해결책이 더 논리적으로 보인다고 한다.

위표시의 당사자나 그 포괄승계인 등 허위표시의 당사자와 동일시할 수 있는 자가 선의의 제 3 자에 대하여 무효를 주장하지 못하는 것은 당연하지만, 당사자의 특정승계인이나 채권자 등 그 외의 제 3 자까지 선의의 제 3 자에 대하여 당연히 대항할 수 없다고 볼 것인지는 법문상으로는 명백하지 않다. 나아가 입법자가 과연 이러한 경우까지 고려하여 입법한 것인지는 매우 의심스럽다. 그러므로 이러한 양자 사이의 대립이 있는 경우에 이를 어떻게 해결할 것인가 하는 문제는 입법자가 미처 예상하지 못했던 문제로서 이 점에 관하여는 입법의 공백이 있다고 할 수밖에 없고, 이는 해석에 의하여 보충될 수밖에 없다고 생각된다.

이 문제는 결국 허위표시의 유효를 주장하는 제 3 자와 무효를 주장하는 제 3 자 사이의 이익 형량에 따라 결정되어야 한다. 그런데 이러한 제 3 자들 사이의 대립은 여러 가지 상황에서 일어날 수 있기 때문에 일률적으로 말하기는 어렵다. 가령 허위표시의 무효를 주장하는 제 3 자가 자신의 고유한 권리에 기하여 무효를 주장하는 것이 아니고, 채권자대위권에 기하여 허위표시의 당사자의 권리를 대신 행사하는 것이라면, 그 무효 주장은 받아들일 수 없을 것이다. 채권자대위권이 허위표시의 당사자에게 인정되지 않는 새로운 권한을 창출할 수는 없을 것이기 때문이다.[115] 또 어떤 사람이 허위표시를 신뢰하여 이해관계를 맺었는데 그 후 제 3 자가 이러한 사실을 알면서도 이해관계를 가지게 되었다거나, 아니면 반대로 허위표시라는 사실을 알면서도 이를 방치하던 제 3 자가 다른 사람이 허위표시를 신뢰하여 이해관계를 맺은 경우에 그 제 3 자의 허위표시 무효 주장은 받아들여서는 안 될 것이다.

그러나 그러한 경우가 아니라면 결국 문제는 허위표시가 유효한 것으로 믿은 선의의 제 3 자의 신뢰가 정당한 것인가 하는 점에 귀착되게 된다. 그리고 허위표시의 무효를 주장하는 제 3 자와의 관계에 있어서 그 신뢰가 정당한 것이라고 하려면 허위표시의 유효를 주장하는 제 3 자가 선의일 뿐만 아니라 무과실이어야 한다고 봄이 타당할 것이다. 허위표시의 당사자와 제 3 자 사이에서는 제 3 자가 허위표시라는 점을 모른 데 과실이 있다고 하여도 제 3 자가 보호를 받아야 한다. 허위표시의 당사자는 고의로 허위표시의 외관을 창출하였기 때문이다. 그러나 제 3 자들 사이에서는 상황이 이와 다르다. 이 경우에 허위표

115) Larroumet(註 17), n° 768 참조.

시의 무효를 주장하는 제3자가 스스로 그러한 외관을 창출한 것은 아니기 때문이다. 이 때에는 실제와 다른 허위표시의 유효를 주장하는 자가 보호받기 위하여는 그러한 외관을 신뢰한 데 대하여 과실이 없어야 한다고 봄이 우리 민법상의 다른 신뢰보호 규정과 균형이 맞는다고 생각된다. 예컨대 표현대리에 관한 규정들은 표현대리의 상대방의 선의 무과실을 요구하고 있고(제125조, 제126조, 제129조),[116] 동산의 선의취득의 경우에도 그러하며(제249조), 채권의 준점유자에 대한 변제(제470조)의 경우도 마찬가지이다.[117] 그러므로 허위표시의 유무효에 관하여 제3자들 사이에 대립이 있는 경우에도 실제와 다른 허위표시의 유효를 신뢰한 제3자를 보호하기 위하여는 그 제3자에게 선의·무과실이 있어야 한다고 보아야 할 것이다.[118]

그런데 이에 대하여는 가령 민법상 착오로 인한 의사표시 및 사기·강박에 의한 의사표시의 취소의 경우에는 선의의 제3자에게 대항하지 못한다고만 규정되어 있을 뿐(제109조 제2항, 제110조 제3항), 제3자의 무과실까지 요구하고 있지 않으므로 이 경우에 제3자의 무과실을 요구하는 것은 균형에 맞지 않는다는 반론이 있을 수 있다. 확실히 민법의 규정만으로는 그러한 반론이 일리가 있는 것처럼 보이기도 한다. 그러나 과연 착오나 사기 또는 강박의 경우와 같이 고의 없이 그러한 하자 있는 의사표시를 한 경우에까지 과실 있는 제

116) 越權表見代理에 관한 제126조는 "정당한 이유"를 요구하고 있으나 이는 일반적으로 선의 무과실을 의미하는 것으로 이해되고 있다.

117) 착오로 인한 의사표시의 경우에 상대방이 그 착오 사실을 알았거나 알 수 있었을 경우에는 상대방은 보호할 가치가 없다는 점에 대하여는 尹眞秀, "民法上 錯誤規定의 立法論的 考察", 心堂 宋相現先生華甲紀念論文集, 2002, 52-53면, 59면 등 참조.

118) 이처럼 선의의 제3자를 허위표시의 당사자에 대한 관계와 다른 제3자에 대한 관계에서 달리 취급하고 있는 예로서 일본 민법상 허위표시의 유효와 무효를 둘러싸고 제3자 사이에 대립이 있는 경우에 물권변동에 관하여 대항요건을 갖추어야 하는가 하는 문제가 참고될 수 있다. 우선 허위표시의 당사자와 그 당사자 일방으로부터 허위표시를 신뢰하고 물권을 취득한 자 사이에는 부동산 물권변동에 관하여 등기를 대항요건으로 규정하고 있는 일본 민법 제177조가 적용되지 않고, 따라서 선의의 제3자는 허위표시를 한 자에 대하여는 등기 없이도 물권을 주장할 수 있다고 보는 것이 일본에서의 일반적인 학설과 판례의 태도이다. 반면 예컨대 매매의 허위표시를 한 매도인으로부터 다시 매수한 자(A)와, 허위표시상의 매수인으로부터 다시 매수한 선의의 제3자(B) 사이에서는 판례와 통설이 선의의 제3자(B)라도 다른 제3자인 A에게 소유권을 주장하기 위하여는 일본 민법 제177조에 의하여 대항요건인 등기를 갖추어야 한다고 보고 있다. 山本敬三(註 101), 140-143면 참조. 프랑스 법에서도 반대증서가 등기의 대상으로 되었으면 선의의 제3자에 대하여도 대항할 수 있다고 하여 이와 유사한 취지로 이해된다. Ghestin, Jamin et Billiau(註 14), n° 901 참조. 이러한 결론은 물권변동에 관하여 성립요건주의를 택하고 있는 우리나라에서도 대체로 받아들일 수 있다고 생각된다. 宋德洙(註 35), 377면 참조. 崔成俊(註 68), 608면도 비슷한 취지로 보인다.

3자에 대하여도 책임을 져야 하는가는 다시 한 번 생각해 볼 문제이다. 일본에서는 사기의 의사표시의 취소로써 선의의 제3자에게 대항하지 못한다고 규정하고 있는 일본 민법 제96조 제3항을 둘러싸고,[119] 선의의 제3자는 선의이기만 하면 충분한가, 아니면 무과실까지 필요로 하는가에 관하여 논란이 있고, 근래에는 선의뿐만 아니라 무과실을 필요로 한다고 보는 견해가 다수설이라고 할 수 있다. 이 설은 그 근거로서 위 조항의 기초에는 表見法理가 있는데, 外觀에 대한 신뢰가 보호받기 위하여는 그 신뢰가 정당한 것이어야 하고, 제3자가 선의라 하더라도 과실이 있으면 그 신뢰가 정당하다고 하기 어렵다는 점 및 허위표시의 경우와 비교한다면 사기의 경우에는 스스로 허위의 외관을 창출한 것이 아니므로 表意者의 歸責性은 작고 따라서 그러한 表意者로부터 권리를 빼앗기 위하여는 허위표시의 경우 이상으로 제3자의 신뢰가 정당화될 것이 요청된다는 것이다.[120]

우리 대법원의 판례도 보증보험계약에서 주채무자에 해당하는 보험계약자가 계약체결 과정에서 보험자를 기망하였다는 이유로 보험자가 보증보험계약 체결의 의사표시를 취소한 경우에, 보험자가 이미 보증보험증권을 교부하여 피보험자가 그 보증보험증권을 수령한 후 이에 터잡아 새로운 계약을 체결하거나 이미 체결한 계약에 따른 의무를 이행하는 등으로 보증보험계약의 채권담보적 기능을 신뢰하여 새로운 이해관계를 가지게 되었다면 원칙적으로 그 취소로써 피보험자에게 대항할 수 없는 것이나, 이 경우에도 피보험자가 그와 같은 기망행위가 있었음을 알았거나 알 수 있었다는 등의 특별한 사정이 있는 때에는, 보험자가 보험계약자의 기망을 이유로 한 취소를 가지고 피보험자에게 대항할 수 있다고 하여,[121] 이러한 태도를 보이고 있다.[122]

다른 한편 이 사건의 사실관계와 관련하여서는 제3자의 사기로 인한 의사표시의 취소에 관한 민법 제110조 제2항의 규정도 참고가 될 수 있다. 민

119) 일본 민법에는 착오의 무효나 강박으로 인한 취소의 경우에는 선의의 제3자에게 대항하지 못한다는 규정이 없다. 다만 착오 무효의 경우에 사기 취소에 관한 일본 민법 제96조 제3항을 유추적용할 수 있는가에 관하여는 다툼이 있다. 新版 注釋民法(3)(註 65), 464면 이하(川井健) 참조.

120) 新版 注釋民法(3)(註 65), 494-495면(下森 定); 山本敬三(註 101), 209-210면; 內田 貴(註101), 79면 등 참조. 국내의 학설 가운데 이러한 취지로 주장하는 것으로는 崔相鎬(註 99), 84면.

121) 대법원 2002. 11. 8. 판결(註 85).

122) 그러나 洪性珠(註 87), 169면은 민법 제110조 제3항 소정의 제3자는 선의이면 족하고 과실이 없을 것까지 요구하지는 않는다고 하여 이러한 판례의 태도에 반대하고 있다.

법 제110조 제2항은 상대방 있는 의사표시에 관하여 제3자가 사기나 강박을 행한 경우에는 상대방이 그 사실을 알았거나 알 수 있었을 경우에 한하여 그 의사표시를 취소할 수 있다고 규정하고 있다.[123] 그런데 이 사건에서 C 등 3개 회사가 Y에 대하여 보증의 의사표시를 한 것이 A 회사의 기망에 의한 것이었다면 C 등 3개 회사는 Y가 A의 기망사실을 알았을 경우뿐만 아니라 알 수 있었을 경우에도 Y와의 보증계약을 취소할 수 있을 것이다.[124] 이러한 점에 비추어 보더라도 Y가 B에게 변제할 당시에 A와 B의 하도급 계약이 허위표시라는 점을 알 수 있었다면,[125] Y는 C 등 3개 회사에 대하여 구상권을 행사할 수는 없다고 보아야 할 것이다.

요컨대 허위표시의 무효를 주장하는 다른 제3자에 대하여도 선의의 제3자가 허위표시의 유효를 주장하기 위하여는 그에게 허위표시라는 사실을 모른 데 대하여 과실이 없었어야 할 것이다. 다만 일반론으로 이렇게 판단하기 위하여는 제1차 환송판결을 포함한 선행 판례들의 변경이 있어야 할 것이다.

그리고 이 경우 허위표시의 유효를 주장하는 제3자의 과실 여부에 관한 입증책임은 누구에게 부담시키는 것이 타당할 것인가? 이 문제에 관하여는 견해가 갈릴 수 있다. 보기에 따라서는 진실한 권리관계와는 다른 허위표시의 유효를 주장하는 제3자가 자신의 선의와 무과실을 주장·입증하여야 한다고 생각할 수도 있다. 그러나 제3자의 선의는 적어도 허위표시의 당사자에 대한 관계에서는 추정되고,[126] 이러한 추정은 다른 제3자에 대한 관계에서도 유지된다고 보아야 할 것이다. 그렇다면 허위표시의 무효를 주장하는 제3자는 그 유효를 주장하는 제3자의 악의 또는 과실을 주장·입증하여야 한다고 봄이 옳을 것이다.

이러한 관점에서는 위 대법원 1996. 4. 26. 선고 94다12074[127]도 결과에

123) 제3자의 사기로 인한 의사표시의 취소에 관하여는 尹眞秀, "契約相對方의 被用者의 詐欺로 인한 意思表示의 取消", 民事判例硏究 XXI, 1999, 58면 이하 참조. 민법 제110조 제2항의 규정은 사기에 관한 한 독일 민법 제123조 제2항과 같다. 다른 한편 일본 민법 제96조 제2항은 제3자의 사기의 경우에 상대방이 그 사실을 알았을 경우에 한하여 취소를 허용하고 있다. 그러나 학설상으로는 이 경우에도 상대방의 선의뿐만 아니라 무과실도 요건으로 하여야 한다는 견해가 유력하다. 下森 定(註 120), 497면 및 그 곳의 인용문헌 참조.

124) 金得煥(註 1), 48면 참조. 다만 이 사건에서는 Y와 C 등 사이의 보증계약이 A와 B 사이의 허위표시 이전에 이루어졌으므로 실제로 A와 B 사이의 하도급계약이 허위표시임을 이유로 하여 C 등이 Y와의 보증계약을 취소할 수 있을 것인지는 반드시 명확하지 않다.

125) 대법원이 인정한 사실에 비추어 보면 Y에게 적어도 과실은 있다고 보인다.

126) 위 註 95), 96) 및 그 본문 참조.

127) 위 Ⅳ. 1.

있어서 타당하다고 생각된다. 즉 허위표시의 유효를 주장하는 그 사건 피고나 그 前者인 C의 악의나 과실이 따로 입증되지는 않은 것으로 보이기 때문이다.

Ⅴ. 結　論

민법 제108조 제2항이 허위표시의 무효로써 선의의 제3자에게 대항할 수 없다고 규정하고 있는 것은 실제와 다른 외관을 창출한 자는 그러한 외관을 신뢰하고 어떠한 처분을 한 제3자에 대하여는 그러한 신뢰의 대상인 법률관계가 실제로 존재한 것과 같은 위치에 놓아야 할 책임이 있다고 하는 적극적 신뢰보호의 원칙이 구체화된 것이라고 할 수 있다. 따라서 그러한 제3자를 허위표시의 당사자로부터 권리를 취득한 자로 제한적으로 이해할 이유는 없다. 이러한 의미에서 이 사건 제1차 환송판결이 Y와 같이 허위표시에 의한 계약상의 채무에 관하여 보증인이 된 사람이 그 계약상의 채무가 유효하게 성립하였다고 믿고 변제를 한 때에는 민법 제108조 제2항 소정의 제3자에 해당한다고 본 것은 타당하다고 생각된다.

그리고 이 사건 대상판결이 보증인이 변제를 할 당시에 허위표시임을 주장할 수 있었는데도 중대한 과실로 이를 주장하지 않았음을 이유로 그 구상채무를 보증한 C 등 3개 회사에 대하여 구상권을 행사할 수 없다고 본 것도 결론에 있어서는 타당하다고 생각된다. 그러나 대상판결은 이러한 법리를 허위표시 일반에 관한 것이 아니라 보증인의 구상권 행사의 경우에 한정하고 있고, 또 보증인에게 중대한 과실이 있는 경우에만 구상권의 행사를 부정하고 있다는 점에서 이론적으로는 의문이 있다. 이 문제는 허위표시의 유무효를 둘러싸고 제3자들 사이에 대립이 있는 경우에는 어떻게 해결할 것인가 하는 보다 일반적인 관점에서 접근하여야 할 것이다. 그리고 이 점에 관한 일반적인 판단기준으로서는 허위표시의 유효를 주장하는 제3자에게 무과실이 요구된다는 것이 되어야 한다고 생각된다. 앞으로 판례가 이러한 방향으로 정립될 것을 기대해 본다.

〈저스티스 제94호, 2006. 10 = 民事判例硏究 XXIX, 2007〉

著者略歷

제18회 사법시험 합격(1976)
서울대학교 법과대학 졸업(1977)
사법연수원 제9기 수료(1979)
육군 법무관(1979)
서울민사지방법원 판사(1982)
서울대학교 법학석사(1984)
독일 함부르크 대학교 연수(1987-1988)
헌법재판소 헌법연구관(1990)
대법원 재판연구관(1992)
서울대학교 법학박사(1993)
수원지방법원 부장판사(1995)
서울대학교 법과대학 조교수(1997)
서울대학교 법과대학 부교수(2001)
미국 버지니아 대학교 객원연구원(2003-2004)
서울대학교 법과대학 교수(2006)
전 한국법경제학회 회장
현 한국비교사법학회 회장, 한국가족법학회 부회장

財產法 1
民法論攷 I

2007年 11月 5日 初版印刷
2007年 11月 15日 初版發行

著 者 尹 眞 秀
發行人 安 鍾 萬
發行處 博 英 社
서울 特別市 鍾路區 平洞 13-31番地
電話 (733)6771 FAX (736)4818
登錄 1952. 11. 18. 제1-171호(倫)

www.pakyoungsa.co.kr e-mail: pys@pakyoungsa.co.kr

定 價 30,000원
ISBN 978-89-10-51452-7
ISBN 978-89-10-51451-0(세트)